國家圖書館藏敦煌遺書

中國國家圖書館編

第十二册　北敦〇〇八二六號——北敦〇〇八八一號

北京圖書館出版社

圖書在版編目(CIP)數據

國家圖書館藏敦煌遺書·第十二册/中國國家圖書館編;任繼愈主編.—北京:北京圖書館出版社,2005.12

ISBN 7-5013-2954-0

Ⅰ.國… Ⅱ.①中…②任… Ⅲ.敦煌學-文獻 Ⅳ.K870.6

中國版本圖書館 CIP 數據核字(2005)第 136366 號

ISBN 7-5013-2954-0

9 787501 329540 >

書　名　國家圖書館藏敦煌遺書·第十二册
著　者　中國國家圖書館編　任繼愈主編
責任編輯　徐　蜀　孫　彦
封面設計　李　璀

出　版　北京圖書館出版社　(100034　北京西城區文津街 7 號)
發　行　010-66139745　66151313　66175620　66126153
66174391(傳真)　66126156(門市部)
E-mail　cbs@nlc.gov.cn(投稿)　btsfxb@nlc.gov.cn(郵購)
Website　www.nlcpress.com
經　銷　新華書店
印　刷　北京文津閣印務有限責任公司

開　本　八開
印　張　51.25
版　次　2005 年 12 月第 1 版第 1 次印刷
印　數　1-150 册(套)

書　號　ISBN 7-5013-2954-0/K·1237
定　價　990.00 圓

編輯委員會

主　　編　任繼愈
常務副主編　方廣錩
副　主　編　李際寧　張志清
編委（按姓氏筆畫排列）　王克芬　王姿怡　吴玉梅　胡新英　陳　穎　黄　霞（常務）　劉玉芬

出版委員會

主　任　詹福瑞
副主任　陳　力
委　員（按姓氏筆畫排列）　李　健　姜　紅　郭又陵　徐　蜀　孫　彦

攝製人員（按姓氏筆畫排列）

于向洋　王富生　王遂新　谷韶軍　張　軍　張紅兵　張　陽　曹　宏　郭春紅　楊　勇　嚴　平

目錄

處眼空相[illegible]耳鼻舌身意處耳
處相空色處色處相空聲香味觸
香味觸法處相空眼界眼界相空
及眼觸眼觸為緣所生諸受色界
緣所生諸受相空耳界耳界相空聲
界及耳觸耳觸為緣所生諸受聲
觸為緣所生諸受相空鼻界鼻界
鼻識界及鼻觸鼻觸為緣所生
至鼻觸為緣所生諸受相空舌界
味界舌識界及舌觸舌觸為緣所
界乃至舌觸為緣所生諸受相空
相空觸界身識界及身觸身觸為
受觸界乃至身觸為緣所生諸受相
意界相空法界意識界及意觸意觸
生諸受法界乃至意觸為緣所生諸受
地界地界相空水火風空識界水火風
界相空苦聖諦苦聖諦相空集滅道
集滅道聖諦相空无明无明相空行識
處觸受愛取有生老死愁歎苦憂惱行乃至
老死愁歎苦憂惱相空內空內空相空外空

BD00826號　大般若波羅蜜多經卷五〇　（19–1）

界相空苦聖諦苦聖諦相空集滅道
集滅道聖諦相空无明无明相空行識
處觸受愛取有生老死愁歎苦憂惱行乃至
老死愁歎苦憂惱相空內空內空相空外空

內外空空空大空勝義空有為空无為空畢
竟空无際空散空无變異空本性空自相空
共相空一切法空不可得空无性空自性空
无性自性空外空乃至无性自性空相空四
靜慮四靜慮相空四无量四无色定四无量
四无色定相空四念住四念住相空四正斷
四神足五根五力七等覺支八聖道支四正
斷乃至八聖道支相空空解脫門空解脫門
相空无相无願解脫門无相无願解脫門相
空布施波羅蜜多布施波羅蜜多相空淨戒
安忍精進靜慮般若波羅蜜多淨戒乃至般
若波羅蜜多相空五眼五眼相空六神通六
神通相空佛十力佛十力相空四无所畏四
无礙解大慈大悲大喜大捨十八佛不共法
一切智道相智一切相智四无所畏乃至一
切相智相空菩薩菩薩相空擐功德鎧擐功
德鎧相空世尊由此因緣菩薩摩訶薩不擐
功德鎧當知是為擐大乘鎧佛告善現如
是如是如汝所說
善現當知一切智智无造无作一切有情亦
无造无作菩薩摩訶薩為是事故擐大乘鎧
具壽善現白佛言世尊何因緣故一切智智
无造无作一切有情亦无造无作菩薩摩訶

BD00826號　大般若波羅蜜多經卷五〇　（19–2）

无造无作菩薩摩訶薩為是事故擐大乘鎧
具壽善現白佛言世尊何因緣故一切智智
无造无作一切有情亦无造无作菩薩摩訶
薩為是事故擐大乘鎧佛言善現由諸作者
不可得故一切智智无造无作一切有情亦
无造无作所以者何善現我非造非不造非
作非不作何以故我畢竟不可得故有情命
者生者養者士夫補特伽羅意生儒童作
者使者起者使起者受者使受者知者見
者非造非不造非作非不作何以故有情乃
至見者畢竟不可得故善現幻事非造非不
造非作非不作何以故幻事畢竟不可得故
夢境像響光影空花陽焰尋香城變化事非
造非不造非作非不作何以故夢境乃至變化
事畢竟不可得故善現色非造非不造非作
非不作何以故色畢竟不可得故受想行識
非造非不造非作非不作何以故受想行識
畢竟不可得故善現眼處非造非不造非作
非不作何以故眼處畢竟不可得故耳鼻舌
身意處非造非不造非作非不作何以故耳
鼻舌身意處畢竟不可得故善現色處非造
非不造非作非不作何以故色處畢竟不可
得故聲香味觸法處非造非不造非作非不
作何以故聲香味觸法處畢竟不可得故善
現眼界非造非不造非作非不作何以故眼界
畢竟不可得故色界眼識界及眼觸眼觸
為緣所生諸受非造非不造非作非不作何

BD00826號　大般若波羅蜜多經卷五〇　（19–3）

現眼界非造非不造非作非不作何以故眼界
畢竟不可得故色界眼識界及眼觸眼觸
為緣所生諸受非造非不造非作非不作何
以故色界乃至眼觸為緣所生諸受畢竟不
可得故善現耳界非造非不造非作非不作何
以故耳界畢竟不可得故聲界耳識界及耳
觸耳觸為緣所生諸受非造非不造非作非
不作何以故聲界乃至耳觸為緣所生諸受
畢竟不可得故善現鼻界非造非不造非作
非不作何以故鼻界畢竟不可得故香界鼻
識界及鼻觸鼻觸為緣所生諸受非造非不
造非作非不作何以故香界乃至鼻觸為
緣所生諸受畢竟不可得故善現舌界非造
非不造非作非不作何以故舌界畢竟不可
得故味界舌識界及舌觸舌觸為緣所生諸
受非造非不造非作非不作何以故味界乃
至舌觸為緣所生諸受畢竟不可得故善現
身界非造非不造非作非不作何以故身界
畢竟不可得故觸界身識界及身觸身觸為
緣所生諸受非造非不造非作非不作何以故
觸界乃至身觸為緣所生諸受畢竟不可
得故善現意界非造非不造非作非不作何以
故意界畢竟不可得故法界意識界及意
觸意觸為緣所生諸受非造非不造非作非
不作何以故法界乃至意觸為緣所生諸受
畢竟不可得故善現地界非造非不造非作
非不作何以故地界畢竟不可得故水火風

BD00826號　大般若波羅蜜多經卷五〇　（19–4）

不作何以故法界乃至意觸為緣所生諸受
畢竟不可得故善現地界畢竟非造非不造非作
非不作何以故地界畢竟不可得故水火風
空識界非造非不造非作非不作何以故水
火風空識界畢竟不可得故善現苦聖諦非
造非不造非作非不作何以故苦聖諦畢竟
不可得故集滅道聖諦非造非不造非作非
不作何以故集滅道聖諦畢竟不可得故善
現无明非造非不造非作非不作何以故无
明畢竟不可得故行識名色六處觸受愛取
有生老死愁嘆苦憂惱非造非不造非作非
不作何以故行乃至老死愁歎苦憂惱畢竟
不可得故善現內空非造非不造非作非不作
何以故內空畢竟不可得故外空內外空空
空大空勝義空有為空无為空畢竟空无
際空散空无變異空本性空自相空共相空
一切法空不可得空无性空自性空无性自
性空非造非不造非作非不作何以故外空
乃至无性自性空畢竟不可得故善現四靜
慮非造非不造非作非不作何以故四靜慮
畢竟不可得故四无量四无色定非造非不
造非作非不作何以故四无量四无色定畢
竟不可得故善現四念住非造非不造非作
非不作何以故四念住畢竟不可得故四正斷
四神足五根五力七等覺支八聖道支非
造非不造非作非不作何以故四正斷乃至
八聖道支畢竟不可得故善現空解脫門非

BD00826號　大般若波羅蜜多經卷五〇　（19–5）

非不作何以故四念住畢竟不可得故四正斷
四神足五根五力七等覺支八聖道支非
造非不造非作非不作何以故四正斷乃至
八聖道支畢竟不可得故善現空解脫門非
造非不造非作非不作何以故空解脫門畢
竟不可得故无相无願解脫門非造非不造
非作非不作何以故无相无願解脫門畢竟
不可得故善現布施波羅蜜多非造非不造
非作非不作何以故布施波羅蜜多畢竟不
可得故淨戒安忍精進靜慮般若波羅蜜多
非造非不造非作非不何以故淨戒乃至般
若波羅蜜多畢竟不可得故善現五眼非
造非不造非作非不作何以故五眼畢竟不
可得故六神通非造非不造非作非不作何
以故六神通畢竟不可得故善現佛十力非
造非不造非作非不作何以故佛十力畢竟
不可得故四无所畏四无礙解大慈大悲大
喜大捨十八佛不共法一切智道相智一切
相智非造非不造非作非不作何以故四无所
畏乃至一切相智畢竟不可得故善現真
如非造非不造非作非不作何以故真如畢
竟不可得故法界法性不虛妄性不變異性
平等性離生性法定法住實際非造非不造
非作非不作何以故法界乃至實際畢竟
不可得故善現菩薩非造非不造非作非不
作何以故菩薩畢竟不可得故善現如來
應正等覺非造非不造非作非不作何以故
如來應正等覺畢竟不可得故善現由是因

BD00826號　大般若波羅蜜多經卷五〇　（19–6）

應正等覺非造非不造非作非不作何以故
如來應正等覺畢竟不可得故善現由是因
緣一切智智无造无作一切有情亦无造无
作菩薩摩訶薩為是事故擐大乘鎧善現由
此義故菩薩摩訶薩不擐功德鎧當知是為
擐大乘鎧
尒時具壽善現白佛言世尊如我解佛所説
義色无縛无解受想行識无縛无解何以故
世尊色性无所有故无縛无解受想行識性
无所有故无縛无解色性遠離故无縛无解
受想行識性遠離故无縛无解色性寂靜故
无縛无解受想行識性寂靜故无縛无解色
性空故无縛无解受想行識性空故无縛无
解色性无想故无縛无解受想行識性无相
故无縛无解色性无願故无縛无解受想行
識性无願故无縛无解色性无生故无縛无
解受想行識性无生故无縛无解色性无滅
故无縛无解受想行識性无滅故无縛无解
色性无染故无縛无解受想行識性无染故
无縛无解色性无淨故无縛无解受想行識
性无淨故无縛无解
世尊眼處无縛无解耳鼻舌身意處无縛无
解何以故世尊眼處性无所有故无縛无解
耳鼻舌身意處性无所有故无縛无解眼處
性遠離故无縛无解耳鼻舌身意處性遠離
故无縛无解眼處性寂靜故无縛无解耳鼻
舌身意處性寂靜故无縛无解眼處性空故

BD00826號　大般若波羅蜜多經卷五〇　（19–7）

耳鼻舌身意處性无所有故无縛无解眼處
性遠離故无縛无解耳鼻舌身意處性遠離
故无縛无解眼處性寂靜故无縛无解耳鼻
舌身意處性寂靜故无縛无解眼處性空故
无縛无解耳鼻舌身意處性空故无縛无解
眼處性无相故无縛无解耳鼻舌身意處性
无相故无縛无解眼處性无願故无縛无解
耳鼻舌身意處性无願故无縛无解眼處性
无生故无縛无解耳鼻舌身意處性无生故
无縛无解眼處性无滅故无縛无解耳鼻舌
身意處性无滅故无縛无解眼處性无染故
无縛无解耳鼻舌身意處性无染故无縛无
解眼處性无淨故无縛无解耳鼻舌身意處
性无淨故无縛无解世尊色處无縛无解聲
香味觸法處无縛无解何以故世尊色處性
无所有故无縛无解聲香味觸法處性无所
有故无縛无解色處性遠離故无縛无解聲
香味觸法處性遠離故无縛无解色處性寂
靜故无縛无解聲香味觸法處性寂靜故无
縛无解色處性空故无縛无解聲香味觸法
處性空故无縛无解色處性无相故无解无
解聲香味觸法處性无相故无縛无解色處
性无願故无縛无解聲香味觸法處性无願
故无縛无解色處性无生故无縛无解聲香
味觸法處性无生故无縛无解色處性无滅
故无縛无解聲香味觸法處性无滅故无縛
无解色處性无染故无縛无解聲香味觸法
處性无染故无縛无解色處性无淨故无縛

BD00826號　大般若波羅蜜多經卷五〇　（19–8）

故无縛无解聲香味觸法處性无滅故无縛
无解色處性无染故无縛无解聲香味觸法
處性无染故无縛无解色處性无淨故无縛
无解聲香味觸法處性无淨故无縛无解
世尊眼界无縛无解色界眼識界及眼觸眼
觸為緣所生諸受无縛无解何以故世尊眼
界性无所有故无縛无解色界眼識界及眼
觸眼觸為緣所生諸受性无所有故无縛无
解眼界性遠離故无縛无解色界乃至眼觸
為緣所生諸受性遠離故无縛无解眼界性
寂靜故无縛无解色界乃至眼觸為緣所生
諸受性寂靜故无縛无解眼界性空故无縛
无解色界乃至眼觸為緣所生諸受性空故
无縛无解眼界性无相故无縛无解色界乃
至眼觸為緣所生諸受性无相故无縛无解
眼界性无願故无縛无解色界乃至眼觸為
緣所生諸受性无願故无縛无解眼界性无
生故无縛无解色界乃至眼觸為緣所生諸
受性无生故无縛无解眼界性无滅故无縛
无解色界乃至眼觸為緣所生諸受性无滅
故无縛无解眼界性无染故无縛无解色界
乃至眼觸為緣所生諸受性无染故无縛无
解眼界性无淨故无縛无解色界乃至眼觸
為緣所生諸受性无淨故无縛无解世尊耳
界无縛无解聲界耳識界及耳觸耳觸為緣
所生諸受无縛无解何以故世尊耳界性无
所有故无縛无解聲界耳識界及耳觸耳觸
為緣所生諸受性无所有故无縛无解耳界

BD00826號　大般若波羅蜜多經卷五〇　（19–9）

界无縛无解聲界耳識界及耳觸耳觸為緣
所生諸受无縛无解何以故世尊耳界性无
所有故无縛无解聲界耳識界及耳觸耳觸
為緣所生諸受性无所有故无縛无解耳界
性遠離故无縛无解聲界乃至耳觸為緣所
生諸受性遠離故无縛无解耳界性寂靜故
无縛无解聲界乃至耳觸為緣所生諸受性
寂靜故无縛无解耳界性空故无縛无解聲
界乃至耳觸為緣所生諸受性空故无縛无
解耳界性无相故无縛无解聲界乃至耳觸
為緣所生諸受性无相故无縛无解耳界性
无願故无縛无解聲界乃至耳觸為緣所生
諸受性无願故无縛无解耳界性无生故无
縛无解聲界乃至耳觸為緣所生諸受性无
生故无縛无解耳界性无滅故无縛无解聲
界乃至耳觸為緣所生諸受性无滅故无縛
无解耳界性无染故无縛无解聲界乃至耳
觸為緣所生諸受性无染故无縛无解耳界
性无淨故无縛无解聲界乃至耳觸為緣所
生諸受性无淨故无縛无解世尊鼻界无縛
无解香界鼻識界及鼻觸鼻觸為緣所生諸
受无縛无解何以故世尊鼻界性无所有故
无縛无解香界鼻識界及鼻觸鼻觸為緣
所生諸受性无所有故无縛无解鼻界性遠離
故无縛无解香界乃至鼻觸為緣所生諸受
性遠離故无縛无解鼻界性寂靜故无縛无
解香界乃至鼻觸為緣所生諸受性寂靜故
无縛无解[illegible]

BD00826號　大般若波羅蜜多經卷五〇　（19–10）

所生諸受性无所有故无縛无解鼻界性遠離
故无縛无解香界乃至鼻觸為緣所生諸受
性遠離故无縛无解鼻界性寂靜故无縛无
解香界乃至鼻觸為緣所生諸受性寂靜故
无縛无解鼻界性空故无縛无解香界乃至
鼻觸為緣所生諸受性空故无縛无解鼻界
性无相故无縛无解香界乃至鼻觸為緣所
生諸受性无相故无縛无解鼻界性无願故
无縛无解香界乃至鼻觸為緣所生諸受性
无願故无縛无解鼻界性无生故无縛无解
香界乃至鼻觸為緣所生諸受性无生故无
縛无解鼻界性无滅故无縛无解香界乃至
鼻觸為緣所生諸受性无滅故无縛无解鼻
界性无染故无縛无解香界乃至鼻觸為緣
所生諸受性无染故无縛无解鼻界性无淨
故无縛无解香界乃至鼻觸為緣所生諸受性
无淨故无縛无解世尊舌界无縛无解味界
舌識界及舌觸舌觸為緣所生諸受无縛无
解何以故世尊舌界性无所有故无縛无解
味界舌識界及舌觸舌觸為緣所生諸受性
无所有故无縛无解舌界性遠離故无縛无
解味界乃至舌觸為緣所生諸受性遠離故
无縛无解舌界性寂靜故无縛无解味界乃
至舌觸為緣所生諸受性寂靜故无縛无解
舌界性空故无縛无解味界乃至舌觸為緣
所生諸受性空故无縛无解舌界性无相故无
縛无解味界乃至舌觸為緣所生諸受性无
相故无縛无解舌界性无願故无縛无解味

舌界性空故无縛无解味界乃至舌觸為緣
所生諸受性空故无縛无解舌界性无相故无
縛无解味界乃至舌觸為緣所生諸受性无
相故无縛无解舌界性无願故无縛无解味
界乃至舌觸為緣所生諸受性无願故无縛
无解舌界性无生故无縛无解味界乃至
舌觸為緣所生諸受性无生故无縛无解舌
界性无滅故无縛无解味界乃至舌觸為緣
所生諸受性无滅故无縛无解舌界性无染
故无縛无解味界乃至舌觸為緣所生諸受
性无染故无縛无解舌界性无淨故无縛无解
味界乃至舌觸為緣所生諸受性无淨故无
縛无解世尊身界无縛无解觸界身識界及
身觸身觸為緣所生諸受无縛无解何以故
世尊身界性无所有故无縛无解觸界身識
界及身觸身觸為緣所生諸受性无所有故
无縛无解身界性遠離故无縛无解觸界乃
至身觸為緣所生諸受性遠離故无縛无解
身界性寂靜故无縛无解觸界乃至身觸為
緣所生諸受性寂靜故无縛无解身界性空
故无縛无解觸界乃至身觸為緣所生諸受
性空故无縛无解身界性无相故无縛无解
觸界乃至身觸為緣所生諸受性无相故无
縛无解身界性无願故无縛无解觸界乃
至身觸為緣所生諸受性无願故无縛无解身
界性无生故无縛无解觸界乃至身觸為緣所
生諸受性无生故无縛无解身界性无滅故
无縛无解觸界乃至身觸為緣所

縛无解身界性无相故无縛无解觸界乃
至身觸為緣所生諸受性无願故无縛无解身
界性无生故无縛无解觸界乃至身觸為緣所
生諸受性无生故无縛无解身界性无滅故
无縛无解觸界乃至身觸為緣所生諸受性
无滅故无縛无解身界性无染故无縛无解
觸界乃至身觸為緣所生諸受性无染故无
縛无解身界性无淨故无縛无解觸界乃至
身觸為緣所生諸受性无淨故无縛无解世
尊意界无縛无解法界意識界及意觸意觸
為緣所生諸受无縛无解何以故世尊意界
性无所有故无縛无解法界意識界及意觸
意觸為緣所生諸受性无所有故无縛无解
意界性遠離故无縛无解法界乃至意觸為
緣所生諸受性遠離故无縛无解意界性寂
靜故无縛无解法界乃至意觸為緣所生諸
受性寂靜故无縛无解意界性空故无縛无
解法界乃至意觸為緣所生諸受性空故无縛
无解意界性无相故无縛无解法界乃至意
觸為緣所生諸受性无相故无縛无解意界
性无願故无縛无解法界乃至意觸為緣所
生諸受性无願故无縛无解意界性无生故无
縛无解法界乃至意觸為緣所生諸受性无
生故无縛无解意界性无滅故无縛无解法
界乃至意觸為緣所生諸受性无滅故无縛
无解意界性无染故无縛无解法界乃至意
觸為緣所生諸受性无染故无縛无解意界
性无淨故无縛无解法界乃至意觸為緣所

BD00826號　大般若波羅蜜多經卷五〇　（19–13）

界乃至意觸為緣所生諸受性无滅故无縛
无解意界性无染故无縛无解法界乃至意
觸為緣所生諸受性无染故无縛无解意界
性无淨故无縛无解法界乃至意觸為緣所
生諸受性无淨故无縛无解
世尊地界无縛无解水火風空識界无縛无
解何以故世尊地界性无所有故无縛无解
水火風空識界性无所有故无縛无解地界
性遠離故无縛无解水火風空識界性遠離
故无縛无解地界性寂靜故无縛无解水火
風空識界性寂靜故无縛无解地界性空故
无縛无解水火風空識界性空故无縛无解
地界性无相故无縛无解水火風空識界性
无相故无縛无解地界性无願故无縛无解
水火風空識界性无願故无縛无解地界性
无生故无縛无解水火風空識界性无生故
无縛无解地界性无滅故无縛无解水火風
空識界性无滅故无縛无解地界性无染故
无縛无解水火風空識界性无染故无縛无
解地界性无淨故无縛无解水火風空識界
性无淨故无縛无解
世尊苦聖諦无縛无解集滅道聖諦无縛无
解何以故世尊苦聖諦性无所有故无縛无解
集滅道聖諦性无所有故无縛无解苦聖
諦性遠離故无縛无解集滅道聖諦性遠離
故无縛无解苦聖諦性寂靜故无縛无解集
滅道聖諦性寂靜故无縛无解苦聖諦性空

BD00826號　大般若波羅蜜多經卷五〇　（19–14）

集滅道聖諦性无所有故无縛无解苦聖
諦性遠離故无縛无解集滅道聖諦性遠離
故无縛无解苦聖諦性寂靜故无縛无解集
滅道聖諦性寂靜故无縛无解苦聖諦性空
故无縛无解集滅道聖諦性空故无縛无解
苦聖諦性无相故无縛无解集滅道聖諦性
无相故无縛无解苦聖諦性无願故无縛无
解集滅道聖諦性无願故无縛无解苦聖諦
性无生故无縛无解集滅道聖諦性无生故
无縛无解苦聖諦性无滅故无縛无解集滅
道聖諦性无滅故无縛无解苦聖諦性无染
故无縛无解集滅道聖諦性无染故无縛无
解苦聖諦性无淨故无縛无解集滅道聖諦
性无淨故无縛无解
世尊无明无縛无解行識名色六處觸受愛
取有生老死愁歎苦憂惱无縛无解何以故
世尊无明性无所有故无縛无解行識名色
六處觸受愛取有生老死愁歎苦憂惱性无
所有故无縛无解无明性遠離故无縛无解
行乃至老死愁歎苦憂惱性遠離故无縛无
解无明性寂靜故无縛无解行乃至老死愁
歎苦憂惱性寂靜故无縛无解无明性空故
无縛无解行乃至老死愁歎苦憂惱性空故
无縛无解无明性无相故无縛无解行乃至
老死愁歎苦憂惱性无相故无縛无解无明
性无願故无縛无解行乃至老死愁歎苦憂
惱性无願故无縛无解无明性无生故无縛

BD00826號　大般若波羅蜜多經卷五〇　（19–15）

无縛无解无明性无相故无縛无解行乃至
老死愁歎苦憂惱性无相故无縛无解无明
性无願故无縛无解行乃至老死愁歎苦憂
惱性无願故无縛无解无明性无生故无縛
无解行乃至老死愁歎苦憂惱性无生故无
縛无解无明性无滅故无縛无解行乃至老
死愁歎苦憂惱性无滅故无縛无解无明性
无染故无縛无解行乃至老死愁歎苦憂惱
性无染故无縛无解无明性无淨故无縛无
解行乃至老死愁歎苦憂惱性无淨故无縛
无解
世尊内空无縛无解外空内外空空空大空
勝義空有為空无為空畢竟空无際空散空
无變異空本性空自相空共相空一切法空
不可得空无性空自性空无性自性空无縛
无解何以故世尊内空性无所有故无縛无
解外空内外空空空大空勝義空有為空无
為空畢竟空无際空散空无變異空本性空
自相空共相空一切法空不可得空无性空
自性空无性自性空性无所有故无縛无解
内空性遠離故无縛无解外空乃至无性自
性空性遠離故无縛无解内空性寂靜故无
縛无解外空乃至无性自性空性寂靜故无
縛无解内空性空故无縛无解外空乃至无
性自性空性空故无縛无解内空性无相故
无縛无解外空乃至无性自性空性无相故无
縛无解内空性无願故无縛无解外空乃至

BD00826號　大般若波羅蜜多經卷五〇　（19–16）

縛无解內空性空故无縛无解外空乃至无
性自性空性空故无縛无解內空性无相故
无縛无解外空乃至无性自性空性无相故无
縛无解內空性无願故无縛无解外空乃至
无性自性空性无願故无縛无解內空性无生
故无縛无解外空乃至无性自性空性无生
故无縛无解內空性无滅故无縛无解外空乃
至无性自性空性无滅故无縛无解內空性
无染故无縛无解外空乃至无性自性空性
无染故无縛无解內空性无淨故无縛无
解外空乃至无性自性空性无淨故无縛无解
世尊四靜慮无縛无解四无量四无色定无
縛无解何以故世尊四靜慮性无所有故无
縛无解四无量四无色定性无所有故无縛
无解四靜慮性遠離故无縛无解四无量四
无色定性遠離故无縛无解四靜慮性寂靜
故无縛无解四无量四无色定性寂靜故无
縛无解四靜慮性空故无縛无解四无量四
无色定性空故无縛无解四靜慮性无相故
无縛无解四无量四无色定性无相故无縛
无解四靜慮性无願故无縛无解四无量四无
色定性无願故无縛无解四靜慮性无生
故无縛无解四无量四无色定性无生故无
縛无解四靜慮性无滅故无縛无解四无量
四无色定性无滅故无縛无解四靜慮性无
染故无縛无解四无量四无色定性无染故
无縛无解四靜慮性无淨故无縛无解四无
量四无色定性无淨故无縛无解

四无色定性无滅故无縛无解四靜慮性无
染故无縛无解四无量四无色定性无染故
无縛无解四靜慮性无淨故无縛无解四无
量四无色定性无淨故无縛无解
世尊四念住无縛无解四正斷四神足五根
五力七等覺支八聖道支无縛无解何以故
世尊四念住性无所有故无縛无解四正斷
四神足五根五力七等覺支八聖道支性无
所有故无縛无解四念住性遠離故无縛无
解四正斷乃至八聖道支性遠離故无縛无
解四念住性寂靜故无縛无解四正斷乃至
八聖道支性寂靜故无縛无解四念住性空
故无縛无解四正斷乃至八聖道支性空故
无縛无解四念住性相故无縛无解四正斷
乃至八聖道支性无相故无縛无解四念
住性无願故无縛无解四正斷乃至八聖道
支性无願故无縛无解四念住性无生故无
縛无解四正斷乃至八聖道支性无生故无
縛无解四念住性无滅故无縛无解四正斷
乃至八聖道支性无滅故无縛无解四念住
性无染故无縛无解四正斷乃至八聖道支
性无染故无縛无解四念住性无淨故无縛
无解四正斷乃至八聖道支性无淨故无縛
无解
世尊空解脫門无縛无解无相无願解脫門
无縛无解何以故世尊空解脫門性无所有
故无縛无解无相无願解脫門性无所有故
无縛无解空解脫門性遠離故无縛无解无

世尊空解脫門无縛无解无相无願解脫門
无縛无解何以故世尊空解脫門性无所有
故无縛无解无相无願解脫門性无所有故
无縛无解空解脫門性遠離故无縛无解无
相无願解脫門性遠離故无縛无解空解脫
門性寂靜故无縛无解无相无願解脫門性
寂靜故无縛无解空解脫門性空故无縛无
解无相无願解脫門性空故无縛无解空解
脫門性无相故无縛无解无相无願解脫門
性无相故无縛无解空解脫門性无願故无
縛无解无相无願解脫門性无願故无縛无
解空解脫門性无生故无縛无解无相无
願解脫門性无生故无縛无解空解脫門性
无滅故无縛无解无相无願解脫門性无滅
故无縛无解空解脫門性无染故无縛无解
无相无願解脫門性无染故无縛无解空解
脫門性无淨故无縛无解无相无願解脫門
性无淨故无縛无解

大般若波羅蜜多經卷第五十

BD00826號　大般若波羅蜜多經卷五〇　（19–19）

又經須菩提如來悉知悉見者上來諸
偈皆先作偈釋後舉經結之此中何故先列
經於前後方作偈論而釋以上趂釋後兩段
經此猶未解所以先舉也然此論主解義多
後或先舉後釋或先釋後結而此依闍陀論
法也此所以趂釋後二經文今方在此釋悉
知悉見者前明三種信人勢相屬者以此知
見是任放辯才義通三人列三人說明知見
義顯故方釋之此明何義者論主欲釋如來
悉知悉見是諸衆生義故問此悉知悉見明
何等義即以偈答云佛非見果知此一偈正
釋經中如來悉知悉見是諸衆生佛非見果
知者明如來以現智了了知此人決定能信
名為持戒非見有威儀相狼者謂為能信名
持戒人如此假相知者此為藉相比知今明佛
非以此相類解故云佛非見果知也應問若
非比智知者云何知答曰顯智力現見顯智
者如來百卌不共法中顯智力亦云自在力
也非同小乘發願後方有智也求供養恭敬
彼人不能說者上半偈明引佛為證成前二
種能信人也此下半偈出破戒不信之人實
不持戒為利養故詐言持戒者彼人不能自
說我是持戒有功德能信之人以如來力知
也

BD00827號　金剛仙論卷三　（12–1）

彼人不能說者上半偈明引佛為證成前二
種能信人也此下半偈出破戒不信之人實
不持戒為利養故詐言持戒者彼人不能自
說我是持戒有功德能信之人以如來力知
也
此義云何以下一段長行論有二意從初
至不能自說已前釋上一偈又是諸菩薩以
下釋偈外兩處經也就初釋偈中復有二意
從持戒等至以有二語釋上半偈彼持戒等
人至頗智尒現見故釋前半偈中知見之義
如來悉知便是以下至以有二語故論主設不
須並明知見二法之難即荅須並明知見
二法之義也何故如是說者論主設問何故
住此不須知見之間荅須知見之說故云何
故如是說也即荅以有二語故明知有現智
知有比智知有佛眼見肉眼等見以有此二
語不同故設此問荅欲使人識如來云知見
者是現智知佛眼見非比智知肉眼見也
又何故如來如是說以下明知見中第二意
釋下半偈又何故如來如是說者論主設問
云如來唯知二人有信明於知之与見為當
更餘意也故即引下半偈荅明如來不但知
見此二人有能信之德若有人實不信此經
實不持戒為求供養恭敬詐言持戒有信
者如來亦知見故明下以論釋求供養等半
偈也是諸菩薩生无量福德聚取无量福德
者生者此明前二人能信之福決定能住菩

實不持戒為求供養恭敬詐言持戒有信
者如來亦知見故明下以論釋求供養等半
偈也是諸菩薩生无量福德聚取无量福德
者生者此明前二人能信之福決定能住菩
提因故云能生因也取者論釋去勳於自體
果義者明此一念信心非但能与佛果作決
定因義由此一念信心為因復能修行斷或
顯出法身无上佛果也明此前二人決定能
修行取佛果也
又何以故須菩提若取法相則為著我等者
此一段經在我法二空經文之後所以解在於
此餘經文具經在下而在前釋者明餘經共
成有智慧人我法二空之解義勢相屬引之
前釋然此經文乃明二地已上修道中所斷
之或在下義便故遣之於此也但有无明使
者此是功用之或善法煩惱釋經中若取法
相則為著我等二句經也无現行處煩惱者
无三界四住我見等麁或故言无現行麁煩
惱以示无我我見四住煩惱以我者為本六
十二見亦因而有誅其无本是知亦无餘或
也彼不住隨順一偈釋經中栰喻成上不應
取法非不取法此經論俱次先舉後釋彼者
彼於十二部經言教法也不住者彼經教法
不住无名相證法中正釋經中是法應捨明
所詮之理絕於名相言教法故也即有難云
所詮證理絕於言教名相者能詮之教便一
向非為法也偈即荅云隨順雖能詮之教非

彼於十二部經言教法也不住者彼經教法
不住无名相證法中正釋經中是法應捨明
所詮之理絕於名相言教法故也即有難云
所詮證理絕於言教名相者能詮之教便一
向非為法也偈即答云隨順雖能詮之教非
即是所詮證法非不因於能詮得證法故言
隨順也此二字釋經中非捨法故由教得理
不全捨也於法中證智者釋上句彼不住也
直言不住未知於何處不住故出於所詮證
智中音聲言教法不住也如人捨船栰釋經
中栰喻也法中義亦然者合喻也此亦應云
如人取船栰法中義亦然所以偏云捨者以
偈使故也
此義云何以下至以得證智捨法故釋偈上
句中彼不住第二句於法中證智明能詮教
法非證法故不取教法為證即引栰喻來帖
成也隨順者以下釋偈初句中隨順二字明
言教雖非即所詮法非不隨順於法故取言
教為法不得全捨所以復引取栰喻帖結也
自此以下等論主生下我空法空第二段經
文從初至非有為相得名將出生異疑之處
故牒前第五段經來也若如是以下住生疑
法用正出疑體也廣釋如經中生起无異也
佛告須菩提於意云何如來得三菩提也者
此經猶屬我空法空段成上有能信也以何
次第起上第五段中言不可以相成就見如來
者明不可以三相所成丈六應見法佛如
來以法身如來无生住滅非有為相故有人

此經猶屬我空法空段成上有能信也以何
次第起上第五段中言不可以相成就見如來
者明不可以三相所成丈六應見法佛如
來以法身如來无生住滅非有為相故有人
乘此更生疑若釋迦如來從王宮生六年苦
行修道成佛卌五年住說法後入涅槃有
此三相非是佛者今此三相所成丈六如來
為當是佛為一向非佛若是佛者不應言不
可以相成就見如來若非是佛不應言我發
菩提心修苦行道場成佛轉法輪此釋迦如
來為實發菩提心修苦行道場成佛有所證
有所說為不發菩提心不修苦行不成道无
所證无所說也有如此疑故次答意明釋迦
如來非法身佛非不是應化佛化佛以衆生
感見故有无實衆生體亦无四大无心意意
識不從修成故非是實佛既非實佛亦不發
菩提心修苦行道場成佛實有所證既无實
證亦不說法為斷此前疑故次明此段經也
前第五段中已別相明法身佛今此經中亦
別相中明應佛也須菩提於意云何者明須
菩提懷疑在心即應有問如來亦應有答以
此經文略義隱多不住問答故直問須菩提
於意云何也欲使須菩提稟如來冥加力故
自答此義也
須菩提解佛意故即答世尊无有定法如
來得三菩提也明應佛以衆生感見故有道
理而言无有定法應化如來有實行者發心
修行斷除煩惱證於菩提故云无定法如來

須菩提解佛意故即荅世尊无有定法如
来得三菩提也明應佛以衆生感見故有道
理而言无有定法應化如来有實行者發心
修行斷除煩惱證於菩提故云无定法如来
得三菩提非謂一向无菩提可證亦无實修
行證菩提人也亦无定法如来可說者凡以
有證故有說无證故无說然應佛既不證果
亦不因證而說也何以故者有人聞言應佛
如来不修道證果須不說法更生疑謗謂
向无菩提亦无菩薩修道證果往佛亦念不
說法若无佛无法者何以故釋迦如来云我
三阿僧祇修行滿足證大菩提轉法輪便有
證有說云何而言如来不得三菩提亦不說
法也又若一向无佛无法者云何諸菩薩發
菩提心修諸菩行求於佛果有如此疑問故
言何以故也即荅云如来所說法荅意明如
来實有證說但上言不證說者此明應化佛
實不證不說今言如来所說法者明報佛
如来非不有實行者發心修行斷或證果有
所說法也那得以應佛不實證說便謂報佛
亦一向不證不說也若報佛說法者法佛為說
法以不此中應有是疑而此中不荅下斷疑今
中當釋法佛有說不說或者聞言實有證說
乘更生疑若報佛如来實有證說者則所證
之法體是名相可取說云何上言真如證法
體无名相言語道斷心行處滅不可取說也
故經荅皆不可取不可說也此荅意言報佛

BD00827 號　金剛仙論卷三　（12–6）

中當釋法佛有說不說或者聞言實有證說
乘更生疑若報佛如来實有證說者則所證
之法體是名相可取說云何上言真如證法
體无名相言語道斷心行處滅不可取說也
故經荅皆不可取不可說也此荅意言報佛
證果為人說法若據真如理中泯然一相无
說法者依世諦名相道中得言有行者修行
有修得亦无證說也不可取不可說者明真
如證法體非名相不為耳識所得故言不可
取非音聲性難以言辯故言不可說也非法
者明上證法體非名相不可取說故聲教非
證法成上不可取不可說也非非法者若前
證智法非音聲性故不可取說者則能詮經
教脩然離於所詮之理若尒經教則一向非
法為釋此疑故言非非法也明能詮經教雖
非即證法非不由教得理故不得云全一向
非法亦是法成上来所說法也
何以故一切聖人皆以无為法得名者何故明
此上言非非法者明能詮之教雖非證法
要藉因能說藉教得證明知言教是法非是
向非法故引此一切聖人以釋成此義何
以故者此言教何以故是法非是法以是初地
以上一切聖人證真如无為法還說无
為法故知是法非是非法也皆以无為法得
名者謂真如法名无為也明初地菩薩並觀
三種二諦就現得二空故斷除五住習氣无
明離心意意識名為見道乃至十地皆分有
對治除斷此明由見真如正理能斷煩惱故

BD00827 號　金剛仙論卷三　（12–7）

名者詮真如法名无為也明初地菩薩並觀
三種二諦就現得二空故斷除五住習氣无
明離心意意識名為見道乃至十地皆分有
對治除斷此明由見真如正理能斷煩惱故
曰聖人无為法得名也
論曰以是義故者論主未嘗有釋何得直云
以是義故此即指前經文如來設問須菩提
仰荅如来无有定法如来有得有說如前經中
二聖問荅相解我亦如是解此經意更不別
釋即指經為解故云以是義故釋迦牟尼佛
非佛亦非說法者也此義云何者此一段經
一行論釋義意云何也故即偈荅云應化非
真佛此一偈釋前一段經應化非真佛者正
釋經中无有定法如来得三菩提也明釋迦如
来從感故有八相成道導言佛者是應化佛
非真佛者非是法報二種真佛也亦非說法
者此釋經中无有定法如来可說也上云應
佛不證菩提此句云應佛既不證菩提亦不
說也說法不二取者說法二字釋經中何以
故如来所說法明報佛如来實證菩提實說
法也不二取者釋經中皆不可取不可說也
云何不取〻二聽者不取所說言教以為證法
亦不取言教以為一向非法而說者亦不取
聲教以為證法不取聲教以為一向非法故
云不取〻二取也无說離言相者釋經中非法非
非法還釋成上不二取非法者云名相言教
非真如證法也明此證法從本際來自性清
淨體絶名相故不應以所詮證法同於聲教

聲教以為證法不取聲教以為一向非法故
云不取〻二取也无說離言相者釋經中非法非
非法還釋成上不二取非法者云名相言教
非真如證法也明此證法從本際來自性清
淨體絶名相故不應以所詮證法同於聲教
故云无說離言相此還成上非非法明言教
是法非是非法若證法无名相言教非是法
者便應一向絶於言說不須可假教而說尋
證可會有如此難故正應荅言不離言相但
以偈侠直云離言相明要假言證得於无言
也此義云何乃至亦非說法者故通釋偈中
上二句於中有二意從初至无有定法如來
可說此出二句所明義意雖並舉三佛來意
欲但取應佛明釋迦如來既是應佛故不實
證三菩提亦不說法即舉經結之也若尒以
下至亦非說法者故聞上釋言如來不得菩
提亦不說法論主便執經中如來所說法等
假興難意即引疑者之難以荅具難明遮人
謗故云報佛有證說非論應佛有證說也須引
偈來結明應佛无實說也說法不二取无說
離言相者乃至无我相實有故此提偈中下
二句次第釋之聽者說者皆不二取釋偈中
第三句也何以故者將釋偈中第四句故問
何以故上聽說二人於所說法中皆不二取
也即釋言彼法非法非非法然此依次第應
釋无說離言相但此句本為釋經中非法非
非法故引此經文釋於何以故問即當解偈
也依何義說者問此所說法言非非法者依

也即釋言彼法非法非非法然此依次第應
釋无說離言相但此句本為釋經中非法非
非法故引此經文釋於何以故問即當解偈
也依何義說者問此所說法言非非法者依
何義說也即答依真如義說言依真如義說
者明如來證真如法還為衆生說彼真如法
而此佛教非法非非法也非法者一切法无
體相故者此言教法中无所詮證智體相也非
非法者彼真如无我相實有故者明此真如
法體雖復絶有无名為无我而體備万德妙
有湛然故名為實有而如來依此法故有於
言說此言說還詮真如法故言教是法故云
非非法也自此已前釋偈已竟
從此以下将釋偈所不攝經故先問上經中
云若依真如有說者何故唯言如來所說法
不言如來所證法也即答云有言說者即成
證義等明若不證者不能說故明知今道如來所
說法者已知有證也如經以下即提所未釋經
來結成結成竟然後次第釋此經文也此
句明何義者問此一句經明何等義得結成
上有言說者已知證義也即答彼是說因
故明聖人由證真如故方有言說故引此經
證成上有說則有證也何以故者彼真如无
為法何以故得住言說家因即云一切聖人
依真如清淨得名明初地以上聖人皆證真
如无為法故斷除二鄣得聖人之名即結云
以无為法得名故也以此義故者以此聖人

為法何以故得住言說家因即云一切聖人
依真如清淨得名明初地以上聖人皆證真
如无為法故斷除二鄣得聖人之名即結云
以无為法得名故也以此義故者以此聖人
无為法得名義故彼聖人還說无為法是故
得成證法是言說因也須以何義者住難云
若聖人證无為法還說无為法者是則真如
證法有於名相便應可取可說須以何義故
云何真如證法无名无相不可取說也即答
云如彼聖人所證法不可如是說何況如是
取明彼證法體非聲性故尚不可以言說何
況以耳識注取故云不可如是說何況如是取
也故即釋言何以故彼法遠離言語相非可
說事故明雖彼聖人證无為法還說无為
法而此无為法離言語故不可取說也何故
不但言佛乃說一切聖人者論主假設難云
若一切聖人以无為法得名者唯佛一人會
无為理盡可以无為法得名初地以上聖人
見理未窮不應以无為法得名何故乃說一
切聖人皆以无為法得名也即答以一切聖人
依真如清淨得名故明初地以上聖人皆現
見真如家同故得名為聖是故不唯言佛也
乘即難云若初地以上一切聖人皆現會真
如名為聖者佛与菩薩有何異也故答如是
具足清淨如分清淨明如來万德圓滿見真
如理窮二鄣永盡故名佛為聖人具足清淨也
初地以上十地以還雖復見勝理未圓斷或
不盡非不如分如力見理除或勝分解成故
名菩薩為聖人如分清淨也答[illegible]

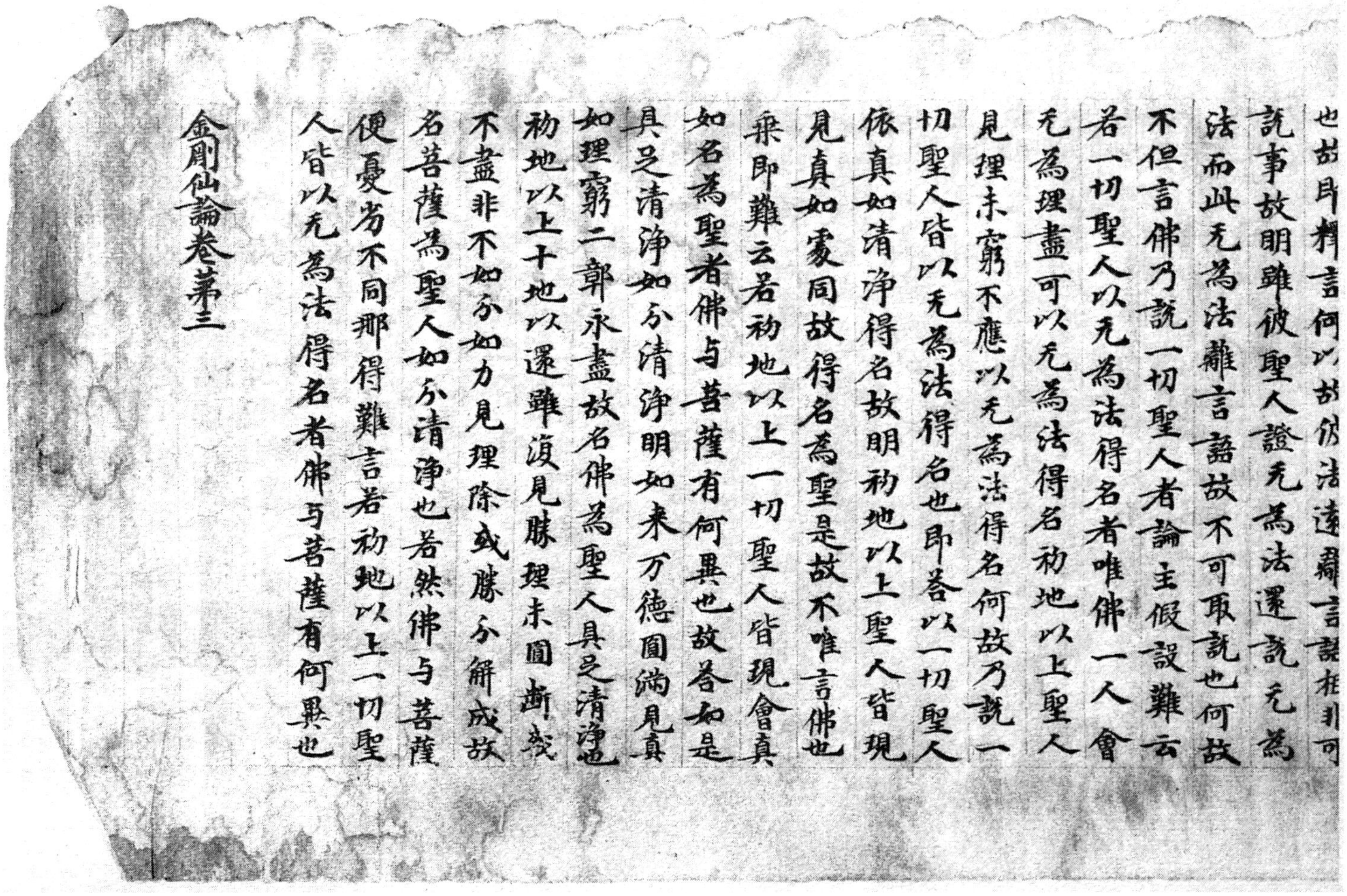
也故即釋言何以故彼法遠離言說相非可
說事故明雖彼聖人證无為法還說无為
法而此无為法離言語故不可取說也何故
不但言佛乃說一切聖人者論主假設難云
若一切聖人以无為法得名者唯佛一人會
无為理盡可以无為法得名初地以上聖人
見理未窮不應以无為法得名何故乃說一
切聖人皆以无為法得名也即荅以一切聖人
依真如清淨得名故明初地以上聖人皆現
見真如處同故得名為聖是故不唯言佛也
乘即難云若初地以上一切聖人皆現會真
如名為聖者佛与菩薩有何異也故荅如是
具足清淨如分清淨明如來万德圓滿見真
如理窮二鄣永盡故名佛為聖人具足清淨也
初地以上十地以還雖復見勝理未圓斷殘
不盡非不如分如力見理除或勝分解成故
名菩薩為聖人如分清淨也若然佛与菩薩
便憂劣不同那得難言若初地以上一切聖
人皆以无為法得名者佛与菩薩有何異也

金剛仙論卷第三

BD00827號　金剛仙論卷三　（12–12）

金剛仙論卷第三

BD00827號背　勘記　（1–1）

諸佛現有身骨流布於世人天供養得福無
邊今復言無欲生疑惑唯願世尊哀愍我
等廣為分別
爾時佛告妙幢菩薩及諸大衆汝等當知云
般涅槃有舍利者是密意說如是之義當一
心聽善男子菩薩摩訶薩如是應知有其十
法能解如來應正等覺有實理趣說有究
竟大般涅槃云何為十一者諸佛如來究
竟斷盡諸煩惱所知障故名為涅槃二者諸佛
如來善能解了有情無性及法無性故名為
涅槃三者能轉身依及法依故名為涅槃四
者於諸有情任運休息化因緣故名為涅槃
五者證得真實無差別相平等法身故名為
涅槃六者了知生死及以涅槃無二性故名為
涅槃七者於一切法了其根本證清淨故

BD00828號　金光明最勝王經卷一　（5–1）

者於諸有情任運休息化因緣故名為涅槃
五者證得真實無差別相平等法身故名為
涅槃六者了知生死及以涅槃無二性故名為
涅槃七者於一切法了其根本證清淨故
名為涅槃八者於一切法無生無滅善修行
故名為涅槃九者真如法界實際平等得正
智故名為涅槃十者於諸法性及涅槃性得
無差別故名為涅槃是謂十法說有涅槃
復次善男子菩薩摩訶薩如是應知復有十
法能解如來應正等覺真實理趣說有究
竟大般涅槃云何為十一者一切煩惱以樂欲
為本從樂欲生諸佛世尊斷樂欲故名為涅
槃二者以諸如來斷諸樂欲不取一法以不
取故無去無來無所取故名為涅槃三者以
無去來及無所取是則法身不生不滅無生
滅故名為涅槃四者此無生滅非言所宣言
語斷故名為涅槃五者無有我人唯法生滅
得轉依故名為涅槃六者煩惱隨惑皆是客
塵法性是主無來無去佛了知故名為涅槃七
者真如是實餘皆虛妄實性體者即是真
如真如性者即是如來名為涅槃八者實際
之性無有戲論唯獨如來證實際法戲論永
斷名為涅槃九者無生是實生是虛妄愚癡
之人漂溺生死如來體實無有虛妄名為涅
槃十者不實之法是從緣生真實之法不從
緣起如來法身體是真實名為涅槃善男子
是謂十法說有涅槃
復次善男子菩薩摩訶薩如是應知復有十

BD00828號　金光明最勝王經卷一　（5–2）

槃十者不實之法是從緣生真實之法不從
緣起如來法身體是真實名為涅槃善男子
是謂十法說有涅槃
復次善男子菩薩摩訶薩如是應知復有十
法能解如來應正等覺真實理趣說有究竟
大般涅槃云何為十一者如來善知施及施果
無我我所此施及果不正分別永除滅故
名為涅槃二者如來善知戒及戒果無我我
所此戒及果不正分別永除滅故名為涅槃
三者如來善知忍及忍果無我我所此忍及
果不正分別永除滅故名為涅槃四者如來
善知勤及勤果無我我所此勤及果不正分
別永除滅故名為涅槃五者如來善知定及
定果無我我所此定及果不正分別永除滅
故名為涅槃六者如來善知慧及慧果無我
我所此慧及果不正分別永除滅故名為涅
槃七者諸佛如來善能了知一切有情非有
情一切諸法皆無性不正分別永除滅故名
為涅槃八者若自愛著便起追求由追求故
受衆苦惱諸佛如來除自愛故永絕追求無
追求故名為涅槃九者有為之法皆有數量
無為法者數量皆除佛離有為證無為法無
數量故名為涅槃十者如來了知有情及法
體性皆空離空非有空性即是真法身故名
為涅槃善男子是謂十法說有涅槃
復次善男子豈唯如來不般涅槃是為希有
復有十種希有之法是如來行云何為十一

BD00828 號　金光明最勝王經卷一　（5–3）

體性皆空離空非有空性即是真法身故名
為涅槃善男子是謂十法說有涅槃
復次善男子豈唯如來不般涅槃是為希有
復有十種希有之法是如來行云何為十一
者生死過失涅槃寂靜由於生死及以涅槃
證平等故不處流轉不住涅槃於諸有情不
生猒背是如來行二者佛於衆生不作是念
此諸愚夫行顛倒見為諸煩惱之所纏迫我
今開悟令得解脫然由往昔慈善根力於彼
有情隨其根性意樂勝解不起分別任運
濟度示教利喜盡未來際無有窮盡是如
來行三者佛無是念我今演說十二分教利益有
情然由往昔慈善根力於彼有情廣說乃至
盡未來際無有窮盡是如來行四者佛無是
念我今往彼城邑聚落王及大臣婆羅門剎
帝利薜舍戍達羅等舍從其乞食然由往昔
身語意行串習力故任運詣彼為利益事而
行乞食是如來行五者如來之身無有飢渴
亦無便利羸憊之相雖行乞取而無所食亦
無分別然為任運利益有情是有食相是如
來行六者佛無是念此諸衆生有上中下隨
彼機性而為說法然佛世尊無有分別隨其
器量善應機緣為彼說法是如來行七者佛
無是念此類有情不恭敬我常於我所出呵
罵言不能與彼共為言論彼類有情恭敬於
我常於我所共相讚歎我當與彼共為言說
然而如來起慈悲心平等無二是如來行八
者諸佛如來無有愛憎憍慢貪惜及諸煩惱

BD00828 號　金光明最勝王經卷一　（5–4）

罵言不能與彼共為言論彼類有情恭敬於
我常於我所共相讚歎我當與彼共為言說
然而如來起慈悲心平等無二是如來行八
者諸佛如來無有愛憎憍慢貪惜及諸煩惱
然而如來常樂寂靜讚歎少欲離諸諠鬧是
如來行九者如來無有一法不知不善通達
於一切處鏡智現前無有分別然而如來見
彼有情所作事業隨彼意轉方便誘引令得
出離是如來行十者如來若見一分有情得
富盛時不生歡喜見其衰損不起憂慼然
而如來見彼有情修習正行無礙大慈自然
救攝若見有情修習邪行無礙大悲自然救
攝是如來行善男子如是當知如來應正等
覺說有如是無邊正行汝等當知是謂涅槃真
實之相或時見有般涅槃者是權方便及留
舍利令諸有情恭敬供養皆是如來慈善根
力若供養者於未來世遠離八難逢事諸佛
過善知識不失善心福報無邊速當出離不
為生死之所纏縛如是妙行汝等勤修勿為
放逸
尒時妙幢菩薩聞佛親說不般涅槃及甚深
行合掌恭敬白言我今始知如來大師不般
涅槃及留舍利普益衆生身心踊悅歎未曾
有說是如來壽量品時無量無數無邊衆生
皆發無等等阿耨多羅三藐三菩提心時四
如來忽然不現妙幢菩薩礼佛足已從座

BD00828 號　金光明最勝王經卷一　（5–5）

无上兩足尊　願說第一法　我為佛長子　唯垂分別說
是會无量衆　能敬信此法　佛已曾世世　教化如是等
皆一心合掌　欲聽受佛語　我等千二百　及餘求佛者
願為此衆故　唯垂分別說　是等聞此法　則生大歡喜
尒時世尊告舍利弗汝已慇懃三請豈得不
說汝今諦聽善思念之吾當為汝分別解說
說此語時會中有比丘比丘尼優婆塞優婆
夷五千人等即從座起礼佛而退所以者何
此輩罪根深重及增上慢未得謂得未證謂
證有如此失是以不住世尊嘿然而不制止
尒時佛告舍利弗我今此衆无復枝葉純有
貞實舍利弗如是增上慢人退亦往矣汝今
善聽當為汝說舍利弗言唯然世尊願樂欲
聞佛告舍利弗如是妙法諸佛如來時乃說
之如優曇鉢華時一現耳舍利弗汝等當信
佛之所說言不虛妄舍利弗諸佛隨宜說法
意趣難解所以者何我以无數方便種種因
緣譬喻言辭演說諸法是法非思量分別之
所能解唯有諸佛乃能知之所以者何諸佛
世尊唯以一大事因緣故出現於世舍利弗

BD00829 號　妙法蓮華經卷一　（5–1）

意趣難解所以者何我以无數方便種種因
緣辟喻言辞演說諸法是法非思量分別之
所能解唯有諸佛乃能知之所以者何諸佛
世尊唯以一大事因緣故出現於世舍利弗
云何名諸佛世尊唯以一大事因緣故出現
於世諸佛世尊欲令衆生開佛知見使得清
淨故出現於世欲示衆生佛知見故出現於
世欲令衆生悟佛知見故出現於世欲令衆
生入佛知見道故出現於世舍利弗是為諸
佛以一大事因緣故出現於世佛告舍利弗
諸佛如来但教化菩薩諸有所作常為一事
唯以佛之知見示悟衆生舍利弗如来但以
一佛乘故為衆生說法无有餘乘若二若三
舍利弗一切十方諸佛法亦如是舍利弗過
去諸佛以无量无數方便種種因緣辟喻言
辞而為衆生演說諸法是法皆為一佛乘故
是諸衆生從諸佛聞法究竟皆得一切種智
舍利弗未来諸佛當出於世亦以无量无數
方便種種因緣辟喻言辞而為衆生演說諸
法是法皆為一佛乘故是諸衆生從佛聞法究
竟皆得一切種智舍利弗現在十方无量
百千万億佛土諸佛世尊多所饒益安樂
衆生是諸佛亦以无量无數方便種種因緣
辟喻言辞而為衆生演說諸法是法皆為一
佛乘故是諸衆生從佛聞法究竟皆得一切
種智舍利弗是諸佛但教化菩薩欲以佛之

BD00829號　妙法蓮華經卷一　（5–2）

百千万億佛土諸佛世尊多所饒益安樂
衆生是諸佛亦以无量无數方便種種因緣
辟喻言辞而為衆生演說諸法是法皆為一
佛乘故是諸衆生從佛聞法究竟皆得一切
種智舍利弗是諸佛但教化菩薩欲以佛之
知見示衆生故欲以佛之知見悟衆生故欲
令衆生入佛之知見故舍利弗我今亦復如
是知諸衆生有種種欲深心所著隨其本性
以種種因緣辟喻言辞方便力故而為說法
舍利弗如此皆為得一佛乘一切種智故舍
利弗十方世界中尚无二乘何況有三舍利
弗諸佛出於五濁惡世所謂劫濁煩惱濁衆
生濁見濁命濁如是舍利弗劫濁亂時衆生
垢重慳貪嫉妬成就諸不善根故諸佛以方
便力於一佛乘分別說三舍利弗若我弟子
自謂阿羅漢辟支佛者不聞不知諸佛如来
但教化菩薩事此非佛弟子非阿羅漢非辟
支佛又舍利弗是諸比丘比丘尼自謂已得
阿羅漢是最後身究竟涅槃便不復志求
阿耨多羅三藐三菩提當知此輩皆是增上
慢人所以者何若有比丘實得阿羅漢若不信
此法无有是處除佛滅度後現前无佛所以
者何佛滅度後如是等經受持讀誦解義者
是人難得若遇餘佛於此法中便得決了舍
利弗汝等當一心信解受持佛語諸佛如来
言无虛妄无有餘乘唯一佛乘尒時世尊欲

BD00829號　妙法蓮華經卷一　（5–3）

是人難得若遇餘佛於此法中便得决了舍
利弗汝等當一心信解受持佛語諸佛如来
言无虛妄无有餘乘唯一佛乘尒時世尊欲
重宣此義而說偈言
比丘比丘尼　有懷增上慢　優婆塞我慢　優婆夷不信
如是四衆等　其數有五千　不自見其過　於戒有缺漏
護惜其瑕疵　是小智已出　衆中之糟糠　佛威德故去
斯人尠福德　不堪受是法　此衆无枝葉　唯有諸貞實
舍利弗善聽　諸佛所得法　无量方便力　而為衆生說
衆生心所念　種種所行道　若干諸欲性　先世善惡業
佛悉知是已　以諸緣譬喻　言辭方便力　令一切歡喜
或說脩多羅　伽陁及本事　本生未曾有　亦說於因緣
譬喻并祇夜　優波提舍經　鈍根樂小法　貪著於生死
於諸无量佛　不行深妙道　衆苦所惱亂　為是說涅槃
我設是方便　令得入佛慧　未曾說汝等　當得成佛道
所以未曾說　說時未至故　今正是其時　决定說大乘
我此九部法　隨順衆生說　入大乘為本　以故說是經
有佛子心淨　柔軟亦利根　无量諸佛所　而行深妙道
為此諸佛子　說是大乘經　我記如是人　来世成佛道
以深心念佛　脩持淨戒故　此等聞得佛　大喜充遍身
佛知彼心行　故為說大乘　聲聞若菩薩　聞我所說法
乃至於一偈　皆成佛无疑　十方佛土中　唯有一乘法
无二亦无三　除佛方便說　但以假名字　引導於衆生
說佛智慧故　諸佛出於世　唯此一事實　餘二則非真
終不以小乘　濟度於衆生　佛自住大乘　如其所得法
定慧力莊嚴　以此度衆生　自證无上道　大乘平等法

BD00829 號　妙法蓮華經卷一　（5–4）

於諸无量佛　不行深妙道　衆苦所惱亂　為是說涅槃
我設是方便　令得入佛慧　未曾說汝等　當得成佛道
所以未曾說　說時未至故　今正是其時　决定說大乘
我此九部法　隨順衆生說　入大乘為本　以故說是經
有佛子心淨　柔軟亦利根　无量諸佛所　而行深妙道
為此諸佛子　說是大乘經　我記如是人　来世成佛道
以深心念佛　脩持淨戒故　此等聞得佛　大喜充遍身
佛知彼心行　故為說大乘　聲聞若菩薩　聞我所說法
乃至於一偈　皆成佛无疑　十方佛土中　唯有一乘法
无二亦无三　除佛方便說　但以假名字　引導於衆生
說佛智慧故　諸佛出於世　唯此一事實　餘二則非真
終不以小乘　濟度於衆生　佛自住大乘　如其所得法
定慧力莊嚴　以此度衆生　自證无上道　大乘平等法
若以小乘化　乃至於一人　我則墮慳貪　此事為不可
若人信歸佛　如来不欺誑　亦无貪嫉意　斷諸法中惡
故佛於十方　而獨无所畏　我以相嚴身　光明照世間
无量衆所尊　為說實相印　舍利弗當知　我本立誓願
欲令一切衆　如我等无異　如我昔所願　今者已滿足
化一切衆生　皆令入佛道　若我遇衆生　盡教以佛道
无智者錯亂　迷惑不受教　我知此衆生　未曾脩善本
堅著於五欲　癡愛故生惱　以諸欲因緣　墜墮三惡道
輪迴六趣中　備受諸苦毒　受胎之微形　世世常增長

BD00829 號　妙法蓮華經卷一　（5–5）

大般若波羅蜜多經卷第五百八十七
第十二淨戒波羅蜜多分之四　三藏法師玄奘
又滿慈子有二菩薩俱證无上正等
有菩薩有方便善巧故疾證无上正
二有菩薩无方便善巧故遲證无上
提具壽當知寧為菩薩遲證无上正
不墮聲聞或獨覺證若諸菩薩速求
等菩提應知此中容有二事一者若无方
善巧便證實際墮二乘地二者若有方便
巧疾證无上正等菩提如大宅中有衆寶
有人求寶入此宅中其人尒時容有二事一
者若无方便善巧死於火宅二者若有方便
善巧持寶而出如是菩薩速求无上正等菩
提應知此中容有二事一者若无方便善巧
便證實際墮二乘地如死大宅二者若有方
便善巧疾證无上正等菩提如持寶出是故
當知寧為菩薩遲證无上正等菩提不為速
求墮二乘地時滿慈子便問具壽舍利子言
速證實際豈非菩薩方便善巧舍利子言速
證實際非為菩薩方便善巧所以者何墮二
乘地非為方便善巧等流乃是无方便善巧
等流果退失所求大菩提故夫為菩薩求大
菩提饒益有情不求實際故證實際非巧便

BD00830 號　大般若波羅蜜多經卷五八七　（3–1）

求墮二乘地時滿慈子便問具壽舍利子言
速證實際豈非菩薩方便善巧舍利子言速
證實際非為菩薩方便善巧所以者何墮二
乘地非為方便善巧等流乃是无方便善巧
等流果退失所求大菩提故夫為菩薩求大
菩提饒益有情不求實際故證實際非巧便
果
又滿慈子若諸菩薩作是思惟我能行施非
餘菩薩是諸菩薩行於非處行非處故我有
毀獸不名布施波羅蜜多又滿慈子若諸菩
薩作是思惟我能護戒非餘菩薩是諸菩薩
行於非處行非處故我有毀獸不名淨戒波
羅蜜多又滿慈子若諸菩薩作是思惟我能
脩忍非餘菩薩是諸菩薩行於非處行非處
故我有毀獸不名安忍波羅蜜多又滿慈子
若諸菩薩作是思惟我能精進非餘菩薩是
諸菩薩行於非處行非處故我有毀獸下名
精進波羅蜜多又滿慈子若諸菩薩作是思
惟我能脩定非餘菩薩是諸菩薩行於非處
行非處故我有毀獸不名靜慮波羅蜜多又
滿慈子若諸菩薩作是思惟我能脩慧非餘
菩薩是諸菩薩行於非處行非處故我有毀
獸不名般若波羅蜜多又滿慈子若諸菩薩
作是思惟我能行內空非餘菩薩是諸菩薩
行於非處行非處故我有毀獸不能究竟行
於內空又滿慈子若諸菩薩作是思惟我能

BD00830 號　大般若波羅蜜多經卷五八七　（3–2）

若諸菩薩作是思惟我能精進非餘菩薩是
諸菩薩行於非處行非處故我有毀我不名
精進波羅蜜多又滿慈子若諸菩薩作是思
惟我能脩定非餘菩薩是諸菩薩行於非處
行非處故我有毀我不名靜慮波羅蜜多又
滿慈子若諸菩薩作是思惟我能脩慧非餘
菩薩是諸菩薩行於非處行非處故我有毀
我不名般若波羅蜜多又滿慈子若諸菩薩
作是思惟我能行內空非餘菩薩是諸菩薩
行於非處行非處故我有毀我不能究竟行
於內空又滿慈子若諸菩薩作是思惟我能
行外空內外空空空大空勝義空有為空无
為空畢竟空无際空散空无變異空本性空
自相空共相空一切法空不可得空无性空
自性空无性自性空非餘菩薩是諸菩薩行
於非處行非處故我有毀我不能究竟行於
外空乃至无性自性空又滿慈子若諸菩薩
作是思惟我能觀无明非餘菩薩是諸菩薩
行於非處行非處故我有毀我不能究竟觀
於无明又滿慈子若諸菩薩作是思惟我能
觀行識名色六處觸受愛取有生老死非餘
菩薩是諸菩薩行於非處行非處故我有毀

BD00830 號　大般若波羅蜜多經卷五八七　（3–3）

大乘无量壽經
如是我聞一時薄伽梵在舍衛國祇樹給孤獨園與大苾芻僧千二百五十人大菩
薩摩訶薩眾俱同會坐爾時世尊告曼殊室利童子曼殊上方有世界名无
量功德聚彼土有佛號无量智決定王如來阿羅訶三藐三菩提現為眾生
開示說法曼殊諦聽南閻浮提人皆短壽大限百年於中殀枉橫死者眾曼殊
如是无量壽如來功德名稱法要若有眾生得聞名號若自書或使人書能為經
卷受持讀誦若於舍宅所住之處以種種花鬘瓔珞塗香末香而為供養如其
命盡復得延年滿足百歲如是曼殊若有眾生得聞是无量壽智決定王如來一百八名號
者益其長壽若有眾生大命將盡憶念是如來名號更得增壽如是曼殊若有善
男子善女人欲求長壽於是无量壽如來一百八名號有得聞者或自書若使人書受
持讀誦得如是善果報福德具足陁羅尼曰　南謨薄伽勃底一　阿波唎蜜哆阿喻
紇硯娜三　須毘你悉指陁四　囉佐耶五　怛他羯他耶六　怛姪他唵七　薩婆桑悉迦囉八　波唎輸
底九　達磨底十　伽伽娜十一　莎訶　其特迦底十二　薩婆婆毗輸底十三　摩訶娜耶十四　波唎婆囉　莎訶
世尊復告曼殊室利如是如來一百八名號若有自書或使人書為經卷受持讀誦如其
命盡復滿百年壽終此身得往生无量福智世界无量壽淨土陁羅尼曰　南謨薄伽勃底一　阿
波唎蜜哆二　阿喻紇硯娜三　須毘你悉指陁四　囉佐耶五　怛他羯他耶六　怛姪他唵七　薩婆桑悉迦囉八　波唎
輸底九　達磨底十　伽伽娜十一　莎訶　其特迦底十二　薩婆婆毗輸底十三　摩訶娜耶十四　波唎婆囉莎訶十五
爾時有九十九姟佛等一時同聲說是无量壽宗要經陁羅尼曰　南謨薄伽勃底一　阿波唎
蜜哆二　阿喻紇硯娜三　須毘你悉指陁四　囉佐耶五　怛他羯他耶六　怛姪他唵七　薩婆桑悉迦囉八　波唎輸
底九　達磨底十　伽伽娜十一　莎訶　其特迦底十二　薩婆婆毗輸底十三　摩訶娜耶十四　波唎婆囉莎訶十五
爾時復有一百四姟佛一時同聲說是无量壽宗要經陁羅尼曰　南謨薄伽勃底一　阿波
唎蜜哆二　阿喻紇硯娜三　須毘你悉指陁四　囉佐耶五　怛他羯他耶六　怛姪他唵七　薩婆桑悉迦囉八　波唎
輸底九　達磨底十　伽伽娜十一　莎訶　其特迦底十二　薩婆婆毗輸底十三　摩訶娜耶十四　波唎婆囉　莎訶
爾時復有七姟佛一時同聲說是无量壽宗要經陁羅尼曰　南謨薄伽勃底一　阿波
唎蜜哆二　阿喻紇硯娜三　須毘你悉指陁四　囉佐耶五　怛他羯他耶六　怛姪他唵七　薩婆桑悉迦囉八　波唎輸
底九　達磨底十　伽伽娜十一　莎訶　其特迦底十二　薩婆婆毗輸底十三　摩訶娜耶十四　波唎婆囉　莎訶

BD00831 號 1　無量壽宗要經　（14–1）

唎蜜多二阿喻紇硯娜三須毗你悉指陀四囉佐耶五怛他羯他耶六怛姪他唵七薩婆桑悉迦囉八波唎
輸底九達磨底十伽伽娜十一莎訶其特迦底十二薩婆婆毗輸底十三摩訶娜耶十四波唎婆嚟莎訶十五
尒時復有七姟佛一時同聲說是无量壽宗要經陁羅尼曰 南謨薄伽勃底一阿波唎蜜
多二阿喻紇硯娜三須毗你悉指陀四囉佐耶五怛他羯他耶六怛姪他唵七薩婆桑悉迦囉八波唎輸
底九達磨底十伽伽娜十一莎訶其特迦底十二薩婆婆毗輸底十三摩訶娜耶十四波唎婆嚟莎訶
尒時復有六十五姟佛一時同聲說是无量壽宗要經陁羅尼曰 南謨薄伽勃底一阿
波唎蜜多二阿喻紇硯娜三須毗你悉指陀四囉佐耶五怛他羯他耶六怛姪他唵七薩婆桑悉迦囉
波唎輸底九達磨底十伽伽娜十一莎訶其特迦底十二薩婆婆毗輸底十三摩訶娜耶十四波唎婆嚟莎訶
尒時復有五十五姟佛一時同聲說是无量壽宗要經陁羅尼曰 南謨薄伽勃底一阿波唎
蜜多二阿喻紇硯娜三須毗你悉指陀四囉佐耶五怛他羯他耶六怛姪他唵七薩婆桑悉迦囉八波唎輸
底九達磨底十伽伽娜十一莎訶其特迦底十二薩婆婆毗輸底十三摩訶娜耶十四波唎婆嚟莎訶十五
尒時復有四十五姟佛一時同聲說是无量壽宗要經陁羅尼曰 南謨薄伽勃底一阿波唎蜜
多二阿喻紇硯娜三須毗你悉指陀四囉佐耶五怛他羯他耶六怛姪他唵七薩婆桑悉迦囉八波唎
輸底九達磨底十伽伽娜十一莎訶其特迦底十二薩婆婆毗輸底十三摩訶娜耶十四波唎婆嚟莎訶十五
尒時復有三十六姟佛一時同聲說是无量壽宗要經陁羅尼曰 南謨薄伽勃底一阿波唎蜜多
阿喻紇硯娜三須毗你悉指陀四囉佐耶五怛他羯他耶六怛姪他唵七薩婆桑悉迦囉八波唎輸底
達磨底十伽伽娜十一莎訶其特迦底十二薩婆婆毗輸底十三摩訶娜耶十四波唎婆嚟莎訶十五
尒時復有二十五姟佛一時同聲說是无量壽宗要經陁羅尼曰 南謨薄伽勃底一阿波唎蜜
多二阿喻紇硯娜三須毗你悉指陀四囉佐耶五怛他羯他耶六怛姪他唵七薩婆桑悉迦囉八波唎輸底
達磨底十伽伽娜十一莎訶其特迦底十二薩婆婆毗輸底十三摩訶娜耶十四波唎婆嚟莎訶十五
尒時復有恒河沙姟佛一時同聲說是无量壽宗要經陁羅尼曰 南謨薄伽勃底一阿波
唎蜜多二阿喻紇硯娜三須毗你悉指陀四囉佐耶五怛他羯他耶六怛姪他唵七薩婆桑悉迦囉八波唎
輸底九達磨底十伽伽娜十一莎訶其特迦底十二薩婆婆毗輸底十三摩訶娜耶十四波唎婆嚟莎訶十五
善男子若有自書寫教人書寫是无量壽宗要經如其命盡復得長壽滿百年陁羅尼曰
南謨薄伽勃底一阿波唎蜜多二阿喻紇硯娜三須毗你悉指陀四囉佐耶五怛他羯他耶六怛姪他唵七薩婆桑悉迦
囉八波唎輸底九達磨底十伽伽娜十一莎訶其特迦底十二薩婆婆毗輸底十三摩訶娜耶十四波唎婆嚟莎訶十五
若有書寫教人書寫是无量壽宗要經讀誦受持畢竟不墮地獄在在所生得宿命智陁羅尼曰
南謨薄伽勃底一阿波唎蜜多二阿喻紇硯娜三須毗你悉指陀四囉佐耶五怛他羯他耶六怛姪他唵七薩婆桑悉迦囉
八波唎輸底九達磨底十伽伽娜十一莎訶其特迦底十二薩婆婆毗輸底十三摩訶娜耶十四波唎婆嚟莎訶十五
若有自書教人書寫是无量壽宗要經受持讀誦如同書寫八万四千一切經典陁羅尼曰 南謨薄伽勃
底一阿波唎蜜多二阿喻紇硯娜三須毗你悉指陀四囉佐耶五怛他羯他耶六怛姪他唵七薩婆桑悉迦囉八波唎

BD00831 號 1　無量壽宗要經　（14–2）

南謨薄伽勃底一阿波唎蜜多二阿喻紇硯娜三須毗你悉指陀四囉佐耶五怛他羯他耶六怛姪他唵七薩婆桑悉迦囉
八波唎輸底九達磨底十伽伽娜十一莎訶其特迦底十二薩婆婆毗輸底十三摩訶娜耶十四波唎婆嚟莎訶十五
若有自書教人書寫是无量壽宗要經受持讀誦如同書寫八万四千一切經典陁羅尼曰 南謨薄伽勃
底一阿波唎蜜多二阿喻紇硯娜三須毗你悉指陀四囉佐耶五怛他羯他耶六怛姪他唵七薩婆桑悉迦囉八波唎
輸底九達磨底十伽伽娜十一莎訶其特迦底十二薩婆婆毗輸底十三摩訶娜耶十四波唎婆嚟莎訶十五
若有自書寫教人書寫是无量壽宗要經受持讀誦即是書寫八万四千部建立塔廟陁羅尼曰
南謨薄伽勃底一阿波唎蜜多二阿喻紇硯娜三須毗你悉指陀四囉佐耶五怛他羯他耶六怛姪他唵七薩婆桑悉迦
囉八波唎輸底九達磨底十伽伽娜十一莎訶其特迦底十二薩婆婆毗輸底十三摩訶娜耶十四波唎婆嚟莎訶
若有自書寫教人書寫是无量壽宗要經能消五无間等一切重罪陁羅尼曰 南謨薄伽勃底
一阿波唎蜜多二阿喻紇硯娜三須毗你悉指陀四囉佐耶五怛他羯他耶六怛姪他唵七薩婆桑悉迦囉八波唎
輸底九達磨底十伽伽娜十一莎訶其特迦底十二薩婆婆毗輸底十三摩訶娜耶十四波唎婆嚟莎訶十五
若有自書寫教人書寫是无量壽宗要經受持讀誦設有重罪猶如須弥盡能除滅陁羅尼曰
南謨薄伽勃底一阿波唎蜜多二阿喻紇硯娜三須毗你悉指陀四囉佐耶五怛他羯他耶六怛姪他唵七薩婆桑
悉迦囉八波唎輸底九達磨底十伽伽娜十一莎訶其特迦底十二薩婆婆毗輸底十三摩訶娜耶十四波唎婆嚟莎訶
若有自書寫教人書寫是无量壽宗要經受持讀誦若魔魔之眷屬夜叉羅剎不得其便〔横?〕
无枉死陁羅尼曰 南謨薄伽勃底一阿波唎蜜多二阿喻紇硯娜三須毗你悉指陀四囉佐耶五怛他羯
他耶六怛姪他唵七薩婆桑悉迦囉八波唎輸底九達磨底十伽伽娜十一莎訶其特迦底十二薩婆婆毗輸底
摩訶娜耶十四波唎婆嚟莎訶十五 若有自書寫教人書寫是无量壽宗要經受持讀誦當命
終時有九十九姟佛現其人前來千佛授手能遊一切佛剎莫於此經生於疑惑陁羅尼曰
南謨薄伽勃底一阿波唎蜜多二阿喻紇硯娜三須毗你悉指陀四囉佐耶五怛他羯他耶六怛姪他唵七薩婆桑悉迦
囉八波唎輸底九達磨底十伽伽娜十一莎訶其特迦底十二薩婆婆毗輸底十三摩訶娜耶十四波唎婆嚟莎訶
若有自書寫教人書寫是无量壽宗要經受持讀誦常得四天大王隨其衛護陁羅尼曰
南謨薄伽勃底一阿波唎蜜多二阿喻紇硯娜三須毗你悉指陀四囉佐耶五怛他羯他耶六怛姪他唵七薩婆桑悉迦囉
八波唎輸底九達磨底十伽伽娜十一莎訶其特迦底十二薩婆婆毗輸底十三摩訶娜耶十四波唎婆嚟莎訶十五
若有自書寫教人書寫是无量壽宗要經受持讀誦當得往生西方極樂世界阿弥陁淨土陁羅尼曰
南謨薄伽勃底一阿波唎蜜多二阿喻紇硯娜三須毗你悉指陀四囉佐耶五怛他羯他耶六怛姪他唵七薩婆桑悉迦
囉八波唎輸底九達磨底十伽伽娜十一莎訶其特迦底十二薩婆婆毗輸底十三摩訶娜耶十四波唎婆嚟莎訶十五
若有方所自書寫使人書寫是无量壽經典之處則為是塔皆應恭敬作礼若是畜生或為鳥
獸得聞是經如是等類皆當不久得成一切種智陁羅尼曰 南謨薄伽勃底一阿波唎
蜜多二阿喻紇硯娜三須毗你悉指陀四囉佐耶五怛他羯他耶六怛姪他唵七薩婆桑悉迦囉八波唎輸
底九達磨底十伽伽娜十一莎訶其特迦底十二薩婆婆毗輸底十三摩訶娜耶十四波唎婆嚟莎訶十五

BD00831 號 1　無量壽宗要經　（14–3）

囉波唎輸底九達磨底十伽迦娜十一莎訶其特迦底十二薩婆娑毗輸底十三摩訶娜耶十四波唎娑嚩莎訶
若有方所自書寫使人書寫是无量壽經典之處則為是塔皆應恭敬作礼若是畜生或為鳥
獸得聞是經如是等類皆當不久得成一切種智陀羅尼曰 南謨薄伽勃底一阿波唎
蜜多二阿喻紇硯娜三須毗你悉指陀四囉佐耶五怛他羯他耶六怛姪他唵七薩婆桑悉迦囉八波唎輸
底九達磨底十伽迦娜十一莎訶其特迦底十二薩婆娑毗輸底十三摩訶娜耶十四波唎娑嚩莎訶十五
若有於是无量壽經自書寫使人書畢竟不受女人之身陀羅尼曰 南謨薄伽勃底一阿波
唎蜜多二阿喻紇硯娜三須毗你悉指陀四囉佐耶五怛他羯他耶六怛姪他唵七薩婆桑悉迦囉八波唎輸
底九達磨底十伽迦娜十一莎訶其特迦底十二薩婆娑毗輸底十三摩訶娜耶十四波唎娑嚩莎訶十五
若有能於是經少分能惠施者等於三千大千世界滿中七寶布施陀羅尼曰 南謨薄伽勃底一阿波
唎蜜多二阿喻紇硯娜三須毗你悉指陀四囉佐耶五怛他羯他耶六怛姪他唵七薩婆桑悉迦囉八波唎輸
底九達磨底十伽迦娜十一莎訶其特迦底十二薩婆娑毗輸底十三摩訶娜耶十四波唎娑嚩莎訶十五
若有能供養是經者則是供養一切諸經等无有異陀羅尼曰 南謨薄伽勃底一阿波唎蜜
多二阿喻紇硯娜三須毗你悉指陀四囉佐耶五怛他羯他耶六怛姪他唵七薩婆桑悉迦囉八波唎輸底九
如是毗婆尸佛尸棄佛毗舍浮佛俱留孫佛俱那含牟尼佛迦葉佛釋迦牟尼佛若有人
以七寶供養如是七佛其福有限書寫受持是无量壽經典所有功德不可限量陀羅尼曰 南謨薄
伽勃底一阿波唎蜜多二阿喻紇硯娜三須毗你悉指陀四囉佐耶五怛他羯他耶六怛姪他唵七薩婆桑悉迦囉
波唎輸底九達磨底十伽迦娜十一莎訶其特迦底十二薩婆娑毗輸底十三摩訶娜耶十四波唎娑嚩莎訶
若有七寶等於須彌山用布施其福上能知其限量是无量壽經典其福不可知數陀羅尼曰
南謨薄伽勃底一阿波唎蜜多二阿喻紇硯娜三須毗你悉指陀四囉佐耶五怛他羯他耶六怛姪他唵七薩婆桑悉迦囉
波唎輸底九達磨底十伽迦娜十一莎訶其特迦底十二薩婆娑毗輸底十三摩訶娜耶十四波唎娑嚩莎訶十五
如是四大海水可知滴數是无量壽經典所生果報不可數量陀羅尼曰 南謨薄伽勃底一阿波唎
蜜多二阿喻紇硯娜三須毗你悉指陀四囉佐耶五怛他羯他耶六怛姪他唵七薩婆桑悉迦囉八波唎輸底
達磨底十伽迦娜十一莎訶其特迦底十二薩婆娑毗輸底十三摩訶娜耶十四波唎娑嚩莎訶十五
若有自書寫使人書寫是无量壽經典又能讚持供養即如恭敬一切十方佛如來无有異別陀
羅尼曰 南謨薄伽勃底一阿波唎蜜多二阿喻紇硯娜三須毗你悉指陀四囉佐耶五怛他羯他耶六怛姪他
唵七薩婆桑悉迦囉八波唎輸底九達磨底十伽迦娜十一莎訶其特迦底十二薩婆娑毗輸底十三摩訶娜耶
波唎娑嚩莎訶十五
布施力能成正覺　悟布施力人師子　布施力能聲普聞　慈悲階漸最能入
持戒力能成正覺　悟持戒力人師子　持戒力能聲普聞　慈悲階漸最能入
忍辱力能成正覺　悟忍辱力人師子　忍辱力能聲普聞　慈悲階漸最能入
精進力能成正覺　悟精進力人師子　精進力能聲普聞　慈悲階漸最能入
禪定力能成正覺　悟禪定力人師子　禪定力能聲普聞　慈悲階漸最能入

布施力能成正覺　悟布施力人師子　布施力能聲普聞　慈悲階漸最能入
持戒力能成正覺　悟持戒力人師子　持戒力能聲普聞　慈悲階漸最能入
忍辱力能成正覺　悟忍辱力人師子　忍辱力能聲普聞　慈悲階漸最能入
精進力能成正覺　悟精進力人師子　精進力能聲普聞　慈悲階漸最能入
禪定力能成正覺　悟禪定力人師子　禪定力能聲普聞　慈悲階漸最能入
智慧力能成正覺　悟智慧力人師子　智慧力能聲普聞　慈悲階漸最能入
爾時如來說是經已一切世間天人阿脩羅揵闥婆等聞佛所說皆大歡喜信
受奉行

佛說无量壽宗要經　呂日興

大乘无量壽經
如是我聞一時薄伽梵在舍衛國祇樹給孤獨園與大苾芻僧千二百五十人大菩
薩摩訶薩眾俱爾時世尊告曼殊室利童子曼殊上方有世界名无
量功德聚彼土有佛号无量智決定王如來阿耨多羅三藐三菩提現為眾生
開示說法曼殊諦聽南閻浮提人皆短壽大限百年於中殀枉橫死者眾曼殊
如是无量壽如來功德名稱法要若有眾生得聞名号若自書或使人書能為經卷
受持讀誦若於舍宅所住之處以種種花鬘瓔珞塗香末香而為供養如其命盡復
得延年滿足百歲如是曼殊若有眾生得聞是无量壽智決定王如來一百八名号者益
其長壽若有眾生大命將盡憶念是如來名号更得增壽如是曼殊若有善男子善
女人欲求長壽於是无量壽如來一百八名号有得聞者或自書若使人書受持讀誦得
如是等果報福德具足陀羅尼曰 南謨薄伽勃底一阿波唎蜜多二阿喻紇硯娜三須毗
你悉指陀四囉佐耶五怛他羯他耶六怛姪他唵七薩婆桑悉迦囉八波唎輸底九達磨底十伽迦娜
莎訶其特迦底十二薩婆娑毗輸底十三摩訶娜耶十四波唎娑嚩莎訶十五
世尊復告曼殊室利如是如來一百八名号若有自書或使人書為經卷受持讀誦如壽命盡
復滿百年壽終此身後得往生无量福智世界无量壽淨土陀羅尼曰 南謨薄伽勃底一阿
波唎蜜多二阿喻紇硯娜三須毗你悉指陀四囉佐耶五怛他羯他耶六怛姪他唵七薩婆桑悉迦囉八波唎輸底
達磨底十伽迦娜十一莎訶其特迦底十二薩婆娑毗輸底十三摩訶娜耶十四波唎娑嚩莎訶十五

莎訶其特迦底十二 薩婆婆毗輸底十三 摩訶娜耶十四 波唎婆嚟莎訶十五
世尊復告曼殊室利如是如來一百八名号若有自書或使人書為經卷受持讀誦如壽命盡
復滿百年壽終此身後得往生无量福德世界无量壽淨土陀羅尼曰 南謨薄伽勃底一 阿
波唎蜜多二 阿喻紇硯娜三 須毗你失指陀四 囉佐耶五 怛他羯他耶六 怛姪他唵七 薩婆桑悉迦囉八 波唎輸底
達磨底十 伽伽娜十一 莎訶其特迦底十二 薩婆婆毗輸底十三 摩訶娜耶十四 波唎婆嚟莎訶十五
尒時有九十九姟佛一時同聲說是无量壽宗要經陀羅尼曰 南謨薄伽勃底一 阿波唎蜜
多二 阿喻紇硯娜三 須毗你失指陀四 囉佐耶五 怛他羯他耶六 怛姪他唵七 薩婆桑悉迦囉八 波唎輸底
達磨底十 伽伽娜十一 莎訶其特迦底十二 薩婆婆毗輸底十三 摩訶娜耶十四 波唎婆嚟莎訶十五
尒時復有一百四姟佛一時同聲說是无量壽宗要經陀羅尼曰 南謨薄伽勃底一 阿波唎
蜜多二 阿喻紇硯娜三 須毗你失指陀四 囉佐耶五 怛他羯他耶六 怛姪他唵七 薩婆桑悉迦囉八 波唎輸
底九 達磨底十 伽伽娜十一 莎訶其特迦底十二 薩婆婆毗輸底十三 摩訶娜耶十四 波唎婆嚟莎訶十五
尒時復有七姟佛一時同聲說是无量壽宗要經陀羅尼曰 南謨薄伽勃底一 阿波唎蜜多二
阿喻紇硯娜三 須毗你失指陀四 囉佐耶五 怛他羯他耶六 怛姪他唵七 薩婆桑悉迦囉八 波唎輸底九
達磨底十 伽伽娜十一 莎訶其特迦底十二 薩婆婆毗輸底十三 摩訶娜耶十四 波唎婆嚟莎訶十五
尒時復有六十五姟佛一時同聲說是无量壽宗要經陀羅尼曰 南謨薄伽勃底一 阿波唎蜜
多二 阿喻紇硯娜三 須毗你失指陀四 囉佐耶五 怛他羯他耶六 怛姪他唵七 薩婆桑悉迦囉八 波唎輸底
達磨底十 伽伽娜十一 莎訶其特迦底十二 薩婆婆毗輸底十三 摩訶娜耶十四 波唎婆嚟莎訶十五
尒時復有五十五姟佛一時同聲說是无量壽宗要經陀羅尼曰 南謨薄伽勃底一 阿波唎
蜜多二 阿喻紇硯娜三 須毗你失指陀四 囉佐耶五 怛他羯他耶六 怛姪他唵七 薩婆桑悉迦囉八 波唎輸
底九 達磨底十 伽伽娜十一 莎訶其特迦底十二 薩婆婆毗輸底十三 摩訶娜耶十四 波唎婆嚟莎訶十五
尒時復有四十五姟佛一時同聲說是无量壽宗要經陀羅尼曰 南謨薄伽勃底一 阿波唎蜜
多二 阿喻紇硯娜三 須毗你失指陀四 囉佐耶五 怛他羯他耶六 怛姪他唵七 薩婆桑悉迦囉八 波唎輸底九
達磨底十 伽伽娜十一 莎訶其特迦底十二 薩婆婆毗輸底十三 摩訶娜耶十四 波唎婆嚟莎訶十五
尒時復有三十六姟佛一時同聲說是无量壽宗要經陀羅尼曰 南謨薄伽勃底一 阿波唎蜜
多二 阿喻紇硯娜三 須毗你失指陀四 囉佐耶五 怛他羯他耶六 怛姪他唵七 薩婆桑悉迦囉 波唎輸
底九 達磨底十 伽伽娜十一 莎訶其特迦底十二 薩婆婆毗輸底十三 摩訶娜耶十四 波唎婆嚟莎訶十五
尒時復有二十五姟佛一時同聲說是无量壽宗要經陀羅尼曰 南謨薄伽勃底一 阿波唎蜜
多二 阿喻紇硯娜三 須毗你失指陀四 囉佐耶五 怛他羯他耶六 怛姪他唵七 薩婆桑悉迦囉八 波唎輸
底九 達磨底十 伽伽娜十一 莎訶其特迦底十二 薩婆婆毗輸底十三 摩訶娜耶十四 波唎婆嚟莎訶十五
尒時復有恒河沙姟佛一時同聲說是无量壽宗要經陀羅尼曰 南謨薄伽勃底一 阿波唎
蜜多二 阿喻紇硯娜三 須毗你失指陀四 囉佐耶五 怛他羯他耶六 怛姪他唵七 薩婆桑悉迦囉八 波唎
輸底九 達磨底十 伽伽娜十一 莎訶其特迦底十二 薩婆婆毗輸底十三 摩訶娜耶十四 波唎婆嚟莎訶

BD00831 號 2　無量壽宗要經　（14–6）

尒時復有二十五姟佛一時同聲說是无量壽宗要經陀羅尼曰 南謨薄伽勃底一 阿波唎蜜
多二 阿喻紇硯娜三 須毗你失指陀四 囉佐耶五 怛他羯他耶六 怛姪他唵七 薩婆桑悉迦囉八 波唎輸
底九 達磨底十 伽伽娜十一 莎訶其特迦底十二 薩婆婆毗輸底十三 摩訶娜耶十四 波唎婆嚟莎訶十五
尒時復有恒河沙姟佛一時同聲說是无量壽宗要經陀羅尼曰 南謨薄伽勃底一 阿波唎
蜜多二 阿喻紇硯娜三 須毗你失指陀四 囉佐耶五 怛他羯他耶六 怛姪他唵七 薩婆桑悉迦囉八 波唎
輸底九 達磨底十 伽伽娜十一 莎訶其特迦底十二 薩婆婆毗輸底十三 摩訶娜耶十四 波唎婆嚟莎訶
告男子若有自書寫是无量壽宗要經如其命盡復得長壽滿百年陀羅尼曰
南謨薄伽勃底一 阿波唎蜜多二 阿喻紇硯娜三 須毗你失指陀四 囉佐耶五 怛他羯他耶六 怛姪他唵七 薩婆
桑悉迦囉八 波唎輸底九 達磨底十 伽伽娜十一 莎訶其特迦底十二 薩婆婆毗輸底十三 摩訶娜耶十四 波唎婆
嚟莎訶十五 若有自書寫教人書寫是无量壽宗要經讀誦受持畢竟不墮地獄在在所生得
宿命智陀羅尼曰 南謨薄伽勃底一 阿波唎蜜多二 阿喻紇硯娜三 須毗你失指陀四 囉佐耶五 怛他羯
他耶六 怛姪他唵七 薩婆桑悉迦囉八 波唎輸底九 達磨底十 伽伽娜十一 莎訶其特迦底十二 薩婆婆毗輸
底十三 摩訶娜耶十四 波唎婆嚟莎訶十五 若有自書教人書寫是无量壽宗要經受持讀誦如同
書寫八万四千一切經典陀羅尼曰 南謨薄伽勃底一 阿波唎蜜多二 阿喻紇硯娜三 須毗你失指陀四 囉
佐耶五 怛他羯他耶六 怛姪他唵七 薩婆桑悉迦囉八 波唎輸底九 達磨底十 伽伽娜十一 莎訶其特迦底十二
薩婆婆毗輸底十三 摩訶娜耶十四 波唎婆嚟莎訶十五 若有自書寫教人書寫是无量壽宗要經受
持讀誦即是書寫八万四千部建立塔廟陀羅尼曰 南謨薄伽勃底一 阿波唎蜜多二 阿喻紇硯娜
須毗你失指陀四 囉佐耶五 怛他羯他耶六 怛姪他唵七 薩婆桑悉迦囉八 波唎輸底九 達磨底十 伽伽娜十一 莎
訶其特迦底十二 薩婆婆毗輸底十三 摩訶娜耶十四 波唎婆嚟莎訶十五
若有自書寫教人書寫是无量壽宗要經能消五无間等一切重罪陀羅尼曰 南謨薄伽勃底一 阿
波唎蜜多二 阿喻紇硯娜三 須毗你失指陀四 囉佐耶五 怛他羯他耶六 怛姪他唵七 薩婆桑悉迦囉八 波唎輸
底九 達磨底十 伽伽娜十一 莎訶其特迦底十二 薩婆婆毗輸底十三 摩訶娜耶十四 波唎婆嚟莎訶十五
若有自書寫教人書寫是无量壽宗要經受持讀誦設有重罪猶如須彌盡能除滅陀羅尼曰
南謨薄伽勃底一 阿波唎蜜多二 阿喻紇硯娜三 須毗你失指陀四 囉佐耶五 怛他羯他耶六 怛姪他唵七 薩婆桑
悉迦囉八 波唎輸底九 達磨底十 伽伽娜十一 莎訶其特迦底十二 薩婆婆毗輸底十三 摩訶娜耶十四 波唎婆嚟莎訶
若有自書寫教人書寫是无量壽宗要經受持讀誦若魔魔之眷屬夜叉羅剎不得其
便終无枉死陀羅尼曰 南謨薄伽勃底一 阿波唎蜜多二 阿喻紇硯娜三 須毗你失指陀四 囉佐耶五 怛
他羯他耶六 怛姪他唵七 薩婆桑悉迦囉八 波唎輸底九 達磨底十 伽伽娜十一 莎訶其特迦底十二 薩婆婆毗輸底十三
摩訶娜耶十四 波唎婆嚟莎訶十五 若有自書寫教人書寫是无量壽宗要經受持讀誦當命終
時有九十九姟佛現其人前來千佛授手欲遊一切佛剎莫於此經生於疑惑陀羅尼曰 南謨薄伽
勃底一 阿波唎蜜多二 阿喻紇硯娜三 須毗你失指陀四 囉佐耶五 怛他羯他耶六 怛姪他唵七 薩婆桑悉迦囉
達磨底十 伽伽娜十一 莎訶其特迦底十二 薩婆婆毗輸底十三 摩訶娜耶十四 波唎婆嚟莎訶

BD00831 號 2　無量壽宗要經　（14–7）

他羯他耶六 怛姪他唵七 薩婆桑悉迦囉八 波唎輸底九 達磨底十 伽迦娜十一 莎訶其特迦底十二 薩婆婆毗輸底十三
摩訶娜耶十四 波唎婆嚩莎訶十五 若有自書寫教人書寫是無量壽宗要經受持讀誦當今終
時有九十九姟佛現其人前來千佛授手能遊一切佛剎莫於此經生於疑惑陀羅尼曰 南謨薄伽
勃底一 阿波唎蜜多二 阿喻紇硯娜三 須毗你悉指陀四 囉佐耶五 怛他羯他耶六 怛姪他唵七 薩婆桑悉迦囉
波唎輸底九 達磨底十 伽迦娜十一 莎訶其特迦底十二 薩婆婆毗輸底十三 摩訶娜耶十四 波唎婆嚩莎訶
若有自書寫教人書寫是無量壽宗要經受持讀誦當得四天大王隨其衛護陀羅尼曰 南謨薄
伽勃底一 阿波唎蜜多二 阿喻紇硯娜三 須毗你悉指陀四 囉佐耶五 怛他羯他耶六 怛姪他唵七 薩婆桑悉迦囉八 波
唎輸底九 達磨底十 伽迦娜十一 莎訶其特迦底十二 薩婆婆毗輸底十三 摩訶娜耶十四 波唎婆嚩莎訶十五
若有自書寫教人書寫是無量壽宗要經受持讀誦當得往生西方極樂世界阿弥陀淨土陀
羅尼曰 南謨薄伽勃底一 阿波唎蜜多二 阿喻紇硯娜三 須毗你悉指陀四 囉佐耶五 怛他羯他耶六 怛姪他唵
薩婆桑悉迦囉八 波唎輸底九 達磨底十 伽迦娜十一 莎訶其特迦底十二 薩婆婆毗輸底十三 摩訶娜耶十四 波唎
婆嚩莎訶十五 若有方所自書寫使人書寫是無量壽經典之處則為是塔皆應恭敬作禮若
是畜生或為鳥獸得聞是經如是等類皆當不久得成一切種智陀羅尼曰 南謨薄伽勃底一
阿波唎蜜多二 阿喻紇硯娜三 須毗你悉指陀四 囉佐耶五 怛他羯他耶六 怛姪他唵七 薩婆桑悉迦囉八 波唎輸
底九 達磨底十 伽迦娜十一 莎訶其特迦底十二 薩婆婆毗輸底十三 摩訶娜耶十四 波唎婆嚩莎訶十五
若有於是無量壽經自書寫使人書畢竟不受女人之身陀羅尼曰 南謨薄伽勃底一 阿波
唎蜜多二 阿喻紇硯娜三 須毗你悉指陀四 囉佐耶五 怛他羯他耶六 怛姪他唵七 薩婆桑悉迦囉八 波唎輸
底九 達磨底十 伽迦娜十一 莎訶其特迦底十二 薩婆婆毗輸底十三 摩訶娜耶十四 波唎婆嚩莎訶十五
若有能於是經少分能惠施者等於三千大千世界滿中七寶布施陀羅尼曰 南謨薄伽勃底一
阿波唎蜜多二 阿喻紇硯娜三 須毗你悉指陀四 囉佐耶五 怛他羯他耶六 怛姪他唵七 薩婆桑悉迦囉八 波
唎輸底九 達磨底十 伽迦娜十一 莎訶其特迦底十二 薩婆婆毗輸底十三 摩訶娜耶十四 波唎婆嚩莎訶
若有能供養是經者則是供養一切諸經等無有異陀羅尼曰 南謨薄伽勃底一 阿波唎
蜜多二 阿喻紇硯娜三 須毗你悉指陀四 囉佐耶五 怛他羯他耶六 怛姪他唵七 薩婆桑悉迦囉八 波唎輸底九
達磨底十 伽迦娜十一 莎訶其特迦底十二 薩婆婆毗輸底十三 摩訶娜耶十四 波唎婆嚩莎訶十五
如是毗婆尸佛尸棄佛毗舍浮佛俱留孫佛俱那含牟尼佛迦葉佛釋迦牟尼佛若有
人以七寶供養如是七佛其福有限書寫受持是無量壽經典所有功德不可限量陀羅尼曰
南謨薄伽勃底一 阿波唎蜜多二 阿喻紇硯娜三 須毗你悉指陀四 囉佐耶五 怛他羯他耶六 怛姪他唵七 薩婆
桑悉迦囉八 波唎輸底九 達磨底十 伽迦娜十一 莎訶其特迦底十二 薩婆婆毗輸底十三 摩訶娜耶十四 波唎婆嚩
莎訶十五 若有七寶等於須彌以用布施其福上能知其限量是無量壽經典其福不可知數陀
羅尼曰 南謨薄伽勃底一 阿波唎蜜多二 阿喻紇硯娜三 須毗你悉指陀四 囉佐耶五 怛他羯他耶六 怛
姪他唵七 薩婆桑悉迦囉八 波唎輸底九 達磨底十 伽迦娜十一 莎訶其特迦底十二 薩婆婆毗輸底十三

BD00831號2 無量壽宗要經

（14–8）

羅尼曰 南謨薄伽勃底一 阿波唎蜜多二 阿喻紇硯娜三 須毗你悉指陀四 囉佐耶五 怛他羯他耶六 怛
姪他唵七 薩婆桑悉迦囉八 波唎輸底九 達磨底十 伽迦娜十一 莎訶其特迦底十二 薩婆婆毗輸底十三
摩訶娜耶十四 波唎婆嚩莎訶十五 如是四大海水可知滴數是無量壽經典所生果報不
數量陀羅尼曰 南謨薄伽勃底一 阿波唎蜜多二 阿喻紇硯娜三 須毗你悉指陀四 囉佐耶
怛他羯他耶六 怛姪他唵七 薩婆桑悉迦囉八 波唎輸底九 達磨底十 伽迦娜十一 莎訶其特迦底十二
薩婆婆毗輸底十三 摩訶娜耶十四 波唎婆嚩莎訶十五 若有自書寫是無量壽經典又能讓
持供養即如恭敬一切十方佛如來無有異別陀羅尼曰 南謨薄伽勃底一 阿以
唎蜜多二 阿喻紇硯娜三 須毗你悉指陀四 囉佐耶五 怛他羯他耶六 怛姪他唵七 薩婆桑悉迦囉
波唎輸底九 達磨底十 伽迦娜十一 莎訶其特迦底十二 薩婆婆毗輸底十三 摩訶娜耶十四 波唎婆嚩莎訶
布施力能成正覺 悟布施力人師子 布施力能聲響聞 慈悲階漸最能入
持戒力能成正覺 悟持戒力人師子 持戒力能聲響聞 慈悲階漸最能入
忍辱力能成正覺 悟忍辱力人師子 忍辱力能聲響聞 慈悲階漸最能入
精進力能成正覺 悟精進力人師子 精進力能聲響聞 慈悲階漸最能入
禪定力能成正覺 悟禪定力人師子 禪定力能聲響聞 慈悲階漸最能入
智慧力能成正覺 悟智慧力人師子 智慧力能聲響聞 慈悲階漸最能入
爾時如來說是經已一切世間天人阿脩羅揵闥婆等聞佛所說皆大歡喜
信受持奉行

佛說無量壽宗要經

呂日興

大乘無量壽經

如是我聞一時薄伽梵在舍衛國祇樹給孤獨園與大苾芻僧一百五十人大菩
薩摩訶薩眾俱同會坐爾時世尊告曼殊室利童子曼殊上方有世界名
無量功德聚彼土有佛号無量智決定王如來阿稱多羅三藐三提現為眾生
開示說法曼殊諦聽南閻浮提人皆短壽大限百年於中殀枉橫死者眾曼殊
如是無量壽如來功德名稱法要若有眾生得聞名号若自書或使人書能為經卷
受持讀誦若於舍宅所住之處以種種花鬘瓔珞塗香末香而為供養如其命盡復
得延年滿足百歲如是曼殊若有眾生得聞是無量壽智決定王如來一百八名号者

（14–9）

BD00831號2 無量壽宗要經
BD00831號3 無量壽宗要經

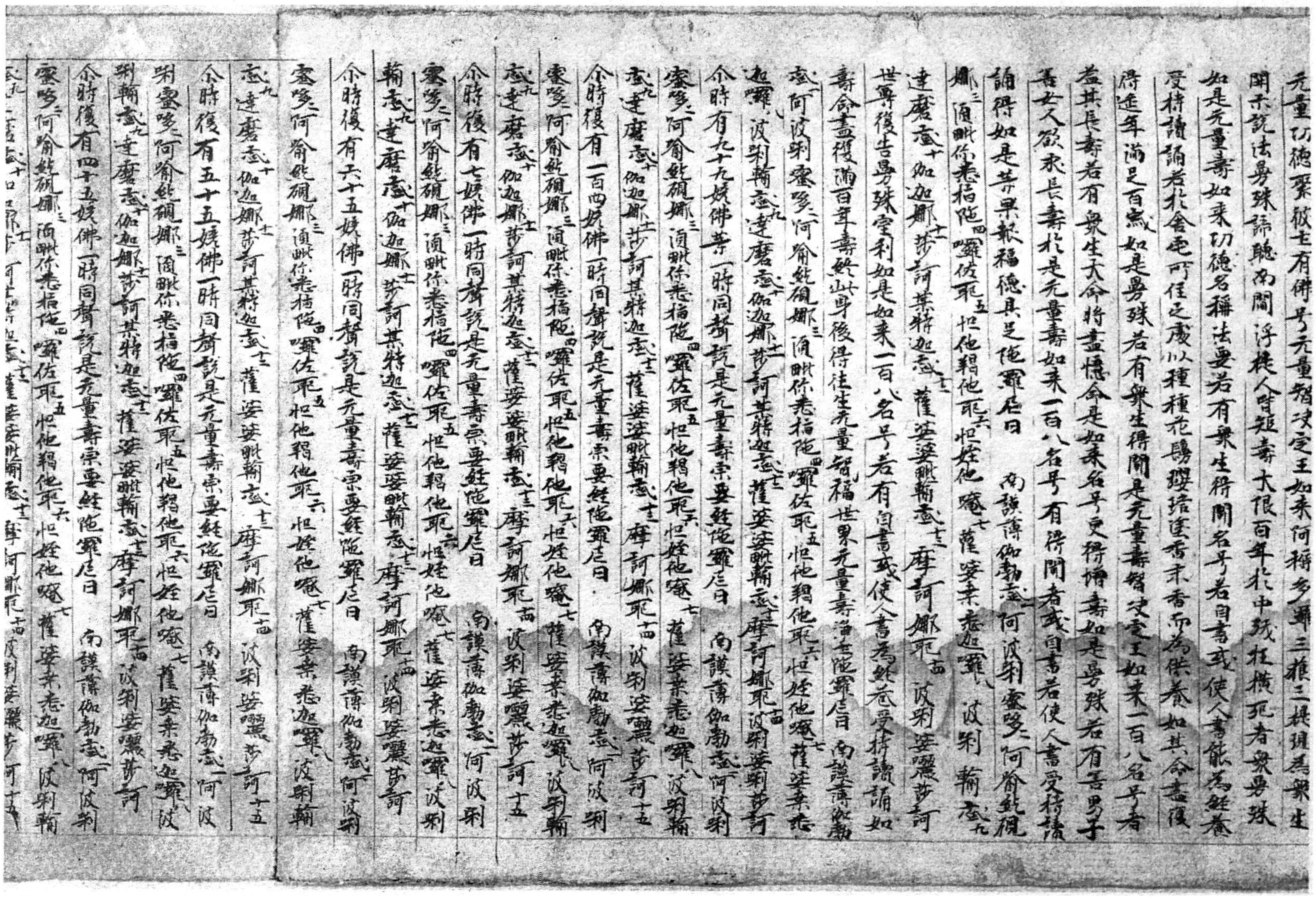

BD00831 號 3　無量壽宗要經　（14–10）

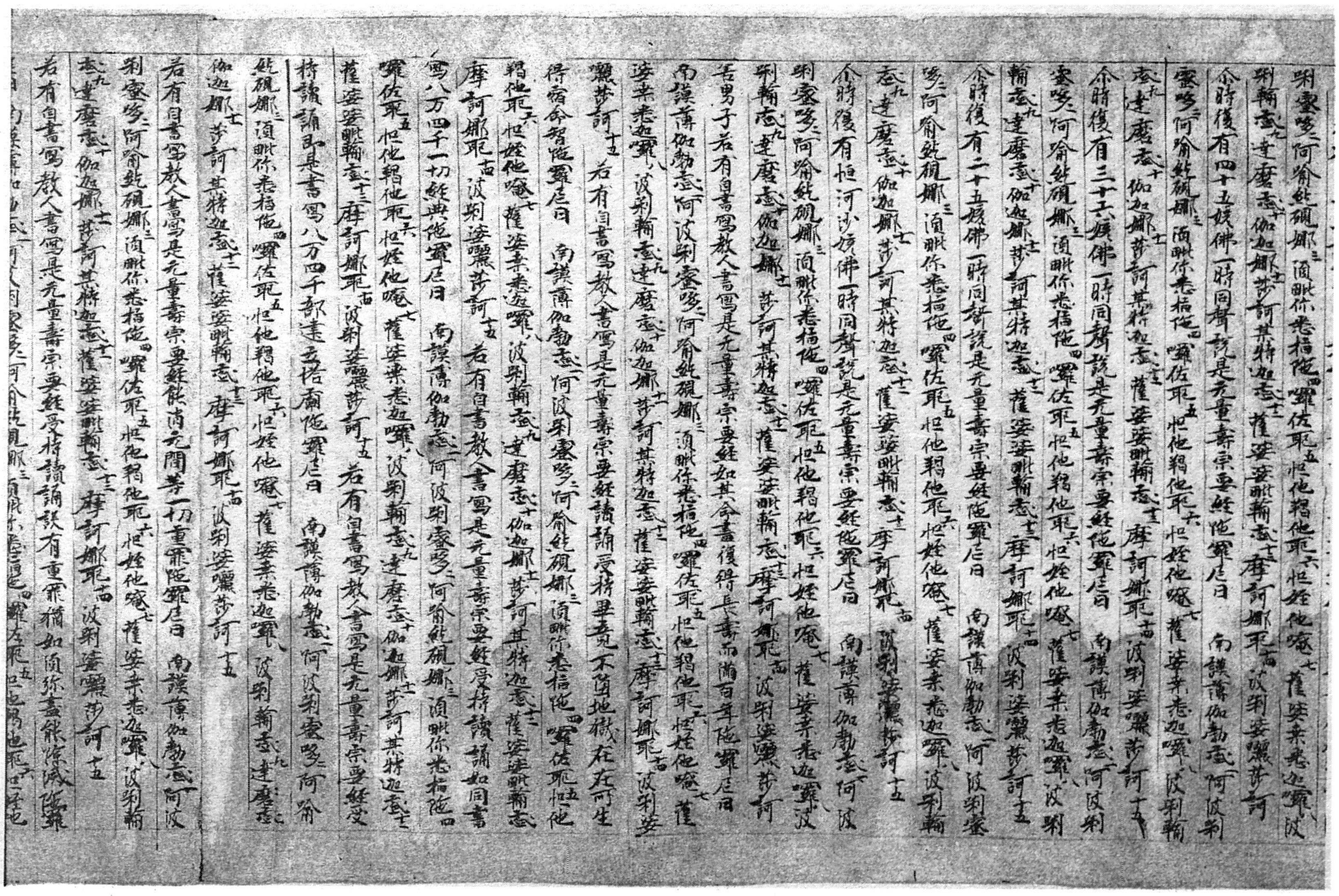

BD00831 號 3　無量壽宗要經　（14–11）

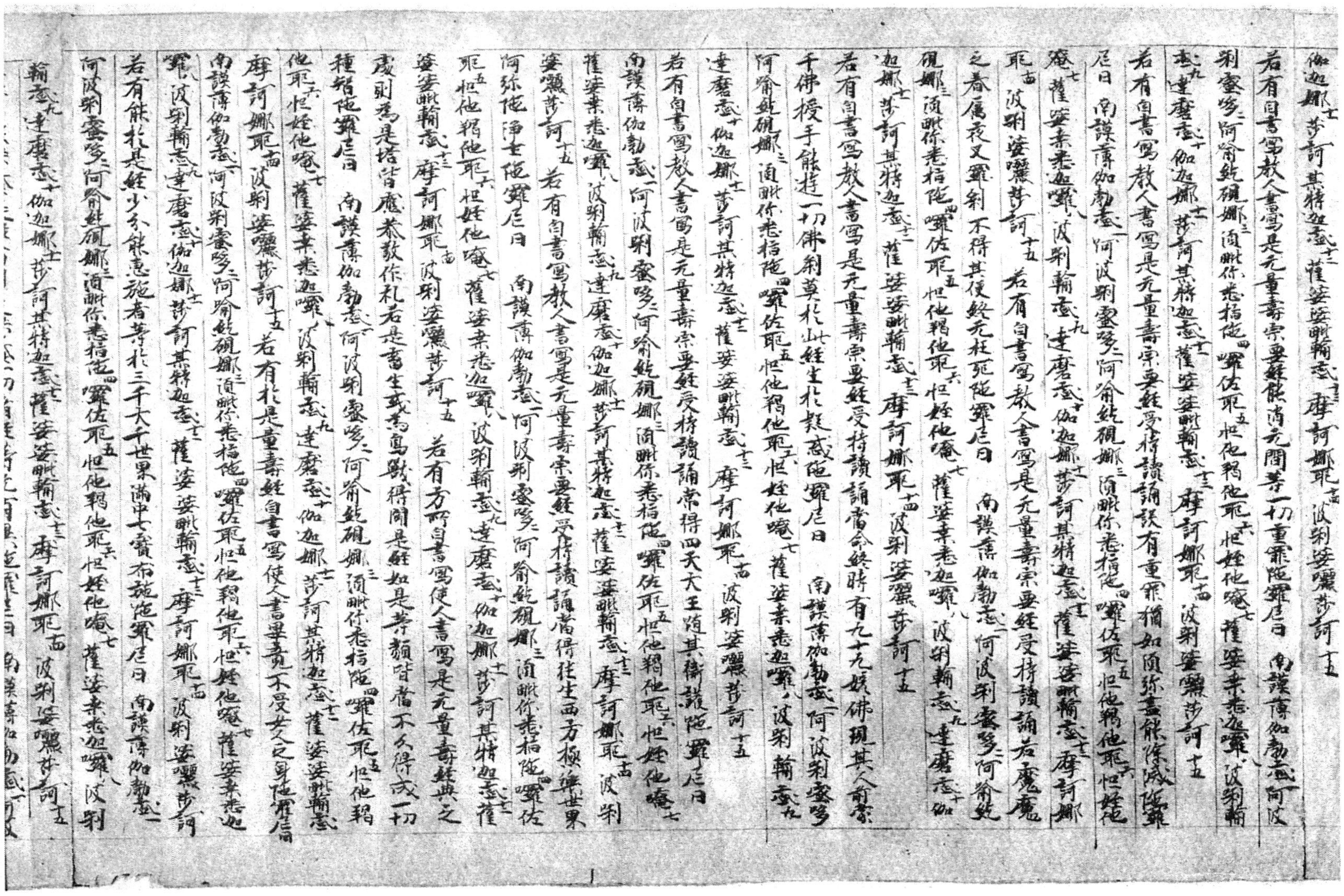

伽迦娜十一 莎訶其特迦底十二 薩婆婆毗輸底十三 摩訶娜耶十四 波唎婆囉莎訶十五
若有自書寫教人書寫是無量壽宗要經能消無間等一切重罪陁羅尼曰 南謨薄伽勃底一 阿波
唎蜜多二 阿喻紇硯娜三 須毗你悉指陁四 囉佐耶五 怛他羯他耶六 怛姪他唵七 薩婆桑悉迦囉八 波唎輸
底九 達磨底十 伽迦娜十一 莎訶其特迦底十二 薩婆婆毗輸底十三 摩訶娜耶十四 波唎婆囉莎訶十五
若有自書寫教人書寫是無量壽宗要經受持讀誦設有重罪猶如須弥盡能除滅陁羅
尼曰 南謨薄伽勃底一 阿波唎蜜多二 阿喻紇硯娜三 須毗你悉指陁四 囉佐耶五 怛他羯他耶六 怛姪他
唵七 薩婆桑悉迦囉八 波唎輸底九 達磨底十 伽迦娜十一 莎訶其特迦底十二 薩婆婆毗輸底十三 摩訶娜
耶十四 波唎婆囉莎訶十五 若有自書寫教人書寫是無量壽宗要經受持讀誦若魔魔
之眷屬夜叉羅剎不得其便終無枉死陁羅尼曰 南謨薄伽勃底一 阿波唎蜜多二 阿喻紇
硯娜三 須毗你悉指陁四 囉佐耶五 怛他羯他耶六 怛姪他唵七 薩婆桑悉迦囉八 波唎輸底九 達磨底十 伽
迦娜十一 莎訶其特迦底十二 薩婆婆毗輸底十三 摩訶娜耶十四 波唎婆囉莎訶十五
若有自書寫教人書寫是無量壽宗要經受持讀誦當命終時有九十九俱胝佛現其人前來
千佛授手能遊一切佛剎莫於此經生於疑惑陁羅尼曰 南謨薄伽勃底一 阿波唎蜜多二
阿喻紇硯娜三 須毗你悉指陁四 囉佐耶五 怛他羯他耶六 怛姪他唵七 薩婆桑悉迦囉八 波唎輸底九
達磨底十 伽迦娜十一 莎訶其特迦底十二 薩婆婆毗輸底十三 摩訶娜耶十四 波唎婆囉莎訶十五
若有自書寫教人書寫是無量壽宗要經受持讀誦常得四天大王隨其衛護陁羅尼曰
南謨薄伽勃底一 阿波唎蜜多二 阿喻紇硯娜三 須毗你悉指陁四 囉佐耶五 怛他羯他耶六 怛姪他唵七
薩婆桑悉迦囉八 波唎輸底九 達磨底十 伽迦娜十一 莎訶其特迦底十二 薩婆婆毗輸底十三 摩訶娜耶十四 波唎
婆囉莎訶十五 若有自書寫教人書寫是無量壽宗要經受持讀誦當得往生西方極樂世界
阿弥陁淨土陁羅尼曰 南謨薄伽勃底一 阿波唎蜜多二 阿喻紇硯娜三 須毗你悉指陁四 囉佐
耶五 怛他羯他耶六 怛姪他唵七 薩婆桑悉迦囉八 波唎輸底九 達磨底十 伽迦娜十一 莎訶其特迦底十二 薩
婆婆毗輸底十三 摩訶娜耶十四 波唎婆囉莎訶十五 若有方所自書寫使人書寫是無量壽經典之
處則為是塔皆應恭敬作礼若是畜生或為鳥獸得聞是經如是等類皆當不久得成一切
種智陁羅尼曰 南謨薄伽勃底一 阿波唎蜜多二 阿喻紇硯娜三 須毗你悉指陁四 囉佐耶五 怛他羯
他耶六 怛姪他唵七 薩婆桑悉迦囉八 波唎輸底九 達磨底十 伽迦娜十一 莎訶其特迦底十二 薩婆婆毗輸底十三
摩訶娜耶十四 波唎婆囉莎訶十五 若有於是量壽經自書寫使人書畢竟不受女人之身陁羅尼曰
南謨薄伽勃底一 阿波唎蜜多二 阿喻紇硯娜三 須毗你悉指陁四 囉佐耶五 怛他羯他耶六 怛姪他唵七 薩婆桑悉迦
囉八 波唎輸底九 達磨底十 伽迦娜十一 莎訶其特迦底十二 薩婆婆毗輸底十三 摩訶娜耶十四 波唎婆囉莎訶
若有能於是經少分能惠施者等於三千大千世界滿中七寶布施陁羅尼曰 南謨薄伽勃底一
阿波唎蜜多二 阿喻紇硯娜三 須毗你悉指陁四 囉佐耶五 怛他羯他耶六 怛姪他唵七 薩婆桑悉迦囉八 波唎
輸底九 達磨底十 伽迦娜十一 莎訶其特迦底十二 薩婆婆毗輸底十三 摩訶娜耶十四 波唎婆囉莎訶十五

BD00831 號 3　無量壽宗要經　　（14–12）

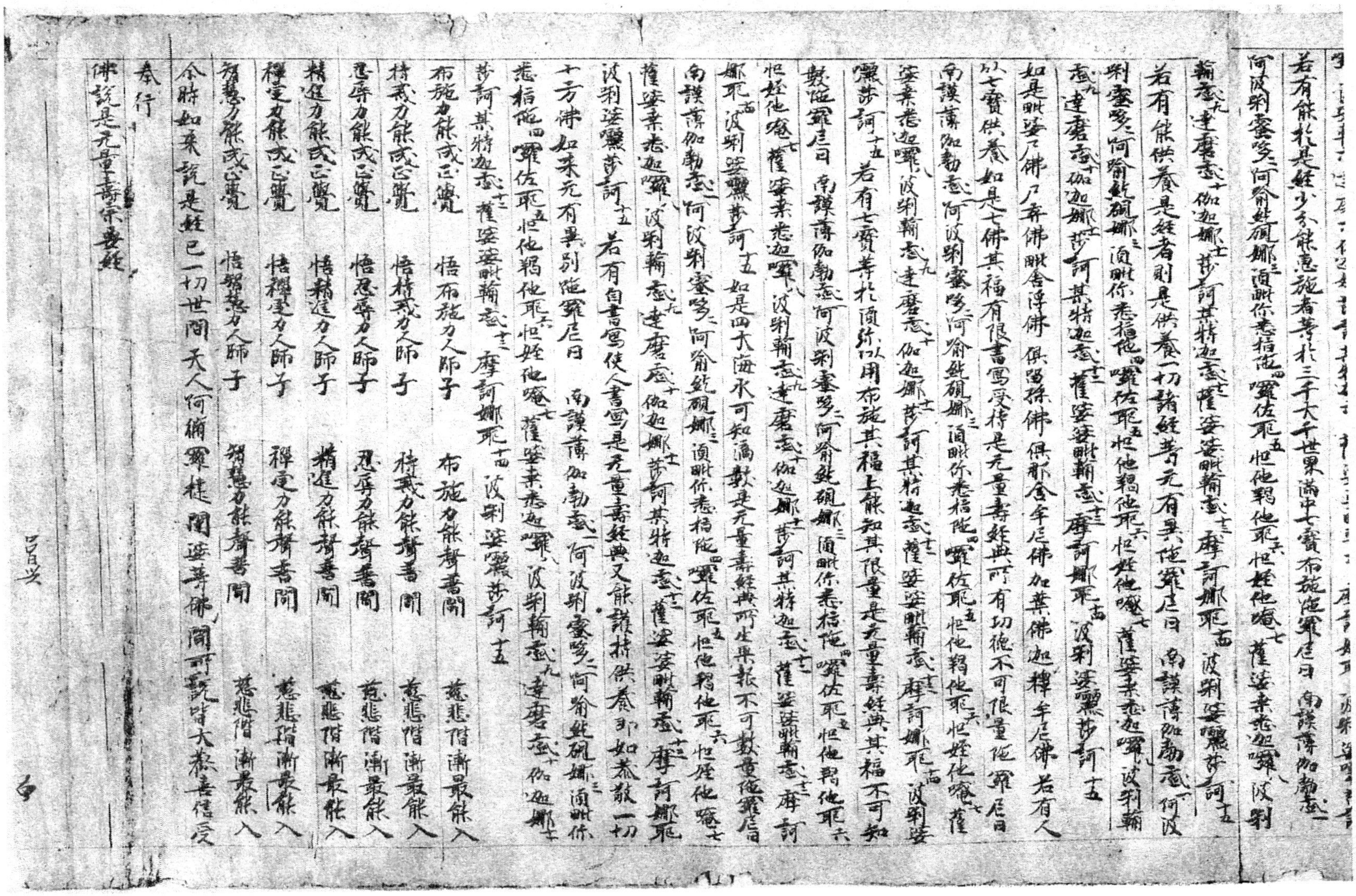

若有能於是經少分能惠施者等於三千大千世界滿中七寶布施陁羅尼曰 南謨薄伽勃底一
阿波唎蜜多二 阿喻紇硯娜三 須毗你悉指陁四 囉佐耶五 怛他羯他耶六 怛姪他唵七 薩婆桑悉迦囉八 波唎
輸底九 達磨底十 伽迦娜十一 莎訶其特迦底十二 薩婆婆毗輸底十三 摩訶娜耶十四 波唎婆囉莎訶十五
若有能供養是經者則是供養一切諸經等無有異陁羅尼曰 南謨薄伽勃底一 阿波
唎蜜多二 阿喻紇硯娜三 須毗你悉指陁四 囉佐耶五 怛他羯他耶六 怛姪他唵七 薩婆桑悉迦囉八 波唎輸
底九 達磨底十 伽迦娜十一 莎訶其特迦底十二 薩婆婆毗輸底十三 摩訶娜耶十四 波唎婆囉莎訶十五
如是毗婆尸佛尸弃佛毗舍浮佛俱留孫佛俱那含牟尼佛迦葉佛釋迦牟尼佛 若有人
以七寶供養如是七佛其福有限書寫受持是無量壽經典所有功德不可限量陁羅尼曰
南謨薄伽勃底一 阿波唎蜜多二 阿喻紇硯娜三 須毗你悉指陁四 囉佐耶五 怛他羯他耶六 怛姪他唵七 薩
婆桑悉迦囉八 波唎輸底九 達磨底十 伽迦娜十一 莎訶其特迦底十二 薩婆婆毗輸底十三 摩訶娜耶十四 波唎婆
囉莎訶十五 若有七寶等於須彌以用布施其福上能知其限量是無量壽經典其福不可知
數陁羅尼曰 南謨薄伽勃底一 阿波唎蜜多二 阿喻紇硯娜三 須毗你悉指陁四 囉佐耶五 怛他羯他耶六
怛姪他唵七 薩婆桑悉迦囉八 波唎輸底九 達磨底十 伽迦娜十一 莎訶其特迦底十二 薩婆婆毗輸底十三 摩訶
娜耶十四 波唎婆囉莎訶十五 如是四大海水可知滴數是無量壽經典所生果報不可數量陁羅尼曰
南謨薄伽勃底一 阿波唎蜜多二 阿喻紇硯娜三 須毗你悉指陁四 囉佐耶五 怛他羯他耶六 怛姪他唵七
薩婆桑悉迦囉八 波唎輸底九 達磨底十 伽迦娜十一 莎訶其特迦底十二 薩婆婆毗輸底十三 摩訶娜耶
波唎婆囉莎訶十五 若有自書寫使人書寫是無量壽經典又能讚持供養礼拜如恭敬一切
十方佛如來無有異別陁羅尼曰 南謨薄伽勃底一 阿波唎蜜多二 阿喻紇硯娜三 須毗你
悉指陁四 囉佐耶五 怛他羯他耶六 怛姪他唵七 薩婆桑悉迦囉八 波唎輸底九 達磨底十 伽迦娜十一
莎訶其特迦底十二 薩婆婆毗輸底十三 摩訶娜耶十四 波唎婆囉莎訶十五
布施力能成正覺　悟布施力人師子　布施力能聲響聞　慈悲階漸最能入
持戒力能成正覺　悟持戒力人師子　持戒力能聲響聞　慈悲階漸最能入
忍辱力能成正覺　悟忍辱力人師子　忍辱力能聲響聞　慈悲階漸最能入
精進力能成正覺　悟精進力人師子　精進力能聲響聞　慈悲階漸最能入
禪定力能成正覺　悟禪定力人師子　禪定力能聲響聞　慈悲階漸最能入
智慧力能成正覺　悟智慧力人師子　智慧力能聲響聞　慈悲階漸最能入
介時如來說是經已一切世間天人阿脩羅揵闥婆等聞佛所說皆大歡喜信受
奉行
佛說無量壽宗要經

BD00831 號 3　無量壽宗要經　　（14–13）

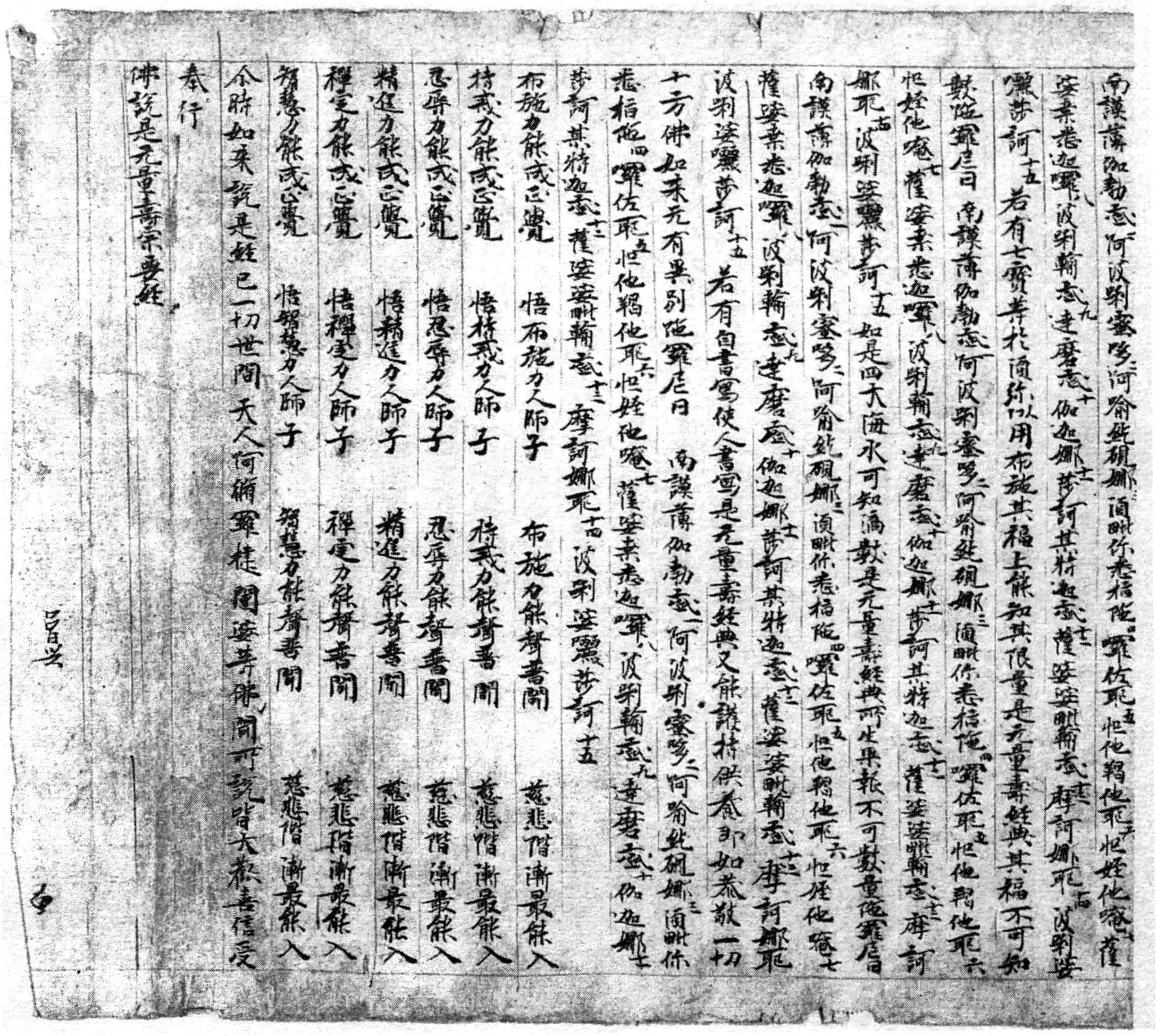

南謨薄伽勃底一阿波唎蜜多二阿喻紇硯娜三須毗你悉指陁四囉佐耶五怛他羯他耶六怛姪他唵七薩
婆桑悉迦囉八波唎輸底九達磨底十伽迦娜十一莎訶其特迦底十二薩婆婆毗輸底十三摩訶娜耶十四波唎婆
囉莎訶十五　若有七寶等於須彌以用布施其福上能知其限量是无量壽經典其福不可知
數陁羅尼曰　南謨薄伽勃底一阿波唎蜜多二阿喻紇硯娜三須毗你悉指陁四囉佐耶五怛他羯他耶六
怛姪他唵七薩婆桑悉迦囉八波唎輸底九達磨底十伽迦娜十一莎訶其特迦底十二薩婆婆毗輸底十三摩訶
娜耶十四波唎婆囉莎訶十五　如是四大海水可知滴數是无量壽經典所生果報不可數量陁羅尼曰
南謨薄伽勃底一阿波唎蜜多二阿喻紇硯娜三須毗你悉指陁四囉佐耶五怛他羯他耶六怛姪他唵七
薩婆桑悉迦囉八波唎輸底九達磨底十伽迦娜十一莎訶其特迦底十二薩婆婆毗輸底十三摩訶娜耶
波唎婆囉莎訶十五　若有自書寫使人書寫是无量壽經典又能讚持供養禮拜如恭敬一切
十方佛如來无有異別陁羅尼曰　南謨薄伽勃底一阿波唎蜜多二阿喻紇硯娜三須毗你
悉指陁四囉佐耶五怛他羯他耶六怛姪他唵七薩婆桑悉迦囉八波唎輸底九達磨底十伽迦娜十一
莎訶其特迦底十二薩婆婆毗輸底十三摩訶娜耶十四波唎婆囉莎訶十五
布施力能成正覺　悟布施力人師子　布施力能聲聞　慈悲階漸最能入
持戒力能成正覺　悟持戒力人師子　持戒力能聲聞　慈悲階漸最能入
忍辱力能成正覺　悟忍辱力人師子　忍辱力能聲聞　慈悲階漸最能入
精進力能成正覺　悟精進力人師子　精進力能聲聞　慈悲階漸最能入
禪定力能成正覺　悟禪定力人師子　禪定力能聲聞　慈悲階漸最能入
智慧力能成正覺　悟智慧力人師子　智慧力能聲聞　慈悲階漸最能入
尒時如來說是經已一切世間天人阿脩羅揵闥婆等聞佛所說皆大歡喜信受
奉行
佛說是无量壽宗要經

呂兴

BD00831 號 3　無量壽宗要經　　(14–14)

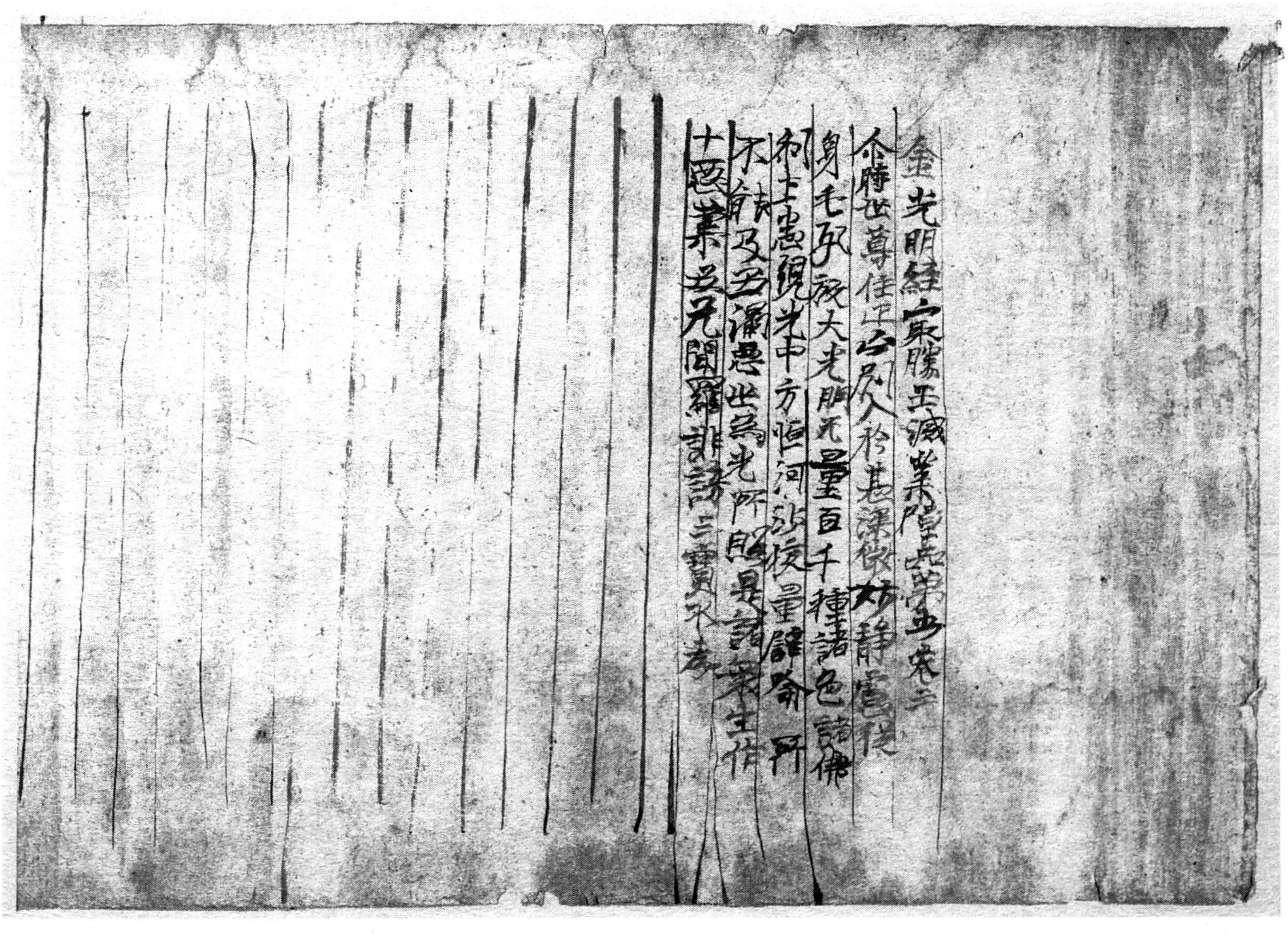

金光明經最勝王滅業障品第五卷三
尒時世尊住正分別入於甚深微妙靜慮從
身毛孔放大光明无量百千種諸色諸佛
刹土悉現光中方恒河沙後量[illegible]
不[illegible]及五濁惡世爲光所照是諸衆生作
十惡業五无間罪誹謗三寶不孝

BD00831 號背　金光明最勝王經（雜寫）卷三　　(1–1)

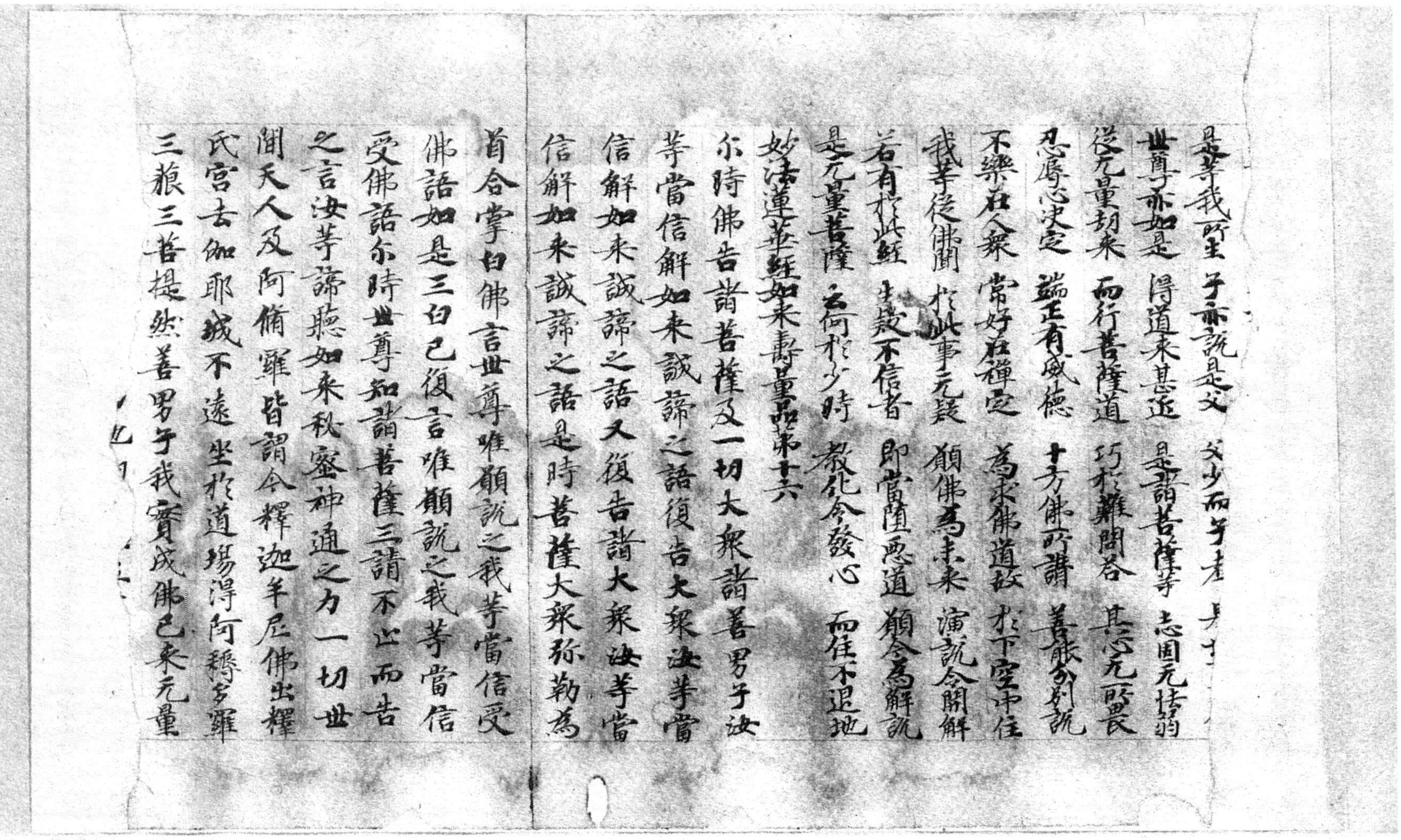
是等我所生 子亦說是父 父少而子老
世尊亦如是 得道來甚近 是諸菩薩等 志固无怯弱
從无量劫來 而行菩薩道 巧於難問答 其心无所畏
忍辱心決定 端正有威德 十方佛所讚 善能分別說
不樂在人衆 常好在禪定 為求佛道故 於下空中住
我等從佛聞 於此事无疑 願佛為未來 演說令開解
若有於此經 生疑不信者 即當墮惡道 願今為解說
是无量菩薩 云何於少時 教化令發心 而住不退地
妙法蓮華經如來壽量品第十六
尒時佛告諸菩薩及一切大衆諸善男子汝
等當信解如來誠諦之語復告大衆汝等當
信解如來誠諦之語又復告諸大衆汝等當
信解如來誠諦之語是時菩薩大衆彌勒為
首合掌白佛言世尊唯願說之我等當信受
佛語如是三白已復言唯願說之我等當信
受佛語尒時世尊知諸菩薩三請不止而告
之言汝等諦聽如來秘密神通之力一切世
間天人及阿脩羅皆謂今釋迦牟尼佛出釋
氏宮去伽耶城不遠坐於道場得阿耨多羅
三藐三菩提然善男子我實成佛已來无量

BD00832 號　妙法蓮華經卷五　（1–1）

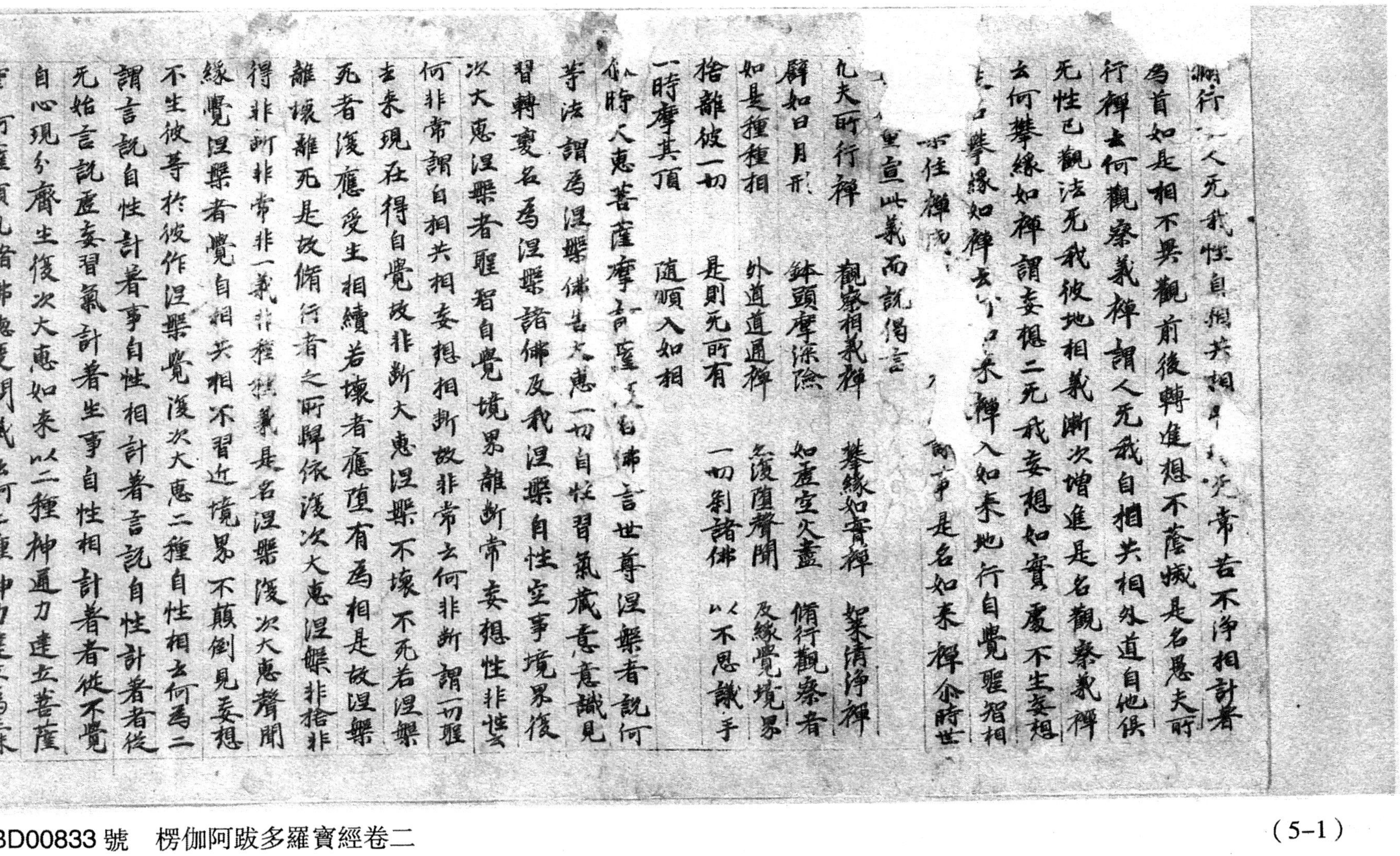
觀行一人无我性自相共相外道无常苦不淨相計著
為首如是相不異觀前後轉進相不除滅是名愚夫所
行禪云何觀察義禪謂人无我自相共相外道自他俱
无性已觀法无我彼地相義漸次增進是名觀察義禪
云何攀緣如禪謂妄想二无我妄想如實處不生妄想
是名攀緣如禪云何如來禪謂入如來地行自覺聖智相
三種樂住成辦衆生不思議事是名如來禪尒時世
尊欲重宣此義而說偈言
凡夫所行禪　觀察相義禪　攀緣如實禪　如來清淨禪
譬如日月形　鉢頭摩深險　如虛空火盡　脩行觀察者
如是種種相　外道道通禪　亦復墮聲聞　及緣覺境界
捨離彼一切　是則无所有　一切刹諸佛　以不思議手
一時摩其頂　隨順入如相
尒時大慧菩薩摩訶薩復白佛言世尊涅槃者說何
等法謂為涅槃佛告大慧一切自性習氣藏意意識見
習轉變名為涅槃諸佛及我涅槃自性空事境界復
次大慧涅槃者聖智自覺境界離斷常妄想性非性
云何非常謂自相共相妄想斷故非常云何非斷謂一切聖
去來現在得自覺故非斷大慧涅槃不壞不死若涅槃
死者復應受生相續若壞者應墮有為相是故涅槃
離壞離死是故脩行者之所歸依復次大慧涅槃非捨非
得非斷非常非一義非種種義是名涅槃復次大慧聲聞
緣覺涅槃者覺自相共相不習近境界不顛倒見妄想
不生彼等於彼作涅槃覺復次大慧二種自性相云何為二
謂言說自性相計著事自性相計著言說自性計著者從
无始言說虛妄習氣計著生事自性相計著者從不覺
自心現分齊生復次大慧如來以二種神通力建立菩薩
摩訶薩頂禮諸佛聽受問義云何二種神力建立三昧

BD00833 號　楞伽阿跋多羅寶經卷二　（5–1）

謂言說自性計着事自性相計着言說自性計着者從
无始言說虛妄習氣計着生事自性相計着者從不覺
自心現分齊生復次大慧如來以二種神通力建立菩薩
摩訶薩頂礼諸佛聽受問義云何二種神力建立為三昧
正受為現一切身面言說神力及手灌頂神力大慧菩薩
摩訶薩初菩薩地住佛神力所謂入菩薩大乘照明三昧
入是三昧已十方世界一切諸佛以神通力為現一切身面言
說如金剛藏菩薩摩訶薩及餘如是相功德成就菩薩
摩訶薩大慧是名初菩薩地菩薩摩訶薩三昧正受神
力於百千劫積集善根之所成就次第諸地對治所治相
通達究竟至法雲地住大蓮華微妙宮殿坐大蓮華寶
師子座同類菩薩摩訶薩眷屬圍遶衆寶瓔珞莊嚴
其身如黃金瞻蔔日月光光諸冣勝取從十方來就大蓮
華宮殿座上而灌其頂譬如自在轉輪聖王及天帝釋太
子灌頂是名菩薩手灌頂神力大慧是名菩薩摩訶薩
二種神力若菩薩摩訶薩住二種神力面見諸佛如來若
不如是則不能見
復次大慧菩薩摩訶薩凡所分別三昧神足說法之行是
等一切悉住如來二種神力大慧若菩薩摩訶薩離佛
神力能辯說者一切凡夫亦應能說所以者何謂不住神力
故大慧山石樹木及諸樂器城郭宮殿以如來入城威神力
故皆自然出音樂之聲何況有心者聾盲瘖瘂无量衆
苦皆得解脫如來有如是等无量神力利安衆生
大慧菩薩復白佛言世尊以何因緣如來應供等正覺菩
薩摩訶薩住三昧正受時及勝進地灌頂時加其神力
佛告大慧為離魔業煩惱故及不墮聲聞地禪為得如來
禪自覺地故及增進所得法故是故如來應供等正覺
咸以神力建立諸菩薩摩訶薩若不以神力建立者則墮
外道惡見妄想及諸聲聞衆魔悕望不得阿耨多羅三
藐三菩提以是義故諸佛如來咸以神力攝受諸菩薩

禪自覺地故及增進所得法故是故如來應供等正覺
咸以神力建立諸菩薩摩訶薩若不以神力建立者則墮
外道惡見妄想及諸聲聞衆魔悕望不得阿耨多羅三
藐三菩提以是義故諸佛如來咸以神力攝受諸菩薩
摩訶薩尒時世尊欲重宣此義而說偈言
神力人中尊　大願悉清淨　三摩提灌頂　初地及十地
尒時大慧菩薩摩訶薩復白佛言世尊佛說緣起如是
說因緣不自說道世尊外道亦說因緣謂勝自在時微塵生
如是諸性生然世尊所說因緣生諸性言說有間悉檀无
間悉檀（悉檀者譯義或言宗或言成或言理也）世尊外道亦說有无
有生世尊亦說无有生生滅如世尊所說无明緣行乃至老死
此是世尊无因說非有因說世尊建立作如是說此有故彼
有者非建立漸生觀外道說勝非如來也所以者何世尊外
道說因不從緣生而有所生世尊說觀因有事觀事有因
如是因緣雜亂如是展轉无窮佛告大慧我非无因說及
因緣雜亂說此有故彼有者攝所攝非性覺自心現量大
慧若攝所攝計着不覺自心現量境界性非性彼有如是過
非我說緣起大慧復白佛言世尊非言說有性有一切性耶
世尊若无性者言說不生世尊是故言說有性有一切性
佛告大慧无性而作言說謂兔角龜毛等世間現言說大慧
非性非非性但言說耳如汝所說言說自性有一切性者汝論則
壞大慧非一切剎土有言說言說者是作耳或有佛剎瞻視
顯法或有作相或有揚眉或有動精或笑或欠或謦欬
或念剎土或動搖大慧如瞻視及香積世界普賢如來國土
但以瞻視令諸菩薩得无生法忍及諸勝三昧是故非言
說性有一切性大慧見此世界蚊蚋虫蟻是等衆生无有言
說而各辦事尒時世尊欲重宣此義而說偈言
如虛空兔角　及與槃太子　而无有言說　如是性妄想
因緣和合法　凡愚起妄想　不能如實知　輪迴三有宅
尒時大慧菩薩摩訶薩復白佛言世尊常聲者何事說
佛告大慧為惑亂以彼惑亂諸聖亦現而非顛倒大慧如
春時炎火輪垂髮乾闥婆城幻夢鏡像

如虛空兎角　及與槃太子　而无有言說　如是性妄相
因緣和合法　凡愚起妄想　不能如實知　輪迴三有宅
尒時大慧菩薩摩訶薩復白佛言世尊常聲者何事說
佛告大慧為惑亂以彼惑亂諸聖亦現而非顛倒大慧如
春時炎火輪垂髮乾闥婆城幻夢鏡像世間顛倒非明智
也然非不現大慧彼惑亂者有種種現非惑亂作无常所
以者何謂離性非性故大慧云何離性惑亂謂一切愚夫種
種境界故如彼恒河餓鬼見不見故无惑亂性於餘現故非
无非如是惑亂諸聖離顛倒不顛倒是故惑亂常謂相相
不壞故大慧非惑亂種種相妄相壞是故惑亂常大慧云
何惑亂真實若復因緣諸聖於此惑亂不起顛倒覺非
不顛倒覺大慧除諸聖於此惑亂有少分相非聖智事想
大慧凡有者愚夫妄說非聖言說彼惑亂者到不到妄想起
二種性謂聖種性及愚夫種性聖種性者三種分別謂聲聞緣
覺乘佛乘云何愚夫妄想起聲聞乘種性謂自相共相
計著起聲聞乘種性是名妄想起聲聞乘種性大慧即彼
惑亂妄想起緣覺乘種性謂即彼惑亂自共相共不觀計
計起緣覺乘種性云何智者即彼惑亂想起佛乘種性
謂覺自心現量外性非性不妄想相起佛乘種性是名即
彼惑亂起佛乘種性又種種事性凡夫惑亂想起愚夫種
性彼非有事非无事是名種性義大慧即彼惑亂不妄想
諸聖心意意識過習氣自性法轉變性是名為如是故
說如離心我說此句顯示離想即說離一切想大慧白佛言
世尊惑亂為有為无佛告大慧如幻无計著想若惑亂有
計著者計著性不可滅緣起應如外道說因緣生法大慧
白佛言世尊若惑亂如幻者復當與餘惑作因佛告大慧非
幻惑因不起過故大慧幻不起過无有妄想大慧幻者從他
明處生非自妄想過習氣處生是故不起過大慧此是愚夫
心惑計著非賢聖也尒時世尊欲重宣此義而說偈言
聖不見惑亂　中間亦无實　中間若真實　惑亂即真實

彼惑亂起佛乘種性又種種事性凡夫惑亂想起愚夫種
性彼非有事非无事是名種性義大慧即彼惑亂不妄想
諸聖心意意識過習氣自性法轉變性是名為如是故
說如離心我說此句顯示離想即說離一切想大慧白佛言
世尊惑亂為有為无佛告大慧如幻无計著想若惑亂有
計著者計著性不可滅緣起應如外道說因緣生法大慧
白佛言世尊若惑亂如幻者復當與餘惑作因佛告大慧非
幻惑因不起過故大慧幻不起過无有妄想大慧幻者從他
明處生非自妄想過習氣處生是故不起過大慧此是愚夫
心惑計著非賢聖也尒時世尊欲重宣此義而說偈言
聖不見惑亂　中間亦无實　中間若真實　惑亂即真實
捨離一切惑　若有相生者　是亦為惑亂　不淨猶如翳
復次大慧非幻无有相似見一切法如幻大慧白佛言世尊為種
種幻相計著言一切法如幻為異相計著若種種幻相計
著言一切如幻者世尊有性不如幻者所以者何謂色種種
相非因世尊无有因色種種相現如幻世尊是故无種種幻相
計著相似性如幻佛告大慧非種種幻相計著相似一切法如
幻大慧然不實一切法速滅如電是則如幻大慧譬如電光
剎那頃現已即滅非愚夫現如是一切性自妄想自共相觀察
无性非現色相計著尒時世尊欲重宣此義而說偈言
非幻无有譬　說法性如幻　不實速如電　是故說如幻
大慧復白佛言世尊所說一切性无生及如幻世尊前後所說
自相違耶說无生性如幻佛告大慧非我說无生性如幻前
後相違過所以者何謂生无生覺自心現量有非有外性
非性无生現大慧非我前後說相違然壞外道因生故我
說一切性无生大慧外道癡聚欲令有无生非自妄想種種
計著緣大慧我非有无有生是故我以无生說而說大慧
說性者為攝受生死故壞无見斷見故為我弟子攝受

□律發東疏五
律主名婆麁冒那此
自往胡國求覓經畫到摩竭國于
王俗南天王寺寫得胡本將還此國此晉
月到楊州於闘場寺共三藏禪師佛大跋陀
六卷但解比丘實雲譯胡為漢十年四部記
統第四　五者迦葉惟律　亦名迦葉毗律此土律　未感來漢地
一名為戒　若就教釋防非之法字之為戒戒此法能防制身口也若就行解　心惡之心名之為戒此心能制身口不為不令諸過得起名之戒也
二名為律　若就教釋詮量輕重以之為律　若就行釋調伏剛獷以之為律　三名波羅木叉　此是胡音漢名解脫　解脫若就教釋此
是解縛之法依而出家若世羅哥隱隱處處　身心元為故云彼彼解脫也若就行釋能縛之心念念之中能念念離煩惱故云彼彼解脫
四名毗尼　亦是西音此方云滅若就教釋此法能殄息諍論故云　為滅若就行釋斷除生死若盡元為為滅泊為滅
此四之中前二就因為名外防為戒內順為律後二就果為名解脫者煩惱
盡處是有餘涅槃果也滅者身智俱亡是元餘涅槃果也又大乘
之中戒之与律是因道果是有為猶出要行解脫与滅是果
通因是無為出離行此四皆丟藏者若就教釋文旨苞富
名之為藏若就行釋出生衆善利益無窮故名為藏
次明受戒法　五種受戒
一上法受戒　位在無學以上若人不得阿羅漢即名受具足如來成道

BD00834 號　毗尼心經　（7–1）

通因是無為出離行此四皆丟藏者若就教釋文旨苞富
名之為藏若就行釋出生衆善利益無窮故名為藏
次明受戒法　五種受戒
一上法受戒　位在無學以上若人不得阿羅漢即名受具足如來成道　正覺證理究竟不從師得故名自然得戒若弟子得自證受　號佛為證得成就故名上法　受戒此中含於二自然戒自誓
二名善來受戒　位在須陀洹果以上此人未曾　善而來值佛出世聞說四
諦道成初果求哀出家佛重命善來比丘即發具足故名
具足受得戒也
三名師法受戒　此是女人久得須陀洹果以求哀出家如來為說八敬　若遣阿難傳受我敬令其遵奉大愛以為師說奉自然受即　發具足故名師法受戒
四名三語受戒　位在內凡以上此人值佛出世得聞而不見有　一羅漢受与三歸使發具足故名三語受戒
五名羯磨受戒　位通外凡以上下此人善根微薄道心難發要假十僧作法乃發　待具足是名羯磨受戒要須具六因緣方得具足受戒一受戒人　自無十三難二年滿于二十衣鉢具四師僧衆滿無遮清淨五　三秉法　結界內不別衆和相及六白三羯磨前後方便乏辭圓滿
摩訶廣中有十種受戒比丘有五種一上法二善來三三語四勅聽五羯
磨尼亦有五一上法二善來三師法四遣使五羯磨合為種十
論律明十種受戒法一自然得戒謂佛無師自悟二自誓得戒
謂大迦葉　三見帝得戒謂拘隣等五比丘聞說四帝尋發具
足　四善來得戒謂耶舍等及如來一代善來所度者是何故以
佛是法王自与受戒此等家後身此終不學地無常故
五者三語得戒謂未制羯磨已前諸羅漢所度乃為
受三歸即得具足戒　六問荅得戒亦名論義謂須陀耶
沙彌年始七歲佛問其義一一荅佛称可聖心勅諸比丘
与受具足戒從問荅為名故稱問荅得戒　因勅比丘故亦名勅
聽得戒　七者八敬得戒亦名八重亦名八尊師法亦名八不可過
法謂大愛道及五釋女求佛出家佛遣阿難受其八敬

BD00834 號　毗尼心經　（7–2）

与受具足戒從問答爲名故稱問答得戒 因勅比丘故亦名勅
聽得戒 七者八敬得戒亦名八重亦名八尊師法亦名八不可過
法謂大愛道及五百釋女求佛出家佛遣阿難受其八敬
聽之出家從八敬爲名故稱八敬得戒
阿難受八法已歡喜頂受又語阿難爲我白佛於八法中更乞 五分律云愛道往
願一聽比丘尼隨次大小礼比丘云何百歲尼礼新受戒比丘佛
告阿難若我聽比丘尼隨次大小礼比丘者無有是處阿難聞已
還報愛道愛道又言願受尊教歡喜奉行即名出家受具足
戒復白阿難是五百釋女今當云何更爲我白佛佛言即聽
大愛道作和上在比丘十衆中白四羯磨受戒聽一時羯磨
三人不得至四 即得此則愛道一人得名八敬受戒五百釋
女即羯磨受戒十誦亦如是 若依四分五百釋女亦皆
八敬得戒 八遣使得戒謂半迦尸尼顏容端正若
出伽藍即有壞行留難聖者開聽差一比丘尼爲使往
大僧中代其乞戒故名遣使受戒 九羯磨受戒謂
十僧作法 十邊地持律五人受大戒以邊地佛法創行僧
徒希尠集之至難故聖開聽五人受戒又四分云得阿
羅漢者即名出家受具足戒此人得寂勝法名爲上受
戒法 故摩訶論云時有年不滿廿而受戒生疑問佛佛
言聽數胎中月及閏月猶不滿佛言此人得阿羅
漢不答言得佛言此人名爲上受具戒 又尼衆中
女人曾出適年十二聽受大戒 通此合有十二種中
自然得戒唯佛一人自誓得戒唯大迦葉一人見帝得戒局在

BD00834號　毗尼心經　（7–3）

漢不答言得佛言此人名爲上受具戒 又尼衆中
女人曾出適年十二聽受大戒 通此合有十二種中
自然得戒唯佛一人自誓得戒唯大迦葉一人見帝得戒局在
拘隣五人善來得戒通及僧尼佛在時有佛滅度後更無善
來受法三語得戒局在大僧未立羯磨已前聽三羯磨已後不
聽 問 答得戒局在須陁耶沙彌若今末中法有須陁耶沙彌比
顏亦聽受戒八敬得戒唯局尼衆大愛道一人不通餘者遣
使得戒唯在尼衆半迦尸尼若今末代有如是比丘尼亦聽
小小顏容不得也所以邊地五人得戒今邊方有佛法初行
處皆悉開聽曾嫁十二局在尼衆上法受戒通僧尼衆
今若有得阿羅漢者亦即得名上法受戒唯有羯磨一法數
通凡聖彼及僧尼設羅現未須知作法成以不成故依諸部
廣明 問羯磨受戒具足幾緣得名如法 答依僧祇律具
六因緣得戒如法 何者爲六 一者受戒人要須年滿廿三衣
鉢具 二者受戒人身无廿三遮難 三者要須結界成就
四者界內僧盡集无其別衆 五者羯磨稱文无有增減
六者十僧滿足如法清淨備此六緣得名如法 六中少一受戒不
成 問云何名年滿廿 答僧祇云要年廿歲滿廿雨若
年滿廿不滿雨不得戒但使雨滿得受戒若冬時生夏安居竟
受戒是名不滿廿若春時生安居竟受戒 是名滿廿前安居
時生還前安居竟受戒後安居時生後安居竟受戒是名滿
廿四分家十二月爲一歲滿廿人取本生月皆名滿廿得具足戒僧
祇家還廿雨滿得具足戒如臘月生者至滿廿始經十八雨故
名不滿如是等要滿廿夏然後方得受戒然受戒事重是出

BD00834號　毗尼心經　（7–4）

時生眾迷前安居竟受戒後安居時生後安居竟受戒是名滿
廿四分家十二月為一歲滿廿人取本生月皆名滿廿得具足戒僧
祇家遝廿兩滿得具足戒如臈月生者至滿廿始經十八兩故
名不滿如是等要滿廿夏然後方得受戒然受戒事重是出
家根本若法不成即非比丘与白衣无別受人信施及以礼拜皆名
為盜得罪无量若人定知年少受戒者雖逕百年猶名沙彌
不應受大比丘礼敬及受信施當更受戒　問此人受戒已來脩
逕布薩羯磨何故更得受戒　答此人作受大戒意聽
羯磨布薩非盜心故四分聽更受戒僧祇云若人不知年幾
當問父母親里若復不知當看生年板若無是者當觀其
顏狀手足成就以不若如是不知當問何王何歲國土豐儉
早澇等非謂一切如是時有難知者如是一一尋究若實
不知滿廿難乎至成就亦不得戒也　問四分律云年不滿廿
聽數胎中月閏月等此復云何　答有人初受戒時意謂
年滿廿受戒竟方知不滿懷疑問佛佛言聽數胎中月閏月
若數一切十四日說戒以滿年數者無犯此是大聖開令得戒
依此間國法五年再閏十誦云𤚲沙王六年一閏五分五年一閏
未知依何者為定　問無衣鉢得受戒以不四分云无衣
鉢不得受戒　又問借衣鉢得受戒不五分借衣鉢者應教
衣鉢主捨得受戒也　毗尼毗婆沙論云无衣鉢得戒不
答言得若尒何須衣鉢　答言一為威儀故二為生前人善
故三為標異相故須衣鉢具也　第二身無遮難者何故須問
答十三難為一鄣所事与聖道隔絕鄣不發戒名之為難是

衣鉢主捨得受戒也　毗尼毗婆沙論云无衣鉢得戒不
答言得若尒何須衣鉢　答言一為威儀故二為生前人善
故三為標異相故須衣鉢具也　第二身無遮難者何故須問
答十三難為一鄣所事与聖道隔絕鄣不發戒名之為難是
故須問　又問十三難者名義云何　答一邊罪難此人曾受大
戒犯波羅夷為僧擯遣自後又復更求出家𠁊在眾外名邊
鄣不發戒故稱也　二汙尼淨行難從出家已來不犯婬者名
為淨行若白衣時汙犯此人不名難　三賊心受戒難此人无師
自剃頭髮著袈裟不受戒而共他布薩羯磨偷竊佛法故
名賊心若下三眾盜聽說戒羯磨詐同僧事亦犯也　四破
內外道難此人先是外道來出家受戒後不捨戒還入外道邪
見心重自然失戒若更欲於佛法求出家受戒者名難也
五黃門難此人性多煩惱闕於持戒煩惱鄣重不發大戒故名
為難也　六煞父難七煞母難　白衣煞父或煞母違恩處深鄣不
發戒八煞阿羅漢難白衣時煞比丘臨終時顏色不變　九破僧
難妄說耶法惑乱群情同界之內別行法事斷壞佛法知而故
為故名為難　十惡心出佛身血難此人方便欲煞佛而不能斷
命復損聖軀違理處深得重逆罪今時末世燒壞精舍形像舍
利若見瑞相亦得逆罪不得受戒故名為難　十一非人難　若
鬼若天變作人形欲受大戒者名為非人難也　十二畜生若龍
若狐化為人形不得与受戒　十三二根難此人一身具有男女二
根於僧尼二眾皆無置處故名為難　此十三人中初四及五逆業
鄣攝黃門一人煩惱鄣攝後三人報鄣攝三鄣所羅一形之

爲難也　六煞父難七煞母難　白衣煞父或煞母逆恩處深鄣不
發戒八煞阿羅漢難白衣時煞比丘臨終時顏色不變　九破僧
難妄說耶法惑亂群情同界之內別行法事斷壞佛法知而故
爲故名爲難　十惡心出佛身血難此人方便欲煞佛而不能斷
命複損聖軀逆理處深得重逆罪今時未世燒壞精舍形像舍
利若見瑞相忽得逆罪不得受戒故名爲難　十一非人難　若
鬼若天變作人形欲受大戒者名爲非人難也　十二畜生若龍
若狐化爲人形不得与受戒　十三二根難此人一身具有男女二
根於僧尼二衆皆無置處故名爲難　此十三人中初四及五逆業
鄣攝黃門一人煩惱鄣攝後三人報鄣攝三鄣所羈一形之
中不可改易若未出家莫度若已出家當殯擯廣辭如論
中所說也　問曰不問十三難爲得受戒　答四分云自制已後不得
又問本爲防難故問今實无者何須問也　答難爲故難問若
實有難問以不問俱不得戒　若實无問便得戒不問不得
戒　弟三明結界成以不成後結界法中當說　弟四界內僧
盡集不來者与欲衆僧和合无其別衆也　弟五羯磨稱文
旨若作白四羯磨而白五一番不成也　弟六僧數滿者要請

BD00834號　毗尼心經　（7–7）

本
[illegible]清[illegible]受用也

BD00834號背　題記　（1–1）

佛言
劣想今自悔責捨離是
心所以者何諸佛方便不可思議為度眾生
故隨其所應現佛國異唯然世尊願賜少法
還於彼土當念如來佛告諸菩薩有盡无
解脫法門汝等當學何謂為盡謂有為
謂无盡謂无為法如菩薩者不盡有為
无為何謂不盡有為謂不離大慈不捨大
深發一切智心而不忽忘教化眾生終不
惓於四攝法常念順行護持正法不惜軀
種諸善根无有疲厭志常安住方便迴向
法不懈說法无悋勤供諸佛故入生死而无
所畏於諸榮辱心无憂喜不輕未學敬學如
佛墮煩惱者令發正念於遠離樂不以為貴
不著己樂慶於彼樂在諸禪定如地獄想於
生死中如園觀想見來求者為善師想捨諸
所有具一切智想見毀戒人起救護想諸波
羅蜜為父母想道品之法為眷屬想發行善
根无有齊限以諸淨國嚴飾之事成己佛土
行不限施具足相好除一切惡淨身口意生死
无數劫意而有勇聞佛无量德志而不惓以
智慧劍破煩惱賊出陰界入荷負眾生永使
解脫以大精進摧伏魔軍常求无念實相 智

BD00835 號　維摩詰所說經卷下　（2–1）

法不懈說法无悋勤供諸佛故入生死而无
所畏於諸榮辱心无憂喜不輕未學敬學如
佛墮煩惱者令發正念於遠離樂不以為貴
不著己樂慶於彼樂在諸禪定如地獄想於
生死中如園觀想見來求者為善師想捨諸
所有具一切智想見毀戒人起救護想諸波
羅蜜為父母想道品之法為眷屬想發行善
根无有齊限以諸淨國嚴飾之事成己佛土
行不限施具足相好除一切惡淨身口意生死
无數劫意而有勇聞佛无量德志而不惓以
智慧劍破煩惱賊出陰界入荷負眾生永使
解脫以大精進摧伏魔軍常求无念實相 智
慧於世間法少欲知足於出世間法求之无
厭不壞威儀而能隨俗起神通慧引導眾生
得念總持所聞不忘善別諸根斷眾生疑以
樂說辯演法无閡淨十善道受天人福脩四
无量開梵天道勸請說法隨喜讚善得佛音聲
身口意善得佛威儀深脩善法所行轉勝以
大乘教成菩薩僧心无放逸不失眾善行如
此法是名菩薩不盡有為何謂[illegible]不住无

BD00835 號　維摩詰所說經卷下　（2–2）

兊

亦不應迴向非心非心不應迴向於心心亦
不應迴向於心何以故憍尸迦非心即是不
可思議不可思議即是非心如是二種俱無
所有無所有中無迴向義憍尸迦心無自性
心所亦然心及心所既無自性故心亦無迴
向心義憍尸迦諸菩薩摩訶薩若住是觀是
謂菩薩摩訶薩甚深般若波羅蜜多爾時世
尊讚善現曰善哉善哉汝今善能為諸菩薩
摩訶薩衆宣說般若波羅蜜多亦能勸勵
諸菩薩摩訶薩令深歡喜勤脩般若波羅蜜
多具壽善現便白佛言我既知恩云何不報
所以者何過去諸佛及諸弟子為諸菩薩摩
訶薩衆宣說六種波羅蜜多示現教導讚勵
慶喜安慰建立令得究竟世尊爾時亦在中
學令登無上正等菩提轉妙法輪饒益我等
故我今者應隨佛教為諸菩薩摩訶薩衆
宣說六種波羅蜜多示現教導讚勵慶喜安
慰建立令得究竟速證無上正等菩提轉妙
法輪窮未來際利益安樂一切有情是則名
為報彼恩德
爾時具壽善現復告天帝釋言憍尸迦汝問
云何菩薩摩訶薩應住般若波羅蜜多者諦
聽諦聽當為汝說諸菩薩摩訶薩於深般若

BD00836號　大般若波羅蜜多經（兊廢稿）卷四九九　（2–1）

謂菩薩摩訶薩甚深般若波羅蜜多爾時世
尊讚善現曰善哉善哉汝今善能為諸菩薩
摩訶薩衆宣說般若波羅蜜多亦能勸勵
諸菩薩摩訶薩令深歡喜勤脩般若波羅蜜
多具壽善現便白佛言我既知恩云何不報
所以者何過去諸佛及諸弟子為諸菩薩摩
訶薩衆宣說六種波羅蜜多示現教導讚勵
慶喜安慰建立令得究竟世尊爾時亦在中
學令登無上正等菩提轉妙法輪饒益我等
故我今者應隨佛教為諸菩薩摩訶薩衆
宣說六種波羅蜜多示現教導讚勵慶喜安
慰建立令得究竟速證無上正等菩提轉妙
法輪窮未來際利益安樂一切有情是則名
為報彼恩德
爾時具壽善現復告天帝釋言憍尸迦汝問
云何菩薩摩訶薩應住般若波羅蜜多者諦
聽諦聽當為汝說諸菩薩摩訶薩於深般若
波羅蜜多如所應住不應住相憍尸迦色遠
乃至識遠色遠乃至識遠性空諸菩薩摩訶
薩諸菩薩摩訶薩性空若色遠乃至識遠性
空若諸菩薩摩訶薩性空如是一切皆無二
無二分憍尸迦諸菩薩摩訶薩於深般若

BD00836號　大般若波羅蜜多經（兊廢稿）卷四九九　（2–2）

BD00837 號　無量壽宗要經　（5–1）

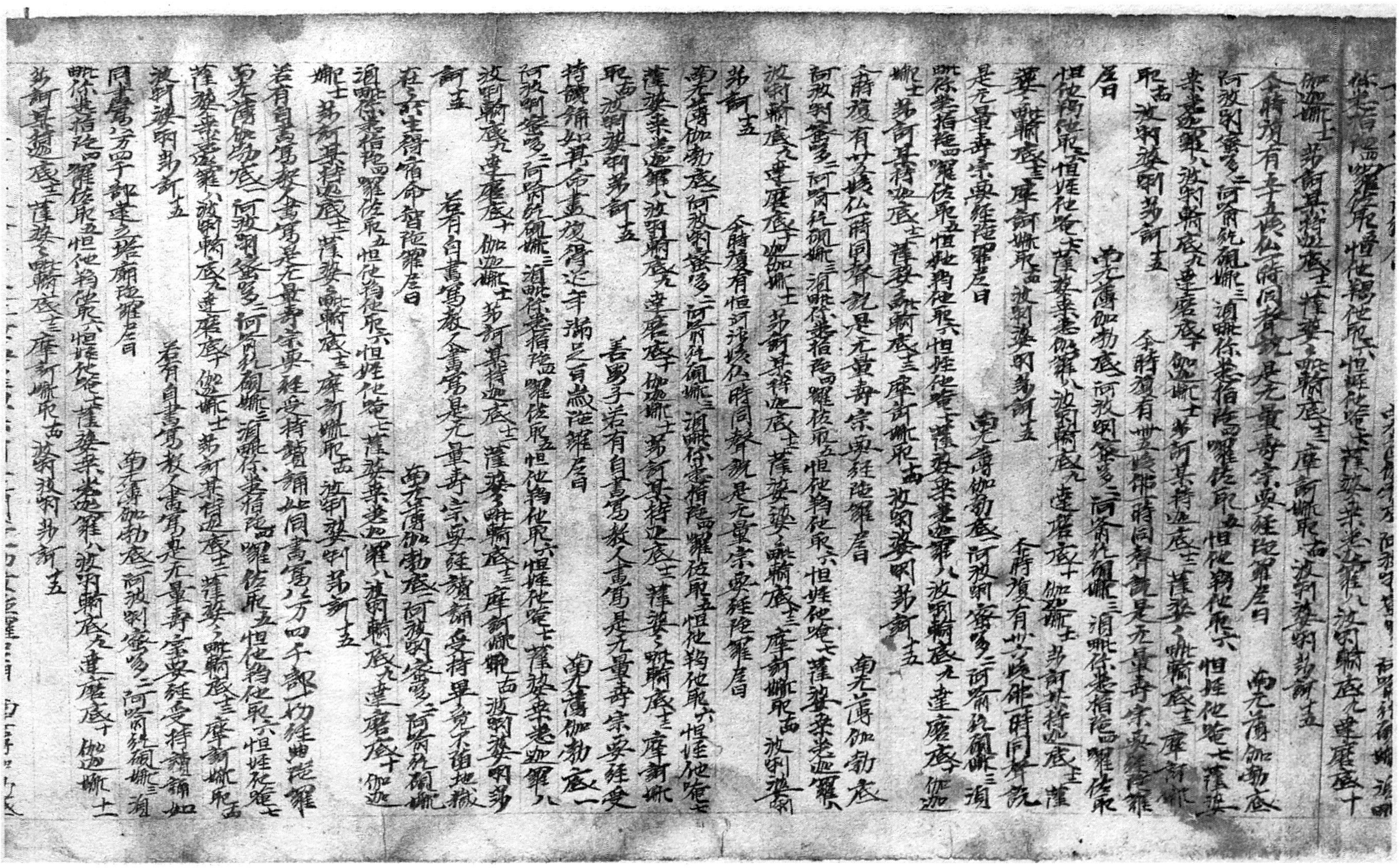

BD00837 號　無量壽宗要經　（5–2）

波唎婆唎莎訶十五　若有自書寫教人書寫是无量壽宗要經受持讀誦如
同書寫八万四千部建立塔廟陀羅尼曰　南无薄伽勃底一　阿波唎蜜多二　阿喻紇硯娜三　須
毗你悉指陀四　囉佐耶五　怛他羯他耶六　怛姪他唵七　薩婆桑悉迦囉八　波唎輸底九　達磨底十　伽伽娜十一
莎訶其持迦底十二　薩婆婆毗輸底十三　摩訶娜耶十四　波唎婆唎莎訶十五
若有自書寫教人書寫是无量壽經典能消五无間等一切重陀羅尼曰　南无薄伽勃底
一　阿波唎蜜多二　阿喻紇硯娜三　須毗你悉指陀四　囉佐耶五　怛他羯他耶六　怛姪他唵七　薩婆桑悉迦
囉八　波唎輸底九　達磨底十　伽伽娜十一　莎訶其持迦底十二　薩婆婆毗輸底十三　摩訶娜耶十四　波唎婆唎莎
訶十五　若有自書寫教人書寫是无量壽宗要經受持讀誦設有重
罪如須彌山盡能除滅陀羅尼曰　南无薄伽勃底一　阿波唎蜜多二　阿喻紇硯娜三
須毗你悉指陀四　囉佐耶五　怛他羯他耶六　怛姪他唵七　薩婆桑悉迦囉八　波唎輸底九　達磨底十　伽伽
娜十一　莎訶其持迦底十二　薩婆婆毗輸底十三　摩訶娜耶十四　波唎婆唎莎訶十五
若有自書寫教人書寫是无量壽宗要經受持讀誦若魔之眷屬夜叉羅剎不得其
便終无橫死陀羅尼曰　南无薄伽勃底一　阿波唎蜜多二　阿喻紇硯娜三　須毗你悉指
陀四　囉佐耶五　怛他羯他耶六　怛姪他唵七　薩婆桑悉迦囉八　波唎輸底九　達磨底十　伽伽娜十一　莎訶其
持迦底十二　薩婆婆毗輸底十三　摩訶娜耶十四　波唎婆唎莎訶十五
若有自書寫教人書寫是无量壽宗要經受持讀誦當命終時有九十九殑仏現其人前
授手仏授手能遊一切仏剎莫於此經生於疑惑陀羅尼曰　南无薄伽勃底一　阿
喻紇硯娜三　須毗你悉指陀四　囉佐耶五　怛他羯他耶六　怛姪他唵七　薩婆桑悉迦囉八　波唎輸底九　達
磨底十　伽伽娜十一　莎訶其持迦底十二　薩婆婆毗輸底十三　摩訶娜耶十四　波唎婆唎莎訶十五
若有自書寫教人書寫是无量壽宗要經受持讀誦常得四天大王隨其衛護陀羅尼曰
南无薄伽勃底一　阿波唎蜜多二　阿喻紇硯娜三　須毗你悉指陀四　囉佐耶五　怛他羯他耶六　怛姪他唵七
薩婆桑悉迦囉八　波唎輸底九　達磨底十　伽伽娜十一　莎訶其持迦底十二　薩婆婆毗輸底十三　摩訶娜
耶十四　波唎婆唎莎訶十五　若有自書寫教人書寫是无量壽宗要經受持讀
誦當得往生西方極樂世界阿彌陀淨土陀羅尼曰　南无薄伽勃底一　阿波唎蜜多
阿喻紇硯娜三　須毗你悉指陀四　囉佐耶五　怛他羯他耶六　怛姪他唵七　薩婆桑悉迦囉八　波唎輸底九
達磨底十　伽伽娜十一　莎訶其持迦底十二　薩婆婆毗輸底十三　摩訶娜耶十四　波唎婆唎莎訶十五
若有自書寫教人書寫是无量宗要經典之處所為是塔皆應作禮若是畜生禽獸得
聞是經如是等類皆當不久得成一切種智陀羅尼曰　南无薄伽勃底一　阿波唎蜜多
阿喻紇硯娜三　須毗你悉指陀四　囉佐耶五　怛他羯他耶六　怛姪他唵七　薩婆桑悉迦囉八　波唎輸底九　達
磨底十　伽伽娜十一　莎訶其持迦底十二　薩婆婆毗輸底十三　摩訶娜耶十四　波唎婆唎莎訶十五
若有自書寫教人書寫畢竟不受女人之身陀羅尼曰　南无薄伽勃底一　阿波唎蜜多二
阿喻紇硯娜三　須毗你悉指陀四　囉佐耶五　怛他羯他耶六　怛姪他唵七　薩婆桑悉迦囉八　波唎輸底九　達磨底
伽伽娜十一　莎訶其持迦底十二　薩婆婆毗輸底十三　摩訶娜耶十四　波唎婆唎莎訶十五

BD00837號　無量壽宗要經

（5–3）

磨底十　伽伽娜十一　莎訶其持迦底十二　薩婆婆毗輸底十三　摩訶娜耶十四　波唎婆唎莎訶十五
若有自書寫教人書寫畢竟不受女人之身陀羅尼曰　南无薄伽勃底一　阿波唎蜜多二
阿喻紇硯娜三　須毗你悉指陀四　囉佐耶五　怛他羯他耶六　怛姪他唵七　薩婆桑悉迦囉八　波唎輸底九　達磨底
伽伽娜十一　莎訶其持迦底十二　薩婆婆毗輸底十三　摩訶娜耶十四　波唎婆唎莎訶十五
若有能於是經少分能於是經少分能惠施者普於三千大千世界七寶布施陀羅尼曰
南无薄伽勃底一　阿波唎蜜多二　阿喻紇硯娜三　須毗你悉指陀四　囉佐耶五　怛他羯他耶六　怛姪他唵七　薩
婆桑悉迦囉八　波唎輸底九　達磨底十　伽伽娜十一　莎訶其持迦底十二　薩婆婆毗輸底十三　摩訶娜耶十四　波唎
婆唎莎訶十五　如是毗婆尸仏　尸棄仏　毗舍浮仏　俱留孫佛　俱那含牟尼
佛　迦葉仏　釋迦牟尼佛　若有人以七寶等於須彌山供養如是七仏其福有限書寫
受持是无量壽經典所生果報不可限量陀羅尼曰　南无薄伽勃底一　阿波唎蜜多
阿喻紇硯娜三　須毗你悉指陀四　囉佐耶五　怛他羯他耶六　怛姪他唵七　薩婆桑悉迦囉八　波唎輸底九　達
磨底十　伽伽娜十一　莎訶其持迦底十二　薩婆婆毗輸底十三　摩訶娜耶十四　波唎婆唎莎訶十五
若有七寶等於須彌山用布施其福上能知其限量是无量壽經典所生果報不可知數
陀羅尼曰　南无薄伽勃底一　阿波唎蜜多二　阿喻紇硯娜三　須毗你悉指陀四　囉佐耶五
怛他羯他耶六　怛姪他唵七　薩婆桑悉迦囉八　波唎輸底九　達磨底十　伽伽娜十一　莎訶其持迦底十二　薩婆
婆毗輸底十三　摩訶娜耶十四　波唎婆唎莎訶十五
如是四大海水可知渧數是无量壽經典所生果報不可知數陀羅尼曰
南无薄伽勃底一　阿波唎蜜多二　阿喻紇硯娜三　須毗你悉指陀四　囉佐耶五　怛他羯他耶六　怛姪他唵七　薩
婆桑悉迦囉八　波唎輸底九　達磨底十　伽伽娜十一　莎訶其持迦底十二　薩婆婆毗輸底十三　摩訶娜耶十四　波唎婆
唎莎訶十五　若有自書寫教人書寫是无量壽經典有能禮拜供養即如供養一切
十方仏土如來无有別異陀羅尼曰
南无薄伽勃底一　阿波唎蜜多二　阿喻紇硯娜三　須毗你悉指陀四　囉佐耶五　怛他羯他耶六　怛姪他唵七
薩婆桑悉迦囉八　波唎輸底九　達磨底十　伽伽娜十一　莎訶其持迦底十二　薩婆婆毗輸底十三　摩訶娜耶十四
波唎婆唎莎訶十五
布施力能成正覺　悟布施力人師子　布施力能聲普聞　慈悲附漸眾能入
持戒力能成正覺　悟持戒力人師子　持戒力能聲普聞　慈悲附漸眾能入
忍辱力能成正覺　悟忍辱力人師子　忍辱力能聲普聞　慈悲附漸眾能入
精進力能成正覺　悟精進力人師子　精進力能聲普聞　慈悲附漸眾能入
禪定力能成正覺　悟禪定力人師子　禪定力能聲普聞　慈悲附漸眾能入
智慧力能成正覺　悟智慧力人師子　智慧力能聲普聞　慈悲附漸眾能入
今時如來說是經已一切世間天人阿脩羅揵闥婆等聞佛所
說皆大歡喜信受奉行
佛說无量壽宗要經一卷

BD00837號　無量壽宗要經

（5–4）

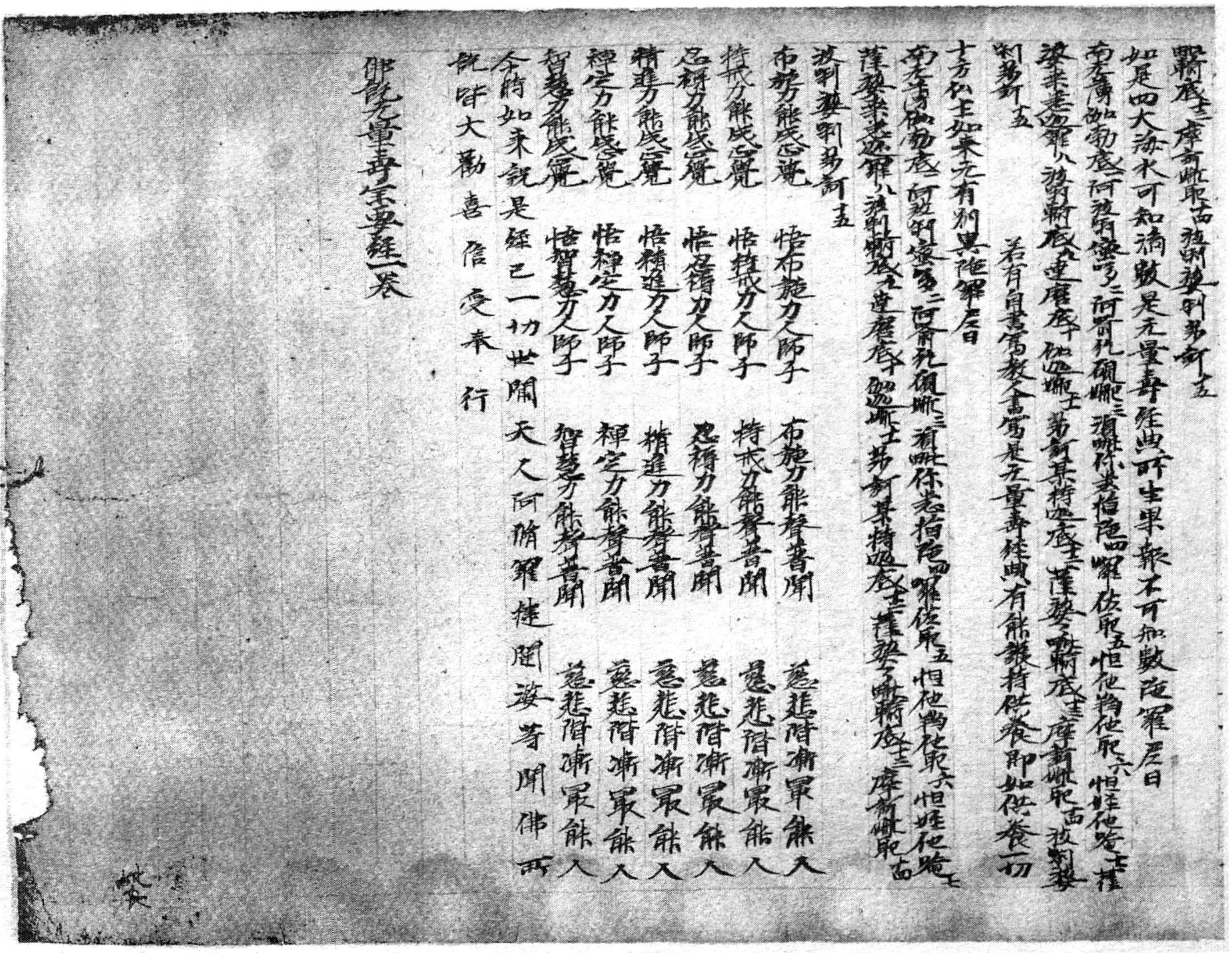

如是四大海水可知滴數，是無量壽經典所生果報不可知數。陀羅尼曰

若有自書寫教人書寫是無量壽經典，有能護持供養，即如供養一切

十方佛土如來無有別異。陀羅尼曰

布施力能成正覺　悟布施力入師子　布施力能聲普聞　慈悲階漸眾能入

持戒力能成正覺　悟持戒力入師子　持戒力能聲普聞　慈悲階漸眾能入

忍辱力能成正覺　悟忍辱力入師子　忍辱力能聲普聞　慈悲階漸眾能入

精進力能成正覺　悟精進力入師子　精進力能聲普聞　慈悲階漸眾能入

禪定力能成正覺　悟禪定力入師子　禪定力能聲普聞　慈悲階漸眾能入

智慧力能成正覺　悟智慧力入師子　智慧力能聲普聞　慈悲階漸眾能入

爾時如來說是經已，一切世間天人阿脩羅揵闥婆等，聞佛所說，皆大歡喜，信受奉行。

佛說無量壽宗要經一卷

BD00837 號　無量壽宗要經　（5–5）

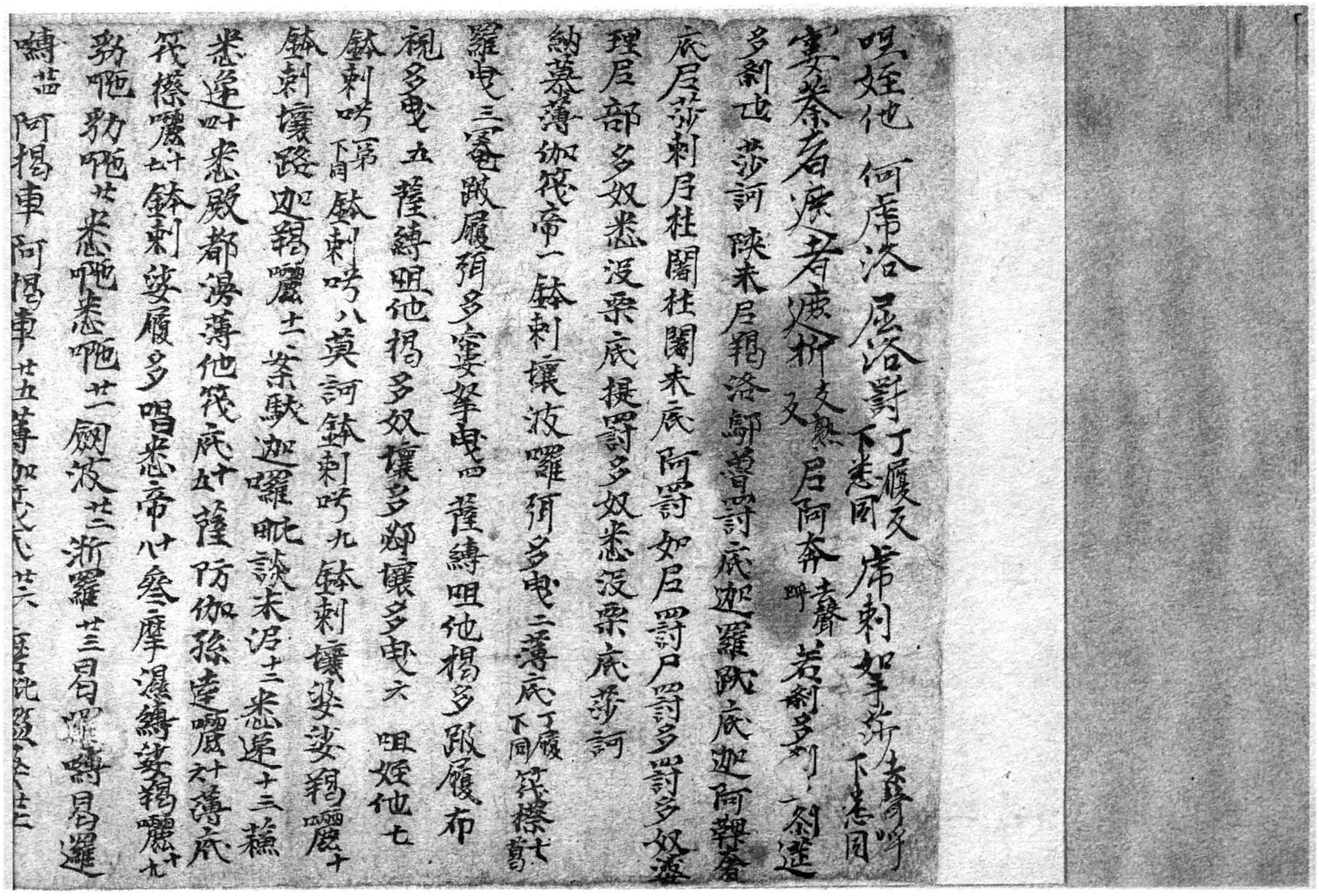

BD00838 號　大般若波羅蜜多經神咒鈔（擬）　（3–1）

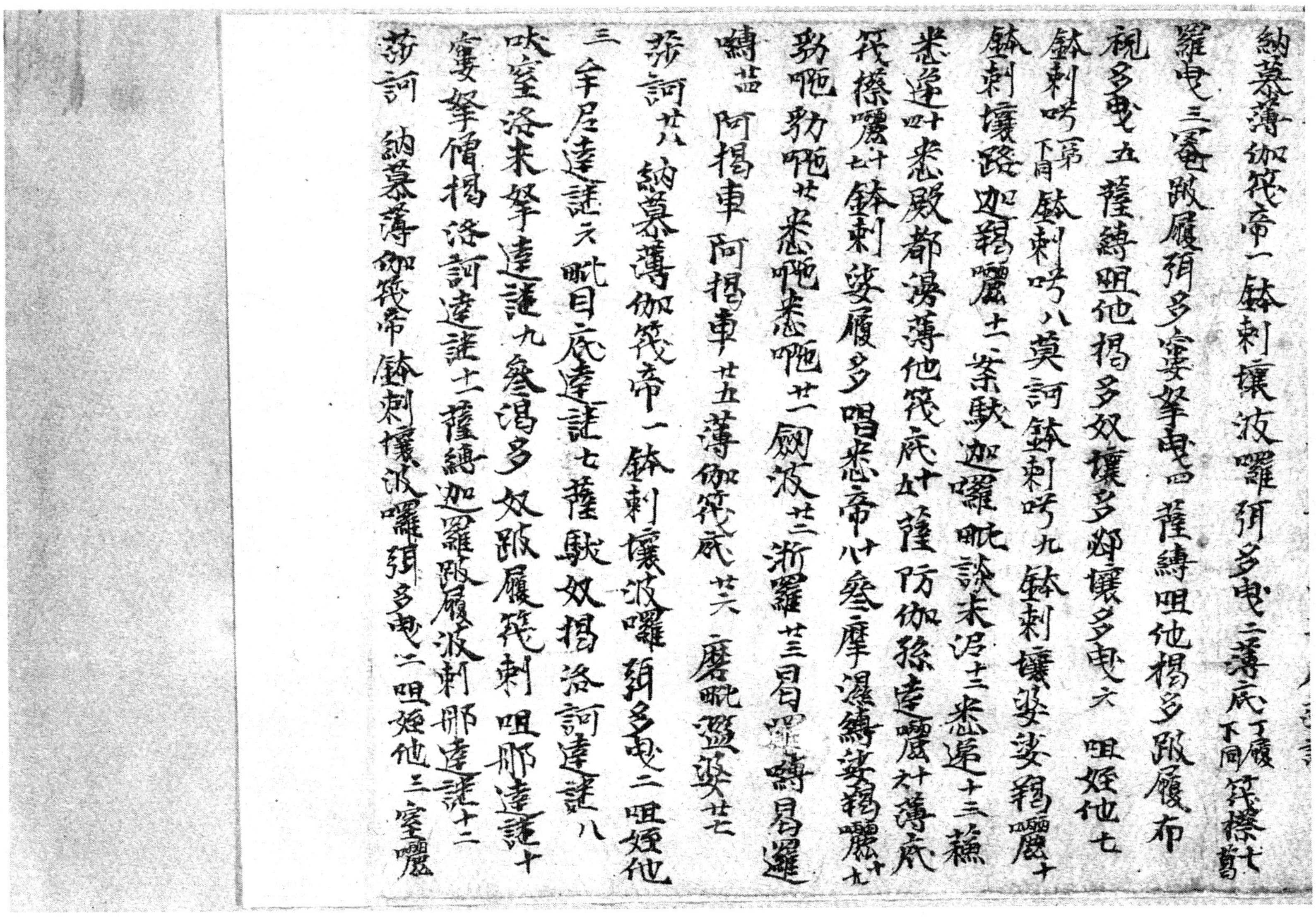

納慕薄伽筏帝一鉢剌壤波囉弭多曳二薄底丁履反下同筏㨿暫三
羅曳三唵跛履弭多室婁拏曳四 薩縛呾他揭多跛履布
視多曳五 薩縛呾他揭多奴壤多鄔壤多曳六 呾姪他七
鉢剌吽苐下同 鉢剌吽八 莫訶鉢剌吽九 鉢剌壤娑娑羯囇十
鉢剌壤路迦羯囇十一 萘馱迦囉毗談末泥十二 悉悉遝十三 蘇
悉遝十四 悉悉殿都漫薄他筏底十五 薩防伽孫達囇囇十六 薄底
筏㨿囇十七 鉢剌婆履多 唱悉帝十八 參摩濕縛娑羯囇十九
勃吔勃吔廿 悉吔悉吔廿一 劂波廿二 淅羅廿三 咠囉嚩 嚩咠邏
嚩喆 阿揭車阿揭車廿五 薄伽筏底廿六 磨毗濫娑廿七
莎訶廿八 納慕薄伽筏帝一 鉢剌壤波囉弭多曳二 呾姪他
三 牟尼達謎六 毗目底達謎七 薩馱奴揭洛訶達謎八
呋室洛末拏達謎九 參濕多 奴跛履筏剌 呾那達謎十
室婁拏僧揭洛訶達謎十一 薩縛迦羅跛履波剌那達謎十二
莎訶 納慕薄伽筏帝 鉢剌壤波囉弭多曳二 呾姪他三 室囇

BD00838 號　大般若波羅蜜多經神咒鈔（擬）　（3–2）

曳四 室囇曳五 室囇曳六 室囇拽細七 莎訶八

BD00838 號背　大般若波羅蜜多經神咒鈔（擬）　（3–3）

何謂病本謂有
攀緣從有攀緣則為病本何所攀緣謂之三
界云何斷攀緣以无所得若无所得則无攀
緣何謂无所得謂二見何謂二見謂内[illegible]
見是无所得文殊師利是為有疾菩薩調伏
其心為斷老病死苦是菩薩菩提若不如是
己所脩治為无恵利譬如勝怨乃可為勇[illegible]
是兼除老病死者菩薩之謂也彼有疾菩薩
應復作是念如我此病非真非有衆生病亦
非真非有作是觀時於諸衆生若起愛見大
悲即應捨離所以者何菩薩斷除客塵煩惱
而起大悲愛見悲者則於[illegible]
能離此无有疲厭在在所生不為愛見之所
覆也所生无縛能為衆生說法解縛如佛所
說若自有縛能解彼縛无有是處若自无縛
能解彼縛斯有是處是故菩薩不應起縛何
謂縛何謂解貪著禪味是菩薩縛以方便生
是菩薩解又无方便慧縛有[illegible]便慧解无慧
方便縛有慧方便解何謂无方便慧縛謂菩
薩以愛見心莊嚴佛土成就衆生於空无相
无作法中而自調伏是名无方便慧縛何謂
有方便慧解謂不以愛見莊嚴佛土成就衆
生於空无相无作法中以自調伏而不疲厭

BD00839 號　維摩詰所說經卷中　　（22–1）

方便縛有慧方便解何謂无方便慧縛謂菩
薩以愛見心莊嚴佛土成就衆生於空无相
无作法中而自調伏是名无方便慧縛何謂
有方便慧解謂不以愛見莊嚴佛土成就衆
生於空无相无作法中以自調伏而不疲厭
是名有方便慧解何謂无慧方便縛謂菩薩
住貪欲瞋恚耶見等諸煩惱而殖衆德本是
名无慧方便縛何謂有慧方便解謂離諸貪
欲瞋恚耶見等諸煩惱而殖衆德本迴向阿
耨多羅三藐三菩提是名有慧方便解文殊
師利彼有疾菩薩應如是觀諸法又復觀身
无常苦空非我是名為慧雖身有疾常在生
死饒益一切而不猒惓是名方便又復觀身
身不離病病不離身是病是身非新非故是
名為慧設身有疾而不永滅是名方便文殊
師利有疾菩薩應如是調伏其心不住其中
亦復不住不調伏心所以者何若住不調伏
心是愚人法若住調伏心是聲聞法是故菩
薩不當住於調伏不調伏心離此二法是菩
薩行在於生死不為汙行住於涅槃不永滅
度是菩薩行非凡夫行非賢聖行是菩薩行
非垢行非淨行是菩薩行雖（過魔行而）現降
衆魔是菩薩行求一切智无非時求是菩薩
行雖觀諸法不生而不入正位是菩薩行雖
觀十二緣起而入諸耶見是菩薩行雖攝一
切衆生而不愛著是菩薩行雖樂遠離而不
依身心盡是菩薩行雖行三界而不壞法性
是菩薩行雖行於空而殖衆德本是菩薩行
雖行无相而度衆生是菩薩行雖行无作而
現受身是菩薩行雖行无起而起一切善行
[illegible]

BD00839 號　維摩詰所說經卷中　　（22–2）

切衆生而不愛著是菩薩行雖樂遠離而不
依身心盡是菩薩行雖行三界而不壞法性
是菩薩行雖行空而殖衆德本是菩薩行
雖行无相而度衆生是菩薩行雖行无作而
現受身是菩薩行雖行无起而起一切善行
是菩薩行雖行六波羅蜜而遍知衆生心心
數法是菩薩行雖行六通而不盡漏是菩薩
行雖行四无量心而不貪著生於梵世是菩
薩行雖行禪定解脫三昧而不隨禪生是菩
薩行雖行四念處而不永離身受心法是菩
薩行雖行四正懃而不捨身心精進是菩薩
行雖行四如意足而得自在神通是菩薩行
雖行五根而分別衆生諸根利鈍是菩薩行
雖行五力而樂求佛十力是菩薩行雖行七
覺分而分別佛之智慧是菩薩行雖行八正
道而樂行无量佛道是菩薩行雖行正觀助
道之法而不畢竟墮於寂滅是菩薩行雖行
諸法不生不滅而以相好莊嚴身其是菩薩莊
行雖現聲聞辟支佛威儀而不捨佛法是菩
薩行雖觀諸法隨究竟淨相而隨所應為現
其身是菩薩行雖觀諸佛國土永寂如空而
現種種清淨佛土是菩薩行雖得佛道轉于
法輪入於涅槃而不捨於菩薩之道是菩薩
行說是語時文殊師利所將大衆其中八千
天子皆發阿耨多羅三藐三菩提心

不可思議品第六

尒時舍利弗見此室中无有牀坐作是念斯
諸菩薩大弟子衆當於何坐長者維摩詰知
其意語舍利弗言云何仁者為法來耶求牀
坐耶舍利弗言我為法來非為牀坐維摩詰
言唯舍利弗夫求法者不貪軀命何況牀坐

尒時舍利弗見此室中无有牀坐作是念斯
諸菩薩大弟子衆當於何坐長者維摩詰知
其意語舍利弗言云何仁者為法來耶求牀
坐耶舍利弗言我為法來非為牀坐維摩詰
言唯舍利弗夫求法者不貪軀命何況牀坐
夫求法者非有色受想行識之求非有界入
之求非有欲色无色之求唯舍利弗夫求法
者不著佛求不著法求不著衆求夫求法者
无見苦求无斷集求无造盡證脩道之求所
以者何法无戲論若言我當見苦斷集證滅
脩道是則戲論非求法也唯舍利弗法名寂
滅若行生滅是求生滅非求法也法名无染
若染於法乃至涅槃是則染著非求法也法
无行處若行於法是則行處非求法也法无
取捨若取捨法是則取捨非求法也法无處
所若著處所是則著處非求法也法名无相
若隨相識是則求相非求法也法不可住若
住於法是則住法非求法也法不可見聞覺
知若行見聞覺知是則見聞覺知非求法也
法名无為若行有為是求有為非求法也是
故舍利弗若求法者於一切法應无所求說
是語時五百天子於諸法中得法眼淨
尒時長者維摩詰問文殊師利仁者遊於无
量千万億阿僧祇國何等佛土有好上妙功
德成就師子之坐文殊師利言居士東方度
三十六恒河沙國有世界名須弥相其佛号
須弥燈王今現在彼佛身長八万四千由旬
其師子坐高八万四千由旬嚴餝第一於是
長者維摩詰現神通力即時彼佛遣三万二
千師子坐高廣嚴淨來入維摩詰室諸菩薩
大弟子釋梵四天王等昔所未見其室廣博

須弥燈王今現在彼佛身長八万四千由旬
其師子坐高八万四千由旬嚴飾第一於是
長者維摩詰現神通力即時彼佛遣三万二
千師子坐高廣嚴淨來入維摩詰室諸菩薩
大弟子釋梵四天王等昔所未見其室廣博
悉苞容三万二千師子坐无所妨閡於毗耶
離城及閻浮提四天下亦不迫迮悉見如故
尒時維摩詰語文殊師利就師子坐與諸菩
薩上人俱坐當自立身如彼坐像其得神通
菩薩即自變形為四万二千由旬坐師子坐
諸新發意菩薩及大弟子皆不能昇尒時維
摩詰語舍利弗就師子坐舍利弗言居士此
坐高廣吾不能昇維摩詰言唯舍利弗為須
弥燈王如來作禮乃可得坐於是新發意菩
薩及大弟子即為須弥燈王如來作禮便得
坐師子坐舍利弗言居士未曾有也如是小
室乃容受此高廣之坐於毗耶離城无所妨
閡又於閻浮提聚落城邑及四天下諸天龍
王鬼神宮殿亦不迫迮維摩詰言唯舍利弗
諸佛菩薩有解脫名不可思議若菩薩住是
解脫者以須弥之高廣內芥子中无所增減
須弥山王本相如故而四天王忉利諸天不
覺不知己之所入唯應度者乃見須弥入芥
子中是名不可思議解脫法門又以四大海
水入一毛孔不嬈魚鼈黿鼉水性之屬而彼
水性之屬而彼大海本相如故諸龍鬼神阿
脩羅等不覺不知己之所入於此衆生亦无
所嬈又舍利弗住不可思議解脫菩薩斷取
三千大千世界如陶家輪著右掌中擲過恒河
沙世界之外其中衆生不覺不知己之所往

BD00839 號　維摩詰所說經卷中　（22–5）

覺不知己之所入唯應度者乃見須弥入芥
子中是名不可思議解脫法門又以四大海
水入一毛孔不嬈魚鼈黿鼉水性之屬而彼
水性之屬而彼大海本相如故諸龍鬼神阿
脩羅等不覺不知己之所入於此衆生亦无
所嬈又舍利弗住不可思議解脫菩薩斷取
三千大千世界如陶家輪著右掌中擲過恒河
沙世界之外其中衆生不覺不知己之所往
又復還置本處都不使人有往來想而此世
界本相如故又舍利弗或有衆生樂久住世
而可度者菩薩即演七日以為一劫令彼衆
生謂之一劫或有衆生不樂久住而可度者
菩薩即促一劫以為七日令彼衆生謂之七
日又舍利弗住不可思議解脫菩薩以一切佛
土嚴飾之具集在一國示於衆生又菩薩以
一佛土衆生置之右掌飛到十方遍示一切而不
動本處又舍利弗十方衆生供養諸佛之具
菩薩於一毛孔皆令得見又十方國
土所有日月星宿菩薩於一毛孔普使見之又舍利
弗十方世界所有諸風菩薩悉能吸著口中而
身无損外諸樹木亦不摧折又十方世界劫盡燒
時以一切火內於腹中火事如故而不為害又
於下方過恒河沙等諸佛世界取一佛土舉著
上方過恒河沙无數世界如持鍼鋒舉一棗葉
而无所嬈又舍利弗住不可思議解脫菩薩能以
神通現作佛身或現辟支佛身或現聲聞身或

BD00839 號　維摩詰所說經卷中　（22–6）

於下方過恒河沙等諸佛世界取一佛土舉著
上方過恒河沙無數世界如持針鋒舉一棗葉
而無所嬈又舍利弗住不可思議解脫菩薩能以
神通現作佛身或現辟支佛身或現聲聞身或
現帝釋身或現梵王身或現世主身或現轉輪
聖王身又十方世界所有眾聲上中下音皆能
變之令作佛聲演出無常苦空無我之音及
十方諸佛所說種種之法皆於其中普令得
見舍利弗我今略說菩薩不可思議解脫之
力若廣說者窮劫不盡是時大迦葉聞說
菩薩不可思議解脫法門歎未曾有謂舍利
弗譬如有人於盲者前現眾色像非彼所見一切
聲聞聞是不可思議解脫法門不能解了為如
此也智者聞是其誰不發阿耨多羅三藐三
菩提心我等何為永絕其根於此大乘已如敗
種一切聲聞聞是不可思議解脫法門皆應號
泣聲震三千大千世界一切菩薩應大欣慶
頂受此法若有菩薩信解不可思議解脫法
門者一切魔眾無如之何大迦葉說是語時
三萬二千天子皆發阿耨多羅三藐三菩提
心爾時維摩詰語大迦葉仁者十方無量阿
僧祇世界中作魔王者多是住不可思議解
脫菩薩以方便力教化眾生現作魔王又迦
葉十方無量菩薩或有人從乞手足耳鼻頭目
髓腦血肉皮骨聚落城邑妻子奴婢象馬車
乘金銀瑠璃車磲馬瑙珊瑚琥珀真珠珂貝
衣服飲食如此乞者多是住不可思議解脫菩

僧祇世界中作魔王者多是住不可思議解
脫菩薩以方便力教化眾生現作魔王又迦
葉十方無量菩薩或有人從乞手足耳鼻頭目
髓腦血肉皮骨聚落城邑妻子奴婢象馬車
乘金銀瑠璃車磲馬瑙珊瑚琥珀真珠珂貝
衣服飲食如此乞者多是住不可思議解脫菩
薩以方便力而往試之令其堅固所以者何
住不可思議解脫菩薩有威德力故行逼迫
示如此事凡夫下劣無有勢力不能如是逼
迫菩薩譬如龍象蹴踏非驢所堪是名住不
可思議解脫菩薩智慧方便之門

觀眾生品第七

爾時文殊師利問維摩詰言菩薩云何觀於
眾生維摩詰言譬如幻師見所幻人菩薩觀
眾生為若此如智者見水中月如鏡中見
其面像如熱時焰如呼聲響如空中雲如水
聚沫如水上泡如芭蕉堅如電久住如第五
大如第六陰如第七情如十三入如十九界
菩薩觀眾生為若此如無色界色如焦穀牙
如須陀洹身見如阿那含入胎如阿羅漢三毒
如得忍菩薩貪恚毀禁如佛煩惱習如盲者
見色如入滅盡定出入息如空中鳥跡如石
女兒如化人煩惱如夢所見已寤如滅度者
受身如無煙之火菩薩觀眾生為若此文殊
師利言若菩薩作是觀者云何行慈維摩詰言
菩薩作是觀已自念我當為眾生說如斯法
是即真實慈也行寂滅慈無所生故行不熱

受身如无烟之火菩薩觀眾生為若此文殊
師利言若菩薩作是觀者云何行慈維摩詰言若
菩薩作是觀已自念我當為眾生說如斯法
是則真實慈也行寂滅慈无所生故行不熱
慈无煩惱故行等之慈等三世故行无諍慈
无所起故行不二慈內外不合故行不壞慈
畢竟盡故行堅固慈心无毀故行清淨慈諸
法性淨故行无邊慈如空故行阿羅漢慈
破結賊故行菩薩慈安眾生故行如來慈得
如相故行佛之慈覺眾生故行自然慈无因
得故行菩提慈等一味故行无等慈斷諸愛
故行大悲慈導以大乘故行无厭慈觀空无
我故行法施慈无遺惜故行持戒慈化毀禁
故行忍辱慈護彼我故行精進慈荷負眾生故
行禪定慈不受味故行知慧慈无不知時故行
方便慈一切示現故行无隱慈直心清淨故
行深心慈无雜行故行不誑慈不虛假故行
安樂慈令得佛樂故菩薩之慈為如此也文殊
師利又問何謂為悲答曰菩薩所作功德皆
與一切眾生共之何謂為喜答曰有所饒益
歡喜不悔何謂為捨答曰所作福祐无所悕
望文殊師利又問生死有畏菩薩當何所依
維摩詰言菩薩於生死畏中當依如來功
之力文殊師利又問菩薩欲依如來功德之力
當於何住答曰菩薩欲依如來功德之力當
住度脫一切眾生又問欲度眾生當何所除
答曰欲度眾生除其煩惱又問欲除煩惱當

之力文殊師利又問菩薩欲依如來功德之力當
於何住答曰菩薩欲依如來功德之力當
住度脫一切眾生又問欲度眾生當何所除
答曰欲度眾生除其煩惱又問欲除煩惱當
何所行答曰當行正念又問云何行於正念答
曰當行不生不滅又問何法不生何法不滅答
曰不善不生善法不滅又問善不善孰為本
答曰身為本又問身孰為本答曰欲貪為本
又問欲貪孰為本答曰虛妄分別為本又問
虛妄分別孰為本答曰顛倒想為本又問顛
倒想孰為本答曰无住為本又問无住孰為
本答曰无住則无本文殊師利從无住本立
一切法時維摩詰室有一天女見諸大人聞
所說法便現其身即以天華散諸大弟子上
華至諸菩薩即皆墮落至大弟子便著不墮
一切弟子神力去華不能令去尒時天問舍
利弗何故去華答曰此華不如法是以去之
天曰勿謂此華為不如法所以者何是華无所
分別仁者自生分別想耳若於佛法出家有
所分別為不如法若无所分別是則如法觀諸
菩薩華不著者以斷一切分別想故譬如人
畏時非人得其便如是弟子畏生死故色
聲香味觸得其便已離畏者一切五欲无能為
也結習未盡華著身耳結習盡者華不著也
舍利弗問天止此室其已久如答曰我止此
室如耆年解脫舍利弗言止此久耶天曰耆
年解脫亦何如久舍利弗嘿然不答天曰如

舍利弗問天止此室其已久如答曰我止此
室如耆年解脫舍利弗言止此久耶天曰耆
年解脫亦何如久舍利弗嘿然不答天曰如
何耆舊大智而嘿答曰解脫者无所言說故
吾於是不知所云天曰言說文字皆解脫相
所以者何解脫者不內不外不在中間文字
亦不內不外不在中間是故舍利弗无離文
字說解脫也所以者何一切諸法悉皆平等
之解脫相舍利弗言不復以離婬怒癡為解
脫乎天曰佛為增上慢人說離婬怒癡為解
脫耳若无增上慢者佛說婬怒癡性即是解
脫舍利弗言善哉善哉天女汝何所得以何為
證辯乃如是天曰我无得无證故辯乃如是
若有得有證者則於佛法為增上慢舍利弗
問天汝於三乘為何志求天曰以聲聞法化
眾生故我為聲聞以因緣法化眾生故我為
辟支佛以大悲化眾生故我為大乘舍利弗
如人入瞻蔔林唯嗅瞻蔔不嗅餘香如是若
入此室但聞佛功德之香不樂聞聲聞辟支佛
功德香也舍利弗有釋梵四天王諸天龍鬼
神等入此室者聞斯上人講說正法皆樂佛
功德之香發心而出舍利弗吾止此室十有
二年初不聞說辟支佛法但聞菩薩大慈大
悲不可思議諸佛之法舍利弗此室常現八
未曾有難得之法何等為八此常有金色光
照晝夜无異不以日月所照為明是為一味

BD00839 號　維摩詰所說經卷中　（22–11）

二年初不聞說辟支佛法但聞菩薩大慈大
悲不可思議諸佛之法舍利弗此室常現八
未曾有難得之法何等為八此常有金色光
照晝夜无異不以日月所照為明是為一味
曾有難得之法入此室者不為諸垢之所惱
也是為二未曾有難得之法此室常有梵釋
四天王他方菩薩來會不絕是為三未曾有
難得之法此室常說六波羅蜜不退轉法是
為四未曾有難得之法此室常作人第一之
樂絃出无量法化之聲是為五未曾有難得
之法此室常有大四寶藏周窮濟乏求之无
盡是為六未曾有難得之法此室釋迦牟尼
佛阿彌陀佛阿閦佛寶德寶積寶月寶嚴難
勝師子向一切利成如是等十方无量諸佛
是上人念時即皆為來廣說諸佛祕要法藏
說已還去是為七未曾有難得之法此室一
切諸天宮殿諸佛淨土皆於中現是為八未
曾有難得之法舍利弗此室常現八未曾有
難得之法誰有見斯不思議事而復樂於聲
聞法乎舍利弗言汝何以不轉女身天曰我
從十二年來求女人相了不可得當何所轉
譬如幻師化作幻女若有人問何以不轉
女身是人為正問不舍利弗言不也幻无定
相當何所轉天曰一切諸法亦復如是无有
定相云何乃問不轉女身即時女以神通力
變舍利弗令如天女天自化身如舍利弗而
問言何以不轉女身舍利弗以天女像而答
言我今不知何轉而變為女身天曰舍利弗若

BD00839 號　維摩詰所說經卷中　（22–12）

定相云何乃問不轉女身即時天女以神通力
變舍利弗令如天女天自化身如舍利弗而
問言何以不轉女身舍利弗以天女像而荅
言我今不知何轉而變為女身天曰舍利弗若
能轉此女身則一切女人亦當能轉如舍利弗
非女而現女身一切女人亦復如是雖現
女身而非女也是故佛說一切諸法非男非女
即時天女還攝神力舍利弗身還復如故天問
舍利弗女身色相今何所在舍利弗言女身色
相无在无不在天曰一切諸法亦復如是无在
无不在无不在夫无在无不在者佛所說也舍
利弗問天汝於此沒當生何所天曰佛化所生
吾如彼生曰佛化所生非沒生也天曰衆生猶
然无沒生也舍利弗問天汝久當得阿耨羅三
藐三菩提天曰如舍利弗還為凡夫我乃當成
阿耨多羅三藐三菩提舍利弗言我作凡夫
无有是處天曰我得阿耨多羅三藐三菩提亦
无是處所以者何菩提无住處是故无有得者
舍利弗言今諸佛得阿耨多羅三藐三菩提已
得當得如恒河沙皆謂何乎天曰皆以世俗文字
數故說有三世非謂菩提有去來今天曰舍利
弗汝得阿羅漢道耶曰无所得故而得天曰諸
佛菩薩亦復如是无所得故而得尒時維摩詰
語舍利弗是天女已曾供養九十二億佛已能
遊戲菩薩神通所願具足得无生忍住不退轉
以本願故隨意能現教化衆生

佛菩薩亦復如是无所得故而得尒時維摩詰
語舍利弗是天女已曾供養九十二億佛已能
遊戲菩薩神通所願具足得无生忍住不退轉
以本願故隨意能現教化衆生

佛道品第八

尒時文殊師利問維摩詰言菩薩云何通達佛
道維摩詰言若菩薩行於非道是為通達佛
道又問云何菩薩行於非道答曰若菩薩行
五无間而无惱恚至于地獄而无罪垢至于
畜生无有无明憍慢等過至于餓鬼而具足
功德行色无色界道不以為勝示行貪欲離
諸染著示行瞋恚於諸衆生无有恚㝵示行
愚癡而以智慧調伏其心示行慳貪而捨內
外所有不惜身命示行毀禁而安住淨戒乃
至小罪猶懷大懼示行瞋恚而常慈忍示行
懈怠而懃修功德示行亂意而常念定示行
愚癡而通達世間出世間慧示行諂偽而善方便
隨諸經義示行憍慢而於衆生猶如橋梁示
行諸煩惱而心常清淨示入於魔而順佛智
慧不隨他教示入聲聞而為衆生說未聞法
示入辟支佛而成就大悲教化衆生示入貧
窮而有寶手功德无盡示入形殘而具諸好
相以自莊嚴示入下賤而生佛種性中具諸
功德示入羸劣醜陋而得那羅延身一切衆
生之所樂見示入老病而永斷病根超越
死畏示有資生而恒觀无常實无所貪示有

以度示入羸劣醜陋而得那羅延身一切
生之所樂見示入老病死而斷死病根超越
死畏示有資生而恒觀无常實无所貪示有
妻子婇女而常遠離五欲淤泥現於訥鈍而
成就辯才摠持不失示入邪濟而以正濟度
諸衆生現遍入諸道而斷其因緣現於涅
槃而不斷生死文殊師利菩薩能如是行於
非道是為通達佛道於是維摩詰問文殊師利
何等為如來種文殊師利言有身為種无明
有愛為種貪恚癡為種四顛倒為種五蓋為
種六入為種七識處為種八邪法為種九惱
處為種十不善道為種以要言之六十二見
及一切煩惱皆是佛種曰何謂也答曰若見无
為入正謂者不能復發阿耨多羅三藐三菩
提心譬如高原陸地不生蓮花卑濕淤泥乃
生此華如是見无為入法正位者終不復能生
於佛法煩惱泥中能有衆生起佛法耳又如
殖種於空終不得生糞壤之地乃能滋茂如
是入无為法今正謂者不生佛法起於我見如須
彌山猶能發阿耨多羅三藐三菩提心生
佛法矣是故當知一切煩惱為如來種譬如
不下巨海則不能得无價寶珠如是不入煩
惱大海則不能得一切智寶爾時大迦葉
歎言善哉善哉文殊師利快說是語誠如所
言塵勞之儔為如來種我等今者不復堪任
發阿耨多羅三藐三菩提心乃至五无間罪
猶能發意而今我等永不能發无上道心譬如根敗之士

BD00839號　維摩詰所說經卷中

（22–15）

言塵勞之儔為如來種我等今者不復堪任
發阿耨多羅三藐三菩提心乃至五无間罪
猶能發意而今我等永不能發无上道心譬如根敗之士
其於五欲不能復利如是聲聞諸結斷者於
佛法中无所復益永不志願是故文殊師利
凡夫於佛法有返復而聲聞无也所以者何凡
夫聞佛法能起无上道心不斷三寶正使
聲聞終身聞佛法力无畏等永不能發无上
道意爾時會中有菩薩名普現色身問維摩
詰言居士父母妻子親戚眷屬吏民知識悉
為是誰奴婢僮僕象馬車乘皆何所在於是
維摩詰以偈答曰

智度菩薩母　方便以為父　一切衆導師　无不由是生
法喜以為妻　慈悲心為女　善心誠實男　畢竟空寂舍
弟子衆塵勞　隨意之所轉　道品善知識　由是成正覺
諸度法等侶　四攝為伎女　歌詠誦法言　以此為音樂
總持之園苑　无漏法林樹　覺意淨妙華　解脫智慧果
八解之浴池　定水湛然滿　布以七淨華　浴此无垢人
象馬五通馳　大乘以為車　調御以一心　遊於八正路
相具以嚴容　衆好飾其姿　慚愧之上服　深心為華鬘
富有七財寶　教授以滋息　如所說修行　回向為大利
四禪為床座　從於淨命生　多聞增智慧　以為自覺音
甘露法之食　解脫味為漿　淨心以澡浴　戒品為塗香
摧滅煩惱賊　勇健无能踰　降伏四種魔　勝幡建道場
雖知无起滅　示彼故有生　悉現諸國土　如日无不見
供養於十方　无量億如來　諸佛及己身　无有分別相
雖知諸佛國　及與衆生空　而常修淨土　教化諸群生
諸有衆生類　形聲及威儀　无畏力菩薩　一時能盡現

BD00839號　維摩詰所說經卷中

（22–16）

雖知无起滅　示彼故有生　悉現諸國土　如日无不見
供養於十方　无量億如来　諸佛及己身　无有分別相
雖知諸佛國　及与衆生空　而常脩淨土　教化諸郡生
諸有衆生類　形聲及威儀　无畏力菩薩　一時能盡現
覺知衆魔事　而示隨其行　以善方便智　隨意皆能現
或示老病死　成就諸羣生　了知如幻化　通達无有㝵
或現劫盡燒　天地皆洞然　衆生有常想　照令知无常
无數億衆生　俱来請菩薩　一時到其舍　化令入佛道
經書禁呪術　工巧諸伎藝　盡現行此事　饒益諸郡生
世間衆道法　悉於中出家　因以解人惑　而不墮邪見
或作日月天　梵王世界主　或時作地水　或復作風火
劫中有疾疫　現作諸藥草　若有服之者　除病消衆毒
劫中有飢饉　現身作飲食　先救彼飢渴　卻以法語人
劫中有刀兵　為之起慈悲　化彼諸衆生　令住无諍地
若有大戰陣　立之以等力　菩薩現威勢　降伏使和安
一切國土中　諸有地獄處　輙往到于彼　勉濟其苦惱
一切國土中　畜生相食噉　皆現生於彼　為之作利益
示受於五欲　亦復現行禪　令魔心憒亂　不能得其便
火中生蓮花　是可謂希有　在欲而行禪　希有亦如是
或現作婬女　引諸好色者　先以欲鉤牽　後令入佛智
或作邑中主　或作商人導　國師及大臣　以祐利衆生
諸有貧窮者　現作无盡藏　因以勸導之　令發菩提心
我心憍慢者　為現大力士　消伏諸貢高　令住无上道
其有恐懼衆　居前而慰安　先施以无畏　後令發道心
或現離婬欲　為五通仙人　開導諸羣生　令住戒忍慈
現須供事者　現為作僮僕　既悅可其意　乃發以道心
隨彼之所須　得入於佛道　以善方便力　皆能給足之

BD00839 號　維摩詰所說經卷中　（22–17）

其有恐懼衆　居前而慰安
或現離婬欲　為五通仙人　開導諸羣生　令住戒忍慈
現須供事者　現為作僮僕　既悅可其意　乃發以道心
隨彼之所須　得入於佛道　以善方便力　皆能給足之
如是道无量　所行无有崖　智慧无邊際　度脫无數衆
假令一切佛　於无數億劫　讚歎其功德　猶尚不能盡
誰聞如是法　不發菩提心　除彼不肖人　癡冥无智者

入不二法門品第九

尒時維摩詰謂衆菩薩言　諸仁者云何菩薩
入不二法門　各隨所樂說之　會中有菩薩名法
自在　說言　諸仁者　生滅為二　法本不生　今則
无滅　得此无生法忍　是為入不二法門
德守菩薩曰　我、我所為二　因有我　故便有我
所　若无有我　則无我所　是為入不二法門
不眴菩薩曰　受不受為二　若法不受　則不可得
以不可得故　无取无捨　无作无行　是為入不二
法門　德頂菩薩曰　垢淨為二　見垢實性　則
无淨相　順於滅相　是為入不二法門　善宿
菩薩曰　是動是念為二　不動則无念　无念則无分
別　通達此者　是為入不二法門　善眼菩薩
曰　一相无相為二　若知一相即是无相　亦不可取
无相　入於平等　是為入不二法門　妙臂菩
薩曰　菩薩心聲聞心為二　觀心相空如幻化者
无菩薩心　无聲聞心　是為入不二法門　弗沙
菩薩曰　善不善為二　若不起善不善　入无相
際而通達者　是為入不二法門　師子菩
薩曰　福罪為二　若達罪性　則与福无異　以金

BD00839 號　維摩詰所說經卷中　（22–18）

无菩薩心无聲聞心是為入不二法門　弗
沙菩薩曰善不善為二若不起善不善入无相
際而通達者是為入不二法門　師子菩
薩曰福罪為二若達罪性則与福无異以金
剛慧決了此相无縛无解者是為入不二法門
師子意菩薩曰有漏无漏為二若得諸法等則
不起漏不漏想不著於相亦不住无相是為入不二
法門　淨解菩薩曰有為无為為二若離一切數
則心如虛空以清淨慧无所导者是為入不二法
門　那羅延菩薩曰世間出世間為二世
間性空即是出世間於其中不入不出不溢不散
是為入不二法門　善意菩薩曰生死涅槃
為二若見生死性則无生死无縛无解不然
不滅如是解者是為入不二法門　現見菩
薩曰盡不盡為二法若究竟盡若不盡皆是无
盡相无盡相即是空空則无有盡不盡相如
是入者是為入不二法門　普守菩薩曰我无
我為二我尚不可得非我何可得見我實性者不
復起二是為入不二法門　電天菩薩曰明无
明為二无明實性即是明明亦不可取離一切數
於其中平等无二者是為入不二法門　喜見
菩薩曰色色空為二色即是空非色滅空色
性自性空如是受想行識識空為二識即是空
非識滅空識性自空於其中而通達者是為入
不二法門　明相菩薩曰四種異空種異
為二四種性即是空種性如前際後際空故

BD00839 號　維摩詰所說經卷中　（22–19）

性自性空如是受想行識識空為二識即是空
非識滅空識性自空於其中而通達者是為入
不二法門　明相菩薩曰四種異空種異
為二四種性即是空種性如前際後際空故
中際亦空若能如是知諸種性者是為入不二
法門　妙意菩薩曰眼色為二若知眼性於色
不貪不恚不癡是名寂滅如是耳聲鼻香舌味身
觸意法為二若知意性於法不貪不恚不癡
是名寂滅安住其中是為入不二法門
无盡意菩薩曰布施迴向一切智為二布施
性即是迴向一切智性如是持戒忍辱精進
禪定智慧迴向一切智為二智慧性即是迴
向一切智性於其中入一相者是為入不二
法門　深慧菩薩曰是空是无相无作為二空
即是无相即是无作若空无相无作則无
心意識於一解脫門即是三解脫門者是為
入不二法門　寂根菩薩曰佛法衆為二
佛即是法法即是衆是三寶皆无為相与虛
空等一切法亦尒能隨此行者是為入不二
法門　心无导菩薩曰身身滅為二身即是身
滅所以者何見身實相者不起見身及見滅
身身与滅身无二无分別於其中不驚不懼
者是為入不二法門　上善菩薩曰身口意
善為二是三業皆无作相身无作相即口无
作相口无作相即意无作相是三業无作相
即一切法无作相能如是隨无作慧者是為入
不二法門　福田菩薩曰福行罪行不動行為二三

BD00839 號　維摩詰所說經卷中　（22–20）

者是為入不二法門　上善菩薩曰身口意
善為二是三業皆无作相身无作相即口无
作相口无作相即意无作相是三業无作相
即一切法无作相能如是隨无作慧者是為入
不二法門　福田菩薩曰福行罪行為二三
行實性即是空〻則无福行无不動行於此
三行而不起者是為入不二法門　華嚴菩
薩曰從我起為二見我實相者不起二法若
不住二法則无有識无所識者是為入不二
法門　德藏菩薩曰有所得相為二若无所
得則无取捨无取捨者是為入不二法門
月上菩薩曰闇与明為二无闇无明則无有二
所以者何如入滅受想行識无闇无明一切法
相亦復如是於其中平等入者是為入不二法
門　寶印首菩薩樂涅槃不樂世間為二若
不樂涅槃不厭世間則无有二所以者何若
有縛則有解若本无縛其誰求解无縛无解
則无樂厭能如是者是為入不二法門
珠頂王菩薩曰正道邪道為二住正道者則
不分別是邪是正離此二者是為入不二法門
樂實菩薩曰實不實為二實見者尚不見實
何況非實所以者何非肉眼所見慧眼乃能
見而此慧眼无見无不見是為入不二法門
如是諸菩薩各〻說已問文殊師利何等是
菩薩入不二法門文殊師利曰如我意者於
一切法无言无說无示无識離此諸問答是
為入不二法門於是文殊師利我等各自說

BD00839 號　維摩詰所說經卷中　（22–21）

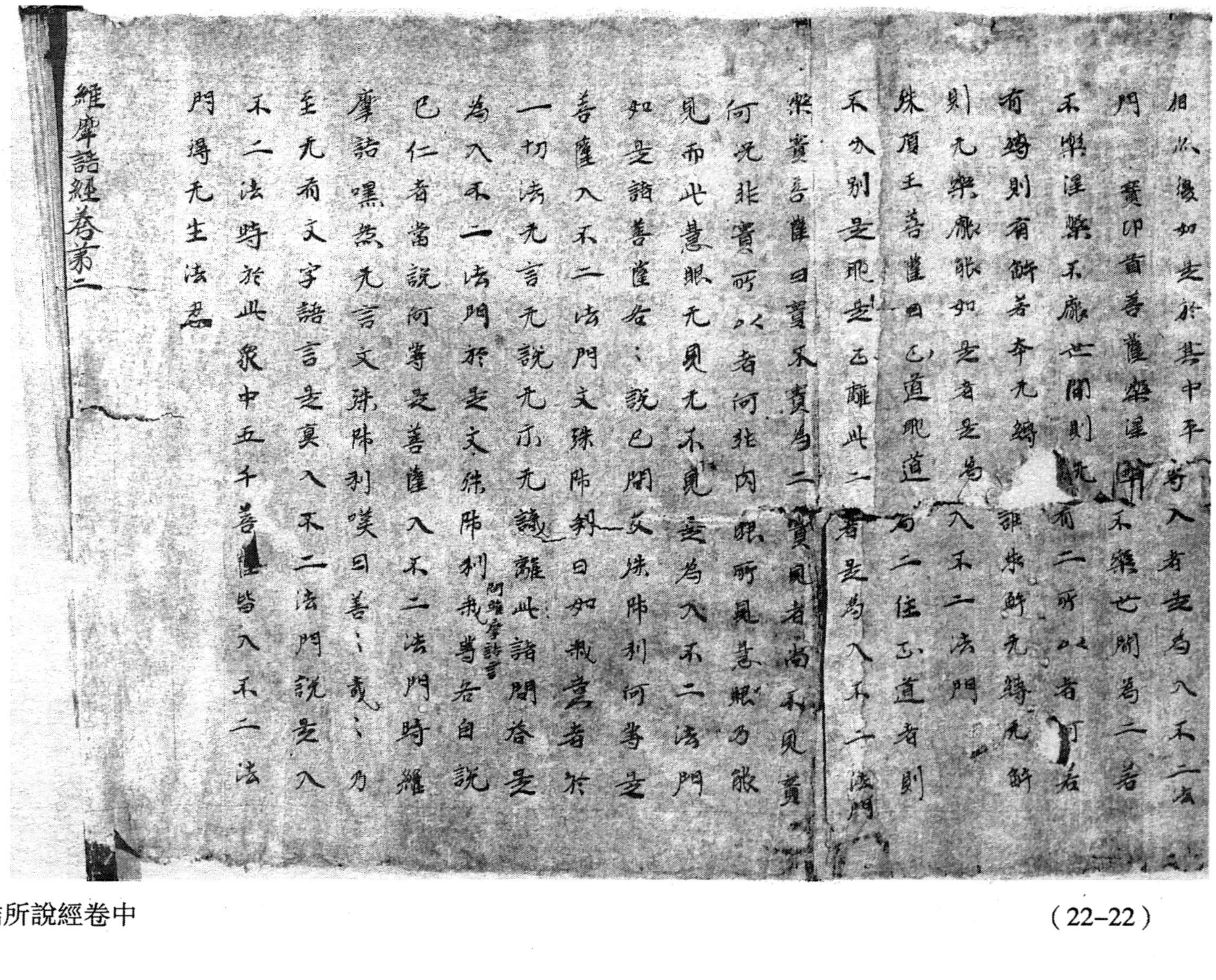
相亦復如是於其中平等入者是為入不二法
門　寶印首菩薩樂涅槃不樂世間為二若
不樂涅槃不厭世間則无有二所以者何若
有縛則有解若本无縛其誰求解无縛无解
則无樂厭能如是者是為入不二法門
珠頂王菩薩曰正道邪道為二住正道者則
不分別是邪是正離此二者是為入不二法門
樂實菩薩曰實不實為二實見者尚不見實
何況非實所以者何非肉眼所見慧眼乃能
見而此慧眼无見无不見是為入不二法門
如是諸菩薩各〻說已問文殊師利何等是
菩薩入不二法門文殊師利曰如我意者於
一切法无言无說无示无識離此諸問答是
為入不二法門於是文殊師利我等各自說
已仁者當說何等是菩薩入不二法門時維
摩詰嘿然无言文殊師利嘆曰善〻哉〻乃
至无有文字語言是真入不二法門說是入
不二法門時於此眾中五千菩薩皆入不二法
門得无生法忍

維摩詰經卷第二

BD00839 號　維摩詰所說經卷中　（22–22）

觀世音菩薩言人者愍我等故受此瓔
時佛告觀世音菩薩當愍此无盡意菩薩
及四眾天龍夜叉乾闥婆阿脩羅迦樓羅
緊那羅摩睺羅伽人非人等故受是瓔
珞即時觀世音菩薩愍諸四眾及於天龍夜
叉人非人等受其瓔珞分作二分一分奉釋
迦牟尼佛一分奉多寶佛塔无盡意觀世音
菩薩有如是自在神力遊於娑婆世界爾時
无盡意菩薩以偈問曰
世尊妙相具　我今重問彼　佛子何因緣　名為觀世音
具足妙相尊　偈答无盡意　汝聽觀音行　善應諸方所
弘誓深如海　歷劫不思議　侍多千億佛　發大清淨願
我為汝略說　聞名及見身　心念不空過　能滅諸有苦
假使興害意　推落大火坑　念彼觀音力　火坑變成池
或漂流巨海　龍魚諸鬼難　念彼觀音力　波浪不能沒
或在須彌峯　為人所推墮　念彼觀音力　如日虛空住
或被惡人逐　墮落金剛山　念彼觀音力　不能損一毛
或值怨賊遶　各執刀加害　念彼觀音力　咸即起慈心

BD00840號　妙法蓮華經卷七　（16–1）

或漂流巨海　龍魚諸鬼難　念彼觀音力　波浪不能沒
或在須彌峯　為人所推墮　念彼觀音力　如日虛空住
或被惡人逐　墮落金剛山　念彼觀音力　不能損一毛
或值怨賊遶　各執刀加害　念彼觀音力　咸即起慈心
或遭王難苦　臨刑欲壽終　念彼觀音力　刀尋段段壞
或囚禁枷鎖　手足被杻械　念彼觀音力　釋然得解脫
呪詛諸毒藥　所欲害身者　念彼觀音力　還著於本人
或遇惡羅剎　毒龍諸鬼等　念彼觀音力　時悉不敢害
若惡獸圍遶　利牙爪可怖　念彼觀音力　疾走无邊方
蚖蛇及蝮蝎　氣毒煙火燃　念彼觀音力　尋聲自迴去
雲雷鼓掣電　降雹澍大雨　念彼觀音力　應時得消散
眾生被困厄　无量苦逼身　觀音妙智力　能救世間苦
具足神通力　廣修智方便　十方諸國土　无剎不現身
種種諸惡趣　地獄鬼畜生　生老病死苦　以漸悉令滅
真觀清淨觀　廣大智慧觀　悲觀及慈觀　常願常瞻仰
无垢清淨光　慧日破諸闇　能伏災風火　普明照世間
悲體戒雷震　慈意妙大雲　澍甘露法雨　滅除煩惱炎
諍訟經官處　怖畏軍陣中　念彼觀音力　眾怨悉退散
妙音觀世音　梵音海潮音　勝彼世間音　是故須常念
念念勿生疑　觀世音淨聖　於苦惱死厄　能為作依怙
具一切功德　慈眼視眾生　福聚海无量　是故應頂禮
爾時持地菩薩即從座起前白佛言世尊若
有眾生聞是觀世音菩薩品自在之業普門
示現神通力者當知是人功德不少佛說是
普門品時眾中八万四千眾生皆發无等等

BD00840號　妙法蓮華經卷七　（16–2）

有衆生聞是觀世音菩薩品自在之業普門
示現神通力者當知是人功德不少佛說是
普門品時衆中八万四千衆生皆發无等等
阿耨多羅三藐三菩提心

妙法蓮華經陁羅尼品第二十六

尒時藥王菩薩即從座起偏袒右肩合掌向
佛而白佛言世尊若善男子善女人有能受持法
華經者若讀誦通利若書寫經卷得幾所福　佛
告藥王若善男子善女人供養八百万億那
由他恒河沙等諸佛於汝意云何其所得福寧
為多不甚多世尊佛言若善男子善女人能
於是經乃至受持一四句偈讀誦解義如說脩行
功德甚多尒時藥王菩薩白佛言世尊我今
當與說法者陁羅尼呪以守護之即說呪曰
安尒一　曼尒二　摩袮三　摩摩袮四　旨隸五　遮梨
苐六　賖咩羊鳴音七　賖履罔雉反　多瑋八　羶輸于反帝九　目帝十
目多履十一　娑履十二　阿瑋娑履十三　桑履十四　沙安履
十五　叉裔十六　阿叉裔十七　耆膩十八　羶帝十九　賖履二十
阿羅尼廿一　阿盧伽婆娑反蘇柰簸蔗毗叉膩二十二　袮
毗剃二十三　阿便哆都餓反　羅袮履剃二十四　阿亶哆波隸
輸地途賣反二十五　漚究隸二十六　牟究隸二十七　阿羅隸二十八　波
羅隸二十九　首迦差初几反三十　阿三磨三履三十一　佛馱毗吉
利裘帝三十二　達磨波利差猜離反帝三十三　僧伽涅瞿
沙袮三十四　婆舍婆舍輸地三十五　曼哆邏三十六　曼哆邏
叉夜多三十七　郵樓哆三十八　郵樓哆憍舍略三十九　惡叉邏四十

羅隸二十九　首迦差初几反三十　阿三磨三履三十一　佛馱毗吉
利裘帝三十二　達磨波利差猜離反帝三十三　僧伽涅瞿
沙袮三十四　婆舍婆舍輸地三十五　曼哆邏三十六　曼哆邏
叉夜多三十七　郵樓哆三十八　郵樓哆憍舍略三十九　惡叉邏四十
惡叉冶多冶四十一　阿婆盧四十二　阿摩若荏蔗反　那多夜四十三
世尊是陁羅尼神呪六十二億恒河沙等諸
佛所說若有侵毀此法師者則為侵毀是諸
佛已時釋迦牟佛讚藥王菩薩言善哉善
哉藥王汝愍念擁護此法師故說是陁羅尼於
諸衆生多所饒益尒時勇施菩薩白佛言世
尊我亦為擁護讀誦受持法華經者說陁羅
尼若此法師得是陁羅尼若夜叉若羅剎若
富單那若吉蔗若鳩槃荼若餓鬼等伺求其
短无能得便即於佛前而說呪曰
痤誓螺反隸一　摩訶痤隸二　郁枳三　目枳四　阿隸五　阿
羅婆第六　涅隸第七　涅隸多婆第八　伊緻猪履反
柅九　韋緻柅十　旨緻柅十一　涅隸墀柅十二　涅犁墀
婆底十三
世尊是陁羅尼神呪恒河沙等諸佛所說亦
皆隨喜若有侵毀此法師者則為侵毀是諸
佛已尒時毗沙門天王護世者白佛言世尊
我亦為愍念衆生擁護此法師故說是陁羅尼
即說呪曰
阿梨一　那梨二　㝹那梨三　阿那盧四　那履五　拘
那履六

師說呪曰
阿梨一 那梨二 㝹那梨三 阿那盧四 那履五 拘
那履六
世尊以是神呪擁護法師我亦自當擁護
持是經者令百由旬內无諸衰患尒時持國
天王在此會中與千万億那由他乾闥婆衆
恭敬圍繞前詣佛所合掌白佛言世尊我
亦以陁羅尼神呪擁護持法華經者即說
呪曰
阿伽祢一 伽祢二 瞿利三 乾陁利四 栴陁利五
摩蹬耆六 常求利七 浮樓莎柅八 頞底
九
世尊是陁羅尼神呪四十二億諸佛所說若有
侵毀此法師者則為侵毀是諸佛已尒時有
羅剎女等一名藍婆二名毗藍婆三名曲齒四
名華齒五名黑齒六名多髮七名无厭足
八名持瓔珞九名睪帝十名奪一切衆生
精氣是十羅剎女與鬼子母并其子及眷
屬俱詣佛所同聲白佛言世尊我等亦欲擁
護讀誦受持法華經者除其衰患若有
伺求法師短者令不得便即於佛前而說呪
曰
伊提履一 伊提泯二 伊提履三 阿提履四 伊提
履五 泥履六 泥履七 泥履八 泥履九 泥履十
樓醯十一 樓醯十二 樓醯十四 多醯十五 多醯十六 多醯十七

BD00840號　妙法蓮華經卷七　（16–5）

伊提履一 伊提泯二 伊提履三 阿提履四 伊提
履五 泥履六 泥履七 泥履八 泥履九 泥履十
樓醯十一 樓醯十二 樓醯十四 多醯十五 多醯十六 多醯十七
兜醯十八 㝹醯十九
寧上我頭上莫惱於法師若夜叉若羅剎
若餓鬼若富單那若吉遮若毗陁羅若揵
䭾若烏摩勒伽若阿䟦摩羅若夜叉吉蔗若
人吉遮若熱病若一日若二日若三日若四日若
至七日若常熱病若男形若女形若童男
形若童女形乃至夢中亦復莫惱即於佛前
而說偈言
若不順我呪　惱亂說法者　頭破作七分　如阿梨樹枝
如殺父母罪　亦如壓油殃　斗秤欺誑人　調達破僧罪
犯此法師者　當獲如是殃
諸羅剎女說此偈已白佛言世尊我等亦當
自身擁護受持讀誦脩行是經者令得安
隱離諸衰患消衆毒藥佛告諸羅剎女
善哉善哉汝等但能擁護受持法華名
者福不可量何況擁護具足受持供養經
卷華香瓔珞末香塗香燒香幡蓋伎樂
然種種燈蘇燈油燈諸香油燈蘇摩那華
油燈瞻蔔華油燈婆師迦華油燈優鉢
羅華油燈如是等百千種供養者睪帝
汝等及眷屬應當擁護如是法師說是陁羅
尼品時六万八千人得无生法忍

BD00840號　妙法蓮華經卷七　（16–6）

[illegible]
油燈瞻蔔華油燈婆師迦華油燈優鉢
羅華油燈如是等百千種供養者皐帝
汝等及眷屬應當擁護如是法師說是陀羅
尼品時六万八千人得无生法忍

妙法蓮華經妙莊嚴王本事品第二十七

爾時佛告諸大衆乃往古世過无量无邊不
可思議阿僧祇劫有佛名雲雷音宿王華智
多陀阿伽度阿羅呵三藐三佛陀國名光明莊
嚴劫名喜見彼佛法中有王名妙莊嚴其王夫
人名曰淨德有二子一名淨藏二名淨眼是二子有
大神力福德智慧久修菩薩所行之道所
謂檀波羅蜜尸羅波羅蜜羼提波羅蜜毗梨
耶波羅蜜禪波羅蜜般若波羅蜜方便波羅
蜜慈悲喜捨乃至三十七助道法皆悉明了通達
又得菩薩淨三昧日星三昧淨光三昧淨色三
昧淨照明三昧長莊嚴三昧大威德藏三
昧於此三昧亦悉通達爾時彼佛欲引導
妙莊嚴王及愍念衆生故說是法華經時淨
藏淨眼二子到其母所合十指爪掌白言願母
往詣雲雷音宿王華智佛所我等亦當侍從親
近供養禮拜所以者何此佛於一切天人衆中
說法華經宜應聽受母告子言汝父信受外
道深著婆羅門法汝等應往白父與共俱去
淨藏淨眼合十指爪掌白母我等是法王子而
生此邪見家母告子言汝等當憂念汝父為
[illegible]

BD00840號　妙法蓮華經卷七　（16–7）

[illegible]
說法華經宜應聽受母告子言汝父信受外
道深著婆羅門法汝等應往白父與共俱去
淨藏淨眼合十指爪掌白母我等是法王子而
生此邪見家母告子言汝等當憂念汝父為
現神變若得見者心必清淨或聽我等往至
佛所於是二子念其父故踊在虛空高七多羅樹
現種種神變於虛空中行住坐臥身上出水身
下出火身下出水身上出火或現大身滿虛空
中而復現小小復現大於空中滅忽然在地入
地如水履水如地現如是等種種神變令其
父王心淨信解時父見子神力如是心大歡喜
得未曾有合掌向子言汝等師為是誰誰
之弟子二子白言大王彼雲雷音宿王華智
佛今在七寶菩提樹下法座上坐於一切世間
天人衆中廣說法華經是我等師我是弟子
父語子言我今亦欲見汝等師可共俱往於是
二子從空中下到其母所合掌白母父王今已信
解堪任發阿耨多羅三藐三菩提心我等為
父已作佛事願母見聽於彼佛所出家修道爾
時二子欲重宣其意以偈白母
願母放我等　出家作沙門　諸佛甚難值　我等隨佛學
如優曇波羅　值佛復難是　脫諸難亦難　願聽我出家
母即言告聽汝出家所以者何佛難值故於是
二子白父母言善哉父母願時往詣雲雷音
宿王華智佛所親近供養所以者何佛難得
值如優曇波羅華又如一眼之龜值浮木孔

BD00840號　妙法蓮華經卷七　（16–8）

母即言告聽汝出家所以者何佛難值故於是
二子白父母言善哉父母願時往詣雲雷音
宿王華智佛所親近供養所以者何佛難得
值如優曇波羅華又如一眼之龜值浮木孔
而我等宿福深厚生值佛法是故父母當聽
我等令得出家所以者何諸佛難值時亦難
遇彼時妙莊嚴王後宮八万四千人皆悉堪任
受持是法華經淨眼菩薩於法華三昧久
已通達淨藏菩薩已於无量百千万億劫通
達離諸惡趣三昧欲令一切衆生離諸惡趣
故其王夫人得諸佛集三昧能知諸佛秘密
之藏二子如是以方便力善化其父令心信解
好樂佛法於是妙莊嚴王與群臣眷屬俱
淨德夫人與後宮采女眷屬俱其王二子與
四万二千人俱一時共詣佛所到已頭面礼足繞
繞佛三匝却住一面尒時彼佛為王說法示
教利喜王大歡喜尒時妙莊嚴王及其夫人
解頸真珠瓔珞價直百千以散佛上於虛
空中化成四柱寶臺臺中有一大寶床敷
百千万天衣其上有佛結加趺坐放大光明
尒時妙莊嚴王作是念佛身希有端嚴殊特
成就第一微妙之色時雲雷音宿王華智佛
告四衆言汝等見是妙莊嚴王於我前合掌
立不此王於我法中作比丘精勤修習助佛
道法當得作佛号娑羅樹王國名大光劫名

BD00840號　妙法蓮華經卷七　（16–9）

宿王華智佛
告四衆言汝等見是妙莊嚴王於我前合掌
立不此王於我法中作比丘精勤修習助佛
道法當得作佛号娑羅樹王國名大光劫名
大高王其娑羅樹王佛有无量菩薩衆及
无量聲聞其國平正功德如是其王即時以國
付弟與夫人二子并諸眷屬於佛法中出家修
道王出家已於八万四千歲常勤精進修
行妙法華經過是已後得一切淨功德莊嚴
三昧即昇虛空高七多羅樹而白佛言世尊
此我二子已作佛事以神通變化轉我邪心
令得安住於佛法中得見世尊此二子者
是我善知識為欲起發宿世善根饒益我
故來生我家尒時雲雷音宿王華智佛告妙莊
嚴王言如是如是如汝所言若善男子善女
人種善根故世世得善知識其善知識能
作佛事示教利喜令入阿耨多羅三藐三
菩提大王當知善知識者是大因緣所謂
化導令得見佛發阿耨多羅三藐三菩提
心大王汝見此二子不此二子已曾供養六十
五百千万億那由他恒河沙諸佛親近恭敬
於諸佛所受持法華經愍念邪見衆生令
住正見妙莊嚴王即從虛空中下而白佛言
世尊如來甚希有以功德智慧故頂上肉髻
光明顯照其眼長廣而紺青色眉間毫相
白如珂月齒白

BD00840號　妙法蓮華經卷七　（16–10）

住正見妙莊嚴王即從虛空中下而白佛言
世尊如來甚希有以功德智慧故頂上肉髻
光明顯照其眼長廣而紺青色眉間毫相
白如珂月齒白齊密常有光明脣色赤好如頻
婆菓尒時妙莊嚴王讚歎佛如是等无量
百千万億功德已於如來前一心合掌復白佛
言世尊未曾有也如來之法具足成就不可
思議微妙功德教戒所行安隱快樂我從今日
不復自隨心行不生邪見憍慢瞋恚諸惡之
心說是語已礼佛而出佛告大衆於意云何
妙莊嚴王豈異人乎今華德菩薩是其淨德
夫人今佛前光明莊嚴相菩薩是哀愍妙莊
嚴王及諸眷屬故於彼中生其二子者今藥
王菩薩藥上菩薩是是藥王藥上菩薩成
就如此諸大功德已於无量百千万億諸佛所
殖衆德本成就不可思議諸善功德若有人識
是二菩薩名字者一切世間諸天人民亦應
礼拜佛說是妙莊嚴王本事品時八万四千人
遠塵離垢於諸法中得法眼淨

妙法蓮華經普賢菩薩勸發品第二十八

尒時普賢菩薩以自在神通威德名聞與大
菩薩无量无邊不可稱數從東方來所經諸國
普皆震動雨寶蓮華作无量百千万億種種
伎樂又與无數諸天龍夜叉乾闥婆阿脩羅迦
婆羅緊那羅摩睺羅伽人非人等大衆圍

尒時普賢菩薩以自在神通威德名聞與大
菩薩无量无邊不可稱數從東方來所經諸國
普皆震動雨寶蓮華作无量百千万億種種
伎樂又與无數諸天龍夜叉乾闥婆阿脩羅迦
樓羅緊那羅摩睺羅伽人非人等大衆圍
繞各現威德神通之力到娑婆世界耆闍崛
山中頭面礼釋迦牟尼佛右繞七帀白佛言世
尊我於寶威德上王佛國遙聞此娑婆世界
說法華經與无量无邊百千万億諸菩薩衆
共來聽受唯願世尊當為說之若善男子
善女人於如來滅後云何能得是法華經佛
告普賢菩薩若善男子善女人成就四法於如
來滅後當得是法華經一者為諸佛護念
二者殖衆德本三者入正定聚四者發救
一切衆生之心善男子善女人如是成就四法
於如來滅後必得是經尒時普賢菩薩白
佛言世尊於後五百歲濁惡世中其有受
持是經典者我當守護除其衰患令得安隱
使无伺求得其便者若魔若魔子若魔女
若魔民若為魔所著者若夜叉若羅剎若
鳩槃荼若毗舍闍若吉蔗若富單那若韋
陁羅等諸惱人者皆不得便是人若行若立
讀誦此經我尒時乘六牙白象王與大菩薩
衆俱詣其所而自現身供養守護安慰其心
亦為供養法華經故是人若坐思惟此經尒

陁羅等諸惱人者皆不得便是人若行若立
讀誦此經我爾時乘六牙白象王與大菩薩
衆俱詣其所而自現身供養守護安慰其心
亦為供養法華經故是人若坐思惟此經爾
時我復乘白象王現其人前其人若於法華
經有所忘失一句一偈我當教之與共讀誦
還令通利爾時受持讀誦法華經者得見
我身甚大歡喜轉復精進以見我故即得三
昧及陁羅尼名為旋陁羅尼百千万億旋陁
羅尼世尊若後世後五百歲濁惡世中比丘比
丘尼優婆塞優婆夷求索者受持者讀誦
者書寫者欲修習是法華經於三七日中應
一心精進滿三七日已我當乘六牙白象
與無量菩薩而自圍繞以一切衆生所憙見
身現其人前而為說法示教利喜亦復與
其陁羅尼呪得是陁羅尼故無有非人能破
壞者亦不為女人之所惑亂我身亦自常護
是人唯願世尊聽我說此陁羅尼呪即於佛
前而說呪曰
阿檀地途賣反一 檀陁婆地二 檀陁婆帝三 檀陁鳩舍
隸四 檀陁修陁隸五 修陁隸六 修陁羅婆帝七
佛䭾波羶禰八 薩婆陁羅尼阿婆多尼九 薩婆
婆沙阿婆多尼十 阿修婆多尼十一 僧伽婆履
叉尼十二 僧伽涅伽陁尼十三 阿僧祇十四 僧伽波伽
地十五 帝隸阿惰僧伽兜略盧遮反 波羅帝十六 薩婆
僧伽三摩地伽蘭地十七 薩婆達磨修波利剎

BD00840號　妙法蓮華經卷七　（16–13）

婆沙阿婆多尼十 阿修婆多尼十一 僧伽婆履
叉尼十二 僧伽涅伽陁尼十三 阿僧祇十四 僧伽波伽
地十五 帝隸阿惰僧伽兜略盧遮反 波羅帝十六 薩婆
僧伽三摩地伽蘭地十七 薩婆達磨修波利剎
帝十八 薩婆薩埵樓䭾憍舍略阿㝹伽地十九 辛
阿毗吉利地帝二十
世尊若有菩薩得聞是陁羅尼者當知普
賢神通之力若法華經行閻浮提有受持者
應作此念皆是普賢威神之力若有受持讀
誦正憶念解其義趣如說修行當知是行普
賢行於無量無邊諸佛所深種善根為諸如
來手摩其頭但若書寫是人命終當生忉利
天上是時八万四千天女作衆伎樂而來迎之
其人即著七寶冠於婇女中娛樂快樂何況
受持讀誦正憶念解其義趣如說修行若
有人受持讀誦解其義趣是人命終為千佛
授手令不恐怖不墮惡趣即往兜率天上彌
勒菩薩所彌勒菩薩有三十二相大菩薩衆
所共圍繞有百千万億天女眷屬而於中生
有如是等功德利益是故智者應當一心自
書若使人書受持讀誦正憶念如說修行世
尊我今以神通力守護是經於如來滅後閻
浮提內廣令流布使不斷絕爾時釋迦牟
尼佛讚言善哉善哉普賢汝能護助是經
令多所衆生安樂利益汝已成就不可思議
功德深大慈悲從久遠來發阿耨

BD00840號　妙法蓮華經卷七　（16–14）

浮提內廣令流布使不斷絕尒時釋迦牟
尼佛讚言善哉善哉普賢汝能護助是經
令多所衆生安樂利益汝已成就不可思議
功德深大慈悲從久遠來發阿耨多羅三藐三
菩提意而能作是神通之願守護是經我當
以神通力守護能受持普賢菩薩名者普
賢若有受持讀誦正憶念脩習書寫是法
華經者當知是人則見釋迦牟尼佛如從佛口
聞此經典當知是人供養釋迦牟尼佛當知
是人佛讚善哉當知是人為釋迦牟尼佛手摩
其頭當知是人為釋迦牟尼佛衣之所覆如是之
人不復貪著世樂不好外道經書手筆亦復
不憙親近其人及諸惡者若屠兒若畜猪羊
雞狗若獵師若衒賣女色是人心意質直
有正憶念有福德力是人不為三毒所惱
亦不為嫉妬我慢邪慢增上慢所惱是人少
欲知足能脩普賢之行普賢若如來滅後後
五百歲若有人見受持讀誦法華經者應作
是念此人不久當詣道場破諸魔衆得阿耨多
羅三藐三菩提轉法輪擊法鼓吹法螺雨法雨
當坐天人大衆之中師子法座上普賢若於後
世受持讀誦是經典者是人不服貪著衣服
臥具飲食資生之物所願不虛亦於現世得其
福報若有人輕毀之言汝狂人耳空作是行
終無所獲如是罪報當世世無眼若有供養
讚歎之者當於今世得現果報若復見受持

BD00840號　妙法蓮華經卷七　　（16–15）

世受持讀誦是經典者是人不服貪著衣服
臥具飲食資生之物所願不虛亦於現世得其
福報若有人輕毀之言汝狂人耳空作是行
終無所獲如是罪報當世世無眼若有供養
讚歎之者當於今世得現果報若復見受持
是經者出其過惡若實若不實此人現世得
白癩病若輕笑之者當世世牙齒疏缺醜脣平
鼻手腳繚戾眼目角睞身體臭穢惡瘡膿血
水腹短氣諸惡重病是故普賢若見受持是
經典者當起遠迎當如敬佛說是普賢勸發
品時恒河沙等無量無邊菩薩得百千億旋
陀羅尼三千大千世界微塵等諸菩薩具普
賢道佛說是經時普賢等諸菩薩舍利弗
等諸聲聞及諸天龍人非人等一切大會皆
大歡喜受持佛語作禮而去

妙法蓮華經卷第七

BD00840號　妙法蓮華經卷七　　（16–16）

佛說佛名經卷第八　金

BD00841號背　佛名經（十六卷本）卷八護首　（1–1）

佛說佛名經卷第八
南无金作蓋山佛　南无毗婆尸佛
南无光尸棄佛　南无毗舍浮佛
南无拘留孫佛　南无拘那含佛
南无迦葉佛　南无三昧手勝佛
南无无垢奮迅菩薩
若善男子若善女人受持是佛菩薩
名超越世間三千劫
南无日輪光明勝佛　南无日光明菩薩
若人受持是佛菩薩名超越世間千劫

BD00841號　佛名經（十六卷本）卷八　（20–1）

若善男子若善女人受持是佛菩薩
名超越世間三十劫
南无日輪光明勝佛　南无日光明菩薩
若人受持是佛菩薩名超越世間千劫
南无善蓋佛
若善男子受持是佛名是名超越世間
四大劫常現諸佛菩薩前生不復作五逆罪
南无三昧勝奮迅佛
若善男子受持是佛名得千三昧超越
世間无量千劫同祢勒菩薩功德
南无寶俱蘓摩身光明勝佛
若人受持讀誦是佛名超越世間不可數劫
南无衆勝波頭摩奮迅勝佛
若人受持是佛名超越世間卌劫
南无无量香勝王佛
若善男子受持是佛名超越世間无量
劫常得宿命
南无寶華奮迅如來
若人受持讀誦是佛名得千三昧諸衆生
歸命是人為諸佛如來所歎是人超越世間
千劫不久轉法輪
南无大光明如來
若善男子受持是佛名超越世間卌劫
南无寶藏佛
若善男子受持是佛名超越世間六十劫
南无寶勝佛

BD00841號　佛名經（十六卷本）卷八　（20–2）

南无寶藏佛
若善男子受持是佛名超越世間六十劫
南无寶勝佛
若善男子受持是佛名若復有人捨七寶
如須弥山以用布施及恒沙世界若復有人受
持讀誦是佛名此福勝彼
南无名降伏魔人勝佛　南无降伏貪人名自在佛
南无降伏瞋人勝佛　南无降伏癡自在佛
南无降伏森魔勝佛　南无降伏限自在佛
南无嫉人勝佛　南无降伏諂曲自在佛
南无降伏耶見人勝佛　南无降伏慼自在佛
南无法清淨人勝佛　南无業勝得名自在佛
南无如意通清淨得名勝佛　南无起施得名自在佛
南无起持戒清淨名人勝佛　南无起忍辱得名自在名佛
南无起清進得名人勝佛　南无施思惟得名自在勝佛
南无法思惟得名自在佛　南无起思惟精進得名人勝佛
南无起禪成就自在佛　南无超般若得名人勝佛
南无禪思惟得名自在佛　南无般若思惟得名人勝佛
南无行不可思議得名自在勝佛　南无行不可思議得名人勝佛
南无行起得名自在佛　南无捻持智清淨光明人勝佛
南无捻持色清淨得名自在佛　南无陁羅尼住清淨自在勝佛
南无陁羅尼藏清淨得名勝佛　南无陁羅尼施清淨得自在佛
南无空得名人勝佛　南无空无我得名自在佛
南无眼光明人勝佛　南无耳光明人自在佛
南无鼻光明人勝佛
南无舌光明自在佛　南无身光明人勝佛
南无心光明自在佛　南无色光明人勝佛

BD00841號　佛名經（十六卷本）卷八　（20–3）

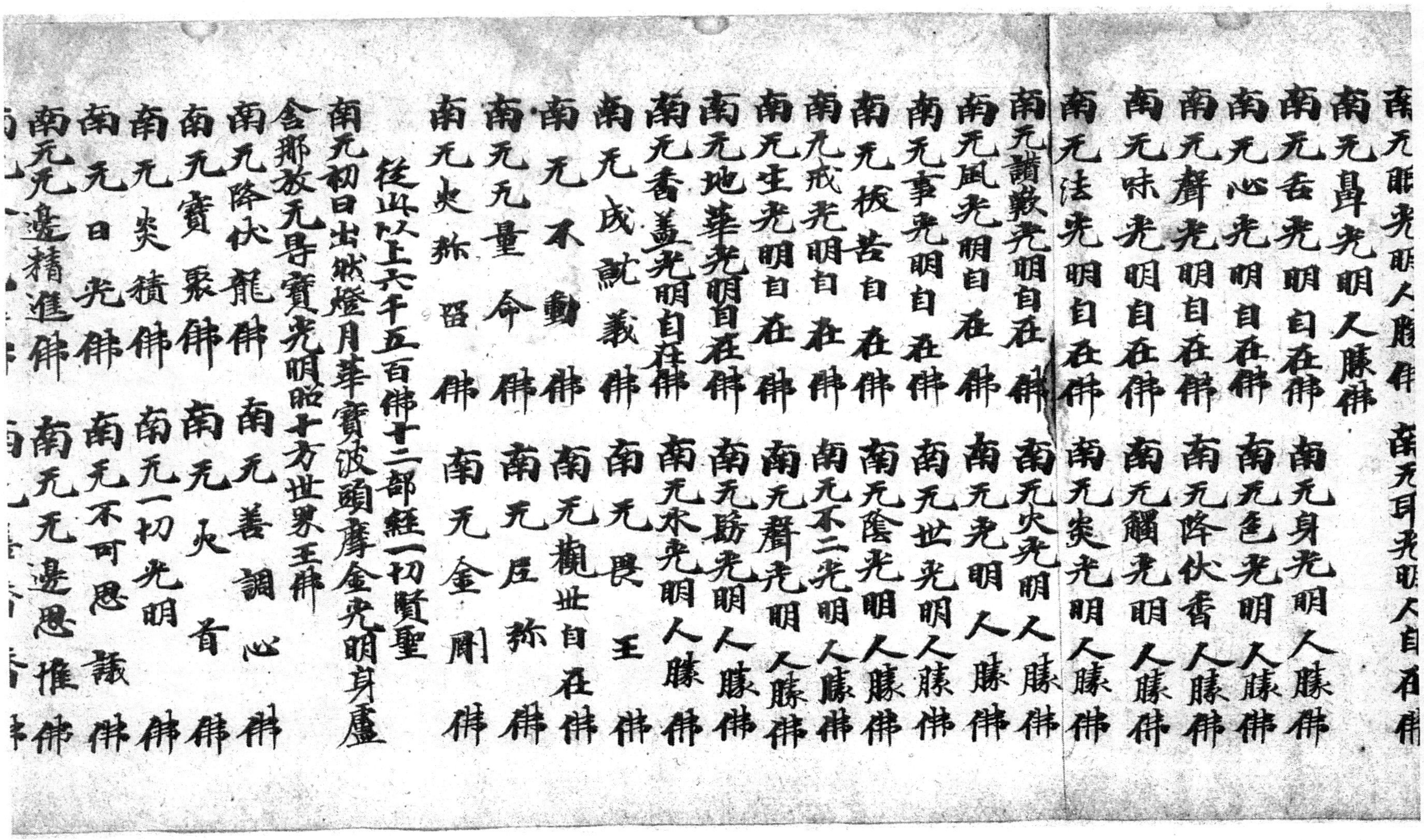

南无眼光明人勝佛 南无耳光明人自在佛
南无鼻光明人勝佛 南无身光明人勝佛
南无舌光明自在佛 南无色光明人勝佛
南无心光明自在佛 南无降伏香人勝佛
南无聲光明自在佛 南无觸光明人勝佛
南无味光明自在佛 南无炎光明人勝佛
南无法光明自在佛 南无火光明人勝佛
南无諸數光明自在佛 南无光明人勝佛
南无風光明自在佛 南无世光明人勝佛
南无事光明自在佛 南无陰光明人勝佛
南无救苦自在佛 南无不二光明人勝佛
南无戒光明自在佛 南无聲光明人勝佛
南无生光明自在佛 南无勝光明人勝佛
南无地華光明自在佛 南无求光明人勝佛
南无香蓋光明自在佛 南无畏王佛
南无成就義佛 南无觀世自在佛
南无不動佛 南无屋弥佛
南无无量命佛 南无金剛佛
南无夾弥留佛
從此以上六千五百佛十二部經一切賢聖
南无初日出然燈月華寶波頭摩金光明身盧
舍那放无㝵寶光明照十方世界王佛
南无降伏龍佛 南无善調心佛
南无寶聚佛 南无火首佛
南无炎積佛 南无一切光明佛
南无日光佛 南无不可思議佛
南无无邊精進佛 南无无邊思惟佛

BD00841 號　佛名經（十六卷本）卷八　（20–4）

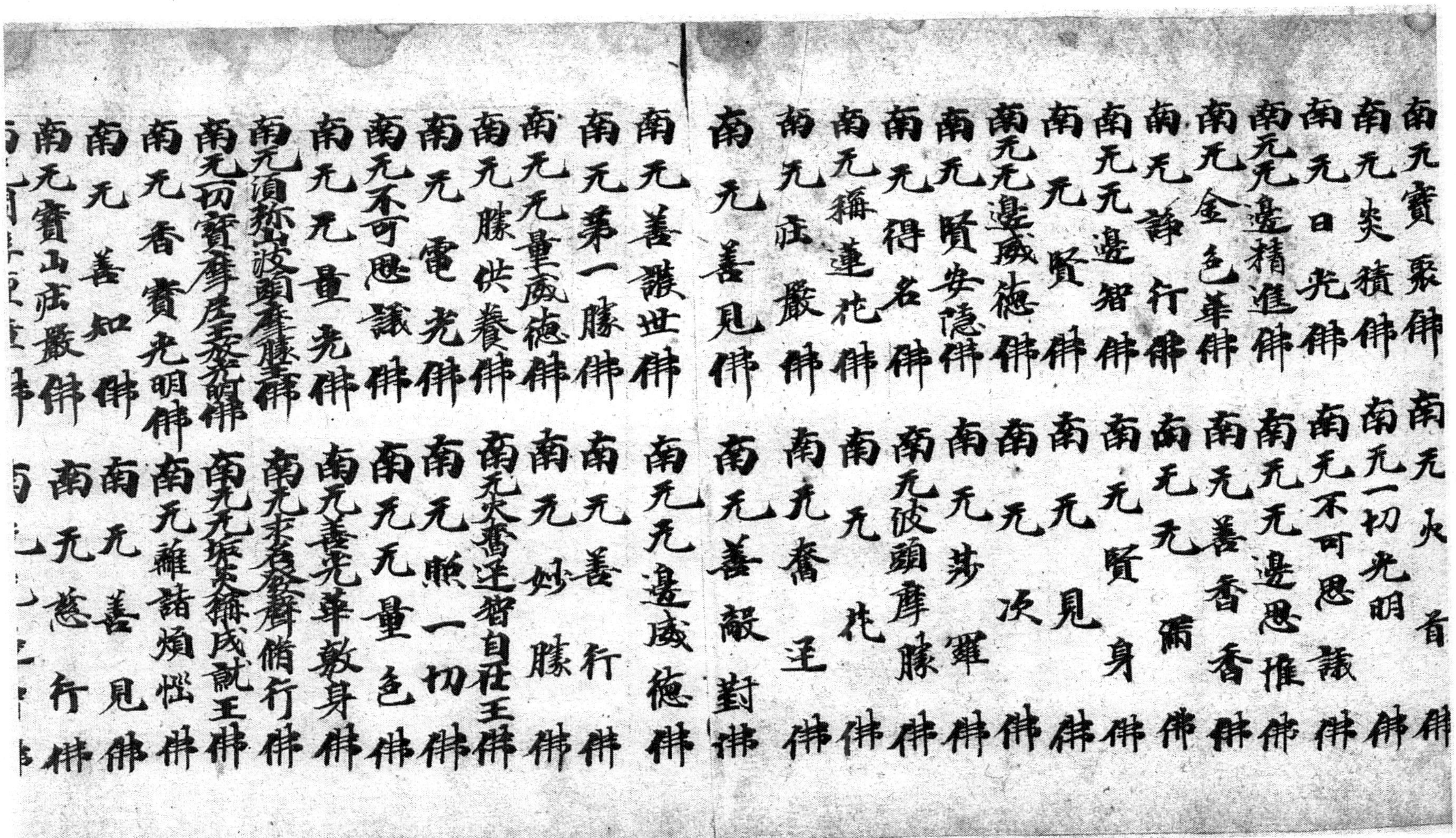

南无寶聚佛 南无火首佛
南无炎積佛 南无一切光明佛
南无日光佛 南无不可思議佛
南无无邊精進佛 南无无邊思惟佛
南无金色華佛 南无善香香佛
南无諍行佛 南无无爾佛
南无无邊智佛 南无賢身佛
南无賢佛 南无見佛
南无无邊威德佛 南无次佛
南无賢安隱佛 南无步羅佛
南无得名佛 南无波頭摩勝佛
南无稱蓮花佛 南无花佛
南无莊嚴佛 南无奮迅佛
南无善見佛 南无善敵對佛
南无善護世佛 南无无邊威德佛
南无第一勝佛 南无善行佛
南无无量威德佛 南无妙勝佛
南无勝供養佛 南无火奮迅智自在王佛
南无電光佛 南无照一切佛
南无不可思議佛 南无无量色佛
南无无量光佛 南无善光華敷身佛
南无須弥山波頭摩勝佛 南无求名聲脩行佛
南无一切寶摩尼發光明佛 南无无垢炎稱成就王佛
南无香賁光明佛 南无離諸煩惱佛
南无善知佛 南无善見佛
南无寶山莊嚴佛 南无慈行佛

BD00841 號　佛名經（十六卷本）卷八　（20–5）

南无善知佛　南无善見佛
南无寶山莊嚴佛　南无慈行佛
南无閻浮幢佛　南无无邊智佛
南无无量成德佛　南无大稱佛
南无寶稱佛　南无火光明佛
南无電照光明佛　南无一切種照佛
南无不可量佛　南无日光明佛
南无月照佛　南无功德海佛
南无具足功德佛　南无上行佛
南无无畏佛　南无師子幢佛
南无帝釋幢佛　南无火幢佛
南无善眼佛　南无莊嚴王佛
南无放光明光佛　南无无邊光佛
南无妙光佛　南无普護增上佛
南无雲自在佛　南无自在憶佛
南无日燈佛　南无最佛
南无善生佛　南无无邊不可思議成德佛
南无普眼佛　南无波頭摩上佛
南无妙去佛　南无月起佛
南无燈佛　南无不歎足身佛
南无弥留幢佛　南无寶幢佛
南无火炎聚佛　南无自在幢佛
南无寶火佛　南无栴檀香佛
南无不空光明波頭摩身佛　南无无邊稱功德光明佛
從此以上六千六百佛十二部經一切賢聖
南无舊當色佛　南无无量光明佛
南无快光明波頭摩身佛　南无出須弥山波頭摩王佛

BD00841 號　佛名經（十六卷本）卷八　（20–6）

從此以上六千六百佛十二部經一切賢聖
南无舊當色佛　南无无量光明佛
南无快光明波頭摩身佛　南无出須弥山波頭摩王佛
南无星宿劫二万同名花佛　南无二万同名盧舍那佛
南无同名帝釋日大白星宿无量百千万不可數佛
南无无垢光明佛　南无功德寶光明佛
南无精進力成就佛　南无清淨光佛
南无解脫一切縛佛　南无波頭摩藏勝佛
南无得无畏身力解脫佛　南无不怯弱十方稱香佛
南无盧舍那光明佛　南无寶聚佛
南无法幢懸佛　南无破一切闇障佛
南无普光明莊嚴勝作佛　南无光明作佛
南无火炎佛　南无无邊行功德佛
南无法功德雲妙聲佛　南无歎燈炬王佛
南无破一切衆生闇勝佛　南无妙見佛
南无妙勝佛　南无妙聞佛
南无山峯佛　南无金聖佛
南无歛甘露佛　南无无量光明佛
南无雞頭佛　南无无邊毗廬勝王佛
南无電照光明羅網佛　南无成就无量功德佛
南无无量樂說境界佛　南无智勝菩光明佛
南无降伏電日月作光佛
南无普白素摩勝奮迅功德積佛
南无功德王光佛　南无善月佛
南无莊嚴王佛　南无賒棯施雞頭佛
南无福德光佛　南无普光上勝山王佛
南无善住摩尼山王佛　南无斷一切煩惱佛

BD00841 號　佛名經（十六卷本）卷八　（20–7）

南无莊嚴王佛　南无賒捨施難頭佛
南无福德光佛　南无普光上勝山王佛
南无善住摩尼山王佛　南无斷一切煩惱佛
南无釋迦牟尼佛　南无破碎金剛堅固佛
南无寶藏佛　南无龍自在王佛
南无勇猛仙佛　南无寶月佛
南无離垢佛　南无无垢佛
南无勇猛得佛　南无淨佛
南无梵得佛　南无婆樓那佛
南无婆樓那天佛　南无賢勝佛
南无獅種勝佛　南无力士佛
南无歡喜威德勝佛　南无光明勝佛
南无无憂勝佛　南无白素摩勝佛
南无波頭摩樹提奮迅通佛　南无財勝佛
南无念勝佛　南无善說名勝佛
南无因陀羅雞頭幢佛　南无步勝佛
南无善覺步勝佛　南无善步去佛
南无普照莊嚴佛　南无寶華步佛
南无寶波頭摩善住山自在王佛
南无光明幢火衆生莊嚴光王佛
南无妙平等法界智起聲佛
南无廣福德藏普光明照佛
南无普照大應羅網盧舍那佛
南无盧舍那華眼電光佛
南无最勝大師子意佛
南无到法界勝光盧舍那王佛
南无常无垢功德遍至稱佛

BD00841號　佛名經（十六卷本）卷八

（20-8）

南无盧舍那華眼電光佛
南无最勝大師子意佛
南无到法界勝光盧舍那王佛
南无常无垢功德遍至稱佛
南无日華勝王佛　南无法自在智幢佛
南无廣善无垢威德光積佛　南无根本勝善道師佛
南无智力佛　南无弥樓威德佛
南无願清淨月光佛
從此以上六千七百佛十二部經一切賢聖
南无法海願出聲光佛　南无寶功德相莊嚴作光佛
南无妙聲地主佛　南无勝進痾去佛
南无見衆生歡喜佛　南无不動滌光明盧舍佛
南无普放光明不可思議王佛　南无不等妙功德威德佛
南无速光明梵眼佛　南无解脫精進日光明佛
南无普法身覺慧佛　南无普門照一切衆生前見佛
南无迦那迦无垢光明炅雲佛　南无因陀羅光明聚幢佛
南无一切地雲垢月佛　南无覺虛空平等相佛
南无十方廣應雲幢佛　南无平等平等盧舍那佛
南无寬意悲解脫空王佛　南无成就一切義須弥佛
南无不空步照見佛　南无妙吼勝佛
南无不可思議功德盧舍那妙月佛
南无第一自在通王佛　南无可信力幢佛
南无法界樹聲智慧佛　南无波頭摩光長養聲佛
南无不退功德海光佛　南无普生妙一切智速佛
南无師子光无量力智佛　南无見一切法清淨勝智佛
南无遠離一切憂惱佛　南无自在妙威德佛
南无金華火光佛　南无觀法界香迷佛

BD00841號　佛名經（十六卷本）卷八

（20-9）

南无師子光无量力焰佛　南无見一切法清淨勝智佛
南无遠離一切憂惱佛　南无自在妙威德佛
南无金華火光佛　南无觀法界奮迅佛
南无娑樹緊那羅王佛　南无然香燈佛
南无應王佛　南无如來功德普門見佛
南无一切法普奮迅王佛　南无廣化自在佛
南无法界解脫光明不可思議意佛
南无如來无垢光佛
次礼十二部尊經大藏法輪
南无惟羅菩薩經　南无五十扶計經
南无彎身反復經　南无惟留經
南无五陰事經　南无雜阿含丹章經
南无惠明經　南无五母子經
南无發意決疑經　南无惠上菩薩經
南无五福施經　南无五十緣身行經
南无墮落憂塞經　南无賢者手力法行經
南无五蓋疑失行經　南无
南无賢首夫人經　南无五百偈經
南无坏喻經　南无內藏大方等經
南无五觀經　南无淨行經
南无內藏百品經　南无佛併父柔調達經
南无仁柔士經　南无難提迦羅越經
南无如是有諸比丘經
次礼十方諸大菩薩
南无普賢菩薩　南无文殊師利菩薩
南无无垢稱菩薩　南无地藏菩薩
南无虛空藏菩薩　南无觀世音菩薩

BD00841號　佛名經（十六卷本）卷八　（20–10）

次礼十方諸大菩薩
南无普賢菩薩　南无文殊師利菩薩
南无无垢稱菩薩　南无地藏菩薩
南无虛空藏菩薩　南无觀世音菩薩
南无大勢至菩薩　南无香象菩薩
南无大香象菩薩　南无藥王菩薩
南无藥上菩薩　南无金剛藏菩薩
南无解脫月菩薩　南无弥勒菩薩
南无奮迅菩薩　南无无所發菩薩
南无陁羅尼自在王菩薩　南无堅意菩薩
南无无盡意菩薩
南无歸命如是无量无邊菩薩
南无東方九十億百千万同名梵思菩薩
南无南方九十億百千万同名不醉隨菩薩
南无西方九十億百千同名大功德菩薩
南无北方九十九億千万同名大藥王菩薩
從此以上六千八百佛十二部經一切賢聖
歸命如是等十方世界无量无邊諸大菩薩
次礼聲聞緣覺一切賢聖
南无毗羅辟支佛　南无俱薩羅辟支佛
南无波藪陁羅辟支佛　南无无壽淨心辟支佛
南无寶无垢辟支佛　南无福德辟支佛
南无黑辟支佛　南无唯黑辟支佛
南无直福德辟支佛　南无識辟支佛
歸命如是等十方无量无邊辟支佛
礼三寶已次復懺悔
夫論懺悔者本是改往脩來滅惡興善之

BD00841號　佛名經（十六卷本）卷八　（20–11）

南无直福德辟支佛　南无識辟支佛　佛
歸命如是等十方无量无邊辟支佛
礼三寶已次復懺悔
夫論懺悔者本是改往脩來滅惡興善人
生君世誰能无過學人失念尚起煩惱羅漢
結習動身口業豈况凡夫而當无過但智者
先覺便能改悔愚者覆藏遂使滋蔓所積習
長夜曉悟无期若能慙愧發露懺悔者豈唯
正是滅罪而已亦復增長无量功德樹立如
來涅槃妙果若欲行此法者先當外肅形儀
瞻奉尊像內起敬意緣於想懇切至到生二
種心何等為二一者自念我此形命難可常
保一朝散壞不知此身何時可復若復不值諸
佛諸佛賢聖忽遭逢惡友造衆罪業復應
墮落深坑嶮二者自念我此生中雖得值遇
如來正法為佛弟子弟子之法紹繼聖種
淨身口意善法自居而今我等公自作惡而
復覆藏言他不知謂彼不見隱匿在心傲然
无愧此實天下愚惑之甚即今現有十方諸
佛諸大菩薩諸大神仙何曾不以清淨天眼
見於我等所作罪惡又復幽顯靈祇注記罪福
纖豪无差夫論作罪之人命終之後牛頭獄卒
錄其精神在閻羅王所辯覈是非當尒之時
一切怨對皆來證據各言汝先屠裁我身炮
煮蒸炙或言汝先剝奪於我一切財寶離我
眷屬我於今者始得汝便于時現前證據可
得敢諱唯應甘心分受宿殃如經所明地獄

一切怨對皆來證據各言汝先屠裁我身炮
煮蒸炙或言汝先剝奪於我一切財寶離我
眷屬我於今者始得汝便于時現前證據可
得敢諱唯應甘心分受宿殃如經所明地獄
之中不枉治人若其平素所作衆罪心自忘失
者是其生時造惡之處一切諸相皆現在前各
言汝昔在於我邊作如是罪今何得諱是為
作罪无藏隱處於是閻魔羅王切齒呵責將
付地獄歷劫窮年求出莫由此事不遠不關他
人正是我身自作自受雖父子至親一旦對至
无代受者衆等相与及其形狀體无衆疾各自
懃力与性命競覺大怖至時悔无所及是故弟子
至心歸依於佛
南无東方破疑淨光佛　南无南方无憂功德佛
南无西方華嚴神通佛　南无北方月殿清淨佛
南无東南方破一切闇佛　南无西南方大衰觀衆生佛
南无西北方香象奮迅佛　南无東北方无量功德海佛
南无下方斷一切疑佛　南无上方離一切憂佛
如是十方盡虛空界一切三寶
弟子從无始以來至於今日積聚无明障蔽
心目隨煩惱性造三業罪或耽染愛著起於
貪欲煩惱或復瞋恚忿怒懷害煩惱或惛憒
朦瞽不了煩惱或我慢自高輕傲煩惱疑
或正道猶豫煩惱謗无因果邪見煩惱不識
緣假著我煩惱迷於三世執斷常煩惱朋押
惡法起見取煩惱僻稟邪師造戒取煩惱乃
至一切四執橫計煩惱今日至誠皆悉懺悔

緣假著我煩惱迷於三世執斷常煩惱朋狎
惡法起見取煩惱僻禀耶師造戒取煩惱乃
至一䒭四執橫計煩惱今日至誠皆悉懺悔
又復无始以來至於今日守惜堅著慳悋煩惱
不攝六情奢誕煩惱心行斷惡不忍煩惱
怠墮緩縱不勤煩惱情慮驚動覺觀煩惱
觸境迷惑无知解煩惱隨世八風生彼我煩
惱諂曲面譽不直心煩惱獷糲難觸不調和
煩惱易忿難悅多含恨煩惱嫉妬擊刺很戾
煩惱凶險暴害諂毒煩惱乖背二諦執相煩
惱於苦集滅道生顛倒煩惱隨從生死十二因
緣流轉煩惱乃至无始无明住地排於三界苦
果煩惱如是諸煩惱无量无邊煩惱亂賢聖六
道四生今日發露向十方佛尊法聖衆皆悉懺悔
願弟子等承是懺悔貪瞋癡等一切煩惱生生
世世析憍慢幢竭愛欲水滅瞋恚火破愚癡
闇拔斷疑根裂諸見網深識三界猶如牢獄四
大毒蛇五陰怨賊六入空聚愛詐親善脩八聖
道斷无明源正向涅槃不休不息卅七品心心相
應十波羅蜜常現在前　礼一拜

南无盧舍那世間輪勝聲佛
南无波頭摩勝　无邊眼佛
南无喜樂成佛　南无一切智行境界惠佛
南无廣窮妙聲佛　南无虛空无垢智月佛
南无福德海厚雲相華佛
南无能作喜勝雲佛　南无勝聲吼幢佛
南无觀眼舊王佛　南无无盡智金剛佛

南无廣窮妙聲佛　南无虛空无垢智月佛
南无福德海厚雲相華佛
南无能作喜勝雲佛　南无勝聲吼幢佛
南无觀眼舊王佛　南无无盡智金剛佛
南无普眼日藏佛　南无一切吼聲佛
南无无量智敷佛　南无一切福德稱樓王佛
南无根日威德佛　南无滿光明身光佛
南无地弟一相花佛　南无雲无畏見佛
南无平等言語難覓佛　南无寶然燈王佛
南无堅精進奮迅成就義心佛
南无普照觀稱佛　南无慈光明稱勝佛
南无福德稱上勝佛　南无念一切衆生稱勝佛
南无須弥步稱勝佛　南无畢竟慚愧稱上勝佛
南无教化一切世間佛　南无離一切憂佛
南无能轉合佛　南无轉女佛
南无轉男女降伏佛　南无佛華勝上王佛
南无不空說名佛　南无善惠法通王佛
南无十方廣功德稱天盡樂佛
南无愛大智見不空聞名佛
南无无量力智勝佛　南无成就梵功德佛
南无香象佛　南无金剛密迹佛
南无善轉成就義佛　南无盧舍那化勝成德佛
南无常功德然燈王惠佛　南无到諸疑彼岸月佛
南无到法界无量聲惠佛　南无然燈勝光明佛
南无法界日光明佛　南无日不可思議智見佛
南无无邊无中劫德海轉法輪聲佛
南无寶勝光明威德王佛　南无无盡功德妙莊嚴佛

南无[illegible]佛　南无[illegible]佛
南无到法界无量賛德佛　南无然燈勝光明佛
南无法界日光明佛　南无日不可思議智見佛
南无无邊无中劫德海轉法輪聲佛
南无寶勝光明威德王佛　南无无盡功德妙莊嚴佛
南无不可量力普光佛　南无普明滿足然燈佛
南无勝功德炬佛　南无大龍聲佛
南无波頭摩師子坐奮迅聲佛
南无智聚覺光佛　南无住持地善威德王佛
南无善住法然燈王佛　南无不空見生喜作佛
南无放身炎幢佛　南无清淨衆生行佛
南无一切德普光明佛　南无散花相月智佛
南无第一光明金廣燈佛　南无觀一切法海无差別光明佛
南无化日佛　南无寶蓋勝盧舍那佛
南无善思惟佛　南无精勝堅惠佛
南无散華心波頭摩佛　南无清淨眼佛
從此以上六千九百佛十二部經一切賢聖
南无月光自在佛　南无无盡法海寶幢佛
南无金剛波頭摩勝佛　南无廣俱蘇摩作佛
南无人自在幢佛　南无一切智輪照盧舍那佛
南无龍稱无量功德佛　南无寶功德頂光佛
南无一切力莊嚴惠佛　南无寶須弥山佛
南无一切行光明佛　南无一切波羅蜜海佛
南无寶炎面門幢佛　南无成就一切願光明佛
南无廣得一切法聲佛　南无光明羅網勝佛
南无寶山幢佛　南无无邊中智海義佛
南无清淨一切義功德幢佛　南无一切通首王佛
南无[illegible]一切[illegible]佛

BD00841號　佛名經（十六卷本）卷八　（20–16）

南无寶炎面門幢佛　南无成就一切願光明佛
南无廣得一切法聲佛　南无光明羅網勝佛
南无寶山幢佛　南无无邊中智海義佛
南无清淨一切義功德幢佛　南无一切通首王佛
南无无障导一切法界盧舍那佛
南无勝三昧精進惠佛　南无无导法界然燈佛
南无无导法界須弥幢勝王佛
南无菩提分俱蘇摩作王佛
南无得世間功德大海佛　南无寶師子力佛
南无普智海王佛　南无波頭摩善化幢佛
南无无盡光明普門聲佛　南无普功德雲勝威德佛
南无勝惠海佛　南无智月華雲佛
南无香光威德佛　南无普門見无障导淨佛
南无不可降伏法自在惠佛　南无波頭摩光明數王佛
南无大精進善智惠佛　南无堅王幢佛
南无不可降伏妙威德佛　南无精進佛
南无一切德勝心王佛　南无善成就无邊功德聖佛
南无斷諸疑廣善眼佛　南无妙功德勝惠佛
南无過諸光明勝明佛　南无須弥山然燈佛
南无无盡化善雲佛　南无无量光明化王佛
南无日海梵行佛　南无師子明炎雲佛
南无大海天炎門佛　南无覺佛
南无智勝佛　南无无量味大聖佛
南无无垢遠雲聞佛　南无滿法界盧舍那佛
南无金色華佛　南无大功德花敷无垢佛
南无照勝威德王佛　南无不住眼无垢佛
南无无导莊嚴佛　南无轉燈輪幢佛
南无法智差別佛　南无法界輪佛

BD00841號　佛名經（十六卷本）卷八　（20–17）

南无照勝威德王佛　南无不住眼无垢佛
南无无等莊嚴佛　南无轉燈輪幢佛
南无法智差别佛　南无法界輪佛
南无一切佛　南无寶勝王佛
南无无邊光明智輪幢佛　南无着智幢佛
南无師子佛　南无月智佛
南无照佛　南无常放普光明香功德海王佛
南无无邊光明法界莊嚴王佛
南无長髮佛　南无高佛
南无无垢地平等光明世界普照十方光明吼
聲虛空盧舍那佛
南无清淨華池莊嚴世界普門見妙光明佛
南无无邊功德住持世界无邊功德普光佛
南无旃留勝然燈世界普明虛空鏡像佛
南无一切妙聲善愛聞世界喜樂見華大佛
南无妙聲莊嚴世界寶須彌山燈佛
南无一切寶色莊嚴光明照世界善化法界聲幢佛
南无香藏金剛莊嚴世界金剛光明電聲吼佛
南无炎聲世界不可降伏力月佛
南无寶波頭摩聞錯莊嚴无垢世界法城惠吼聲佛
南无能与樂世界十方世界廣稱名智燈佛
南无手无垢善无垢羅網世界師子光明滿佛
足功德天海佛
南无妙華幢照世界大智敷華光明佛
南无无量莊嚴聞錯世界高智種種佛光明佛
南无寶蓋普光莊嚴世界妙惠上首佛

BD00841號　佛名經（十六卷本）卷八　（20–18）

足功德天海佛
南无妙華幢照世界大智敷華光明佛
南无无量莊嚴聞錯世界高智種種佛光明佛
南无寶蓋普光莊嚴世界妙惠上首佛
南无隨王世界作月光明幢佛
南无无垢藏莊嚴世界善覺梵威德佛
南无寶光明身世界一佛種力虛空然燈佛
南无寶道瓔珞成就世界一切諸波羅蜜相大
海威德佛
南无輪塵普蓋世界斷一切着喜作佛
南无寶髓妙幢世界大稱廣功吼照佛
南无不可思議莊嚴普莊嚴光明世界无差别
智光明功德佛
南无无盡光明釋幢世界无邊法界无垢光明佛
從此以上七千佛十二部經一切賢聖
南无放寶炎華世界清淨寶鏡像佛
南无威德炎藏世界无障导奮迅光明吼佛
南无寶輪平等光莊嚴世界普賣光明佛
南无旃檀樹髓幢世界清淨一念无疑光明佛
南无佛國土色輪善脩莊嚴世界廣喜見
南无微細光明莊嚴照世界法界奮迅善觀
光明智惠佛
南无无邊色形相世界无障导智成就佛
南无普炎雲火然世界不轉退法輪吼佛
南无種種寶莊嚴清淨輪世界清淨色相威德佛
南无究竟善脩世界无障导日眼佛
南无善作堅固金剛坐成就世界過法界智身

BD00841號　佛名經（十六卷本）卷八　（20–19）

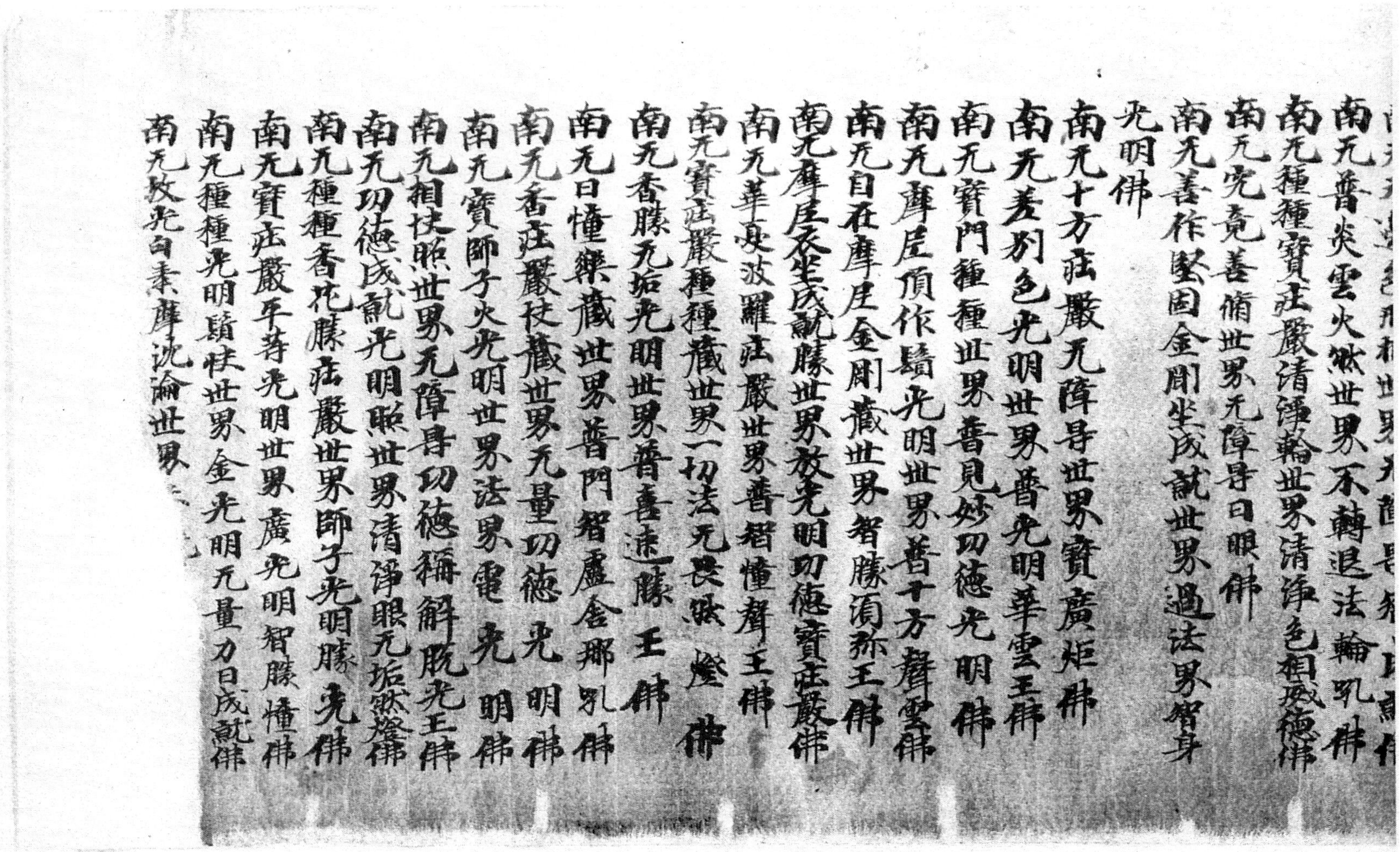

南无普炎雲火燄世界不轉退法輪吼佛
南无種種寶莊嚴清淨輪世界清淨色相威德佛
南无究竟善脩世界无障㝵日眼佛
南无善作堅固金剛坐成就世界過法界智身
光明佛
南无十方莊嚴无障㝵世界寶廣炬佛
南无差別色光明世界普光明華雲王佛
南无寶門種種世界普見妙功德光明佛
南无摩尼頂作驣光明世界普十方聲雲佛
南无自在摩尼金剛藏世界智勝須彌王佛
南无摩尼衣坐成就勝世界放光明功德寶莊嚴佛
南无華叓波羅莊嚴世界普智幢聲王佛
南无寶莊嚴種種藏世界一切法无畏燈佛
南无香勝无垢光明世界普喜速勝王佛
南无日幢樂藏世界普門智盧舍那吼佛
南无香莊嚴杖藏世界无量功德光明佛
南无寶師子火光明世界法界電光明佛
南无相杖照世界无障㝵功德稱解脫光王佛
南无功德成就光明照世界清淨眼无垢燄燈佛
南无種種香花勝莊嚴世界師子光明勝光佛
南无寶莊嚴平等光明世界廣光明智勝幢佛
南无種種光明須杖世界金光明无量力日成就佛
南无放光白素摩訛論世界[illegible]

BD00841 號　佛名經（十六卷本）卷八　（20–20）

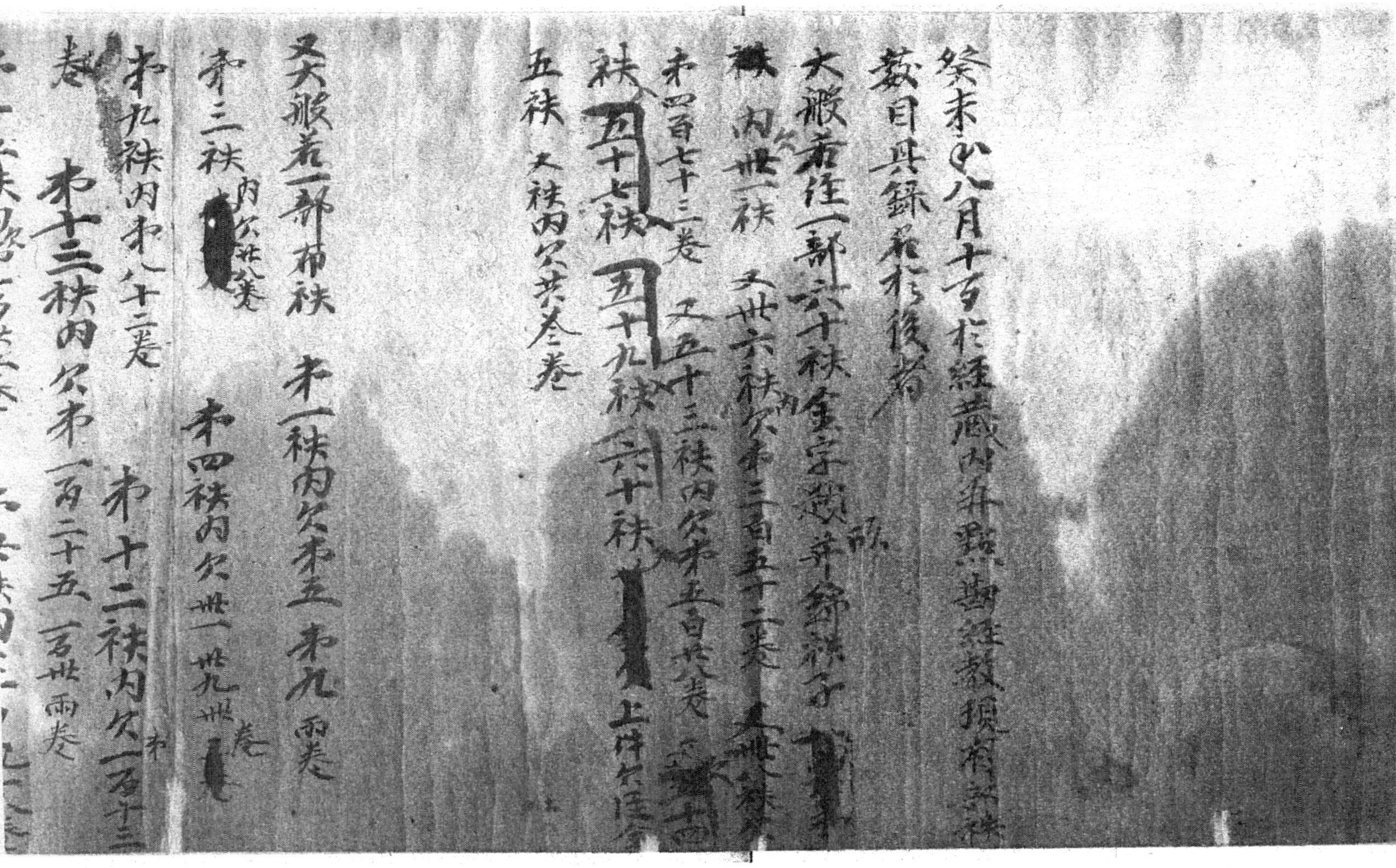

癸未年八月十一日於經藏内再點勘經教現有部袟
數目具錄如後者
大般若經一部六十袟金字題并錦袟子[illegible]
袟内欠一袟　又卌六袟欠第三百五十二卷[illegible]
第四百七十三卷　又五十三袟内欠第五百[illegible]卷
袟　五十七袟　五十九袟　六十袟　上件欠[illegible]
五袟　又袟内欠共叁卷
又大般若一部布袟　第一袟内欠第五　第九　兩卷
第三袟内欠[illegible]卷　第四袟内欠卌一　卌九[illegible]卷
第九袟内第八十二卷　第十二袟内欠一百十三[illegible]
卷　第十三袟内欠第一百二十五　一百卅　兩卷
第十五[illegible]

BD00841 號背　癸未年八月十一日於經藏内再點勘經教現有部袟數目　（6–1）

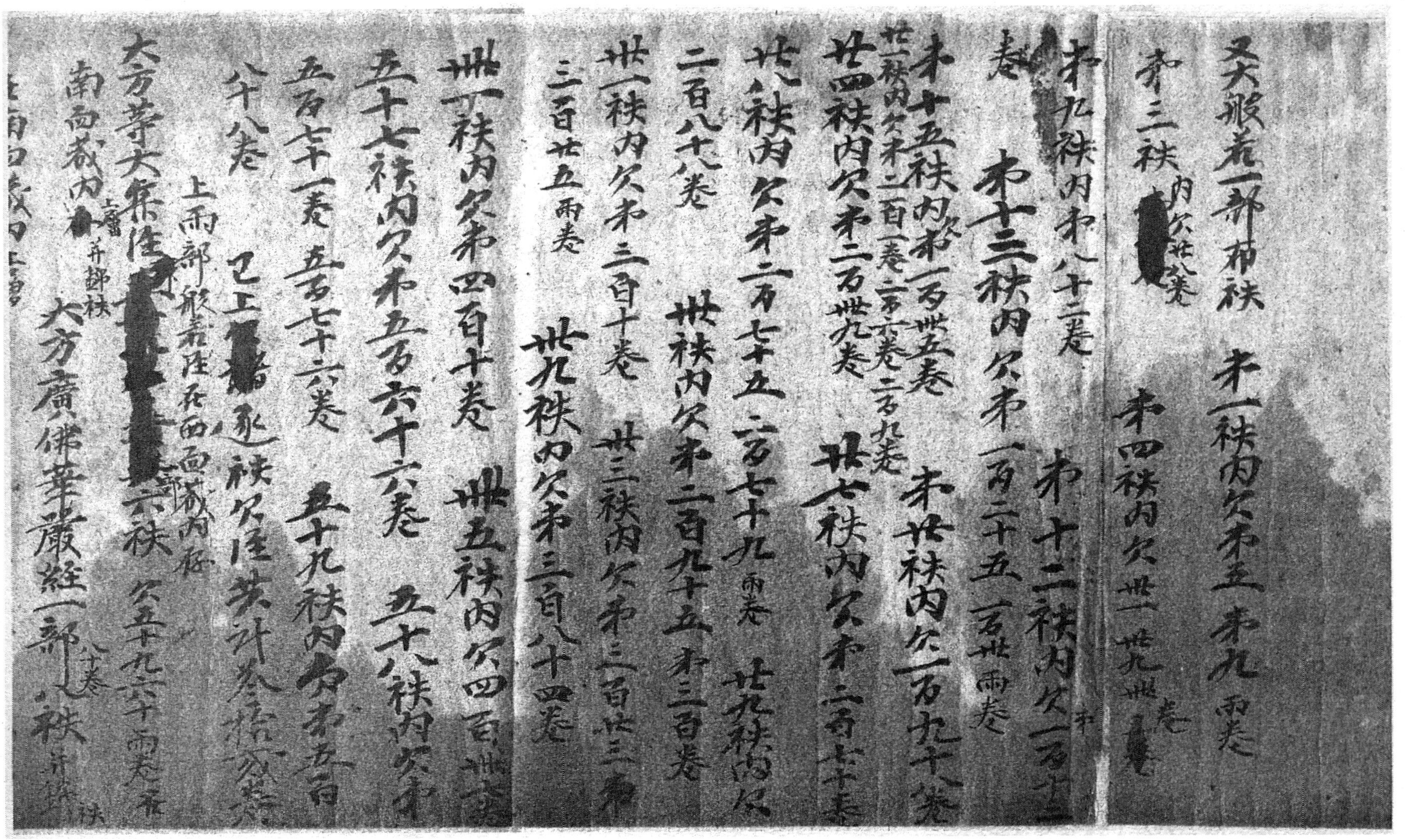

BD00841 號背　癸未年八月十一日於藏經内再點勘經教現有部袟數目　（6–2）

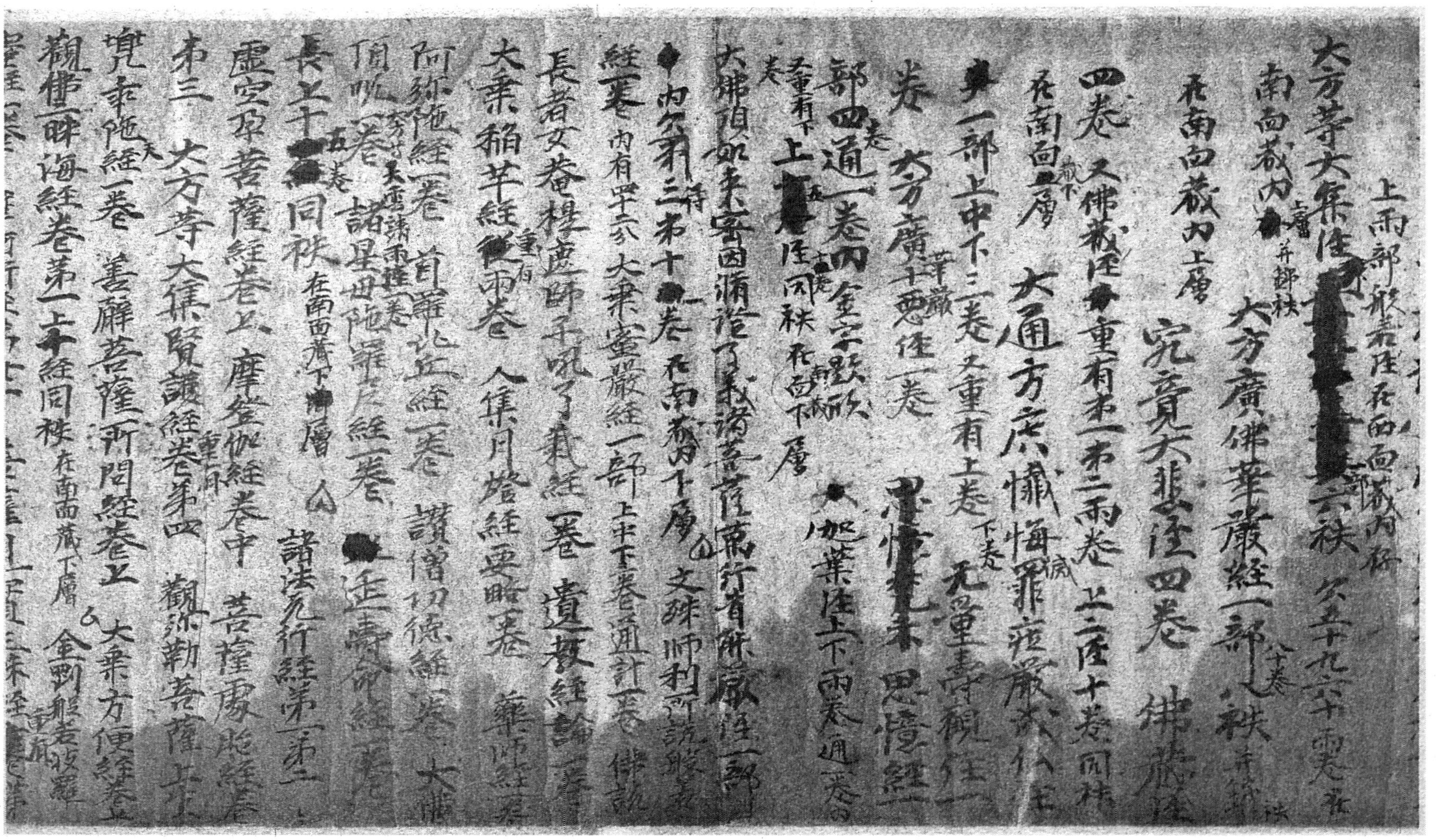

BD00841 號背　癸未年八月十一日於藏經内再點勘經教現有部袟數目　（6–3）

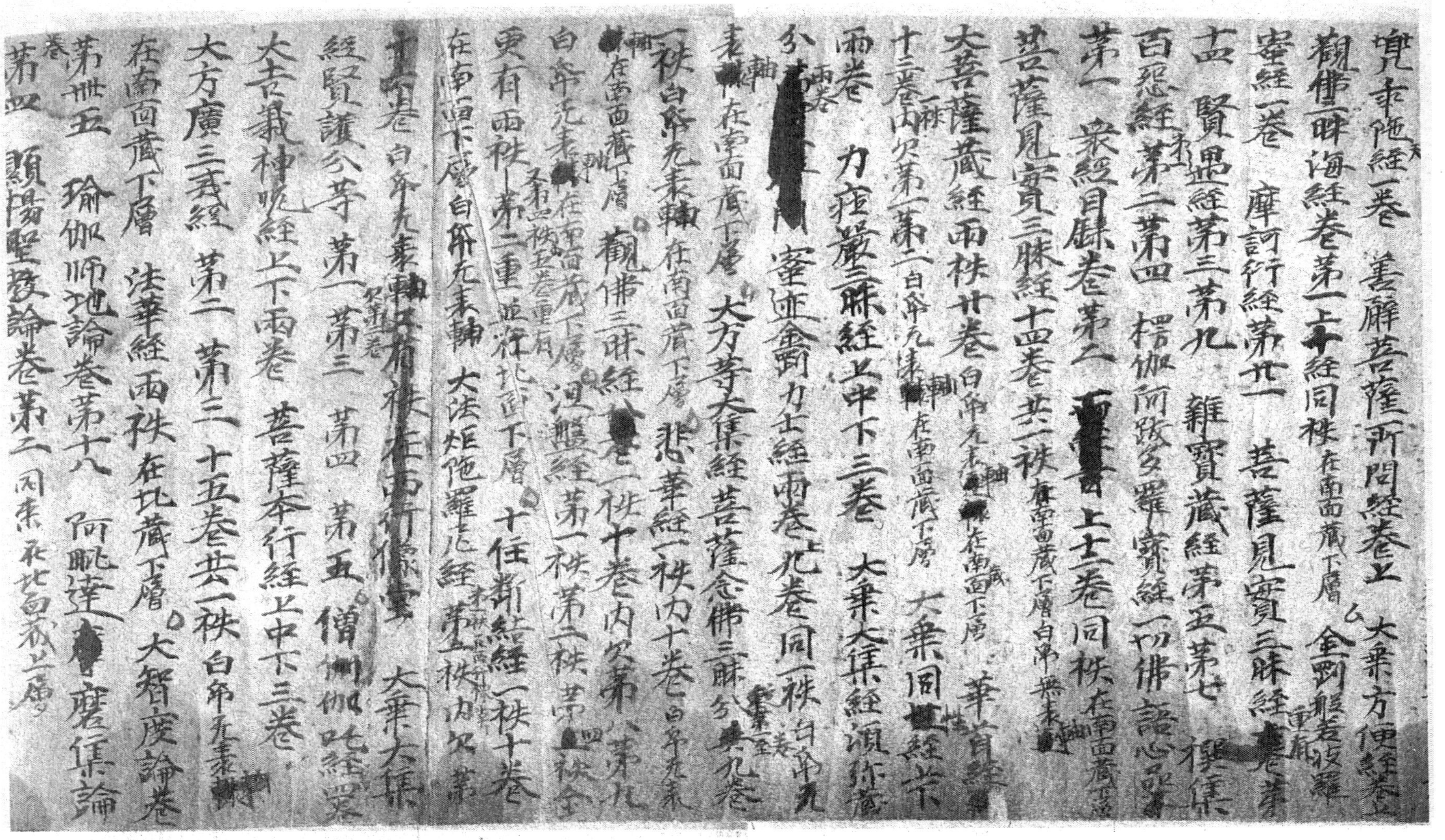
見寺施經一卷　善解菩薩所問經卷上　大乘方便經卷上
觀佛三昧海經卷第一上十經同帙在南面藏下層　金剛般若波羅
蜜經一卷　摩訶衍經第廿一　菩薩見實三昧經
十四　賢愚經第三第九　雜寶藏經第五第七　楞伽
百忍經第二第四　楞伽阿跋多羅寶經一切佛語心品
第一　衆經目錄卷第二
菩薩見實三昧經十四卷共二帙在南面藏下層白帛無表
大善權藏經兩帙廿卷　在南面下層　大乘同性經
十三卷內欠第一第二　在南面藏下層　大乘大集經須彌藏
兩卷　力莊嚴三昧經上中下三卷
分 [redacted] 蜜迹金剛力士經兩卷九卷同一帙白帛九
表在南面藏下層　大方等大集經菩薩念佛三昧分共九卷
一帙白帛充表軸在南面下層　悲華經一帙內十卷內欠第八第九
在南面藏下層　觀佛三昧經一帙十卷　涅槃經第一帙第二帙
更有兩帙第一第二　十住斷結經一帙十卷
在南面下層白帛充表軸　大法炬陀羅尼經
十四卷白帛充表軸　大乘大集
經賢護分等第一第三　第四　第五　僧伽吒經
大吉義神咒經上下兩卷　菩薩本行經上中下三卷
大方廣三戒經　第二　第三　十五卷共一帙白帛充表軸
在南面藏下層　法華經兩帙在北藏下層　大智度論卷
第卅五　瑜伽師地論卷第十八　阿毗達[redacted]磨集論
第四　顯揚聖教論卷第二　同束在北面藏上層

BD00841 號背　癸未年八月十一日於藏經内再點勘經教現有部袟數目　（6–4）

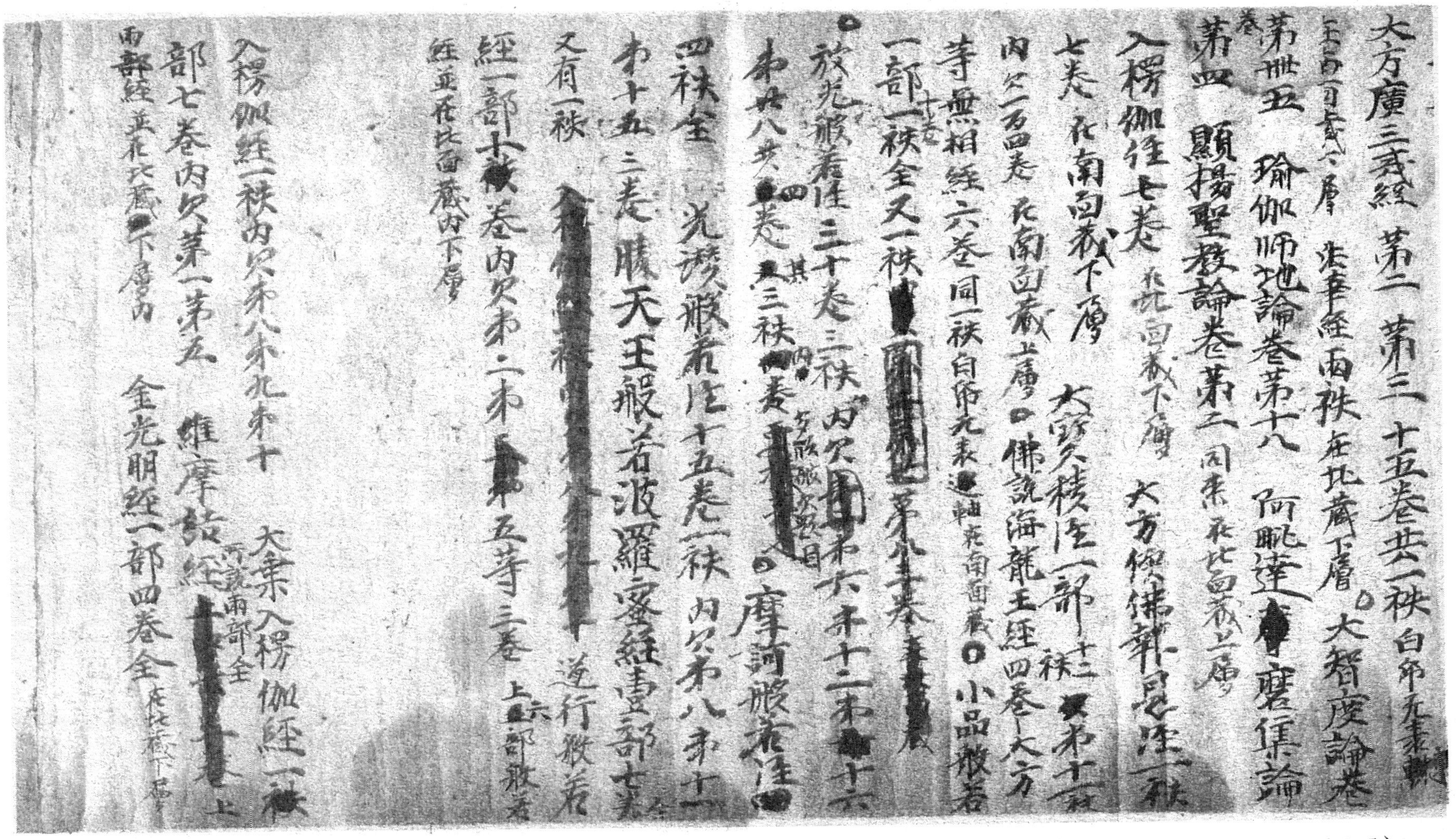
大方廣三戒經　第二　第三　十五卷共一帙白帛充表軸
在南面藏下層　法華經兩帙在北藏下層　大智度論卷
第卅五　瑜伽師地論卷第十八　阿毗達[redacted]磨集論
第四　顯揚聖教論卷第二　同束在北面藏上層
入楞伽經七卷　在北面藏下層　大方便佛報恩經一帙
七卷　在南面藏下層　大寶積經一部十二帙內欠第十一帙
內欠一兩四卷　在南面藏上層　佛說海龍王經四卷　大方
等無相經六卷同一帙白帛充表軸在南面藏　小品般若
一部一帙全又一帙 [redacted]
放光般若經三十卷三帙內欠第十第十二第十六
第八　三帙 [redacted] 卷　摩訶般若經
四帙全　光讚般若經十五卷一帙內欠第八第十一
第十五三卷　勝天王般若波羅蜜經壹部七卷
又有一帙 [redacted]　道行般若
經一部十卷卷內欠第一第二 [redacted] 五等三卷　上六部般若
經並在北面藏內下層
入楞伽經一帙內欠第八第九第十　大乘入楞伽經一帙
部七卷內欠第一第五　維摩詰經 [redacted] 上
兩部經並在北藏下層內　金光明經一部四卷全　在北藏下層

BD00841 號背　癸未年八月十一日於藏經内再點勘經教現有部袟數目　（6–5）

四分律六袟并袟子 在北面藏上層

BD00841 號背　癸未年八月十一日於藏經内再點勘經教現有部袟數目　（6–6）

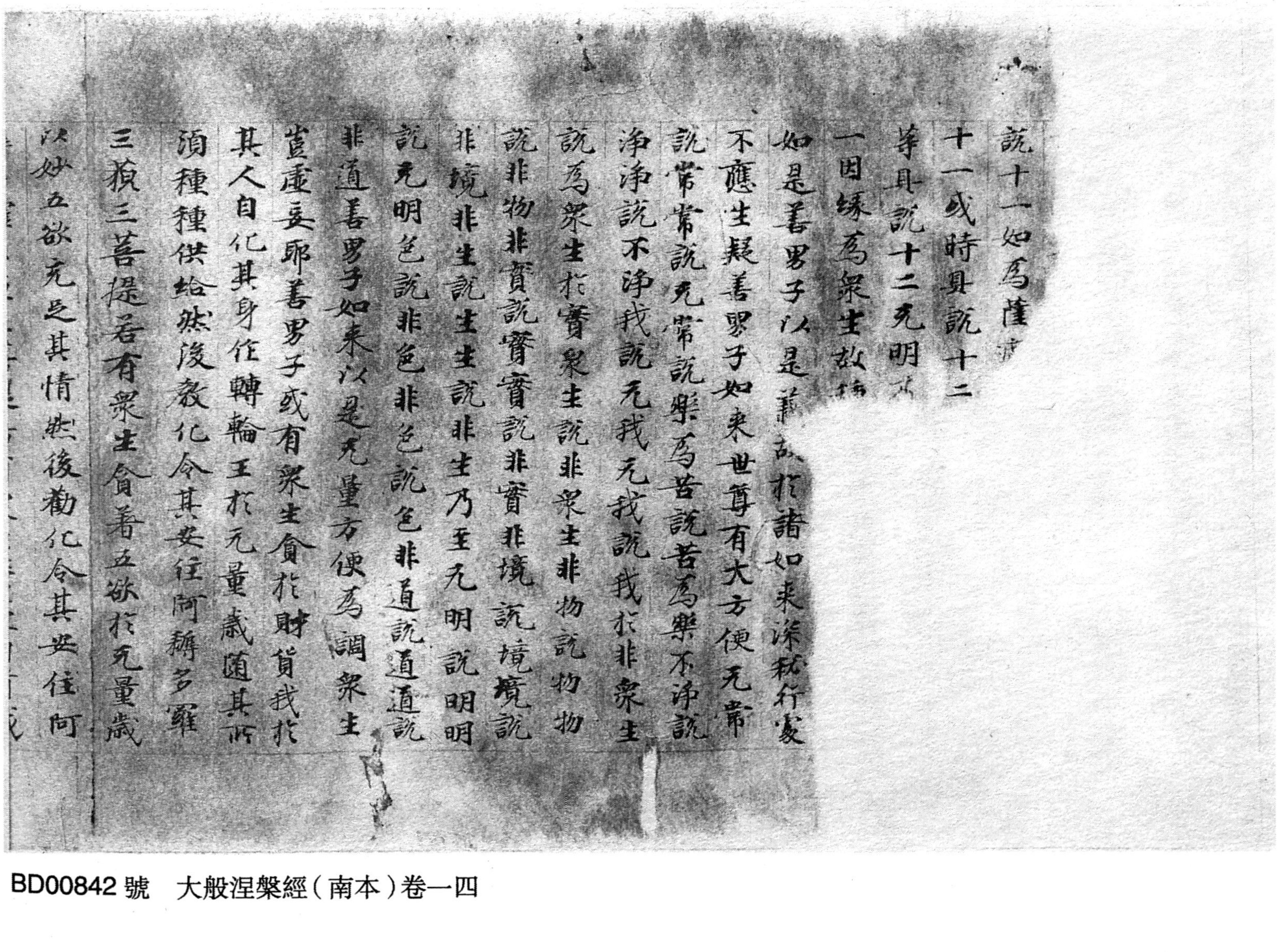
說十一如為薩
十一或時具說十二
等具說十二无明
一因緣為衆生故
如是善男子以是義故於諸如來深秘行處
不應生疑善男子如來世尊有大方便无常
說常常說无常說樂為苦說苦為樂不淨說
淨淨說不淨我說无我无我說我於非衆生
說為衆生於實衆生說非衆生非物說物物
說非物非實說實實說非實非境說境境說
非境非生說生生說非生乃至无明說明明
說无明色說非色非色說色非道說道道說
非道善男子如來以是无量方便為調衆生
豈虛妄耶善男子或有衆生貪於財貨我於
其人自化其身作轉輪王於无量歲隨其所
須種種供給然後教化令其安住阿耨多羅
三藐三菩提若有衆生貪著五欲於无量歲
以妙五欲充足其情然後勸化令其安住阿

BD00842 號　大般涅槃經（南本）卷一四　（18–1）

豈虛妄耶善男子或有衆生貪於財貨我於
其人自化其身作轉輪王於无量歲隨其所
須種種供給然後教化令其安住阿耨多羅
三藐三菩提若有衆生貪著五欲於无量歲
以妙五欲充足其情然後勸化令其安住阿
耨多羅三藐三菩提若有衆生榮豪自貴我
於其人无量歲中爲作僕使趨走給侍得其
心已即復勸化令其安住阿耨多羅三藐三
菩提若有衆生性悷自是須人呵諫我於无
量百千歲中教呵敎喻令其心調然後須勸
令其安住阿耨多羅三藐三菩提善男子如
來如是於无量歲以種種方便令諸衆生安
住阿耨多羅三藐三菩提豈虛妄耶諸佛如
來雖處衆惡无所染汙猶如蓮華善男子應
如是知四无量義善男子是无量心體性有
四若有脩行生大梵處善男子如是无量伴
侶有四是故名四夫脩慈者能斷貪欲脩悲
心者能斷瞋恚脩喜心者能斷不樂脩捨心
者能斷貪欲瞋恚衆生善男子以是義故得
名爲四非一二三善男子如汝所言慈能斷
瞋悲亦如是應說三者汝今不應作如是難
何以故善男子恚有二種一能奪命二能鞭
撻脩慈則能斷彼奪命脩悲則能除彼鞭撻
善男子以是義故豈非四耶復次瞋有二種
一瞋衆生二瞋非衆生脩慈心者斷瞋衆生

BD00842 號　大般涅槃經（南本）卷一四　（18–2）

何以故善男子恚有二種一能奪命二能鞭
撻脩慈則能斷彼奪命脩悲則能除彼鞭撻
善男子以是義故豈非四耶復次瞋有二種
一瞋衆生二瞋非衆生脩慈心者斷瞋衆生
脩悲心者斷非衆生復次瞋有二種一有因
緣二无因緣脩慈心者斷有因緣脩悲心者
斷无因緣復次瞋有二種一於過去久已積
集二於現在今始積集脩慈心者能斷過去
脩悲心者斷於現在復次瞋有二種一瞋聖
人二瞋凡夫脩慈心者斷瞋聖人脩悲心者
斷瞋凡夫復次瞋有二種一上二中脩慈斷
上脩悲斷中善男子以是義故則名爲四何
得難言應三非四是故迦葉是无量心伴侶
相對分別爲四復以器故應名爲四器若有
慈則不得有悲喜捨心以是義故應四无減
善男子以行分別故應有四若行慈時无悲
喜捨是故有四善男子以无量故亦得名四
夫无量者則有四種有无量心有緣非自在
有无量心自在非緣有无量心亦緣亦自在
有无量心非緣非自在何等无量有緣非自
在緣於无量无邊衆生而不能得自在三昧
雖得不定或得或失何等无量自在非緣如
緣父母兄弟姊妹欲令安樂非无量緣何等
无量亦緣亦自在謂諸佛菩薩何等无量非
緣非自在聲聞緣覺不能廣緣无量衆生亦

BD00842 號　大般涅槃經（南本）卷一四　（18–3）

難得不定或得或失何等无量自在非緣如
緣父母兄弟姊妹欲令安樂非无量緣何等
无量亦緣亦自在謂諸佛菩薩何等无量非
緣非自在聲聞緣覺不能廣緣无量衆生亦
非自在善男子以是義故名四无量非諸聲
聞緣覺所知乃是諸佛如來境界善男子如
是四事聲聞緣覺雖名无量少不足言諸佛
菩薩乃得名爲无量无邊
迦葉菩薩白佛言世尊如是如是實如聖教
諸佛如來所有境界非諸聲聞緣覺所及世
尊頗有菩薩住於大乘大般涅槃得慈悲心
非是大慈大悲心不佛言有善男子菩薩若
於諸衆生中三品分別一者親人二者怨憎
三者中人於親人中復作三品謂上中下怨
憎亦尒是菩薩摩訶薩於上親所與增上樂
於中下親亦復平等與增上樂於上怨所與
少分樂於中怨所與中品樂於下怨所與增
上樂菩薩如是轉增修習於上怨所與中品
樂於中下怨等與增上樂轉復修集於上中
下等與上樂若上怨所與上樂者尒時得名
慈心成就菩薩尒時於其父母及上怨所得
平等心无有差別善男子是名得慈非大慈
也世尊何緣菩薩得如是慈猶故不得名爲
大慈善男子以難成故不名大慈何以故久
於過去无量劫中多集煩惱未修善法是故
不能於一日中調伏其心善男子譬如究豆

也世尊何緣菩薩得如是慈猶故不得名爲
大慈善男子以難成故不名大慈何以故久
於過去无量劫中多集煩惱未修善法是故
不能於一日中調伏其心善男子譬如究豆
乾時錐刺終不可著煩惱堅鞕亦復如是雖
一日夜繫心不散難可調伏又如家犬不畏
於人山林野鹿見人怖走瞋恚難去如守家
狗慈心易失如彼野鹿是故此心難可調伏
以是義故不名大慈復次善男子譬如畫石
其文常在畫水速滅勢不久住瞋恚難除譬
如畫石善根易滅猶如畫水是故此心難得
調伏如大火聚其明久住電光之明不得暫
停瞋如火聚慈如電光是故此心難得調伏
以是義故不名大慈善男子菩薩摩訶薩住
於初地名曰大慈何以故善男子最極惡者
名一闡提初住菩薩修大慈時於一闡提心
无差別不見其過故不生瞋以是義故得名
大慈善男子爲諸衆生除无利益是名大慈
欲與衆生无量利樂是名大悲於諸衆生心
生歡喜是名大喜无所擁護名爲大捨若不
見我法相己身見一切法平等无二是名大
捨自捨己樂施與他人是名大捨善男子唯
四无量能令菩薩增長具足六波羅蜜其餘
諸行不必能尒善男子菩薩摩訶薩先得世
間四无量心然後乃發阿耨多羅三藐三菩
提心次第方得出世間者善男子因世无量

四无量能令菩薩增長具足六波羅蜜其餘
諸行不必能尒善男子菩薩摩訶薩先得世
間四无量心然後乃發阿耨多羅三藐三菩
提心次第方得出世間者善男子因世无量
得出世无量以是義故名大无量
迦葉菩薩白佛言世尊除无利益與利樂者
實无所爲如是思惟即是虛觀无有實利世
尊辟如比丘觀不淨時見所著衣悉是皮相
而實非皮所可食噉皆作虫相而實非虫觀
大豆羹作下汁相而實非糞觀所食酪猶如
髓腦而實非腦觀骨碎末猶如麨相而實非
麨四无量心亦復如是不能真實利益衆生
令其得樂雖口發言與衆生樂而實不得如
是之觀非虛妄耶世尊若非虛妄實與樂者
彼諸衆生何故不以諸佛菩薩威德力故一
切受樂若當真實不得樂者如佛所說我念
往昔獨脩慈心逕此劫世七反成壞不來此
生世界成時生梵天中世界壞時生光音天
若生梵天勢力自在无能摧伏於千梵中最
勝最上名大梵王有諸衆生皆於我所生最
上想卅六反作忉利天王釋提桓因无量百
千作轉輪王唯脩慈心乃得如是人天果報
若不實者云何得與此義相應佛言善哉善
哉善男子汝真勇猛无所畏懼即爲迦葉而
說偈言
若於一衆生　不生瞋恚心　而願與彼樂　是名爲慈善

BD00842號　大般涅槃經（南本）卷一四　（18–6）

千作轉輪王唯脩慈心乃得如是人天果報
若不實者云何得與此義相應佛言善哉善
哉善男子汝真勇猛无所畏懼即爲迦葉而
說偈言
若於一衆生　不生瞋恚心　而願與彼樂　是名爲慈善
一切衆生中　若起於悲心　是名聖種性　得福報无量
設使五通仙　悉滿此大地　有大自在王　奉施其所安
象馬種種物　所得福報果　不及脩一慈　十六分中一
善男子夫脩慈者實非妄想諦是真實若是
聲聞緣覺之慈是名虛妄諸佛菩薩真實不
虛云何知耶善男子菩薩摩訶薩脩行如是
大涅槃者觀土爲金觀金爲土地作水相水
作地相水作火相火作水相地作風相風作
地相隨意成就无有虛妄觀實衆生爲非衆
生觀非衆生爲實衆生悉隨意成无有虛妄
善男子當知菩薩四无量心是實思惟非不
真實復次善男子云何名爲真實思惟謂能
斷除諸煩惱故善男子夫脩慈者能斷貪欲
脩悲心者能斷瞋恚脩喜心者能斷不樂脩
捨心者能斷貪恚及衆生相以是故名真實
思惟復次善男子菩薩摩訶薩四无量心能
爲一切諸善根本善男子菩薩摩訶薩若不
得見貧窮衆生无緣生慈若不生慈則不能
起惠施之心以施因緣令諸衆生得安隱樂
所謂飲食車乘衣服華香牀卧舍宅燈明如
是施時心无繫縛不生貪著必定迴向阿耨

BD00842號　大般涅槃經（南本）卷一四　（18–7）

得見貧窮衆生无緣生慈若不生慈則不能
起慈施之心以施因緣令諸衆生得安隱樂
所謂飲食車乘衣服華香牀卧舍宅燈明如
是施時心无繫縛不生貪著必定迴向阿耨
多羅三藐三菩提其心尒時无所依止妄想
永斷不爲怖畏名稱利養不求人天所受快
樂不生憍慢不望反報不爲誑他故行布施
不求富貴凡行施時不見受者持戒破戒是
田非田此是知識此非知識施時不見是器
非器不擇日時是處非處亦復不計飢饉豐
樂不見因果此是衆生此非衆生是福非福
雖復不見施者受者及以財物乃至不見斷
及果報而常行施无有斷絶善男子菩薩若
見持戒破戒乃至果報終不能施若不布施
則不具足檀波羅蜜若不具足檀波羅蜜則
不能成阿耨多羅三藐三菩提善男子譬如
有人身被毒箭其人眷屬欲令安隱爲除毒
故即命良醫而爲拔箭彼人方言且待莫觸
我今當觀如是毒箭從何方來誰之所射爲
是刹利婆羅門毗舍首陀復更作念是何木
耶竹耶柳耶其鏃鐵者何冶所出剛耶柔耶
其毛羽者是何鳥翼烏鵄鷲耶所有毒者爲
從作生自然而有爲是人毒惡虵毒耶如是
癡人竟未能知尋便命終善男子菩薩亦尒
若行施時分別受者持戒破戒乃至果報終

BD00842號　大般涅槃經（南本）卷一四　（18-8）

從作生自然而有爲是人毒惡虵毒耶如是
癡人竟未能知尋便命終善男子菩薩亦尒
若行施時分別受者持戒破戒乃至果報終
不能施若不能施則不具足檀波羅蜜若不
具足檀波羅蜜則不能成阿耨多羅三藐三
菩提復次善男子菩薩摩訶薩行布施時於
諸衆生慈心平等猶如子想又行施時於諸
衆生起悲愍心譬如父母瞻視病子行施之
時其心歡喜猶如父母見子病愈既施之後
其心放捨猶如父母見子長大能自存活是
菩薩摩訶薩於慈心中布施食時常作是願
我今所施悉與一切衆生共之以是因緣令
諸衆生得大智食勤進迴向无上大乘願諸
衆生得善智食不求聲聞緣覺之食願諸衆
生得法喜食不求愛食願諸衆生悉得般若
波羅蜜食皆令充滿攝取无㝵增上善根願
諸衆生悟解空相得无㝵身猶如虛空願諸
衆生常爲受者憐愍一切爲衆福田善男子
菩薩摩訶薩脩慈心時凡所施食應當堅發
如是等願復次善男子菩薩摩訶薩於慈心
中布施漿時常作是願我今所施悉與一切
衆生共之以是因緣令諸衆生趣大乘河飲
八味水速度无上菩提之道離於聲聞緣覺
枯渴渴仰求於无上佛乘斷煩惱渴渴仰法
味離生死愛愛樂大乘大般涅槃具足法身
得諸三昧入於甚深智慧大海願諸衆生得

BD00842號　大般涅槃經（南本）卷一四　（18-9）

衆生共之以是因緣令諸衆生趣大乘河飲
八味水速願无上菩提之道離於聲聞緣覺
枯渴渴仰求於无上佛乘斷煩惱渴渴仰法
味離生死愛愛樂大乘大般涅槃具足法身
得諸三昧入於甚深智慧大海願諸衆生得
甘露味菩提出世離欲寂靜如是諸味願諸
衆生具足无量百千法味具法味已得見佛
性見佛性已能雨法雨法雨已佛性遍覆
猶如虛空復令其餘无量衆生得一法味所
謂大乘非諸聲聞辟支佛味願諸衆生得一
甜味无有六種差別之味願諸衆生唯求法
味无导佛法所行之味不求餘味善男子菩
薩摩訶薩於慈心中布施燎時應當堅發如
是等願復次善男子菩薩摩訶薩於慈心中
施車乘時常作是願我今所施悉與一切衆
生共之以是因緣普令衆生成於大乘得住
大乘不退於乘不動轉乘金剛坐乘不求聲
聞辟支佛乘向於佛乘无能伏乘无羸之乘
不退沒乘无上乘十力乘大功德乘未曾有
乘希有乘難得乘无邊乘知一切乘善男子
菩薩摩訶薩於慈心中施車乘時應當如是
堅發誓願復次善男子菩薩摩訶薩於慈心
中布施衣時常作是願我今所施悉與一切
衆生共之以是因緣令諸衆生得慚愧衣法
界覆身裂諸見衣衣服離身一尺六寸得金
色身所受諸觸柔軟无导光色潤澤皮膚細

BD00842號　大般涅槃經（南本）卷一四　（18–10）

堅發誓願復次善男子菩薩摩訶薩於慈心
中布施衣時常作是願我今所施悉與一切
衆生共之以是因緣令諸衆生得慚愧衣法
界覆身裂諸見衣衣服離身一尺六寸得金
色身所受諸觸柔軟无导光色潤澤皮膚細
軟常光无量无色離色願諸衆生皆悉普得
无色之身過一切色得入无色大般涅槃善
男子菩薩摩訶薩布施衣時應當如是堅發
誓願復次善男子菩薩摩訶薩於脩慈中布
施華香塗香末香諸雜香時常作是願我今
所施悉與一切衆生共之以是因緣令諸衆
生一切皆得佛華三昧七覺妙鬘繫其首頂
願諸衆生形如滿月所見諸色微妙第一願
諸衆生皆成一相百福莊嚴願諸衆生隨意
得見可意之色願諸衆生常遇善友得无导
香離諸臭穢願諸衆生具諸善根无上珍寶
願諸衆生相視和悅无有憂苦衆善咸備不
相憂念願諸衆生戒香具足願諸衆生持无
导戒香氣馚馥充滿十方願諸衆生得堅牢
戒无悔之戒一切智戒離諸破戒悉得无戒
未曾有戒无師戒无作戒无薉戒无汙染戒
竟已戒究竟戒得平等戒於香塗身及以斫
判等无憎愛願諸衆生得无上戒大乘之戒
非小乘戒願諸衆生悉得具足尸波羅蜜戒
猶如諸佛所成就戒願諸衆生悉爲布施持
戒忍辱精進禪智之所薰脩願諸衆生悉得

BD00842號　大般涅槃經（南本）卷一四　（18–11）

判等无僧受願諸衆生得无上戒大乘之戒
非小乘戒願諸衆生悉得具足尸波羅蜜戒
猶如諸佛所成就戒願諸衆生悉爲布施持
戒忍辱精進禪智之所薰脩願諸衆生悉得
成就大般涅槃微妙蓮華其華香氣充滿十
方願令衆生純食大乘大般涅槃无上香饍
如蜂採華但取香味願諸衆生悉得成就无
量功德所薰之身善男子菩薩摩訶薩於慈
心中施華香時常當堅發如是誓願復次善
男子菩薩摩訶薩於慈心中施牀敷時常作
是願我今所施悉與一切衆生共之以是因
緣令諸衆生得天中天所卧之牀得大智慧
坐四禪處卧於菩薩所卧之牀不卧聲聞辟
支佛牀離卧惡牀願諸衆生得安樂卧離生
死牀成大涅槃師子卧牀願諸衆生坐此牀
已復爲其餘无量衆生示現神通師子遊戲
願諸衆生住此大乘大宮殿中爲諸衆生演
說佛性願諸衆生坐无上牀不爲世法之所
降伏願諸衆生得忍辱牀離於生死飢饉凍
餓願諸衆生得无畏牀永離一切煩惱怨賊
願諸衆生得清淨牀專求无上正真之道願
諸衆生得善法牀常爲善友之所擁護願諸
衆生得右脅卧牀依因諸佛所行之法善男
子菩薩摩訶薩於慈心中施牀敷時應當堅
發如是誓願
復次善男子菩薩摩訶薩於慈心中施舍宅

BD00842號　大般涅槃經（南本）卷一四　（18–12）

衆生得右脅卧牀依因諸佛所行之法善男
子菩薩摩訶薩於慈心中施牀敷時應當堅
發如是誓願
復次善男子菩薩摩訶薩於慈心中施舍宅
時常作是願我今所施悉與一切衆生共之
以是因緣令諸衆生處大乘舍脩行善友所
行之行脩大悲行六波羅蜜行大正覺行一
切菩薩所行道行无邊廣大如虛空行願諸
衆生皆得正念遠離惡念願諸衆生悉得安
住常樂我淨永離四倒願諸衆生悉皆受持
出世文字願諸衆生必爲无上一切智器願
諸衆生悉皆得入甘露屋宅願諸衆生初中
後心常入大乘涅槃屋宅願諸衆生於未來
世常處菩薩所居宮殿善男子菩薩摩訶薩
於慈心中施舍宅時常當堅發如是誓願
復次善男子菩薩摩訶薩於慈心中施燈明
時常作是願我今所施悉與一切衆生共之
以是因緣令諸衆生光明无量安住佛法願
諸衆生常得照明願諸衆生得色微妙光澤
第一願諸衆生其目清淨无諸瞖網願諸衆
生得大智炬善解无我无衆生相无人无命
願諸衆生皆得覩見清淨佛性猶如虛空願
諸衆生肉眼清淨徹見十方恒沙世界願諸
衆生得佛光明普照十方願諸衆生得无㝵
眼皆悉得見清淨佛性願諸衆生得大智明
破一切闇及一闡提願諸衆生得无量光普

BD00842號　大般涅槃經（南本）卷一四　（18–13）

諸衆生肉眼清淨徹見十方恒沙世界願諸
衆生得佛光明普照十方願諸衆生得无导
眼皆悉得見清淨佛性願諸衆生得大智明
破一切闇及一闡提願諸衆生得无量光普
照无量諸佛世界願諸衆生然大乘燈離二
乘燈願諸衆生所得光明滅无明闇過於千
日並照之功願諸衆生得火珠明悉滅三千
大千世界所有黑闇願諸衆生具足五眼悟
諸法相成无師覺願諸衆生无見无明願諸
衆生悉得大乘大般涅槃微妙光明示悟衆
生真實佛性善男子菩薩摩訶薩於慈心中
施燈明時常應堅發如是誓願
善男子一切聲聞緣覺菩薩諸佛如來所有
善根慈為根本善男子菩薩摩訶薩脩集慈
心能生如是无量善根所謂不淨出息入息
无常生滅四念處七方便三觀處十二因緣
无我等觀煖法頂法忍法世第一法見道脩
道正勤如意諸根諸力七菩提分八聖道四
禪四无量心八解脫八勝處十一切入空无
相願无諍三昧知他心智及諸神通知本際
智聲聞智緣覺智菩薩智佛智善男子如是
等法慈為根本善男子以是義故慈是真實
非虛妄也若有人問誰是一切諸善根本當
言慈是以是義故實非虛妄耶
善男子能為善者名實思惟實思惟者即名

BD00842 號　大般涅槃經（南本）卷一四　（18–14）

等法慈為根本善男子以是義故慈是真實
非虛妄也若有人問誰是一切諸善根本當
言慈是以是義故實非虛妄耶
善男子能為善者名實思惟實思惟者即名
為慈慈即如來慈即大乘大乘即慈慈即如
來善男子慈即菩提道菩提道即如來如來
即慈善男子慈即大梵大梵即慈慈即如來
善男子慈者能為一切衆生而作父母父母
即慈慈即如來善男子慈者乃是不可思議
諸佛境界不可思議諸佛境界即是慈也當
知慈者即是如來善男子慈者即是衆生佛
性如是佛性久為煩惱之所覆蔽故令衆生
不得覩見佛性即慈慈即如來善男子慈即
大空大空即慈慈即如來善男子慈即虛空
虛空即慈慈即如來善男子慈即是常常即
是法法即是僧僧即是慈慈即如來善男子
慈即是樂樂即是法法即是僧僧即是慈慈
即如來善男子慈即是淨淨即是法法即是
僧僧即是慈慈即如來善男子慈即是我我
即是法法即是僧僧即是慈慈即如來善男
子慈即甘露甘露即慈慈即佛性佛性即法
法即是僧僧即是慈慈即如來善男子慈者
即是一切菩薩无上之道道即是慈慈即如
來善男子慈者即是諸佛世尊无量境界无
量境界即是慈也當知是慈即是如來

BD00842 號　大般涅槃經（南本）卷一四　（18–15）

法即是僧僧即是慈慈即如來善男子慈者
即是一切菩薩无上之道道即是慈慈即如
來善男子慈者即是諸佛世尊无量境界无
量境界即是慈也當知是慈即是如來
善男子慈若无常无常即慈當知是慈是聲
聞慈善男子慈若是苦苦即是慈當知是慈
是聲聞慈善男子慈若不淨不淨即慈當知
是慈是聲聞慈善男子慈若无我无我即慈
當知是慈是聲聞慈善男子慈若妄想妄想
即慈當知是慈是聲聞慈善男子慈若不名
檀波羅蜜非檀之慈當知是慈是聲聞慈乃
至般若波羅蜜亦復如是善男子慈若不能
利益衆生如是之慈是聲聞慈善男子慈
若不入一相之道當知是慈是聲聞慈善男子
慈若不能覺了諸法當知是慈是聲聞慈善
男子慈若不能見如來性當知是慈是聲聞
慈善男子慈若見法悉是有想當知是慈是
聲聞慈善男子慈若有漏有漏慈者是聲聞
慈善男子慈若有爲有爲之慈是聲聞慈善
男子慈若不能住於初住非初住慈當知即
是聲聞之慈善男子慈若不能得佛十力四
无所畏當知是慈是聲聞慈善男子慈若不
能得四沙門果當知是慈是聲聞慈
善男子慈若有无非有非无如是之慈非諸
聲聞辟支佛等所能思議善男子慈若不可
思議法不可思議佛性不可思議如來亦不

BD00842號　大般涅槃經（南本）卷一四　（18-16）

无所畏當知是慈是聲聞慈善男子慈若不
能得四沙門果當知是慈是聲聞慈
善男子慈若有无非有非无如是之慈非諸
聲聞辟支佛等所能思議善男子慈若不可
思議法不可思議佛性不可思議如來亦不
可思議善男子菩薩摩訶薩住於大乘大般
涅槃脩如是慈雖復安於睡眠之中而不睡
眠勤精進故雖常寤寤亦无寤寤以无眠故
於睡眠中諸天雖護亦无護者不行惡故眠
不惡夢无有不善離睡眠故命終之後雖生
梵天亦无所生得自在故善男子夫脩慈者
能得成就如是无量无邊功德善男子是大
涅槃微妙經典亦能成就如是无量无邊功
德諸佛如來亦得成就如是无量无邊功德
迦葉菩薩白佛言世尊菩薩摩訶薩所有思
惟悉是真實聲聞緣覺非真實者一切衆生
何故不以菩薩威力等受快樂若諸衆生實
不得樂當知菩薩所脩慈心爲无利益佛言
善男子菩薩之慈非不利益善男子有諸衆
生或必受苦或有不受若有衆生必受苦者
菩薩之慈爲无利益謂一闡提若有受苦不
必定者菩薩之慈則爲利益令彼衆生悉受
快樂善男子譬如有人遙見師子虎豹豺狼
羅剎鬼等自然生怖夜行見杌亦生怖畏善
男子如是諸人自然怖畏衆生如是見脩慈
者自然受樂善男子以是義故菩薩脩慈是

BD00842號　大般涅槃經（南本）卷一四　（18-17）

心定者菩薩之慈則爲利益令彼衆生悉受
快樂善男子譬如有人逺見師子虎豹豺狼
羅刹鬼等自然生怖夜行見杌亦生恐畏善
男子如是諸人自然怖畏衆生如是見脩慈
者自然受樂善男子以是義故菩薩脩慈是
實思惟非无利益善男子我說是慈有无量
門所謂神通善男子如提婆達教阿闍世欲
害如來是時我入王舍大城次第乞食阿闍
世王即放護財狂醉之象欲令害我及諸弟
子其象尒時蹋殺无量百千衆生衆生死已
多有血氣是象齅已狂醉倍常見我翼從被
服赤色謂呼是血而復見趣我弟子中未離
欲者四散馳走唯除阿難尒時王舍城中一
切人民同時舉聲啼哭流淚作如是言怪哉
如來今日滅沒如何正覺一旦散壞是時調
達心生歡喜瞿曇沙門滅沒甚善從今已往
真是不現快哉此計我願得遂善男子我於
尒時爲欲降伏護財象故即入慈定舒手示
之即於五指出五師子是象見已其心怖畏
尋即失糞舉身投地敬礼我足善男子我時
手指實无師子乃是脩慈善根力故令彼調伏

BD00842 號　大般涅槃經（南本）卷一四

（18–18）

弗問
如尊者舍利弗
煩惱性无所有女言衆
利弗言无性衆生何所成就女言
復何所斷舍利弗言无分別故是名爲斷女
言如尊者舍利弗所言若不分別彼我是亦
名爲成就衆生舍利弗復問女言云何名衆
生成就女荅言於諸有中不起深愛是名衆
生成就舍利弗又問女言汝於三乘爲以何
生成就衆生女荅言尊者舍利弗譬如空中
等注甘雨於上中下種子苗稼藥草樹木皆
令生長其雨頗有分別相不舍利弗言其水
雖能生長苗稼而无分別如是舍利弗諸佛
菩薩其所說法亦无分別隨諸衆生於三乘
道善根熟者而調伏之舍利弗復問女言云
何調伏其義云何時女荅曰言調伏者能觀
邪道即是正道是名調伏所以者何凡夫顛
倒不能正觀故不調伏若觀邪道平等之相
不隨不顛倒諸邪道者是則名爲畢竟調伏
又舍利弗言調伏者於我无我亦名調伏所
以者何无我見者於諸煩惱不受不起是名
伏女問舍利弗言尊者得解脫邪舍利弗

BD00843 號　轉女身經

（14–1）

不隨不顛倒諸邪道者是則名為畢竟調伏
又舍利弗言調伏者於我无我亦名調伏所
以者何无我見者於諸煩惱不受不起是名
解脫女問舍利弗言尊者得解脫邪舍利弗
言我得解脫女言誰縛汝者言得解脫舍利
弗言无有縛者而得解脫而具本性是解脫
相是故我言得解脫耳女言若具本性无縛
无解是解脫相汝何故言我得解脫舍利弗
言一切諸法皆解脫相是故我言我得解脫
女言如尊者舍利弗所言若知諸法皆解脫
相是則名為究竟解脫舍利弗言若諸漏盡
阿羅漢所說汝今所說等无有異女言尊者
舍利弗今我亦是漏盡阿羅漢舍利弗言以
何緣故而作是說女言我亦遠離一切塵垢
緣覺聲聞所有道品我悉知見而不願樂唯
求佛智是故我言是阿羅漢諸漏已盡舍利
弗言頗有因緣而諸菩薩作羅漢邪女荅言
有舍利弗言以何緣有女言若有衆生先種
善根應以聲聞身得度者現聲聞身而作是
言我是阿羅漢為衆生證說羅漢法是名菩
薩作羅漢也說此法時二百比丘不受漏法
心得解脫是諸比丘白佛言世尊此女辯才
是佛威神為自力邪佛言是佛威神具女亦
自有辯才之力
尒時无垢光女白佛言世尊今此會中諸比
丘比丘尼優婆塞優婆夷願樂欲聞脩何善
行得離女身速成男子能發无上菩提之心

自有辯才之力
尒時无垢光女白佛言世尊今此會中諸比
丘比丘尼優婆塞優婆夷願樂欲聞脩何善
行得離女身速成男子能發无上菩提之心
唯願世尊當為解說尒時世尊欲利益成就
四部衆故告无垢光女言若女人成就一法得
離女身速成男子何謂為一所謂深心求
於菩提所以者何若有女人發菩提心則是
大善人心大丈夫心大仙人心非下人心永離
二乘狹劣之心能破外道異論之心於三世
中最是勝心能除煩惱不雜結習清淨之心
若諸女人發菩提心則更不離女人諸結縛
心以不離故永離女身得成男子所有善根
亦當迴向无上菩提是名為一
復次女人成就二法能離女身速成男子何
謂為二所謂除其憍心離於欺誑不作幻惑
所有善根願離女身速成男子悉以迴向无
上菩提是名為二
復次女人成就三法能離女身速成男子何
謂為三一身業清淨持身三戒二口業清淨
離口四過三意業清淨離於瞋恚邪愚癡
以此十善所生善根願離女身速成男子迴
向菩提是名為三
復次女人成就四法得離女身速成男子何
謂為四一不恚害二不瞋恨三不隨煩惱四
住忍辱力是名為四

向菩提是名為三
復次女人成就四法得離女身速成男子何
謂為四一不恚害二不瞋恨三不隨煩惱四
住忍辱力是名為四
復次女人成就五法得離女身速成男子何
謂為五一樂求善法二尊重法三以正法而
自娛樂四於說法者敬如師長五如說脩行
以此善根願離女身速成男子迴向菩提是
名為五
復次女人成就六法得離女身速成男子何
謂為六一常念佛願成佛身二常念法欲轉
法輪三常念僧欲覆護僧四常念戒欲滿諸
願五常念施欲捨一切諸煩惱垢六常念天
欲滿天中之天一切種智是名為六
復次女人成就七法得離女身速成男子何
謂為七一於佛得不壞信二於法得不壞信
三於僧得不壞信四不事餘天唯奉敬佛五
不積聚慳惜隨言能行六出言无過恒常質
直七威儀具足是名為七
復次女人成就八法得離女身速成男子何
謂為八一不偏愛己男二不偏愛己女三不
偏愛己夫四不專念衣服瓔珞五不貪著華
飾塗香六不為美食因緣猶如羅剎煞生食
之七所施之物常追憶之而生歡喜八所行
清淨常懷慚愧是名為八
復次女人成就九法得離女身速成男子何

BD00843號　轉女身經　（14–4）

謂為八一不偏愛己男二不偏愛己女三不
偏愛己夫四不專念衣服瓔珞五不貪著華
飾塗香六不為美食因緣猶如羅剎煞生食
之七所施之物常追憶之而生歡喜八所行
清淨常懷慚愧是名為八
復次女人成就九法得離女身速成男子何
謂為九所謂息九惱法憎我所愛已憎今憎
當憎愛我所憎已愛今愛當愛於我已憎今
憎當憎是名為九
復次女人成就十法得離女身速成男子何
謂為十一不自大二除憍慢三敬尊長四所
言必實五无嫉恨六不麁言七不離教八不貪
惜九不暴惡十不調戲是名為十
復次善女若有女人能如實觀女人身過者
生猒離心速離女身疾成男子女人身過者
所謂欲瞋癡心并餘煩惱重於男子又此身
中一百戶虫恒為苦患愁惱因緣是故女人
煩惱偏重應當善思觀察此身便為不淨之
器臭穢充滿亦如枯井空城破村難可愛樂
是故於身應生猒離又觀此身猶如婢使不
得自在恒為男女衣服飲食家業所須之所
苦惱必除糞穢涕唾不淨於九月中懷子在
身衆患非一及其生時受大苦痛命不自保
是故女人應生猒離女人之身又復女人雖
生在王宮必當屬他盡其形壽猶如婢使隨
逐大家亦如弟子奉事於師又為種種刀杖
瓦石杖捶打擲惡言罵辱如是等苦不得自

BD00843號　轉女身經　（14–5）

是故女人應生猒離女人之身又復女人雖
生在王宮必當屬他盡其形壽猶如婢使隨
逐大家亦如弟子奉事於師又為種種刀杖
瓦石杖捲打擲惡言罵辱如是等苦不得自
在是故女人應於此身生猒離心又此女身
常被繫閉猶如虵鼠在深穴中不得妄出又
女人法制不由身常於他邊稟受飲食衣服
華香種種瓔珞嚴身之具象馬車乘是故應
當猒離女身又此女身為他所使不得自在
執作甚多擣藥舂米若𤎅若磨大小豆麥柚
氀紡疊如是種種苦役无量是故女人應患
此身欲求永離如是眾苦當以此法教示餘
人常念如來所言誠實讚嘆出家能報佛恩
當發此心願離女身速成男子於佛法中出
家脩道不復貪求華鬘瓔珞遊戲園林衣服
欲食嚴身之具當觀自身及侍立眷屬猶如
機關木人動搖屈曳舉下而已此身虛偽血
肉所成不久壞滅此身如廁九孔流出種種不
淨此身愚小之人於中起著而恒四大所
成此身諸陰猶如怨家此身虛偽中无堅實
如空聚落此身无主從父母生復以行業而
嚴飾之此身不淨腥臊穢此身即是屎尿
之器不久棄捐无可貪處此身歸死出息入
息必當斷故此身无我如草木瓦石此身无
作者從因緣生此身是眾馬狼狗野干之食
棄冢間故此身是苦聚四百四病之所困故

器不久棄捐无可貪處此身歸死出息入
息必當斷故此身无我如草木瓦石此身无
作者從因緣生此身是眾馬狼狗野干之食
棄冢間故此身是苦聚四百四病之所困故
此身為風寒冷熱等分眾病之所壞散恒以
藥力得存立故此身不知恩以飲食養之无
心是故此身无知內无作者故此身是後邊
必當死故是故女人應當如是觀察此身生
猒離心脩行善法脩善行時若得新好華菓
可食之物先奉諸佛菩薩无上福田及師長
父母然後自食應作是念如我今者以新華
菓施與尊重清淨福田願離故穢女人之身
更得新好男子之身當佛說此法時會中五
百比丘尼皆發阿耨多羅三藐三菩提心而
作是言我等所有善根願離女身速成男子
尒時會中有七十五諸居士婦聞說此法心
大歡喜即持身上所著瓔珞以散佛上佛神
力故所散瓔珞即於空中當佛頂上化成七
十五四柱寶臺端嚴殊妙甚可愛樂臺中悉
有眾寶之坐各有如來而坐其上與比丘僧
菩薩大眾前後圍遶自然顯現尒時諸居士
婦見此神變倍復歡喜踊躍无量前詣佛所
頭面礼足右遶三帀作如是言世尊我等所有
善根今悉合集同發阿耨多羅三藐三菩
提心得離女身亦迴向无上菩提世尊大悲
廣說女人受身過惡悉如佛言无不實者我
等今當勤脩方便永離如是諸惡過咎是今

善根今悉合集同發阿耨多羅三藐三菩
提心得離女身亦迴向无上菩提世尊大悲
廣說女人受身過惡悉如佛言无不實者我
等今當勤脩方便永離如是諸惡過咎從今
以去盡其形壽奉持五戒淨脩梵行以此善
根共一切衆生成等正覺
尒時尊者舍利弗語諸居士婦言姊妹能住
如是大師子吼甚為希有然汝等夫為聽汝
等脩梵行不應當問之諸居士婦白尊者舍
利弗言若我等各問其夫我從何處來生此
間於此間沒當生何處唯為我夫而不能答
何用問為尊者舍利弗若問如來我等從何
處沒來生此間於此間沒當生何處如來明
見悉為我等分別說之是故如來是我等父
母是我等所尊是我等大師是我等福田是
我等寶洲歸依之處今脩梵行何用問其夫
為從今已去我等勤脩方便更不屬夫如餘
女人所以者何若人能除貪欲瞋恚愚癡諸
結縛者終不更能患累其人今我身心便是
我夫心同脩梵行不亦快乎又尊者舍利弗
若非我夫而住夫想棄我命者自守其心淨
脩梵行无悔恨也
尒時尊者舍利弗語諸居士婦言當勤方便
離女人身所以者何女人之身不能得阿耨多
羅三藐三菩提諸居士婦白尊者舍利弗
亦我等從今不復更起女人煩惱即礼佛足

BD00843號　轉女身經　（14–8）

尒時尊者舍利弗語諸居士婦言當勤方便
離女人身所以者何女人之身不能得阿耨多
羅三藐三菩提諸居士婦白尊者舍利弗
亦我等從今不復更起女人煩惱即礼佛足
而住是言世尊今於佛前頭面礼足不轉女
身成男子者終不起也佛言諸姊妹我常說
言或有女人能為男子勇猛之行然諸姊妹
有十六法若能脩行隨所願求皆得從意何
等十六一戒清淨二心清淨三空清淨四无
願清淨五无相清淨六无作清淨七知身業
如影八知口業如響九知意業如幻十知緣
起法十一離二邊見十二善知因緣十三觀
法如幻十四知法如夢十五想法如炎十六
深心寂然當說此十六清淨法時大地震動
佛之威神七十五居士婦其夫即時來詣佛
所各見其妻頂礼佛足問尊者舍利弗言今
我曹妻以何緣故頂礼佛足舍利弗言此諸
姊等聞佛解說離女身法心大歡喜踊躍无
量即發阿耨多羅三藐三菩提心盡其形壽
奉持五戒淨脩梵行今於佛前頭面礼足住
是誓言若我於此不轉女身成男子者終不
起也又諸居士汝當放此諸姊妹等於佛法
中出家脩道諸居士曰如尊者言悉聽出家
又尊者舍利弗我等今者於佛法中貪得出
家先當我等然後女人尒時舍利弗白佛言
世尊是諸居士於佛正法欲得出家願佛聽

BD00843號　轉女身經　（14–9）

中出家脩道諸居士曰如尊者言悲聽出家
又尊者舍利弗我等今者於佛法中貪得出
家先當我等然後女人尒時舍利弗白佛言
世尊是諸居士於佛丘法欲得出家願佛聽
之佛告諸居士於我法中隨意出家時諸
居士白佛言願為我等出家佛言善來比丘皆
成沙門袈裟著身成就威儀尒時諸居士婦
佛之威神自善根力丘觀思惟得離女身變
成男子佛神力故即非虚空高七多羅樹異
口同音而說偈言
諸法悲如幻　但從分別生　於第一義中
无有男女相　幻師以幻術　於四衢道中
化住男女像　兵衆共鬬戰　皆共相侵害
其事非真實　我今觀生死　如幻无有異
如人於夢中　造住種種事　以其无真實
覺已无所見　諦觀於我見　唯是陰入界
无有真實體　但從顛倒生　譬如水中月
可見不可從　法性同水月　真實无去來
亦如熱時炎　現有動搖相　或見是河池
而无有真實　諸法皆如炎　其性无所有
但從顛倒生　畢竟无有我　我今為女身
而從分別生　今觀男子身　皆空无所有
若有能知空　不應分別空　則於現法中
身證无罣礙　是佛境界力　須從宿福生
亦脩現前法　得離女人身　若有諸女人
欲成男子身　當發菩提心　所願便成就

若有能知空　不應分別空　則於現法中
身證无罣礙　是佛境界力　須從宿福生
亦脩現前法　得離女人身　若有諸女人
欲成男子身　當發菩提心　所願便成就
尒時轉女身出家菩薩從虚空中下頂礼佛
足語其大諸居士言善知識汝書皆當發阿
耨多羅三藐三菩提心佛出世難不生諸難
亦復甚難以大悲為諸衆生發阿耨多羅三
藐三菩提心此亦復難若人能發菩提之心
則為供養去來今佛時諸比丘語轉女身諸
則為供養去來今佛時諸比丘諸轉女身諸
菩薩言汝書皆是我等大善知識能教化我
等為衆生故發阿耨多羅三藐三菩提心我
等今於佛前發菩提心願未來世得成為佛
悲如世尊釋迦牟尼如來阿羅呵三藐三佛
陁
尒時轉女身諸菩薩等白佛言世尊願為我
等出家莫如善來比丘出家之法亦欲不於
聲聞人邊而得出家尒時世尊告弥勒菩薩
汝當為此諸善男子如法出家弥勒菩薩白
佛言唯然世尊當為出
尒時无垢光女諂其母所白言菴婆當發阿
耨多羅三藐三菩提心若母發心我為已報
菴婆之恩母言我已發心所以者何汝於十
月在我腹中從是以來不生慳心破戒心瞋
恚懈怠亂念悪慧邪見貪欲瞋恚愚癡之心

耨多羅三藐三菩提心若母發心我為已報
菴婆之恩母言我已發心所以者何汝於十
月在我腹中從是以來不生慳心破戒心瞋
恚懈怠亂念惡慧邪見貪欲瞋恚愚癡之心
常歡喜踊躍身心安樂恒於夢中見諸如來
共比丘僧前後圍遶而為說法我於是時心
自念言今我腹中所懷之子必是菩薩我於
夢中見如來身心意歡樂即發阿耨多羅三
藐三菩提心汝今勸我當隨汝語重更發心
尒時无垢光女左手之中自然而出上妙寶
蓋持至母所而白母言以此寶蓋奉上如來
當發大願為諸天世人作法寶之蓋尒時淨
日夫人取其寶蓋奉上如來發是願言以此
蓋根令我將來為諸天世人作法寶之蓋
尒時世尊告舍利弗言此无垢光女遊戲神
通從无垢稱王佛國現受女身來生此閒又
舍利弗此女本是菩薩名无垢光已於阿耨
多羅三藐三菩提而不退轉為成就衆生
現受女身非因行業又舍利弗汝見是七十
五居士婦皆成男子者不舍利弗言已見佛
告舍利弗皆是此女前世父母舍利弗无垢
光女長夜發願若有衆生是我父母者必當
令其於阿耨多羅三藐三菩提而不退轉又
舍利弗此三千大千世界所有星宿其數易
知此无垢光女前世父母受其勸導脩行善
法於阿耨多羅三藐三菩提而不退轉者甚

BD00843號　轉女身經　（14–12）

令其於阿耨多羅三藐三菩提而不退轉又
舍利弗此三千大千世界所有星宿其數易
知此无垢光女前世父母受其勸導脩行善
法於阿耨多羅三藐三菩提而不退轉者甚
數難知
尒時无垢光女前礼佛足而作是言一切諸
法无男无女此言若實令我女身化成男子
發此言時三千大千世界六種震動无垢光
女女形即滅變化成就相好莊嚴男子之身
尒時尊者舍利弗語无垢光菩薩言仁者未
得阿耨多羅三藐三菩提能佛事乃至如此
甚為希有无垢光菩薩語尊者舍利弗識
如所言諸菩薩摩訶薩大橬莊嚴欲利益成
就一切衆生甚為希有辟如阿伽樓樹所有
華葉但出阿伽樓香如是菩薩摩訶薩乃至
發一心之善皆為阿耨多羅三藐三菩提恒
出佛法功德之香說是法時會中万二千衆
生發阿耨多羅三藐三菩提心地大震動虛
空諸天雨種種華諸天樂器不鼓自鳴咸作
是言此无垢光菩薩說真淨法若有衆生聞
其法者深心信樂得大威勢離衆惡難脩諸
善行若有女人得聞此經當知此身冣是後
邊所以者何此經廣說女人之身種種過患
亦廣解說種種諸行得離女身清淨法故尒
時世尊告阿難言汝當受持此經讀誦通利
為他解說廣令流布所以者何阿難若有女

BD00843號　轉女身經　（14–13）

發一心之善皆為阿耨多羅三藐三菩提恒
出佛法功德之香說是法時會中万二千衆
生發阿耨多羅三藐三菩提心地大震動虛
空諸天雨種種華諸天樂器不鼓自鳴咸作
是言此无垢光菩薩說真淨法若有衆生聞
其法者深心信樂得大威勢離衆患難備諸
善行若有女人得聞此經當知此身冣是後
邊所以者何此經廣說女人之身種種過患
亦廣解說種種諸行得離女身清淨法故尒
時世尊告阿難言汝當受持此經讀誦通利
為他解說廣令流布所以者何阿難若有女
人以種種珎寶滿閻浮提施佛世尊以此善
根求離女身復有女人得聞此經信解歡喜
以其善根求離女身阿難當知聞此經者斯
則疾矣阿難白佛言此經名何等云何受持
佛言阿難此經名轉女人身亦名无垢光菩
薩所問復名无過稱菩薩道教當念受持佛
說是已无垢光菩薩并他方國土來會菩薩
及无垢光父母長者阿難時會諸天乾闥婆
阿脩羅人非人等聞佛所說皆大歡喜信礼
奉行

佛說轉女身經

BD00843號　轉女身經　（14–14）

說法過七日已從大海出有无量億梵釋護世諸天龍等奉迎於佛尒時如來舉
目觀見摩羅耶山楞伽大城即便微笑而作是言昔諸如來應正等覺皆於此城說
自所得聖智證法非諸外道臆度邪見及以二乘脩行境界我今亦當為羅婆那
王開示此法　尒時羅婆那夜叉王以佛神力聞佛言音遙知如來從龍宮出梵
釋護世天龍圍遶見海波浪觀其衆會藏識大海境界風動轉識浪起發歡喜
心於其城中高聲唱言我當詣佛請入此城令我及與諸天世人於長夜中得大饒益
作是語已即與眷屬乘花宮殿往世尊所到已下殿右遶三帀作衆伎樂供養如
來所持樂器皆是大青因陁羅寶瑠璃等寶以為間錯无價上衣而用纏裹其
聲美妙音節相和於中說偈而讚佛曰　世尊於七日　住摩竭海中　然後出龍宮
安詳昇此岸　我與諸婇女　及夜叉眷屬　輸迦娑剌那　衆中聰慧者　悉以其神力　往詣如來所
各下花宮殿　礼敬世尊　復以佛威神　對佛稱己名　我是羅剎王　十首羅婆那　今來詣佛所
願佛攝受我　及楞伽城中　所有諸衆生　過去无量佛　咸昇寶山頂　住楞伽城中　說自所證法
世尊亦應尒　住彼寶嚴山　菩薩衆圍遶　演說清淨法　我等於今日　及住楞伽衆　一心共欲聞
離言自證法　我念去來世　所有无量佛　菩薩共圍遶　演說楞伽經　此入楞伽典　昔佛所稱讚
願佛同往尊　亦為衆開演　請佛為哀愍　无量夜叉衆　入彼寶嚴城　說此妙法門　此妙楞伽城
種種寶嚴飾　牆壁非土石　羅網悉珍寶　此諸夜叉衆　昔曾供養佛　脩行離諸過　證智常明了
夜叉男女等　渴仰於大乘　自信摩訶衍　亦樂令他住　惟願无上尊　為諸羅剎衆　甕耳等眷屬
往詣楞伽城　我於去來今　勤供養諸佛　願聞自證法　究竟大乘道　願佛哀愍我　及諸夜叉衆
共諸佛子等　入此楞伽城　我宮殿婇女　及以諸瓔珞　可愛无憂園　願佛哀納受　我於佛菩薩
无有不捨物　乃至身給侍　唯願哀納受　尒時世尊聞是語已即告之言夜叉王過
去世中諸大尊師咸哀愍汝勸請詣寶山中說自證法未來諸佛亦復如是此
是脩行甚深觀行現法樂者之所住處我及諸菩薩哀愍汝故受汝所請作
是語已默然而住時羅婆那王即以所乘妙花宮殿奉施於佛佛坐其上王及諸菩
薩前後導從无量婇女歌詠讚歎供養於佛往詣彼城到彼城已羅婆那王及
諸眷屬復作種種上妙供養夜叉衆中童男童女以寶羅網供養於佛羅婆
那王施寶瓔珞奉佛菩薩以挂其頸尒時世尊及諸菩薩受供養已各為略
說自證境界甚深之法時羅婆那王并其眷屬復更供養大慧菩薩而勸請言
我今請大士　奉問於世尊　一切諸如來　自證智境界　我與夜叉衆　及此諸菩薩　一心願欲聞
是故咸勸請　汝是脩行者　言論中冣勝　是故生尊敬　勸請汝問法　自證清淨法　究竟入佛地
離外道二乘　一切諸過失　尒時世尊以神通力於彼山中復更化作无量寶山
悉以諸天百千万億妙寶嚴飾一一山上皆現佛身一一佛前皆有羅婆那王及其
衆會十方所有一切國土皆於中現一一國中悉有如來一一佛前咸有羅婆那王
并其眷屬楞伽大城阿輸迦園如是莊嚴等无有異一一皆有大慧菩薩而興
請問佛為開示自證智境以百千妙音說此經已佛及諸菩薩皆於空中隱而
不現羅婆那王唯自見身住本宮中作是思惟向者是誰誰聽其說所見何物是

BD00844號　大乘入楞伽經卷一　（4–1）

離外道二乘一切諸過失　尒時世尊以神通力於彼山中復更化作无量寶山
悉以諸天百千万億妙寶嚴飾一一山上皆現佛身一一佛前皆有羅婆那王及其
衆會十方所有一切國土皆於中現一一國中悉有如來一一佛前咸有羅婆那王
并其眷屬楞伽大城阿輸迦園如是莊嚴等无有異一一皆有大慧菩薩而興
請問佛為開示自證智境以百千妙音說此經已佛及諸菩薩皆於空中隱而
不現羅婆那王唯自見身住本宮中作是思惟向者是誰誰聽其說所見何物是
誰能見佛及國城衆寶山林如是等物今何所在為夢所作為幻所成為復
猶如乾闥婆城為翳所見為燄所惑為如夢中石女生子為如陽燄旋火輪耶復
更思惟一切諸法性皆如是唯是自心分別境界凡夫迷惑不能解了无有能見
亦无所見无有能說亦无所說見佛聞法皆是分別如向所見不能見佛不起分
別是則能見時楞伽王尋即開悟離諸雜染證唯自心住无分別往昔所種善
根力故於一切法得如實見不隨他悟能以自智善巧觀察永離一切臆度邪解
住大脩行為脩行師現種種身善達方便巧知諸地上增進相常樂遠離心意
意識斷三相續見離外道執著內自覺悟入如來藏趣於佛地聞虛空中及
宮殿內咸出聲言善哉大王如汝所覺諸脩行者應如是學應如是見一切
如來應如是見一切諸法若異見者則是斷見汝應永離心意意識應勤觀
察一切諸法應脩內行莫著外見莫墮二乘及以外道所脩句義所見境界及
所應得諸三昧法汝不應樂戲論談笑汝不應起圍陁諸見亦不應著王位
自在亦不應住六定等中若能如是即是如實脩行者行能摧他論能破惡見
能捨一切我見執著能以妙慧轉所依識能脩菩薩大乘之道能入如來自證之
地汝應如是勤加脩學令所得法轉更清淨善脩三昧三摩鉢底莫著二乘外
道境界以為勝樂如凡脩者之所分別外道執我見有我相及實求那而生取
著二乘見有无明緣行於性空中亂想分別楞伽王此法殊勝是大乘道能令
成就自證聖智於諸有中受上妙生楞伽王此大乘行破无明翳滅識波浪不墮
外道諸見行中楞伽王外道行者執著於我作諸異論不能演說離執著見識
性二義善哉楞伽王汝先見佛思惟此義如是思惟乃是見佛　尒時羅
婆那王復作是念願我更得奉見如來如來世尊於觀自在離外道法能說自
聖智境界超諸應化所應作事住如來定入三昧樂是故說名大觀行師亦復名
為大哀愍者能燒煩惱分別薪盡諸佛子衆所共圍繞普入一切衆生心中
遍一切處具一切智永離一切分別事相我今願得重見如來大神通力以得見
故未得者得已得不退離諸分別住三昧樂增長滿足如來智地　尒時世尊
知楞伽王即當證悟无生法忍為哀愍故便現其身令所化事還復如本時十頭
王見所曾覩无量山城悉寶莊嚴一一城中皆有如來應正等覺三十二相以
嚴其身自見其身遍諸佛前悉有大慧夜叉圍繞說自證智所行之法亦見
十方諸佛國土如是等事悉无有別尒時世尊普觀衆會以慧眼觀非
肉眼觀如師子王奮迅迴眄欣然大笑於其眉間髀脇腰頸及以肩臂德字
之中一一毛孔皆放无量妙色光明如虹拖輝如日舒光亦如劫火猛燄熾然時虛

BD00844 號　大乘入楞伽經卷一

（4–2）

王見所曾覩无量山城悉寶莊嚴一一城中皆有如來應正等覺三十二相以
嚴其身自見其身遍諸佛前悉有大慧夜叉圍繞說自證智所行之法亦見
十方諸佛國土如是等事悉无有別尒時世尊普觀衆會以慧眼觀非
肉眼觀如師子王奮迅迴眄欣然大笑於其眉間髀脇腰頸及以肩臂德字
之中一一毛孔皆放无量妙色光明如虹拖輝如日舒光亦如劫火猛燄熾然時虛
空中梵釋四天遙見如來坐如須弥楞伽山頂欣然大笑尒時諸菩薩及諸天衆
咸作是念如來世尊於法自在何因緣故欣然大笑身放光明默然不動住自證
境入三昧樂如師子王周迴顧視觀羅婆那念如實法　尒時大慧菩薩摩
訶薩先受羅婆那王請復知菩薩衆會之心及觀未來一切衆生皆悉樂著語
言文字隨言取義而生迷惑執取二乘外道之行或作是念世尊已離諸識境
界何因緣故欣然大笑為斷彼疑而問於佛佛即告言善哉大慧善哉大慧汝觀
世間愍諸衆生於三世中惡見所纏欲令開悟而問於我諸智慧人為利自他
能作是問大慧此楞伽王曾問過去一切如來應正等覺二種之義今亦欲問未
來亦尒此二種義差別之相一切二乘及諸外道皆不能測　尒時如來知楞
伽王欲問此義而告之曰楞伽王汝欲問我宜應速問我當為汝分別解釋滿汝所
願令汝歡喜能以智慧思惟觀察離諸分別善知諸地脩習對治證真實義
入三昧樂為諸如來之所攝受住奢摩他樂遠離二乘三昧過失住於不動善慧
法雲菩薩之地能如實知諸法无我當於大寶蓮花宮中以三昧水而灌其頂
復現无量蓮花圍繞无數菩薩於中止住與諸衆會遞相瞻視如是境界不可
思議楞伽王汝起一方便行住脩行地復起无量諸方便行汝定當得如上所說不
思議事處如來住地隨形應物汝所當得一切二乘及諸外道梵釋天等所未曾
見　尒時楞伽王蒙佛許已即於清淨光明如大蓮花寶山頂上從座而起諸
婇女衆之所圍繞化作无量種種色花種種色香末香塗香幢幡幰蓋冠珮
瓔珞及餘世間未曾見聞種種勝妙莊嚴之具又復化作欲界所有種種无量
諸音樂器過諸天龍乾闥婆等一切世間之所有者又復化作十方佛土昔所
曾見諸音樂器又復化作大寶羅網遍覆一切佛菩薩上復現種種上妙衣
服建立幢幡以為供養作是事已即昇虛空高七多羅樹於虛空中復雨
種種諸供養雲作諸音樂從空而下即坐第二日電光明如大蓮花寶山頂
上歡喜恭敬而作是言我今欲問如來二義如是二義我已曾問過去如來應
正等覺彼佛世尊已為我說我今亦欲問於是義唯願如來為我宣說世
尊變化如來說此二義非根本佛根本佛說三昧樂境不說虛妄分別所行善
哉世尊於法自在唯願哀愍說此二義一切佛子心皆樂聞　尒時世尊告
彼王言汝應問我當為汝說時夜叉王更著種種寶冠瓔珞諸莊嚴具以嚴
其身而作是言如來常說法尚應捨何況非法云何得捨此二種法何者是法
何者非法法若應捨云何有二有二即墮分別相中有體无體是實非實如
是一切皆是分別不能了知阿賴耶識无差別相如毛輪住非淨智境法性如是
云何可捨尒時佛告楞伽王言楞伽王汝豈不見瓶等无常敗壞之法凡夫於中
妄生分別汝今何故不如是知法與非法差別之相此是凡夫之所分別非聖智見凡夫

BD00844 號　大乘入楞伽經卷一

（4–3）

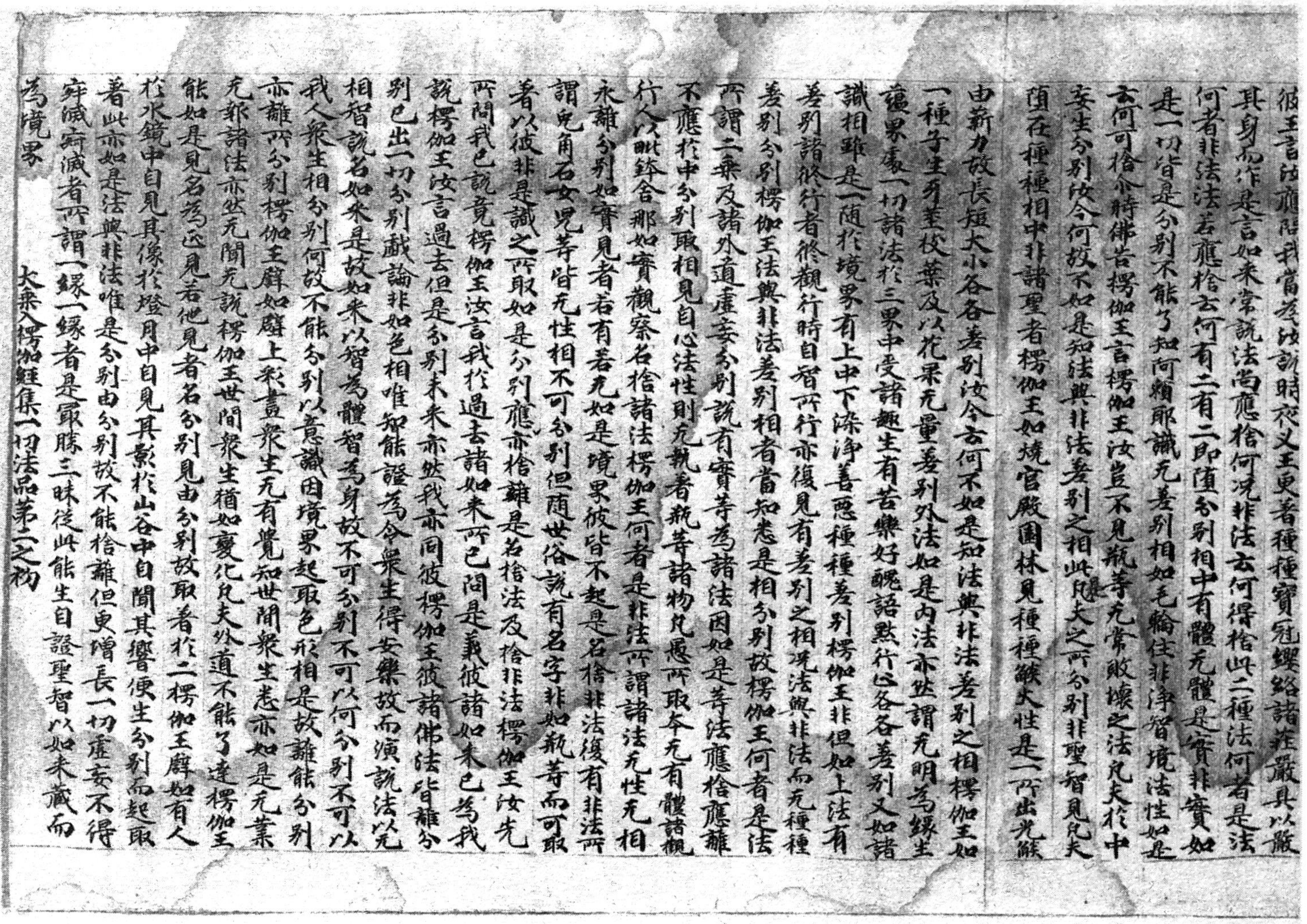

BD00844 號　大乘入楞伽經卷一　（4–4）

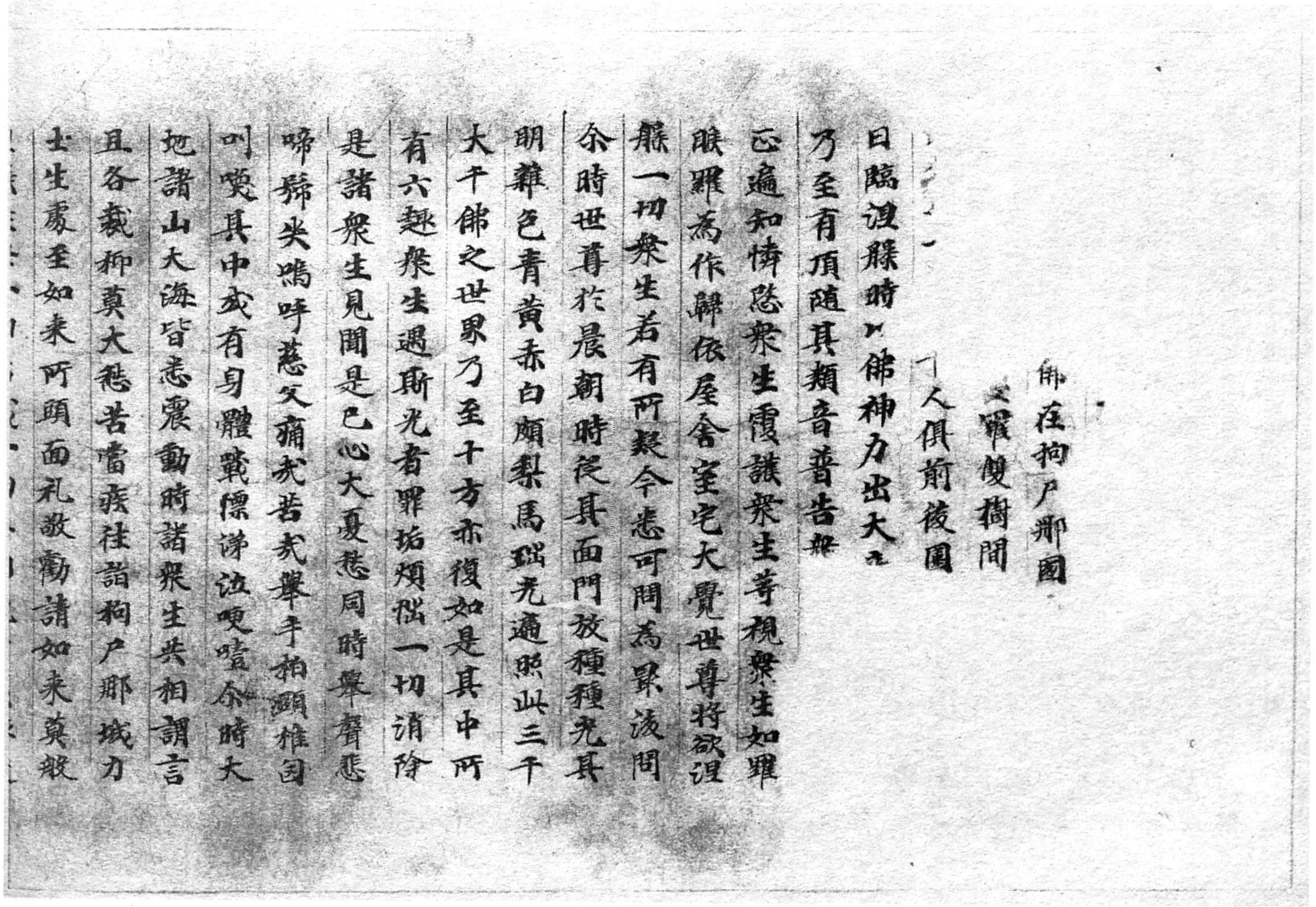

BD00845 號　大般涅槃經（北本）卷一　（7–1）

叫喚其中或有身體戰慄涕泣哽噎尒時大
地諸山大海皆悉震動時諸衆生共相謂言
且各裁抑莫大愁苦當疾往詣拘尸那城力
士生處至如來所頭面礼敬勸請如來莫般
涅槃住世一劫若減一劫互相執手復作是
言世間空虛衆生福盡不善諸業增長出世
仁等今當速往速往如來不久必入涅槃復
作是言世間空虛世間空虛我等從今无有
救護无所宗仰貧窮孤露一旦遠離无上世
尊設有疑惑當復問誰時有无量諸大弟子
尊者摩訶迦旃延尊者薄拘羅尊者優波難
陁如是等諸大比丘遇佛光者其身戰掉乃
至大動不能自持心濁迷悶發聲大喚生如
是等種種苦惱
尒時復有八十百千諸比丘等皆阿羅漢心
得自在所作已辦離諸煩惱調伏諸根如大
龍王有大威德成就空慧逮得己利如栴檀
林栴檀圍遶如師子王師子圍遶成就如是
无量功德一切皆是佛之真子於其晨朝日
始初出離常住處嚼楊枝時遇佛光明並相
謂言仁等速疾嗽口澡手作是言已舉身毛
竪遍體血現如波羅奢華涕泣盈目生大苦
惱爲欲利益安樂衆生成就大乘第一空行
顯發如來方便密教爲不斷絶種種說法爲
諸衆生調伏因緣故疾至佛所稽首佛足遶
百千迊合掌恭敬却坐一面

竪遍體血現如波羅奢華涕泣盈目生大苦
惱爲欲利益安樂衆生成就大乘第一空行
顯發如來方便密教爲不斷絶種種說法爲
諸衆生調伏因緣故疾至佛所稽首佛足遶
百千迊合掌恭敬却坐一面
尒時復有拘陁羅女善賢比丘尼優波難陁
比丘尼海意比丘尼與六十億比丘尼等一
切亦是大阿羅漢諸漏已盡心得自在所作
已辦離諸煩惱調伏諸根猶如大龍有大威德
成就空慧亦於晨朝日初出時舉身毛竪
遍體血現如波羅奢華涕泣盈目生大苦惱
亦欲利益安樂衆生成就大乘第一空行顯
發如來方便密教爲不斷絶種種說法爲諸
衆生調伏因緣故疾至佛所稽首佛足遶百
千迊合掌恭敬却坐一面於比丘尼衆中復
有諸比丘尼皆是菩薩人中之龍位階十地
安住不動爲化衆生現受女身而常修集四
无量心得自在力能化作佛
尒時復有一恒河沙菩薩摩訶薩人中之龍
位階十地安住不動方便現身其名曰海德
菩薩无盡意菩薩如是等菩薩摩訶薩而爲
上首其心皆悉敬重大乘安住大乘深解大
乘愛樂大乘守護大乘善能隨順一切世間
作是誓言諸未度者當令得度已於過世无
數劫中修持淨戒善持所行解未解者紹三
寶種使不斷絶於未來世當轉法輪以大莊

乘受樂大乘守護大乘善能隨順一切世間
作是誓言諸未度者當令得度已於過世无
數劫中脩持淨戒善持所行解未解者紹三
寶種使不斷絕於未來世當轉法輪以大莊
嚴而自莊嚴成就如是无量功德等觀衆生
如視一子亦於晨朝日初出時過佛光明舉
身毛竪遍體血現如波羅奢華涕泣盈目生
大苦惱亦為利益安樂衆生成就大乘第一
空行顯發如來方便密教為不斷絕種種說
法為諸衆生調伏因緣故疾至佛所稽首佛
足遶百千迊合掌恭敬却坐一面
尒時復有二恒河沙等諸優婆塞受持五戒
威儀具足其名曰威德无垢稱王優婆塞善
德優婆塞等而為上首深樂觀察諸對治門
所謂苦樂常无常淨不淨我无我實不實歸
依非歸依衆生非衆生恒非恒安非安為无
為斷非斷涅槃非涅槃增上非增上常樂觀
察如是等法對治之門亦欲樂聞无上大乘
如所聞已能為他說善持淨戒渴仰大乘既
自充足復能充足餘渴仰者善能攝取无上
智慧愛樂大乘守護大乘善能隨順一切世
間度未度者解未解者紹三寶種使不斷絕
於未來世當轉法輪以大莊嚴而自莊嚴心
常深味清淨戒行悉能成就如是功德於諸
衆生生大悲心平等无二如視一子亦於晨
朝日初出時為欲闍毗如來身故人人各取

BD00845號　大般涅槃經（北本）卷一　（7–4）

聞度未度者解未解者紹三寶種使不斷絕
於未來世當轉法輪以大莊嚴而自莊嚴心
常深味清淨戒行悉能成就如是功德於諸
衆生生大悲心平等无二如視一子亦於晨
朝日初出時為欲闍毗如來身故人人各取
香木万束栴檀沉水牛頭栴檀天木香等是
一一木文理及附皆有七寶微妙光明譬如
種種雜綵畫飾以佛力故有是妙色青黃赤
白為諸衆生之所樂見諸木皆以種種香塗
欝金沉水及膠香等散以諸華而為莊嚴優
鉢羅華拘物頭華波頭摩華分陁利華諸香
木上懸五色幡柔濡微妙猶如天衣憍奢耶
衣芻摩繒綵是諸香木載以寶車是諸寶
車出種種光青黃赤白轅轂皆以七寶廁填
是一一車駕以四馬是一一馬駿疾如風一一
車前竪立五十七寶妙幢真金羅網弥覆其
上一一寶車復有五十微妙寶蓋一一車上
垂諸華鬘優鉢羅華拘物頭華波頭摩華分
陁利華其華純以真金為葉金剛為臺是華
臺中多有黑蜂遊集其中歡娛受樂又出妙
音所謂无常苦空无我是音聲中復說菩薩
本所行道復有種種歌儛伎樂箏笛箜篌簫
瑟鼓吹是樂音中復出是言苦哉苦哉世間
空虛一一車前有優婆塞擎四寶案是諸案上有種
種華優鉢羅華拘物頭華波頭摩華分陁利華欝
金諸香及餘薰香微妙第一諸優婆塞為佛及僧辦
諸食具種種備足皆是栴檀沉水香薪八功德水之

BD00845號　大般涅槃經（北本）卷一　（7–5）

[illegible]言苦哉苦哉世間
空虛一一車前有優婆塞齎四寶案是諸案上有種
種華優鉢羅華拘物頭華波頭摩華分陀利華薰
金諸香及餘薰香微妙第一諸優婆塞為佛及僧辦
諸食供種種備足皆是栴檀沈水香薪八功德水之
所成熟其食甘美有六種味一苦二醋三甘四辛五鹹六
淡復有三德一者輕軟二者淨潔三者如法作如
是等種種莊嚴至力士生處娑羅雙樹間復
以金沙遍布其地以迦陵伽衣欽婆羅衣及
繒綵衣而覆沙上周迊遍滿十二由旬為佛
及僧敷置七寶師子之座其座高大如須彌
山是諸座上皆有寶帳垂諸瓔珞諸娑羅樹
悉懸種種微妙幡蓋種種好香以塗樹身種
種名花以散樹間諸優婆塞各作是念一一
衆生若有所之須食與食須飲與飲須頭與
頭須目與目隨諸衆生所須之物皆悉給與作
是施時離欲瞋恚穢濁毒心无餘思惟求世
福樂唯期无上清淨菩提是優婆塞等皆
已安住於菩提道復作是念如來今者受
我食已當入涅槃作是念已身毛皆竪遍體
血現如波羅奢華涕泣盈目生大苦惱各各
賫持供養之具載以寶車香木幢幡寶蓋飲
食疾至佛所稽首佛足以其所持供養之具
供養如來遶百千迊舉聲號泣哀動天地椎
胸大叫淚下如雨復相謂言苦哉仁者世間
空虛世間空虛便自舉身投如來前而白佛
言唯願如來哀受我等最後供養世尊知時

BD00845號　大般涅槃經（北本）卷一　（7–6）

賫持供養之具載以寶車香木幢幡寶蓋飲
食疾至佛所稽首佛足以其所持供養之具
供養如來遶百千迊舉聲號泣哀動天地椎
胸大叫淚下如雨復相謂言苦哉仁者世間
空虛世間空虛便自舉身投如來前而白佛
言唯願如來哀受我等最後供養世尊知時
默然不受如是三請悉皆不許諸優婆塞不
果所願心懷悲惱默然而住猶如慈父唯有
一子卒病喪亡送其屍骸置於冢間歸還悵
恨愁憂苦惱諸優婆塞憂愁苦惱亦復如是
以諸供具安置一處却在一面默然而坐
尒時復有三恒河沙諸優婆夷受持五戒威
儀具足其名曰壽德優婆夷德鬘優婆夷毗
舍佉優婆夷等八万四千而為上首悉能堪
任護持正法為度无量百千衆生故現女身
呵嘖家法自觀己身如四毒蛇是身常為无
量諸虫之所唼食是身臭穢貪欲獄縛是身
可惡猶如死狗是身不淨九孔常流是身如
城血肉筋骨皮裹其上手足以為却敵樓櫓
目為竅孔頭為殿堂心王處中如是身城諸
佛世尊之所棄捨凡夫愚人常所味着貪欲
瞋恚愚癡羅刹止住其中是身不[illegible]

BD00845號　大般涅槃經（北本）卷一　（7–7）

作贍

方見已白佛言世尊何因緣故无
西方来趣於東方佛言善男子東方去此卌
恒河沙等世界彼有世界名曰娑婆具足五
濁釋迦如来以是因緣為諸衆生宣說妙法
名曰大集分別三乘為不斷絶三寶性故破
魔界故竪法幢故一切十方无量諸佛悉集
彼國咸共宣說寶幢陀羅尼說已各各還本
住處釋迦如来為諸菩薩及聲聞衆敷陽宣
說四无㝵智清淨梵行善男子汝今願欲詣
彼世界見彼佛不我今亦欲与彼佛欲所謂
斷業陀羅尼隨无願定成就具足无量功德
能斷欲貪色无色貪憍慢慢慢我慢乃至盡
智无生智得阿耨多羅三藐三菩提尒時世
尊即說陀羅尼句
尒時佛告光密功德言善男子汝持是持至
彼世界光問起居然後說之時諸菩薩白佛
言世尊我已受持是陀羅尼我雖欲往然生
畏相何以故曾從佛聞彼土衆生悪見成就多

BD00846 號　大方等大集經（異卷）卷二六　　（22–1）

尊即說陀羅尼句
尒時佛告光密功德言善男子汝持是持至
彼世界光問起居然後說之時諸菩薩白佛
言世尊我已受持是陀羅尼我雖欲往然生
畏相何以故曾從佛聞彼土衆生悪見成就多
貪恚癡隨女人語能速造作阿鼻獄業佛言善
男子汝非彼土諸四天下二界中間廿一日大金
翅鳥恐怖大海六万四千億諸大龍王令得
歸依佛法僧寶發菩提心耶世尊實如聖教
善男子國土亢旱汝非鳥龍金翅鳥龍於七
日中降注大雨令諸悪龍生恐怖耶世尊實
如所言善男子汝於如是諸悪龍中猶不生
畏何緣於彼而生畏耶世尊辟如智人聞於
他處多有寶藏是人即往以抓把之把已漸
見心生歡喜意无疲厭我亦如是因問如来得
聞如是實語實語因聞是語得大勢力能執
佛印調伏彼土佛言善哉善哉善男子我當
施汝大神良呪能淨諸業淨於因緣淨於調
伏淨於欲淨增長淨平等淨悪風淨行淨无
明淨生死淨一切煩惱淨一切三界有為之
法淨於此彼是名曰呪善男子如是神呪彼
國聞已上中下結皆悉微薄色无色有亦復
如是皆得超越恒河沙等劫中諸業一切五
有身口意悪皆能令淨善男子若有人能聽
受是呪持諷誦讀乃至七日至心不忘當知

BD00846 號　大方等大集經（異卷）卷二六　　（22–2）

國聞已上中下結皆悉微薄色无色有々復
如是皆得超越恒河沙等劫中諸業一切五
有身口意惡皆能令淨善男子若有人能聽
受是呪持諷誦讀乃至七日至心不忘當知
是人一切惡罪皆悉消滅除五逆罪謗方等
經毀呰聖人犯四重禁是人所求乃至菩提
隨意即得若欲脩行檀波羅蜜々々得成就乃
至般若波羅蜜々々復如是善男子娑婆世界
所有衆生无有因緣得呵責法何以故十方
世界可償遣諸惡衆生皆往生彼娑婆世界
是故能作五逆罪謗方等經毀呰聖人犯四
重業是人以是業因緣故多生惡道受无量
苦既受苦已又不能得十善之法以是因緣
復還生於娑婆世界是人若本脩集信根乃
至惠根終不生於弊惡國土以脩如是惡
法因緣故生於惡國諸根殘缺不具人身无
有念心飲食衣被卧具醫藥嚴身資生所須
難得壽命短促不得安眠智惠善根福德不
具吉事尠少无有慈心樂行惡業樂脩惡見
樂讀耶書樂信惡友樂發惡願多諸病苦多
惡擾務常喜增長三惡道法敬事耶神受性
弊惡諂曲嫉妬具足成就諸不善業樂謗三
寶樂行三惡道善男子是惡衆生聞是呪已
於生死法而生悔心離三惡道脩集信根乃
至惠根々樂脩行六波羅蜜清淨梵行增壽

寶樂行三惡道善男子是惡衆生聞是呪已
於生死法而生悔心離三惡道脩集信根乃
至惠根々樂脩行六波羅蜜清淨梵行增壽
益筭除惡病苦智惠熾盛親厚无損一切善
法无有耗減具足成就十善之法長益三寶
樂脩法行令諸衆生具足如是无量善法善
男子釋迦如來娑婆世界若有衆生受持禁
戒敬信三寶諮啓妙法讀誦書寫得歡喜心
以是因緣即得過於三惡道業若有未來重
惡之罪即現在受若遇頭痛若失財物眷屬
離壞惡名遠聞若被打罵則得除滅善男子
如是神呪成就具足无量功德能壞一切所
有惡業能爲衆生作大利益能浣衆生无量
惡心作大光明淨大念心作大寂靜是人常
爲十方諸佛菩薩聲聞緣覺諸天龍鬼人王
之所擁護是人臨死得見十方无量諸佛聞
佛所說諸佛讚言善哉善哉善男子汝來生
我淨妙國土我能令汝速住十地是人尋時
生歡喜心歡喜心故則得深信以是因緣即
得生於淨妙國土生已即階十住正位得阿
耨多羅三藐三菩提善男子汝可受持如是
陁羅尼讀誦通利向娑婆世界先往問訊釋
迦如來然後宣說尒時世尊即說此陁羅尼
尒時彼佛說此陁羅尼已時彼會中復有无

陀羅尼讀誦通利向娑婆世界光往問訊釋
迦如來然後宣說尒時世尊即說此陀羅尼
尒時彼佛說此陀羅尼已時彼會中復有无
量菩薩大衆同聲讚言善哉善哉我等今者亦
欲往彼彼佛告言宜知是時汝若往者一切變
身那羅延像皆言如是世尊尒時光密菩薩与
諸大衆一切化為那羅延像俱共發來至娑婆
界既至此已於虛空中雨細金沙持以供養釋
迦如來既受供已從空而下頭面敬禮右遶
三匝却住一面尒時北方過於八万恒河沙
等諸佛世界彼有世界名普香身具足五滓
是中有佛号德華密如來應供正遍知明行
足善逝世間解无上士調御丈夫天人師佛
世尊今現在為諸衆生宣說法化彼大衆中
有一菩薩名虛空密在會聽法仰瞻虛空見
諸菩薩其數无量從北方來趣於南方即白
佛言世尊何因緣故无量菩薩從北方來趣
於南方佛言善男子南方過於八万恒河沙
等諸佛世界彼有世界名曰娑婆具足五滓
有佛世尊名釋迦牟尼今現在為諸衆生宣
說妙法分別三乘竪大法幢廣說法聚十方
諸佛悉集彼國為諸菩薩解說寶幢陀羅尼
已各各還本所住處釋迦如來故為大衆菩
薩聲聞宣說法要多有秘密甘露之語若欲

BD00846號　大方等大集經（異卷）卷二六　（22–5）

說妙法分別三乘竪大法幢廣說法聚十方
諸佛悉集彼國為諸菩薩解說寶幢陀羅尼
已各各還本所住處釋迦如來故為大衆菩
薩聲聞宣說法要多有秘密甘露之語若欲
聽者可往彼國釋迦如來常發大願若有十
方諸菩薩等來聽我語即得十八不共之法
入復願言我成佛已願我土地具足上味彼
佛世界所有菩薩有大念心精進持戒智
惠具足猶如諸佛清淨世界脩集禪定成就
具足善入禪定其身放光或如一燈或如百
千无量日月悉共集會聽佛說法若有十方
諸菩薩等來至彼者皆從定起往至彼國覲
見釋迦牟尼如來及其大會聽陀羅尼遊戲
神通善男子汝欲往娑婆世界彼土衆生受
命短促多諸惡病智惠善根福德善行皆悉
薄少於三惡道不生怖畏貪著財物心不清
淨多慳嫉妬无有慚愧樂行十惡是諸衆生
或有親行稌是身已即於其國作大惡鬼乃
至作惡迦那富單那作惡鬼已收取地味乃
至一切菓蓏穀米草木等味若有食者身得
惡病无有勢力是諸惡鬼常伺衆生初生長
大能斷其命是故其土衆生短壽善男子我
本脩集菩提道時亦常發願願我來世常懃
精進不住不息恭敬供養无量諸佛聽受正
法問難深義我當云何護處胎者令其母子

BD00846號　大方等大集經（異卷）卷二六　（22–6）

大能斷其命是故其土衆生短壽善男子我
本脩集菩提道時亡常發願願我來世常愍
精進不住不息恭敬供養无量諸佛聽受正
法問難深義我當云何護處胎者令其母子
產生安隱若天龍鬼若羅刹鬼若阿脩羅若
迦樓羅若緊那羅若摩睺羅迦若枸辨荼若
荔藜多若毗舍遮若富單那若迦多富單那
若受多羅若阿衛朱羅若一行乃至四行若
起死屍鬼若毒治道若惡藥若舉身心如是
等事不能爲母子作惡乃至生已乳餔飲食
長養大時不能作惡令其心濁乃至夢中
亦復如是常行十善樂施樂戒於三惡道心
生怖畏世尊有何呪藥能辦是事時无量佛
即時施我淨陁羅尼以是持力令我於注无
量世中調伏无量无數衆生勸之令行六波
羅蜜我於无量无數世中常念何處有是任
身諸女人等防遮惡鬼乃至惡藥是故我注
先教三歸教三歸已一切惡衆及諸毒藥无
能迦害是兒生已常得善心智慧具足身體
无缺若遊行時常爲无量善神擁護面貌端
政衆生樂見樂脩慈悲布施持戒忍辱精進
處在空靜樂脩禪定近善知識具足智慧壞
諸苦惱一切天鬼樂爲供養猒離生死甘露
涅槃若發无上菩提之心即得阿耨多羅三
藐三菩提若發辟支佛心即得辟支佛道若

諸苦惱一切天鬼樂爲供養猒離生死甘露
涅槃若發无上菩提之心即得阿耨多羅三
藐三菩提若發辟支佛心即得辟支佛道若
發聲聞心即得如實忍是諸衆生永離惡趣
常行善道善男子我以如是无量方便調伏
衆生爲阿耨多羅三藐三菩提善男子若有
衆生遇大重病取師子皮以呪之持与病者
如其无皮若肉若骨若无肉骨若取糞除及
屎處土若无糞土以呪結索或作符書以与
病者病即除愈若樹无華菓以呪雨水持以
溉灌使得華菓若亢旱時求覓龍心五反呪
之置龍泉中則降大雨若多雨時壞敗穀麦
城邑聚落求蜯蛇皮七反呪之置龍泉中淋
雨則止若其國土多有怪異惡風惡土惡星
日月應於七日中淨自洗浴服食乳糜七日
之中讀誦是呪諸異惡怪尋即消滅善男子
若有人聞是陁羅尼所有煩惱尋即薄少入
正定聚善男子我以如是无量方便調伏衆
生令得脩集大波羅蜜乃至得阿耨多羅三
藐三菩提善男子是陁羅尼能爲衆生作大
利益能斷一切諸惡重病能護一切任身女
人處胎者滅一切結知陰入界摧伏四魔所
有境界能令一切諸天歡喜令諸惡鬼生知
足想能令惡龍心大怖畏能壞一切惡耶諸
[illegible]

利益能[illegible]一切諸惡重病能[illegible]一[illegible]
人處胎者滅一切結知陰入界摧伏四魔所
有境界能令一切諸天歡喜令諸惡鬼生知
之想能令惡龍心大怖畏能壞一切惡耶諸
論令諸四性心生歡喜能令女人貪心除息
令多聞者念心堅牢坐禪之人心淨善家能
壞一切國土惡相令三寶種无有斷絶能令
法果增長无減能令佛法廣普流布能壞一
切无明癡聚能得盡智及无生智尒時世尊
即說此陁羅尼句
畢竟盡苦是名為呪說是呪時彼大眾中六
万億人得如法忍復有六万人入正定聚善
男子我今以是淨陁羅尼与彼佛欲汝當受
持諷誦讀寫時虛空藏菩薩摩訶薩敬承佛
受持讀寫是陁羅尼与无量菩薩俱共來
至娑婆界悉自變身為轉輪王以種種寶供
養如來頭面敬礼右遶三迊却坐一面
大方等大集經甘藏分別說欲品第三
尒時頻婆娑羅王見无量菩薩或作梵像及
諦釋像那羅延像轉輪王像從坐而起敬意
合掌在一面立尒時甘藏菩薩摩訶薩即於
佛前以偈讚嘆　施諸惡見大光明
於諸眾之中最殊勝　摧滅惡龍及四魔
行正道者施法財　以大法炬壞眾闇
堅堅法幢施解脫
親近善友脩集之　懸眾生故說福田

佛前以偈讚嘆　施諸惡見大光明
於諸眾之中最殊勝　摧滅惡龍及四魔
行正道者施法財　以大法炬壞眾闇
堅堅法幢施解脫　懸眾生故說福田
親近善友脩集之　人身信心亦復難
佛法僧寶甚難得　得善友者壞煩惱
雖得人身善友難　如來船師能拔濟
眾生闇行沒結河　今於大會說与欲
四方諸佛遣我來
甘藏菩薩說是偈讚已如本佛土所教我事
悉皆說之尒時世尊告舍利弗是陁羅尼四
方諸佛所与欲也為欲利益此土眾生舍利
弗汝當受持讀誦書寫是陁羅尼於四眾中
廣分別說時虛空藏菩薩摩訶薩復以偈讚
於佛
如來真實知法界　亦魔眾生正真道
若有真實生信心　是則能破三惡道
供養如來一香華　无量世受无上樂
无量世中身具足　亦得无上真智慧
若能一聞是總持　即能摧滅諸煩惱
一切人天所供養　獲得无生及盡智
大方等大集經甘藏分中品第四
尒時世尊告四大菩薩善男子汝若樂住此
世界者隨意脩集所有善法時四菩薩及其
大眾即便各各隨意入定既入定已身出光

大方等大集經寶幢分中品第四
尒時世尊告四大菩薩善男子汝若樂住此
世界者隨意脩集所有善法時四菩薩及其
大衆即便各各隨意入定既入定已身出光
明猶如一燈乃至猶如无量日月尒時大德
阿若憍陳如承佛神力即作是念我今若問
如來一義如來因是或當分別廣說如是四
陁羅尼如來說時其聲必聞娑婆世界衆生
聞已疑网心壞於向法中得大光明度於彼
岸到正定聚不墮惡道一切惡行純善之法
作是念已即從坐起敬意理然合掌而立佛
告阿若憍陳如汝將不欲問大義耶如是世
尊實欲諮啓唯願聽許佛言憍陳如汝今智
時我當破壞一切疑网憍陳如言如佛經中
說有二種所謂愛与士夫行於生死云何名
愛云何士夫何故如來說是二種行於生死
佛言善哉善哉憍陳如快發斯問能大利益
无量衆生是知時問是如答問諦聽諦聽吾
當為汝分別解說憍陳如愛有三種所謂欲
愛色愛无色愛復有三種所謂有愛斷愛法愛
憍陳如云何欲愛所言欲愛者名為放逸放
逸因緣則為貪鄣以鄣因緣則生樂相樂相
因緣則壞身心壞身心故樂行十惡十惡因
緣則能增長三惡道苦若受人身貧窮困苦貪
因緣故五道受生生在羊中多受苦惱雖受

逸因緣則為貪鄣以鄣因緣則生樂相樂相
因緣則壞身心壞身心故樂行十惡十惡因
緣則能增長三惡道苦若受人身貧窮困苦貪
因緣故五道受生生在羊中多受苦惱雖受
是苦心无慚愧不生悔恨善因少善還得人
身愛心增長愛增長故身口不淨造作无量
諸重惡業乃至五逆以是因緣復於地獄受
大苦惱一切受苦皆因愛心是故如來為愛解
脫宣說正法呵責欲法若有衆生得聞如是呵
責欲已觀欲如葉如火毒樹毒免行廁如刀如
賊如旃陁羅如熱鐵丸如惡雹雨如惡暴風
毒蛇怨家空野羅剎如敎害人如奧如冢若
有人能作如是觀是人所有愛之与貪愛賊
愛著愛宅愛熱愛增等法尋即除滅滅已念
法樂法學法愛法耶法聽求於法財法藏法
淨法行法歸依於法是人臨死獲得法念因
法念故尋得聞於十方諸佛宣說法要教化
衆生既聞法已心生歡喜故即得覩見諸佛
色身是人捨身生淨國土无三惡道常与善人
遊心共俱具足智惠捨施精進脩集慈悲調
伏衆生斷煩惱習具足无量莊嚴功德辟如
香蓮以藏衣服衣服皆香蓮香不滅憍陳如
若諸衆生善願力故生淨國土共善衆生同
其事業亡復如是自增諸善彼善无滅憍陳
如是故善男子善女人皆欲自利利他共利

伏眾生斷煩惱習具之无量莊嚴功德辟如
香篋以盛衣服衣服皆香篋香不滅憍陳如
若諸眾生善願力故生淨國土共善眾生同
其事業亦復如是自增諸善彼善无滅憍陳
如是故善男子善女人若欲自利利他供利
常當懃求依於善友憍陳如若人能作如是
觀察欲性之相當知是人不久當得阿耨多
羅三藐三菩提世尊云何善友憍陳如大善
友者所謂諸佛菩薩諸阿羅漢又善友者即
我身是何以故我常憐愍一切眾生能說諸
欲所有過患是故大眾應受我語我所出語
終无有二言不虛妄不兩舌語非无義語非
麁惡語所言成實慈語悲語安眾生語我今
說語欲罪過汝等應當一心受持既受持已
脫三惡道疾得阿耨多羅三藐三菩提尒時
娑婆世界一切眾生同發聲言世尊唯願宣
說欲之罪過我等今當至心受持佛言諸善
男子有四種欲一者色欲二者形欲三者天
欲四者欲欲是名為四云何色欲四大造色
凡夫不見无我眾生生顛倒想見男女相上
下色相是色可愛是色可德因是顛倒見女
人相故令貪欲未生便生生已增長是人因
是遠離善根及善知識不能善護身口意業
是故名為惡法之聚何以故不能觀察欲解

下色相是色可愛是色可德因是顛倒見女
人相故令貪欲未生便生生已增長是人因
是遠離善根及善知識不能善護身口意業
是故名為惡法之聚何以故不能觀察欲解
脫故以是義故增三惡道受於地獄餓鬼畜
生身无量世中受大苦惱皆由貪欲貪欲因
緣令欲增長諸有智者觀察女色見不淨相
皮膚肌肉筋骨血脈見已心樂脩集是相如
女身男身亦尒如近遠亦如是如此彼亦如是
如他自亦如是是人若能脩集是心即於貪
愛疾得解脫觀是身骨節相連心隨身行
尒時係心在於額上如來許處心樂脩集如
是相已身得寂靜不見惡相不見惡事不見
惡緣是則名為奢摩他名心寂靜云何復名
身寂靜也是人入定滅於入息既无入息何
有出息是則名為身心寂靜身心寂靜即奢
摩他之因緣也是人觀身所有骨節離散如
沙為風所吹見已即生空无物相觀於虛空
是即名為身心寂靜是名因於奢摩他定而得
解脫世尊虛空相者是有為相不憍陳如是有為
相世尊虛空若是有為相者為是自相是他相
耶憍陳如若能觀察一切法界及有為界是
名自相何以故若能觀察色寂靜者即見佛
身所以者何若人觀骨能令如沙為風所
吹是人能破色貪色欲能深觀察色之實

耶憍陳如若能觀察一切法界及有為界是
名自相何以故若能觀察色寂靜者即見佛
身所以者何若人觀骨能令如沙為風所
吹是人能破色貪色欲能深觀察色之實
性是人所見皆如虛空十方諸色空如流離
於中復見无量諸佛乃至十方亦復如是復
見如來卅二相八十種好十方世界亦復如
是是人若得悔生死法即自思惟我當問佛
如是虛空誰之所作當云何滅作是念已我
已問已我已知已虛空之性无有作者當何
所滅言虛空者无有覺觀无物无數无有相
狼无出无滅一切諸法亦復如是作是觀時
得阿那含果是阿那含恚斷一切貪欲之心
唯有五事未能除斷一者色愛二者无色愛
三憍四悔五者无明是人若得見如來身使
作是念我當知數是人尒時觀少見少觀多
見多復作是念如是諸佛從何處來復作是
念如是諸佛无所從來去无所至我三界心
是心因身我隨覺欲多見多欲少見少諸佛
如來即是我心何以故隨心見故心即我身
身即虛空我因覺觀見无量佛我以覺心見
佛知佛心不見心心不知心我觀法界性
不堅牢一切諸法皆從覺觀因緣而生是
故一切所有性相即是虛空虛空之性亦復

如來即是我心何以故隨心見故心即我身
身即虛空我因覺觀見无量佛我以覺心見
佛知佛心不見心心不知心我觀法界性
不堅牢一切諸法皆從覺觀因緣而生是
故一切所有性相即是虛空虛空之性亦復
是空若有初發菩提心者當觀无量諸法因
緣是人若發求聲聞心尒時即得无相三昧
令彼无明永滅寂靜亦復獲得隨順空忍是
人若見虛空是空尒時即得身心寂靜是則
名為空解脫門取阿羅漢則為不難若復脩
行滅定解脫為滅无量諸法因緣說是法時
九万九千億衆生得脩定忍八万四千衆生
得脩空忍六万衆生得空三昧解脫門二万
衆生悉得現見諸佛三昧八万四千衆生得
阿羅漢果无量衆生得須陁洹果復次憍陳
如若有比丘自觀己身作不淨想不能調伏
自己心者是人次應諦觀死屍若青色若爛
壞若赤色若膖脹若離散若骨白如貝當深
觀心樂住何處知己即取如觀外色自身亦
尒若青色乃至如貝如晝夜亦如是如夜晝
亦如是如去來亦如是如來去亦如是尒時
若見外物樹木人畜雜物皆作骨相作是觀
已乃至命終不生貪心是人現在能離於欲
他世未能是人若能獲得脩空陁羅尼者即
能觀骨作離散相如沙微塵若自若他不見

若見外物樹木人畜雜物皆作骨相作是觀
已乃至命終不生貪心是人現在能離於欲
他世未能是人若能獲得脩空陀羅尼者即
能觀骨作離散相如沙微塵若自若他不見
色相如一微塵即時獲得虛空之相見一切
色如青流璃見已復觀虛空黃色能觀黃色
赤色白色離色流離色若見地水亦如流離
是人能觀一切大地如四指許若欲動者即
以之指躡之令動隨意入近乃至大地樹木
山河悉為之動若觀諸水作種種色或分陀
利花憂鉢羅花拘物頭花波頭摩花於一切
水行住坐臥觀一切山作種種色其形細濡
如兜羅綿而於其中行住坐臥又自觀身輕
濡如風作是觀已能於虛空行住坐臥是人
復入火光三昧身放種種如色光明又復旋
入炎摩迦定身上出水身下出火作如是等
大神變已復作是念我當云何得見諸佛尒
時隨其所觀方面悉得見佛多觀多見少觀
少見見已復念諸佛世尊无所從來去无所
至我三界心是心因身我隨覺觀欲多見多
欲少見少諸佛如來即是我心何以故隨心
見故心即我身即是虛空我因覺觀見无量
佛我以覺心見佛知佛心不見心心不知心
我觀法界性无堅牢一切諸法皆從覺觀因
緣而生是故法性即是虛空虛空之性亦

BD00846 號　大方等大集經（異卷）卷二六　　（22–17）

佛我以覺心見佛知佛心不見心心不知心
我觀法界性无堅牢一切諸法皆從覺觀因
緣而生是故法性即是虛空虛空之性亦
復是空我因是心見青黃赤白離色虛空作
神變已所見如風无有真實是則名為共
凡夫人如實陀羅尼是人復作是念若有虛
空即是无取无有覺觀不可宣說如我心離
觀虛空相亦觀心相不作遠離離一切作不
作業心諸業藏以心緣藏故是心使藏淨
身口意脩集藏定是人長夜係心在定從藏定
起捨其壽命入於涅槃是名不共凡夫如實
陀羅尼云何名為共凡夫人如實陀羅尼
若有能作如是思惟我隨意觀色即是見色
即我心我心即色如我遠離一切色相觀虛
空相是人尒時脩虛空相是則名為共凡夫
人如實陀羅尼若有能作如是觀色即是虛
空我以如是色因緣故得觀虛空虛空之性
名无鄣㝵是風住處如是風者因四大生我
是色者亦復如是因四大起虛空風色等无
差別一切法性性自空寂諸自他性亦復如
是虛空者即是无生无滅作是觀時係念如
來作是念已見虛空中有无量佛即時獲淨
阿那含果是名不共凡夫如實陀羅尼也復
作是念言虛空者即是我也即是淨我即是

BD00846 號　大方等大集經（異卷）卷二六　　（22–18）

是虛空者即是无生无滅作是觀時係念如
來作是念已見虛空中有无量佛即時獲得
阿那含果是名不共凡夫如實陀羅尼也復
作是念言虛空者即是我也即是淨我即是
我心我者无色如空无邊我亦如是是名共
凡夫如實陀羅尼若有能觀一切法中无我
无我所言空處者即是无色无有我若念如
來若觀如來即是我也我見佛已得沙門果
乃至阿羅漢果是名不共凡夫如實陀羅尼
也若觀淨我者即是虛處空即我心若能永
斷一切煩惱即是淨心若能脩集八直正道
是名淨心能如是脩即能獲得須陀洹果乃
至阿羅漢是名不共凡夫如實陀羅尼復有
觀色相者即分別相分別相者即是瞋相瞋
恚相者即生死相我今為斷生死相故觀心
相空是名共凡夫如實陀羅尼又復觀我即
是寂靜我今亦未斷於覺觀若我觀我我如
虛空我我者即是苦苦所從生即名為集如
是苦集是可斷法是名為滅觀苦集滅是名
為道得須陀洹果乃至阿羅漢是名不共凡
夫如實陀羅尼又復念言我何以故觀於虛
空空者即我我若遠離虛空觀者次觀識處
如虛空觀識觀亦爾如空无邊心亦如是是
名共凡夫如實陀羅尼若能觀識即是苦者

BD00846號　大方等大集經（異卷）卷二六　（22–19）

空空者即我我若遠離虛空觀者次觀識處
如虛空觀識觀亦爾如空无邊心亦如是是
名共凡夫如實陀羅尼若能觀識即是苦者
如苦所從名之為集苦集所斷是名為滅
觀苦集滅是名為道得須陀洹果乃至阿
羅漢果是名不共凡夫如實陀羅尼若觀識
處即是覺觀創疣煩惱如我遠離空處識處
脩无想處是人脩无想已得无想定是名共
凡夫如實陀羅尼若觀識處即是創疣苦惱
之法如我遠離觀於識相次觀无想相言无
想者即是无我无我所相作是觀已即得
須陀洹果乃至阿羅漢果是名不共凡夫如
實陀羅尼若有能觀无想處者即是細想如
我遠離是无想處觀非有想非无想處是名
共凡夫如實陀羅尼若觀非想非非想處
即是大苦是處可斷可得解脫作是觀時得
須陀洹果乃至阿羅漢果永斷一切欲貪色
貪離凡夫名得聖人号永斷一切三惡道因
是名如實陀羅尼也是彼諸佛之所遣來甘
蜜菩薩所貴持欲能斷一切諸結煩惱一切
惡見我見取見戒見常見斷見命見作見士
夫見受見色見負見出見四大見能斷如是
等見是陀羅尼善能了達陰入界等能淨諸
見能令受者永受安樂摧壞衆魔調伏惡龍

BD00846號　大方等大集經（異卷）卷二六　（22–20）

蜜菩薩所賷持商能斷一切諸結煩惱一切
惡見我見取見戒見常見斷見命見作見士
夫見受見色見集見出見四大見能斷如是
等見是陀羅尼善能了達陰入界等能淨諸
見能令受者永受安樂摧壞衆魔調伏惡龍
令諸天善壞阿脩羅調迦樓羅能害剎利婆
羅門毗舍首陀能斷惡欲令坐禪者貪樂寂
靜能療一切諸惡重病能防一切諸惡鬬諍
能增法界能護三寶能得盡智及无生智壞
无明聚如來說是陀羅尼時无量衆生得須
陀洹果无量衆生得阿羅漢果无量衆生獲
得是持无量衆生發阿耨多羅三藐三菩提
心无量衆生得无生忍

大方等大集經卷第廿六

BD00846號　大方等大集經(異卷)卷二六　(22–21)

大方等大集經卷第廿六

BD00846號　大方等大集經(異卷)卷二六　(22–22)

佛若爲
臆乃至爲法猶不
樂畜年少弟子沙彌小兒亦不
好坐禪在於閑處脩攝其心文
近處復次菩薩摩訶薩觀
相不顛倒不動不退不轉如
空无所有性一切語言道斷不生不出不
名无相實无所有无量无邊无礙无障
緣有從顛倒生故說常樂觀如是法
薩摩訶薩第二親近處尒時世尊
而說偈言
後惡世　无怖畏心　欲說是經
親近處　常離國王　及國王子
長　凶險戲者　及旃陁羅　外道梵志
不親近　增上慢人　貪著小乘　三藏學者
戒比丘　名字羅漢　及比丘尼　好戲笑者
深著五欲　求現滅度　諸優婆夷　皆勿親近
若是人等　以好心來　到菩薩所　爲聞佛道
菩薩則以　无所畏心　不懷悕望　而爲說法
寡女處女　及諸不男　皆勿親近　以爲親厚
亦莫親近　屠兒魁膾　畋獵漁捕　爲利煞害
販肉自活　衒賣女色　如是之人　皆勿親近
凶險相撲　種種嬉戲　諸婬女等　盡勿親近

BD00847號　妙法蓮華經卷五　（27–1）

菩薩則以　无所畏心　不懷悕望　而爲說法
寡女處女　及諸不男　皆勿親近　以爲親厚
亦莫親近　屠兒魁膾　畋獵漁捕　爲利煞害
販肉自活　衒賣女色　如是之人　皆勿親近
凶險相撲　種種嬉戲　諸婬女等　盡勿親近
莫獨屏處　爲女說法　若說法時　无得戲笑
入里乞食　將一比丘　若无比丘　一心念佛
是則名爲　行處近處　以此二處　能安樂說
又復不行　上中下法　有爲无爲　實不實法
亦不分別　是男是女　不得諸法　不知不見
是則名爲　菩薩行處　一切諸法　空无所有
无有常住　亦无起滅　是名智者　所親近處
顛倒分別　諸法有无　是實非實　是生非生
在於閑處　脩攝其心　安住不動　如須弥山
觀一切法　皆无所有　猶如虛空　无有堅固
不生不出　不動不退　常住一相　是名近處
若有比丘　於我滅後　入是行處　及親近處
說斯經時　无有怯弱　菩薩有時　入於靜室
以正憶念　隨義觀法　從禪定起　爲諸國王
王子臣民　婆羅門等　開化演暢　說斯經典
其心安隱　无有怯弱　文殊師利　是名菩薩
安住初法　能於後世　說法華經
又文殊師利如來滅後於末法中欲說是經
應住安樂行若口宣說若讀經時不樂說人
及經典過亦不輕慢諸餘法師不說他人好
惡長短於聲聞人亦不稱名說其過惡亦不
稱名讚歎其美又亦不生怨嫌之心善脩如
是安樂心故諸有聽者不逆其意有難問

BD00847號　妙法蓮華經卷五　（27–2）

及經典過亦不輕慢諸餘法師不說他人好
惡長短於聲聞人亦不稱名說其過惡亦不
稱名讚歎其美又亦不生怨嫌之心善脩如
是安樂心故諸有聽者不逆其意有難問
不以小乘法荅但以大乘而為解說令得一
切種智尒時世尊欲重宣此義而說偈言
菩薩常樂 安隱說法 於清淨地 而施床座
以油塗身 澡浴塵穢 著新淨衣 內外俱淨
安處法座 隨問為說 若有比丘 及比丘尼
諸優婆塞 及優婆夷 國王王子 群臣士民
以微妙義 和顏為說 若有難問 隨義而荅
因緣譬喻 敷演分別 以是方便 皆使發心
漸漸增益 入於佛道 除嬾惰意 及懈怠想
離諸憂惱 慈心說法 晝夜常說 无上道教
以諸因緣 无量譬喻 開示眾生 咸令歡喜
衣服臥具 飲食醫藥 而於其中 无所悕望
但一心念 說法因緣 願成佛道 令眾亦尒
是則大利 安樂供養 我滅度後 若有比丘
能演說斯 妙法華經 心无嫉恚 諸惱障礙
亦无憂愁 及罵詈者 又无怖畏 加刀杖等
亦无擯出 安住忍故 智者如是 善脩其心
能住安樂 如我上說 其人功德 千万億劫
筭數譬喻 說不能盡
又文殊師利菩薩摩訶薩於後末世法欲滅
時受持讀誦斯經典者无懷嫉妬諂誑之心
亦勿輕罵學佛道者求其長短若比丘比丘
尼優婆塞優婆夷求聲聞者求辟支佛者

BD00847 號　妙法蓮華經卷五　（27–3）

筭數譬喻 說不能盡
又文殊師利菩薩摩訶薩於後末世法欲滅
時受持讀誦斯經典者无懷嫉妬諂誑之心
亦勿輕罵學佛道者求其長短若比丘比丘
尼優婆塞優婆夷求聲聞者求辟支佛者
求菩薩道者无得惱之令其疑悔語其人言汝
等去道甚遠終不能得一切種智所以者何
汝是放逸之人於道懈怠故又亦不應戲論
諸法有所諍競當於一切眾生起大悲想於
諸如來起慈父想於諸菩薩起大師想於十
方諸大菩薩常應深心恭敬礼拜於一切眾
生平等說法以順法故不多不少乃至深愛
法者亦不為多說文殊師利是菩薩摩訶薩
於後末世法欲滅時有成就是第三安樂行
者說是法時无能惱亂得好同學共讀誦是
經亦得大眾而來聽受聽已能持持已能誦
誦已能說說已能書若使人書供養經卷恭
敬尊重讚歎尒時世尊欲重宣此義而說
偈言
若欲說是經 當捨嫉恚慢 諂誑耶偽心 常脩質直行
不輕蔑於人 亦不戲論法 不令他疑悔 云汝不得佛
是佛子說法 常柔和能忍 慈悲於一切 不生懈怠心
十方大菩薩 愍眾故行道 應生恭敬心 是則我大師
於諸佛世尊 生无上父想 破於憍慢心 說法无障礙
第三法如是 智者應守護 一心安樂行 无量眾所敬
又文殊師利菩薩摩訶薩於後末世法欲滅時
有持是法華經者於在家出家人中生大慈

BD00847 號　妙法蓮華經卷五　（27–4）

[illegible]
於諸佛世尊　生无上父想　破於憍慢心　說法无障礙
第三法如是　智者應守護　一心安樂行　无量眾所敬
又文殊師利菩薩摩訶薩於後末世法欲滅時
有持是法華經者於在家出家人中生大慈
心於非菩薩人中生大悲心應作是念如是
之人則為大失如来方便隨宜說法不聞不
知不覺不問不信不解其人雖不問不信不
解是經我得阿耨多羅三藐三菩提時隨在
何地以神通力智慧力引之令得住是法中
文殊師利是菩薩摩訶薩於如来滅後有
成就此第四法者說是法時无有過失常為
比丘比丘尼優婆塞優婆夷國王王子大臣
人民婆羅門居士等供養恭敬尊重讚歎虛空
諸天為聽法故亦常隨侍若在聚落城邑空
閑林中有人来欲難問者諸天晝夜常為法
故而衛護之能令聽者皆得歡喜所以者何
此經是一切過去未来現在諸佛神力所護
故文殊師利是法華經於无量國中乃至名
字不可得聞何況得見受持讀誦文殊師利
譬如強力轉輪聖王欲以威勢降伏諸國而諸
小王不順其命時轉輪王起種種兵而往討伐
王見兵眾戰有功者即大歡喜隨功賞賜或與田
宅聚落城邑或與衣服嚴身之具或與種種珍
寶金銀琉璃車𤦲馬瑙珊瑚虎珀象馬車乘奴婢
人民唯髻中明珠不以與之所以者何獨王頂上有此一
珠若以與之王諸眷屬必大驚怪文殊師利如来
亦復如是以禪定智慧力得法國土王於三界而諸
魔王不肯順伏如来賢聖諸將與之共戰其

[illegible]
人民唯髻中明珠不以與之所以者何獨王頂上有此一
珠若以與之王諸眷屬必大驚怪文殊師利如来
亦復如是以禪定智慧力得法國土王於三界而諸
魔王不肯順伏如来賢聖諸將與之共戰其
有功者心亦歡喜於四眾中為說諸經令其
心悅賜以禪定解脫无漏根力諸法之財又
復賜與涅槃之城言得滅度引導其心令皆
歡喜而不為說是法華經文殊師利如轉輪
王見諸兵眾有大功者心甚歡喜以此難信
之珠久在髻中不妄與人而今與之如来亦復
如是於三界中為大法王以法教化一切眾生
見賢聖軍與五陰魔煩惱魔死魔共戰
有大功勳滅三毒出三界破魔網尒時如来
亦大歡喜此法華經能令眾生至一切智一
切世間多怨難信先所未說而今說之文殊
師利此法華經是諸如来第一之說於諸說
中最為甚深末後賜與如彼強力之王久護
明珠今乃與之文殊師利此法華經諸佛如
来秘密之藏於諸經中最在其上長夜守護
不妄宣說始於今日乃與汝等而敷演之尒時
世尊欲重宣此義而說偈言
常行忍辱　哀愍一切　乃能演說　佛所讚經
後末世時　持此經者　於家出家　及非菩薩
應生慈悲　斯等不聞　不信是經　則為大失
我得佛道　以諸方便　為說此法　令住其中
譬如強力　轉輪之王　兵戰有功　賞賜諸物
象馬車乘　嚴身之具　及諸田宅　聚落城邑
或與衣服　種種珍寶　奴婢財物　歡喜賜與

應生慈悲 斯等不聞 不信是經 則為大失
我得佛道 以諸方便 為說此法 令住其中
譬如強力 轉輪之王 兵戰有功 賞賜諸物
象馬車乘 嚴身之具 及諸田宅 聚落城邑
或與衣服 種種珎寶 奴婢財物 歡喜賜與
如有勇健 能為難事 王解髻中 明珠賜之
如來亦尒 為諸法王 忍辱大力 智慧寶藏
以大慈悲 如法化世 見一切人 受諸苦惱
欲求解脫 與諸魔戰 為是眾生 說種種法
以大方便 說此諸經 既知眾生 得其力已
末後乃為 說是法華 如王解髻 明珠與之
此經為尊 眾經中上 我常守護 不妄開示
今正是時 為汝等說 我滅度後 求佛道者
欲得安隱 演說斯經 應當親近 如是四法
讀是經者 常无憂惱 又无病痛 顏色鮮白
不生貧窮 卑賤醜陋 眾生樂見 如慕賢聖
天諸童子 以為給使 刀杖不加 毒不能害
若人惡罵 口則閉塞 遊行无畏 如師子王
智慧光明 如日之照 若於夢中 但見妙事
見諸如來 坐師子座 諸比丘眾 圍繞說法
又見龍神 阿脩羅等 數如恒沙 恭敬合掌
自見其身 而為說法 又見諸佛 身相金色
放无量光 照於一切 以梵音聲 演說諸法
佛為四眾 說无上法 見身處中 合掌讚佛
聞法歡喜 而為供養 得陁羅尼 證不退智
佛知其心 深入佛道 即為授記 成最正覺
汝善男子 當於來世 得无量智 佛之大道
國土嚴淨 廣大无比 亦有四眾 合掌聽法

BD00847 號　妙法蓮華經卷五　（27–7）

聞法歡喜 而為供養 得陁羅尼 證不退智
佛知其心 深入佛道 即為授記 成最正覺
汝善男子 當於來世 得无量智 佛之大道
國土嚴淨 廣大无比 亦有四眾 合掌聽法
又見自身 在山林中 脩習善法 證諸實相
深入禪定 見十方佛
諸佛身金色 百福相莊嚴 聞法為人說 常有是好夢
又夢作國王 捨宮殿眷屬 及上妙五欲 行詣於道場
在菩提樹下 而處師子座 求道過七日 得諸佛之智
成无上道已 起而轉法輪 為四眾說法 經千万億劫
說无漏妙法 度无量眾生 後當入涅槃 如烟盡燈滅
若後惡世中 說是第一法 是人得大利 如上諸功德

妙法蓮華經從地踊出品第十五

尒時他方國土諸來菩薩摩訶薩過八恒河
沙數於大眾中起立合掌作禮而白佛言世
尊若聽我等於佛滅後在此娑婆世界勤加
精進護持讀誦書寫供養是經典者當於
此土而廣說之尒時佛告諸菩薩摩訶薩眾止
善男子不須汝等護持此經所以者何我娑婆
世界自有六万恒河沙等菩薩摩訶薩一一
菩薩各有六万恒河沙眷屬是諸人等能於
我滅後護持讀誦廣說此經佛說是時娑婆
世界三千大千國土地皆震裂而於其中有
无量千万億菩薩摩訶薩同時踊出是諸菩
薩身皆金色三十二相无量光明先盡在此
娑婆世界之下此界虛空中住是諸菩薩聞
釋迦牟尼佛所說音聲從下發來一一菩薩
皆是大眾唱導之首各將六万恒河沙眷屬

BD00847 號　妙法蓮華經卷五　（27–8）

世界三千大千國土地皆震裂而於其中有
无量千万億菩薩摩訶薩同時踊出是諸菩
薩身皆金色三十二相无量光明先盡在此
娑婆世界之下此界虛空中住是諸菩薩聞
釋迦牟尼佛所說音聲從下發來一一菩薩
皆是大衆唱導之首各將六万恒河沙眷屬
况將五万四万三万二万一万恒河沙等眷
屬者况復乃至一恒河沙半恒河沙四分之
一乃至千万億那由他分之一况復千万億
那由他眷屬况復億万眷屬况復千万百万
乃至一万况復一千一百乃至一十况復將五
四三二一弟子者况復單己樂遠離行如
是等比无量无邊筭數譬喻所不能知是諸
菩薩從地出已各詣虛空七寶妙塔多寶如
來釋迦牟尼佛所到已向二世尊頭面礼足
及至諸寶樹下師子座上佛所亦皆作礼右
繞三帀合掌恭敬以諸菩薩種種讚法而以
讚歎住在一面欣樂瞻仰於二世尊是諸菩
薩摩訶薩從初踊出以諸菩薩種種讚法
而讚於佛如是時間經五十小劫是時釋迦
牟尼佛默然而坐及諸四衆亦皆默然五十小
劫佛神力故令諸大衆謂如半日尒時四衆
亦以佛神力故見諸菩薩遍滿无量百千万
億國土虛空是菩薩衆中有四導師一名上
行二名无邊行三名淨行四名安立行是四
菩薩於其衆中最為上首唱導之師在大
衆前各共合掌觀釋迦牟尼佛而問訊言世
尊少病少惱安樂行不所應度者受教易

BD00847號　妙法蓮華經卷五　（27–9）

亦以佛神力故見諸菩薩遍滿无量百千万
億國土虛空是菩薩衆中有四導師一名上
行二名无邊行三名淨行四名安立行是四
菩薩於其衆中最為上首唱導之師在大
衆前各共合掌觀釋迦牟尼佛而問訊言世
尊少病少惱安樂行不所應度者受教易
不不令世尊生疲勞耶尒時四大菩薩而說偈
言
世尊安樂　少病少惱　教化衆生　得无疲倦
又諸衆生　受化易不　不令世尊　生疲勞耶
尒時世尊於菩薩大衆中而作是言如是如
是諸善男子如來安樂少病少惱諸衆生等
易可化度无有疲勞所以者何是諸衆生世
世已來常受我化亦於過去諸佛供養尊
重種諸善根此諸衆生始見我身聞我所說
即皆信受入如來慧除先脩習學小乘者如
是之人我今亦令得聞是經入於佛慧尒時
諸大菩薩而說偈言
善哉善哉　大雄世尊　諸衆生等　易可化度
能問諸佛　甚深智慧　聞已信行　我等隨喜
於時世尊讚歎上首諸大菩薩善哉善哉
善男子汝等能於如來發隨喜心尒時弥勒
菩薩及八千恒河沙諸菩薩衆皆作是念我
等從昔已來不見不聞如是大菩薩摩訶薩
衆從地踊出住世尊前合掌供養問訊如來時
弥勒菩薩摩訶薩知八千恒河沙諸菩薩等
心之所念并欲自決所疑合掌向佛以偈問
曰

BD00847號　妙法蓮華經卷五　（27–10）

菩從昔已来不見不聞如是大菩薩摩訶薩
衆從地踊出住世尊前合掌供養問訊如来時
弥勒菩薩摩訶薩知八千恒河沙諸菩薩等
心之所念并欲自决所疑合掌向佛以偈問
曰
无量千万億　大衆諸菩薩　昔所未曾見　願兩足尊說
是從何所来　以何因緣集　巨身大神通　智慧叵思議
其志念堅固　有大忍辱力　衆生所樂見　為從何所来
一一諸菩薩　所将諸眷属　其數无有量　如恒河沙等
或有大菩薩　将六万恒沙　如是諸大衆　一心求佛道
是諸大師等　六万恒河沙　倶来供養佛　及護持此經
将五万恒沙　其數過於是　四万及三万　二万至一万
一千一百等　乃至一恒沙　半及三四分　億万分之一
千万那由他　万億諸弟子　乃至於半億　其數復過上
百万至一万　一千及一百　五十與一十　乃至三二一
單已无眷属　樂於獨處者　倶来至佛所　其數轉過上
如是諸大衆　若人行籌數　過於恒沙劫　猶不能盡知
是諸大威德　精進菩薩衆　誰為其說法　教化而成就
從誰初發心　稱揚何佛法　受持行誰經　脩習何佛道
如是諸菩薩　神通大智力　四方地震裂　皆從中踊出
世尊我昔来　未曾見是事　願說其所從　國土之名号
我常遊諸國　未曾見是衆　我於此衆中　乃不識一人
忽然從地出　願說其因緣　今此之大會　无量百千億
是諸菩薩等　皆欲知此事　是諸菩薩衆　本末之因緣
无量德世尊　唯願决衆疑
尒時釋迦牟尼佛分身諸佛從无量千万億
他方國土来者在於八方諸寶樹下師子座

BD00847號　妙法蓮華經卷五　（27-11）

是諸菩薩等　皆欲知此事　是諸菩薩衆　本末之因緣
无量德世尊　唯願决衆疑
尒時釋迦牟尼佛分身諸佛從无量千万億
他方國土来者在於八方諸寶樹下師子座
上結跏趺坐其佛侍者各見是菩薩大衆於
三千大千世界四方從地踊出住於虚空各
白其佛言世尊此諸无量无邊阿僧祇菩薩
大衆從何所来尒時諸佛各告侍者諸善
男子且待須臾有菩薩摩訶薩名曰弥勒釋
迦牟尼佛之所授記次後作佛已問斯事佛
今答之汝等自當因是得聞尒時釋迦牟尼
佛告弥勒菩薩善哉善哉阿逸多乃能問佛
如是大事汝等當共一心被精進鎧發堅固意
如来今欲顯發宣示諸佛智慧諸佛自在神
通之力諸佛師子奮迅之力諸佛威猛大勢
之力尒時世尊欲重宣此義而說偈言
當精進一心　我欲說此事　勿得有疑悔　佛智叵思議
汝今出信力　住於忍善中　昔所未聞法　今皆當得聞
我今安慰汝　勿得懷疑懼　佛无不實語　智慧不可量
所得苐一法　甚深叵分別　如是今當說　汝等一心聽
尒時世尊說此偈已告弥勒菩薩我今於此
大衆宣告汝等阿逸多是諸大菩薩摩訶薩
无量无數阿僧祇從地踊出汝等昔所未見
者我於是娑婆世界得阿耨多羅三藐三菩
提已教化示導是諸菩薩調伏其心令發道
意此諸菩薩皆於是娑婆世界之下此界虚
空中住於諸經典讀誦通利思惟分別正憶

BD00847號　妙法蓮華經卷五　（27-12）

者我於是娑婆世界得阿耨多羅三藐三菩
提已教化示導是諸菩薩調伏其心令發道
意此諸菩薩皆於是娑婆世界之下此界虛
空中住於諸經典讀誦通利思惟分別正憶
念阿逸多是諸善男子等不樂在衆多有所
說常樂靜處勤行精進未曾休息亦不依止
人天而住常樂深智无有障礙亦常樂於諸
佛之法一心精進求无上慧尒時世尊欲重
宣此義而說偈言
阿逸汝當知　是諸大菩薩　從无數劫來　脩習佛智慧
悉是我所化　令發大道心　此等是我子　依止是世界
常行頭陁事　志樂於靜處　捨大衆憒閙　不樂多所說
如是諸子等　學習我道法　晝夜常精進　為求佛道故
在娑婆世界　下方空中住　志念力堅固　常勤求智慧
說種種妙法　其心无所畏　我於伽耶城　菩提樹下坐
得成最正覺　轉无上法輪　尒乃教化之　令初發道心
今皆住不退　悉當得成佛　我今說實語　汝等一心信
我從久遠來　教化是等衆
尒時彌勒菩薩摩訶薩及无數諸菩薩等心
生疑惑怪未曾有而作是念云何世尊於少
時間教化如是无量无邊阿僧祇諸大菩薩
令住阿耨多羅三藐三菩提即白佛言世尊
如來為太子時出於釋宮去伽耶城不遠
坐於道場得成阿耨多羅三藐三菩提從是已
來始過四十餘年世尊云何於此少時大作
佛事以佛勢力以佛功德教化如是无量大
菩薩衆當成阿耨多羅三藐三菩提世尊此

BD00847號　妙法蓮華經卷五　（27-13）

坐於道場得成阿耨多羅三藐三菩提從是已
來始過四十餘年世尊云何於此少時大作
佛事以佛勢力以佛功德教化如是无量大
菩薩衆當成阿耨多羅三藐三菩提世尊此
大菩薩衆假使有人於千万億劫數不能盡
不得其邊斯等久遠已來於无量无邊諸佛
所殖諸善根成就菩薩道常脩梵行世尊如
此之事世所難信譬如有人色美髮黑年二十
五指百歲人言是我子其百歲人亦指年少
言是我父生育我等是事難信佛亦如是
得道已來其實未久而此大衆諸菩薩等已
於无量千万億劫為佛道故勤行精進善入
出住无量百千万億三昧得大神通久脩梵
行善能次第習諸善法巧於問荅人中之寶
一切世間甚為希有今日世尊方云得佛道
時初令發心教化示導令向阿耨多羅三藐
三菩提世尊得佛未久乃能作此大功德事
我等雖復信佛隨宜所說佛所出言未曾虛
妄佛所知者皆悉通達然諸新發意菩薩於
佛滅後若聞是語或不信受而起破法罪業
因緣唯然世尊願為解說除我等疑及未來
世諸善男子聞此事已亦不生疑尒時彌勒
菩薩欲重宣此義而說偈言
佛昔從釋種　出家近伽耶　坐於菩提樹　尒來尚未久
此諸佛子等　其數不可量　久已行佛道　住於神通力
善學菩薩道　不染世間法　如蓮華在水　從地而踊出
皆起恭敬心　住於世尊前　是事難思議　云何而可信
佛得道甚近　所成就甚多　願為除衆疑　如實分別說

BD00847號　妙法蓮華經卷五　（27-14）

佛昔從釋種 出家近伽耶 坐於菩提樹 尒來尚未久
此諸佛子等 其數不可量 久已行佛道 住神通智力
善學菩薩道 不染世間法 如蓮華在水 從地而踊出
皆起恭敬心 住於世尊前 是事難思議 云何而可信
佛得道甚近 所成就甚多 願為除衆疑 如實分別說
譬如少壯人 年始二十五 示人百歲子 髮白而面皺
是等我所生 子亦說是父 父少而子老 舉世所不信
世尊亦如是 得道來甚近 是諸菩薩等 志固无怯弱
從无量劫來 而行菩薩道 巧於難問荅 其心无所畏
忍辱心決定 端正有威德 十方佛所讚 善能分別說
不樂在人衆 常好在禪定 為求佛道故 於下空中住
我等從佛聞 於此事无疑 願佛為未來 演說令開解
若有於此經 生疑不信者 即當墮惡道 願今為解說
是无量菩薩 云何於少時 教化令發心 而住不退地

妙法蓮華經如來壽量品第十六

尒時佛告諸菩薩及一切大衆諸善男子汝
等當信解如來誠諦之語復告大衆汝等當
信解如來誠諦之語又復告諸大衆汝等當
信解如來誠諦之語是時菩薩大衆彌勒為
首合掌白佛言世尊唯願說之我等當信受
佛語如是三白已復言唯願說之我等當信
受佛語尒時世尊知諸菩薩三請不止而告
之言汝等諦聽如來秘密神通之力一切世
間天人及阿脩羅皆謂今釋迦牟尼佛出釋
氏宮去伽耶城不遠坐於道場得阿耨多羅
三藐三菩提然善男子我實成佛已來无量
无邊百千万億那由他劫譬如五百千万億
那由他阿僧祇三千大千世界假使有人末

BD00847號　妙法蓮華經卷五　（27–15）

氏宮去伽耶城不遠坐於道場得阿耨多羅
三藐三菩提然善男子我實成佛已來无量
无邊百千万億那由他劫譬如五百千万億
那由他阿僧祇三千大千世界假使有人末
為微塵過於東方五百千万億那由他阿僧
祇國乃下一塵如是東行盡是微塵諸善男
子於意云何是諸世界可得思惟挍計知其
數不弥勒菩薩等俱白佛言世尊是諸世
界无量无邊非算數所知亦非心力及一切聲
聞辟支佛以无漏智不能思惟知其限數我
等住阿惟越致地於是事中亦所不達世
尊如是諸世界无量无邊尒時佛告大菩薩
衆諸善男子今當分明宣語汝等是諸世界
若著微塵及不著者盡以為塵一塵一劫我
成佛已來復過於此百千万億那由他阿僧
祇劫自從是來我常在此娑婆世界說法教
化亦於餘處百千万億那由他阿僧祇國導
利衆生諸善男子於是中間我說然燈佛等
又復言其入於涅槃如是皆以方便分別諸
善男子若有衆生來至我所我以佛眼觀其
信等諸根利鈍隨所應度處處自說名字不
同年紀大小亦復現言當入涅槃又以種種
方便說微妙法能令衆生發歡喜心諸善男
子如來見諸衆生樂於小法德薄垢重者為
是人說我少出家得阿耨多羅三藐三菩提
然我實成佛已來久遠若斯但以方便教化
衆生令入佛道作如是說諸善男子如來所

BD00847號　妙法蓮華經卷五　（27–16）

方便說微妙法能令衆生發歡喜心諸善男
子如来見諸衆生樂於小法德薄垢重者為
是人說我少出家得阿耨多羅三藐三菩提
然我實成佛已来久遠若斯但以方便教化
衆生令入佛道作如是說諸善男子如来所
演經典皆為度脫衆生或說己身或說他身
或示己身或示他身或示己事或示他事諸
所言說皆實不虛所以者何如来如實知見
三界之相无有生死若退若出亦无在世及
滅度者非實非虛非如非異不如三界見於
三界如斯之事如来明見无有錯謬以諸衆
生有種種性種種欲種種行種種憶想分
別故欲令生諸善根以若干因緣譬喻言辞
種種說法所作佛事未曾暫廢如是我成佛
已来甚大久遠壽命无量阿僧祇劫常住不
滅諸善男子我本行菩薩道所成壽命今猶
未盡復倍上數然今非實滅度而便唱言當
取滅度如来以是方便教化衆生所以者何若
佛久住於世薄德之人不種善根貧窮下賤
貪著五欲入於憶想妄見網中若見如来常
在不滅便起憍恣而懷猒怠不能生難遭之
想恭敬之心是故如来以方便說比丘當知
諸佛出世難可值遇所以者何諸薄德人過
无量百千万億劫或有見佛或不見者以此
事故我作是言諸比丘如来難可得見斯衆
生等聞如是語必當生於難遭之想心懷戀
慕渴仰於佛便種善根是故如来雖不實滅
而言滅度又善男子諸佛如来法皆如是為

事故我作是言諸比丘如来難可得見斯衆
生等聞如是語必當生於難遭之想心懷戀
慕渴仰於佛便種善根是故如来雖不實滅
而言滅度又善男子諸佛如来法皆如是為
度衆生皆實不虛譬如良醫智慧聰達明練
方藥善治衆病其人多諸子息若十二十乃
至百數以有事緣遠至餘國諸子於後飲他
毒藥藥發悶亂宛轉于地是時其父還来歸
家諸子飲毒或失本心或不失者遙見其父
皆大歡喜拜跪問訊善安隱歸我等愚癡
誤服毒藥願見救療更賜壽命父見子等
苦惱如是依諸經方求好藥草色香美味皆
悉具足擣篩和合與子令服而作是言此大良藥
色香美味皆悉具足汝等可服速除苦惱无復
衆患其諸子中不失心者見此良藥色香俱
好即便服之病盡除愈餘失心者見其父
来雖亦歡喜問訊求索治病然與其藥而不
肯服所以者何毒氣深入失本心故於好色
香藥而謂不美父作是念此子可愍為毒所
中心皆顛倒雖見我喜求索救療如是好藥
而不肯服我今當設方便令服此藥即作是
言汝等當知我今衰老死時已至是好良藥
今留在此汝可取服勿憂不差作是教已復
至他國遣使還告汝父已死是時諸子聞父
背喪心大憂惱而作是念若父在者慈愍我
等能見救護今者捨我遠喪他國自惟孤
露无復恃怙常懷悲感心遂醒悟乃知此藥

今留在此汝可取服勿憂不差作是教已復
至他國遣使還告汝父已死是時諸子聞父
背喪心大憂惱而作是念若父在者慈愍我
等能見救護今者捨我遠喪他國自惟孤
露无復恃怙常懷悲感心遂醒悟乃知此藥
色味香美即取服之毒病皆愈其父聞子悉
已得差尋便來歸咸使見之諸善男子於意
云何頗有人能說此良醫虛妄罪不不也世
尊佛言我亦如是成佛已來无量无邊百千
万億那由他阿僧祇劫為衆生故以方便力
言當滅度亦无有能如法說我虛妄過者尒
時世尊欲重宣此義而說偈言

自我得佛來　所經諸劫數　无量百千万　億載阿僧祇
常說法教化　无數億衆生　令入於佛道　尒來无量劫
為度衆生故　方便現涅槃　而實不滅度　常住此說法
我常住於此　以諸神通力　令顛倒衆生　雖近而不見
衆見我滅度　廣供養舍利　咸皆懷戀慕　而生渴仰心
衆生既信伏　質直意柔軟　一心欲見佛　不自惜身命
時我及衆僧　俱出靈鷲山　我時語衆生　常在此不滅
以方便力故　現有滅不滅　餘國有衆生　恭敬信樂者
我復於彼中　為說无上法　汝等不聞此　但謂我滅度
我見諸衆生　沒在於苦惱　故不為現身　令其生渴仰
因其心戀慕　乃出為說法　神通力如是　於阿僧祇劫
常在靈鷲山　及餘諸住處　衆生見劫盡　大火所燒時
我此土安隱　天人常充滿　園林諸堂閣　種種寶莊嚴
寶樹多華菓　衆生所遊樂　諸天擊天鼓　常作衆伎樂
雨曼陁羅華　散佛及大衆　我淨土不毀　而衆見燒盡

BD00847號　妙法蓮華經卷五　（27–19）

我見諸衆生　沒在於苦惱　故不為現身　令其生渴仰
因其心戀慕　乃出為說法　神通力如是　於阿僧祇劫
常在靈鷲山　及餘諸住處　衆生見劫盡　大火所燒時
我此土安隱　天人常充滿　園林諸堂閣　種種寶莊嚴
寶樹多華菓　衆生所遊樂　諸天擊天鼓　常作衆伎樂
雨曼陁羅華　散佛及大衆　我淨土不毀　而衆見燒盡
憂怖諸苦惱　如是悉充滿　是諸罪衆生　以惡業因緣
過阿僧祇劫　不聞三寶名　諸有修功德　柔和質直者
則皆見我身　在此而說法　或時為此衆　說佛壽无量
久乃見佛者　為說佛難值　我智力如是　慧光照无量
壽命无數劫　久脩業所得　汝等有智者　勿於此生疑
當斷令永盡　佛語實不虛　如醫善方便　為治狂子故
實在而言死　无能說虛妄　我亦為世父　救諸苦患者
為凡夫顛倒　實在而言滅　以常見我故　而生憍恣心
放逸著五欲　墮於惡道中　我常知衆生　行道不行道
隨應所可度　為說種種法　每自作是意　以何令衆生
得入无上道　速成就佛身

妙法蓮華經分別功德品第十七

尒時大會聞佛說壽命劫數長遠如是无
量无邊阿僧祇衆生得大饒益於時世尊
告弥勒菩薩摩訶薩阿逸多我說是如來壽
命長遠時六百八十万億那由他恒河沙衆生
得无生法忍復千倍菩薩摩訶薩得聞持陁
羅尼門復有一世界微塵數菩薩摩訶薩得
樂說无礙辯才復有一世界微塵數菩薩摩訶
薩得百千万億无量旋陁羅尼復有三千大
千世界微塵數菩薩摩訶薩能轉不退法輪
復有二千中國土微塵數菩薩摩訶薩能轉

BD00847號　妙法蓮華經卷五　（27–20）

羅尼門復有一世界微塵數菩薩摩訶薩得
樂說无礙辯才復有一世界微塵數菩薩摩訶
薩得百千万億无量旋陁羅尼復有三千大
千世界微塵數菩薩摩訶薩能轉不退法輪
復有二千中國土微塵數菩薩摩訶薩能轉
清淨法輪復有小千國土微塵數菩薩摩
訶薩八生當得阿耨多羅三藐三菩提復有
四四天下微塵數菩薩摩訶薩四生當得阿
耨多羅三藐三菩提復有三四天下微塵數
菩薩摩訶薩三生當得阿耨多羅三藐三菩
提復有二四天下微塵數菩薩摩訶薩二生
當得阿耨多羅三藐三菩提復有一四天下
微塵數菩薩摩訶薩一生當得阿耨多羅三
藐三菩提復有八世界微塵數衆生皆發阿
耨多羅三藐三菩提心佛說是諸菩薩摩訶
薩得大法利時於虛空中雨曼陁羅華摩訶
曼陁羅華以散无量百千万億寶樹下師子座
上諸佛并散七寶塔中師子座上釋迦牟尼
佛及久滅度多寶如來亦散一切諸大菩薩
及四部衆又雨細末栴檀沉水香等於虛空中
天鼓自鳴妙聲深遠又雨千種天衣垂諸瓔
珞真珠瓔珞摩尼珠瓔珞如意珠瓔珞遍
於九方衆寶香爐燒无價香自然周至供養
大會一一佛上有諸菩薩執持幡蓋次第而
上至于梵天是諸菩薩以妙音聲歌无量頌
讚歎諸佛尒時弥勒菩薩從座而起偏袒右
肩合掌向佛而說偈言
佛說希有法　昔所未曾聞　世尊有大力　壽命不可量

BD00847 號　妙法蓮華經卷五　（27–21）

大會一一佛上有諸菩薩執持幡蓋次第而
上至于梵天是諸菩薩以妙音聲歌无量頌
讚歎諸佛尒時弥勒菩薩從座而起偏袒右
肩合掌向佛而說偈言
佛說希有法　昔所未曾聞　世尊有大力　壽命不可量
无數諸佛子　聞世尊分別　說得法利者　歡喜充遍身
或住不退地　或得陁羅尼　或无礙樂說　万億旋總持
或有大千界　微塵數菩薩　各各皆能轉　不退之法輪
或有中千界　微塵數菩薩　各各皆能轉　清淨之法輪
復有小千界　微塵數菩薩　餘各八生在　當得成佛道
復有四三二　如是四天下　微塵諸菩薩　隨數生成佛
或一四天下　微塵數菩薩　餘有一生在　當成一切智
如是等衆生　聞佛壽長遠　得无量无漏　清淨之果報
復有八世界　微塵數衆生　聞佛說壽命　皆發无上心
世尊說无量　不可思議法　多有所饒益　如虛空无邊
雨天曼陁羅　摩訶曼陁羅　釋梵如恒沙　无數佛土來
雨栴檀沉水　繽紛而亂墜　如鳥飛空下　供散於諸佛
天鼓虛空中　自然出妙聲　天衣千万種　旋轉而來下
衆寶妙香爐　燒无價之香　自然悉周遍　供養諸世尊
其大菩薩衆　執七寶幡蓋　高妙万億種　次第至梵天
一一諸佛前　寶幢懸勝幡　亦以千万偈　歌詠諸如來
如是種種事　昔所未曾有　聞佛壽无量　一切皆歡喜
佛名聞十方　廣饒益衆生　一切具善根　以助无上心
尒時佛告弥勒菩薩摩訶薩阿逸多其有
衆生聞佛壽命長遠如是乃至能生一念信解
所得功德无有限量若有善男子善女人為阿
耨多羅三藐三菩提於八十万億那由他劫
行五波羅蜜檀波羅蜜尸波羅蜜羼提波

BD00847 號　妙法蓮華經卷五　（27–22）

佛者聞十方 廣饒益衆生 一切具善根 以助无上心
尒時佛告弥勒菩薩摩訶薩阿逸多其有
衆生聞佛壽命長遠如是乃至能生一念信解
所得功德无有限量若有善男子善女人為阿
耨多羅三藐三菩提於八十万億那由他劫
行五波羅蜜檀波羅蜜尸波羅蜜羼提波
羅蜜毗梨耶波羅蜜禪波羅蜜除般若波
羅蜜以是功德比前功德百分千分百千万
億分不及其一乃至筭數譬喻所不能知若
善男子有如是功德於阿耨多羅三藐三菩
提退者无有是處尒時世尊欲重宣此義而
說偈言
若人求佛慧 於八十万億 那由他劫數 行五波羅蜜
於是諸劫中 布施供養佛 及緣覺弟子 并諸菩薩衆
珍異之飲食 上服與卧具 栴檀立精舍 以園林莊嚴
如是等布施 種種皆微妙 盡此諸劫數 以迴向佛道
若復持禁戒 清淨无缺漏 求於无上道 諸佛之所歎
若復行忍辱 住於調柔地 設衆惡来加 其心不傾動
諸有得法者 懷於增上慢 為此所輕惱 如是亦能忍
若復勤精進 志念常堅固 於无量億劫 一心不懈怠
又於无數劫 住於空閑處 若坐若經行 除睡常攝心
以是因緣故 能生諸禪定 八十億万劫 安住心不亂
持此一心福 願求无上道 我得一切智 盡諸禪定際
是人於百千 万億劫數中 行此諸功德 如上之所說
有善男女等 聞我說壽命 乃至一念信 其福過於彼
若人悉无有 一切諸疑悔 深心須臾信 其福為如此
其有諸菩薩 无量劫行道 聞我說壽命 是則能信受
如是諸人等 頂受此經典 願我於未来 長壽度衆生

BD00847號　妙法蓮華經卷五

(27–23)

持此一心福 願求无上道 我得一切智 盡諸禪定際
是人於百千 万億劫數中 行此諸功德 如上之所說
有善男女等 聞我說壽命 乃至一念信 其福過於彼
若人悉无有 一切諸疑悔 深心須臾信 其福為如此
其有諸菩薩 无量劫行道 聞我說壽命 是則能信受
如是諸人等 頂受此經典 願我於未来 長壽度衆生
如今日世尊 諸釋中之王 道場師子吼 說法无所畏
我等未来世 一切所尊敬 坐於道場時 說壽亦如是
若有深心者 清淨而質直 多聞能總持 隨義解佛語
如是諸人等 於此无有疑
又阿逸多若有聞佛壽命長遠解其言趣是
人所得功德无有限量能起如来无上之慧何
況廣聞是經若教人聞若自持若教人持若
自書若教人書若以華香瓔珞幢幡繒蓋
香油蘇燈供養經卷是人功德无量无邊能
生一切種智阿逸多若善男子善女人聞我
說壽命長遠深心信解則為見佛常在耆闍
崛山共大菩薩諸聲聞衆圍繞說法又見此娑
婆世界其地瑠璃坦然平正閻浮檀金以界八
道寶樹行列諸臺樓觀皆悉寶成其菩薩
衆咸處其中若有能如是觀者當知是為深
信解相又復如来滅後若聞是經而不毀呰
起隨喜心當知已為深信解相何況讀誦受
持之者斯人則為頂戴如来阿逸多是善
男子善女人不須為我復起塔寺及作僧坊
以四事供養衆僧所以者何是善男子善女
人受持讀誦是經典者為已起塔造立僧坊
供養衆僧則為以佛舍利起七寶塔高廣漸

BD00847號　妙法蓮華經卷五

(27–24)

持之者其人則為頂戴如來阿逸多是善
男子善女人不須為我後起塔寺及作僧坊
以四事供養衆僧所以者何是善男子善女
人受持讀誦是經典者為已起塔造立僧坊
供養衆僧則為以佛舍利起七寶塔高廣漸
小至于梵天懸諸幡蓋及衆寶鈴華香瓔珞
末香塗香燒香衆鼓伎樂簫笛箜篌種種舞
戲以妙音聲歌唄讚頌則為於无量千万億
劫作是供養已阿逸多若我滅後聞是經典
有能受持若自書若教人書則為起立僧坊
以赤栴檀作諸殿堂三十有二高八多羅樹
高廣嚴好百千比丘於其中止園林流池經
行禪窟衣服飲食床褥湯藥一切樂具充滿
其中如是僧坊堂閣若干百千万億其數无
量以此現前供養於我及比丘僧是故我說
如來滅後若有受持讀誦為他人說若自書
若教人書供養經卷不須復起塔寺及造僧
坊供養衆僧況復有人能持是經兼行布施
持戒忍辱精進一心智慧其德㝡勝无量
邊辟如虛空東西南北方四維上下无量无邊
是人功德亦復如是无量无邊疾至一切種
智若人讀誦受持是經為他人說自書若教
人書復能起塔及造僧坊供養讚歎聲聞
衆僧亦以百千万億讚歎之法讚歎菩薩功
德又為他人種種因緣隨義解說此法華經
復能清淨持戒與柔和者而共同止忍辱无
瞋志念堅固常貴坐禪得諸深定精進勇猛
攝諸善法利根智慧善荅問難阿逸多若我

BD00847號　妙法蓮華經卷五　（27–25）

德又為他人種種因緣隨義解說此法華經
復能清淨持戒與柔和者而共同止忍辱无
瞋志念堅固常貴坐禪得諸深定精進勇猛
攝諸善法利根智慧善荅問難阿逸多若我
滅後諸善男子善女人受持讀誦是經典者
復有如是諸善功德當知是人已趣道場近
阿耨多羅三藐三菩提坐道樹下阿逸多是
善男子善女人若坐若立若行處此中便應
起塔一切天人皆應供養如佛之塔尒時世
尊欲重宣此義而說偈言
若我滅度後　能奉持此經　斯人福无量　如上之所說
是則為具足　一切諸供養　以舍利起塔　七寶而莊嚴
表剎甚高廣　漸小至梵天　寶鈴千万億　風動出妙音
又於无量劫　而供養此塔　華香諸瓔珞　天衣衆伎樂
然香油蘇燈　周帀常照明　惡世法末時　能持是經者
則為已如上　具足諸供養　若能持此經　則如佛現在
以牛頭栴檀　起僧坊供養　堂有三十二　高八多羅樹
上饌妙衣服　床臥皆具足　百千衆住處　園林諸流池
經行及禪窟　種種皆嚴好　若有信解心　受持讀誦書
若復教人書　及供養經卷　散華香末香　以須曼瞻蔔
阿提目多伽　薰油常然之　如是供養者　得无量功德
如虛空无邊　其福亦如是　況復持此經　兼布施持戒
忍辱樂禪定　不瞋不惡口　恭敬於塔廟　謙下諸比丘
遠離自高心　常思惟智慧　有問難不瞋　隨順為解說
若能行是行　功德不可量　若見此法師　成就如是德
應以天華散　天衣覆其身　頭面接足禮　生心如佛想
又應作是念　不久詣道樹　得无漏无為　廣利諸人天

BD00847號　妙法蓮華經卷五　（27–26）

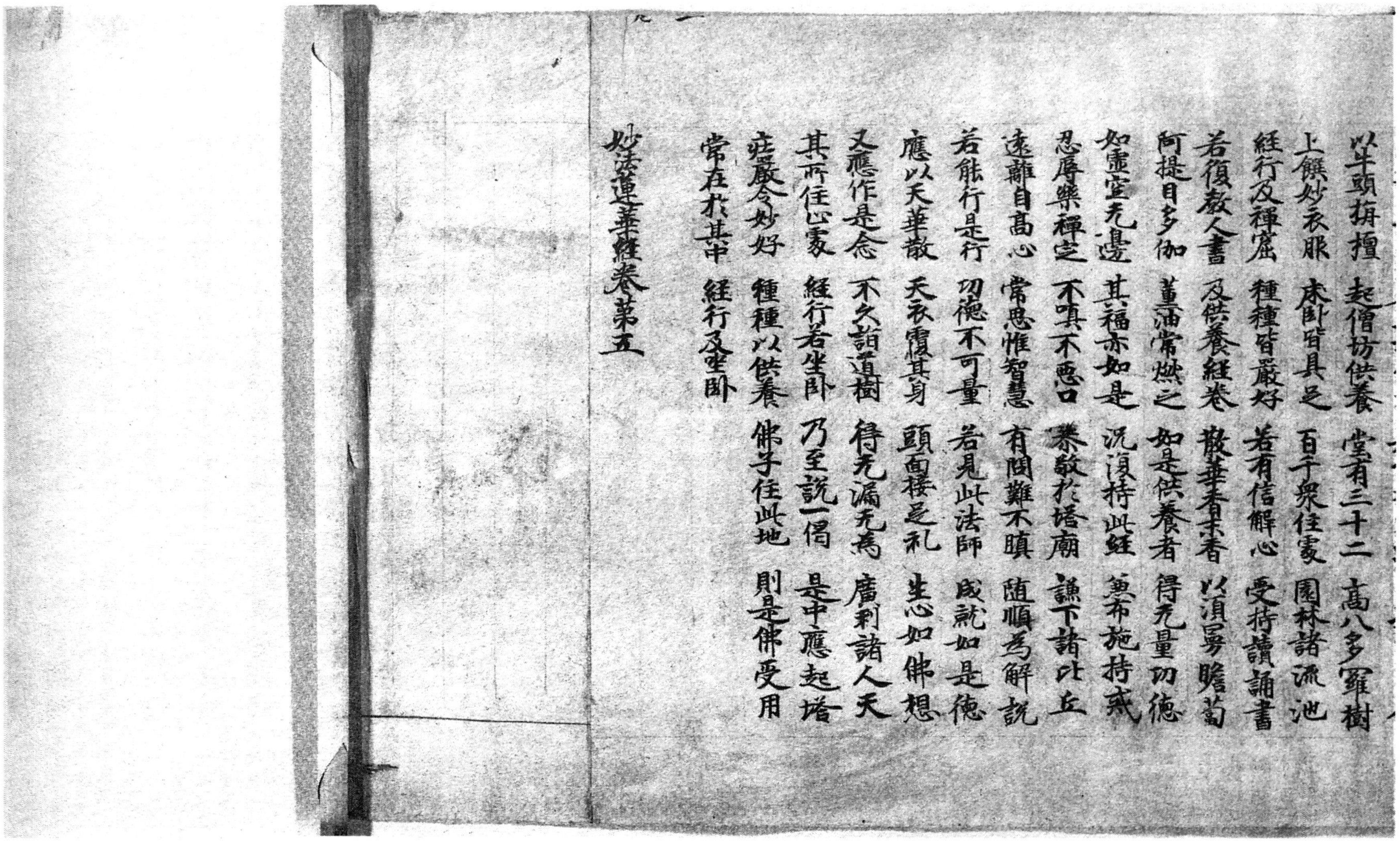

以牛頭栴檀 起僧坊供養 堂有三十二 高八多羅樹
上饌妙衣服 床臥皆具足 百千衆住處 園林諸流池
經行及禪窟 種種皆嚴好 若有信解心 受持讀誦書
若復教人書 及供養經卷 散華香末香 以須曼瞻蔔
阿提目多伽 薰油常燃之 如是供養者 得无量功德
如虛空无邊 其福亦如是 況復持此經 兼布施持戒
忍辱樂禪定 不瞋不惡口 恭敬於塔廟 謙下諸比丘
遠離自高心 常思惟智慧 有問難不瞋 隨順為解說
若能行是行 功德不可量 若見此法師 成就如是德
應以天華散 天衣覆其身 頭面接足禮 生心如佛想
又應作是念 不久詣道樹 得无漏无為 廣利諸人天
其所住止處 經行若坐臥 乃至說一偈 是中應起塔
莊嚴令妙好 種種以供養 佛子住此地 則是佛受用
常在於其中 經行及坐臥

妙法蓮華經卷第五

BD00847號　妙法蓮華經卷五　（27–27）

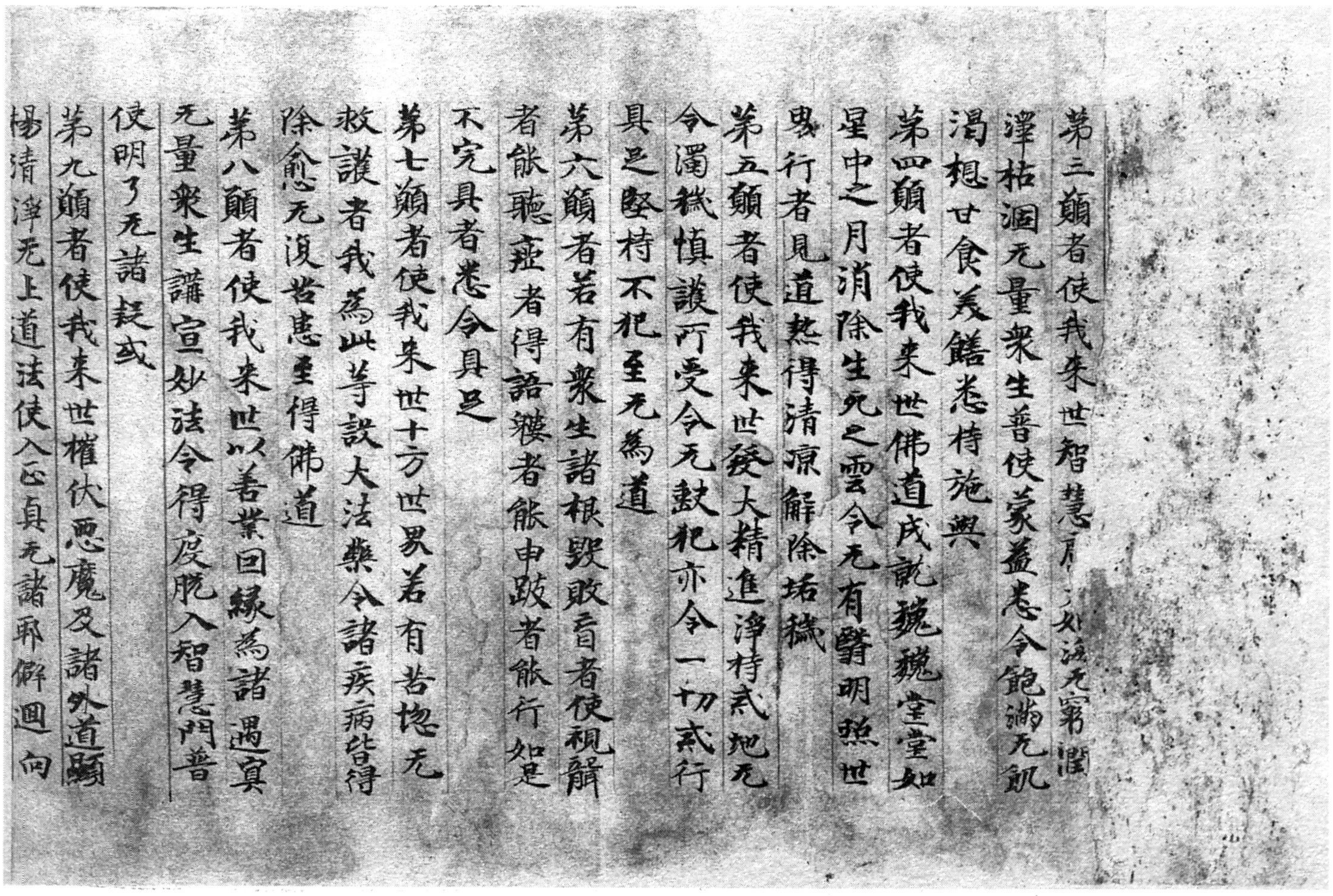

第三願者使我來世智慧廣大如海无窮潤
澤枯涸无量衆生普使蒙益悉令飽滿无飢
渴想甘食美饍悉持施與
第四願者使我來世佛道成就巍巍堂堂如
星中之月消除生死之雲令无有翳明照世
界行者見道熱得清涼解除垢穢
第五願者使我來世發大精進淨持戒地无
令濁穢慎護所受令无缺犯亦令一切戒行
具足堅持不犯至无為道
第六願者若有衆生諸根毀敗盲者使視聾
者能聽瘂者得語僂者能申跛者能行如是
不完具者悉令具足
第七願者使我來世十方世界若有苦惱无
救護者我為此等設大法藥令諸疾病皆得
除愈无復苦患至得佛道
第八願者使我來世以善業因緣為諸遇冥
无量衆生講宣妙法令得度脫入智慧門普
使明了无諸疑惑
第九願者使我來世摧伏惡魔及諸外道顯
揚清淨无上道法使入正真无諸邪僻迴向

BD00848號　灌頂章句拔除過罪生死得度經　（14–1）

第八願者使我來世以善業因緣爲諸遇真
无量衆生講宣妙法令得度脫入智慧門普
使明了无諸疑惑
第九願者使我來世摧伏惡魔及諸外道顯
楊清淨无上道法使入正真无諸邪僻迴向
菩提八正覺路
第十願者使我來世若有衆生王法所加臨
當刑戮无量怖畏愁憂苦惱若復鞭撻枷鎖
其體種種恐懼逼切其身如是无邊諸苦惱
等悉令解脫无有衆難
第十一願者使我來世若有衆生飢火所惱
令得種種甘美飲食天諸餚饍種種无數悉
以賜與令身充足
第十二願者使我來世若有貧凍裸露衆
生即得衣服窮乏之者施以珍寶倉庫盈溢
无所乏少一切皆受无量快樂乃至无有一人
受苦使諸衆生和顏悅色形貌端嚴人所喜
見琴瑟鼓吹如是无量最上音聲施與一切
无量衆生是爲十二微妙上願
佛告文殊師利此藥師瑠璃光本願功德如
是我今爲汝略說其國莊嚴之事此藥師瑠
璃光如來國土清淨无五濁无愛欲无意垢
以白銀琉璃爲地宮殿樓閣悉用七寶亦如
西方无量壽國无有異也有二菩薩一名日
曜二名月淨是二菩薩次補佛處諸善男子
及善女人亦當願生彼國土也文殊師利白
佛言唯願演說藥師琉璃光如來无量功德
鐃益衆生令得佛道佛言若有男子女人新
破衆魔來入正道得聞我說藥師琉璃光如
來名字者魔家眷屬退散馳走如是无量拔

BD00848號　灌頂章句拔除過罪生死得度經　（14–2）

及善女人亦當願生彼國土也文殊師利白
佛言唯願演說藥師琉璃光如來无量功德
鐃益衆生令得佛道佛言若有男子女人新
破衆魔來入正道得聞我說藥師琉璃光如
來名字者魔家眷屬退散馳走如是无量拔
衆生苦我今說之
佛告文殊師利世間有人不解罪福慳貪不
知布施今世後世當得其福世人愚癡但知
貪惜寧自割身肉而噉食之不肯持錢財布
施求後世之福世又有人身不衣食此大慳貪
命終以後當墮餓鬼及在畜生中聞我說
是藥師瑠璃光如來名字之時无不解脫憂
苦者也皆作信心貪福畏罪人從業頭與頭
業眼與眼乞妻與妻匃子與子求金銀珍寶
皆大布施一時歡喜即發无上正真道意
佛言若復有人受佛淨戒遵奉明法不解罪
福唯知明經不及中義不能分別曉了中事
以自貢高恒常嫉妬乃與世間衆魔從事
更作縛著不解行之愆着婦女恩愛之情口爲
說空行在有中不能發覺復不自知但能論
說他人是非如此人輩皆當墮三惡道中聞
我說是藥師琉璃光本願功德无不歡喜念
欲捨家行作沙門者也
佛言世間有人好自稱譽皆是貢高當墮三惡
道中後還爲人牛馬奴婢生下賤中人當乘
其力負重而行困苦疲極亡失人身聞我說
是藥師琉璃光如來本願功德者皆當一心
歡喜踊躍更作誠敬即得解脫衆苦之患長
得歡樂聰明智慧遠離惡道得生善處與
善知識共相值遇无復憂惱離諸魔縛

BD00848號　灌頂章句拔除過罪生死得度經　（14–3）

其力負重而行困苦疲極亡失人身聞我說
是藥師琉璃光如來本願功德者皆當一心
歡喜踊躍更作誠敬即得解脫衆苦之患長
得歡樂聰明智慧遠離惡道得生善處與
善知識共相值遇无復憂惱離諸魔縛
佛言世間愚癡人輩兩舌鬪諍惡口罵詈更
相嫉恨或就山神樹下鬼神日月之神南斗北
辰諸鬼神所作諸呪誓或作名字或作人形
像或作符書以相厭禱呪咀言說聞我說
是藥師琉璃光本願功德无不兩作和解俱
生慈心惡意悉滅各各歡喜无復惡念
佛言若四輩弟子比丘比丘尼清信士清信
女常脩月六齋年三長齋或晝夜精懃一心
苦行願欲往生西方阿弥陀佛國者憶念晝夜
若一日二日三日四日五日六日七日或復中
悔聞我說是藥師琉璃光本願功德盡
其壽命欲終之日有八菩薩文殊師利菩薩
觀世音菩薩德大勢志菩薩无盡意菩薩寶
檀華菩薩藥王菩薩藥上菩薩弥勒菩薩是八
菩薩皆當飛往迎其精神不逕八難生蓮華
中自然音樂而相娛樂
佛言假使壽命自欲盡時臨終之日得聞我
說是琉璃光佛本願功德者命終皆得上生
天上不復歷三惡道中天上福盡若下生人
間當為帝王家作子或生豪姓長者居富貴
家生皆當端正聰明智慧高才勇猛若是
女人化成男子无復憂苦患難者也
佛語文殊我稱譽顯說琉璃光佛至真等正
覺本所脩集无量行願功德如是文殊師利從

BD00848 號　灌頂章句拔除過罪生死得度經　（14–4）

女人化成男子无復憂苦患難者也
佛語文殊我稱譽顯說琉璃光佛至真等正
覺本所脩集无量行願功德如是文殊師利從
坐而起長跪叉手前白佛言世尊佛去世後當
以此法開化十方一切衆生使其受持是經
典也若有男子女人愛樂是經受持讀誦宣
通之者復能尊念若一日二日三日四日五日
乃至七日憶念不忘能以好素帛書取是
經五色雜綵作囊盛之者是時當有天諸
善神四天大王龍神八部常來營衛愛敬此
經能日日作礼是持經者不墮橫死所在安
隱惡氣消滅諸魔鬼神亦不中害佛言如是
如是如汝所說文殊師利言天尊所說言
无不善
佛言文殊若有善男子善女人等發心造立
藥師琉璃光如來形像供養礼拜懸雜色幡
蓋燒香散華歌詠讚歎圍遶百匝還本坐
處端坐思惟念藥師琉璃光佛无量功德若
有男子女人七日七夜菜食長齋供養礼拜
藥師琉璃光佛求心中所願者无不獲得求長
壽得長壽求富饒得富饒求安隱得安隱求
男女得男女求官位得官位若命過以後欲
生妙樂天上者亦當礼敬琉璃光佛至真等
正覺若欲上生三十三天者亦當礼拜必得
往生若欲與明師世世相值遇者亦當礼敬
琉璃光佛
佛告文殊若欲生十方妙樂國土者亦應礼
敬琉璃光佛欲得生兜率天見弥勒者亦應礼
敬琉璃光佛若欲遠諸邪道亦當礼敬琉璃

BD00848 號　灌頂章句拔除過罪生死得度經　（14–5）

琉璃光佛
佛告文殊若欲生十方妙樂國土者亦應礼
敬琉璃光佛欲得生兜率天見彌勒者亦應礼
敬琉璃光佛若欲遠諸耶道亦當礼敬琉璃
光佛若夜惡夢鳥鳴百怪蜚尸耶忤魍魎鬼
神之所娆者亦當礼敬琉璃光佛若為水火之
所焚漂者亦當礼敬琉璃光佛若入山谷為
虎狼熊羆蒺藜諸狩象龍虵蝮蝎種種雜
類若有惡心來相向者心當存念琉璃光佛
山中諸難不能為害若他方惡賊偷竊惡人
怨家債主欲來侵陵心當存念琉璃光佛則
不為害以善男女礼敬琉璃光如來功德所
致華報如是况果報也是故吾今勸諸四輩
礼事琉璃光佛至真等正覺
佛告文殊我但為汝略說琉璃光佛礼敬功
德若使我廣說是琉璃光佛无量功德與一
切人求心中所願者從一劫至一劫故不周
遍其世間人若有著床萎黃困篤惡病連年
累月不差者聞我說是琉璃光佛名字之時
橫病之厄无不除愈唯宿殃不請耳
佛告文殊若男子女人受三自歸若五戒若
十戒若善信菩薩二十四戒若沙門二百五
十戒若比丘尼五百戒若菩薩戒若破是諸
戒若能至心懺悔者復聞我說琉璃光佛
終不墮三惡道中必得解脫若人愚癡不受
父母師友教誨不信佛不信經戒不信聖僧
應墮三惡道中者亡失人種受畜生身聞我
說是琉璃光佛善願功德者即得解脫
佛告文殊世有惡人雖受佛禁戒觸事違犯

BD00848號　灌頂章句拔除過罪生死得度經　（14–6）

父母師友教誨不信佛不信經戒不信聖僧
應墮三惡道中者亡失人種受畜生身聞我
說是琉璃光佛善願功德者即得解脫
佛告文殊世有惡人雖受佛禁戒觸事違犯
或然无道偷竊他人財寶欺詐妄語婬他婦
女飲酒鬬亂兩舌惡口罵詈人犯戒為惡
復祠祀鬼神有如是過罪當墮地獄中若當
屠割若抱銅柱若鐵鉤出舌若洋銅灌口者
聞我說是藥師琉璃光佛无不即得解脫者
也
佛告文殊其世間人豪貴下賤不信佛不信
經法不信沙門不信有須陀洹不信有斯陀
含不信有阿那含不信有阿羅漢不信有辟
支佛不信有十住菩薩不信有三世之事不
信有十方諸佛不信有本師釋迦文佛不信
人死神明更生善者受福惡者受殃有如是
之罪應墮惡道聞我說是藥師琉璃光佛名
字之者一切過罪自然消滅
佛告文殊若有善男子善女人聞我說是藥
師琉璃光佛至真等正覺其誰不發无上正
真道意後皆當得作佛人居世間士宦不遷
治生不得飢寒困厄亡失財產无復方計聞
我說是藥師琉璃光佛名各得心中所願士
宦皆得高遷財物自然長益飲食充饒皆得
富貴若為縣官之所拘錄惡人侵枉若為怨家
所得便者心當存念琉璃光佛若他婦女生
產難者皆當念是琉璃光佛兒則易生身體
平正无諸疾痛六情完具聡明智慧壽命得
長不遭枉橫善神擁護不為惡鬼舐其頭也
佛說是時阿難在右邊佛顧語阿難言汝

BD00848號　灌頂章句拔除過罪生死得度經　（14–7）

當責若為縣官之所拘録惡人侵枉若為怨家
所得便者心當存念琉璃光佛若他婦女生
產難者皆當念是琉璃光佛兒則易生身體
平正无諸疾痛六情完具聡明智慧壽命得
長不遭枉横善神擁護不為惡鬼詆其頭也
佛說是語時阿難在右邊佛顧語阿難言汝
信我為文殊師利說往昔東方過十恒沙有
佛名藥師琉璃光佛本願功德者不阿難白
佛言唯天中天佛之所言何敢不信耶佛復
語阿難言世間人雖有眼耳鼻舌身意人常
用是六事以自迷惑信世間魔耶之言不
信至真至誠度世苦切之語是輩人難可開
化也
阿難白佛言世尊世人多有惡逆下賤之者
若聞佛說經開人耳目破治人病除人陰冥
使覩光明解人疑結去人重罪千劫万劫无
復憂患皆因佛說是藥師琉璃光本願功德
慈令安隱得其福也
佛言阿難汝口為言善而汝内心猶疑我言
阿難汝莫作是念以自毀敗佛言阿難我見
汝心我知汝意汝知之不阿難即以頭面著
地長跪白佛言審如天中天所說我告次聞
佛說是藥師琉璃光極大尊貴智慧巍巍難
可度量我心有小疑耳敢不首伏佛言汝智
慧狭劣少見少聞汝聞我說深妙之法无上
空義應生信敬貴重之心必當得至无上正
真道也
文殊問佛言世尊佛說是藥師琉璃光如来
无量功德如是不審誰肯信此言者佛荅文

BD00848 號　灌頂章句拔除過罪生死得度經　（14–8）

慧狭劣少見少聞汝聞我說深妙之法无上
空義應生信敬貴重之心必當得至无上正
真道也
文殊問佛言世尊佛說是藥師琉璃光如来
无量功德如是不審誰肯信此言者佛荅文
殊言唯有百億諸菩薩摩訶薩當信是言耳
唯有十方三世諸佛當信是言
佛言我說是藥師琉璃光如来本願功德難
可得見何况得聞亦難得說亦難得書寫亦
難得讀文殊師利若有男子女人能信是經
受持讀誦書着竹帛復能為他人解中義
此皆先世已發道意今復得聞此微妙法開
化十方无量衆生當知此人必當得至无上
正真道也
佛告阿難我作佛以来從生死復至生死懃苦
累劫无所不更无所不歷无所不作无所不
為如是不可思議况復琉璃光佛本願功德
者乎汝所以有疑者亦復如是阿難汝聞佛
所說汝諦信之莫作疑惑佛語至誠无有虚
偽亦无二言佛為信者施不為疑者說也
阿難汝莫作小疑以毀大乘之業汝却後亦
當發摩訶衍莫以小道毀汝功德也阿難唯
天中天我從今日以去无復餘心唯佛自當
知我心耳
佛語阿難此經能照諸天宮宅若三灾起時
中有天人發心念此琉璃光佛本願功德經
者皆得離於彼處之難是經能除水涸不調
是經能除他方逆賊慈令斷滅四方夷狄各
還正治不相嬈惱國土之通人民歡喜是經
能除穀貴飢凍是經能滅惡星變怪是經能

BD00848 號　灌頂章句拔除過罪生死得度經　（14–9）

中有天人發心念山孫陽光佛本願功德經
者皆得離於彼處之難是經能除水涸不調
是經能除他方逆賊悉令斷滅四方夷狄各
還正治不相嬈惱國土交通人民歡喜是經
能除穀貴飢凍是經能滅惡星變怪是經能
除疫毒之病是經能救三惡道苦地獄餓鬼
畜生等苦若人得聞此經典者无不解脫厄
難者也
尒時衆中有一菩薩名曰救脫從坐而起整
衣服叉手合掌而白佛言我等今日聞佛世
尊演說過東方恒沙世界有佛号瑠璃光一
切衆會靡不歡喜救脫菩薩又白佛言若族
姓男女其有疾病著床痛惱无救護者我今
當勸請衆僧七日七夜齋戒一心受持八禁
六時行道卌九遍讀是經典勸然七層之燈
亦勸懸五色續命神幡阿難問救脫菩薩言
續命幡燈法則云何救脫菩薩語阿難言神
幡五色卌九尺燈亦復尒七層之燈一層七
燈燈如車輪若遭厄難閉在牢獄枷鎖著身
亦應造立五色神幡然卌九燈放雜類衆
生至卌九可得過度危厄之難不為諸橫惡
鬼所持
救脫菩薩語阿難言若天王大臣及諸輔相
王子妃主中宮婇女若為病苦所惱亦應造
立五色續幡然燈續明放諸生命散雜色華
燒衆名香王當放赦屈厄之人徒鎖解脫王
得其福天下太平雨澤以時人民歡樂惡龍
攝毒无病苦者四方夷狄不生逆害國土通
洞慈心相向无諸怨害四海歌詠稱王之德
乘此福祿在意所生見佛聞法言受教誨

BD00848號　灌頂章句拔除過罪生死得度經　（14–10）

燒衆名香王當放赦屈厄之人徒鎖解脫王
得其福天下太平雨澤以時人民歡樂惡龍
攝毒无病苦者四方夷狄不生逆害國土通
洞慈心相向无諸怨害四海歌詠稱王之德
乘此福祿在意所生見佛聞法信受教誨
從是福報至无上道
阿難又問救脫菩薩言命可續也救脫菩薩
荅阿難言我聞世尊說是諸橫勸造幡蓋令
其脩福又言阿難昔沙弥救蟻以脩福故盡
其壽命不更苦患身體安寧福德力強使之
然也阿難回復問救脫菩薩橫有幾種世尊
說言橫乃无數略而言之大橫有九一者橫
病二者橫有口舌三者橫遭縣官四者身羸
无福又持戒不完橫為鬼神之所得便五者
橫為劫賊所剝六者橫為水火焚漂七者橫
為雜類禽獸所噉八者橫為怨讎符書厭禱
耶神牽引未得其福但受其殃先亡牽引
亦名橫死九者有病不治又不脩福湯藥不順
針灸失度不值良醫為病所困於是滅亡又
信世間妖孽之師為作恐動寒熱言語妄發
禍福所犯者多心不自正不能自定卜問覓
禍殺賭猪牛羊種種衆生解奏神明呼諸耶
妖魍魎鬼神請乞福祚欲望長生終不能得
愚癡迷惑信耶倒見死入地獄展轉其中无
解脫時是名九橫
救脫菩薩語阿難言其世間人痿黃之病困
篤著床求生不得求死不得考楚万端此病
人者其或前世造作惡業罪過所招殃咎
引致使然也救脫菩薩語阿難言閻羅王者

BD00848號　灌頂章句拔除過罪生死得度經　（14–11）

解脫時是名九橫
救脫菩薩語阿難言其世間人瘻黃之病困
篤著床求生不得求死不得考楚万端此病
人者其或前世造作惡業罪過所招殃咎
引故使然也救脫菩薩語阿難言閻羅王者
主領世間名籍之記若人為惡作諸非法无
孝順心造作五逆破滅三寶无君臣法又有
衆生不持五戒不信正法設有受者多所毀
犯於是地下鬼神及伺候者奏上五官五官
料簡除死定生或駐錄精神未判是非若已
定者奏上閻羅閻羅監察隨罪輕重考而治
之者世間瘻黃之病困篤不死一絕一生由其罪
福未得料簡錄其精神在彼王所或七日五
三七日乃至七七日名籍定者放其精神
還其身中如從夢中見其善惡其人若明了
者信驗罪福是故我今勸諸四輩造續命神
幡然卌九燈放諸生命以此幡燈放生功德
拔彼精神令得度苦今世後世不遭厄難
救脫菩薩語阿難言如來世尊說是經典威神
功德利益不少（普告鬼神有十二神王）從坐而起往到佛所胡跪合
掌而白佛言我等十二鬼神在所作護若城
邑聚落空閑林中若四輩弟子誦持此經令
所結願无求不得阿難問言其名云何為我
說之救脫菩薩言灌頂章句其名如是
神名金毗羅　神名和耆羅　神名安陁羅
神名摩尼羅　神名宋林羅　神名因持羅　神名波耶羅
神名摩休羅　神名真陁羅　神名照頭羅　神名毗伽羅
救脫菩薩語阿難言此諸鬼神別有七千以為
眷屬皆悉叉手低頭聽佛世尊說是琉璃光

神名摩尼羅　神名宋林羅　神名因持羅　神名波耶羅
神名摩休羅　神名真陁羅　神名照頭羅　神名毗伽羅
救脫菩薩語阿難言此諸鬼神別有七千以為
眷屬皆悉叉手低頭聽佛世尊說是琉璃光
如來本願功德莫不一時捨鬼神形得受人
身長得度脫无衆惱患若人疾急厄難之日
當以五色縷結其名字得如願已然後解結
令人得福灌頂章句法應如是
佛說是語時比丘僧八千人諸菩薩三万人俱
諸天龍鬼神八部大王无不歡喜阿難從坐
起前白佛言演說此法當何名之佛言此經
凡有三名一名藥師琉璃光本願功德二名
灌頂章句十二神王結願神呪三名拔除過
罪生死得度經佛說經竟大衆人民作礼奉
行

佛說藥師經

佛說是語時比丘僧八千人諸菩薩三万人俱
諸天龍鬼神八部大王无不歡喜阿難從坐
起前白佛言演說此法當何名之佛言此經
凡有三名一名藥師琉璃光本願功德二名
灌頂章句十二神王結願神呪三名拔除過
罪生死得度經佛說經竟大衆人民作礼奉
行

佛說藥師經

BD00848號　灌頂章句拔除過罪生死得度經　（14–14）

[illegible]女是
无有法如来得阿耨多羅三[illegible]
提若有法如来得阿耨多羅三藐三菩提者[illegible]
燈佛則不與我受記汝於来世當得作佛
号釋迦牟尼以實无有法得阿耨多羅三
藐三菩提是故然燈佛與我受記作是言
汝於来世當得作佛号釋迦牟尼何以故
如来者即諸法如義若有人言如来得阿
耨多羅三藐三菩提須菩提實无有法佛
得阿耨多羅三藐三菩提須菩提如来所
得阿耨多羅三藐三菩提於是中无實无
虛是故如来說一切法皆是佛法須菩提
所言一切法者即非一切法是故名一切法須
菩提譬如人身長大須菩提言世尊如来
說人身長大則為非大身是名大身
須菩提菩薩亦如是若作是言我當滅度
无量衆生則不名菩薩何以故須菩提實
[illegible]

BD00849號 1　金剛般若波羅蜜經　（6–1）

菩提譬如人身長大須菩提言世尊如来
說人身長大則為非大身是名大身
須菩提菩薩亦如是若作是言我當滅度
无量衆生則不名菩薩何以故須菩提實
无有法名為菩薩是故佛說一切法无我无
人无衆生无壽者須菩提若菩薩作是言
我當莊嚴佛土是不名菩薩何以故如来
說莊嚴佛土者即非莊嚴是名莊嚴須
菩提若菩薩通達无我法者如来說名真
是菩薩須菩提於意云何如来有肉眼不
如是世尊如来有肉眼須菩提於意云何
如来有天眼不如是世尊如来有天眼須菩
提於意云何如来有慧眼不如是世尊如
来有慧眼須菩提於意云何如来有法眼
不如是世尊如来有法眼須菩提於意云
何如来有佛眼不如是世尊如来有佛眼
須菩提於意云何恒河中所有沙佛說是
沙不如是世尊如来說是沙須菩提於意
云何如一恒河中所有沙有如是等恒河是
諸恒河所有沙數佛世界如是寧為多不
甚多世尊佛告須菩提尒所國土中所有
衆生若干種心如来悉知何以故如来說
諸心皆為非心是名為心所以者何須菩提
過去心不可得現在心不得未来心不可
須菩提於意云何若有人滿三千大千世
界七寶以用布施是人以是因緣得福多不

BD00849 號 1　金剛般若波羅蜜經　（6–2）

諸心皆為非心是名為心所以者何須菩提
過去心不可得現在心不得未来心不可
須菩提於意云何若有人滿三千大千世
界七寶以用布施是人以是因緣得福多不
如是世尊此人以是因緣得福甚多須菩
提若福德有實如来不說得福德多以福德
无故如来說得福德多須菩提於意云何
佛可以具足色身見不不也世尊如来不應
以具足色身見何以故如来說具足色身
是名具足色身須菩提於意云何如来可以
具足諸相見不不也世尊如来不應以具足諸
相見何以故如来說諸相具足即非具足是名
諸相具足須菩提汝勿謂如来作是念我
當有所說法莫作是念何以故若人言如来有
所說法即為謗佛不能解我所說故須菩提
說法者无法可說是名說法須菩提白佛言世
尊佛得阿耨多羅三藐三菩提為无所得耶
如是如是須菩提我於阿耨多羅三藐三菩
提乃至无有少法可得是名阿耨多羅三藐三
菩提復次須菩提是法平等无有高下是名
阿耨多羅三藐三菩提以无我无人无衆生无
壽者脩一切善法則得阿耨多羅三藐三菩提
須菩提所言善法者如来說非善法是名善
法須菩提若三千大千世界中所有諸須弥山
王如是等七寶聚有人持用布施若人以此般
若波羅蜜經乃至四句偈等受持為他人

BD00849 號 1　金剛般若波羅蜜經　（6–3）

須菩提所言善法者如来說非善法是名善
法須菩提若三千大千世界中所有諸須弥山
王如是等七寶聚有人持用布施若人以此般
若波羅蜜經乃至四句偈等受持爲他人
說於前福德百分不及一百千万億分乃至
筭數譬喻所不能及須菩提於意云何汝等
勿謂如来作是念我當度衆生須菩提莫作
是念何以故實无有衆生如来度者若有衆
生如来度者如来則有我人衆生壽者須菩
提如来說有我者則非有我而凡夫之人以爲
我須菩提凡夫者如来說則非凡夫
須菩提於意云何可以三十二相觀如来不
須菩提言如是如是以三十二相觀如来佛
言須菩提若以三十二相觀如来者轉輪聖
王則是如来須菩提白佛言世尊如我解佛
所說義不應以三十二相觀如来尒時世尊
而說偈言
若以色見我 以音聲求我 是人行邪道 不能見如来
須菩提汝若作是念如来不以具足相故得
阿耨多羅三藐三菩提須菩提莫作是念如
来不以具足相故得阿耨多羅三藐三菩提
須菩提汝若作是念發阿耨多羅三藐三菩
提者說諸法斷滅相莫作是念何以故發阿
耨多羅三藐三菩提者於法不說斷滅相
須菩提若菩薩以滿恒河沙等世界七寶
布施若復有人知一切法无我得成於忍此菩

耨多羅三藐三菩提者於法不說斷滅相
須菩提若菩薩以滿恒河沙等世界七寶
布施若復有人知一切法无我得成於忍此菩
薩勝前菩薩所得功德須菩提以諸菩薩不
受福德故須菩提白佛言世尊云何菩薩不
受福德須菩提菩薩所作福德不應貪著
是故說不受福德須菩提若有人言如来若
来若去若坐若卧是人不解我所說義何以故
如来者无所從来亦无所去故名如来
須菩提若善男子善女人以三千大千世界
碎爲微塵於意云何是微塵衆寧爲多不
甚多世尊何以故若是微塵衆實有者佛則
不說是微塵衆所以者何佛說微塵衆則非
微塵衆是名微塵衆世尊如来所說三千
大千世界則非世界是名世界何以故若世界實
有則是一合相如来說一合相則非一合相是
名一合相須菩提一合相者則是不可說但凡
夫之人貪著其事須菩提若人言佛說我
見人見衆生見壽者見須菩提於意云何
是人解我所說義不世尊是人不解如来所
說義何以故世尊說我見人見衆生見壽者
見即非我見人見衆生見壽者見是名我見
人見衆生見壽者見須菩提發阿耨多
羅三藐三菩提心者於一切法應如是知如
如是信解不生法相須菩提所言法相
即非法相是名法相須菩提若有人以

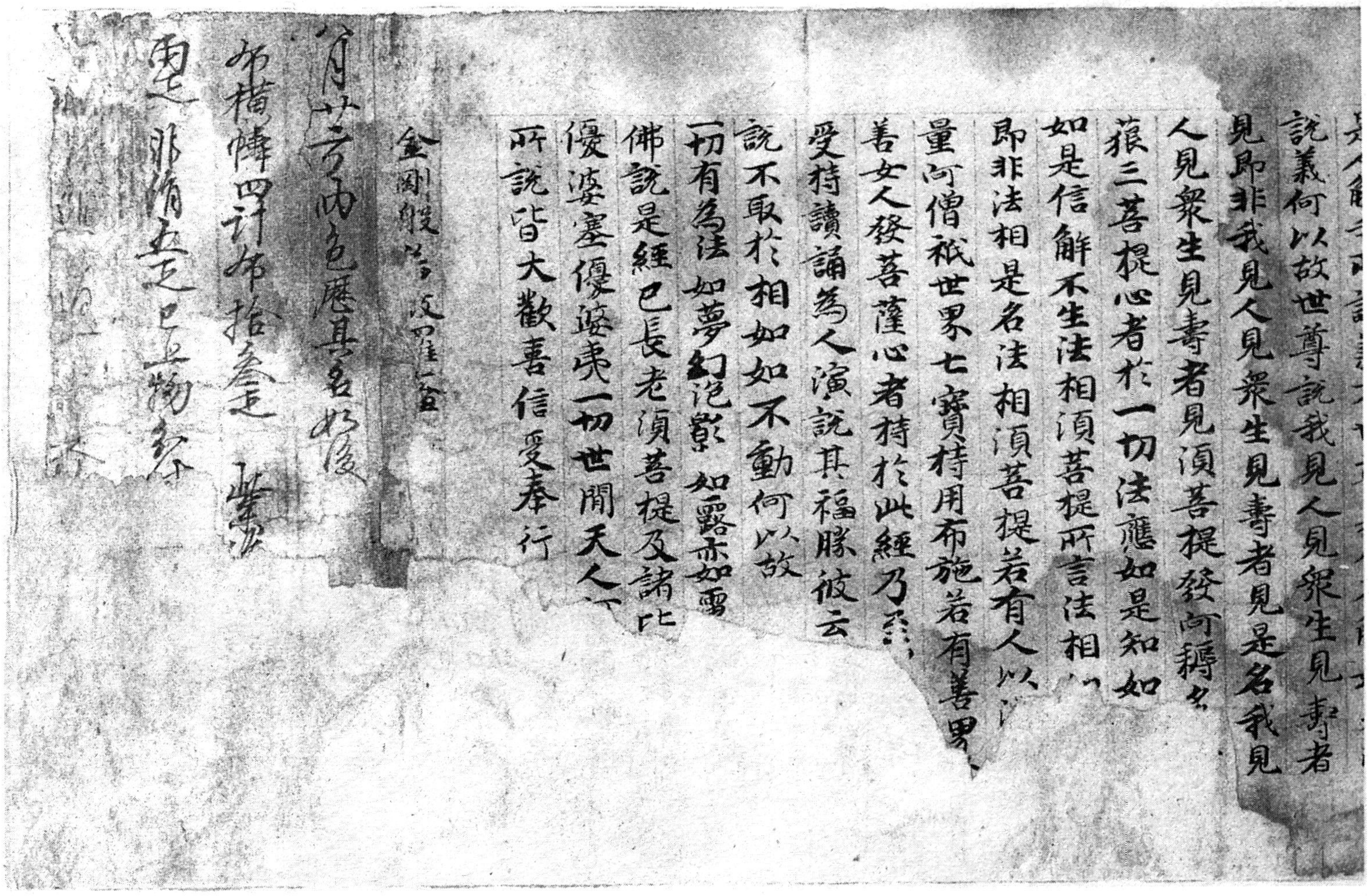
說義何以故世尊說我見人見衆生見壽者
見即非我見人見衆生見壽者見是名我見
人見衆生見壽者見須菩提發阿耨多
藐三菩提心者於一切法應如是知如
如是信解不生法相須菩提所言法相
即非法相是名法相須菩提若有人以
量阿僧祇世界七寶持用布施若有善男
善女人發菩薩心者持於此經乃至
受持讀誦為人演說其福勝彼云
說不取於相如如不動何以故
一切有為法如夢幻泡影如露亦如電
佛說是經已長老須菩提及諸比
優婆塞優婆夷一切世間天人
所說皆大歡喜信受奉行
金剛般若波羅蜜經
八月廿二日納色歷具名如後

BD00849 號 1　金剛般若波羅蜜經　（6–6）
BD00849 號 2　八月二十二日納色歷

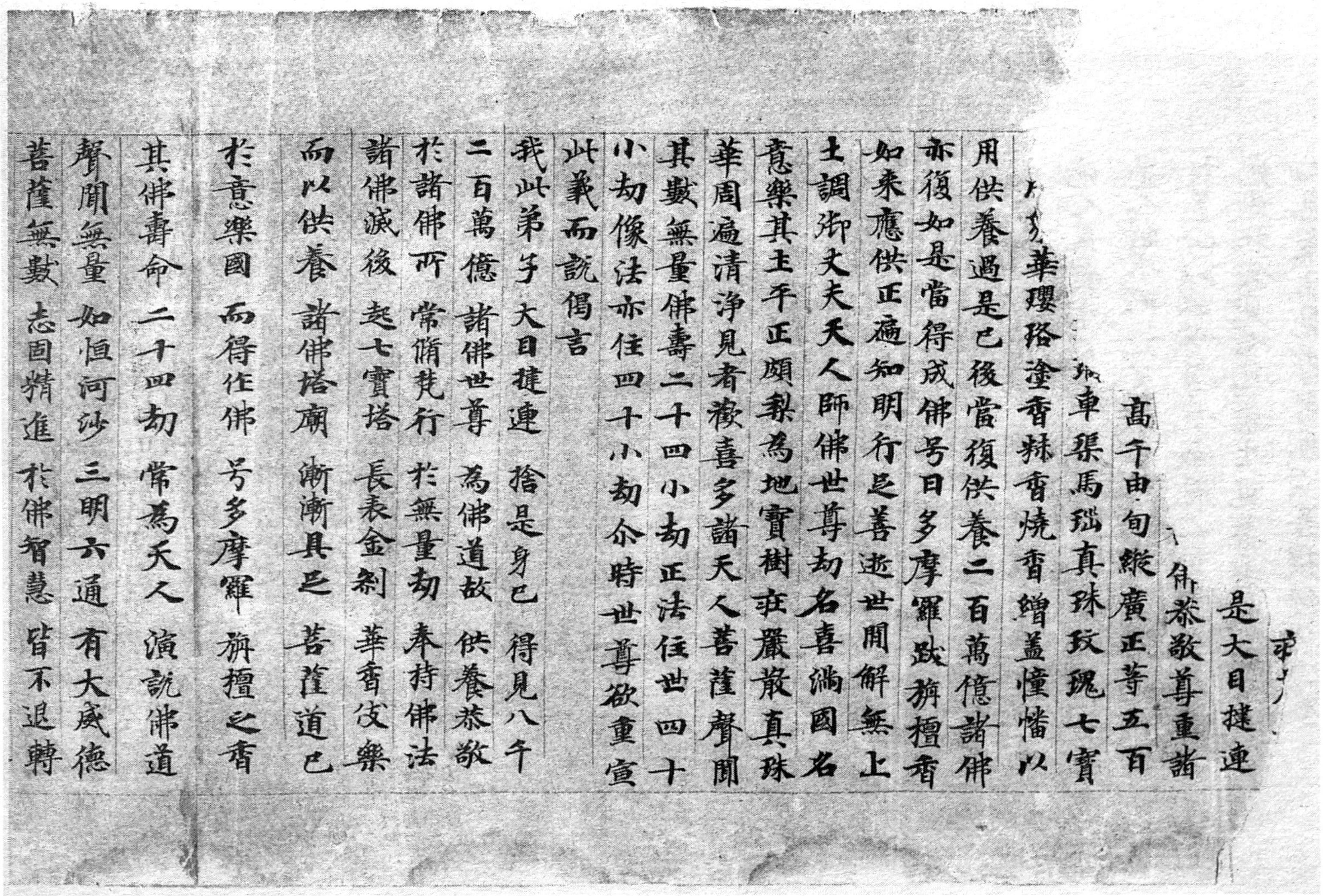
是大目揵連
恭敬尊重諸
高千由旬縱廣正等五百
車璖馬瑙真珠玫瑰七寶
華瓔珞塗香末香燒香繒蓋幢幡以
用供養過是已後當復供養二百萬億諸佛
亦復如是當得成佛號曰多摩羅跋栴檀香
如來應供正遍知明行足善逝世間解無上
士調御丈夫天人師佛世尊劫名喜滿國名
意樂其土平正頗梨為地寶樹莊嚴散真珠
華周遍清淨見者歡喜多諸天人菩薩聲聞
其數無量佛壽二十四小劫正法住世四十
小劫像法亦住四十小劫爾時世尊欲重宣
此義而說偈言
我此弟子　大目揵連　捨是身已　得見八千
二百萬億　諸佛世尊　為佛道故　供養恭敬
於諸佛所　常脩梵行　於無量劫　奉持佛法
諸佛滅後　起七寶塔　長表金剎　華香伎樂
而以供養　諸佛塔廟　漸漸具足　菩薩道已
於意樂國　而得作佛　號多摩羅　栴檀之香
其佛壽命　二十四劫　常為天人　演說佛道
聲聞無量　如恒河沙　三明六通　有大威德
菩薩無數　志固精進　於佛智慧　皆不退轉

BD00850 號　妙法蓮華經卷三　（16–1）

於意樂國 而得作佛 號多摩羅 栴檀之香
其佛壽命 二十四劫 常為天人 演說佛道
聲聞無量 如恒河沙 三明六通 有大威德
菩薩無數 志固精進 於佛智慧 皆不退轉
佛滅度後 正法當住 四十小劫 像法亦尒
我諸弟子 威德具足 其數五百 皆當授記
於未來世 咸得成佛
我及汝等 宿世因緣 吾今當說 汝等善聽

妙法蓮華經化城喻品第七

佛告諸比丘乃往過去無量無邊不可思議阿僧祇劫尒時有佛名大通智勝如來應供正遍知明行足善逝世間解無上士調御丈夫天人師佛世尊其國名好成劫名大相諸比丘彼佛滅度已來甚大久遠譬如三千大千世界所有地種假使有人磨以為墨過於東方千國土乃下一點大如微塵又過千國土復下一點如是展轉盡地種墨於汝等意云何是諸國土若算師若算師弟子能得邊際知其數不不也世尊諸比丘是人所經國土若點不點盡末為塵一塵一劫彼佛滅度已來復過是數無量無邊百千萬億阿僧祇劫我以如來知見力故觀彼久遠猶若今日尒時世尊欲重宣此義而說偈言

我念過去世 無量無邊劫 有佛兩足尊 名大通智勝
如人以力磨 三千大千土 盡此諸地種 皆悉以為墨
過於千國土 乃下一塵點 如是展轉點 盡此諸塵墨
如是諸國土 點與不點等 復盡抹為塵 一塵為一劫

BD00850 號　妙法蓮華經卷三　（16–2）

如人以力磨 三千大千土 盡此諸地種 皆悉以為墨
過於千國土 乃下一塵點 如是展轉點 盡此諸塵墨
如是諸國土 點與不點等 復盡抹為塵 一塵為一劫
此諸微塵數 其劫復過是 彼佛滅度來 如是無量劫
如來無礙智 知彼佛滅度 及聲聞菩薩 如見今滅度
諸比丘當知 佛智淨微妙 無漏無所礙 通達無量劫

佛告諸比丘大通智勝佛壽五百四十萬億那由他劫其佛本坐道場破魔軍已垂得阿耨多羅三藐三菩提而諸佛法不現在前如是一小劫乃至十小劫結跏趺坐身心不動而諸佛法猶不在前尒時忉利諸天先為彼佛於菩提樹下敷師子座高一由旬佛於此坐當得阿耨多羅三藐三菩提適坐此座時諸梵天王雨衆天華面百由旬香風時來吹去萎華更雨新者如是不絕滿十小劫供養於佛乃至滅度常雨此華四王諸天為供養佛常擊天鼓其餘諸天作天伎樂滿十小劫至于滅度亦復如是諸比丘大通智勝佛過十小劫諸佛之法乃現在前成阿耨多羅三藐三菩提其佛未出家時有十六子其第一者名曰智積諸子各有種種珍異玩好之具聞父得成阿耨多羅三藐三菩提皆捨所珍往詣佛所諸母涕泣而隨送之其祖轉輪聖王與一百大臣及餘百千萬億人民皆共圍繞隨至道場咸欲親近大通智勝如來供養恭敬尊重讚歎到已頭面礼足繞佛畢已一心合掌瞻仰世尊以偈頌曰

大威德世尊 為度衆生故 於無量億歲 尒乃得成佛

BD00850 號　妙法蓮華經卷三　（16–3）

恭敬尊重讚歎到已頭面礼足繞佛畢已一
心合掌瞻仰世尊以偈頌曰
大威德世尊　為度衆生故　於無量億歲　尒乃得成佛
諸願已具足　善哉吉無上　世尊甚希有　一坐十小劫
身體及手足　靜然安不動　其心常憺怕　未曾有散亂
究竟永寂滅　安住無漏法　今者見世尊　安隱成佛道
我等得善利　稱慶大歡喜　衆生常苦惱　盲瞑無導師
不識苦盡道　不知求解脫　長夜增惡趣　減損諸天衆
從瞑入於瞑　永不聞佛名　今佛得最上　安隱無漏道
我等及天人　為得最大利　是故咸稽首　歸命無上尊
尒時十六王子偈讚佛已勸請世尊轉於法
輪咸作是言世尊說法多所安隱憐愍饒益
諸天人民重說偈言
世雄無等倫　百福自莊嚴　得無上智慧　願為世間說
度脫於我等　及諸衆生類　為分別顯示　令得是智慧
若我等得佛　衆生亦復然　世尊知衆生　深心之所念
亦知所行道　又知智慧力　欲樂及脩福　宿命所行業
世尊悉知已　當轉無上輪
佛告諸比丘大通智勝佛得阿耨多羅三藐
三菩提時十方各五百萬億諸佛世界六種
震動其國中間幽瞑之處日月威光所不能
照而皆大明其中衆生各得相見咸作是言
此中云何忽生衆生又其國界諸天宮殿乃
至梵宮六種震動大光普照遍滿世界勝諸
天光尒時東方五百萬億諸國土中梵天宮
殿光明照曜倍於常明諸梵天王各作是念
今者宮殿光明昔所未有以何因緣而現此
相是時諸梵天王即各相詣共議此事時彼衆
中有一大梵天王名救一切為諸梵衆而說

BD00850號　妙法蓮華經卷三　（16–4）

天光尒時東方五百萬億諸國土中梵天宮
殿光明照曜倍於常明諸梵天王各作是念
今者宮殿光明昔所未有以何因緣而現此
相是時諸梵天王即各相詣共議此事時彼衆
中有一大梵天王名救一切為諸梵衆而說
偈言
我等諸宮殿　光明昔未有　此是何因緣　宜各共求之
為大德天生　為佛出世間　而此大光明　遍照於十方
尒時五百萬億國土諸梵天王與宮殿俱各
以衣裓盛諸天華共詣西方推尋是相見大
通智勝如來處于道場菩提樹下坐師子座
諸天龍王乾闥婆緊那羅摩睺羅伽人非人
等恭敬圍繞及見十六王子請佛轉法輪即
時諸梵天王頭面礼佛繞百千帀即以天華
而散佛上其所散華如須弥山并以供養佛
菩提樹其菩提樹高十由旬華供養已各以
宮殿奉上彼佛而作是言唯見哀愍饒益我
等所獻宮殿願垂納處時諸梵天王即於佛
前一心同聲以偈頌曰
世尊甚希有　難可得值遇　具無量功德　能救護一切
天人之大師　哀愍於世間　十方諸衆生　普皆蒙饒益
我等所從來　五百萬億國　捨深禪定樂　為供養佛故
我等先世福　宮殿甚嚴飾　今以奉世尊　唯願哀納受
尒時諸梵天王偈讚佛已各作是言唯願世
尊轉於法輪度脫衆生開涅槃道時諸梵天
王一心同聲而說偈言
世雄兩足尊　唯願演說法　以大慈悲力　度苦惱衆生
尒時大通智勝如來默然許之又諸比丘東
南方五百萬億國土諸大梵王各自見宮殿

BD00850號　妙法蓮華經卷三　（16–5）

尊轉於法輪　度脫衆生　開涅槃道　時諸梵天
王一心同聲而說偈言
世雄兩足尊　唯願演說法　以大慈悲力　度苦惱衆生
尒時大通智勝如來默然許之　又諸比丘　東
南方五百萬億國土諸大梵王各自見宮殿
光明照曜　昔所未有　歡喜踊躍　生希有心　即
各相詣共議此事　時彼衆中有一大梵天王
名曰大悲　爲諸梵衆而說偈言
是事何因緣　而現如此相　我等諸宮殿　光明昔未有
爲大德天生　爲佛出世間　未曾見此相　當共一心求
過千萬億土　尋光共推之　多是佛出世　度脫苦衆生
尒時五百萬億諸梵天王與宮殿俱　各以衣
裓盛諸天華　共詣西北方推尋是相　見大通
智勝如來處于道場菩提樹下　坐師子座　諸
天龍王乾闥婆緊那羅摩睺羅伽人非人等
恭敬圍繞　及見十六王子請佛轉法輪　時諸
梵天王頭面禮佛　繞百千帀　即以天華而散
佛上　所散之華如須彌山　并以供養佛菩提
樹　華供養已　各以宮殿奉上彼佛　而作是言
唯見哀愍　饒益我等　所獻宮殿　願垂納受　尒
時諸梵天王即於佛前一心同聲以偈頌曰
聖主天中王　迦陵頻伽聲　哀愍衆生者　我等今敬禮
世尊甚希有　久遠乃一現　一百八十劫　空過無有佛
三惡道充滿　諸天衆減少　今佛出於世　爲衆生作眼
世間所歸趣　救護於一切　爲衆生之父　哀愍饒益者
我等宿福慶　今得值世尊
尒時諸梵天王偈讚佛已　各作是言　唯願世
尊哀愍一切　轉於法輪　度脫衆生　時諸梵天
王一心同聲而說偈言

BD00850號　妙法蓮華經卷三　（16–6）

世間所歸趣　救護於一切　爲衆生之父　哀愍饒益者
我等宿福慶　今得值世尊
尒時諸梵天王偈讚佛已　各作是言　唯願世
尊哀愍一切　轉於法輪　度脫衆生　時諸梵天
王一心同聲而說偈言
大聖轉法輪　顯示諸法相　度苦惱衆生　令得大歡喜
衆生聞此法　得道若生天　諸惡道減少　忍善者增益
尒時大通智勝如來默然許之　又諸比丘　南
方五百萬億國土諸大梵王各自見宮殿光
明照曜　昔所未有　歡喜踊躍　生希有心　即各
相詣共議此事　以何因緣　我等宮殿有此光
曜　而彼衆中有一大梵天王　名曰妙法　爲諸
梵衆而說偈言
我等諸宮殿　光明甚威曜　此非無因緣　是相宜求之
過於百千劫　未曾見是相　爲大德天生　爲佛出世間
尒時五百萬億諸梵天王與宮殿俱　各以衣
裓盛諸天華　共詣北方推尋是相　見大通智
勝如來處于道場菩提樹下　坐師子座　諸天
龍王乾闥婆緊那羅摩睺羅伽人非人等恭
敬圍繞　及見十六王子請佛轉法輪　時諸梵
天王頭面禮佛　繞百千帀　即以天華而散佛
上　所散之華如須彌山　并以供養佛菩提樹
華供養已　各以宮殿奉上彼佛　而作是言　唯
見哀愍　饒益我等　所獻宮殿　願垂納受　尒時
諸梵天王即於佛前一心同聲以偈頌曰
世尊甚難見　破諸煩惱者　過百三十劫　今乃得一見
諸飢渴衆生　以法雨充滿　昔所未曾見　無量智慧者
如優曇鉢羅　今日乃值遇　我等諸宮殿　蒙光故嚴飾
世尊大慈愍　唯願垂納受

BD00850號　妙法蓮華經卷三　（16–7）

見哀愍饒益我等所獻宮殿願垂納受尒時
諸梵天王即於佛前一心同聲以偈頌曰
世尊甚難見　破諸煩惱者　過百三十劫　今乃得一見
諸飢渴衆生　以法雨充滿　昔所未曾見　無量智慧者
如優曇鉢華　今日乃值遇　我等諸宮殿　蒙光故嚴飾
世尊大慈愍　唯願垂納受
尒時諸梵天王偈讚佛已各作是言唯願世
尊轉於法輪令一切世間諸天魔梵沙門婆
羅門皆獲安隱而得度脫時諸梵天王一心
同聲以偈頌曰
唯願天人尊　轉無上法輪　擊于大法鼓　而吹大法螺
普雨大法雨　度無量衆生　我等咸歸請　當演深遠音
尒時大通智勝如來默然許之西南方乃至
下方亦復如是尒時上方五百萬億國土諸大
梵王皆悉自覩所止宮殿光明威曜昔所未
有歡喜踊躍生希有心即各相詣共議此事
以何因緣我等宮殿有斯光明時彼衆中有
一大梵天王名曰尸棄為諸梵衆而說偈言
今以何因緣　我等諸宮殿　威德光明曜　嚴飾未曾有
如是之妙相　昔所未聞見　為大德天生　為佛出世間
尒時五百萬億諸梵天王與宮殿俱各以衣裓
盛諸天華共詣下方推尋是相見大通智
勝如來處于道場菩提樹下坐師子座諸天
龍王乾闥婆緊那羅摩睺羅伽人非人等恭
敬圍繞及見十六王子請佛轉法輪時諸梵
天王頭面礼佛繞百千帀即以天華而散佛
上所散之華如須弥山并以供養佛菩提樹
華供養已各以宮殿奉上彼佛而作是言唯
見哀愍饒益我等所獻宮殿願垂納受時諸

敬圍繞及見十六王子請佛轉法輪時諸梵
天王頭面礼佛繞百千帀即以天華而散佛
上所散之華如須弥山并以供養佛菩提樹
華供養已各以宮殿奉上彼佛而作是言唯
見哀愍饒益我等所獻宮殿願垂納受時諸
梵天王即於佛前一心同聲以偈頌曰
善哉見諸佛　救世之聖尊　能於三界獄　挽出諸衆生
普智天人尊　哀愍群萌類　能開甘露門　廣度於一切
於昔無量劫　空過無有佛　世尊未出時　十方常闇瞑
三惡道增長　阿脩羅亦盛　諸天衆轉減　死多墮惡道
不從佛聞法　常行不善事　色力及智慧　斯等皆減少
罪業因緣故　失樂及樂想　住於耶見法　不識善儀則
不蒙佛所化　常墮於惡道　佛為世間眼　久遠時乃出
哀愍諸衆生　故現於世間　超出成正覺　我等甚欣慶
及餘一切衆　喜歎未曾有　我等諸宮殿　蒙光故嚴飾
今以奉世尊　唯垂哀納受　願以此功德　普及於一切
我等與衆生　皆共成佛道
尒時五百萬億諸梵天王偈讚佛已各白佛
言唯願世尊轉於法輪多所安隱多所度脫
時諸梵天王而說偈言
世尊轉法輪　擊甘露法鼓　度苦惱衆生　開示涅槃道
唯願受我請　以大微妙音　哀愍而敷演　無量劫習法
尒時大通智勝如來受十方諸梵天王及十
六王子請即時三轉十二行法輪若沙門婆
羅門若天魔梵及餘世間所不能轉謂是苦
是苦集是苦滅是苦滅道及廣說十二因緣
法無明緣行行緣識識緣名色名色緣六入六
入緣觸觸緣受受緣愛愛緣取取緣有有
緣生生緣老死憂悲苦惱無明滅則行滅行

羅門若天魔梵及餘世間所不能轉謂是苦
是苦集是苦滅是苦滅道及廣說十二因緣
法無明緣行行緣識識緣名色名色緣六入六
入緣觸觸緣受受緣愛愛緣取取緣　有有
緣生生緣老死憂悲苦惱無明滅則行滅行
滅則識滅識滅則名色滅名色滅則六入滅六
入滅則觸滅觸滅則受滅受滅則愛滅愛滅
則取滅取滅則有滅有滅則生滅生滅則老
死憂悲苦惱滅佛於天人大眾之中說是
法時六百萬億那由他人以不受一切法故
而於諸漏心得解脫皆得深妙禪定三明六
通具八解脫第二第三第四說法時千萬億
恒河沙那由他等眾生亦以不受一切法故
而於諸漏心得解脫從是已後諸聲聞眾無
量無邊不可稱數尒時十六王子皆以童子
出家而為沙弥諸根通利智慧明了已曾供
養百千萬億諸佛淨脩梵行求阿耨多羅三
藐三菩提俱白佛言世尊是諸無量千萬億
大德聲聞皆已成就世尊亦當為我等說阿
耨多羅三藐三菩提法我等聞已皆共脩學
世尊我等志願如來知見深心所念佛自證
知尒時轉輪聖王所將眾中八萬億人見十
六王子出家亦求出家王即聽許尒時彼佛
受沙弥請過二萬劫已乃於四眾之中說是
大乘經名妙法蓮華教菩薩法佛所護念說
是經已十六沙弥為阿耨多羅三藐三菩提
故皆共受持諷誦通利說是經時十六菩薩
沙弥皆悉信受聲聞眾中亦有信解其餘眾
生千萬億種皆生[illegible]

BD00850號　妙法蓮華經卷三　（16–10）

大乘經名妙法蓮華教菩薩法佛所護念說
是經已十六沙弥為阿耨多羅三藐三菩提
故皆共受持諷誦通利說是經時十六菩薩
沙弥皆悉信受聲聞眾中亦有信解其餘眾
生千萬億種皆生疑惑佛說是經於八千劫
未曾休癈說此經已即入靜室住於禪定八
萬四千劫是時十六菩薩沙弥知佛入室寂
然禪定各昇法座亦於八萬四千劫為四部
眾廣說分別妙法華經一一皆度六百萬億
那由他恒河沙等眾生示教利喜令發阿耨
多羅三藐三菩提心大通智勝佛過八萬四
千劫已從三昧起往詣法座安詳而坐普告
大眾是十六菩薩沙弥甚為希有諸根通利
智慧明了已曾供養無量千萬億數諸佛於
諸佛所常脩梵行受持佛智開示眾生令入
其中汝等皆當數數親近而供養之所以者
何若聲聞辟支佛及諸菩薩能信是十六菩
薩所說經法受持不毀者是人皆當得阿耨
多羅三藐三菩提如來之慧佛告諸比丘是
十六菩薩常樂說是妙法蓮華經一一菩薩
所化六百萬億那由他恒河沙等眾生世世
所生與菩薩俱從其聞法悉皆信解以此因
緣得值四萬億諸佛世尊于今不盡諸比丘
我今語汝彼佛弟子十六沙弥今皆得阿耨
多羅三藐三菩提於十方國土現在說法有
無量百千萬億菩薩聲聞以為眷屬其二沙
弥東方作佛一名阿閦在歡喜國二名須弥
頂東南方二佛一名師子音二名師子相南
方二佛一名虛空住二名常滅西南方二佛

BD00850號　妙法蓮華經卷三　（16–11）

多羅三藐三菩提於十方國土現在說法有
無量百千萬億菩薩聲聞以為眷屬其二沙
弥東方作佛一名阿閦在歡喜國二名須弥
頂東南方二佛一名師子音二名師子相南
方二佛一名虛空住二名常滅西南方二佛
一名帝相二名梵相西方二佛一名阿弥陁
二名度一切世間苦惱西北方二佛一名多
摩羅跋栴檀香神通二名須弥相北方二佛
一名雲自在二名雲自在王東北方佛名壞
一切世間怖畏第十六我釋迦牟尼佛於娑
婆國土成阿耨多羅三藐三菩提諸比丘我
等為沙弥時各各教化無量百千萬億恒河
沙等衆生從我聞法為阿耨多羅三藐三菩
提此諸衆生于今有住聲聞地者我常教化
阿耨多羅三藐三菩提是諸人等應以是法
漸入佛道所以者何如來智慧難信難解尒
時所化無量恒河沙等衆生者汝等諸比丘
及我滅度後未來世中聲聞弟子是也我滅
度後復有弟子不聞是經不知不覺菩薩所
行自於所得功德生滅度想當入涅槃我於
餘國作佛更有異名是人雖生滅度之想入
於涅槃而於彼土求佛智慧得聞是經唯以
佛乘而得滅度更無餘乘除諸如來方便說
法諸比丘若如來自知涅槃時到衆又清淨
信解堅固了達空法深入禪定便集諸菩薩
及聲聞衆為說是經世間無有二乘而得滅
度唯一佛乘得滅度耳比丘當知如來方便
深入衆生之性知其志樂小法深著五欲為
是等故說於涅槃是人若聞則便信受譬如

信解[illegible]
及聲聞衆為說是經世間無有二乘而得滅
度唯一佛乘得滅度耳比丘當知如來方便
深入衆生之性知其志樂小法深著五欲為
是等故說於涅槃是人若聞則便信受譬如
五百由旬險難惡道曠絕無人怖畏之處若
有多衆欲過此道至珎寶處有一導師聰慧
明達善知險道通塞之相將導衆人欲過此
難所將人衆中路懈退白導師言我等疲極
而復怖畏不能復進前路猶遠今欲退還導
師多諸方便而作是念此等可愍云何捨大
珎寶而欲退還作是念已以方便力於險道
中過三百由旬化作一城告衆人言汝等勿
怖莫得退還今此大城可於中止隨意所作
若入是城快得安隱若能前至寶所亦可得
去是時疲極之衆心大歡喜歎未曾有我等
今者免斯惡道快得安隱於是衆人前入化
城生已度想生安隱想尒時導師知此人衆
既得止息無復疲惓即滅化城語衆人言汝
等去來寶處在近向者大城我所化作為止
息耳諸比丘如來亦復如是今為汝等作大
導師知諸生死煩惱惡道險難長遠應去應
度若衆生但聞一佛乘者則不欲見佛不欲
親近便作是念佛道長遠久受勤苦乃可得
成佛知是心怯弱下劣以方便力而於中道為
止息故說二涅槃若衆生住於二地如來尒
時即便為說汝等所作未辦汝所住地近於
佛慧當觀察籌量所得涅槃非真實也但
是如來方便之力於一佛乘分別說三如彼

止息故說二涅槃若衆生住於二地如來爾
時即便為說汝等所作未辦汝所住地近於
佛慧當觀察籌量所得涅槃非真實也但
是如來方便之力於一佛乘分別說三如彼
道師為止息故化作大城既知息已而告之
言寶處在近此城非實我化作耳爾時世尊
欲重宣此義而說偈言
大通智勝佛　十劫坐道場　佛法不現前　不得成佛道
諸天神龍王　阿脩羅衆等　常雨於天華　以供養彼佛
諸天擊天鼓　并作衆伎樂　香風吹萎華　更雨新好者
過十小劫已　乃得成佛道　諸天及世人　心皆懷踊躍
彼佛十六子　皆與其眷屬　千萬億圍繞　俱行至佛所
頭面禮佛足　而請轉法輪　聖師子法雨　充我及一切
世尊甚難值　久遠時一現　為覺悟群生　震動於一切
東方諸世界　五百萬億國　梵宮殿光曜　昔所未曾有
諸梵見此相　尋來至佛所　散華以供養　并奉上宮殿
請佛轉法輪　以偈而讚歎　佛知時未至　受請默然坐
三方及四維　上下亦復爾　散華奉宮殿　請佛轉法輪
世尊甚難值　願以大慈悲　廣開甘露門　轉無上法輪
無量慧世尊　受彼衆人請　為宣種種法　四諦十二緣
無明至老死　皆從生緣有　如是衆過患　汝等應當知
宣暢是法時　六百萬億姟　得盡諸苦際　皆成阿羅漢
第二說法時　千萬恒沙衆　於諸法不受　亦得阿羅漢
從是後得道　其數無有量　萬億劫算數　不能得其邊
時十六王子　出家作沙彌　皆共請彼佛　演說大乘法
我等及營從　皆當成佛道　願得如世尊　慧眼第一淨
佛知童子心　宿世之所行　以無量因緣　種種諸譬喻
說六波羅蜜　及諸神通事　分別真實法　菩薩所行道

時十六王子　出家作沙彌　皆共請彼佛　演說大乘法
我等及營從　皆當成佛道　願得如世尊　慧眼第一淨
佛知童子心　宿世之所行　以無量因緣　種種諸譬喻
說六波羅蜜　及諸神通事　分別真實法　菩薩所行道
說是法華經　如恒河沙偈　彼佛說經已　靜室入禪定
一心一處坐　八萬四千劫　是諸沙彌等　知佛禪未出
為無量億衆　說佛無上慧　各各坐法座　說是大乘經
於佛宴寂後　宣揚助法化　一一沙彌等　所度諸衆生
有六百萬億　恒河沙等衆　彼佛滅度後　是諸聞法者
在在諸佛土　常與師俱生　是十六沙彌　具足行佛道
今現在十方　各得成正覺　爾時聞法者　各在諸佛所
其有住聲聞　漸教以佛道　我在十六數　曾亦為汝說
是故以方便　引汝趣佛慧　以是本因緣　今說法華經
令汝入佛道　慎勿懷驚懼　譬如險惡道　迥絕多毒獸
又復無水草　人所怖畏處　無數千萬衆　欲過此險道
其路甚曠遠　經五百由旬　時有一導師　強識有智慧
明了心決定　在險濟衆難　衆人皆疲倦　而白導師言
我等今頓乏　於此欲退還　導師作是念　此輩甚可愍
如何欲退還　而失大珍寶　尋時思方便　當設神通力
化作大城郭　莊嚴諸舍宅　周帀有園林　渠流及浴池
重門高樓閣　男女皆充滿　即作是化已　慰衆言勿懼
汝等入此城　各可隨所樂　諸人既入城　心皆大歡喜
皆生安隱想　自謂已得度　導師知息已　集衆而告言
汝等當前進　此是化城耳　我見汝疲極　中路欲退還
故以方便力　權化作此城　汝今勤精進　當共至寶所
我亦復如是　為一切導師　見諸求道者　中路而懈廢
不能度生死　煩惱諸險道　故以方便力　為息說涅槃
言汝等苦滅　所作皆已辦　既知到涅槃　皆得阿羅漢

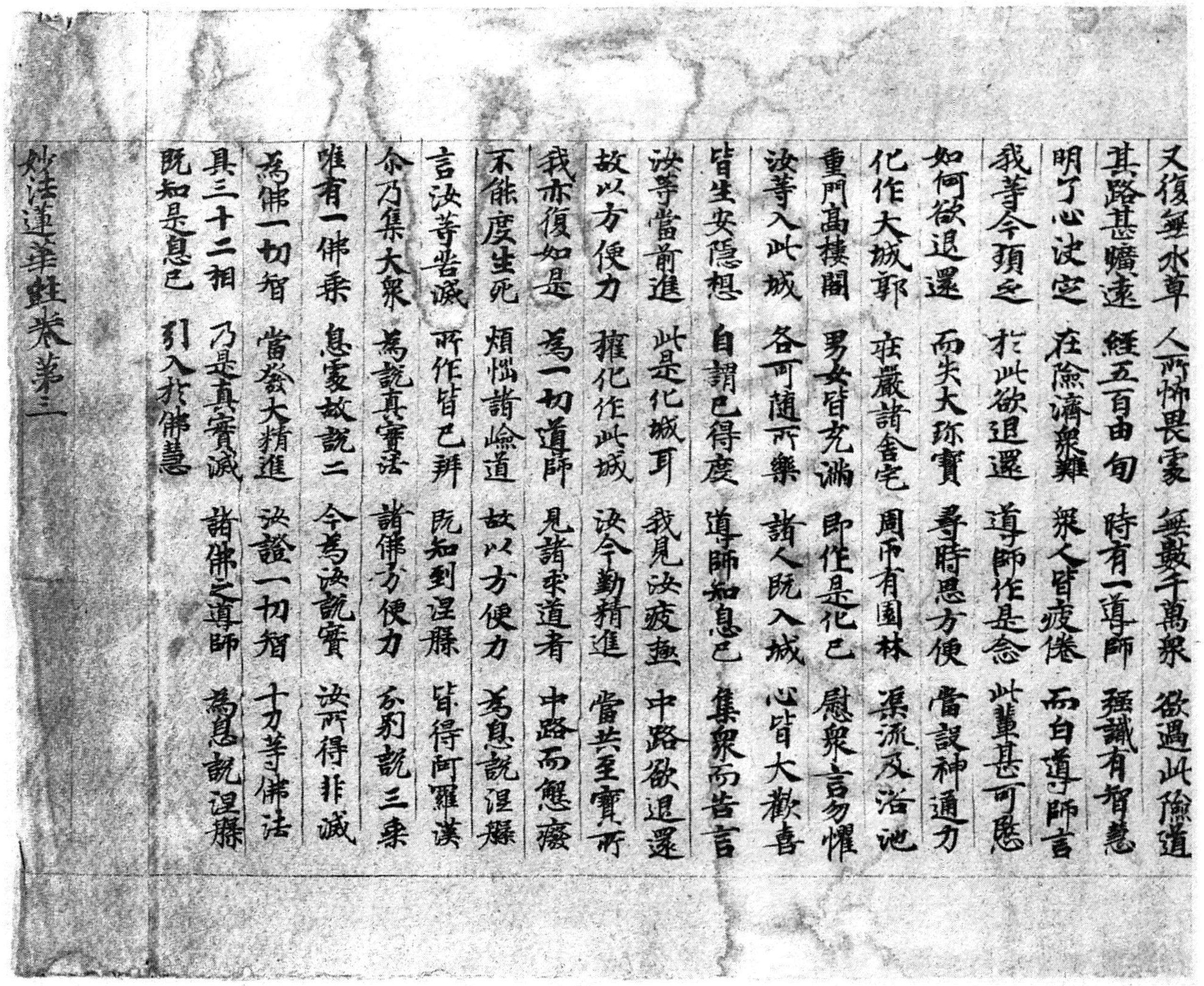

又復無水草　人所怖畏處　無數千萬衆　欲過此險道
其路甚曠遠　經五百由旬　時有一導師　强識有智慧
明了心決定　在險濟衆難　衆人皆疲惓　而白導師言
我等今頓乏　於此欲退還　導師作是念　此輩甚可愍
如何欲退還　而失大珍寶　尋時思方便　當設神通力
化作大城郭　莊嚴諸舍宅　周帀有園林　渠流及浴池
重門高樓閣　男女皆充滿　即作是化已　慰衆言勿懼
汝等入此城　各可隨所樂　諸人既入城　心皆大歡喜
皆生安隱想　自謂已得度　導師知息已　集衆而告言
汝等當前進　此是化城耳　我見汝疲極　中路欲退還
故以方便力　權化作此城　汝今勤精進　當共至寶所
我亦復如是　為一切導師　見諸求道者　中路而懈廢
不能度生死　煩惱諸險道　故以方便力　為息說涅槃
言汝等苦滅　所作皆已辦　既知到涅槃　皆得阿羅漢
尒乃集大衆　為說真實法　諸佛方便力　分別說三乘
唯有一佛乘　息處故說二　今為汝說實　汝所得非滅
為佛一切智　當發大精進　汝證一切智　十力等佛法
具三十二相　乃是真實滅　諸佛之導師　為息說涅槃
既知是息已　引入於佛慧
妙法蓮華經卷第三

BD00850號　妙法蓮華經卷三　（16–16）

令正法久住　戒如海無涯
欲除四棄法　及滅僧殘罪
毗舍俱留孫　拘那含牟尼
我今欲善說　諸賢咸共聽
毁戒亦如是　不得生天人　欲得生天上
勿令有毁損　如御入險道　失轄折軸憂
時懷恐懼　如人自照鏡　好醜生欣戚　說戒亦如是
全毁生憂喜　如兩陣共戰　勇怯有進退　說戒亦如是　淨穢生安畏
世間王為最　衆流海為最　衆星月為最　衆聖佛為最　一切衆律中
戒經為上最　如來立禁戒　半月半月說
和合僧集會　未受大戒者出　不來諸比丘說欲及清淨　誰遣比丘尼來請教誡
說戒　僧今和合何所作為　大德僧聽　今十五日衆僧說戒　若僧時到
僧忍聽　和合說戒　白如是　諸大德　我今欲說波羅提木叉戒　汝
等諦聽　善思念之　若自知有犯者　即應自懺悔　不犯者默然　默然故　知諸大德
清淨　若有他問者　亦如是答　如是比丘在衆中　乃至三問　憶念有罪　應懺悔　不懺悔者　得故妄語罪　故妄語者　佛說
障道法　若彼比丘憶念有罪　欲求清淨者　應懺悔　懺悔則安樂　諸大德　我已說戒
經序　今問諸大德　是中清淨不　諸大德　是中清淨　默然故　是事如是持
諸大德　是四波羅夷法　半月半月說　戒經中來　若比丘　共比丘同戒　若不還
戒　戒羸不自悔　犯不淨行　乃至共畜生　是比丘波羅夷　不共住　若比丘　若在村
落　若閑靜處　不與盜心取　隨不與取法　若為王　王大臣所捉　若殺　若縛　若
驅出國　汝是賊　汝癡　汝無所知　是比丘波羅夷　不共住
若比丘　故自手斷人命　持刀授與人　歎譽死　快勸死　咄男子　用此惡活為　寧死
不生　作如是心思惟　種種方便　歎譽死　快勸死　是比丘波羅夷　不共住

BD00851號　四分律比丘戒本　（10–1）

而不與取…若比丘若在村
落若閑靜處不與物盜心取隨不與取法若為王王大臣所捉若殺若縛若
驅出國汝是賊汝癡汝无所知是比丘波羅夷不共住
若比丘故自手斷人命持刀授與人歎譽死快勸死咄男子用此惡活為寧死
不生作如是心思惟種種方便歎譽死快勸死是比丘波羅夷不共住
若比丘實无所知自稱言我得上人法我已入聖智勝法我知是我見是
彼於異時若問若不問欲自清淨故作是說我實不知不見言知言
見虛誑妄語除增上慢是比丘波羅夷不共住
諸大德我已說四波羅夷法若比丘犯一一波羅夷法不得與諸比丘共住如前
後亦如是是比丘得波羅夷罪不應共住今問諸大德是中清淨不
諸大德是中清淨默然故是事如是持　諸大德是十三僧伽婆尸沙
法半月半月說戒經中來　若比丘故弄陰出精除夢中僧伽婆尸沙
若比丘婬欲意與女人身相觸若捉手若捉髮若觸一一身分者僧伽
婆尸沙　若比丘婬欲意與女人麤惡婬欲語隨麤惡婬欲語僧伽婆
尸沙　若比丘婬欲意於女人前自歎身言大姊我修梵行持戒精
進修善法可持是婬欲法供養我如是供養第一最僧伽婆尸沙
若比丘往來彼此媒嫁持男意語女持女意語男若為成婦事若
為私通事乃至須臾頃僧伽婆尸沙　若比丘自求作屋无主自
為己當應量作是中量者長佛十二磔手內廣七磔手當將餘比丘指授
處所彼比丘當指示處所无難處无妨處若比丘有難處妨處自求作屋
无主自為己不將餘比丘指受處所若過量作者僧伽婆尸沙
若比丘欲作大房有主自為作當將餘比丘往指授處所彼比丘應指授
處所无難處无妨處若比丘有難處妨處作大房有主自為己作不將餘
比丘指授處所者僧伽婆尸沙　若比丘瞋恚所覆故非波羅夷比丘以无根
波羅夷法謗欲壞彼清淨行彼於異時若問若不問知此事无根說
我瞋恚故作是語者僧伽婆尸沙　若比丘以瞋恚故於異分事
中取片非波羅夷比丘以无根波羅夷法謗欲壞彼清淨行彼於異時

處所无難處无妨處若比丘有難處妨處作大房有主自為己作不將餘
比丘指授處所者僧伽婆尸沙　若比丘瞋恚所覆故非波羅夷比丘以无根
波羅夷法謗欲壞彼清淨行彼於異時若問若不問知此事无根說
我瞋恚故作是語者僧伽婆尸沙　若比丘以瞋恚故於異分事
中取片非波羅夷比丘以无根波羅夷法謗欲壞彼清淨行彼於異時
若問若不問知是異分事中取片是比丘自言我瞋恚故作是語作
是語者僧伽婆尸沙　若比丘欲壞和合僧方便受壞和合僧法堅
持不捨彼比丘應諫是比丘言大德莫壞和合僧莫方便壞和合僧莫
受壞僧法堅持不捨大德應與僧和合與僧和合歡喜不諍同一師
學如水乳合於佛法中有增益安樂住是比丘如是諫時堅持不捨彼
比丘應三諫捨此事故乃至三諫捨者善不捨者僧伽婆尸沙
若比丘有餘伴黨若一若二若三乃至无數彼比丘語是比丘言大德莫諫此
比丘是法語比丘律語比丘此比丘所說我等喜樂我等忍可彼比丘言大
德莫作是語言此比丘是法語比丘律語比丘此比丘所說我等喜樂我
等忍可然此比丘非法語比丘非律語比丘大德莫欲壞和合僧汝等當
樂欲和合僧大德與僧和合歡喜不諍同一師學如水乳合於佛法中
有增益安樂住是比丘如是諫時堅持不捨彼比丘應三諫捨此事故乃至三
諫捨者善不捨者僧伽婆尸沙　若比丘依聚落若城邑住汙他家
行惡行汙他家亦見亦聞行惡行亦見亦聞諸比丘當語是比丘言大德汙
他家行惡行汙他家亦見亦聞行惡行亦見亦聞大德汝汙他家行惡行
今可遠此聚落去不須住此是比丘語彼比丘言　大德諸比丘有愛有
恚有怖有癡有如是同罪比丘有駈者有不駈者　諸比丘報言大德莫
作是語有愛有恚有怖有癡有如是同罪比丘有駈者有不駈者而
諸大德不愛不恚不怖不癡大德汙他家行惡行汙他家亦見亦聞行惡
行亦見亦聞是比丘如是諫時堅持不捨彼比丘應三諫捨此事故乃至三
諫捨者善不捨者僧伽婆尸沙　若比丘惡性不受人語於戒
法中諸比丘如法諫已自身不受諫語言諸大德莫向我說若好若惡

作是語有愛有恚有怖有癡有如是同罪比丘有驅者有不驅者
諸大德不愛不恚不怖不癡大德汙他家行惡行汙他家亦見亦聞行惡
行亦見亦聞是比丘如是諫時堅持不捨彼比丘應再三諫捨此事故乃至三
諫捨者善不捨者僧伽婆尸沙
若比丘惡性不受人諫語於戒
法中諸比丘如法諫已自身不受諫語言諸大德莫向我說若好若惡
我亦不向諸大德說若好若惡諸大德且止莫諫我彼比丘諫是比丘言
大德莫自身不受諫語大德自身當受諫語大德如法諫諸比丘諸
比丘亦如法諫大德如是佛弟子眾得增益展轉相諫展轉相教展
轉懺悔是比丘如是諫時堅持不捨彼比丘應三諫捨此事故乃至三諫捨
者善不捨者僧伽婆尸沙　諸大德我已說十三僧伽婆尸沙法九初犯
四乃至三諫若比丘犯一一法知而覆藏應強與波利婆沙行波利婆沙竟
增上與六夜摩那埵行摩那埵已餘有出罪應廿人僧中出是比丘罪
若少一人不滿廿眾出是比丘罪是比丘罪不得除諸比丘亦可呵此是時今問諸大德是
中清淨不（三說）　諸大德是中清淨默然故是事如是持　諸大德是二不定
法半月半月說戒經中來　若比丘共女人獨在屏處覆處障處可作
婬處坐說非法語有住信優婆夷於三法中一一法說若波羅夷若僧伽
婆尸沙若波逸提是坐比丘自言我犯是罪於三法中應一一治若波羅夷
若僧伽婆尸沙若波逸提如住信優婆夷所說應如法治是比丘是名不
定法　若比丘共女人在露現處不可作婬處坐（說）麁惡語有住信優
婆夷於二法中一一法說若僧伽婆尸沙若波逸提是坐比丘自言我犯是事
於二法中應一一法治若僧伽婆尸沙若波逸提如住信優婆夷所說應如法
治是比丘是名不定法　諸大德我已說二不定法今問諸大德是中清淨不（三說）
諸大德是中清淨默然故是事如是持　諸大德是三十尼薩耆波逸提法
半月半月說戒經中來　若比丘衣已竟迦絺那衣已出畜長衣經十日不
淨施得畜若過十日尼薩耆波逸提　若比丘衣已竟迦絺那衣已出
於三衣中離一衣異處宿除僧羯磨尼薩耆波逸提　若比丘衣已
竟迦絺那衣已出若比丘得非時衣欲須便受受已疾疾成衣若

BD00851號　四分律比丘戒本　（10–4）

諸大德是中清淨默然故是事如是持　諸大德是三十尼薩耆波逸提法
半月半月說戒經中來　若比丘衣已竟迦絺那衣已出畜長衣經十日不
淨施得畜若過十日尼薩耆波逸提　若比丘衣已竟迦絺那衣已出
於三衣中離一衣異處宿除僧羯磨尼薩耆波逸提　若比丘衣已
竟迦絺那衣已出若比丘得非時衣欲須便受受已疾疾成衣若
足者善若不足者得畜一月為滿足故若過畜者尼薩耆波逸提
若比丘從非親里比丘尼取衣除貿易尼薩耆波逸提　若比丘令非
親里比丘尼浣故衣若染若打尼薩耆波逸提　若比丘從非親里居
士居士婦乞衣除餘時尼薩耆波逸提　若比丘失衣奪衣燒衣漂衣
若非親里居士居士婦自恣請多與衣是比丘當知足受衣若過受者尼
薩耆波逸提　若比丘居士居士婦為比丘辦衣價買如是衣與某甲
比丘是比丘先不受居士自恣請到居家作如是說善哉居士為我買
如是衣與我為好故若得衣尼薩耆波逸提　若比丘二居士居士婦
為比丘辦衣價持如是衣價買如是衣與某甲比丘是比丘先不受居士自恣
請到二居士家作如是言善哉居士為我辦如是如是衣價與我共作一衣為
好故若得衣者尼薩耆波逸提　若比丘若王若大臣若婆羅門
若居士居士婦遣使為比丘送衣價持如是衣價與某甲比丘彼使至比丘所
語比丘言大德今為汝故送是衣價受取是比丘應語彼使如是言我不應
受此衣價我若須衣合時清淨當受彼使語比丘言大德有執事人不
須衣比丘應語言有若僧伽藍民若優婆塞此是比丘執事人常為諸
比丘執事時彼使往至執事人所與衣價已還至比丘所作如是言大德所示
某甲執事人我已與衣價大德知時往彼當得衣須衣比丘當往執事人
所若二反三反為作憶念應語言我須衣若二反三反為作憶念得衣者
善若不得衣若四反五反六反在前默然立四反五反六反在前默然住
得衣者善若不得衣過是求得衣者尼薩耆波逸提
若比丘雜野蠶綿作新臥具尼薩耆波逸提　若比丘以新純黑糯羊
毛作新臥具尼薩耆波逸提　若比丘作新臥具應用二分純黑羊毛三分

BD00851號　四分律比丘戒本　（10–5）

所若二反三反為作憶念應語言我須衣若二反三反為作憶念得衣者
善若不得衣若四反五反六反在前默然立四反五反六反在前默然住
得衣者善若不得衣過是求得衣者尼薩耆波逸提
若比丘雜野蠶綿作新卧具尼薩耆波逸提　若比丘以新純黑糯羊
毛作新卧具尼薩耆波逸提　若比丘作新卧具應用二分純黑羊毛三分
白四分牻若比丘不用二分黑三分白四分牻作新卧具者尼薩耆波逸提
若比丘作新卧具持至六年若減六年不捨故更作新者除僧羯磨尼薩耆
波逸提　若比丘作新坐具當取故者縱廣一磔手帖著新者上用壞色故若
作新坐具不取故者縱廣一磔手帖著新者上用壞色故尼薩耆波逸提
若比丘道路行得羊毛若無人持得自持乃至三由旬若無人持自持過三由旬者
尼薩耆波逸提　若比丘使非親里比丘尼浣染擘羊毛者尼薩耆波逸提
若比丘自手捉錢若金銀若教人捉若置地受者尼薩耆波逸提
若比丘種種賣買者尼薩耆波逸提　若比丘種種販賣者尼薩耆波逸提十
若比丘畜長鉢不淨施得齋十日過者尼薩耆波逸提　若比丘畜鉢
減五綴不漏更求新者為好故尼薩耆波逸提　若比丘自乞縷綫使非親
里織師織作衣者尼薩耆波逸提　若比丘居士居士婦使織師為比丘織
作衣彼比丘先不受自恣請便往織師所語言此衣為我作與我極好織令廣
大堅緻我當少多與汝價是比丘與價乃至一食直若得衣者尼薩耆波逸提
若比丘先與比丘衣後瞋恚若自奪若教人奪取還我衣來不與汝若比
丘還衣彼取者尼薩耆波逸提　若比丘有病殘藥酥油生酥蜜石蜜齋七
日得服若過服者尼薩耆波逸提　若比丘春殘一月在當求雨浴衣半月
應用浴若比丘過一月前求雨浴衣過半月前用浴衣尼薩耆波逸提
若比丘十日未竟夏三月諸比丘得急施衣比丘知是急施衣當受受已乃至
依時應畜若過畜者尼薩耆波逸提　若比丘夏三月竟後迦提一月滿在
阿蘭若有疑恐懼處住比丘在如是處住三衣中欲留一衣置村舍內諸比丘
有因緣離衣宿乃至六夜若過者尼薩耆波逸提　若比丘知是僧物自求入己
者尼薩耆波逸提　諸大德我已說三十尼薩耆波逸提法今問諸大德是中清淨不三說

BD00851 號　四分律比丘戒本　（10–6）

阿蘭若有疑恐懼處住比丘在如是處住三衣中欲留一衣置村舍內諸比丘
有因緣離衣宿乃至六夜若過者尼薩耆波逸提　若比丘知是僧物自求入己
者尼薩耆波逸提　諸大德我已說三十尼薩耆波逸提法今問諸大德是中清淨不三說
諸大德是中清淨默然故是事如是持　諸大德是九十波逸提法半月半月說戒經中來
若比丘知而妄語者波逸提　若比丘種類毀呰語者波逸提　若比丘兩舌語者波逸提
若比丘與婦女同室宿者波逸提　若比丘與未受大戒人共宿過二宿至三宿波逸提
若比丘與未受大戒人共誦者波逸提　若比丘知他比丘有麁惡罪向未受大戒人說
除僧羯磨波逸提　若比丘向未受大戒人說過人法我見是我知是實者波
逸提　若比丘與女人說法過五六語除有知男子波逸提　若比丘自手
掘地若教人掘者波逸提十一　若比丘壞鬼神村者波逸提　若比丘妄作異
語惱他者波逸提　若比丘嫌罵者波逸提　若比丘取僧繩牀木牀卧具坐
蓐露地敷若教人敷捨去不自舉不教人舉者波逸提　若比丘於僧房中
敷僧坐具若自敷若教人敷若坐若卧去時不自舉不教人舉者波逸提
若比丘知先比丘住處後來強於中間敷卧具止宿念言彼若嫌窄者自當避我去作
如是因緣非餘非威儀波逸提　若比丘瞋他比丘不喜僧房中若自牽出若教
他牽出波逸提　若比丘若在僧房若在重閣上脫脚繩牀木床若坐若卧波
逸提　若比丘知水有虫若自澆泥若草若教人澆者波逸提　若比丘欲作大
房戶扉窗牖及餘莊飾具指授覆苫齋二三節若過者波逸提十二
若比丘僧不差教授比丘尼者波逸提　若比丘僧差教授比丘尼乃至日暮者
波逸提　若比丘語諸比丘作如是語諸比丘為飲食故教授比丘尼者波逸提
若比丘與非親里比丘尼衣除貿易波逸提　若比丘與非親里比丘尼作衣者波
逸提　若比丘獨與女人在屏處坐波逸提　若比丘與比丘尼共期同一道行
從一村乃至一村間波逸提　若比丘與比丘尼共期同一船上水下水除直渡者波逸提
若比丘知比丘尼讚歎教化因緣得食食除檀越先意者波逸提
若比丘與婦女共期同一道行乃至一村間波逸提卅　若比丘施一食處無病比丘應一
食若過受者波逸提　若比丘展轉食除餘時波逸提　若比丘別衆食除
餘時波逸提　若比丘至白衣家請比丘與餅麨飯若比丘欲須者當二三鉢受

BD00851 號　四分律比丘戒本　（10–7）

若比丘知比丘尼讚歎教化因緣得食食除檀越先意者波逸提
若比丘與婦女共期同一道行乃至一村間波逸提卅 若比丘施一食處無病比丘應
食若過受者波逸提 若比丘展轉食除餘時波逸提 若比丘別衆食除
餘時波逸提 若比丘至白衣家請比丘與餅麨飯若比丘欲須者當二三鉢受
持還至僧伽藍中應分與餘比丘食若比丘無病過二三鉢受持還至僧伽藍中
不分與餘比丘食者波逸提 若比丘足食竟或時受請不作餘食法而
食者波逸提 若比丘知他比丘足食已若受請不作餘食法慇懃請與食長
老取是食以是因緣非餘欲使他犯者波逸提 若比丘非時受食食者波逸提
若比丘殘宿食而食者波逸提 若比丘不受食若藥著口中除水及楊枝波
逸提 若比丘得好美飲食乳酪魚及肉如此美飲食無病自為己索者波逸提卌
若比丘外道男外道女自手與食者波逸提 若比丘先受請已前食後食
詣餘家不囑授餘比丘除餘時波逸提 若比丘有食家中有寶強安坐者
波逸提 若比丘食家中有寶在屏處坐者波逸提 若比丘獨與女人露地坐
者波逸提 若比丘語餘比丘如是語大德共至聚落當與汝食彼比丘竟不教與
是比丘食語言汝去我與汝一處若坐若臥不樂我獨坐獨語樂以此因緣非餘方便
遣他去者波逸提 若比丘請四月與藥無病比丘應受若過受除常請更
請盡形受請者波逸提 若比丘往觀軍陣除時因緣波逸提 若比丘有因緣
聽至軍中二宿三宿若過受波逸提 若比丘二宿三宿軍中住或時觀軍陣鬪
戰若觀遊軍象馬力勢者波逸提五十 若比丘飲酒者波逸提
若比丘水中戲者波逸提 若比丘以指相擊攊者波逸提 若比丘
不受諫者波逸提 若比丘恐怖他比丘者波逸提 若比丘半月洗浴無病
比丘應受不得過除餘時波逸提 若比丘無病自為炙身故在露地然火
若教人然除時因緣波逸提 若比丘藏他比丘衣鉢坐具針筒若自藏若
教人藏下至戲笑者波逸提 若比丘與比丘比丘尼式叉摩那沙彌沙彌尼
衣後不語主還取著者波逸提 若比丘得新衣應三種壞色一一色中
隨意壞若青若黑若木蘭若比丘不以三種壞色若青若黑若木蘭著餘
衣者波逸提六十 若比丘故斷畜生命者波逸提 若比丘知水有蟲飲用

BD00851 號　四分律比丘戒本　（10-8）

衣後不語主還取著者波逸提 若比丘得新衣應三種壞色一一色中
隨意壞若青若黑若木蘭若比丘不以三種壞色若青若黑若木蘭著餘
衣者波逸提六十 若比丘故斷畜生命者波逸提 若比丘知水有蟲飲用
者波逸提 若比丘故惱他比丘乃至少時不樂者波逸提
若比丘知他比丘有麁惡罪覆藏者波逸提 若比丘知
年不滿二十與受大戒此人不得戒彼比丘可呵癡故波逸提 年滿廿應受大戒 若比丘知諍
事如法懺悔已後更發舉者波逸提 若比丘知是賊伴結要共同道行
乃至一村間波逸提 若比丘作如是語我知佛所說法行婬欲非障道法
彼比丘諫此比丘言大德莫作是語莫謗世尊謗世尊者不善世尊不作是
語世尊無數方便說婬欲是障道法彼比丘諫此比丘時堅持不捨彼比
丘乃至三諫捨此事故若三諫捨者善不捨者波逸提 若比丘知如
是語人未作法如是邪見而不捨供給所須共同羯磨止宿言語者波逸提
若比丘知沙彌作如是言我從佛聞法若行婬欲非障道法彼比丘諫此沙彌
如是言汝莫誹謗世尊謗世尊者不善世尊不作是語世尊無數方便
說婬欲是障道法彼比丘諫此沙彌時堅持不捨彼比丘應乃至再三呵諫令捨此
事故乃至三諫令捨者善不捨者彼比丘應語彼沙彌言汝自今以去不得言佛是我
世尊不得隨逐餘比丘如諸沙彌得與比丘二三宿汝今無是事汝出去滅去
不須此中住若比丘知是衆中被擯沙彌而誘將畜養共宿言語者波逸提七十
若比丘餘比丘如法諫時作是語我今不學此戒當難問餘智慧持律比丘
者波逸提 若比丘說戒時作如是語大德何用說是雜碎戒為說是
戒時令人惱愧懷疑輕呵戒故波逸提 若比丘說戒時作如是語我今
始知此法戒經所載半月半月說戒經中來餘比丘知是比丘若二若三說戒中坐何
況多彼比丘無知無解若犯罪應如法治更增重無知罪長老汝無利不得
不善汝說戒時不用心聽耳聽法彼無知故波逸提 若比丘共同羯磨已後如
是語諸比丘隨親厚以僧物與者波逸提 若比丘衆僧斷事未竟不與欲
而起去者波逸提 若比丘與欲已後悔者波逸提 若比丘共鬪諍聽此語
已向彼說者波逸提 若比丘瞋恚不喜打比丘者波逸提 若比丘瞋恚故不喜
以手搏比丘者波逸提 若比丘瞋恚故以無根僧伽婆尸沙法謗者波逸提八十

BD00851 號　四分律比丘戒本　（10-9）

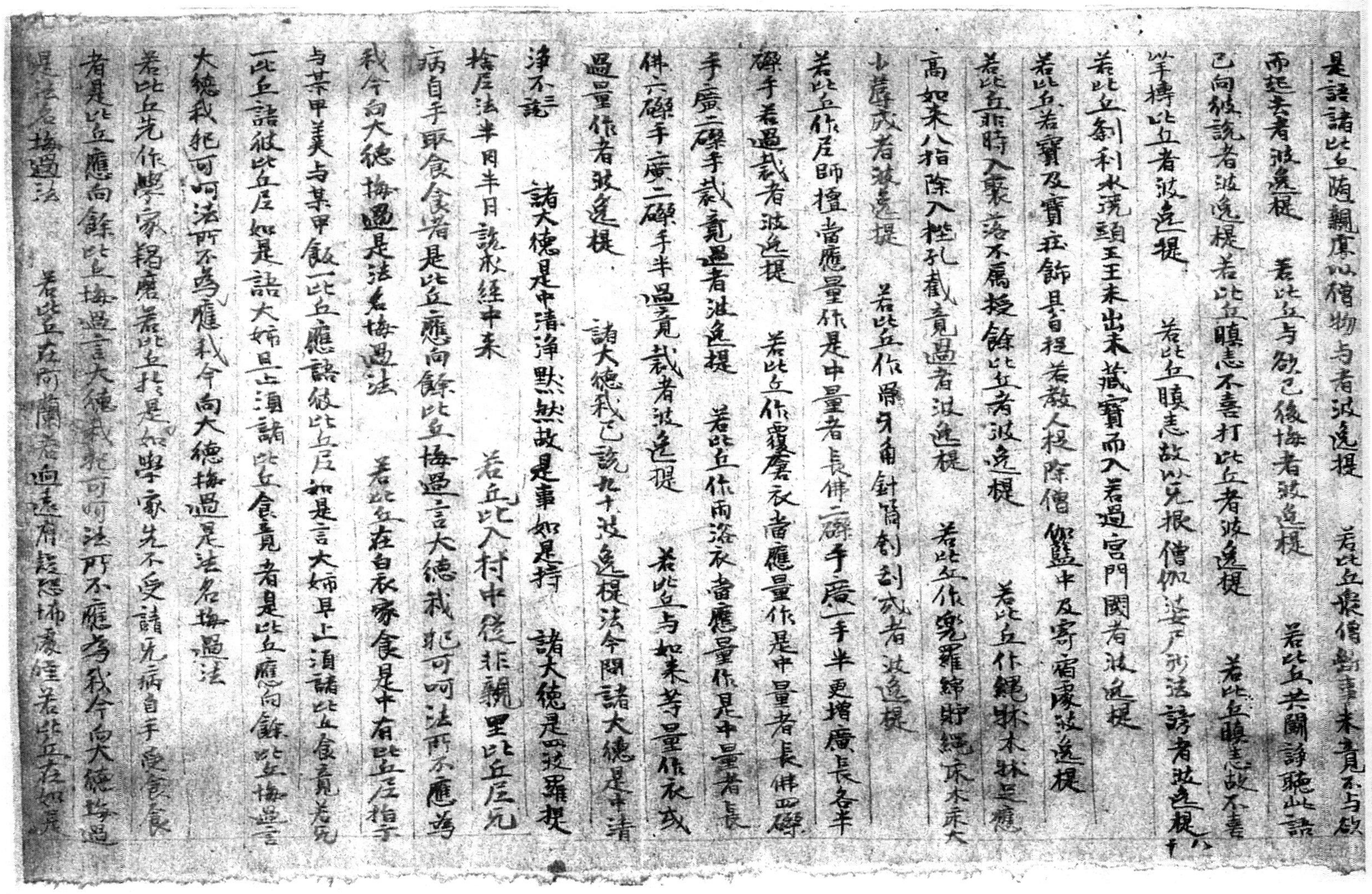

是語諸比丘隨親厚以僧物与者波逸提　若比丘衆僧斷事未竟不与欲
而起去者波逸提　若比丘与欲已後悔者波逸提　若比丘共鬪諍聽此語
已向彼說者波逸提　若比丘瞋恚不喜打比丘者波逸提　若比丘瞋恚故不喜
以手搏比丘者波逸提　若比丘瞋恚故以无根僧伽婆尸沙法謗者波逸提八十
若比丘剎利水澆頭王王未出未藏寶而入若過宮門閾者波逸提
若比丘若寶及寶莊飾具自捉若教人捉除僧伽藍中及寄宿處波逸提
若比丘非時入衆落不囑授餘比丘者波逸提　若比丘作繩床木床足應
高如來八指除入梐孔截竟過者波逸提　若比丘作兜羅綿貯繩床木床大
小蓐成者波逸提　若比丘作骨牙角針筒刳刮成者波逸提
若比丘作尼師檀當應量作是中量者長佛二磔手廣一手半更增廣長各半
磔手若過裁者波逸提　若比丘作覆瘡衣當應量作是中量者長佛四磔
手廣二磔手裁竟過者波逸提　若比丘作雨浴衣當應量作是中量者長
佛六磔手廣二磔手半過竟裁者波逸提　若比丘与如來等量作衣或
過量作者波逸提　諸大德我已說九十波逸提法今問諸大德是中清
淨不三說　諸大德是中清淨默然故是事如是持　諸大德是四波羅提
捨尼法半月半月說戒經中來　若比丘入村中從非親里比丘尼无
病自手取食食者是比丘應向餘比丘悔過言大德我犯可呵法所不應為
我今向大德悔過是法名悔過法　若比丘在白衣家食是中有比丘尼指示
与某甲羹与某甲飯一比丘應語彼比丘尼如是言大姊且止須諸比丘食竟若无
一比丘語彼比丘尼如是語大姊且止須諸比丘食竟者是比丘應向餘比丘悔過言
大德我犯可呵法所不應為我今向大德悔過是法名悔過法
若比丘先作學家羯磨若比丘於是學家先不受請无病自手受食食
者是比丘應向餘比丘悔過言大德我犯可呵法所不應為我今向大德悔過
是法名悔過法　若比丘在阿蘭若迥遠有疑恐怖處住若比丘在如是

BD00851 號　四分律比丘戒本　（10–10）

BD00851 號背　雜寫　（1–1）

佛說觀世音經
尒時无盡意菩薩即從座起偏
掌向佛而作是言世尊觀世音菩薩以何因
名觀世音佛告无盡意菩薩善男子若有无
百千万億衆生受諸苦惱聞是觀世音菩
稱名觀世音菩薩即時觀其音聲皆得
若有持是觀世音菩薩名者設入大火火不能
由是菩薩威神力故若為大水所漂稱其名

BD00852 號　觀世音經　（6–1）

百千万億衆生受諸苦惱聞是觀世音菩薩
稱名觀世音菩薩即時觀其音聲皆得
若有持是觀世音菩薩名者設入大火火不能
由是菩薩威神力故若為大水所漂稱其名
即得淺處若有百千万億衆生為求金
琉璃車𤦲馬瑙珊瑚虎珀真珠等寶入於大
海假使黒風吹其船舫飄墮羅刹鬼國其中若
有乃至一人稱觀世音菩薩名者是諸人等
解脫羅刹之難以是因緣名觀世音
若復有人臨當被害稱觀世音菩薩名者彼所
執刀杖尋段段壞而得解脫若三千大千國土滿中
夜叉羅刹欲來惱人聞其稱觀世音菩薩名者是
諸惡鬼尚不能以惡眼視之況復加害
設復有人若有罪若无罪杻械枷鎖檢繫其身
稱觀世音菩薩名者皆悉斷壞即得解脫若三千
大千國土滿中怨賊有一商主將諸商人齎持重寶
經過險路其中一人作是唱言諸善男子勿得恐
怖汝等應當一心稱觀世音菩薩名号是菩薩能以无
畏施於衆生汝等若稱名者於此怨賊當得解脫
衆商人聞俱發聲言南无觀世音菩薩稱其名
故即得解脫无盡意觀世音菩薩摩訶薩威
神之力巍巍如是
若有衆生多於婬欲常念恭敬觀世音菩薩
便得離欲若多瞋恚常念恭敬觀世音菩薩

BD00852 號　觀世音經　（6–2）

故即得解脫无盡意觀世音菩薩摩訶薩威
神之力魏魏如是
若有衆生多於婬欲常念恭敬觀世音菩薩
便得離欲若多瞋恚常念恭敬觀世音菩薩
便得離瞋若多愚癡常念恭敬觀世音菩薩
便得離癡无盡意觀世音菩薩有如是等大威
神力多所饒益是故衆生常應心念
若有女人設欲求男礼拜供養觀世音菩薩便生福
德智慧之男設欲求女便生端正有相之女宿殖
德本衆人愛敬无盡意觀世音菩薩有如是力
若有衆生恭敬礼拜觀世音菩薩福不唐捐是
故衆生皆應受持觀世音菩薩名号无盡意若
有人受持六十二億恒河沙菩薩名字復盡形供養
飲食衣服卧具醫藥於汝意云何是善男子善
女人功德多不无盡意言甚多世尊佛言若復有
人受持觀世音菩薩名号乃至一時礼拜供養是二人
福正等无異於百千万億劫不可窮盡无盡意受
持觀世音菩薩名号得如是无量无邊福德之利
无盡意菩薩白佛言世尊觀世音菩薩云何遊此
娑婆世界云何而為衆生說法方便之力其事云何
佛告无盡意菩薩善男子若有國土衆生應以
佛身得度者觀世音菩薩即現佛身而為說法
應以辟支佛身得度者即現辟支佛身而為說法
應以聲聞身得度者即現聲聞身而為說法應以
梵王身得度者即現梵王身而為說法應以帝釋
身得度者即現帝釋身而為說法應以自在天

BD00852號　觀世音經　（6–3）

佛身得度者觀世音菩薩即現佛身而為說法
應以辟支佛身得度者即現辟支佛身而為說法
應以聲聞身得度者即現聲聞身而為說法應以
梵王身得度者即現梵王身而為說法應以帝釋
身得度者即現帝釋身而為說法應以自在天
身得度者即現自在天身而為說法應以大自在天
身得度者即現大自在天身而為說法應以天大將軍
身得度者即現天大將軍身而為說法應以毗沙門身
得度者即現毗沙門身而為說法應以小王身得度
者即現小王身而為說法應以長者身得度者即現長
者身而為說法應以居士身得度者即現居士身而
為說法應以宰官身得度者即現宰官身而為
說法應以婆羅門身得度者即現婆羅門身而為說
法應以比丘比丘尼優婆塞優婆夷身得度者即現比
丘比丘尼優婆塞優婆夷身而為說法應以長者居士
宰官婆羅門婦女身得度者即現婦女身而為
說法應以童男童女身得度者即現童男童女
身而為說法應以天龍夜叉乾闥婆阿脩羅迦樓
羅緊那羅摩睺羅伽人非人等身得度者即皆
現之而為說法應以執金剛神得度者即現執金剛
神而為說法无盡意觀世音菩薩成就如是功德以
種種形遊諸國土度衆生是故汝等應當一心供
養觀世音菩薩摩訶薩於怖畏
急難之中能施无畏是故此娑婆世界皆号之
為施无畏者尒時无盡意菩薩白佛言世尊我今
當供養觀世音菩薩即解頸衆寶珠瓔珞價直百

BD00852號　觀世音經　（6–4）

種種形遊諸國土度衆生是故汝等應當一心供
養觀世音菩薩摩訶薩於怖畏
急難之中能施无畏是故此娑婆世界皆号之
為施无畏者尒時无盡意菩薩白佛言世尊我今
當供養觀世音菩薩即解頸衆寶珠瓔珞價直百
千兩金而以與之作是言仁者受此法施珎寶
瓔珞時觀世音菩薩不肯受之无盡意復白觀
世音菩薩言仁者愍我等故受此瓔珞尒時佛告觀
世音菩薩當愍此无盡意菩薩及四衆天龍夜
叉乾闥婆阿脩羅迦樓羅緊那羅摩睺羅伽人非人
等故受是瓔珞即時觀世音菩薩愍諸四衆及
於天龍人非人等受其瓔珞分作二分一分奉釋迦
牟尼佛一分奉多寶佛塔无盡意觀世音菩薩
有如是自在神力遊於娑婆世界尒時无盡意
菩薩以偈問曰

世尊妙相具　我今重問彼　佛子何因緣　名為觀世音
具足妙相尊　偈荅无盡意　汝聽觀音行　善應諸方所
弘誓深如海　歷劫不思議　侍多千億佛　發大清淨願
我為汝略說　聞名及見身　心念不空過　能滅諸有苦
假使興害意　推落大火坑　念彼觀音力　火坑變成池
或漂流巨海　龍魚諸鬼難　念彼觀音力　波浪不能沒
或在須弥峯　為人所推墮　念彼觀音力　如日虛空住
或被惡人逐　墮落金剛山　念彼觀音力　不能損一毛
或值怨賊遶　各執刀加害　念彼觀音力　咸即起慈心
或遭王難苦　臨刑欲壽終　念彼觀音力　刀尋段段壞
或囚禁枷鎖　手足被杻械　念彼觀音力　釋然得解脫

BD00852號　觀世音經　（6–5）

或被惡人逐　墮落金剛山　念彼觀音力　不能損一毛
或值怨賊遶　各執刀加害　念彼觀音力　咸即起慈心
或遭王難苦　臨刑欲壽終　念彼觀音力　刀尋段段壞
或囚禁枷鎖　手足被杻械　念彼觀音力　釋然得解脫
呪詛諸毒藥　所欲害身者　念彼觀音力　還著於本人
或遇惡羅刹　毒龍諸鬼等　念彼觀音力　時悉不敢害
若惡獸圍遶　利牙爪可怖　念彼觀音力　疾走无邊方
蚖蛇及蝮蠍　氣毒煙火然　念彼觀音力　尋聲自迴去
雲雷鼓掣電　降雹澍大雨　念彼觀音力　應時得消散
衆生被困厄　无量苦逼身　觀音妙智力　能救世間苦
具足神通力　廣脩智方便　十方諸國土　无剎不現身
種種諸惡趣　地獄鬼畜生　生老病死苦　以漸悉令滅
真觀清淨觀　廣大智慧觀　悲觀及慈觀　常願常瞻仰
无垢清淨光　慧日破諸闇　能伏災風火　普明照世間
悲體戒雷震　慈意妙大雲　澍甘露法雨　滅除煩惱炎
諍訟經官處　怖畏軍陣中　念彼觀音力　衆怨悉退散
妙音觀世音　梵音海潮音　勝彼世間音　是故須常念
念念不生疑　觀世音淨聖　於苦惱死厄　能為作依怙
具一切功德　慈眼視衆生　福聚海无量　是故應頂禮

尒時持地菩薩即從座起前白佛言世尊若有衆
生聞是觀世音菩薩品自在之業普門示現神通力
者當知是人功德不少佛說是普門品時衆中八万
四千衆生皆發无等等阿耨多羅三藐三菩提心

觀世音經一卷

BD00852號　觀世音經　（6–6）

無忘失法清淨若一切三摩地門清淨無二
無二分無別無斷故一切智智清淨故恒住
捨性清淨恒住捨性清淨若一切三摩地門
清淨何以故若一切智智清淨若恒住捨性
清淨若一切三摩地門清淨無二無二分無
別無斷故善現一切智智清淨故一切智清
淨一切智清淨故一切三摩地門清淨何以
故若一切智智清淨若一切智清淨若一切三
摩地門清淨無二無二分無別無斷故一
切智智清淨故道相智一切相智清淨道
相智一切相智清淨故一切三摩地門清淨何
以故若一切智智清淨若道相智一切相智
清淨若一切三摩地門清淨無二無二分無
別無斷故善現一切智智清淨故一切陁羅
尼門清淨一切陁羅尼門清淨故一切三摩
地門清淨何以故若一切智智清淨若一切
陁羅尼門清淨若一切三摩地門清淨無
二無二分無別無斷故
善現一切智智清淨故預流果清淨預流果
清淨故一切三摩地門清淨何以故若一切
智智清淨若預流果清淨若一切三摩地門
清淨無二無二分無別無斷故一切智智

BD00853號　大般若波羅蜜多經卷二八一　（4–1）

二無二分無別無斷故
善現一切智智清淨故預流果清淨預流果
清淨故一切三摩地門清淨何以故若一切
智智清淨若預流果清淨若一切三摩地門
清淨無二無二分無別無斷故一切智智清
淨故一來不還阿羅漢果清淨一來不還阿
羅漢果清淨故一切三摩地門清淨何以故
若一切智智清淨若一來不還阿羅漢果清
淨若一切三摩地門清淨無二無二分無別
無斷故善現一切智智清淨故獨覺菩提清
淨獨覺菩提清淨故一切三摩地門清淨何
以故若一切智智清淨若獨覺菩提清淨若
一切三摩地門清淨無二無二分無別無斷
故善現一切智智清淨故一切菩薩摩訶薩
行清淨一切菩薩摩訶薩行清淨故一切三
摩地門清淨何以故若一切智智清淨若一
切菩薩摩訶薩行清淨若一切三摩地門清
淨無二無二分無別無斷故善現一切智智
清淨故諸佛無上正等菩提清淨諸佛無
上正等菩提清淨故一切三摩地門清淨何以
故若一切智智清淨若諸佛無上正等菩提
清淨若一切三摩地門清淨無二無二分無
別無斷故
復次善現一切智智清淨故色清淨色清淨
故預流果清淨何以故若一切智智清淨若
色清淨若預流果清淨無二無二分無別無
斷故一切智智清淨故受想行識清淨受想

BD00853號　大般若波羅蜜多經卷二八一　（4–2）

別無斷故
復次善現一切智智清淨故色清淨色清淨
故預流果清淨何以故若一切智智清淨若
色清淨若預流果清淨無二無二分無別無
斷故一切智智清淨故受想行識清淨受想
行識清淨故預流果清淨何以故若一切智
智清淨若受想行識清淨若預流果清淨無
二無二分無別無斷故善現一切智智清淨
故眼處清淨眼處清淨故預流果清淨何以
故若一切智智清淨若眼處清淨若預流果
清淨無二無二分無別無斷故一切智智清
淨故耳鼻舌身意處清淨耳鼻舌身意處清
淨故預流果清淨何以故若一切智智清淨
若耳鼻舌身意處清淨若預流果清淨無二
無二分無別無斷故善現一切智智清淨故
色處清淨色處清淨故預流果清淨何以故
若一切智智清淨若色處清淨若預流果清
淨無二無二分無別無斷故一切智智清淨
故聲香味觸法處清淨聲香味觸法處清淨
故預流果清淨何以故若一切智智清淨若
聲香味觸法處清淨若預流果清淨無二無
二分無別無斷故善現一切智智清淨故眼
界清淨眼界清淨故預流果清淨何以故若
一切智智清淨若眼界清淨若預流果清淨
無二無二分無別無斷故一切智智清淨故
色界眼識界及眼觸眼觸為緣所生諸受清
淨色界乃至眼觸為緣所生諸受清淨故預

BD00853號　大般若波羅蜜多經卷二八一

（4–3）

界清淨眼界清淨故預流果清淨何以故若
一切智智清淨若眼界清淨若預流果清淨
無二無二分無別無斷故一切智智清淨故
色界眼識界及眼觸眼觸為緣所生諸受清
淨色界乃至眼觸為緣所生諸受清淨故預
流果清淨何以故若一切智智清淨若色界
乃至眼觸為緣所生諸受清淨若預流果清
淨無二無二分無別無斷故善現一切智智
清淨故耳界清淨耳界清淨故預流果清淨
何以故若一切智智清淨若耳界清淨若預
流果清淨無二無二分無別無斷故一切智
智清淨故聲界耳識界及耳觸耳觸為緣所
生諸受清淨聲界乃至耳觸為緣所生諸受
清淨故預流果清淨何以故若一切智智清
淨若聲界乃至耳觸為緣所生諸受清淨若
預流果清淨無二無二分無別無斷故

大般若波羅蜜多經卷第二百八十一

BD00853號　大般若波羅蜜多經卷二八一

（4–4）

解十八佛不
力若有相若无相不
解十八佛不共法若有
十力若有願若无願不應觀四无
礙解十八佛不共法若有願若无願不
佛十力若寂静若不寂静不應觀四无所畏
四无礙解十八佛不共法若寂静若不寂静
不應觀佛十力若遠離若不遠離不應觀四
四所畏四无礙解十八佛不共法若遠離若
不遠離不應觀佛十力若有爲若无爲不應
觀四无所畏四无礙解十八佛不共法若有
爲若无爲不應觀佛十力若有漏若无漏不
應觀四无所畏四无礙解十八佛不共法若
有漏若无漏不應觀佛十力若生若滅不
應觀四无所畏四无礙解十八佛不共法若
生若滅不應觀佛十力若善若非善不應觀
四无所畏四无礙解十八佛不共法若善若
非善不應觀佛十力若有罪若无罪不應觀
四无所畏四无礙解十八佛不共法若有罪
若无罪不應觀佛十力若有煩惱若无煩

BD00854 號　大般若波羅蜜多經卷一三　（23–1）

生若滅不應觀佛十力若善若非善不應觀
四无所畏四无礙解十八佛不共法若善若
非善不應觀佛十力若有罪若无罪不應觀
四无所畏四无礙解十八佛不共法若有罪
若无罪不應觀佛十力若有煩惱若无煩
惱不應觀四无所畏四无礙解十八佛不共法
若有煩惱若无煩惱不應觀佛十力若世間
若出世間不應觀四无所畏四无礙解十八
佛不共法若世間若出世間不應觀佛十力
若雜染若清淨不應觀四无所畏四无礙解
十八佛不共法若雜染若清淨不應觀佛十力
若屬生死若屬涅槃不應觀四无所畏四无
礙解十八佛不共法若屬生死若屬涅槃不
應觀佛十力若在内若在外若在兩間不應
觀四无所畏四无礙解十八佛不共法若在
内若在外若在兩間不應觀佛十力若可得
若不可得不應觀四无所畏四无礙解十八
佛不共法若可得若不可得
復次善現諸菩薩摩訶薩脩行般若波羅蜜
多時不應觀大慈若常若无常不應觀大悲
大喜大捨若常若无常不應觀大慈若樂若
苦不應觀大悲大喜大捨若樂若苦不應觀
大慈若我若无我不應觀大悲大喜大捨若
我若无我不應觀大慈若淨若不淨不應觀
大悲大喜大捨若淨若不淨不應觀大慈若
空若不空不應觀大悲大喜大捨若空若不
空不應觀大慈若有相若无相不應觀大悲

BD00854 號　大般若波羅蜜多經卷一三　（23–2）

大慈若樂若苦不應觀大悲大喜大捨若
我若无我不應觀大慈若淨若不淨不應觀
大悲大喜大捨若淨若不淨不應觀大慈若
空若不空不應觀大悲大喜大捨若空若不
空不應觀大慈若有相若无相不應觀大悲
大喜大捨若有相若无相不應觀大慈若有
願若无願不應觀大悲大喜大捨若有願若
无願不應觀大慈若寂靜若不寂靜不應觀
大悲大喜大捨若寂靜若不寂靜不應觀大
慈若遠離若不遠離不應觀大悲大喜大捨
若遠離若不遠離不應觀大慈若有為若无
為不應觀大悲大喜大捨若有為若无為不
應觀大慈若有漏若无漏不應觀大悲大喜
大捨若有漏若无漏不應觀大慈若生若滅
不應觀大悲大喜大捨若生若滅不應觀大
慈若善若非善不應觀大悲大喜大捨若
善若非善不應觀大慈若有罪若无罪不應
觀大悲大喜大捨若有罪若无罪不應觀大
慈若有煩惱若无煩惱不應觀大悲大喜大
捨若有煩惱若无煩惱不應觀大慈若世間
若出世間不應觀大悲大喜大捨若世間若
出世間不應觀大慈若雜染若清淨不應觀
大悲大喜大捨若雜染若清淨不應觀大慈
若屬生死若屬涅槃不應觀大悲大喜大捨
若屬生死若屬涅槃不應觀大慈若在內若
在外若在兩間不應觀大悲大喜大捨若在
內若在外若在兩間不應觀大慈若可得若

BD00854號　大般若波羅蜜多經卷一三　（23–3）

若屬生死若屬涅槃不應觀大悲大喜大捨
若屬生死若屬涅槃不應觀大慈若在內若
在外若在兩間不應觀大悲大喜大捨若在
內若在外若在兩間不應觀大慈若可得若
不可得不應觀大悲大喜大捨若可得若不
可得
復次善現諸菩薩摩訶薩脩行般若波羅蜜
多時不應觀三十二大士相若常若无常不
應觀八十隨好若常若无常不應觀三十二
大士相若樂若苦不應觀八十隨好若樂若
苦不應觀三十二大士相若我若无我不應
觀八十隨好若我若无我不應觀三十二大
士相若淨若不淨不應觀八十隨好若淨若
不淨不應觀三十二大士相若空若不空不
應觀八十隨好若空若不空不應觀三十二
大士相若有相若无相不應觀八十隨好若
有相若无相不應觀三十二大士相若有願
若无願不應觀八十隨好若有願若无願不
應觀三十二大士相若寂靜若不寂靜不應
觀八十隨好若寂靜若不寂靜不應觀三十
二大士相若遠離若不遠離不應觀八十隨
好若遠離若不遠離不應觀三十二大士相
若有為若无為不應觀八十隨好若有為若
无為不應觀三十二大士相若有漏若无漏
不應觀八十隨好若有漏若无漏不應觀三
十二大士相若生若滅不應觀八十隨好若
生若滅不應觀三十二大士相若善若非善

BD00854號　大般若波羅蜜多經卷一三　（23–4）

若有為若无為不應觀八十隨好若有為若
无為不應觀三十二大士相若有漏若无漏
不應觀八十隨好若有漏若无漏不應觀三
十二大士相若生若滅不應觀八十隨好若
生若滅不應觀三十二大士相若善若非善
不應觀八十隨好若善若非善不應觀三十
二大士相若有罪若无罪不應觀八十隨好
若有罪若无罪不應觀三十二大士相若有
煩惱若无煩惱不應觀八十隨好若有煩惱
若无煩惱不應觀三十二大士相若世間若
出世間不應觀八十隨好若世間若出世間
不應觀三十二大士相若雜染若清淨不應
觀八十隨好若雜染若清淨不應觀三十二
大士相若屬生死若屬涅槃不應觀八十隨
好若屬生死若屬涅槃不應觀三十二大士
相若在內若在外若在兩間不應觀八十隨
好若在內若在外若在兩間不應觀三十二
大士相若可得若不可得不應觀八十隨好
若可得若不可得
復次善現諸菩薩摩訶薩脩行般若波羅蜜
多時不應觀无忘失法若常若无常不應觀
恒住捨性若常若无常不應觀无忘失法
若樂若苦不應觀恒住捨性若樂若苦不應
觀无忘失法若我若无我不應觀恒住捨性
若我若无我不應觀无忘失法若淨若不淨
不應觀恒住捨性若淨若不淨不應觀无

BD00854號　大般若波羅蜜多經卷一三

（23–5）

若樂若苦不應觀恒住捨性若樂若苦不應
觀无忘失法若我若无我不應觀恒住捨性
若我若无我不應觀无忘失法若淨若不淨
不應觀恒住捨性若淨若不淨不應觀无
忘失法若空若不空不應觀恒住捨性若
空若不空不應觀无忘失法若有相若无相
不應觀恒住捨性若有相若无相不應觀无
忘失法若有願若无願不應觀恒住捨性若
有願若无願不應觀无忘失法若寂靜若不
寂靜不應觀恒住捨性若寂靜若不寂靜不
應觀无忘失法若遠離若不遠離不應觀恒
住捨性若遠離若不遠離不應觀无忘失法
若有為若无為不應觀恒住捨性若有為若
无為不應觀无忘失法若有漏若无漏不應
觀恒住捨性若有漏若无漏不應觀无忘失
法若生若滅不應觀恒住捨性若生若滅不
應觀无忘失法若善若非善不應觀恒住捨
性若善若非善不應觀无忘失法若有罪若
无罪不應觀恒住捨性若有罪若无罪不應
觀无忘失法若有煩惱若无煩惱不應觀恒
住捨性若有煩惱若无煩惱不應觀无忘失
法若世間若出世間不應觀恒住捨性若世
間若出世間不應觀无忘失法若雜染若清
淨不應觀恒住捨性若雜染若清淨不應觀
无忘失法若屬生死若屬涅槃不應觀恒住
捨性若屬生死若屬涅槃不應觀无忘失法

BD00854號　大般若波羅蜜多經卷一三

（23–6）

間若出世間不應觀无忘失法若雜染若清
淨不應觀恒住捨性若雜染若清淨不應觀
无忘失法若屬生死若屬涅槃不應觀恒住
捨性若屬生死若屬涅槃不應觀无忘失法
若在內若在外若在兩間不應觀恒住捨性
若在內若在外若在兩間不應觀无忘失法
若可得若不可得不應觀恒住捨性若可得
若不可得復次善現諸菩薩摩訶薩脩行般
若波羅蜜多時不應觀一切智若常若无常
不應觀道相智一切相智若常若无常不應
觀一切智若樂若苦不應觀道相智一切相
智若樂若苦不應觀一切智若我若无我不
應觀道相智一切相智若我若无我不應觀
一切智若淨若不淨不應觀道相智一切相智
若淨若不淨不應觀一切智若空若不空不
應觀道相智一切相智若空若不空不應觀
一切智若有相若无相不應觀道相智一切
相智若有相若无相不應觀一切智若有願
若无願不應觀道相智一切相智若有願若
无願不應觀一切智若寂靜若不寂靜不應
觀道相智一切相智若寂靜若不寂靜不應
觀一切智若遠離若不遠離不應觀道相智
一切相智若遠離若不遠離不應觀一切智
若有為若无為不應觀道相智一切相智若
有為若无為不應觀一切智若有漏若无漏
不應觀道相智一切相智若有漏若无漏不
應觀一切智若生若滅不應觀道相智一切

BD00854號　大般若波羅蜜多經卷一三　（23–7）

一切相智若遠離若不遠離不應觀一切智
若有為若无為不應觀一切智若有漏若无漏
不應觀道相智一切相智若有漏若无漏不
應觀一切智若生若滅不應觀道相智一切
相智若生若滅不應觀一切智若善若非善
不應觀道相智一切相智若善若非善不應
觀一切智若有罪若无罪不應觀道相智一
切相智若有罪若无罪不應觀一切智若有
煩惱若无煩惱不應觀道相智一切相智若
有煩惱若无煩惱不應觀一切智若世間若
出世間不應觀道相智一切相智若世間若
出世間不應觀一切智若雜染若清淨不應
觀道相智一切相智若雜染若清淨不應觀
一切智若屬生死若屬涅槃不應觀道相智
一切相智若屬生死若屬涅槃不應觀一切
智若在內若在外若在兩間不應觀道相智
一切相智若在內若在外若在兩間不應觀
一切智若可得若不可得不應觀道相智一
切相智若可得若不可得
復次善現諸菩薩摩訶薩脩行般若波羅蜜
多時不應觀預流果若常若无常不應觀一
來不還阿羅漢果獨覺菩提若常若无常不
應觀預流果若樂若苦不應觀一來不還阿
羅漢果獨覺菩提若樂若苦不應觀預流果
若我若无我不應觀一來不還阿羅漢果獨

BD00854號　大般若波羅蜜多經卷一三　（23–8）

應觀預流果若樂若苦不應觀一來不還阿
羅漢果獨覺菩提若樂若苦不應觀預流果
若我若无我不應觀一來不還阿羅漢果獨
覺菩提若我若无我不應觀預流果若淨若
不淨不應觀一來不還阿羅漢果獨覺菩提
若淨若不淨不應觀預流果若空若不空不
應觀一來不還阿羅漢果獨覺菩提若空若
不空不應觀預流果若有相若无相不應觀
一來不還阿羅漢果獨覺菩提若有相若无
相不應觀預流果若有願若无願不應觀一
來不還阿羅漢果獨覺菩提若有願若无願
不應觀預流果若寂靜若不寂靜不應觀
一來不還阿羅漢果獨覺菩提若寂靜若不
寂靜不應觀預流果若遠離若不遠離不應
觀一來不還阿羅漢果獨覺菩提若遠離若
不遠離不應觀預流果若有爲若无爲不應
觀一來不還阿羅漢果獨覺菩提若有爲若
无爲不應觀預流果若有漏若无漏不應觀
一來不還阿羅漢果獨覺菩提若有漏若无
漏不應觀預流果若生若滅不應觀一來不
還阿羅漢果獨覺菩提若生若滅不應觀預
流果若善若非善不應觀一來不還阿羅漢
果獨覺菩提若善若非善不應觀預流果若
有罪若无罪不應觀一來不還阿羅漢果獨
覺菩提若有罪若无罪不應觀預流果若有
煩惱若无煩惱不應觀一來不還阿羅漢果

BD00854號　大般若波羅蜜多經卷一三　（23–9）

果獨覺菩提若善若非善不應觀預流果若
有罪若无罪不應觀一來不還阿羅漢果獨
覺菩提若有罪若无罪不應觀預流果若有
煩惱若无煩惱不應觀一來不還阿羅漢果
獨覺菩提若有煩惱若无煩惱不應觀預流
果若世間若出世間不應觀一來不還阿羅
漢果獨覺菩提若世間若出世間不應觀預
流果若雜染若清淨不應觀一來不還阿羅
漢果獨覺菩提若雜染若清淨不應觀預流
果若屬生死若屬涅槃不應觀一來不還阿
羅漢果獨覺菩提若屬生死若屬涅槃不應
觀預流果若在內若在外若在兩間不應觀
一來不還阿羅漢果獨覺菩提若在內若在
外若在兩間不應觀預流果若可得若不可
得不應觀一來不還阿羅漢果獨覺菩提若
可得若不可得

復次善現諸菩薩摩訶薩脩行般若波羅
蜜多時不應觀一切菩薩摩訶薩行若常若无
常不應觀諸佛无上正等菩提若常若无常
不應觀一切菩薩摩訶薩行若樂若苦不應
觀諸佛无上正等菩提若樂若苦不應觀一
切菩薩摩訶薩行若我若无我不應觀諸佛
无上正等菩提若我若无我不應觀一切菩
薩摩訶薩行若淨若不淨不應觀諸佛无上
正等菩提若淨若不淨不應觀一切菩薩摩
訶薩行若空若不空不應觀諸佛无上正等

BD00854號　大般若波羅蜜多經卷一三　（23–10）

觀諸佛无上正等菩提若樂若苦不應觀一
切菩薩摩訶薩行若我若无我不應觀諸佛
无上正等菩提若我若无我不應觀一切菩
薩摩訶薩行若淨若不淨不應觀諸佛无上
正等菩提若淨若不淨不應觀一切菩薩摩
訶薩行若空若不空不應觀諸佛无上正等
菩提若空若不空不應觀一切菩薩摩訶薩
行若有相若无相不應觀諸佛无上正等菩
提若有相若无相不應觀一切菩薩摩訶薩
行若有願若无願不應觀諸佛无上正等菩
提若有願若无願不應觀一切菩薩摩訶薩
行若寂靜若不寂靜不應觀諸佛无上正等
菩提若寂靜若不寂靜不應觀一切菩薩摩
訶薩行若遠離若不遠離不應觀諸佛无上
正等菩提若遠離若不遠離不應觀一切菩
薩摩訶薩行若有為若无為不應觀諸佛无
上正等菩提若有為若无為不應觀一切菩
薩摩訶薩行若有漏若无漏不應觀諸佛无
上正等菩提若有漏若无漏不應觀一切菩
薩摩訶薩行若生若滅不應觀諸佛无上正
等菩提若生若滅不應觀一切菩薩摩訶薩
行若善若非善不應觀諸佛无上正等菩提
若善若非善不應觀一切菩薩摩訶薩行若
有罪若无罪不應觀諸佛无上正等菩提若
有罪若无罪不應觀一切菩薩摩訶薩行若
有煩惱若无煩惱不應觀諸佛无上正等菩
提若有煩惱若无煩惱不應觀一切菩薩摩

有罪若无罪不應觀諸佛无上正等菩提若
有罪若无罪不應觀一切菩薩摩訶薩行若
有煩惱若无煩惱不應觀諸佛无上正等菩
提若有煩惱若无煩惱不應觀一切菩薩摩
訶薩行若世間若出世間不應觀諸佛无上
正等菩提若世間若出世間不應觀一切菩
薩摩訶薩行若雜染若清淨不應觀諸佛无
上正等菩提若雜染若清淨不應觀一切菩
薩摩訶薩行若屬生死若屬涅槃不應觀諸
佛无上正等菩提若屬生死若屬涅槃不應
觀一切菩薩摩訶薩行若在內若在外若在
兩間不應觀諸佛无上正等菩提若在內若
在外若在兩間不應觀一切菩薩摩訶薩行
若可得若不可得不應觀諸佛无上正等菩
提若可得若不可得

復次善現諸菩薩摩訶薩脩行般若波羅蜜
多時若菩薩摩訶薩若般若波羅蜜多若此
二名俱不見在有為界中亦不見在无為界中
何以故善現諸菩薩摩訶薩脩行般若波羅
蜜多時於一切法不起分別无異分別善
現是菩薩摩訶薩脩行般若波羅蜜多時於
一切法住无分別能脩布施波羅蜜多亦能
脩淨戒安忍精進靜慮般若波羅蜜多能住
內空亦能住外空內外空空空大空勝義空
有為空无為空畢竟空无際空散空无變異
空本性空自相空共相空一切法空不可得
空无性空自性空无性自性空亦能住真如

脩淨戒安忍精進靜慮般若波羅蜜多能住
内空亦能住外空内外空空空大空勝義空
有為空无為空畢竟空无際空散空无變異
空本性空自相空共相空一切法空不可得
空无性空自性空无性自性空能住真如亦
能住法界法性不虛妄性不變異性平等性
離生性法定法住實際虛空界不思議界能
脩四念住亦能脩四正斷四神足五根五力
七等覺支八聖道支能住苦聖諦亦能住集
滅道聖諦能脩四靜慮亦能脩四无量四无
色定能脩八解脫亦能脩八勝處九次第定
十遍處能脩空解脫門亦能脩无相无願解
脫門能脩一切陁羅尼門亦能脩一切三摩
地門能脩極喜地亦能脩離垢地發光地焰
慧地極難勝地現前地遠行地不動地善慧
地法雲地能脩五眼亦能脩六神通能脩佛
十力亦能脩四无所畏四无礙解大慈大悲
大喜大捨十八佛不共法能脩无忘失法亦
能脩恒住捨性能脩一切智亦能脩道相智
一切相智善現是菩薩摩訶薩於如是時不
見菩薩摩訶薩不見菩薩摩訶薩名不見般
若波羅蜜多不見般若波羅蜜多名唯正勤
求一切智智何以故善現是菩薩摩訶薩脩
行般若波羅蜜多於一切法善達實相了知
其中无染淨故
復次善現諸菩薩摩訶薩脩行般若波羅蜜

BD00854號　大般若波羅蜜多經卷一三　（23–13）

求一切智智何以故善現是菩薩摩訶薩脩
行般若波羅蜜多於一切法善達實相了知
其中无染淨故
復次善現諸菩薩摩訶薩脩行般若波羅蜜
多時應如實覺名假施設法假施設善現是
菩薩摩訶薩於名法假如實覺已不著色不
著受想行識不著眼處不著耳鼻舌身意處
不著色處不著聲香味觸法處不著眼界不
著耳鼻舌身意界不著色界不著聲香味觸
法界不著眼識界不著耳鼻舌身意識界不
著眼觸不著耳鼻舌身意觸不著眼觸為緣
所生諸受若樂若苦若不苦不樂不著耳鼻
舌身意觸為緣所生諸受若樂若苦若不苦
不樂不著地界不著水火風空識界不著因
緣不著等无間緣所緣緣增上緣及從緣所
生法不著无明不著行識名色六處觸受愛
取有生老死愁歎苦憂惱不著有為界不著
无為界不著有漏界不著无漏界不著布施
波羅蜜多不著淨戒安忍精進靜慮般若方
便善巧妙願力智波羅蜜多不著内空不著
外空内外空空空大空勝義空有為空无為
空畢竟空无際空散空无變異空本性空自
相空共相空一切法空不可得空无性空自
性空无性自性空不著真如不著法界法性
不虛妄性不變異性平等性離生性法定法
住實際虛空界不思議界不著四念住不著

BD00854號　大般若波羅蜜多經卷一三　（23–14）

空畢竟空无際空散空无變異空本性空自
相空共相空一切法空不可得空无性空自
性空无性自性空不着真如不着法界法性
不虛妄性不變異性平等性離生性法定法
住實際虛空界不思議界不著四念住不著
四正斷四神足五根五力七覺支八聖道
支不著苦聖諦不著集滅道聖諦不著四静
慮不著四无量四无色定不著八解脫不著
八勝處九次第定十遍處不著空解脫門不
著无相无願解脫門不著陁羅尼門不著三
摩地門不着極喜地不着離垢地發光地焰
慧地極難勝地現前地遠行地不動地善慧
地法雲地不著五眼不著六神通不着佛十
力不著四无所畏四无礙解十八佛不共法
不著大慈不着大悲大喜大捨不著三十
二大士相不着八十隨好不着无忘失法不
着恒住捨性不着一切智不著道相智一切
相智不著預流果不著一來不還阿羅漢果
獨覺菩提不着一切菩薩摩訶薩行不著諸
佛无上正等菩提不着我不着有情命者生
者養者士夫補特伽羅意生儒童作者受者
知者見者不着異生不着聖者不着菩薩不
着如來不着名不着相不着嚴淨佛土不着
成熟有情不着方便善巧所以者何以一切
法皆无所有能着所着着處着時不可得故
如是善現諸菩薩摩訶薩脩行般若波羅蜜
多於一切法无所著故便能增益布施淨戒

知者見者不着異生不着聖者不着菩薩不
着如來不着名不着相不着嚴淨佛土不着
成熟有情不着方便善巧所以者何以一切
法皆无所有能着所着着處着時不可得故
如是善現諸菩薩摩訶薩脩行般若波羅蜜
多於一切法无所著故便能增益布施淨戒
安忍精進静慮般若方便善巧妙願力智波
羅蜜多亦能安住內空外空內外空空空大
空勝義空有為空无為空畢竟空无際空散
空无變異空本性空自相空共相空一切法
空不可得空无性空自性空无性自性空亦
能安住真如法界法性不虛妄性不變異性
平等性離生性法定法住實際虛空界不思
議界亦能增益四念住四正斷四神足五根
五力七等覺支八聖道支亦住苦集滅道聖
諦亦能增益四静慮四无量四无色定亦能
增益八解脫八勝處九次第定十遍處亦能
增益空无相无願解脫門亦能趣入菩薩正
性離生亦能安住菩薩不退轉地亦能圓滿
一切陁羅尼門三摩地門亦能圓滿極喜地
離垢地發光地焰慧地極難勝地現前地遠
行地不動地善慧地法雲地亦能圓滿五眼
六神通亦能圓滿佛十力四无所畏四无礙
解十八佛不共法亦能圓滿大慈大悲大喜
大捨亦能圓滿三十二大士相八十隨好亦
能圓滿无忘失法恒住捨性亦能圓滿一切
智道相智一切相智亦得菩薩殊勝神通具

六神通亦能圓滿佛十力四无所畏四无礙
解十八佛不共法亦能圓滿大慈大悲大喜
大捨亦能圓滿三十二大士相八十隨好亦
能圓滿无忘失法恒住捨性亦能圓滿一切
智道相智一切相智亦得菩薩殊勝神通具
神通已從一佛國至一佛國為欲成熟諸有
情故為欲嚴淨自佛土故為見如來應正等
覺及為見已供養恭敬尊重讚歎令諸善根
皆得生長善生長已隨所樂聞諸佛正法皆
得聽受既聽受已乃至安坐妙菩提座證得
无上正等菩提能不忘失普於一切陁羅尼
門三摩地門皆得自在如是善現諸菩薩摩
訶薩脩行般若波羅蜜多應如實覺名假法
假
復次善現所言菩薩摩訶薩者於意云何即
色是菩薩摩訶薩不不也世尊即受想行識
是菩薩摩訶薩不不也世尊異色是菩薩摩
訶薩不不也世尊異受想行識是菩薩摩訶
薩不不也世尊色中有菩薩摩訶薩不不也
世尊受想行識中有菩薩摩訶薩不不也世
尊菩薩摩訶薩中有色不不也世尊菩薩摩
訶薩中有受想行識不不也世尊離色有菩
薩摩訶薩不不也世尊離受想行識有菩薩
摩訶薩不不也世尊復次善現所言菩薩摩
訶薩者於意云何即眼處是菩薩摩訶薩不
不也世尊即耳鼻舌身意處是菩薩摩訶薩
不不也世尊異眼處是菩薩摩訶薩不不也

訶薩中有受想行識不不也世尊離色有菩
薩摩訶薩不不也世尊離受想行識有菩薩
摩訶薩不不也世尊復次善現所言菩薩摩
訶薩者於意云何即眼處是菩薩摩訶薩不
不也世尊即耳鼻舌身意處是菩薩摩訶薩
不不也世尊異眼處是菩薩摩訶薩不不也
世尊異耳鼻舌身意處是菩薩摩訶薩不
不也世尊眼處中有菩薩摩訶薩不不也世
尊耳鼻舌身意處中有菩薩摩訶薩不不也
世尊菩薩摩訶薩中有眼處不不也世尊菩
薩摩訶薩中有耳鼻舌身意處不不也世尊
離眼處有菩薩摩訶薩不不也世尊離耳鼻
舌身意處有菩薩摩訶薩不不也世尊復次
善現所言菩薩摩訶薩者於意云何即色處
是菩薩摩訶薩不不也世尊即聲香味觸法
處是菩薩摩訶薩不不也世尊異色處是菩
薩摩訶薩不不也世尊異聲香味觸法處是
菩薩摩訶薩不不也世尊色處中有菩薩摩
訶薩不不也世尊聲香味觸法處中有菩薩
摩訶薩不不也世尊菩薩摩訶薩中有色處
不不也世尊菩薩摩訶薩中有聲香味觸法
處不不也世尊離色處有菩薩摩訶薩不不
也世尊離聲香味觸法處有菩薩摩訶薩不
不也世尊復次善現所言菩薩摩訶薩者於
意云何即眼界是菩薩摩訶薩不不也世尊
即耳鼻舌身意界是菩薩摩訶薩不不也世
尊異眼界是菩薩摩訶薩不不也世尊異耳

也世尊離聲香味觸法處有菩薩摩訶薩不
不也世尊復次善現所言菩薩摩訶薩者於
意云何即眼界是菩薩摩訶薩不不也世尊
即耳鼻舌身意界是菩薩摩訶薩不不也世
尊異眼界是菩薩摩訶薩不不也世尊異耳
鼻舌身意界是菩薩摩訶薩不不也世尊眼
界中有菩薩摩訶薩不不也世尊耳鼻舌身
意界中有菩薩摩訶薩不不也世尊菩薩摩
訶薩中有眼界不不也世尊菩薩摩訶薩中
有耳鼻舌身意界不不也世尊離眼界有菩
薩摩訶薩不不也世尊離耳鼻舌身意界
有菩薩摩訶薩不不也世尊復次善現所言
菩薩摩訶薩者於意云何即色界是菩薩摩
訶薩不不也世尊即聲香味觸法界是菩薩
摩訶薩不不也世尊異色界是菩薩摩訶薩
不不也世尊異聲香味觸法界是菩薩摩訶
薩不不也世尊色界中有菩薩摩訶薩不不
也世尊聲香味觸法界中有菩薩摩訶薩不
不也世尊菩薩摩訶薩中有色界不不也世
尊菩薩摩訶薩中有聲香味觸法界不不也
世尊離色界有菩薩摩訶薩不不也世尊離
聲香味觸法界有菩薩摩訶薩不不也世尊
復次善現所言菩薩摩訶薩者於意云何即
眼識界是菩薩摩訶薩不不也世尊即耳鼻
舌身意識界是菩薩摩訶薩不不也世尊異
眼識界是菩薩摩訶薩不不也世尊異耳鼻

BD00854號 大般若波羅蜜多經卷一三 （23–19）

聲香味觸法界有菩薩摩訶薩不不也世尊
復次善現所言菩薩摩訶薩者於意云何即
眼識界是菩薩摩訶薩不不也世尊即耳鼻
舌身意識界是菩薩摩訶薩不不也世尊異
眼識界是菩薩摩訶薩不不也世尊異耳鼻
舌身意識界是菩薩摩訶薩不不也世尊眼
識界中有菩薩摩訶薩不不也世尊耳鼻舌
身意識界中有菩薩摩訶薩不不也世尊菩薩
摩訶薩中有眼識界不不也世尊菩薩摩訶
薩中有耳鼻舌身意識界不不也世尊離眼
識界有菩薩摩訶薩不不也世尊離耳鼻舌
身意識界有菩薩摩訶薩不不也世尊
復次善現所言菩薩摩訶薩者於意云何即
眼觸是菩薩摩訶薩不不也世尊即耳鼻舌
身意觸是菩薩摩訶薩不不也世尊異眼觸
是菩薩摩訶薩不不也世尊異耳鼻舌身意
觸是菩薩摩訶薩不不也世尊眼觸中有菩
薩摩訶薩不不也世尊耳鼻舌身意觸中有
菩薩摩訶薩不不也世尊菩薩摩訶薩中有
眼觸不不也世尊菩薩摩訶薩中有耳鼻舌
身意觸不不也世尊離眼觸有菩薩摩訶薩
不不也世尊離耳鼻舌身意觸有菩薩摩訶
薩不不也世尊復次善現所言菩薩摩訶薩
者於意云何即眼觸為緣所生諸受是菩薩
摩訶薩不不也世尊即耳鼻舌身意觸為緣
所生諸受是菩薩摩訶薩不不也世尊異眼
觸為緣所生諸受是菩薩摩訶薩不不也世

BD00854號 大般若波羅蜜多經卷一三 （23–20）

薩不不也世尊復次善現所言菩薩摩訶薩
者於意云何即眼觸為緣所生諸受是菩薩
摩訶薩不不也世尊即耳鼻舌身意觸為緣
所生諸受是菩薩摩訶薩不不也世尊異眼
觸為緣所生諸受是菩薩摩訶薩不不也世
尊異耳鼻舌身意觸為緣所生諸受是菩
薩摩訶薩不不也世尊眼觸為緣所生諸受中
有菩薩摩訶薩不不也世尊耳鼻舌身意觸
為緣所生諸受中有菩薩摩訶薩不不也世
尊菩薩摩訶薩中有眼觸為緣所生諸受不
不也世尊菩薩摩訶薩中有耳鼻舌身意觸
為緣所生諸受不不也世尊離眼觸為緣所
生諸受有菩薩摩訶薩不不也世尊離耳鼻
舌身意觸為緣所生諸受有菩薩摩訶薩不
不也世尊復次善現所言菩薩摩訶薩者於
意云何即地界是菩薩摩訶薩不不也世尊
即水火風空識界是菩薩摩訶薩不不也世
尊異地界是菩薩摩訶薩不不也世尊異
水火風空識界是菩薩摩訶薩不不也世尊
地界中有菩薩摩訶薩不不也世尊水火風
空識界中有菩薩摩訶薩不不也世尊菩薩
摩訶薩中有地界不不也世尊菩薩摩訶薩
中有水火風空識界不不也世尊離地界有
菩薩摩訶薩不不也世尊離水火風空識界
有菩薩摩訶薩不不也世尊復次善現所言
菩薩摩訶薩者於意云何即因緣是菩薩
摩訶薩不不也世尊即等无間緣所緣緣增上

BD00854號　大般若波羅蜜多經卷一三　（23–21）

中有水火風空識界不不也世尊離地界有
菩薩摩訶薩不不也世尊離水火風空識界
有菩薩摩訶薩不不也世尊復次善現所言
菩薩摩訶薩者於意云何即因緣是菩薩
摩訶薩不不也世尊即等无間緣所緣緣增上
緣是菩薩摩訶薩不不也世尊異因緣是菩
薩摩訶薩不不也世尊異等无間緣所緣緣
增上緣是菩薩摩訶薩不不也世尊因緣中
有菩薩摩訶薩不不也世尊等无間緣所緣
緣增上緣中有菩薩摩訶薩不不也世尊菩
薩摩訶薩中有因緣不不也世尊菩薩摩訶
薩中有等无間緣所緣緣增上緣不不也世
尊離因緣有菩薩摩訶薩不不也世尊離等
无間緣所緣緣增上緣有菩薩摩訶薩不不
也世尊復次善現所言菩薩摩訶薩者於意
云何即緣所生法是菩薩摩訶薩不不也世
尊異緣所生法是菩薩摩訶薩不不也世尊
緣所生法中有菩薩摩訶薩不不也世尊菩
薩摩訶薩中有緣所生法不不也世尊離緣
所生法有菩薩摩訶薩不不也世尊

大般若波羅蜜多經卷第十三

BD00854號　大般若波羅蜜多經卷一三　（23–22）

薩摩訶薩中有因緣不不也世尊菩薩摩訶
薩中有等无間緣所緣緣增上緣不不也世
尊離因緣有菩薩摩訶薩不不也世尊離等
无間緣所緣緣增上緣有菩薩摩訶薩不不
也世尊復次善現所言菩薩摩訶薩者於意
云何即緣所生法是菩薩摩訶薩不不也世
尊異緣所生法是菩薩摩訶薩不不也世尊
緣所生法中有菩薩摩訶薩不不也世尊菩
薩摩訶薩中有緣所生法不不也世尊離緣
所生法有菩薩摩訶薩不不也世尊

大般若波羅蜜多經卷第十三

BD00854號　大般若波羅蜜多經卷一三　（23–23）

界主梵天王尸棄大梵光明大梵等與
屬万二千天子俱有八龍王難陀龍王跋難
陀龍王娑伽羅龍王和脩吉龍王德叉迦龍
王阿那婆達多龍王摩那斯龍王優鉢羅龍
王等各與若干百千眷屬俱有四緊那羅王
法緊那羅王妙法緊那羅王大法緊那羅王
持法緊那羅王各與若干百千眷屬俱有四
乾闥婆王樂乾闥婆王樂音乾闥婆王美乾
闥婆王美音乾闥婆王各與若干百千眷屬
俱有四阿脩羅王婆稚阿脩羅王佉羅騫大
阿脩羅王毗摩質多羅阿脩羅王羅睺阿脩
羅王各與若干百千眷屬俱有四迦樓羅王
大威德迦樓羅王大身迦樓羅王大滿迦樓
羅王如意迦樓羅王各與若干百千眷屬俱
韋提希子阿闍世王與若干百千眷屬俱各
礼佛足退坐一面尒時世尊四衆圍繞供養
恭敬尊重讚歎為諸菩薩說大乘經名无
量義教菩薩法佛所護念佛說此經已結加趺
坐入於无量義處三昧身心不動是時天雨
曼陀羅華摩訶曼陀羅華曼殊沙華摩訶曼
殊沙華而散佛上及諸大衆普佛世界六種
震動尒時會中比丘比丘尼優婆塞優婆夷
天龍夜叉乾闥婆阿脩羅迦樓羅緊那羅摩

BD00855號　妙法蓮華經卷一　（14–1）

坐入於无量義處三昧身心不動是時天雨
曼陁羅華摩訶曼陁羅華曼殊沙華摩訶曼
殊沙華而散佛上及諸大衆普佛世界六種
震動尒時會中比丘比丘尼優婆塞優婆夷
天龍夜叉乾闥婆阿脩羅迦樓羅緊那羅摩
睺羅伽人非人及諸小王轉輪聖王是諸大
衆得未曾有歡喜合掌一心觀佛尒時佛放
眉間白豪相光照東方万八千世界靡不周
遍下至阿鼻地獄上至阿迦尼吒天於此世
界盡見彼土六趣衆生又見彼土現在諸佛
及聞諸佛所說經法并見彼諸比丘比丘尼
優婆塞優婆夷諸脩行得道者復見諸菩
薩摩訶薩種種因緣種種信解種種相貌行
菩薩道復見諸佛般涅槃者復見諸佛般涅
槃後以佛舍利起七寶塔尒時弥勒菩薩作是
念今者世尊現神變相以何因緣而有此瑞
今佛世尊入于三昧是不可思議現希有事
當以問誰誰能荅者復作此念是文殊師利
法王之子已曾親近供養過去无量諸佛必
應見此希有之相我今當問尒時比丘比丘尼
優婆塞優婆夷及諸天龍鬼神等咸作此
念是佛光明神通之相今當問誰尒時弥勒
菩薩欲自決疑又觀四衆比丘比丘尼優婆
塞優婆夷及諸天龍鬼神等衆會之心而問
文殊師利言以何因緣而有此瑞神通之相
放大光明照于東方万八千土悉見彼佛國

念是佛光明神通之相今當問誰尒時弥勒
菩薩欲自決疑又觀四衆比丘比丘尼優婆
塞優婆夷及諸天龍鬼神等衆會之心而問
文殊師利言以何因緣而有此瑞神通之相
放大光明照于東方万八千土悉見彼佛國
界莊嚴於是弥勒菩薩欲重宣此義以偈問
曰
文殊師利　導師何故　眉間白豪　大光普照
雨曼陁羅　曼殊沙華　栴檀香風　悅可衆心
以是因緣　地皆嚴淨　而此世界　六種震動
時四部衆　咸皆歡喜　身意快然　得未曾有
眉間光明　照于東方　万八千土　皆如金色
從阿鼻獄　上至有頂　諸世界中　六道衆生
生死所趣　善惡業緣　受報好醜　於此悉見
又覩諸佛　聖主師子　演說經典　微妙第一
其聲清淨　出柔軟音　教諸菩薩　无數億万
梵音深妙　令人樂聞　各於世界　講說正法
種種因緣　以无量喻　照明佛法　開悟衆生
若人遭苦　猒老病死　為說涅槃　盡諸苦際
若人有福　曾供養佛　志求勝法　為說緣覺
若有佛子　脩種種行　求无上慧　為說淨道
文殊師利　我住於此　見聞若斯　及千億事
如是衆多　今當略說　我見彼土　恒沙菩薩
種種因緣　而求佛道　或有行施　金銀珊瑚
真珠摩尼　車璖馬瑙　金剛諸珍　奴婢車乘
寶飾輦輿　歡喜布施　迴向佛道　願得是乘
[illegible]　諸佛所歎　或有菩薩　駟馬寶車

如是衆多　今當略說　我見彼土　恒沙菩薩
種種因緣　而求佛道　或有行施　金銀珊瑚
真珠摩尼　車璖馬瑙　金剛諸珎　奴婢車乘
寶飾輦轝　歡喜布施　迴向佛道　願得是乘
三界苐一　諸佛所歎　或有菩薩　駟馬寶車
欄楯華蓋　軒飾布施　復見菩薩　身肉手足
及妻子施　求无上道　又見菩薩　頭目身體
欣樂施與　求佛智慧　文殊師利　我見諸王
往詣佛所　問无上道　便捨樂土　宮殿臣妾
剃除鬚髮　而被法服　或見菩薩　而作比丘
獨處閑靜　樂誦經典　又見菩薩　勇猛精進
入於深山　思惟佛道　又見離欲　常處空閑
深脩禪定　得五神通　又見菩薩　安禪合掌
以千万偈　讚諸法王　復見菩薩　智深志固
能問諸佛　聞悉受持　又見佛子　定慧具足
以无量喻　為衆講法　欣樂說法　化諸菩薩
破魔兵衆　而擊法鼓　又見菩薩　寂然宴嘿
天龍恭敬　不以為喜　又見菩薩　處林放光
濟地獄苦　令入佛道　又見佛子　未嘗睡眠
經行林中　勤求佛道　又見具戒　威儀无缺
淨如寶珠　以求佛道　又見佛子　住忍辱力
增上慢人　惡罵捶打　皆悉能忍　以求佛道
又見菩薩　離諸戲咲　及癡眷屬　親近智者
一心除亂　攝念山林　億千万歲　以求佛道
或見菩薩　餚饍飲食　百種湯藥　施佛及僧
名衣上服　價直千万　或无價衣　施佛及僧

增上慢人　惡罵捶打　皆悉能忍　以求佛道
又見菩薩　離諸戲咲　及癡眷屬　親近智者
一心除亂　攝念山林　億千万歲　以求佛道
或見菩薩　餚饍飲食　百種湯藥　施佛及僧
名衣上服　價直千万　或无價衣　施佛及僧
千万億種　栴檀寶舍　衆妙卧具　施佛及僧
清淨園林　華菓茂盛　流泉浴池　施佛及僧
如是等施　種種微妙　歡喜无猒　求无上道
或有菩薩　說寂滅法　種種教詔　无數衆生
或見菩薩　觀諸法性　无有二相　猶如虛空
又見佛子　心无所著　以此妙慧　求无上道
文殊師利　又有菩薩　佛滅度後　俱
又見佛子　造諸塔廟　无數恒沙　嚴飾國界
寶塔高妙　五千由旬　縱廣正等　二千由旬
一一塔廟　各千幢幡　珠交露幔　寶鈴和鳴
諸天龍神　人及非人　香華伎樂　常以供養
文殊師利　諸佛子等　為供舍利　嚴飾塔廟
國界自然　殊特妙好　如天樹王　其華開敷
佛放一光　我及衆會　見此國界　種種殊妙
諸佛神力　智慧希有　放一淨光　照无量國
我等見此　得未曾有　佛子文殊　願決衆疑
四衆欣仰　瞻仁及我　世尊何故　放斯光明
佛子時答　決疑令喜　何所饒益　演斯光明
佛坐道場　所得妙法　為欲說此　為當授記
示諸佛土　衆寶嚴淨　及見諸佛　此非小緣
文殊當知　四衆龍神　瞻察仁者　為說何等

佛子時答　決疑令喜　何所饒益　演斯光明
佛坐道場　所得妙法　為欲說此　為當授記
示諸佛土　衆寶嚴淨　及見諸佛　此非小緣
文殊當知　四衆龍神　瞻察仁者　為說何等
尒時文殊師利語弥勒菩薩摩訶薩及諸大
士善男子等如我惟忖今佛世尊欲說大法
雨大法雨吹大法螺擊大法鼓演大法義諸
善男子我於過去諸佛曾見此瑞放斯光已
即說大法是故當知今佛現光亦復如是欲
令衆生咸得聞知一切世間難信之法故現
斯瑞諸善男子如過去无量无邊不可思議
阿僧祇劫尒時有佛号日月燈明如來應供
正遍知明行足善逝世間解无上士調御丈
夫天人師佛世尊演說正法初善中善後善
其義深遠其語巧妙純一无雜具足清白梵
行之相為求聲聞者說應四諦法度生老病
死究竟涅槃為求辟支佛者說應十二因緣
法為諸菩薩說應六波羅蜜令得阿耨多羅
三藐三菩提成一切種智次復有佛亦名日月
燈明次復有佛亦名日月燈明如是二万佛
皆同一字号日月燈明又同一姓頗羅墮
弥勒當知初佛後佛皆同一字名日月燈
明十号具足所可說法初中後善其最後佛
未出家時有八子一名有意二名善意三名
无量意四名寶意五名增意六名除疑意
七名響意八名法意是八王子威德自在各領

BD00855號　妙法蓮華經卷一　（14–6）

未出家時有八子一名有意二名善意三名
无量意四名寶意五名增意六名除疑意
七名響意八名法意是八王子威德自在各領
四天下是諸王子聞父出家得阿耨多羅三
藐三菩提悉捨王位亦隨出家發大乘意常
脩梵行皆為法師已於千万佛所殖諸善本
是時日月燈明佛說大乘經名无量義教菩
薩法佛所護念說是經已即於大衆中結加
趺坐入於无量義處三昧身心不動是時天
雨曼陁羅華摩訶曼陁羅華曼殊沙華摩
訶曼殊沙華而散佛上及諸大衆普佛世界
六種震動尒時會中比丘比丘尼優婆塞優
婆夷天龍夜叉乾闥婆阿脩羅迦樓羅緊那
羅摩睺羅伽人非人及諸小王轉輪聖王等是
諸大衆得未曾有歡喜合掌一心觀佛尒時
如來放眉間白豪相光照東方万八千佛土
靡不周遍如今所見是諸佛土弥勒當知尒
時會中有二十億菩薩樂欲聽法是諸菩薩
見此光明普照佛土得未曾有欲知此光所
為因緣時有菩薩名曰妙光有八百弟子是
時日月燈明佛從三昧起因妙光菩薩說大
乘經名妙法蓮華教菩薩法佛所護念六十
小劫不起于座時會聽者亦坐一處六十小
劫身心不動聽佛所說謂如食頃是時衆中
无有一人若身若心而生懈惓日月燈明佛

BD00855號　妙法蓮華經卷一　（14–7）

時日月燈明佛從三昧起因妙光菩薩說大
乘經名妙法蓮華教菩薩法佛所護念六十
小劫不起于座時會聽者亦坐一處六十小
劫身心不動聽佛所說謂如食頃是時衆中
无有一人若身若心而生懈惓日月燈明佛
於六十小劫說是經已即於梵魔沙門婆羅
門及天人阿脩羅衆中而宣此言如來於今
日中夜當入无餘涅槃時有菩薩名曰德藏
日月燈明佛即授其記告諸比丘是德藏菩
薩次當作佛号曰淨身多陁阿伽度阿羅訶
三藐三佛陁佛授記已便於中夜入无餘涅
槃佛滅度後妙光菩薩持妙法蓮華經滿八
十小劫為人演說日月燈明佛八子皆師妙
光妙光教化令其堅固阿耨多羅三藐三菩
提是諸王子供養无量百千万億佛已皆成
佛道其最後成佛者名曰然燈八百弟子中
有一人号曰求名貪著利養雖復讀誦衆
經而不通利多所忘失故号求名是人亦以種諸
善根因緣故得值无量百千万億諸佛供養
恭敬尊重讚歎彌勒當知尒時妙光菩薩
豈異人乎我身是也求名菩薩汝身是也今
見此瑞與本无異是故惟忖今日如來當說
大乘經名妙法蓮華教菩薩法佛所護念尒
時文殊師利於大衆中欲重宣此義而說偈
言
我念過去世　无量无數劫　有佛人中尊　号日月燈明

見此瑞與本无異是故惟忖今日如來當說
大乘經名妙法蓮華教菩薩法佛所護念尒
時文殊師利於大衆中欲重宣此義而說偈
言
我念過去世　无量无數劫　有佛人中尊　号日月燈明
世尊演說法　度无量衆生　无數億菩薩　令入佛智慧
佛未出家時　所生八王子　見大聖出家　亦隨修梵行
時佛說大乘　經名无量義　於諸大衆中　而為廣分別
佛說此經已　即於法座上　跏趺坐三昧　名无量義處
天雨曼陁華　天鼓自然鳴　諸天龍鬼神　供養人中尊
一切諸佛土　即時大震動　佛放眉間光　現諸希有事
此光照東方　万八千佛土　示一切衆生　生死業報處
有見諸佛土　以衆寶莊嚴　瑠璃頗梨色　斯由佛光照
及見諸天人　龍神夜叉衆　乾闥婆緊那羅　各供養其佛
又見諸如來　自然成佛道　身色如金山　端嚴甚微妙
如淨瑠璃中　內現真金像　世尊在大衆　敷演深法義
一一諸佛土　聲聞衆无數　因佛光所照　悉見彼大衆
或有諸比丘　在於山林中　精進持淨戒　猶如護明珠
又見諸菩薩　行施忍辱等　其數如恒沙　斯由佛光照
又見諸菩薩　深入諸禪定　身心寂不動　以求无上道
又見諸菩薩　知法寂滅相　各於其國土　說法求佛道
尒時四部衆　見日月燈佛　現大神通力　其心皆歡喜
各各自相問　是事何因緣　天人所奉尊　適從三昧起
讚妙光菩薩　汝為世間眼　一切所歸信　能奉持法藏
如我所說法　唯汝能證知　世尊既讚歎　令妙光歡喜
說是法華經　滿六十小劫　不起於此座　所說上妙法
是妙光法師　悉皆能受持　佛說是法華　令衆歡喜已

各各自相問　是事何因緣　天人所奉尊　適從三昧起
讚妙光菩薩　汝為世間眼　一切所歸信　能奉持法藏
如我所說法　唯汝能證知　世尊既讚歎　令妙光歡喜
說是法華經　滿六十小劫　不起於此座　所說上妙法
是妙光法師　悉皆能受持　佛說是法華　令衆歡喜已
尋即於是日　告於天人衆　諸法實相義　已為汝等說
我今於中夜　當入於涅槃　汝一心精進　當離於放逸
諸佛甚難值　億劫時一遇　世尊諸子等　聞佛入涅槃
各各懷悲惱　佛滅一何速　聖主法之王　安慰无量衆
我若滅度時　汝等勿憂怖　是德藏菩薩　於无漏實相
心已得通達　其次當作佛　號曰為淨身　亦度无量衆
佛此夜滅度　如薪盡火滅　分布諸舍利　而起无量塔
比丘比丘尼　其數如恒沙　倍復加精進　以求无上道
是妙光法師　奉持佛法藏　八十小劫中　廣宣法華經
是諸八王子　妙光所開化　堅固无上道　當見无數佛
供養諸佛已　隨順行大道　相繼得成佛　轉次而授記
最後天中天　號曰然燈佛　諸仙之導師　度脫无量衆
是妙光法師　時有一弟子　心常懷懈怠　貪著於名利
求名利无厭　多遊族姓家　棄捨所習誦　廢忘不通利
以是因緣故　號之為求名　亦行衆善業　得見无數佛
供養於諸佛　隨順行大道　具六波羅蜜　今見釋師子
其後當作佛　號名曰彌勒　廣度諸衆生　其數无有量
彼佛滅度後　懈怠者汝是　妙光法師者　今則我身是
我見燈明佛　本光瑞如此　以是知今佛　欲說法華經
今相如本瑞　是諸佛方便　今佛放光明　助發實相義
諸人今當知　合掌一心待　佛當雨法雨　充足求道者

BD00855號　妙法蓮華經卷一　（14–10）

彼佛滅度後　懈怠者汝是　妙光法師者　今則我身是
我見燈明佛　本光瑞如此　以是知今佛　欲說法華經
今相如本瑞　是諸佛方便　今佛放光明　助發實相義
諸人今當知　合掌一心待　佛當雨法雨　充足求道者
諸求三乘人　若有疑悔者　佛當為除斷　令盡无有餘

妙法蓮華經方便品第二

尒時世尊從三昧安詳而起告舍利弗諸佛智慧甚深无量其智慧門難解難入一切聲聞辟支佛所不能知所以者何佛曾親近百千万億无數諸佛盡行諸佛无量道法勇猛精進名稱普聞成就甚深未曾有法隨宜所說意趣難解舍利弗吾從成佛已來種種因緣種種譬喻廣演言教无數方便引導衆生令離諸著所以者何如來方便知見波羅蜜皆已具足舍利弗如來知見廣大深遠无量无礙力无所畏禪定解脫三昧深入无際成就一切未曾有法舍利弗如來能種種分別巧說諸法言辭柔軟悅可衆心舍利弗取要言之无量无邊未曾有法佛悉成就止舍利弗不須復說所以者何佛所成就第一希有難解之法唯佛與佛乃能究盡諸法實相所謂諸法如是相如是性如是體如是力如是作如是因如是緣如是果如是報如是本末究竟等尒時世尊欲重宣此義而說偈言

世雄不可量　諸天及世人　一切衆生類　无能知佛者
佛力无所畏　解脫諸三昧　及佛諸餘法　无能測量者

BD00855號　妙法蓮華經卷一　（14–11）

謂諸法如是相如是性如是體如是力如是
作如是因如是緣如是果如是報如是本末
究竟等尒時世尊欲宣此義而說偈言
世雄不可量　諸天及世人　一切衆生類　无能知佛者
佛力无所畏　解脫諸三昧　及佛諸餘法　无能測量者
本從无數佛　具足行諸道　甚深微妙法　難見難可了
於无量億劫　行此諸道已　道場得成果
如是大果報　種種性相義　我及十方佛　乃能知是事
是法不可示　言辭相寂滅　諸餘衆生類　无有能得解
除諸菩薩衆　信力堅固者　諸佛弟子衆　曾供養諸佛
一切漏已盡　住是最後身　如是諸人等　其力所不堪
假使滿世間　皆如舍利弗　盡思共度量　不能測佛智
正使滿十方　皆如舍利弗　及餘諸弟子　亦滿十方剎
盡思共度量　亦復不能知　辟支佛利智　无漏最後身
亦滿十方界　其數如竹林　斯等共一心　於億无量劫
欲思佛實智　莫能知少分　新發意菩薩　供養无數佛
了達諸義趣　又能善說法　如稻麻竹葦　充滿十方剎
一心以妙智　於恒河沙劫　咸皆共思量　不能知佛智
不退諸菩薩　其數如恒沙　一心共思求　亦復不能知
又告舍利弗　无漏不思議　甚深微妙法　我今已具得
唯我知是相　十方佛亦然　舍利弗當知　諸佛語无異
於佛所說法　當生大信力　世尊法久後　要當說真實
告諸聲聞衆　及求緣覺乘　我令脫苦縛　逮得涅槃者
佛以方便力　示以三乘教　衆生處處著　引之令得出
尒時大衆中有諸聲聞漏盡阿羅漢阿若憍
陳如等千二百人及發聲聞辟支佛心比丘

告諸聲聞衆　及求緣覺乘　我令脫苦縛　逮得涅槃者
佛以方便力　示以三乘教　衆生處處著　引之令得出
尒時大衆中有諸聲聞漏盡阿羅漢阿若憍
陳如等千二百人及發聲聞辟支佛心比丘
比丘尼優婆塞優婆夷各作是念今者世尊
何故慇懃稱歎方便而作是言佛所得法甚
深難解有所言說意趣難知一切聲聞辟支
佛所不能及佛說一解脫義我等亦得此法
到於涅槃而今不知是義所趣尒時舍利弗
知四衆心疑自亦未了而白佛言世尊何因
何緣慇懃稱歎諸佛第一方便甚深微妙
難解之法我自昔來未曾從佛聞如是說今
四衆咸皆有疑唯願世尊敷演斯事世尊
何故慇懃稱歎甚深微妙難解之法尒
時舍利弗欲重宣此義而說偈言
慧日大聖尊　久乃說是法　自說得如是　力无畏三昧
禪定解脫等　不可思議法　道場所得法　无能發問者
我意難可測　亦无能問者　无問而自說　稱歎所行道
智慧甚微妙　諸佛之所得　无漏諸羅漢　及求涅槃者
今皆墮疑網　佛何故說是　其求緣覺者　比丘比丘尼
諸天龍鬼神　及乾闥婆等　相視懷猶豫　瞻仰兩足尊
事是為云何　願佛為解說　於諸聲聞衆　佛說我第一
我今自於智　疑惑不能了　為是究竟法　為是所行道
佛口所生子　合掌瞻仰待　願出微妙音　時為如實說
諸天龍神等　其數如恒沙　求佛諸菩薩　大數有八万
又諸万億國　轉輪聖王至　合掌以敬心　欲聞具足道

諸天龍鬼神　及乾闥婆等　相視懷猶豫　瞻仰兩足尊
事是為云何　願佛為解說　於諸聲聞衆　佛說我第一
我今自於智　疑惑不能了　為是究竟法　為是所行道
佛口所生子　合掌瞻仰待　願出微妙音　時為如實說
諸天龍神等　其數如恒沙　求佛諸菩薩　大數有八万
又諸万億國　轉輪聖王至　合掌以敬心　欲聞具足道
尒時佛告舍利弗止止不須復說若說是事
一切世間諸天及人皆當驚疑舍利弗重白
佛言世尊唯願說之唯願說之所以者何是
會无數百千万億阿僧祇衆生曾見諸佛諸
根猛利智慧明了聞佛所說則能敬信尒時
舍利弗欲重宣此義而說偈言
法王无上尊　唯說願勿慮　是會无量衆　有能敬信者
佛復止舍利弗若說是事一切世間天人阿
脩羅皆當驚疑增上慢比丘將墜於大坑尒
時世尊重說偈言
止止不須說　我法妙難思　諸增上慢者　聞必不敬信
尒時舍利弗重白佛言世尊唯願說之唯願
說之今此會中如我等比百千万億世世已曾
從佛受化如此人等必能敬信長夜安隱
多所饒益尒時舍利弗欲重宣此義而說偈
言

BD00855 號　妙法蓮華經卷一　（14–14）

滅空色性自空如是受想行識識空為二
識即是空非識滅空識性自空於其中而通
達者是為入不二法門
明相菩薩曰四種異空種異為二四種性即是
空種性如前際後際空故中際亦空若能
如是知諸種性者是為入不二法門
妙意菩薩曰眼色為二若知眼性於色不貪
不恚不癡是名寂滅如是耳聲鼻香舌味
身觸意法為二若知意性於法不貪不恚
不癡是名寂滅安住其中是為入不二法門
无盡意菩薩曰布施迴向一切智為二布施
性即是迴向一切智性如是持戒忍辱精進
禪定智慧迴向一切智為二智慧性即是
迴向一切智性於其中入一相者是為入不
二法門
深慧菩薩曰是空是无相是无作為二空即无
相无相即无作若空无相无作則无心意
識於一解脫門即是三解脫門者是為入
不二法門
寂根菩薩曰佛法衆為二佛即是法法即是
衆是三寶皆无為相與虛空等一切法亦尒

BD00856 號　維摩詰所說經卷中　（3–1）

相无相即无作若空无相无作則无心意
識於一解脫門即是三解脫門者是為入
不二法門
寂根菩薩曰佛法衆為二佛即是法法即是
衆是三寶皆无為相與虛空等一切法亦尒
能隨此行者是為入不二法門
心无礙菩薩曰身身滅為二身即是身滅
所以者何見身實相者不起見身及見滅
身身與滅身无二无分別於其中不驚不
懼者是為入不二法門
上善菩薩曰身口意善為二是三業皆无作
相身无作相即口无作相口无作相即意无
作相是三業无作相即是一切法无作相能
如是隨无作慧者是為入不二法門
福田菩薩曰福行罪行不動行為二三行實
性即是空空則无福行无罪行无不動行
於此三行而不起者是為入不二法門
華嚴菩薩曰從我起二為二見我實相者
不起二法若不住二法則无有識无所識者
是為入不二法門
德藏菩薩曰有所得相為二若无所得則无
取捨无取捨者是為入不二法門
月上菩薩曰闇與明為二无闇无明則无有
二所以者何如入滅受想定无闇无明一切法
相亦復如是於其中平等入者是為入不
二法門

BD00856號　維摩詰所説經卷中　（3–2）

月上菩薩曰闇與明為二无闇无明則无有
二所以者何如入滅受想定无闇无明一切法
相亦復如是於其中平等入者是為入不
二法門
寶印手菩薩曰樂涅槃不樂世間為二若
不樂涅槃不厭世間則无有二所以者何
若有縛則有解若本无縛其誰求解无
縛无解則无樂厭是為入不二法門
珠頂菩薩曰正道邪道為二住正道者則
不分別是邪是正離此二者是為入不二法門
樂實菩薩曰實不實為二實見者尚不見
實何況非實所以者何非肉眼所見慧眼乃
能見而此慧眼无見无不見是為入不二法門
如是諸菩薩各各說已問文殊師利何等
是菩薩入不二法門
文殊師利曰如我意者於一切法无言无說
无示无識離諸問答是為入不二法門
於是文殊師利問維摩詰我等各自說已
仁者當說何等是菩薩入不二法門
時維摩詰嘿然无言文殊師利嘆曰善哉善
哉乃至无有文字語言是真入不二法門
說是入不二法門品時於此衆中五千菩薩
皆入不二法門得无生法忍

維摩詰經卷中

BD00856號　維摩詰所説經卷中　（3–3）

還阿羅漢果獨覺菩提一切菩薩摩訶薩行
諸佛无上正等菩提亦无所有不可得故乘
大乘者亦不可得所以者何畢竟淨故善現
一切智无所有不可得故乘大乘者亦不可
得所以者何畢竟淨故道相智一切相智亦
无所有不可得故乘大乘者亦不可得所以
者何畢竟淨故善現无生无滅无染无淨无
相无為无所有不可得故乘大乘者亦不可
得所以者何畢竟淨故善現前後中際无所
有不可得故乘大乘者亦不可得所以者何
畢竟淨故善現若往來无所有不可得故
乘大乘者亦不可得所以者何畢竟淨故善
現若行若住无所有不可得故乘大乘者亦
不可得所以者何畢竟淨故善現若死若生
无所有不可得故乘大乘者亦不可得所以
者何畢竟淨故善現若增若減无所有不可
得故乘大乘者亦不可得所以者何畢竟淨
故復次善現此中何法不可得故說不可得
善現此中法界不可得故說不可得真如實
際不思議界安隱界等亦不可得故說不可
得所以者何以法界等非已可得非當可得
非現可得畢竟淨故善現布施波羅蜜多

BD00857號　大般若波羅蜜多經卷四一七　（14–1）

善現此中法界不可得故說不可得真如實
際不思議界安隱界等亦不可得故說不可
得所以者何以法界等非已可得非當可得
非現可得畢竟淨故善現布施波羅蜜多
不可得故說不可得淨戒乃至般若波羅蜜
多亦不可得故說不可得所以者何以布施波
羅蜜多等非已可得非當可得非現可得畢
竟淨故善現內空不可得故說不可得外空
乃至无性自性空亦不可得故說不可得所
以者何以內空等非已可得非當可得非現
可得畢竟淨故善現四念住不可得故說不
可得四正斷乃至八聖道支亦不可得故說不
可得所以者何以四念住等非已可得非當
可得非現可得畢竟淨故善現乃至佛十力
不可得故說不可得四无所畏乃至十八佛
不共法亦不可得故說不可得所以者何以
佛十力等非已可得非當可得非現可得畢
竟淨故善現預流者不可得故說不可得一
來乃至如來亦不可得故說不可得所以者
何以預流者等非已可得非當可得非現可
得畢竟淨故善現預流果不可得故說不可
得一來果乃至諸佛无上正等菩提亦不可
得故說不可得所以者何以預流果等非已
可得非當可得非現可得畢竟淨故善現无
生无滅无染无淨无相无為不可得故說不
可得所以者何以无生等非已可得非當可
得非現可得畢竟淨故善現初地不可得故
說不可得乃至第十地亦不可得故說不可
得所以者何以初地等非已可得非當可得

BD00857號　大般若波羅蜜多經卷四一七　（14–2）

得一來果乃至諸佛无上正等菩提亦不可
得故說不可得所以者何以預流果等非已
可得非當可得非現可得畢竟淨故善現无
生无滅无染无淨无相无爲不可得故說不
可得所以者何以无生等非已可得非當可
得非現可得畢竟淨故善現初地不可得故
說不可得乃至第十地亦不可得故說不可
得所以者何以初地等非已可得非當可得
非現可得畢竟淨故善現此中云何十地謂
淨觀地種姓地第八地具見地薄地離欲地
已辦地獨覺地菩薩地如來地是爲十地善
現內空中初地不可得故說不可得乃至无
性自性空中初地不可得故說不可得內空
中第二地乃至第十地不可得故說不可得
乃至无性自性空中第二地乃至第十地不
可得故說不可得所以者何以於此中初地
等非已可得非當可得非現可得畢竟淨故
善現內空中成熟有情不可得故說不可得
乃至无性自性空中成熟有情不可得故說
不可得所以者何以於此中成熟有情非已
可得非當可得非現可得畢竟淨故善現內
空中嚴淨佛土不可得故說不可得乃至无
性自性空中嚴淨佛土不可得故說不可得
所以者何以於此中嚴淨佛土非已可得非
當可得非現可得畢竟淨故善現內空中五
眼不可得故說不可得乃至无性自性空中
五眼不可得故說不可得所以者何以於此
中五眼非已可得非當可得非現可得畢竟
淨故如是善現諸菩薩摩訶薩脩行般若

空中嚴淨佛土不可得故說不可得乃至无
性自性空中嚴淨佛土不可得故說不可得
所以者何以於此中嚴淨佛土非已可得非
當可得非現可得畢竟淨故善現內空中五
眼不可得故說不可得乃至无性自性空中
五眼不可得故說不可得所以者何以於此
中五眼非已可得非當可得非現可得畢竟
淨故如是善現諸菩薩摩訶薩脩行般若
波羅蜜多時雖觀諸法皆无所有都不可得
畢竟淨故无乘大乘而出住者然无所得爲
方便乘於大乘從三界生死中出至一切智
智中住窮未來際利樂有情

第二分超勝品第二十

尒時具壽善現白佛言世尊言大乘大乘者
超勝一切世間天人阿素洛等最尊最勝
上最妙世尊如是大乘與虛空等猶如虛空
普能容受无量无數无邊有性大乘亦尒
普能容无量无數无邊有情世尊由此緣故
菩薩摩訶薩大乘即是一切智智乘世尊
又如虛空无來无去无住可見大乘亦尒无來
无去无住可見无動无住故名大乘世尊又
如盡空前後中際皆不可得大乘亦尒前後
中際皆不可得三世平等超出三世故名大
乘佛告善現如是如是如汝所說善現諸菩
薩摩訶薩大乘者謂六波羅蜜多即是布施
淨戒安忍精進靜慮般若波羅蜜多復次善
現諸菩薩摩訶薩大乘者謂內空乃至无
性自性空復次善現諸菩薩摩訶薩大乘者

如虛空前後中際皆不可得大乘亦爾前後
中際皆不可得三世平等超出三世故名大
乘佛告善現如是如是如汝所說善現諸菩
薩摩訶薩大乘者謂六波羅蜜多即是布施
淨戒安忍精進靜慮般若波羅蜜多復次善
現諸菩薩摩訶薩大乘者謂內空乃至无
性自性空復次善現諸菩薩摩訶薩大乘者
謂一切陀羅尼門一切三摩地門及諸三摩地
即是健行三摩地乃至无染著如虛空三摩
地復次善現諸菩薩摩訶薩大乘者謂四
念住乃至十八佛不共法善現如是等无量
无數无邊功德當知皆是菩薩摩訶薩大
乘復次善現汝說大乘超勝一切世間天人阿
素洛等最尊最勝最上最妙者如是如是如
汝所說善現此中何等說名一切世間天人
阿素洛等所謂欲界色无色界善現若欲
界是真如非虛妄无變異不顛倒是實是
諦如所有性一切常恒无變无易有實性者則
此大乘非尊非勝非上非妙不能超勝一切世
間天人阿素洛等善現以欲界是所計是假
合有搖動乃至一切无常无恒有變有易都
无實性故此大乘是尊是勝是上是妙超勝
一切世間天人阿素洛等善現若色无色界
是真如非虛妄无變異不顛倒是實是諦如
所有性一切常恒无變无易有實性者則此
大乘非尊非勝非上非妙不能超勝一切世
間天人阿素洛等善現以色无色界是所計
是假合有搖動乃至一切无常无恒有變
有易都无實性故此大乘是尊是勝是上是
妙超勝一切世間天人阿素洛等復次善現

无實性故此大乘是尊是勝是上是妙超勝
一切世間天人阿素洛等善現若色无色界
是真如非虛妄无變異不顛倒是實是諦如
所有性一切常恒无變无易有實性者則此
大乘非尊非勝非上非妙不能超勝一切世
間天人阿素洛等善現以色无色界是所計
是假合有搖動乃至一切无常无恒有變
有易都无實性故此大乘是尊是勝是上是
妙超勝一切世間天人阿素洛等復次善現
若色是真如非虛妄无變異不顛倒是實
是諦如所有性一切常恒无變无易有實性
者則此大乘非尊非勝非上非妙不能超勝一
切世間天人阿素洛等善現以色是所計是
假合有搖動乃至一切无常无恒有變有易
都无實性故此大乘是尊是勝是上是妙超勝
一切世間天人阿素洛等復次善現若受想行
識是真如非虛妄无變異不顛倒是實是諦
如所有性一切常恒无變无易有實性者則
此大乘非尊非勝非上非非妙不能超勝一切
世間天人阿素洛等善現以受想行識是所
計是假合有搖動乃至一切无常无恒有變
有易都无實性故此大乘是尊是勝是上是
妙超勝一切世間天人阿素洛等復次善現
若眼處是真如非虛妄无變異不顛倒是實
是諦如所有性一切常恒无變无易有實性者
則此大乘非尊非勝非上非妙不能超勝一
切世間天人阿素洛等善現以眼處是所計
是假合有搖動乃至一切无常無恒有變有
易都无實性故此大乘是尊是勝是上是妙
超勝一切世間天人阿素洛等善現若耳鼻舌身

有易者无實性故此大

妙超勝一切世間天人阿素洛等復次善現
若眼處是真如非虛妄无變異不顛倒是實
是諦如所有性一切常恒无變无易有實性者
則此大乘非尊非勝非上非妙不能超勝一
切世間天人阿素洛等善現以眼處是所計
是假合有遷動乃至一切无常無恒有變有
易都无實性故此大乘是尊是勝是上是妙
超勝一切世間天人阿素洛等善現若耳鼻
舌身意處是真如非虛妄无變異不顛倒是
實是諦如所有性一切常恒无變无易有實
性者則此大乘非尊非勝非上非妙不能超
勝一切世間天人阿素洛等善現以耳鼻舌
身意處是所計是假合有遷動乃至一切無
常無恒有變有易都無實性故此大乘是
尊是勝是上是妙超勝一切世間天人阿素洛
等復次善現若色處是真如非虛妄无變異
不顛倒是實是諦如所有性一切常恒无變
無易有實性者則此大乘非尊非勝非上非
妙不能超勝一切世間天人阿素洛等善現
以色處是所計是假合有遷動乃至一切無
常無恒有變有易都無實性故此大乘是尊
是勝是上是妙超勝一切世間天人阿素洛
等善現若聲香味觸法處是真如非虛妄無
變異不顛倒是實是諦如所有性一切常恒
无變无易有實性者則此大乘非尊非勝非
上非妙不能超勝一切世間天人阿素洛等
善現以聲香味觸法處是所計是假合有遷
動乃至一切无常无恒有變有易都無實性

BD00857 號　大般若波羅蜜多經卷四一七　（14–7）

是勝是上是妙超勝一切世間天人阿素洛
等善現若聲香味觸法處是真如非虛妄無
變異不顛倒是實是諦如所有性一切常恒
无變无易有實性者則此大乘非尊非勝非
上非妙不能超勝一切世間天人阿素洛等
善現以聲香味觸法處是所計是假合有遷
動乃至一切无常无恒有變有易都無實性
故此大乘是尊是勝是上是妙超勝一切世
間天人阿素洛等復次善現若眼界是真如
非虛妄无變異不倒是實是諦如所有性
一切常恒无變无易有實性者則此大乘非
尊非勝非上非妙不能超勝一切世間天人
阿素洛等善現以眼界是所計是假合有遷
動乃至一切无常无恒有變有易都无實
性故此大乘是尊是勝是上是妙超勝一切世
間天人阿素洛等善現若耳鼻舌身意界是
真如非虛妄无變異不顛倒是實是諦如所
有性一切常恒无變无易有實性者則此大
乘非尊非勝非上非妙不能超勝一切世間
天人阿素洛等善現以耳鼻舌身意界是
所計是假合有遷動乃至一切无常无恒有變
有易都无實性故此大乘是尊是勝是上是
妙超勝一切世間天人阿素洛等復復次善現
若色界是真如非虛妄无變異不顛倒是實
是諦如所有性一切常恒无變无易有實性
者則此大乘非尊非勝非上非妙不能超勝
一切世間天人阿素洛等善現以色界是所
計是假合有遷動乃至一切无常无恒有變

BD00857 號　大般若波羅蜜多經卷四一七　（14–8）

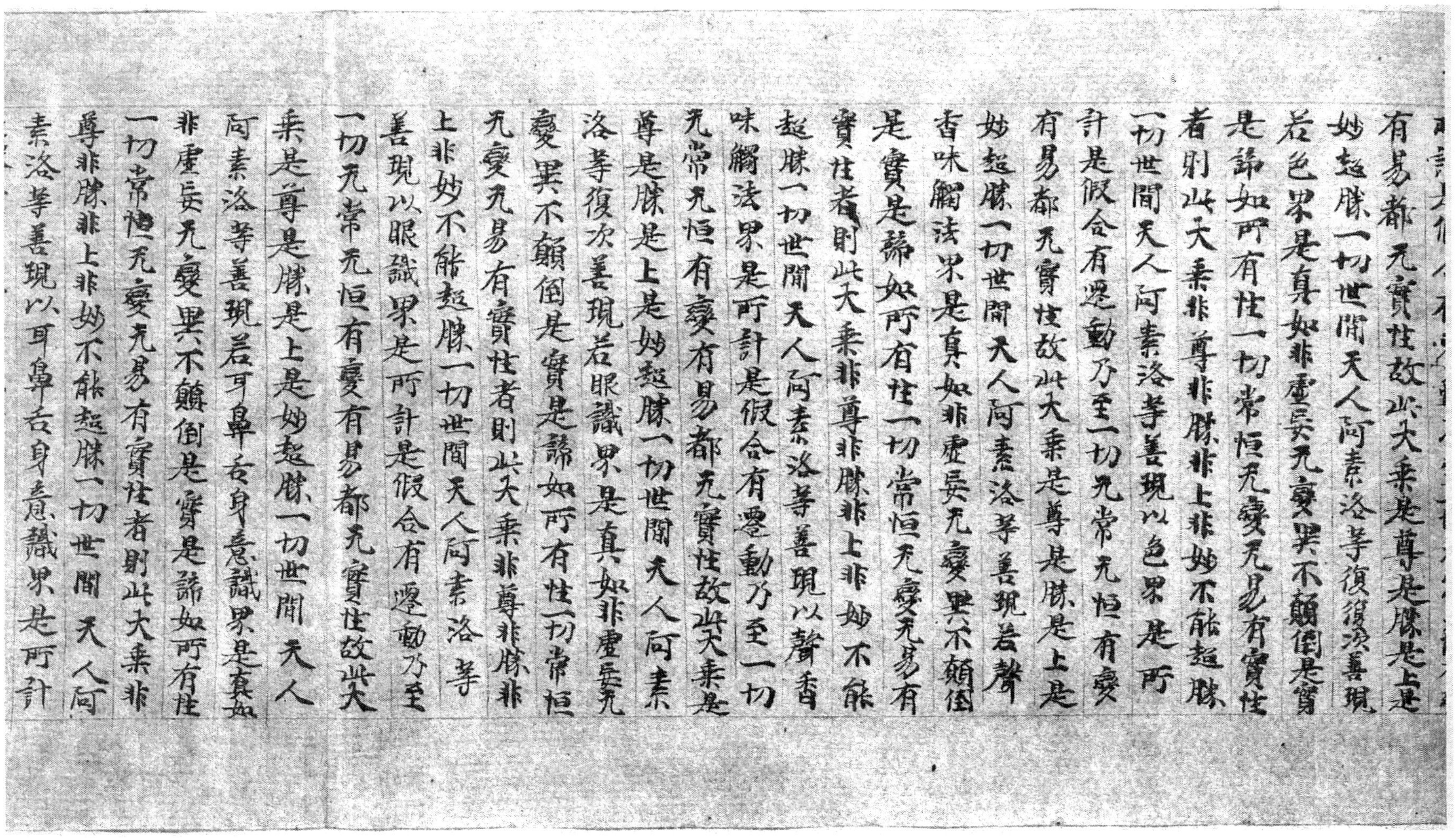

有易都无實性故此大乘是尊是勝是上是
妙超勝一切世間天人阿素洛等復復次善現
若色界是真如非虛妄无變異不顛倒是實
是諦如所有性一切常恒无變无易有實性
者則此大乘非尊非勝非上非妙不能超勝
一切世間天人阿素洛等善現以色界是所
計是假合有遷動乃至一切无常无恒有變
有易都无實性故此大乘是尊是勝是上是
妙超勝一切世間天人阿素洛等善現若聲
香味觸法界是真如非虛妄无變異不顛倒
是實是諦如所有性一切常恒无變无易有
實性者則此大乘非尊非勝非上非妙不能
超勝一切世間天人阿素洛等善現以聲香
味觸法界是所計是假合有遷動乃至一切
无常无恒有變有易都无實性故此大乘是
尊是勝是上是妙超勝一切世間天人阿素
洛等復次善現若眼識界是真如非虛妄无
變異不顛倒是實是諦如所有性一切常恒
无變无易有實性者則此大乘非尊非勝非
上非妙不能超勝一切世間天人阿素洛等
善現以眼識界是所計是假合有遷動乃至
一切无常无恒有變有易都无實性故此大
乘是尊是勝是上是妙超勝一切世間天人
阿素洛等善現若耳鼻舌身意識界是真如
非虛妄无變異不顛倒是實是諦如所有性
一切常恒无變无易有實性者則此大乘非
尊非勝非上非妙不能超勝一切世間天人阿
素洛等善現以耳鼻舌身意識界是所計

BD00857號　大般若波羅蜜多經卷四一七　（14–9）

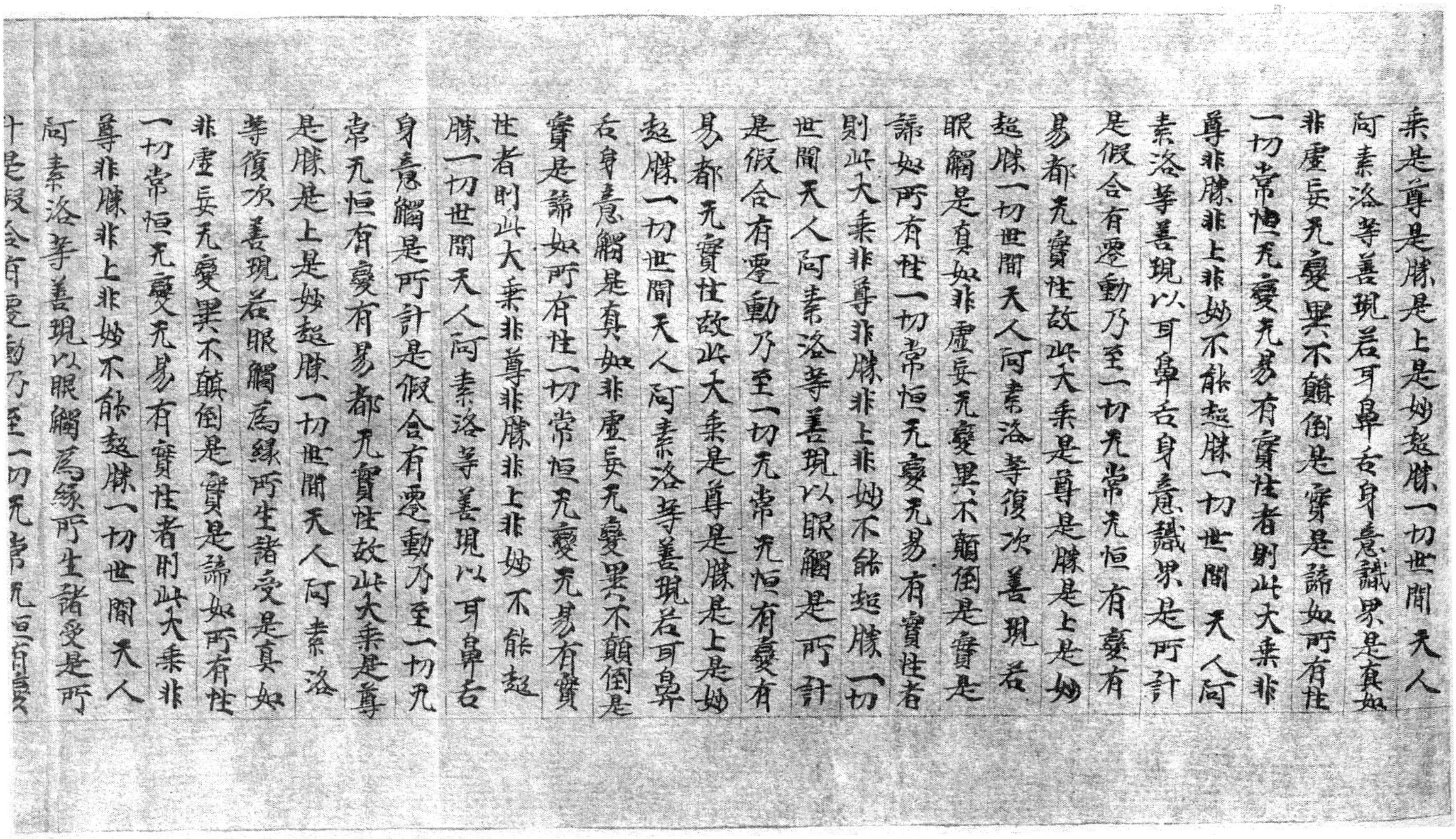

乘是尊是勝是上是妙超勝一切世間天人
阿素洛等善現若耳鼻舌身意識界是真如
非虛妄无變異不顛倒是實是諦如所有性
一切常恒无變无易有實性者則此大乘非
尊非勝非上非妙不能超勝一切世間天人阿
素洛等善現以耳鼻舌身意識界是所計
是假合有遷動乃至一切无常无恒有變有
易都无實性故此大乘是尊是勝是上是妙
超勝一切世間天人阿素洛等復次善現若
眼觸是真如非虛妄无變異不顛倒是實是
諦如所有性一切常恒无變无易有實性者
則此大乘非尊非勝非上非妙不能超勝一切
世間天人阿素洛等善現以眼觸是所計
是假合有遷動乃至一切无常无恒有變有
易都无實性故此大乘是尊是勝是上是妙
超勝一切世間天人阿素洛等善現若耳鼻
舌身意觸是真如非虛妄无變異不顛倒是
實是諦如所有性一切常恒无變无易有實
性者則此大乘非尊非勝非上非妙不能超
勝一切世間天人阿素洛等善現以耳鼻舌
身意觸是所計是假合有遷動乃至一切无
常无恒有變有易都无實性故此大乘是尊
是勝是上是妙超勝一切世間天人阿素洛
等復次善現若眼觸為緣所生諸受是真如
非虛妄无變異不顛倒是實是諦如所有性
一切常恒无變无易有實性者則此大乘非
尊非勝非上非妙不能超勝一切世間天人
阿素洛等善現以眼觸為緣所生諸受是所
計是假合有遷動乃至一切无常无恒有變

BD00857號　大般若波羅蜜多經卷四一七　（14–10）

等復次善現若眼觸爲緣所生諸受是真如
非虛妄无變異不顛倒是諦如所有性
一切常恒无變无易有實性者則此大乘非
尊非勝非上非妙不能超勝一切世間天人
阿素洛等善現以眼觸爲緣所生諸受是所
計是假合有遷動乃至一切无常无恒有變
有易都無實性故此大乘是尊是勝是上是妙
超勝一切世間天人阿素洛等善現若耳鼻
舌身意觸爲緣所生諸受是真如非虛妄
无變異不顛倒是諦如所有性一切常
恒无變无易有實性者則此大乘非尊非勝
非上非妙不能超勝一切世間天人阿素洛
等善現以耳鼻舌身意觸爲緣所生諸受
是所計是假合有遷動乃至一切无常无恒
有變有易都无實性故此大乘是尊是勝是
上是妙超勝一切世間天人阿素洛等
復次善現若法界是實有非非有者則此大
乘非尊非勝非上非妙不能超勝一切世間
天人阿素洛等善現以法界非實有是非有
性故此大乘是尊是勝是上是妙超勝一切
世間天人阿素洛等善現若真如實際不思
議界安隱界等是實有非非有者則此大乘
非尊非勝非上非妙不能超勝一切世間天
人阿素洛等善現以真如實際不思議界安
隱界等非實有是非有性故此大乘是尊是
勝是上是妙超勝一切世間天人阿素洛等
復次善現若布施波羅蜜多是實有非非有
者則此大乘非尊非勝非上非妙不能超勝

BD00857 號　大般若波羅蜜多經卷四一七　（14–11）

議界安隱界等是實有非非有者則此大乘
非尊非勝非上非妙不能超勝一切世間天
人阿素洛等善現以真如實際不思議界安
隱界等非實有是非有性故此大乘是尊是
勝是上是妙超勝一切世間天人阿素洛等
復次善現若布施波羅蜜多是實有非非有
者則此大乘非尊非勝非上非妙不能超勝
一切世間天人阿素洛等善現以布施波羅
蜜多非實有是非有性故此大乘是尊是勝
是上是妙超勝一切世間天人阿素洛等善
現若淨戒安忍精進靜慮般若波羅蜜多是
實有非非有者則此大乘非尊非勝非上非
妙不能超勝一切世間天人阿素洛等善現
以淨戒安忍精進靜慮般若波羅蜜非實
有是非有性故此大乘是尊是勝是上是妙
超勝一切世間天人阿素洛等復次善現若
內空是實有非非有者則此大乘非尊非勝
非上非妙不能超勝一切世間天人阿素洛
等善現以內空非實有是非有性故此大乘
是尊是勝是上是妙超勝一切世間天人阿
素洛等善現若外空內外空空空大空勝義
空有爲空无爲空畢竟空无際空散无散空
本性空自共相空一切法空不可得空无性
空自性空无性自性空是實有非非有者則
此大乘非尊非勝非上非妙不能超勝一切
世間天人阿素洛等善現以外空乃至无性
自性空非實有是非有性故此大乘是尊是
勝是上是妙超勝一切世間天人阿素洛等
復次善現若四念住是實有非非有者則此

BD00857 號　大般若波羅蜜多經卷四一七　（14–12）

本性空自共相空一切法空不可得空无性
空自性空无性自性空是實有非非有者則
此大乘非尊非勝非上非妙不能超勝一切
世間天人阿素洛等善現以外空乃至无性
自性空非實有是非有性故此大乘是尊是
勝是上是妙超勝一切世間天人阿素洛等
復次善現若四念住是實有非非有者則此
大乘非尊非勝非上非妙不能超勝一切世
間天人阿素洛等善現以四念住非實有是
非有性故此大乘是尊是勝是上是妙超勝
一切世間天人阿素洛等善現若四正斷四
神足五根五力七等覺支八聖道支是實有
非非有者則此大乘非尊非勝非上非妙不
能超勝一切世間天人阿素洛等善現以四
正斷乃至八聖道支非實有是非有性故此
大乘是尊是勝是上是妙超勝一切世間天
人阿素等復次善現乃至若佛十力是實
有非非有者則此大乘非尊非勝非上非妙
不能超勝一切世間天人阿素洛等善現以
佛十力非實有是非有性故此大乘是尊是
勝是上是妙超勝一切世間天人阿素洛等
善現若四无所畏四无礙解大慈大悲大喜
大捨十八佛不共法是實有非非有者則此
大乘非尊非勝非上非妙不能超勝一切世
間天人阿素洛等善現以四无所畏乃至十
八佛不共法非實有是非有性故此大乘是
尊是勝是上是妙超勝一切世間天人阿素
洛等

BD00857號　大般若波羅蜜多經卷四一七　（14–13）

能超勝一切世間天人阿素洛等善現以四
正斷乃至八聖道支非實有是非有性故此
大乘是尊是勝是上是妙超勝一切世間天
人阿素等復次善現乃至若佛十力是實
有非非有者則此大乘非尊非勝非上非妙
不能超勝一切世間天人阿素洛等善現以
佛十力非實有是非有性故此大乘是尊是
勝是上是妙超勝一切世間天人阿素洛等
善現若四无所畏四无礙解大慈大悲大喜
大捨十八佛不共法是實有非非有者則此
大乘非尊非勝非上非妙不能超勝一切世
間天人阿素洛等善現以四无所畏乃至十
八佛不共法非實有是非有性故此大乘是
尊是勝是上是妙超勝一切世間天人阿素
洛等

大般若波羅蜜多經卷第四百一十七

BD00857號　大般若波羅蜜多經卷四一七　（14–14）

心不普是以所受千差万別今身端正者從忍
辱中来為人醜陋者從瞋恚中来為人貧窮者
從慳貪中来為人高貴從礼拜中来為人中賤
從憍慢中来為人長大從恭敬中来為人挫拒
從憎法中来為人恨戾從羊中来為人黒瘦從
謗佛光明中来為人瞭盾從曾齋食中来為人
赤眼從惜火光中来為人雀目從縫鷹眼合中
来為人瘖瘂從謗法中来為人耳聾從不喜聞
法中来為人鈌齒從喜咬骨肉中来為人塞鼻
從然不好香供養佛中来為人唇缺從穿魚
鰓中来為人黄疑從攡猪中来為人咒目從
穿衆生目中来為人鮑體從着輕衣湯突佛
像中来為人黒色從安經像着屋簷下烟熏
中来為人攣躄從見師長不起中来為人僂
肩從着輕衣出入背佛像中来為人胵頷着
從見佛不礼從手打頭中来為人短項者從
見尊長縮頭走避中来為人心痛病者從斫
剥衆生身體中来為人癩病者從枉取他物
中来為人瘶嗽從冬月与人冷食中来為人

BD00858號　因果經　　（12–1）

中来為人攣躄從見師長不起中来為人僂
肩從着輕衣出入背佛像中来為人胵頷着
從見佛不礼從手打頭中来為人短項者從
見尊長縮頭走避中来為人心痛病者從斫
剥衆生身體中来為人癩病者從枉取他物
中来為人瘶嗽從冬月与人冷食中来為人
无男女從煞他諸鳥子中来為人長命者從
慈心中来為人短命者從煞生中来為人大
富者從布施中来為人有車馬者從施三寶
車馬中来為人聡明從學問讀經中来為人
闇鈍從畜生中来為人奴婢從負債中来為人
跰跣從獼猴中来為人癩病者從破壊三寶
中来為人手脚不随者從縛勒衆生手脚中
来為人悪性從蚰蜒中来為人六根具足者從
持戒中来為人諸根不具足者從破戒中来為
人不淨潔者從猪中来為人喜歌儛者從伎兒
中来為人多貪從狗中来為人項有瘿肉者從
獨食中来為人口氣臭者從悪罵中来為人男
根不具足者從揵猪狗中来為人舌短者從
處盗罵尊長中来為人憙嫉他婦女者死墮鵄
鵂中為人憙嫉九族親者墮雀中為人慳惜經
書藏匿智慧不為人説者死作木中虫好带弓
箭騎乘死墮六畜中好獵煞生者死墮豺狼
中好着釵花者死作戴勝虫喜着長衣者
死作長尾虫喜卧食者死墮猪中好着綵
色衣服者死作斑鳥憙學人調卡者死作鸚

BD00858號　因果經　　（12–2）

處溫罵辱長中來為人憙嫉他婦女者死墮鵄
鴨中為人憙嫉兄嫂親者墮雀中為人慳惜經
書藏匿智慧不為人説者死作木中虫好帶弓
箭騎乘死墮六夷中好獵煞生者死墮豺狼
中好著釵花者死作戴勝虫喜著長衣者
死作長尾虫喜臥食者死墮豬中好著綵
色衣服者死作斑鳥憙學人調卡者死作鸚
鵡鳥喜讒人死墮蟒虵惡毒中横抴他人者
死作懊惱虫為人喜傳惡信者死作鵄梟為
人喜作殃禍語者死作野狐喜驚怨人者死
作鋒虫前身著木屐入寺者今身生在
銅鍋馬中先身喜放下氣者今身作蟓蠊
虫先身用衆僧碓磑者今作叩頭虫先身
節量人食者今作啄木虫盜用僧水者今
作水中魚鼈汚衆僧地者今作屏中虫盜
僧菓子者作食泥土虫偷僧物者今作騾
磑牛驢独從僧乞貸者今作白鴿鳥駡辱
衆僧者今作牛領中虫食衆僧菜者今作
蘩中虫坐僧床者作蚰蜒虫用僧雜物者
作飛投火虫捶骨押入寺者今作長嘴鳥
著烟脂胡粉朱脣入寺者今作赤嘴鳥著
綵色衣入寺者今作黃騕褭夫妻在寺中上
宿者今作青頭臺虫却坐佛塔者今作駱駝
身著鞋靴入浮圖精舍者今作蝦蟇虫聽法
亂語者今作百舌鳥汙淨行尼僧者死墮鑊
[illegible]

BD00858號　因果經　（12–3）

作飛投火虫捶骨押入寺者今作長嘴鳥
著烟脂胡粉朱脣入寺者今作赤嘴鳥著
綵色衣入寺者今作黃騕褭夫妻在寺中上
宿者今作青頭臺虫却坐佛塔者今作駱駝
身著鞋靴入浮圖精舍者今作蝦蟇虫聽法
亂語者今作百舌鳥汙淨行尼僧者死墮鑊
湯地獄中百万刀輪一時來下斬截其身世
尒時阿難白佛言如佛所説犯衆僧物實是
大重若如是四輩檀越云何得詣寺中恭敬
礼拜佛言往僧伽藍中有二種心一者善心二
者惡心云何名為善心若至寺中見佛礼拜
見僧恭敬請經問義受戒懺悔捨於財物經
營三寶不惜身命護持大法如是之人舉足
一步天豎自至未來受果如樹提伽是則名為
寂上善人也云何名為惡心若有衆生入寺之
時唯從僧乞索借貸或求僧長短專欲破壞
或噉僧食都无愧心餅菓菜茹懷俠歸家如
是之人死墮鑊湯地獄中鑊湯鑪炭刀山劍樹
靡所不逕是則名為最下惡心人佛語阿難
誡語來世是我弟子者於三寶所謹慎莫
犯努力共成勿生退心用佛語者称勤出世
得度无疑
佛言今身劫剝人衣者死墮寒冰地獄冬生
墼中為他黃今身不喜然燈照經像者死墮
鐵圍山間黒闇地獄中今身屠煞斬截衆生
者死墮刀山劍樹中今身飛鷹走狗喜獵射

BD00858號　因果經　（12–4）

誑語來世是我弟子者於三寶所謹慎莫
犯努力共成勿生退心用佛語者称勒出世
得度无疑
佛言今身劫剥人衣者死墮寒氷地獄又生
坐中爲他責今身不尽然燈照經像者死墮
鐵圍山闇黒闇地獄中今身多殺斬截衆生
者死墮刀山劒樹地獄中今身飛鷹走狗𦆽射
死墮鐵鋸地獄中今身多耶行者死墮銅柱
鐵床地獄中今身畜多婦者死墮鐵碓地獄
中今身畜多夫主者死墮毒蛇地獄中今身
燒煑鷄子者死墮灰河地獄中今身攙猪雞
者死墮鑊湯地獄中今身撻猪狗者死墮矢
石地獄中今身飲酒醉亂者死墮飲銅地獄
中今身斬截衆生者死墮鐵輪地獄中今身
偷衆僧菓子者死墮鐵丸地獄中今身食猪狗
腸肉者死墮蚕床地獄中今身作生魚膾食
者死墮刀林劒樹地獄中今身作後母訣剋
前母兒者死墮火車地獄中今身兩舌鬭亂
者死墮鐵犁地獄中今身悪口罵人者死墮
拔舌地獄中今身多妄語者死墮鐵釘地獄中
今身殺生祠祀耶神者死墮鐵碓地獄中今身
作師母鬼語誑取他物者死墮肉山地獄中
今身作師翁含明眼地誑他上天取魂魄神
者死墮斬膋地獄中今身作師母教他煞生
求其大神或詞五道土地社公阿魔大郎諸
如是等皆是誑或愚人死墮斧斫地獄中爲

BD00858號　因果經　（12–5）

者死墮鐵犁地獄中今身悪口罵人者死墮
拔舌地獄中今身多妄語者死墮鐵釘地獄中
今身殺生祠祀耶神者死墮鐵碓地獄中今身
作師母鬼語誑取他物者死墮肉山地獄中
今身作師翁含明眼地誑他上天取魂魄神
者死墮斬膋地獄中今身作師母教他煞生
求其大神或詞五道土地社公阿魔大郎諸
如是等皆是誑或愚人死墮斧斫地獄中爲
諸獄卒剉斬其身鐵嘴之鳥啄兩眼精今身
作師公或葬埋死人占宅吉凶五姓便利安龍謝
壓厭鎮禳禍誑其癡人多取財物妄説吉凶
之語者如此之徒死墮鐵鉤地獄中无量悪鳥
集在其身食噉肉盡啄其觔骨受苦无窮
今身作醫師不能差病誑取他物死墮針茶
地獄中舉身火然今身破壞塔寺及辱師僧
不孝父母者死墮阿鼻地獄中備逕八大地獄
復入諸小地獄一百卅六所悉皆入中或逕一劫
乃至五劫然後得出值善知識發菩提心若
不值遇還墮悪道佛言爲人身大見纖健嗔
難解者從駱駝中來爲人喜行健佷不避嶮
難者從馬中來爲人堪履寒熱无記録心者
從牛中來爲人高聲无愧多所受念不別是
非者從驢中來爲人恒貪肉所作无畏者從
師子中來爲人身長眼圓多遊曠野憎嫉妻子
者從虎中來爲人毛長眼小不樂一處者從
飛鳥中來爲人性无返復喜煞害者從野狐

BD00858號　因果經　（12–6）

難解者從駱駝中來為人喜行健食不避嶮
難者從馬中來為人堪履寒熱无記録心者
從牛中來為人高聲无愧多所愛念不別是
非者從驢中來為人恒貪肉所作无畏者從
師子中來為人身長眼圓多遊曠野憎嫉妻子
者從虎中來為人毛長眼小不樂一處者從
飛鳥中來為人性无返復喜繫害者從野狐
中來為人勇健少於婬欲不愛妻子者從狼中
來為人不好妙服伺捕好非小眼多愁者從狗中
來為人好婬憙談衆人所愛者從鸚鵡中來為人
學人衆中言多煩者從鵄鵂中來為人聠小好
婬意不專定見色心亂者從雀中來為人眼赤
齒短語便唾味卧則鍾身者從蚰蜒中來為人
語則瞋恚不察來儀口出火毒者從蝎中來
為人獨處貪處夜則少睡者從狸中來為人
穿墻竊盜貪財健忍无有親疎者從鼠中來
佛言為人破塔壞寺隱藏三寶物作已用者
死墮阿鼻地獄中從地獄出受畜生身所謂鴿
雀鴦鸞鸚鵡青雀魚鱉獼猴麞鹿若得人身
受黃門女形二根无根婬女為人瞋恚者死墮
毒蛇師子虎狼熊羆猫狸鷹鷂之屬若得人
身喜養鷄猪屠兒獵師網捕獄卒為人愚癡
不解道理者死墮鷹猪牛羊水牛蚤虱蚊虻
蟻子等形若得人身聾盲瘖瘂癃殘背僂諸
根不具不能受法為人慆惕者死墮糞中出
馳驢犬馬著生人受奴婢身貧窮乞匃衆所

受黃門女形二根无根婬女為人瞋恚者死墮
毒蛇師子虎狼熊羆猫狸鷹鷂之屬若得人
身喜養鷄猪屠兒獵師網捕獄卒為人愚癡
不解道理者死墮鷹猪牛羊水牛蚤虱蚊虻
蟻子等形若得人身聾盲瘖瘂癃殘背僂諸
根不具不能受法為人慆惕者死墮糞中出
馳驢犬馬著生人受奴婢身貧窮乞匃衆所
輕賤為人因官形勢貪取民物者死墮肉山
地獄中百千万人割肉而噉令身喜立他人者
死墮釘鳥中脚直不得眠卧令身破齋夜食
者死墮餓鬼中百千万歲不得飲食若行之
時節頭火出令身喜露形坐者死作寒號鳥
令身懷俠破齋食者死墮熱鐵地獄中又生人間
著咽塞病短氣而死令身亂佛頸不至地者
死墮倒懸地獄中又生人間多為欺誑令身亂
佛不合掌者死墮邊地多用功力无所收穫令
身聞鍾聲不起者死墮蟒蛇中其身長大為
諸小虫之所唼食令身抆手亂佛者死墮返縛
地獄中又生人中横遭惡事令身合掌五體投地
至心亂佛者常處尊貴恒受快樂令身健嗔悔
食者從顛狂中來令身眼目膽膿者從耶看他
婦女中來令身加水著酒中賂与人者死作水
中虫又生人間水腫斷氣而死
佛告阿難如向所說種種衆苦皆由十惡之業
上者地獄因緣中者畜生因緣下者餓鬼因
緣[illegible]中[illegible]生之罪[illegible]

生心礼佛者常處尊貴恒受快樂令身健嗔悔
食者從顛狂中來令身眼目腨膝者從邪看他
婦女中來令身加水者酒中酤与人者死作水
中虫又生人間水腫斷氣而死
佛告阿難汝向所說種種衆生皆由十惡之業
上者地獄因緣中者畜生因緣下者餓鬼因
緣於中煞生之罪能令衆生墮於地獄畜生
餓鬼若生人中得二種果報一者短命二者
多病劫盜之罪亦令衆生墮於地獄畜生餓
鬼若生人中得二種果報一者貧窮二者共
財不得自在邪婬之罪能令衆生墮於地獄
畜生餓鬼若生人中得二種果報一者婦不貞
良二者二妻相諍不隨己心妄語之罪能令
衆生墮於地獄畜生餓鬼若生人中得二種
果報一者多被誹謗二者恒為多人所誑兩
舌之罪亦令衆生墮於地獄畜生餓鬼若生
人中得二種果報一者得破壞眷屬二者
得弊惡眷屬惡口之罪亦令衆生墮於地獄
畜生餓鬼若生人中得二種果報一者常聞
惡聲二者所有言說恒為諍訟綺語之罪
亦令衆生墮於地獄畜生餓鬼若生人聞得
二種果報一者所說人不信受二者所有言
說不能辯了貪欲之罪亦令衆生墮於地獄
畜生餓鬼若生人中得二種果報一者貪
財无有厭足二者多求恒无從意瞋恚之

BD00858號　因果經　（12–9）

惡聲二者所有言說恒為諍訟綺語之罪
亦令衆生墮於地獄畜生餓鬼若生人聞得
二種果報一者所說人不信受二者所有言
說不能辯了貪欲之罪亦令衆生墮於地獄
畜生餓鬼若生人中得二種果報一者貪
財无有厭足二者多求恒无從意瞋恚之
罪亦令衆生墮於地獄畜生餓鬼若生人
中得二種果報一者常為他人求其長短二
者常為他所惱害邪見之罪亦令衆生墮於
地獄畜生餓鬼若生人中得二種果報一者
常為邪見家生二者心恒諂曲諸佛子如是十
惡業道皆是衆苦大聚因緣
尒時大衆之中有作十惡業者聞佛說斯
地獄苦報皆大號哭而白佛言世尊弟子作
何善行得免斯苦佛言當復教化一切衆生
皆同福業立何獲福若有衆生今身作大
化主造立浮圖寺舍者未來必作國王統領
万民无往不伏今身作僧主中正維那綱主者
未來必作王臣輔相州郡令長衣馬具足所
須自恣今身奉化諸人作諸功德者未來世
中必作豪富長者衆人敬仰四道明通所向
僮偶令身好喜然燈續明者生在日月天中
光明自照今身喜布施慈心養命者生處大
富衣食自然今身喜施人飲食者所生之處
天厨自至色力具足聰明辯才壽命長遠若
施畜生得百倍報施一闡提得千倍報施
持戒比丘得万倍報若施法師流通大乘

BD00858號　因果經　（12–10）

僅偶今身好喜然燈續明者生在日月天中
光明自照今身喜布施慈心養命者生處大
富衣食自然今身喜施人飲食者所生之處
天廚自至色力具足聰明辯才壽命長遠若
施畜生得百倍報施一闡提得千倍報施
持戒比丘得万倍報若施法師流通大乘
講宣如來秘密之藏令使大衆開其心眼者得
无量報若施菩薩諸佛受報无窮又復施三種
人果報无盡一者諸佛二者父母三者病人一
食之施尚獲无量之報況能常施何可窮盡今
身洗浴衆僧者所生之處面目端正自然衣鉢
衆人敬仰今身喜讚歎讀誦經法者所生端正
人中最勝今身好喜造作義井漿水往道種
樹蔭蓋諸人者所生之處常作人王百味飲食隨
心即至今身喜抄寫經施人讀者所生之處口辯
多才所學之法一聞領悟諸佛菩薩常加護之
人中最勝恒爲上首今身喜造橋船濟渡人者
所生之處七寶具足衆人敬重莫不瞻仰行來
入出爲人扶接佛告阿難如我處處經中所說
因果勸諸衆讀誦脩行得度苦難若聞是
經生誹謗者其人現世舌則墮落
爾時阿難白佛言世尊當何名斯經以何勸發
之佛告阿難此經名爲善惡因果亦名菩薩發
願脩行經如此受持佛說此經時衆中八万
天人發阿耨多羅三藐三菩提心百千女人現轉
女身得成男子千二百惡人捨其壽意自知宿

BD00858號　因果經

（12–11）

經生誹謗者其人現世舌則墮落
爾時阿難白佛言世尊當何名斯經以何勸發
之佛告阿難此經名爲善惡因果亦名菩薩發
願脩行經如此受持佛說此經時衆中八万
天人發阿耨多羅三藐三菩提心百千女人現轉
女身得成男子千二百惡人捨其壽意自知宿
命无量善人得无生忍恒受快樂无量亡者得
生淨土共諸佛菩薩以爲眷屬一切大衆歸家
作福歡喜奉行

佛說因果經一卷

BD00858號　因果經

（12–12）

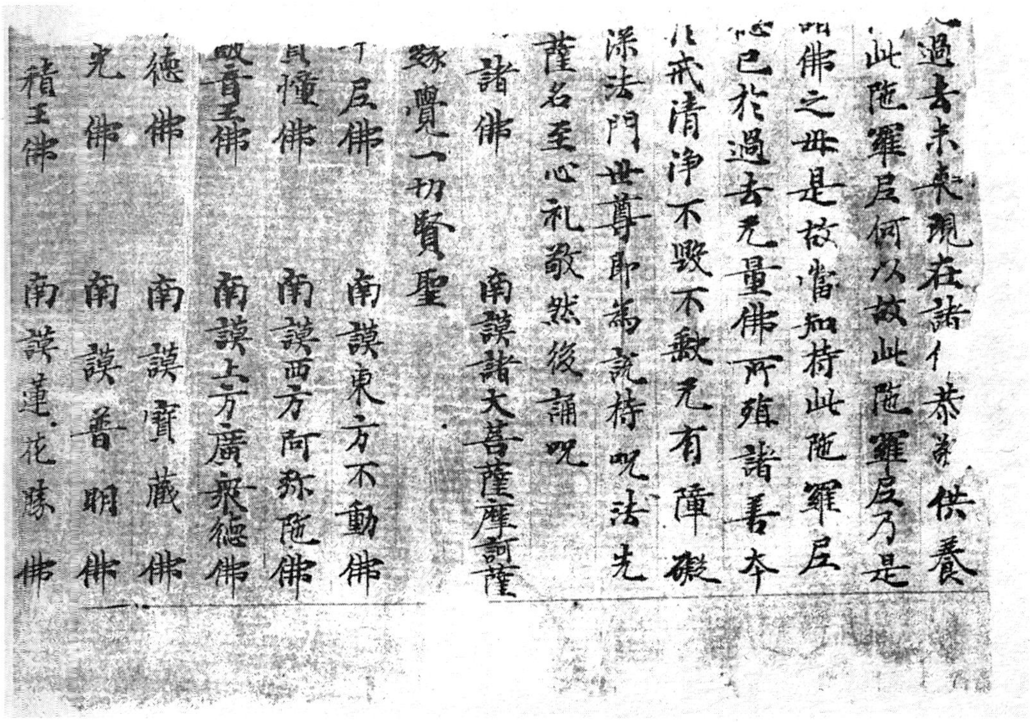
過去未來現在諸佛恭敬供養
此陀羅尼何以故此陀羅尼乃是
諸佛之母是故當知持此陀羅尼
德已於過去无量佛所殖諸善本
於戒清淨不毀不缺无有障礙
深法門世尊即為說持呪法先
薩名至心礼敬然後誦呪
諸佛　南謨諸大菩薩摩訶薩
緣覺一切賢聖
尼佛　南謨東方不動佛
寶幢佛　南謨西方阿彌陀佛
鼓音王佛　南謨上方廣衆德佛
德佛　南謨寶藏佛
光佛　南謨普明佛
積王佛　南謨蓮花勝佛

BD00859號　金光明最勝王經卷五　（17-1）

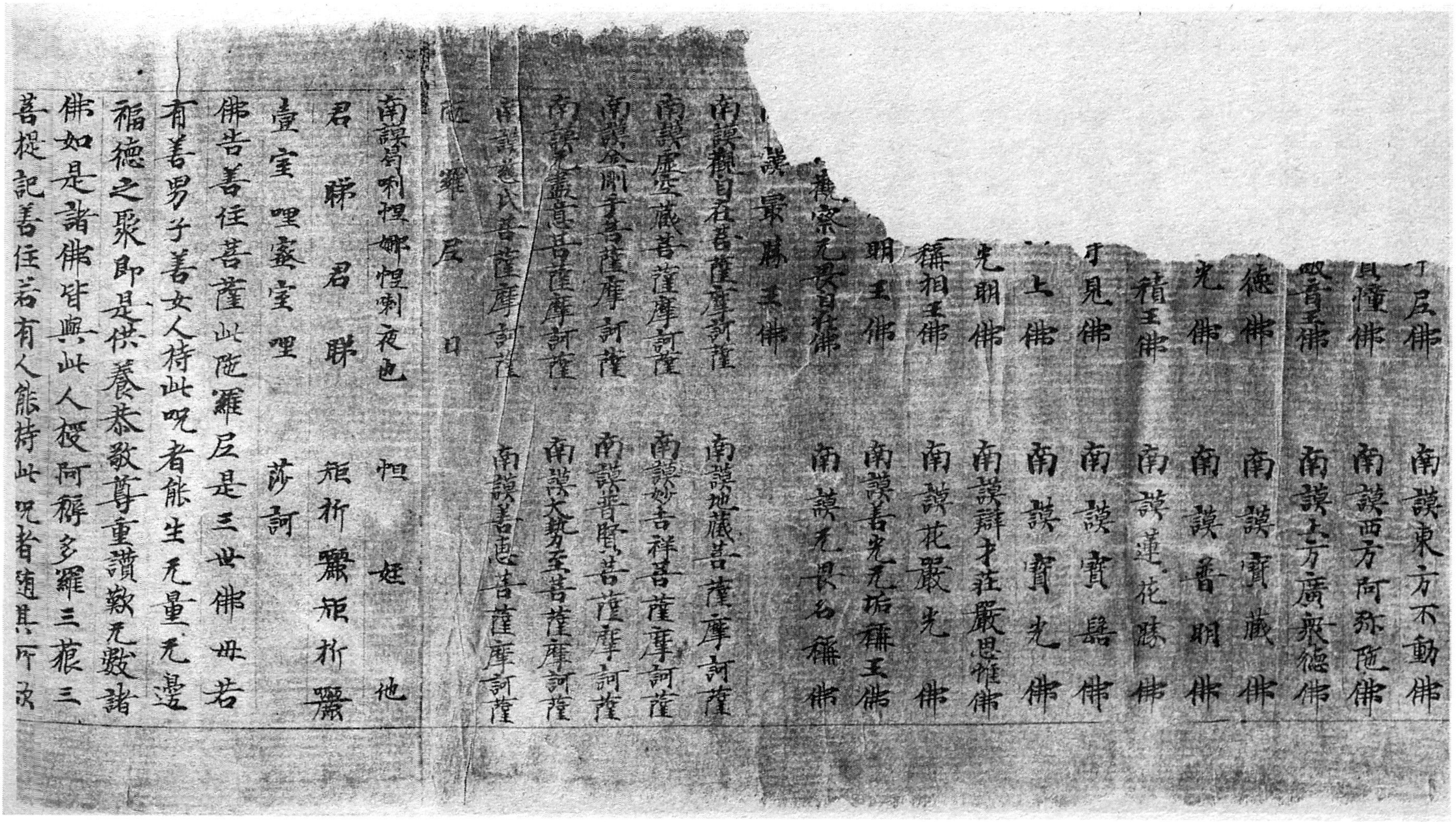
尼佛　南謨東方不動佛
寶幢佛　南謨西方阿彌陀佛
鼓音王佛　南謨上方廣衆德佛
德佛　南謨寶藏佛
光佛　南謨普明佛
積王佛　南謨蓮花勝佛
見佛　南謨寶髻佛
上佛　南謨寶光佛
稱相王佛　南謨花嚴光佛
光明佛　南謨辯才莊嚴思惟佛
明王佛　南謨善光无垢稱王佛
觀察无畏自在佛　南謨无畏名稱佛
謨最勝王佛
南謨觀自在菩薩摩訶薩　南謨地藏菩薩摩訶薩
南謨虛空藏菩薩摩訶薩　南謨妙吉祥菩薩摩訶薩
南謨金剛手菩薩摩訶薩　南謨普賢菩薩摩訶薩
南謨无盡意菩薩摩訶薩　南謨大勢至菩薩摩訶薩
南謨慈氏菩薩摩訶薩　南謨善住菩薩摩訶薩
陀羅尼曰
南謨喇怛娜怛喇夜也　怛姪他
君睇　君睇　矩折囇　矩折囇
壹室　哩蜜室哩　莎訶
佛告善住菩薩此陀羅尼是三世佛母若
有善男子善女人持此呪者能生无量无邊
福德之聚即是供養恭敬尊重讚歎无數諸
佛如是諸佛皆與此人授阿耨多羅三藐三
菩提記善住若有人能持此呪者隨其所欲

BD00859號　金光明最勝王經卷五　（17-2）

君睇君睇　柅析囉柅析囉
壹室哩壹室哩　莎訶
佛告善住菩薩此陁羅尼是三世佛母若
有善男子善女人持此呪者能生无量无邊
福德之聚即是供養恭敬尊重讚歎无數諸
佛如是諸佛皆與此人授阿耨多羅三藐三
菩提記善住若有人能持此呪者隨其所欲
衣食財寶多聞聰惠无病長壽獲福甚多
隨所願求无不遂意善住持是呪者乃至未證
无上菩提常與金城山菩薩慈氏菩薩大海菩
薩觀自在菩薩妙吉祥菩薩大氷伽羅菩薩
等而共居止為諸菩薩之所攝護善住當
知持此呪時作如是法先應誦持滿一万八
遍為前方便次於闇室莊嚴道場黑月一日清
淨洗浴著鮮潔衣燒香散花種種供養并諸
飲食入道場中先當稱礼如前所說諸佛菩
薩至心懺重悔先罪已右膝著地可誦前呪
滿一千八遍端坐思惟念其所願日未出時
於道場中食淨黑食日唯一食至十五日方
出道場能令此人福德威力不可思議隨所
願求无不圓滿若不遂意重入道場既稱心
已常持莫忘
金光明最勝王經重顯空性品第九
尒時世尊說此呪已為欲利益菩薩摩訶薩
人天大衆令得悟解甚深真實第一義故重
明空性而說頌曰
我已於餘甚深經　廣說真空微妙法

已常持莫忘
金光明最勝王經重顯空性品第九
尒時世尊說此呪已為欲利益菩薩摩訶薩
人天大衆令得悟解甚深真實第一義故重
明空性而說頌曰
我已於餘甚深經　廣說真空微妙法
今復於此經王內　略說空法不思議
於諸廣大甚深法　有情无智不能解
故我於斯重敷演　令於空法得開悟
大悲哀愍有情故　以善方便勝因緣
我今於此大衆中　演說令彼明空義
當知此身如空聚　六賊依止不相知
六塵諸賊別依根　各不相知亦如是
眼根常觀於色處　耳根聽聲不斷絕
鼻根恒齅於香境　舌根鎮嘗於美味
身根受於輕耎觸　意根了法不知猒
此等六根隨事起　各於自境生分別
識如幻化非真實　依止根處妄貪求
如人奔走空聚中　六識依根亦如是
心遍馳求隨處轉　託根緣境了諸事
常愛色聲香味觸　於法尋思无暫停
隨緣遍行於六根　如鳥飛空无障礙
藉此諸根作依處　方能了別於外境
此身无知无作者　體不堅固託緣成
皆從虛妄分別生　譬如機關由業轉
地水火風共成身　隨彼因緣招異果
同在一處相違害　如四毒蛇居一篋

常愛色聲香味觸　於法尋思无暫停
隨緣遍行於六根　如鳥飛空无障礙
藉此諸根作依處　方能了別於外境
此身无知无作者　體不堅固託緣成
皆從虛妄分別生　譬如機關由業轉
地水火風共成身　隨彼因緣招異果
同在一處相違害　如四毒蛇居一篋
此四大蛇性各異　雖居一處有昇沉
或上或下遍於身　斯等終歸於滅法
於此四種毒蛇中　地水二蛇多沉下
風火二蛇性輕舉　由此乖違眾病生
心識依止於此身　造作種種善惡業
當往人天三惡趣　隨其業力受身形
遭諸疾病身死後　大小便利悉盈流
膿爛蟲蛆不可樂　棄在屍林如朽木
汝等當觀法如是　云何執有我眾生
一切諸法悉无常　悉從无明緣力起
彼諸大種咸虛妄　本非實有體无生
故說大種性皆空　知此浮虛非實有
无明自性本是无　藉眾緣力和合有
於一切時失正慧　故我說彼為无明
行識為緣有名色　六處及觸受隨生
愛取有緣生老死　憂悲苦惱恒隨逐
眾苦惡業常纏迫　生死輪迴无息時
本來非有體是空　由不如理生分別
我斷一切諸煩惱　常以正智現前行

BD00859號　金光明最勝王經卷五　（17–5）

於一切時失正慧　故我說彼為无明
行識為緣有名色　六處及觸受隨生
愛取有緣生老死　憂悲苦惱恒隨逐
眾苦惡業常纏迫　生死輪迴无息時
本來非有體是空　由不如理生分別
我斷一切諸煩惱　常以正智現前行
了五蘊宅悉皆空　求證菩提真實處
我開甘露大城門　示現甘露微妙器
既得甘露真實味　常以甘露施群生
我擊最勝大法鼓　我吹最勝大法螺
我然最勝大明燈　我降最勝大法雨
降伏煩惱諸怨結　建立无上大法幢
於生死海濟群迷　我當關閉三惡趣
煩惱熾火燒眾生　无有救護无依止
清涼甘露充足彼　身心熱惱並皆除
由是我於无量劫　恭敬供養諸如來
堅持禁戒趣菩提　求證法身安樂處
施他眼耳及手足　妻子僮僕心无悋
財寶七珍莊嚴具　隨來求者咸供給
忍等諸度皆遍修　十地圓滿成正覺
故我得稱一切智　无有眾生度量者
假使三千大千界　盡此土地生長物
所有叢林諸樹木　稻麻竹葦及枝條
此等諸物皆伐取　並悉細末作微塵
隨處積集量難知　乃至充滿虛空界
一切十方諸剎土　所有三千大千界

BD00859號　金光明最勝王經卷五　（17–6）

故我得稱一切智　无有衆生度量者
假使三千大千界　盡此土地生長物
所有叢林諸樹木　稻麻竹葦及枝條
此等諸物皆伐取　並悉細末作微塵
隨處積集量難知　乃至充滿虛空界
一切十方諸剎土　所有三千大千界
地土皆悉末為塵　此微塵量不可數
假使一切衆生智　以此智慧與一人
如是智者量无邊　容可知彼微塵數
牟尼世尊一念智　令彼智人共度量
於多俱胝劫數中　不能筭知其少分
時諸大衆聞佛說此甚深空性有无量衆
生悉能了達四大五蘊體性俱空六根六境
妄生繫縛願捨輪迴正修出離深心慶喜如
說奉持
金光明最勝王經依空滿願品第十
尒時如意寶光耀天女於大衆中聞說深法
歡喜踴躍從座而起偏袒右肩右膝著地合
掌恭敬白佛言世尊唯願為說於甚深理修
行之法而說頌言
我問照世界　兩足最勝尊　菩薩正行法　唯願慈聽許
佛言善女天　若有疑惑者　隨汝意所問　吾當分別說
是時天女請世尊曰
云何諸菩薩　行菩薩正行　離生死涅槃　饒益自他故
佛告善女天依於法界行菩提法修平等行
云何依於法界行菩提法修平等行謂於五
蘊能現法界法界即是五蘊五蘊不可說非

BD00859 號　金光明最勝王經卷五　（17–7）

我問照世界　兩足最勝尊　菩薩正行法　唯願慈聽許
佛言善女天　若有疑惑者　隨汝意所問　吾當分別說
是時天女請世尊曰
云何諸菩薩　行菩薩正行　離生死涅槃　饒益自他故
佛告善女天依於法界行菩提法修平等行
云何依於法界行菩提法修平等行謂於五
蘊能現法界法界即是五蘊五蘊不可說非
五蘊亦不可說何以故若法界是五蘊即是
斷見若離五蘊即是常見離於二相不著二
邊不可見過所見无名无相是則名為說於
法界善女天云何五蘊能現法界如是五蘊
不從因緣生何以故若從因緣生者為已生
故生為未生故生若已生生者何用因緣若未
生生者不可得生何以故未生諸法即是非
有无名无相非校量譬喻之所能及非是
因緣之所生故善女天譬如鼓聲依木依皮
及桴手等故得出聲如是鼓聲過去亦空未
來亦空現在亦空何以故是鼓音聲不從木
生不從皮生及桴手生不於三世生是則不
生若不可生則不可滅若不可滅无所從來
若无所從來亦无所去若无所去則非常非
斷若非常非斷則不一不異何以故此若是
一則不異法界若如是者凡夫之人應見真
諦得於无上安樂涅槃既不如是故知不一
若言異者一切諸佛菩薩行相即是執著未
得解脫煩惱繫縛即不證阿耨多羅三藐
三菩提何以故一切聖人於行非行同[illegible]

BD00859 號　金光明最勝王經卷五　（17–8）

若无所從來亦无所去若无所去則非常非
斷若非常非斷則不一不異何以故此若是
一則不異法界若如是者凡夫之人應見真
諦得於无上安樂涅槃既不如是故知不一
若言異者一切諸佛菩薩行相即是執著未
得解脫煩惱繫縛即不證阿耨多羅三藐
三菩提何以故一切聖人於行非行同真實
性是故不異故知五蘊非有非无不從因緣生
非无因緣生是聖所知非餘境故亦非言說
之所能及无名无相无因无緣亦无譬喻始
終寂靜本來自空是故五蘊能現法界善女
天若善男子善女人欲求阿耨多羅三藐三
菩提真異俗異難可思量於凡聖境體非一
異不捨於俗不離於真依於法界行菩提行
尒時世尊作是語已時善女天踊躍歡喜即
從座起偏袒右肩右膝著地合掌恭敬一心
頂礼而白佛言世尊如上所說菩提正行我
今當學是時索訶世界主大梵天王於大衆
中問如意寶光耀善女天曰此菩提行難可
修行汝今云何於菩提行而得自在尒時善
女天答梵王曰大梵王如佛所說實是甚深
一切異生不解其義是聖境界微妙難知若
使我今依於此法得安樂住是實語者願令
一切五濁惡世无量无數无邊衆生皆得金色
卅二相非男非女坐寶蓮花受无量樂雨天
妙花諸天音樂不鼓自鳴一切供養皆悉具
足時善女天說是語已一切五濁惡世所有衆

BD00859號　金光明最勝王經卷五　（17–9）

女天答梵王曰大梵王如佛所說實是甚深
一切異生不解其義是聖境界微妙難知若
使我今依於此法得安樂住是實語者願令
一切五濁惡世无量无數无邊衆生皆得金色
卅二相非男非女坐寶蓮花受无量樂雨天
妙花諸天音樂不鼓自鳴一切供養皆悉具
足時善女天說是語已一切五濁惡世所有衆
生皆悉金色具大人相非男非女坐寶蓮花
受无量樂猶如他化自在天宮无諸惡道
寶樹行列七寶蓮花遍滿世界又雨七寶
上妙天花作天伎樂如意寶光耀善女天即
轉女身作梵天身時大梵王問如意寶光耀
菩薩言仁者如何行菩提行答言梵王若水
中月行菩提行我亦行菩提行若夢中行菩
提行我亦行菩提行若陽焰行菩提行我亦
行菩提行若谷響行菩提行我亦行菩提
行時大梵王聞此說已白菩薩言仁依何義而
說此語答言梵王无有一法是實相者但由
因緣而得成故梵王言若如是者諸凡夫人
皆悉應得阿耨多羅三藐三菩提答言仁以
何意而作是說愚癡人異智慧人異菩提異
非菩提異解脫異非解脫異梵王如是諸法
平等无異於此法界真如不異无有中間而
可執著无增无減梵王譬如幻師及幻弟子
善解幻術於四衢道取諸沙土草木葉等聚
在一處作諸幻術使人覩見象衆馬衆車兵

BD00859號　金光明最勝王經卷五　（17–10）

非菩提異解脫異非解脫異梵王如是諸法
平等无異於此法界真如不異无有中間而
可執著无增无減梵王譬如幻師及幻弟子
善解幻術於四衢道取諸沙土草木葉等聚
在一處作諸幻術使人覩見象衆馬衆車兵
等衆七寶之聚種種倉庫若有衆生愚癡
无智不能思惟不知幻本若見若聞作是思
惟我所見聞象馬等衆此是實有餘皆虛
妄於後更不審察思惟有智之人則不如是了
於幻本若見若聞作如是念如我所見象馬等
衆非是真實唯有幻事惑人眼目妄謂象等
及諸倉庫有名无實如我見聞不執為實後
思時唯知其虛妄是故智者了一切法皆无
實體但隨世俗如見如聞表宣其事思惟諦
理則不如是復由假說顯實義故梵王愚癡
異生未得出世聖慧之眼未知一切諸法真如
不可說故是諸凡愚若見若聞行非行法如
是思惟便生執著謂以為實於第一義不
能了知諸法真如是不可說是諸聖人若
見若聞行非行法隨其力能不生執著以為實
有了知一切无實行法无實非行法但妄思量
行非行相唯有名字无有實體是諸聖人隨
世俗說為欲令他知真實義如是梵王是諸
聖人以聖智見了法真如不可說故行非行
法亦復如是令他證知故說種種世俗名言
時大梵王問如意寶光耀菩薩言有幾衆生
能解如是甚深正法……

BD00859號　金光明最勝王經卷五　（17－11）

有了知一切无實行法无實非行法但妄思量
行非行相唯有名字无有實體是諸聖人隨
世俗說為欲令他知真實義如是梵王是諸
聖人以聖智見了法真如不可說故行非行
法亦復如是令他證知故說種種世俗名言
時大梵王問如意寶光耀菩薩言有幾衆生
能解如是甚深正法答言梵王有衆幻人心
心數法能解如是甚深正法梵王曰此幻化人
體是非有此之心數從何而生答曰若知法
界不有不无如是衆生能解深義
尒時梵王白佛言世尊是如意寶光耀菩薩
不可思議通達如是甚深之義佛言如是如
是梵王如汝所言此如意寶光耀已教汝等
發心修學无生忍法是時大梵天王與諸梵
衆從座而起偏袒右肩合掌恭敬頂礼如意
寶光耀菩薩足作如是言希有希有我等今
日幸遇大士得聞正法
尒時世尊告梵王言是如意寶光耀於未
來世當得作佛号寶焰吉祥藏如來應正遍
知明行圓滿善逝世間解无上士調御丈夫天
人師佛世尊說是品時有三千億菩薩於阿
耨多羅三藐三菩提得不退轉八千億天子无
量无數國王臣民遠塵離垢得法眼淨
尒時會中有五十億苾芻行菩薩行欲退
菩提心聞如意寶光耀菩薩說是法時皆
得堅固不可思議滿足上願更復發起菩提
之心各自脫衣供養菩薩重發无上勝進之心

BD00859號　金光明最勝王經卷五　（17－12）

人師佛世尊說是品時有三千億菩薩於阿
耨多羅三藐三菩提得不退轉八千億天子无
量无數國王臣民遠塵離垢得法眼淨
尒時會中有五十億苾芻行菩薩行欲退
菩提心聞如意寶光耀菩薩說是法時皆
得堅固不可思議滿足上願更復發起菩提
之心各自脫衣供養菩薩重發无上勝進之心
作如是願願令我等功德善根悉皆不退迴向
阿耨多羅三藐三菩提梵王是諸苾芻依此
功德如說修行過九十大劫當得解悟出離
生死尒時世尊即為授記汝諸苾芻過卅阿
僧祇劫當得作佛劫名難勝光王國名无垢
光同時皆得阿耨多羅三藐三菩提皆同一
号名願莊嚴聞飾王十号具足梵王是金光
明微妙經典若正聞持有大威力假使有人
於百千大劫行六波羅蜜无有方便若有善
男子善女人書寫如是金光明經半月半月
專心讀誦是功德聚於前功德百分不及一
乃至筭數譬喻所不能及梵王是故我今令
汝修學憶念受持為他廣說何以故我於往
昔行菩薩道時猶如勇士入於戰陣不惜身
命流通如是微妙經王受持讀誦為他解說
梵王譬如轉輪聖王若王在世七寶不滅王若
命終所有七寶自然滅盡梵王是金光明微
妙經王若現在世法寶悉皆不滅若
无是經隨處隱沒是故應當於此經王專心
聽聞受持讀誦為他解說勸令書寫行精進

BD00859 號　金光明最勝王經卷五　（17–13）

昔行菩薩道時猶如勇士入於戰陣不惜身
命流通如是微妙經王受持讀誦為他解說
梵王譬如轉輪聖王若王在世七寶不滅王若
命終所有七寶自然滅盡梵王是金光明微
妙經王若現在世法寶悉皆不滅若
无是經隨處隱沒是故應當於此經王專心
聽聞受持讀誦為他解說勸令書寫行精進
波羅蜜不惜身命不憚疲勞功德中勝我諸
弟子應當如是精勤修學
尒時大梵天王與无量梵衆帝釋四王及諸
藥叉俱從座起偏袒右肩右膝著地合掌恭
敬而白佛言世尊我等皆願守護流通是金
光明微妙經典及說法師若有諸難我當
除遣令具衆善色力充足辯才无礙身意
泰然時會聽者皆受安樂所在國土若有飢
儉怨賊非人為惱害者我等天衆皆為擁護
使其人民安隱豐樂无諸枉橫皆是我等天
衆之力若有供養是經典者我等亦當恭敬
供養如佛不異
尒時佛告大梵天王及諸梵衆乃至四王諸藥
叉等善哉善哉汝等得聞甚深妙法復能於
此微妙經王發心擁護及持經者當獲无邊
殊勝之福速成无上正等菩提時梵王等聞
佛語已歡喜頂受
金光明最勝王經四天王觀察人天品第十一
尒時多聞天王持國天王增長天王廣目天
王俱從座起偏袒右肩右膝著地合掌向佛

BD00859 號　金光明最勝王經卷五　（17–14）

此微妙經王發心擁護及持經者當獲无邊
殊勝之福速成无上正等菩提時梵王等聞
佛語已歡喜頂受
金光明㝡勝王經四天王觀察人天品第十一
尒時多聞天王持國天王增長天王廣目天
王俱從座起偏袒右肩右膝著地合掌向佛
礼佛足已白言世尊是金光明㝡勝王經一
切諸佛常念觀察一切菩薩之所恭敬一切
天龍常所供養及諸天衆常生歡喜一切護
世稱揚讚歎聲聞獨覺皆共受持悉能明照
諸天宮殿能與一切衆生殊勝安樂止息地
獄餓鬼傍生諸趣苦惱一切怖畏悉能除殄
所有怨敵尋即退散飢饉惡時能令豊稔疾
疫病苦皆令蠲愈一切灾變百千苦惱咸悉
消滅世尊是金光明㝡勝王經能為如是安
隱利樂饒益我等唯願世尊於大衆中廣為
宣說我等四王并諸眷屬聞此甘露无上法
味氣力充實增益威光精進勇猛神通倍勝
世尊我等四王修行正法常說正法以法化
世我等令彼天龍藥叉健闥婆阿蘇羅揭路
荼俱槃荼緊那羅莫呼羅伽及諸人王常以
正法而化於世遮去諸惡所有鬼神吸人精
氣无慈悲者悉令遠去世尊我等四王與二
十八部藥叉大將并與无量百千藥叉以淨
天眼過於世人觀察擁護此贍部洲世尊以
此因緣我等諸王名護世者又復於此洲中
若有國王被他怨賊常來侵擾及多飢饉疾

BD00859號　金光明最勝王經卷五

（17–15）

荼俱槃荼緊那羅莫呼羅伽及諸人王常以
正法而化於世遮去諸惡所有鬼神吸人精
氣无慈悲者悉令遠去世尊我等四王與二
十八部藥叉大將并與无量百千藥叉以淨
天眼過於世人觀察擁護此贍部洲世尊以
此因緣我等諸王名護世者又復於此洲中
若有國王被他怨賊常來侵擾及多飢饉疾
疫流行无量百千灾厄之事世尊我等四王
於此金光明㝡勝王經恭敬供養若有苾芻
法師受持讀誦我等四王共往覺悟勸請
其人時彼法師由我神通覺悟力故往彼國
界廣宣流布是金光明微妙經典由經力故
令彼无量百千衰惱灾厄之事悉皆除遣世
尊若諸人王於其國內有持是經苾芻法師
至彼國時當知此經亦至其國世尊時彼國
王應往法師處聽其所說聞已歡喜於彼法師
恭敬供養深心擁護令无憂惱演說此經利
益一切世尊以是緣故我等四王皆共一心
護是人王及國人民令離灾患常得安隱世
尊若有苾芻苾芻尼鄔波索迦鄔波斯迦
持是經者時彼人王隨其所須供給供養令
无乏少我等四王令彼國主及以國人悉皆
安隱遠離灾患世尊若受持讀誦是經典者
人王於此供養恭敬尊重讚歎我等當令
彼王於諸王中恭敬尊重㝡為第一諸餘國王
共所稱歎大衆聞已歡喜受持

BD00859號　金光明最勝王經卷五

（17–16）

益一切世尊以是緣故我等四王皆共一心
護是人王及國人民令離災患常得安隱世
尊若有苾芻苾芻尼鄔波索迦鄔波斯迦
持是經者時彼人王隨其所須供給供養令
无乏少我等四王令彼國主及以國人悉皆
安隱遠離災患世尊若受持讀誦是經典者
人王於此供養恭敬尊重讚歎我等當令
彼王於諸王中恭敬尊重最為第一諸餘國王
共所稱歎大衆聞已歡喜受持

金光明最勝王經卷第五

奕盈益　齅許救　窒丁結　稔任甚

BD00859號　金光明最勝王經卷五　（17–17）

……摩訶薩
復次善現若菩薩摩訶薩如是學時於佛十
力四无所畏四无礙解大慈大悲大喜大捨及
十八佛不共法等无量无數无邊佛法皆
得清淨汲是不隨一切聲聞及獨覺地尒時
具壽善現白佛言世尊若一切法本性清淨
云何菩薩摩訶薩於諸法中復得清淨佛告
善現如是如是如汝所說諸法本來自性清淨
是菩薩摩訶薩於一切法本性淨中精勤
脩學甚深般若波羅蜜多如實通達无沉无
滯遠離一切煩惱染著故說菩薩復得清淨
復次善現雖一切法本性清淨而諸異生不
知見學是菩薩摩訶薩為欲令彼知見覺故
脩行布施波羅蜜多脩行淨戒安忍精進靜
慮般若波羅蜜多安住內空外空內外空
空空大空勝義空有為空无為空畢竟空
无際空散空无變異空本性空自相空共相
空一切法空不可得空无性空自性空无性
自性空安住真如安住法界法性不虛妄性

BD00860號　大般若波羅蜜多經卷三四一　（21–1）

知見學是菩薩摩訶薩爲欲令彼知見覺故
脩行布施波羅蜜多脩行淨戒安忍精進靜
慮般若波羅蜜多安住內空外空內外空
空空大空勝義空有為空无為空畢竟空
无際空散空无變異空本性空自相空共相
空一切法空不可得空无性空自性空无性
自性空安住真如安住法界法性不虛妄性
不變異性平等性離生性法定法住實際虛
空界不思議界安住苦聖諦安住集滅道聖
諦脩行四靜慮脩行四无量四无色定脩行
八解脫脩行八勝處九次第定十遍處脩行
四念住脩行四正斷四神足五根五力七等
覺支八聖道支脩行空解脫門脩行无相无
願解脫門脩行極喜地脩行離垢地發光
地焰慧地極難勝地現前地遠行地不動地
善慧地法雲地脩行五眼脩行六神通脩行
佛十力脩行四無所畏四無礙解大慈大悲大
喜大捨十八佛不共法脩行无妄失法脩行
恒住捨性脩行一切陁羅尼門脩行一切三
摩地門脩行一切智脩行道相智一切相智
善現是菩薩摩訶薩於一切法本性清淨如
是學時於佛十力四無所畏四無礙解大慈
大悲大喜大捨十八佛不共法等無量無數
無邊佛法皆得清淨不墮聲聞及獨覺地於
諸有情心行差別皆能通達至極彼岸善巧
方便令諸有情證一切法本性清淨善現當
知譬如大地少處出生金銀珎寶

BD00860 號　大般若波羅蜜多經卷三四一　（21–2）

善現是菩薩摩訶薩於一切法本性清淨如
是學時於佛十力四無所畏四無礙解大慈
大悲大喜大捨十八佛不共法等無量無數
無邊佛法皆得清淨不墮聲聞及獨覺地於
諸有情心行差別皆能通達至極彼岸善巧
方便令諸有情證一切法本性清淨善現當
知譬如大地少處出生金銀珎寶多處出生
沙石凡礫諸有情類亦復如是少分能學甚
深般若波羅蜜多多學聲聞獨覺地法善
現當知譬如人趣少分能脩轉輪王業多分受
行諸小王業諸有情類亦復如是少分能脩
一切智智道多分受行聲聞獨覺道善現當
知求趣無上正等菩提諸菩薩衆少得無上
正等菩提多墮聲聞及獨覺地善現常知住
菩薩乘諸善男子善女人等若不遠離甚深
般若波羅蜜多善巧方便定能趣入不退轉
地若有遠離甚深般若波羅蜜多善巧方便
定於無上正等菩提當有退轉是故菩薩摩
訶薩衆欲得菩薩不退轉地欲入菩薩不退
轉數當勤脩學甚深般若波羅蜜多善巧
方便
復次善現若菩薩摩訶薩如是脩學甚深般
若波羅蜜多善巧方便終不發起慳貪破戒
瞋忿懈怠散亂惡慧相應之心終不發起貪
欲瞋恚愚癡憍慢相應之心終不發起諸餘
過失相應之心終不發起執取色相相應之

BD00860 號　大般若波羅蜜多經卷三四一　（21–3）

復次善現若菩薩摩訶薩如是脩學甚深般
若波羅蜜多善巧方便終不發起慳貪破戒
瞋忿懈怠散亂惡慧相應之心終不發起貪
欲瞋恚愚癡憍慢相應之心終不發起諸餘
過失相應之心終不發起執取色相相應之
心亦不發起執取受想行識相相應之心終
不發起執取眼處相相應之心亦不發起執
取耳鼻舌身意處相相應之心終不發起執
取色處相相應之心亦不發起執取聲香味
觸法處相相應之心終不發起執取眼界相
相應之心亦不發起執取耳鼻香身意界相
相應之心終不發起執取色界相相應之心
亦不發起執取聲香味觸法界相相應之心
終不發起執取眼識界相相應之心亦不發
起執取耳鼻香身意識界相相應之心終不發
起執取眼觸相相應之心亦不發起執取耳鼻
香身意觸相相應之心終不發起執取眼觸
為緣所生諸受相相應之心亦不發起執取
耳鼻舌身意觸為緣所生諸受相相應之心
緣不發起執取地界相相應之心亦不發起
執取水火風空識界相相應之心終不發起
執取無明相相應之心亦不發起執取行識
名色六處觸受愛取有生老死相相應之心
終不發起起執取布施波羅蜜多相相應之心
亦不發起執取淨戒安忍精進靜慮般若波
羅蜜多相相應之心終不發起執取内空相

BD00860 號　大般若波羅蜜多經卷三四一　（21–4）

耳鼻舌身意觸為緣所生諸受相相應之心
緣不發起執取地界相相應之心亦不發起
執取水火風空識界相相應之心終不發起
執取無明相相應之心亦不發起執取行識
名色六處觸受愛取有生老死相相應之心
終不發起起執取布施波羅蜜多相相應之心
亦不發起執取淨戒安忍精進靜慮般若波
羅蜜多相相應之心終不發起執取内空相
相應之心亦不發起執取外空内外空空空
大空勝義空有為空無為空畢竟空無際空
散空無變異空本性空自相空共相空一切
法空不可得空無性空自性空無性自性空
相相應之心終不發起執取真如相相應之
心亦不發起執取法界法性不虛妄性不變
異性平等性離生性法定法住實際虛空界
不思議界相相應之心終不發起執取苦聖
諦相相應之心亦不發起執取集滅道聖諦
相相應之心終不發起執取四靜慮相相應
之心亦不發起執取四無量四無色定相相
應之心終不發起執取八解脫相相應之心
亦不發起執取八勝處九次第定十遍處相
相應之心終不發起執取四念住相相應之
心亦不發起執取四正斷四神足五根五力
七等覺支八聖道支相相應之心終不發起
執取空解脫門相相應之心亦不發起執取
無相無願解脫門相相應之心終不發起執

BD00860 號　大般若波羅蜜多經卷三四一　（21–5）

亦不發起執取八勝處九次第定十遍處相
相應之心終不發起執取四念住相相應之
心亦不發起執取四正斷四神足五根五力
七等覺支八聖道支相相應之心終不發起
執取空解脫門相相應之心亦不發起執取
無相無願解脫門相相應之心終不發起執
取極喜地相相應之心亦不發起執取離垢
地發光地焰慧地極難勝地現前地遠行地
不動地善慧地法雲地相相應之心終不發起
執取五眼相相應之心亦不發起執取六
神通相相應之心終不發起執取佛十力相
相應之心亦不發起執取四無所畏四無礙
解大慈大悲大喜大捨十八佛不共法相相
應之心終不發起執取無妄失法相相應之
心亦不發起執取恒住捨性相相應之心終
不發起執取一切智相相應之心亦不發起
執取道相智一切相智相相應之心終不發
起執取一切陁羅尼門相相應之心亦不發起
執取一切三摩地門相相應之心終不發起
執取預流果相相應之心亦不發起執取
一來不還阿羅漢果相相應之心終不發起
執取獨覺菩提相相應之心終不發起執取
一切菩薩摩訶薩行相相應之心終不發起
執取諸佛無上正等菩提相相應之心何以
故善現是菩薩摩訶薩行深般若波羅蜜多
善巧方便都不見法是可得者無所得故不
起執取色等法相相應之心

一來不還阿羅漢果相相應之心終不發起
執取獨覺菩提相相應之心終不發起執取
一切菩薩摩訶薩行相相應之心終不發起
執取諸佛無上正等菩提相相應之心何以
故善現是菩薩摩訶薩行深般若波羅蜜多
善巧方便都不見法是可得者無所得故不
起執取色等法相相應之心
復次善現若菩薩摩訶薩如是脩學甚深般
若波羅蜜多善巧方便能攝一切波羅蜜多
能集一切波羅蜜多能至一切波羅蜜多何
以故善現甚深般若波羅蜜多中含容一切
波羅蜜多故善現譬如薩迦耶見普能攝
受六十二見甚深般若波羅蜜多亦復如是含
容一切波羅蜜多善現譬如諸殞沒者命根
滅故諸根隨滅甚深般若波羅蜜多亦復如
是一切所學波羅蜜多悉皆隨從若無般若
波羅蜜多亦無一切波羅蜜多是故善現若
菩薩摩訶薩欲到一切波羅蜜多究竟彼岸
應勤脩學甚深般若波羅蜜多善現當知若
菩薩摩訶薩脩學如是甚深般若波羅蜜多
於諸有情最為上首何以故善現是菩薩摩
訶薩已能脩學無上處故
復次善現於意云何於此三千大千世界諸
有情類寧為多不善現荅言甚多世尊甚多
善逝贍部洲中諸有情類尚多無數何况三
千大千世界諸有情類佛言善現假使三千

訶薩已能脩學無上處故
復次善現於意云何於此三千大千世界諸
有情類寧為多不善現荅言甚多世尊甚多
善逝贍部洲中諸有情類尚多無數何況三
千大千世界諸有情類佛言善現假使三千
大千世界諸有情類非前非後皆得人身得
人身已非前非後皆證無上正等菩提有善
男子善女人等住菩薩乘盡其形壽能以上
妙衣服飲食卧具湯藥及餘資具供養恭
敬尊重讚歎此諸如來應正等覺是善男子
善女人等由此因緣得福多不善現荅言甚多
世尊甚多善逝佛言善現若善男子善女人
等住菩薩乘能於如是甚深般若波羅蜜多
聽聞受持讀誦書寫思惟脩習所獲福聚甚
多於前無量無數何以故善現甚深般若波
羅蜜多具大義利能令菩薩摩訶薩眾速引
無上正等菩提勝前所得諸善根故是故善
現若菩薩摩訶薩欲居一切有情上首當學
如是甚深般若波羅蜜多若菩薩摩訶薩欲
普饒益一切有情無救護者為作救護無歸
依者為作歸依無投趣者為作投趣無眼目
者為作眼目無光明者為作光明失道路者
示以道路未涅槃者令得涅槃當學如是甚
深般若波羅蜜多若菩薩摩訶薩欲得無上
正等菩提欲行諸佛所行境界欲遊戲佛可
遊戲處欲作諸佛大師子乳欲擊諸佛無上

普饒益一切有情無救護者為作救護無歸
依者為作歸依無投趣者為作投趣無眼目
者為作眼目無光明者為作光明失道路者
示以道路未涅槃者令得涅槃當學如是甚
深般若波羅蜜多若菩薩摩訶薩欲得無上
正等菩提欲行諸佛所行境界欲遊戲佛可
遊戲處欲作諸佛大師子乳欲擊諸佛無上
法鼓欲扣諸佛無上法鍾欲吹諸佛無上法
螺欲昇諸佛無上法座欲說諸佛無上法義
欲決一切有情疑網欲入諸佛甘露法界欲
受諸佛微妙喜樂當學如是甚深般若波羅
蜜多
復次善現若菩薩摩訶薩脩學如是甚深般
若波羅蜜多無有一切功德善根而不能得
時具壽善現白佛言世尊諸菩薩摩訶薩脩
學如是甚深般若波羅蜜多豈亦能得聲聞
獨覺功德善根佛言善現聲聞獨覺功德善
根此諸菩薩摩訶薩眾亦皆能得但於其中
無住無著以勝智見正觀察已超過彼住趣
入菩薩正性離生故此菩薩摩訶薩眾無有
一切功德善根而不能得復次善現若菩薩
摩訶薩如是學時則為隣近一切智智疾證
無上正等菩提復次善現若菩薩摩訶薩如
是學時則為一切世間天人阿素洛等真實
福田復次善現若菩薩摩訶薩如是學時超
諸世間沙門梵志聲聞獨覺福田之上速能

入菩薩正性離生故此菩薩摩訶薩終無有
一切功德善根而不能得復次善現若菩薩
摩訶薩如是學時則為隣近一切智智疾證
無上正等菩提復次善現若菩薩摩訶薩如
是學時則為一切世間天人阿素洛等真實
福田復次善現若菩薩摩訶薩如是學時超
諸世間沙門梵志聲聞獨覺福田之上速能
證得一切智智復次善現若菩薩摩訶薩如
是學時隨所生處不捨般若波羅蜜多不離
般若波羅蜜多常行般若波羅蜜多復次善
現若菩薩摩訶薩脩學如是甚深般若波羅
蜜多當知已於一切智智得不退轉遠離聲聞
及獨覺地隣近無上正等菩提復次善現
若菩薩摩訶薩行甚深般若波羅蜜多時作
如是念此是般若波羅蜜多此是脩時此是脩
處我能脩此甚深般若波羅蜜多我由如是
甚深般若波羅蜜多捨離如是所應捨法
必當證得一切智智若作是念非行般若波
羅蜜多亦於般若波羅蜜多不能解了甚深
般若波羅蜜多不作是念此是般若波羅蜜
多此是脩時此是脩處此是脩者此是般若
波羅蜜多所應遠離煩惱障法此是般若波
羅蜜多所證無上正等菩提若菩薩摩訶薩
行甚深般若波羅蜜多時作如是念此非般若
波羅蜜多此非脩時此非脩處此非脩者
非由般若波羅蜜多能有所離及有所得所
以者何以一切法皆住真如法界實際無差

BD00860號　大般若波羅蜜多經卷三四一　　（21–10）

多此是脩時此是脩處此是脩者此是般若
波羅蜜多所應遠離煩惱障法此是般若波
羅蜜多所證無上正等菩提若菩薩摩訶薩
行甚深般若波羅蜜多時作如是念此非般若
波羅蜜多此非脩時此非脩處此非脩者
非由般若波羅蜜多能有所離及有所得所
以者何以一切法皆住真如法界實際無差
別故若如此行是行般若波羅蜜多

初分願喻品第五十六

時天帝釋作是念言若菩薩摩訶薩脩行般
若波羅蜜多脩行靜慮精進安忍淨戒布施
波羅蜜多尚超一切有情之上况得無上正
等菩提若菩薩摩訶薩安住內空安住外空內
外空空空大空勝義空有為空無為空畢
竟空無際空散空無變異空本性空自相空
共相空一切法空不可得空無性空自性空
無性自性空尚超一切有情之上况得無上
正等菩提若菩薩摩訶薩安住真如安住法
界法性不虛妄性不變異性平等性離生性
法定法住實際虛空界不思議界尚超一切
有情之上况得無上正等菩提若菩薩摩訶薩
安住苦聖諦安住集滅道聖諦尚超一切有
情之上况得無上正等菩提若菩薩摩訶薩
脩行四靜慮脩行四無量四無色定尚超
一切有情之上况得無上正等菩提若菩薩
摩訶薩脩行八解脫脩行八勝處九次第定
[illegible]

BD00860號　大般若波羅蜜多經卷三四一　　（21–11）

有情之上况得無上正等菩提若菩薩摩訶薩
安住苦聖諦安住集滅道聖諦尚超一切有
情之上况得無上正等菩提若菩薩摩訶薩
脩行四靜慮脩行四無量四無色定尚超
一切有情之上况得無上正等菩提若菩薩
摩訶薩脩行八解脫脩行八勝處九次第定
十遍處尚超一切有情之上况得無上正等
菩提若菩薩摩訶薩脩行四念住脩行四正
斷四神足五根五力七等覺支八聖道支尚
超一切有情之上况得無上正等菩提若菩
薩摩訶薩脩行空解脫門脩行無相願解
脫門尚超一切有情之上况得無上正等菩
提若菩薩摩訶薩脩行極喜地脩行離垢
地發光地焰慧地極難勝地現前地遠行地不
動地善慧地法雲地尚超一切有情之上况得
無上正等菩提若菩薩摩訶薩脩行五眼脩
行六神通尚超一切有情之上况得無上正
等菩提若菩薩摩訶薩脩行佛十力脩行
四無所畏四無礙解大慈大悲大喜大捨十八
佛不共法尚超一切有情之上况得無上正
等菩提若菩薩摩訶薩脩行無忘失法脩行
恒住捨性尚超一切有情之上况得無上正
等菩提若菩薩摩訶薩脩行一切智脩行
道相智一切相智尚超一切有情之上况得
無上正等菩提若菩薩摩訶薩脩行一切陁
羅尼門脩行一切三摩地門尚超一切有情

BD00860號　大般若波羅蜜多經卷三四一　（21–12）

佛不共法尚超一切有情之上况得無上正
等菩提若菩薩摩訶薩脩行無忘失法脩行
恒住捨性尚超一切有情之上况得無上正
等菩提若菩薩摩訶薩脩行一切智脩行
道相智一切相智尚超一切有情之上况得
無上正等菩提若菩薩摩訶薩脩行一切陁
羅尼門脩行一切三摩地門尚超一切有情
之上况得無上正等菩提若菩薩摩訶薩脩
行菩薩摩訶薩行尚超一切有情之上况得
無上正等菩提若菩薩摩訶薩脩行無上正
等菩提尚超一切有情之上况得無上正等
菩提若諸有情聞說一切智智名字心生信
解尚為獲得人中善利及得世間殊勝壽命
况發無上正等覺心或常聽聞如是般若波
羅蜜多甚深經典若諸有情能發無上正等
覺心聽聞般若波羅蜜多甚深經典諸餘有
情皆應頂禮所獲功德世間天人阿素洛等
不能及故尒時世尊知天帝釋心之所念即
便告言憍尸迦如是如是如汝所念
時天帝釋深心歡喜即取天上微妙香花奉
散如來應正等覺及諸菩薩摩訶薩衆既散
花已作是願言若菩薩乘諸善男子善女人
等求趣無上正等菩提以我所生善根功德
令彼所求無上佛法速得圓滿令彼所求一
切智智速得圓滿令彼所求自然人法速得
圓滿令彼所求真無漏法速得圓滿令彼一

BD00860號　大般若波羅蜜多經卷三四一　（21–13）

時天帝釋深心歡喜即取天上微妙香花奉
散如來應正等覺及諸菩薩摩訶薩衆既散
花已作是願言若菩薩乘諸善男子善女人
等求趣無上正等菩提以我所生善根功德
令彼所求無上佛法速得圓滿令彼所求一
切智智速得圓滿令彼所求自然人法速得
圓滿令彼所求真無漏法速得圓滿令彼一
切所欲聞法皆速圓滿若求聲聞獨覺乘者
亦令所願疾得滿之作是願已即白佛言世
尊若菩薩乘諸善男子善女人等已發無上
正等覺心我終不生一念異意令其退轉大
菩提心我亦不生一念異意令諸菩薩摩訶
薩衆猒離無上正等菩提退住聲聞獨覺
地世尊若諸菩薩摩訶薩衆已於無上正等
菩提心生樂欲我願彼心倍復增進速證無
上正等菩提願彼菩薩摩訶薩衆見生死中
種種苦已為欲利樂世間天人阿素洛等發
起種種堅固大願我既自度生死大海亦當
精勤度未度者我既自解生死繫縛亦當精
勤解未解者我於種種生死怖畏既自安隱
亦當精勤安未安者我既自證究竟涅槃亦
當精勤令未證者皆同證得世尊若善男子
善女人等於初發心菩薩功德起隨喜心得
幾所福於久發心菩薩功德起隨喜心得幾
所福於不退轉地菩薩功德起隨喜心得幾
所福於一生所繫菩薩功德起隨喜心得幾所

BD00860 號　大般若波羅蜜多經卷三四一　（21–14）

當精勤令未證者皆同證得世尊若善男子
善女人等於初發心菩薩功德起隨喜心得
幾所福於久發心菩薩功德起隨喜心得幾
所福於不退轉地菩薩功德起隨喜心得幾
所福於一生所繫菩薩功德起隨喜心得幾所
福尒時佛告天帝釋言憍尸迦四大洲界
可知斤兩是隨喜福不可稱量復次憍尸迦
小千世界可知斤兩是隨喜福不可稱量復
次憍尸迦中千世界可知斤兩是隨喜福不
可稱量復次憍尸迦我此三千大千世界可
知斤兩是隨喜福不可稱量復次憍尸迦假
使三千大千世界合為一海若復有能取一
毛騄析為百分取一分端沾彼海水可知渧數
是隨喜福不可數知何以故憍尸迦是善男
子善女人等所隨喜福無邊際故時天帝釋
復白佛言世尊若諸有情於諸菩薩功德善
根不隨喜者當知皆是魔所魅著世尊若諸
有情於諸菩薩功德善根不隨喜者當知皆
是魔之眷屬世尊若諸有情於諸菩薩功德
善根不隨喜者當知皆從魔天界沒來生是
間所以者何若諸菩薩摩訶薩衆求趣無上
正等菩提若有發心於彼功德深隨喜者皆
為破壞一切魔軍宮殿眷屬迴向無上正等
菩提世尊若諸有情深心愛敬佛法僧寶於
諸菩薩功德善根應生隨喜既隨喜已迴向
無上正等菩提而不應生一二多想若能如

BD00860 號　大般若波羅蜜多經卷三四一　（21–15）

善根不隨喜者當知皆從魔天界沒來生是
間所以者何若諸菩薩摩訶薩衆求趣無上
正等菩提若有發心於彼功德深隨喜者皆
為破壞一切魔軍宮殿眷屬迴向無上正等
菩提世尊若諸有情深心愛敬佛法僧寶於
諸菩薩功德善根應生隨喜既隨喜已迴向
無上正等菩提而不應生一二多想若能如
是速證無上正等菩提度脫有情破魔眷屬
爾時佛告天帝釋言如是如是如汝所說憍
尸迦若善男子善女人等於諸菩薩功德善
根深生隨喜迴向無上正等菩提是善男子
善女人等速證無上正等菩提速能圓滿諸
菩薩行速能供養一切如來應正等覺常遇
善友恒聞般若波羅蜜多甚深經典是善男
子善女人等成就如是功德善根隨所生處
常為一切世間天人阿素洛等供養恭敬尊
重讚歎不見惡色不聞惡聲不齅惡香不
嘗惡味不覺惡觸常不思念不如理法終不遠
離諸佛世尊從一佛土至一佛土親近諸佛
種諸善根成熟有情嚴淨佛土何以故憍尸
迦是善男子善女人等能於無量無數無邊
最初發心菩薩摩訶薩功德善根深生隨喜
迴向無上正等菩提能於無量無數無邊已
住初地乃至十地菩薩摩訶薩功德善根深
生隨喜迴向無上正等菩提能於無量無數
無邊一生所繫菩薩摩訶薩功德善根深生

BD00860號　大般若波羅蜜多經卷三四一　（21–16）

迦是善男子善女人等能於無量無數無邊
最初發心菩薩摩訶薩功德善根深生隨喜
迴向無上正等菩提能於無量無數無邊已
住初地乃至十地菩薩摩訶薩功德善根深
生隨喜迴向無上正等菩提能於無量無數
無邊一生所繫菩薩摩訶薩功德善根深生
隨喜迴向無上正等菩提由此因緣是善男
子善女人等善根增進速近無上正等菩提
證得無上大菩提已能度無量無數無邊諸
有情類於無餘依般涅槃界而般涅槃以是
故憍尸迦諸善男子善女人等於初發心菩
薩摩訶薩功德善根應生隨喜迴向無上正
等菩提於迴向時不應執著即心離心亦不
應執著即心脩行離心脩行諸著男子善女
人等於久發心菩薩摩訶薩功德善根應生
隨喜迴向無上正等菩提於於迴向時不應
執著即心離心亦不應執著即心脩行離心脩
行諸善男子善女人等於不退轉菩薩摩訶
薩功德善根應生隨喜迴向無上正等菩提
於迴向時不應執著即心離心亦不應執著
即心脩行離心脩行諸善男子善女人等於
一生所繫菩薩摩訶薩功德善根應生隨喜
迴向無上正等菩提於迴向時不應執著若
心離心亦不應執著即心脩行離心脩行若
能如是無所執著隨喜迴向疾證無上正等
菩提度諸天人阿素洛等令脫生死得涅槃

BD00860號　大般若波羅蜜多經卷三四一　（21–17）

即心脩行離心脩行諸善男子善女人等於
一生所繫菩薩摩訶薩功德善根應生隨喜
迴向無上正等菩提於迴向時不應執著若
心離心亦不應執著即心脩行離心脩行若
能如是無所執著隨喜迴向疾證無上正等
菩提度諸天人阿素洛等令脫生死得涅槃
樂
尒時具壽善現白佛言世尊云何菩薩摩訶
薩以如幻心能證無上正等菩提佛言善現
於意云何汝見菩薩摩訶薩等如幻心不善
現荅言不也世尊不也善逝我不見幻亦不
見有如幻之心佛言善現於意云何若處無
幻無如幻心汝見有是心能證無上正等菩提
不善現荅言不也世尊不也善逝我都不
見有處無幻無如幻心更有是心能證無上
正等菩提佛言善現於意云何若處離幻
離如幻心汝見有是法能證無上正等菩提不
善現荅言不也世尊不也善逝我都不見有
處離幻離如幻心更有是法能證無上正等
菩提世尊我都不見即離心法說何等法是
有是無以一切法畢竟離故若一切法畢竟
離者不可施設此法是有此法是無若法不
可施設有無則不可說能證無上正等菩提
非無所有法能證菩提故所以者何以一切法
皆無所有性不可得無染無淨何以故世
尊般若波羅蜜多畢竟離故靜慮精進安

BD00860 號　大般若波羅蜜多經卷三四一　（21–18）

菩提世尊我都不見即離心法說何等法是
有是無以一切法畢竟離故若一切法畢竟
離者不可施設此法是有此法是無若法不
可施設有無則不可說能證無上正等菩提
非無所有法能證菩提故所以者何以一切法
皆無所有性不可得無染無淨何以故世
尊般若波羅蜜多畢竟離故靜慮精進安
忍淨戒布施波羅蜜多亦畢竟離故世尊內
空畢竟離故外空內外空空空大空勝義空
有為空無為空畢竟空無際空散空無變異空
本性空自相空共相空一切法空不可得空
無性空自性空無性自性空亦畢竟離故世
尊真如畢竟離故法界法性不虛妄性不變
異性平等性離生性法定法住實際虛空界
不思議界亦畢竟離故世尊苦聖諦畢竟離
故集滅道聖諦亦畢竟離故世尊四靜慮畢
竟離故四無量四無色定亦畢竟離故世尊
八解脫畢竟離故八勝處九次第定十遍處
亦畢竟離故世尊四念住畢竟離故四正斷
四神足五根五力七等覺支八聖道支亦畢
竟離故世尊空解脫門畢竟離故無相無
願解脫門亦畢竟離故世尊極喜地畢竟離
故離垢地發光地焰慧地極難勝地現前地遠
行地不動地善慧地法雲地亦畢竟離故世
尊五眼畢竟離故六神通亦畢竟離故世尊
佛十力畢竟離故四無所畏四無礙解大慈

BD00860 號　大般若波羅蜜多經卷三四一　（21–19）

竟離故世尊空解脫門畢竟離故無相無
願解脫門亦畢竟離故世尊極喜地畢竟離
故離垢地發光地焰慧地極難勝地現前地遠
行地不動地善慧地法雲地亦畢竟離故世
尊五眼畢竟離故六神通亦畢竟離故世尊
佛十力畢竟離故四無所畏四無礙解大慈
大悲大喜大捨十八佛不共法亦畢竟離故
世尊無忘失法畢竟離故恒住捨性亦畢竟
離故世尊一切智畢竟離故道相智一切相
智亦畢竟離故世尊一切陁羅尼門畢竟離
故一切三摩地門亦畢竟離故世尊一切菩
薩摩訶薩行畢竟離故世尊諸佛無上正
等菩提畢竟離故世尊一切智智亦畢竟
離故世尊若法畢竟離是法應脩亦不應壞亦
不應引世尊甚深般若波羅蜜多畢竟離故不
應引世尊甚深般若波羅蜜多既畢竟離
云何可說菩薩摩訶薩依甚深波羅蜜多證
得無上正等菩提世尊諸佛無上正等菩提亦
畢竟離云何離法能證離法是故般若波羅
蜜多應不可說證得無上正等菩提

大般若波羅蜜多經卷第三百卌一

BD00860 號　大般若波羅蜜多經卷三四一　（21–20）

離故世尊若法畢竟離是法應脩亦不應壞亦
不應引世尊甚深般若波羅蜜多畢竟離故不
應引世尊甚深般若波羅蜜多既畢竟離
云何可說菩薩摩訶薩依甚深波羅蜜多證
得無上正等菩提世尊諸佛無上正等菩提亦
畢竟離云何離法能證離法是故般若波羅
蜜多應不可說證得無上正等菩提

大般若波羅蜜多經卷第三百卌一

BD00860 號　大般若波羅蜜多經卷三四一　（21–21）

殺畜生戒第六十一
形命々事即有過貪生畏死雖聞人畜今乃侵害前境損惱事深穢壞道是以聖
制故多論云三義故制一出家之人宜以四等爲心今反害加逆其慈道是非慈悲故二自壞
惱他正是生死根本鄣道之原三爲長俟敬息誹謗故 別緣有五一是畜生二畜生想
三有殺心四起方便五斷命已下正明戒本此戒文三段初略制以次隨開後乃廣結 初因起
由迦留陀夷素善見烏竹弓射居士譏嫌仏依制戒次因比丘起疑殺小虫畏犯稟罪仏隨便開不
知无犯未廣制者 若比丘故殺畜生命者波逸提 此中戒本文有四句一者犯人二自他殺
業三所害境界四違犯結罪 并相々中初句可知二是故殺者律云若自手斷若教他斷
若遣使若往來使若安坑埳殺若安刀著常行住處及以毒藥如身
飲作方便者皆是殺業三是畜生者律云不能變化者是所害境界四是波逸
提犯罪句故律云若作如上方便欲殺畜生若殺者犯波逸提方便欲殺而不殺者吉
羅律云不犯者若不故殺或以瓦石及餘刀杖欲擲異處而誤斷命若營房舍失手
墮石而誤殺者若扶土墼材木々屬夫栈不禁誤隨而殺乃至餘事但无害心縱殺无
犯者最初未制戒皆无犯
飲虫水戒第六十二 制意同上前戒約限分中制要斷命欲復方犯
此戒爲護物命深防中制但使知水有虫飲用結罪不待命斷故分二戒又於此戒飲時
根無別論 別緣有五一是虫水二虫水想三不作漉法四飲用五隨咽犯若至命斷則屬
前戒若虫水俱是虫水无殊應爲一戒但以性惡故爲重物命内外兩用分爲二戒壞生種中若約
内外亦應兩分以避經說耳就生種无別生罪以同緣同故但合爲一戒 已下正明戒本文如

BD00861 號　四分律戒本疏卷四

（31–1）

遠犯罪向彼　律云若作如上方便欲殺畜生若殺者犯波逸提方便欲殺而不殺者吉
羅　律云不犯者若不故殺或以瓦石及餘刀杖欲擲異處而誤斷命若營房舍失手
墮石而誤殺者若扶土墼材木ゝ屬失捉不捺誤隨而殺乃至餘事但无害心斷命
者悉皆无犯
飲虫水戒第六十二　制意同上前戒約限分中制要斷命故後方犯
此戒為護物命深防中制但使知水有虫飲用結罪不待命斷故分二戒又於此戒飲得
提五見別論　別緣有五　一見虫水二虫想水三不作漉法四飲用五隨咽犯若虫命斷則屬
前戒若就俱是虫水无殊麁為一戒但以性惡故為重物命內外而用分為二戒壞生種中若約
內外亦應兩分以遮輕故耳就生種无別生罪以回緣同故但合為戒　已下正明戒本文如
前三一略二隨三广　初回六群取雜虫水而共飲用居士譏嫌佛略制戒　次因比丘不知故飲畏犯
提罪佛開不知有虫雖飲无犯文广制者　若比丘知水有虫飲故逸提
此滿足戒本文有三句一者犯人二明飲水三結罪　弁相者可知律中初明犯罪輕重次解境想四
句初輕重者彼知是雜虫水飲用者犯提除水已若雜虫濁者酒清酪漿清麦汁飲用
同犯　次境想四句者虫水想提有虫作无虫想吉无虫有虫想亦吉无虫无虫想不犯　疑亦吉
漉水之法外用中以說故祇律云比丘受具要畜漉囊應法澡灌伽論畜依清淨聽畜物
覆瓶口　此律界由旬行不得无漉羅　五分聽半由旬无水囊行十律不持漉囊行吉
犯若清流大河泉水後此寺至彼寺者得　祇云漉水小得眼開人看若有可信令漉若
无可信者自應漉若无漉囊用袈裟一角漉若知水有虫不持不得緣人若知漉用
應与若人問此水有虫不應答長老自得意観厚薄云此中有虫當漉水用　律云不
犯者先不知有虫若作无虫想若有漉虫濁水後去若漉飲一切不犯
疑惱比丘戒第六十三　制意者凡出家所期標心處遠盡畢命專意崇道令坐
弃六令他疑惱內心懷惑廢其正務事惱殊深見故聖制　別緣有五一見大比丘簡非
二作疑惱意三於六事之一說之四言辞了了五前人知聞不惱但使聞便得罪下戒云少時
不樂者此就麁惱之意非謂要待前人少時不樂方始結罪　此戒翎有三段初因
六群比丘惱十七群比丘故略制　次因餘比丘共集論法有一比丘退去心疑諸比丘与戒作疑佛備
制不故作者无犯後广制戒　若比丘故惱他比丘令須臾間不樂者波逸提　滿足戒本文文
為三一者犯人二惱他三結犯　弁相者初句可知第二文故惱他乃至不樂者律中文有其二先牒列
生年等六惱亂之法次二者釋非余所生令他起二云問年歲疑者亦云三受戒生疑者問
惱方法此六之中初四舉受生疑下二舉隨為疑云六法者若為生若為年歲若為受戒
若為羯磨若為犯若為法　次別釋者云生時疑者問彼生來余所時
又云汝非余所生令他起疑二云問年歲時疑者亦云三受戒生疑者問汝受戒髮年不满
廿又界內別衆四羯磨生疑者云汝受戒時白不成羯磨亦不成非法別衆五於犯生疑
者疑汝犯初篇乃至惡說六於法生疑者說言汝問法者即犯初篇非比丘令他於
六事之生疑者為惱他第三波逸提者結罪分齊故律云若以生年等六事惱亂說而
了了者波逸提不了了吉羅　律云不犯者次第聞前六事其實不者謂前人實有此事
復作實利益彼意小欲為疑故五並云其事實亦還奉處受戒者謂復奉沙弥未受

爲三一者犯人二惱他三損犯　并相者相古云第……

生年等六惱亂亂法次二者釋非余所生令他起疑二言問年歲疑者亦爾二受戒生疑者問
惱方法法六六中初四舉更爲疑下二舉隨爲疑言六法者謂爲生謂爲年歲謂爲受戒
謂爲羯磨謂爲犯謂爲法次別釋者言生時疑者問彼生來幾時彼答我生來今爾時
又言汝非今所生令他起疑二言問年歲時疑者亦爾三受戒生疑者問汝受戒幾哥不滿
廿又界內別衆四羯磨生疑者言汝受戒時白不成羯磨亦不成非法別衆五於犯生疑
者謂汝犯初篇乃至惡說六於法生疑者謂言汝問法者即犯初篇非比丘令他於
六事下生疑名爲惱他第三彼違損者鉄罪分齊故律云謂以生年等六事惱亂說而
了了者彼違視不了吉羅律云亦犯者次第開前六事其實亦者謂前人實有此事
復作實利益彼意小欲爲疑故五並言其事實亦還本處受戒者謂復本沙彌未受
之所如法受戒故言還本處地一切不犯　覆藏麁戒第六十四　制意者凡出家
之人見他犯麁理須發露鄭已內心清淨亦令前人懲其後犯彼我俱益衆法清顯理所宜
然今故相隱匿致令前人造罪滋漫衆不可改自壞心行彼我无潤損壞衆法見故聖制戒
之制前小聽說爲護外義恐生不信辱損　仏法此爲由護制不聽覆潔淨衆心防過
不起　別緣有七一是大比丘謂去十三沙彌等二犯麁罪除於下六三无壞衆義過復輕
微但犯小罪初二過重假傳治罰謂不發露无發治罰壞於衆法故所以重三知麁罪四
作覆藏心五不發露六无因緣下文无人可說等又就有令覺等難不犯故七明相出破
犯　此戒因緣難從起過故制科段如上亦三　若比丘知他犯麁罪覆藏者彼違視
滿足戒文分三句一者犯人二知犯麁罪三覆藏鉄罪　并相者初句知可二言知犯麁罪者律
云謂不知者无犯言麁罪者四衆及十三殘罪三言覆藏得提者律云謂知犯麁罪小食知
食後說吉食後知初夜說初夜知中夜說吉謂中夜知後夜欲說而未說明相出犯提
見志百千共覆一人俱得提罪　十誦律云向一人說使上祇云向善比丘說不得輒說謂犯者惡
恐有難緣應念彼人行業自有果報猶如失火但自救身焉知餘事　多云疑未了不
須說他　除麁覆餘罪自覆罪除疋覆餘人罪者並犯吉羅釋覆藏他麁罪彼我俱
損故重自覆麁罪但有自損例无損他故輕　律言不犯者先不知不麁罪想謂向人
說謂發心向人說明已出謂說難緣者並開　与年未滿受具戒第六十五
夫年滿廿者志幹成立情標雯遠堪能持戒及忍苦脩道進德有功成成益理宜濟
度然年不滿者志性輕躁不耐衆苦遇緣退敗進道无由遠教後具損處不輕是故
聖制　別緣有五一年未滿二知年未滿三与受具戒四作如上簡餘衆難五三法竟犯此戒
因十七比丘起過故初略制次因餘比丘不知年小滿廿乃与受具畏犯視罪仏隨開不知无犯後
乃廣制　年滿廿應受大戒若比丘知年不滿廿受大戒者此人不得戒彼比丘可訶癡故
彼違視　滿足戒本文分其三一先出年滿應与受具二出犯人三知年已下与未受具
遠教鉄犯所以文言可得訶癡故者本受戒時爲欲得戒師僧有受法法盃然知彼年減
小絲發戒而故爲受徒營傷衆愚過過極事合可訶故不淋進盃達心壞法名爲癡故
并相者初句可知年滿廿應受大戒者律云謂從年受具不堪寒熱飢渴風雨蚊蝱及
以惡言謂身苦痛不能堪忍又復不能持戒及以一食謂滿廿堪忍如上衆事并二言謂比丘
可知第三……

夫年滿廿者志執[illegible]立行[illegible]處[illegible]
度然年不滿者志性輕脆不耐眾苦遇緣退敗進道無由遂救緣具損處不輕是以
聖制　別緣有五一年未滿二知年未滿三與受具戒四作如上問餘眾輕五三法竟犯此戒
因十七比丘起過故初略制次因餘比丘不知年小滿廿乃與受具畏犯提罪佛隨開不知無犯後
乃廣制　年滿廿應受大戒若比丘知年不滿廿受大戒者此人不得戒彼比丘可訶癡故
波逸提　滿足戒本文分其三一先出年滿應與受具二出餘犯人三知年已下與未受具
遠教結犯所以文云可得訶癡故者本受戒時為欲得戒師僧有受法法益然知彼年滿
小然受戒而故為受徒營僧眾愚過過極事合可訶故不淵進否遂心壞法名為癡故
并相者初句可知年滿廿應受大戒者律云以為彼年受具不堪寒熱飢渴風雨蚊䖟及
以惡言苦身苦痛不能堪忍又復不能持戒及一食以為滿廿堪忍如上眾事并二云為比丘
可知第二句年小不滿下差提已來總為犯句於犯句中文分為二初據年受戒心後相應不
相應明犯不犯想故律云有十六句以後和上四心往分故亦如知謂疑小知等見四心
也和上了了知年不滿故名為知未滿作滿想但有其想作必滿足了了意名了為疑猶預
不決名疑都無所了稱為不知僧緣彼境四心亦爾以僧四心對和上知心作四句對應棄
故總十六此十六中初三兩四和上犯提第二第四和上不犯僧十六中各初二吉二四無犯初
句和上正主復知年欲情過不輕故四皆提僧非正主情過稍微知了與疑犯二吉羅謂
及不知無犯其受戒人雖有此言和上決知不滿故須和上謂心和上無犯僧二吉四吉
羅須和上疑心四提眾僧二吉問和上疑心應輕所以犯提答受戒人有情可檢何不妥詳
細檢取實然後受戒令不得戒惱他處深故制與知同　次釋
不知之四無犯僧二吉羅　問其受戒人答中言我未滿而和上無犯耶答前人雖如是答
和上顧無所知故無情過　第二結罪輕重律云彼比丘知年未滿受大戒三羯磨竟和上
三吉白已一羯磨竟二吉及餘未白至集僧方便已來並犯吉羅　律云不犯者若先不知信受
信受戒人言若傍人證為信父母語為受戒已疑聽數胎中年月閏月若一切畜日數
戒以為年數滿者無犯其數法如大疏广說　發起四諍戒第六十六
制意者凡四諍諍興乖理違和惱亂僧眾脩德斷理須除殄事怙輒使發起更增凶
織助惡楊彼轉成殊壞惱眾眾儀故所以制　別緣具五一是四諍事二僧如法滅輒使
發起五言章了犯此戒初因六群發諍開隨制後乃廣制
若比丘知諍事如法懺悔已後更發起者波逸提　此滿足戒本文分四句一犯人二諍事
三滅已四發起結罪　并相者初句可知二言事者律云諍有四種一者諍二覓諍三者
犯諍四者事諍三言諍如法滅者已律云如法如律如佛所教四言滅後更起波逸提者
律云以為起他四諍言說了了即犯提罪說而不了吉羅除此諍發餘鬧罵者吉羅
為發已諍若除二眾發餘人諍並犯吉羅　律云不犯者若先不知為觀作不觀想
為事實爾說言不善觀為觀為惡為善並開不犯　與賊期同行戒第六十七
制意者斷奸禁非王者之法既知賊伴與同行跡同賊相清白難分招世譏醜過損非
輕故須聖制　別緣有七一是賊二知是賊三共結要四同一道行五不離見聞處六無因
緣下文逐行安隱命梵二難力勢所持等不犯七越界須犯下牒戒文此戒初因比丘共賈
客[illegible]度不輸王稅為守關人所提將至王所罪應至死瓶沙王訶責放今歸處須佛略制

BD00861號　四分律戒本疏卷四　（31–4）

三諍已四發起犯罪　并相者初句可知二言事者律云諍有四種一者言諍二覓諍三犯
犯諍四者事諍三言諍如法滅者已律云如法如律如仏所教四言滅後更起波逸提者
律云若起他四諍言說了了即犯提罪說而不了吉羅除此諍發餘鬪罵者吉羅
若發已(諍)諍若除二衆發餘人諍並犯吉羅　律云不犯者若先不知若觀作不觀想
若事實亦謂言亦善觀若戲若錯並開不犯　与賊期同行戒第六十七
制意者斷奸禁非王者之法既知賊伴与同行迹同賊相涉自難分栖世譏醜過損非
輕故須聖制　別緣有七一是賊二知是賊三共要四同一道行五不離見聞處六无因
緣下文退行妄隱命梵二難力勢所持等不犯七越界便犯下明戒文此戒初因比丘共賈
客稅度不輸王稅為守關人所捉將至王所罪應至死稱王訶責放令歸處便仏略制
次因餘比丘不知為賊亦不期行後乃知畏犯仏隨開若不知者无犯後方制
若比丘知賊伴共要共同道行乃至一村間波逸提　隨是戒本文分五句一者犯人二知是
賊三共要四同行五結犯　并相者初二兩句可知三言共要者共要至城乃至村四言
同行者律云村間處五言波逸提者遠犯結罪故律云知賊伴同行至村間犯提若无
村處共行至十里提若村間行半道乃至牆野藏十里乃至方便欲去而不去者並犯吉羅
祇云与負債人行越　十去共惡比丘期行吉故增阿含說仏不与親達同著乞食事
避惡人故律云不犯者如上列緣中開　惡見違諫戒第六十八　制意者欲見死生
根本鄣道之原既餘口說身善為之永輪生死鄣礙生道故不聽說欲非鄣道但
吒有倚故見出家二果由有欲事故見說令僧設諫欲使返迷從政圖執不從違法慢法
僧見故聖制　釋名者遠理滅善稱之曰惡耶心冗徹目之為見固執非僧故名違諫
具緣者通緣如上別緣有六一是惡見二屏諫　四如法諫五不肯從勸六三羯磨
竟即犯下明戒本此戒因阿梨吒惡見故制令僧白四諫之不從便犯
若比丘作如是語我知仏所說法行婬欲非鄣道法彼比丘諫此比丘言大德莫作是
語莫謗世尊謗世尊者不善世尊不作是語世尊无數方便說犯婬欲是鄣
道法彼比丘諫此比丘時堅持不捨彼比丘乃至三諫捨此事故乃至三諫捨者善不
捨者波逸提　隨是戒本分文為五一諫所為事二彼比丘下屏諫方法三見比丘下非諫
捨者善不四僧衆設諫五不捨者結罪　并相者同上但利吒執見審定而言此見真
實餘皆虛妄以心實故迷錯情翻見遠諫故輕　開不犯者唯罪名有異餘文同上
違諫戒　隨順惡見被擧比丘戒第六十九　制意者此人謬執說欲不障僧諫
不捨耶心成就若聽隨順前人謂己見為是轉增熾盛即是自他兩損故不聽隨
別緣有五一是惡見擧人二知是惡見擧三隨順同事四无因緣謂力勢所持及二難不
犯故五隨所同事了了結罪　下明戒本此戒因六群隨順利吒供給所須共同羯磨故制戒
初略後廣隨後廣顯知　若比丘知如是語人未作法如是耶見而不捨供給所須共同羯
磨止宿言語者波逸提　隨是戒本文分四句一知犯人二知如是下明匹惡見擧人未捨
未解第三事食宿四結罪　并相者初句可知第二句中文有四節一如是說人者見惡
人也作如是說言我世尊說法行婬欲者非障道法二未作法者為被擧而未為解
三如是耶見者謂惡見說欲人作如是見知世尊所說法非障道法四而不捨者衆僧

遮諫戒　制意者此人[illegible]
隨順惡見擧比丘戒第六十九
不捨耶心成就若聽隨順前人謂己見為是轉增熾盛即是自他兩損故不聽隨
別緣有五一是惡見擧人二知是惡見擧三隨順同事四無因緣謂力勢所持及二難不
犯故五隨所同事了結罪　下明戒本此戒因六群隨順利吒供給所須共同羯磨故制戒
初略後隨後廣顯知　若比丘知如是語人未作法如是耶見而不捨供給所須共同羯
磨止宿言語者波逸提　隨足戒本文分四句一餘犯人二知如是下明惡見擧人未捨
示解第共事食宿四結罪　并相者初句可知第二句中文有四節一如是語人者是惡
人也作如是語言我世尊說法行婬欲者非障道法二未作法者見被擧而未為解
三如是耶見者謂惡見說欲人作如是見知世尊所說法非障道法四而不捨者衆僧
訶諫而不捨惡見拒違僧諫第三句中初言供給所須者以法以財言法者教誦習
增上戒界戒意和學問誦經財者供給衣服飲食床褥醫藥二言共同羯磨者同一說
戒羯磨等三止宿言說者所所宿屋相成就如上言說為先後入為同入所說皆犯第四言
波逸提者遠犯句様云為与此人同室宿隨脇着地一一犯提准戒本為共同事一一吐提樣
開不犯者為不知為屋相不成就為病為命梵難緣雖同上宿言說一切不犯
隨順被擯沙弥戒第七十　制意者同上別緣有五一是被擯沙弥二知是三同事四宿四無
因緣黙去二難力勢等五隨事結犯　下明戒本此戒六群誘將畜養被擯沙弥故制此戒
廣略緣亦有三種　若比丘知沙弥作如是語我從佛聞法行婬欲非障道法彼比丘
諫此沙弥如是言汝莫誹謗世尊謗世尊者不善世尊不作是說沙弥世尊無數
方便說婬欲是障道法彼比丘諫此沙弥時堅持不捨彼比丘應乃至再三諫令捨
此事故乃至三諫而捨者善不捨者彼比丘應語此沙弥言汝今已去不得言佛
是我世尊不得隨逐餘比丘如諸沙弥得与比丘二三宿汝今無是事汝出去滅去
不應住此若比丘知如是衆中被擯沙弥而誘將畜養共止宿者波逸提　滂足
戒文分五句一犯人二前沙弥下正明說欲不障道諫即隨上諫五句一說欲不障諫所謂
事二彼比丘下屏諫諫輒文二初謂莫說欲故言莫謗等二世尊不作已下顯佛教說
障釋成諫意三彼比丘在屏諫四彼比丘下僧諫五不捨者執見心戊第二彼比丘應語下
正明法治擯即隨上擯治言三宿者明未出已還故曰三宿無上二三同宿事故曰無是事
汝出去滅去擯治第四若比丘下隨順起過文三初舉能犯人二知如是擯治沙弥三而誘將
已下同事止宿第五結犯　并相者初句比丘義如上二言說欲沙弥說欲不障道是所擯
滅擯人三言三宿者義如上四言若比丘知被擯沙弥擯者僧作滅擯自四羯磨言而誘將畜養
者律云為自畜為与人畜誘者為自誘為教人誘五言波逸提者是遠犯句故律云
為与被擯沙弥同室至宿隨轉側一一犯提　律開不犯者為先不知為比丘先至宿
擯者後至比丘不知為房相成為露地若癲發到地乃至命梵等難雖同宿不犯
拒勸學戒第七十一　制意者凡行不自成必須訓導方能策進為趣道益故善知識
者入道之良緣然以癡心陵慢勝悔如法勸諫理應順奉假說異求不肯承受即是
內無進誦之識復無從善之意自壞招愆是故聖制　別緣有五一前人如法諫道二趣戒
諫者三蒙言不從訓道四因無緣謂為知為學故難問無罪五言辭了了便犯　下明戒本
此戒因闡陀不受餘比丘如法諫語故佛訶制　若比丘餘比丘如法諫時如是語我今不學

与人三言三宿者義如上四言若比丘知彼沙弥擯者作擯白四羯磨三言而誘將畜養
者律云若自畜若与人畜誘者若自誘若教人誘五言彼更親者是遠犯句故律云
若与彼擯沙弥同室至宿隨轉側下犯提　律開不犯者若先不知若比丘先至宿
須者後至比丘不知若房相似若露地若羸病到地乃至命梵等難雖同宿不犯
拒勸學戒七十一　制意者凡行不自成必須訓導方獻策進為趣道益故善知識
者入道之良緣故以癡心陵慢勝德如法勸諫理應順奉假說異求不肯承受即是
而无進誦之識復无從善之意自塊招譏是故聖制　別緣有五一前人如法諫道二雖愚
諫者三覆言不從剗道四回无緣親為知為學故難問无罪五言辭了了便犯　此明戒本
此戒因闡陀不受餘比丘如法諫語故佛訶制　若比丘餘比丘如法諫時如是語我今不學
此戒當難問餘智慧持律比丘者波逸提若為知為學故應難問　滿足戒本文分
為四一者犯人二者前人如法諫勸三不受拒罪四開不受之德為學為知故應反難當
定　并相者初可加二言餘比丘如法諫者律云如法者如法如律如佛所教三言我今不學
當難問者親已來是不受拒罪句四言若為學故應難問者是開文故律云若狂勸不受
諫者犯提言辭了了犯者　律開不犯者彼比丘癡不解語汝還問和合阿闍梨汝可更
學問誦經若其癡亦者謂前勸非理更諮勝德所以無違
毀毗尼戒第七十二　制意者然戒最善之本必惡之原越生死之良舟趣涅槃之正路理
宜讚美令彼欣學使戒法興顯千軍不墜今反毀呰乖人心使不誦習致令正法於淪
滅毀糠橫非甚所以須制　別緣有五一是毗尼二前比丘誦毗尼時三知者未誦時訶誦竟訶
犯小罪故亦三作滅法之意四發言呰毀五言辭了了犯　已下正明戒本此戒因六群故制
若比丘說戒時作如是語大德何用說此雜碎戒為說是戒時令人惱愧懷疑輕
訶戒故波逸提　滿足戒本文分二句一者犯人二前人誦時三作是語下毀呰結犯
并相中初句可知第二句言說戒時者　律云彼若自說戒時若他說戒時若誦戒時弟
三句中文有三節一言何用說此雜碎戒為明毀不誦習　律云作如是語言若欲者
當誦四事若必欲誦者當誦四事十三事餘者不須誦何以故二言說戒時令人惱愧
懷疑此釋前毀意謂令人惱愧疑故三輕訶戒者故波逸提者鄭過故結罪　律云若
如上毀毗尼者下犯提多論若誦篇中一戒訶言雜碎者犯一提罪如是一一戒得一提
若通言何用四亞戒為正犯一提若誦戒序雜碎亦得罪問戒序非戒何故得罪答
序中通說二百五十戒義故若訶序者即是通訶一切戒是以得提又隨諸經中有毗
尼相毀者亦犯提罪若毀阿毗曇及餘經者犯吉所以毗尼重者多云有四義故重
一戒是佛法平地万善由之生長二一切佛弟子皆依戒而住三是趣涅槃初門若无戒即由
涅槃四佛法瓔珞莊嚴法身斯四義所以結於彼故毀罪重經无此義故結吉　謂小乘契
經若毀大乘其罪亦重　律開不犯者若言先誦毗曇後誦戒律先誦契經後誦律若有病
者其須差已自然誦律若勤方便成四沙門果後當誦律不欲滅法故若疾若慢若
獨若夢語者並皆不犯　不攝耳聽戒第七十三　制意者凡解不孤起
要藉諮聽方能開曉心懷識達耶犯相輕重順教奉循有出道之益今反癡心
怠墮不肯聽法迷於聖教事等面牆動成滯寺莫由進道輕慢法失利處深故須聖

序中通說二百五十戒義故名詞序者即是通說一切戒是以得稱又隨說經中有毗
尼相毀者亦犯得罪若毀阿毗曇及餘經者犯吉羅毗尼重者多有四義故重
一戒是佛法平地萬善由之生長二一切佛弟子皆依戒而住三是趣涅槃初門若无戒即由
涅槃城四佛法瓔珞能莊嚴餘法具斯四義所以獨於彼故毀罪重經无此義故多輕比訶小乘契
經若毀大乘其罪極重　律開不犯者若言先誦毗曇後誦戒律先誦契經後誦律若有病
者其須差已自然誦律若勤方便證四沙門果後當誦律不欲滅法故若戲若夢若
獨若錯說者並皆不犯　不攝耳聽戒第七十三　制意者凡解不孤起
要藉諸解聽方能聞曉心懷識達邪犯相輕重順教奉循有出道之益今反癡心
慢墮不肯聽法迷於聖教事等面牆動成滯導莫由進道輕慢法失利處深故須聖
制　別緣有四一是說戒時二身在說戒衆中坐三作不聽之意四說過五篇便犯已下
明戒本此戒因六群比丘起過故制　若比丘說戒時作如是說我今始知此法是戒經
半月半月說戒經中來餘比丘知是比丘若二若三說戒中坐何況多彼比丘无知无解
若犯罪應如法治更重增无知罪語言長老汝无利不善得汝說戒時不用心
念不一心兩耳聽法彼无知故波逸提　此第足戒文分爲三一者犯人二說戒已下自言始
知三餘比丘下證其久知結罪　弁相者初句可知第二言說戒者律云若自說若他
說時若他誦時發言始知准他說方有不攝耳第三言餘比丘知下久知句中
若實久知而言始知犯妄語提若也本來无知无解者无妄語罪使有攝耳聽法
罪由不聽故不識戒相故曰无解以无知故還緣起過自壞心行故曰若犯罪如法治
不以无知得脫以識事故言應更重增无知罪者根本罪上緣而不了復犯无知之
罪故曰重增不餘生善益己故曰汝无利重而无知故曰不善得等者言說戒時不善用意
一心聽法无知故重與提罪者非但无知故犯根本罪由先不聽故生二罪之外復有不
攝耳罪故言重與罪提故依律云隨中間一戒不聽小罪一切不聽提罪律云比丘受
已應誦二部毗尼不能者乃至當誦五篇若布薩時應誦五篇乃至四三二一无者乃
誦一篇及偈餘比丘不得坐禪作業應專心聽不者犯墮　律開不犯者若未曾聞說
今始聞廣說今始聞若戲笑說若疾若錯語者悉皆不犯
同羯磨僧物與知事已後悔謗僧戒第七十四　制意者僧物共有衆情非一既評和
作法賞知事人已輙便悔及謗僧隨愛而與動群情毒生諍競迷相苦惱不得安
樂脩道故制斯戒　別緣有四一是僧物謂得施物二同作羯磨賞知事已三輙便
悔及謗僧隨順四言辭了了便犯下明戒本此戒查要知僧事衣服破壞僧賣衣白二與之
六群後悔佛因制戒　若比丘共同羯磨已後如是言諸比丘隨親厚與衆物者波逸提
此第足戒文分三句一者犯人二同法賞人三後悔謗僧故結罪　弁相者初句可知二言
同羯磨已者衆和作法賞知事人已三言後如是下於中文二一言隨親厚律云親
厚者同師同意起坐語同故曰二言衆僧物與者律云僧物者是僧得施物非常住
僧物為以常住物賞知事者受與俱獲罪　祇云僧物者衆中分物僧伽梨等十
三種衣分物衣鉢針筒座具下至飲水器三言波逸提者遠犯句律文云若賞已後
謗者言可犯提不可吉羅律開不犯者其事實亦隨親厚以僧物之若戲若夢
若錯說等　不與欲起去戒第七十五　制意者如法僧事理宜詳遵許
无乖隔今僧作法輙便捨去心不和同鄣導僧事惱衆非輕是故聖制　別緣有五一

悔又謗僧隨順四言[illegible]
六群後悔佛因制戒　若比丘共羯磨已後如是言諸比丘隨親厚與眾物者波逸提
此滿足戒本文分三句一者犯人二同法實人三後悔謗僧故結罪　釋相者初句可知二言
同羯磨已者眾和作法實知事人已三言後如見下作中文三一言隨親厚律云親
厚者同師同意起坐語同故曰二言眾僧物與者律云僧物者是僧得施物非常住
僧物若以常住物實知事者受與俱權罪　祇云僧物者眾中分物僧伽梨等十
六種衣物衣鉢針筒座具下至飲水器三言波逸提者遠犯句律文云若賞已後
謗者言了犯提不了吉羅　律開不犯者其事實亦隨親厚以僧物與若戲若夢
若錯說等　不與欲起去戒第七十五　制意者如法僧事理宜存遵許
無乖隔令僧作法輒便捨去心不和同鄙辱僧事惱眾非輕是故聖制　別緣有五一
是法僧事二知如法三不與欲四輒起去雙腳出戶便犯　下明戒本此戒因六群故制
若比丘眾斷事未竟不與欲而起去者波逸提　此滿足戒文分三句一者犯人二僧作
法三不與欲而去結罪　釋相者初可知第二句言眾僧事未竟者　律云僧者一說戒
一羯磨事十八破僧事法非法乃至說不說第三言不與欲而去波逸提者是遠犯分
齊　律云僧事未竟輒起動足出戶犯提一足在內一足在外欲去而不去犯吉　祇云
若大小行須臾還不廢僧事無罪　十云若天小便不捨見聞處不名離眾捨見
聞離眾准如斯文若須作法不得行來有處未竟中間暫往來者可如上說五分云
法事者三羯磨應與欲而去不示去處出一一提罪若不羯磨稱羯斷事一一吉羅
若沙彌起去而去吉　律開不犯者若以與欲者若為非法羯磨若為僧塔和上闍梨同
學作損減不與而去者一切不犯　與欲已還悔戒第七十六
制意者凡如法僧事理宜順可先與欲已无諂同徒以偏私之情輒便悔又說言不
成相扨緣法惱眾不輕是故聖制　別緣有四一如法羯磨二如法與欲三輒便犯後悔說
言不成四言了即犯下明戒本此戒因六群故制　若比丘與欲已後悔者波逸提
滿足戒本文有三句一者犯人二與欲已三悔而結犯　釋相者初句可知二言與欲已者律
云僧欲與六群作衣故與如法欲三言後悔波逸提者　律云言悔者作是言汝
等作羯磨非羯磨不成我以彼事故與欲不以是事說了了者提不了者吉　多論
若僧作法羯磨者時力不能轉難然不可剪除言不可无犯若順法毗尼者隨正制
不制吉　律云不犯者其事實亦非法羯磨不成故悔若戲者並開无犯
屏聽四諍戒第七十七　制意者凡鬥諍之則理頭屏善隨情令彼徐行竊步盜聽彼諍
傳於彼此情存鬥亂過是不輕是以聖制　別緣有五一先起四諍事二前人許量三作鬥亂彼
意四往彼盜聽不令覺知五聞語便犯　下明戒本此因六群聽諸鬥諍而向彼說令僧諍事不除
除滅故佛制此戒　若比丘餘比丘鬥諍已聽此語向彼說者波逸提　滿足戒本有二句一者犯
人二先共鬥諍三屏聽結罪　釋相中初句可知二言共鬥諍者諍有四種言覓犯事等如下
房說三言聽此語向彼說者是屏聽他語律云若屏聽彼語從道至非道從非至道從高
至下從下至高往而聽者便犯墮罪不待向說　問設何聞便結罪不待向說答意欲
鬥亂故聽時結罪若說犯者即墮而言戒不在此說　律云若二人闇地共語隱處共語前
在道行共語若不彈指謦咳驚者吉羅　不犯者若為作无利羯磨為僧塔和上闍梨
[illegible]

屏聽四諍戒第七十七
傳於彼此情存鬬亂過是不輕是以聖制　別緣有五一先起四諍事二前人詳量三作鬬亂彼
意四往故盜聽不令覺知五聞語便犯　下明戒本此因六群聽諸鬬諍而向彼說令僧諍事不能
除滅故佛制此戒　若比丘餘比丘鬬諍已聽此語向彼說者波逸提　滿足戒本有二句一者犯
人二先共鬬諍三屏聽結罪　弁相中初句可知二言共鬬諍者諍有四種言負犯事等如下
廣說三言聽此語向彼說者是屏聽他語律云若屏聽彼說從道至非道從非道至道從高
至下從下至高往而聽者便犯隨罪不待向說　問彼何聞便結罪不待向說　答意欲
鬬亂故聽時結罪若說犯者即墮兩舌戒不在此說　律云若二人闇地共語隱處共語前
在道行共語若不彈指謦咳驚者吉羅　不犯者若作无利損磨爲僧塔和上闍梨
親厚知識作損減故欲知而往聽者並開无犯　瞋心打比丘戒第七十八　制意者凡出家
之人理須忍辱堪耐惱緣今乃內懷瞋忿加打前人自壞心行惱逼前境過稍非輕故須制也
別緣有四一是大比丘二瞋心三作打故意四著便犯　下明戒本此戒因六群中一比丘瞋心打十七群中一比
丘故制此戒　若比丘瞋恚故不喜打比丘者波逸提　滿足戒本文有三句一者犯人二瞋
心打三結犯　弁相中初句可知二言打者律云若以手若以石杖打三言波逸提者是違犯罪
句故律云若罰若打捧持戒破戒及犯重比丘者惡犯提罪若除手石杖以餘戶鑰曲鉤拂柄香
爐柄打者一切吉羅　十云若把沙豆散衆多比丘隨著一一墮伽云欲心打女僧殘　祇云若惡馬
馬牛羊來入塔寺觸突形像壞花果樹得以杖打木石恐怖令去不得打殺畜生一一吉羅檢諸
經律无爲訓治故開比丘行笞杖者末代注見有用杖罰皆是濫之相故大集云若俗若道
若播打破戒无戒比丘者罪重出万億身血何故以能示人出要道乃至涅槃故　律開不犯
者若有病須椎打食咽椎脊若共語不聞而觸令聞若睡時以身委他上若來往經
行時共相觸若掃地時若杖頭觸者一切无犯　手搏他比丘戒第七十九
制意同前戒限於中刑打着則犯此戒深防中制手擬便犯不待打着若着前戒攝　別緣
有四一是大比丘二生瞋心三作搏意四手擬便犯下明戒本此戒犯緣如上　若比丘瞋恚故
不喜以手搏比丘者波逸提　滿足戒本文有四句一者犯人二已手搏他三犯罪　弁相中初句可
知二言以手搏者若一手若兩手搏是三言波逸提者違犯結罪故律云若以兩手搏彼者犯
墮若以戶鑰等擬者吉羅伽云舉手向衆多比丘得提　律開不犯者若他欲打舉手遮若
爲象來若賊若惡獸來持刺來舉手遮一切无犯若度水若泥處過相近舉手若枯喚餘堅
觸手故无犯若被不聞手擬令聞乃得擬並開无犯　无根僧殘謗戒第八十
制意犯意緣與謗義戒同唯輕重有別此戒因六群瞋心以无根殘謗十七群比丘故佛制戒
若比丘瞋恚故以无根僧殘謗者波逸提　滿足戒本文有五句一者犯人二真恚心三无根四舉
殘法謗人五結犯　弁相中初句可知二言真恚者律云十法因緣故真隨一一事生真者祇云三世
九惱通非情處起真是名十惡因緣三言无根者律云无根有三不見不聞不疑等是四言
僧伽婆尸沙者是謗人之法五言波逸提者違犯結罪　律云若真故以无根殘法謗前人言了
犯隨不了吉羅律開不犯者有三根說實令懺悔不謗非若戲笑等一切不犯
突入王宮戒第八十一　凡王者自在情多奢縱婚禮无時容相逼斥彼此慚愧理非所宜又復
王宮采女艷色豐美動動亂人心容生染著自壞心行過在匪輕是故聖制　別緣有五一是剎
利王二王與夫人同在一處三王未出未藏寶四无因緣有奏白被請請難等不犯五實入宮門便

[illegible]

若比丘瞋恚故以无根僧殘謗者波逸提　鈔曰文有五句一者犯人真恚心三无根四擧

殘法謗人五結犯　弁相中初句可知二云真恚者　律云十法因緣故真隨一一事生真者依云三世

九惱通非情處起嗔是名十惡因緣三云无根者律云无根有三不見不聞不疑等是四言

僧伽婆尸沙者是謗人之法五言波逸提者違犯結罪　律云若真故以无根殘法謗前人言了

犯隨不了吉羅　律開不犯者有三根說實令悔海不謗誹若戲笑等一切不犯

突入王宮戒第八十一　凡王者自在情多奢縱婚礼无時容相遍序彼此慚愧理非所宜又復

王宮采女艷色豐美動動亂人心容生染著自壞心行過在匪輕是故聖制　別緣有五一是刹

利王二王与夫人同在一處三王未出未藏寶四无因請有奏白徵請諸難等不犯五突入宮门波

犯下明戒本此迴面咸刹　若比丘刹利水澆頭王種王未出未藏寶而入若過宮門波逸

提　鈔曰文有四句一者犯人二刹利王三王与夫人同在處四突入結犯　弁相中初句可知

二云刹利水澆頭王種者　律云水澆者取四大海水白牛右角收拾種子置金轝上使諸小王

轝夫婆羅門以水灌頂是刹利種如是立王故得名也若婆門毗舍守護亦名灌頂三云王

未出者律云王与夫人同處未出婇女未還本處未藏寶者　律云未藏女在宮此亦使

名未藏寶四云而入宮门波逸提者是違犯結罪輕重有二若雙脚入門即犯提罪若一足入

吉羅　五分入王宮雙脚過提隨入近遠步步提罪　若入灌頂王門提入粟散小王家貴長者

門限吉羅　律云不犯者若有奏白請喚若王已出婇女還本處七寶藏举若力勢將去乃至命梵

等難並開不犯

捉遺落寶戒第八十二　制意者然寶物利重人情多貪既遺落在

地事是難近雖好心拾取欲還主致被疑謗清濁難分莫能自訟又復既取此物容生

盜心臨危事嶮行非高節賤相不輕是故聖制　別緣有五一是遺落物二是寶及寶莊

飾具三非藍內及寄宿處四无盜心為欲還主五捉取結犯　下明戒本初因外道忘金澡

持還外道便言金少王罰諸奈入宮仏便略制不聽捉次因毗舍佉母藍中遺落瓔珞仏聽

比丘自捉收隨結聽藍內取後因比丘至无住處為水寶處宿竟夜不眠恐失寶物故

仏略聽此戒　若比丘寶及寶莊飾自捉教人捉除僧伽藍中及寄宿處波逸提若在僧伽

藍中及寄宿處捉寶寶莊飾自捉教人捉當作是意若有主識者取作如是因緣

湯足戒本文有五句一犯人二所捉寶三捉業四開緣五結犯若比丘下辯前弟四除藍等句

弁相中初句可知二云寶及寶莊飾者明所捉遺寶律云寶者金銀等七寶是二云寶莊飾者

銅鐵鉛錫以諸寶莊飾三云自捉教人捉者明結捉之業四云除除藍及寄宿處者

明開捉无犯問所以聽藍內及寄宿取不犯者答若不取者脫有異人將去猶不免譏謗

是以聽取待主認當還以息譏過故亦五言波逸提者明違犯　律云若藍及寄宿處捉寶

者應識囊器相數知多少若有來者問相應者与不相應者言我不見若二人來索言俱

同者持物者前任各將去若不知囊器裹繫相不看有圓雜故者吉羅非此二處捉提

多云不似莊嚴具捉者吉　律開不犯者若二處是供養塔寺莊嚴具為守固收舉不

犯謂无淨人處開另有淨人自捉不犯　依律云若遺落物金等无人來取至三年聽隨三

寶分中得處當界分用十云過十六年四方僧用五分十二年不取者集僧平價作四方僧

用後來索者去僧物價

非時聚落戒第八十三　制意者凡出家備道理无

[illegible]

鉗鑷鉢鍱以爲寶莊飾三云自捉若人捉者而藏捉之……寺內監及寄宿處

明開捉無犯何所以聽藍內及寄宿取不犯者若不取者脫有失人將去猶不免譏謗
是以聽取待主認當還以息譏過故亦五云波逸提者明違犯　律云若藍及寄宿處捉寶
者應識囊器相數知多少若有來者問相應者與不相應者云我不見若二人來索云俱
同者持物者前住各將去若不知囊器裹繫相不看方圓雜故者吉羅非此二處捉提
多云若似莊嚴具捉者吉　律開不犯者若二處是供養塔寺莊嚴具爲牢固故捧不
犯謂無淨人處開若有淨人自捉亦犯　依律云若遺落物金等無人來取至三年聽隨三
寶分中得處當界分用十云過十六年四方僧用五分十二年不取者入僧四方僧
用後來聽者亦僧物償

非時聚落戒第八十三　制意者凡出家脩道理無
遊散時爲涉命事須往反既是非時無緣而入防廢脩道招致譏醜損處不輕所以須制
別緣有五一是非時分二向白衣村三無召白請喚諸難等因緣四不囑授五入門便犯　下明戒本
頭難陀入村與居士摴蒱得勝居士嫌妒故譏嫌佛因此制不聽非時入村次因塔病患因緣隨
開囑授後乃成制　若比丘非時入聚落不囑比丘者波逸提　此滿足戒本文有五句一
犯人二非時三入聚落四不囑授五結罪　舟相中初句可知從中後至明相未出三云聚落
者聚落四種文如上釋四云不囑比丘者不行開法五云波逸提者是違制得罪　律云欲
入村不囑者入村門即犯提罪若三寶事故欲入而往處無比丘可囑無罪若獨處無
伴白者四衢見應白又無者發心而去不犯　智論云一切白衣舍皆名聚落唯除寺
內淨人房院何謂不白　十云若人入尼寺須白入蘭若及奈處無犯　多云若先不白見
異寺比丘無犯可論謂自同戒威儀者不同戒非威儀不合若見入已後方卻還吉羅
律不犯者道由村過若有所啓白若喚若請皆不囑授直往若有三寶緣事病緣
開囑而去

過量床戒第八十四　制意者高床長物理所宜事須依法不容限過
則長貪遠違聖教故制不聽　別緣有五一是床二爲己作三過量四自作使人五成便犯
已下明戒本此戒因迦留陀夷制　若比丘作繩床木床足高如來八指除入陛孔上截竟
若過者波逸提　此滿足戒本文分二句一犯人二立法限量三截竟已下過而結罪　舟相中初
句可知二云作繩床木床者　律云床有五種如上所明三云高如來八指者一指二寸當一尺六寸三
云截竟過者波逸提犯句　律云若自作過量床及教他作者成犯提不成者吉　祇云僧床
無犯得施主嫌者未簡穿腳埋之乃至截腳若還支腳無犯隨坐起一一得提若俗家高
床不犯若下濕處用梢木支腳得　十云截竟懺中懺罪上開文腳木用人八指量長床坐小
容四比丘坐處臥床過三肘除織共坐若滅不得共坐　律云不犯者去地八指若減若地藏
而用若腳脫者皆不犯

兜羅綿貯褥戒八十五　制意以多生細小諸虫用損物
遠相慈道所以不聽　別緣有五一是兜羅綿二貯繩床三爲己四自作教人五成便犯已下
正明戒本此戒因六群兜羅綿貯褥居士譏嫌故佛制戒　若比丘作繩床木床大小褥
成者波逸提　此滿足戒本文分二句一犯人二貯褥三結罪　舟相中初句可知二云兜羅綿者律
云若作此貯褥成者吉羅　十律云此上二戒隨坐一一提罪　五分云應先舍後懺過律云不
犯者諸草葉毛毳劫用貯不犯

作骨牙角鍼筒戒第八十六　制意者以其
物用微堪重事無多益勞數苦發數廢積家業招致譏過故須聖制　別緣有五一牙
角二作針筒三爲己四自作使人五作成便犯　下明戒本此戒因工師爲比丘作牙針筒因此
廢業無復衣食世人譏嫌佛故制戒　若比丘用骨牙角作針筒刳刮成者……

而用若脚脫者皆不犯　兜羅綿貯蓐戒八十五　制意以多生細小諸蟲用積物
遠相應道所以不聽　別緣有五一是兜羅綿二貯繩床三爲己四自作教人五成犯已下
正明戒本此戒因六群兜羅綿貯蓐居士譏嫌故佛制之　若比丘作繩床木床大小蓐
成者波逸提　此是戒本文分三句一犯人二貯蓐三結罪　犯相中初句可知二云兜羅綿者律
云若作此貯蓐成者吉羅　十律云此上二亦隨坐坐提罪　五分云應先棄然後悔過律云不
犯者諸草葉若毳毳劫貝用貯不犯　作骨牙角鍼筒戒第八十六　制意者以某
物用刀堪重事元多益勞數若發藏廢積家業招致譏過故須聖制　別緣有五一牙
角二作針筒三爲己四自作使人五作成犯　下明戒本此戒因工師爲比丘骨牙角鍼筒因此
廢業若比丘角牙骨角針筒刳刮成者波逸提　此第是戒文分爲三一者犯人二作針
筒三者結罪　犯相者可知律云若骨牙針筒及教人作成者隨不成者吉　多云應打破然後
懺罪　五分云應棄若不還主不受受与他主生惱若入僧則非法故須毀棄　又云若多在寺
不善趣行作之義希但犯小罪　律開不犯者若筒鐵銅鉛錫白鑞竹木葦舍羅草等用作錐
筒不犯若以牙角作錫杖頭標縈若作傘蓋子頭鑷纏蓋斗若作曲鉤刮舌刀如意
杖切札杓鉤鑷眼桿刮汗刀橛齒物梳耳桿禪鎮熏鼻筒一切不犯
過量尼師壇戒第八十七　制意者然佉施之物用宜應法趣得遮障資身使穩今過量
而作長己貪求外積侵物作無用之費經營廢道惠累處深是以聖制　別緣有五一
尼師壇二爲己三自作使人作四過量五成即犯　下明戒本此戒因跋難陀坐具故聽畜後因
六群過量作彼佛依廣制　若比丘作尼師壇當應量作是中量者長佛二搩手廣一搩半
更增廣長各半搩手若過截竟波逸提　此是戒本文分三句一者犯人二出量數之法
廣狹長短三過作結罪　犯相中初句可知二云應量者佛搩手五分長二尺長中五尺
廣中四尺是名應量三云過量複者律云必以足長及俱長過者並犯提罪若作不成犯吉對通明
足量理應如是但因迦留而各增半搩之戒本別增人有長短要續此義不尔　律中長四尺廣三
尺更各增一尺此是定量　律開不犯者若應量作及減量若從他得已成者截割如量若
兩重者不犯　過量覆瘡衣戒第八十八　制意者同前別緣有五一是覆瘡衣二爲
己三自作使人四過量五成即犯　下明戒本初因比丘患瘡行僧臥具膿大費衣覆瘡
上著且般僧次因廣大作故後佛隨制　若比丘作覆瘡衣當應量作是中量
者長佛四搩手廣二搩手截竟過者波逸提　此是戒本文分三句一者犯人二者尺量
三過結罪　犯相中初句可知二云覆瘡衣者　律云有種種瘡病持用覆身護吐
云尺量者長八尺廣四尺三云過者波逸提　律云若俱過若一若截自作教成者犯隨不
成犯吉羅爲作五分尼等吉羅　十律云瘡差後乃至四畜者犯提　律開不犯者如前戒
過量雨浴衣戒第八十九　制意者同前別緣有五唯將殊爲異　下明戒本此戒因六群故制
若比丘雨浴衣當應量作是中量者長佛六搩手廣二搩手半過者截竟波逸提
此是戒本文分三句一犯人二尺量三過結罪　犯相中初句可知二云雨浴衣者　律云諸比丘
著在雨中洗浴云量者長丈二廣五尺云三過作波逸提者是遠犯罪名犯相開緣如
上故不煩釋　問所以此中上二下一尼僧犯輕過量雨衣与僧同犯其義何也　答雨衣外用女
人備所即醜相外彰

三過結罪　并相中初句可知二言云覆瘡衣者　律云有種種瘡病持用覆身膿唾
言足量者長八尺廣四尺二言云過者波逸提　律云若俱過若手截自作教成者犯墮不
成犯吉羅為作乞尒之等吉羅　十律云瘡差後乃至日過者犯提　律開不犯者如前戒
過量雨浴衣戒第八十九　制意同前別緣五五下唯殊為異　下明戒本此戒因六群故制
若比丘雨浴衣當應量作是中量者長仏六搩手廣二搩手半過者截竟波逸提
湯足戒本文分三句一犯人二尺量三過結罪　并相中初句可知二言云雨浴衣者　律云聽比丘
著在雨中洗浴言量者長丈二廣五尺言云三過作波逸提者是違犯罪名犯相開緣如
上故不煩釋　問所以此中上三下一尼壇犯輕過量雨衣与僧同犯其義何也　答雨衣外用安
令齊形即醜相外彰善齋長作故同犯視餘三戒隨身著用足將小過希故輕
過量三衣戒九十　制意同前別緣有五一作三衣二為己作三自作彼人作四過量五成後
犯此戒因難陀短仏四指比丘遙見謂奉迎至乃知非各懷慚愧仏制雖隨著異衣故
制斯戒　若比丘与如來等量作衣或過量作者波逸提是中如來衣量者長
仏九搩手廣六搩手是謂如來衣量　湯足戒本文分三句一者犯人二衣量過三犯
罪是中已下謂前第句二　并相中初句可知二言云如來衣量者四分云長仏九搩手
廣六搩手是　多云仏量丈六常人半之衣廣長皆應半也　二言云波逸提者過量衣
故而犯提罪　律云若長俱過立過者犯提罪餘不犯者如前戒　問上上三戒依仏
搩手定出量限此三衣戒所以隨己身量不定者何解言餘三戒非是沙門道
服外儀隨其大小皆得受用故定出量數此三衣戒是三世諸仏道服標異依仏手定
出量限者人有小大皆不稱體成儀醜惡故隨己身量稱形故不以衣不定故得与仏
等量戒餘三定故更无等過之義
不問　諸大德我已說九十波逸提法是中清淨
諸大德是中清淨默然故是事如是持　此是問前本戒中清淨不　初令聽此問持義後請問法
諸大德是四波羅提提舍尼法半月半月戒經中來
此明第四篇初標舉次隨文釋後門清淨此是標舉於中分二初總明後別解釋就初分七一明來
意二釋名三辨置所由四次第五相四違制不同五持犯方軌六自分勝進七二部同異　初
來意者上篇雖明威儀為不離譏嫌進道莫由是以須明離譏過所以西音波羅提
提舍尼此名向彼悔故下文言我今向諸大德悔過是名悔過法又可名為可訶也是文言
我犯可訶法不應為故　第三明置四所由者凡起譏過說二眷屬一內眷屬二外眷屬內
中有二謂若私屏及以衆中　初戒若私屏起過比丘与尼異眼是同而易女相別彰在聚
落自手取食容生染汚招譏損道對離斯過故制初戒若於衆中偏心指食受跡涉曲私
哩受不訶於衆不顯對遣此過故制第二外眷屬中就聚落蘭若二處以世譏過謂學家
過受令他竭招世譏嫌對離此過故制第三蘭若起者懈怠迴嶮安坐受食致賊单使送
食婦女招譏不輕對離此過故制第四　始末若別有斯四益　第三明次第第相者內衆親情
又是師義善起此過故在先明俗人外衆疏犯義希故在後說就內衆中私屏為數衆中
見希故有先後了別外中聚落善犯蘭若不數須此了宜理所然矣　第四明違制制不同者四

BD00861 號　四分律戒本疏卷四　（31–14）

我犯可訶法不應爲故　第二明置四所由者凡起譏過意二眷屬一內眷屬二外眷屬內
中有二翻於私屏及以衆中初戒私屏起過比丘与尼黑服是同而易女相別形在聚
落自手取食容生染汙招譏損道對離斯過故制初戒於衆中偏心指食交跡涉曲私
哩受不訶於衆不顧對遣此過故制第二外眷屬中就聚落蘭若二處以興譏過謂學家
過受令他殺竭招世譏嫌對離此過故制第三蘭若起者懈怠迴嶮安坐受食致賊卑姓送
食婦女招譏不輕對離此過故制第四始末暑別有斯四益　第三明次第々相者內衆親情
又是師義善起此過故在先明俗人外衆致犯義希故在後說就內衆中私屏爲數衆中
見希故有先後々別外中衆落蘭若不數須明直理所致矣　第四明遠制々不同者學
第三戒遠傳制得罪此學家羯磨實是佛教誡比丘作此羯磨然佛不自秉若諸比丘
未爲作學家羯磨無傳制可遠受食無罪由僧作法制不聽往受方有罪此罪由僧作法而生
故曰遠傳制得罪此制不異佛制隨人異故自餘三戒咸遠佛制無傳制可遠　五明持犯方軌
者此四戒中二兩戒具二持犯言持者若見尼指多心而不食即是止持若見事時即順
聖教作法而訶大姊且止身業食時不生罪過名曰作持此二持名贂俱別二犯者若
見過不訶食便得罪此罪由止而生故曰止犯雖止不訶多身業不見無此止犯復由身
業食而生名爲作犯望前名止望後爲作此罪贂一而名有異又可二持互見贂一各別如作
法訶名爲作持以其訶故雖食無過及前依犯豈非止持第四蘭若止而不食名爲止持若
順聖教語言擅越莫送食來而施主知故復送來雖食無罪名爲作持二犯者不語擅越名爲
止犯而受食々即是作犯餘三戒止則是持作便是犯第六明自分勝進者前三戒自分行中以
離譏過第四戒勝進分中以離過第七明二部同異者尼並吉羅勉是希故隨事論々至文中釋
在白衣家從非親里尼自手受食戒第一　制意者大僧上尊尼是下衆教上情懸所有
飲食皆悉捨施衣不籌量得便受々致餓困廢修道業又復非親容生染患招致譏
醜損壞非輕所以須制　別緣有五一在俗人舍二是非親尼三無因緣四自取食五食方犯
下明戒本初戒初因蓮花色比丘尼乃至三日々食並与比丘遂餓在道面奄泥卧俗人譏嫌佛便
略制後因從親及病緣不敢從受佛隨開三緣後乃廣制　若比丘入村中非親里比丘尼
若無病自手取食食者是比丘應向餘比丘悔過言大德我犯可訶法所不應
爲我今向大德悔過　湯是戒本文分四句一者犯人二村中從非親尼三無病自受食々
四是比丘遂致結罪　弁相中初兩句可知第三無病自手取食者律云病者不能一坐
飽及至脚癬開受同所以除親及病者眷上共坐同船等外相不練譏患無殊故親互犯此中俗
人家內情相委練實親無譏故開病人若惱不容生過爲濟命故互開置地遣人表敬相不絕
無譏故聽言食者正非正二種如上四言是比丘乃至名悔過法明遠教結罪隱其顯名就漢稱秩
罪故曰悔過法故律云若自受食咽々犯五分云在蘭中犯家內不犯若尼從隨吉取尼得吉
者夫僧上尊自手与尼義希故受非數故但吉羅及下二衆互吉　律開不犯者若尼親若
僧病若置地与使人受若蘭中若村外與受但不犯　在白衣舍偏心指授食戒第二
制意者凡衆貴清要不容穢跡然今此尼以偏私々情於衆中越次指授似致曲私

BD00861號　四分律戒本疏卷四

(31–15)

217

罪是比丘違儀結罪　弁相中亦合可知[illegible]

飽及至脚橋開受問所以除親及病者答上共坐同船等外相不練譏嫌无殊故親亦犯此中俗

人家內情相委練實親无譏故開病人若惱不容生過爲濟命故亦開置地遣人表教相不絕

无譏故聽言食者正非正二種如上四言是比丘乃至名悔過法明違教結罪隱其胡名就漢稱號

罪故曰悔過法故律云若自受食咽咽犯五分云在菴中犯家內不犯若尼從灣吉取尼得吉

者天僧上尊自手与尼義希彼受非數故但吉羅及下二衆五吉　律開不犯者若尼親若

僧病若置地与使人受若籬中若村外與受但不犯　在白衣舍偏心指授食戒弟二

制意者凡衆貴清美不容穢跡然今此尼以偏私之情於衆中越次指授以致曲施

辱處深大衆譏其過理受不可即表衆心不淨容隱惡人故制舉衆並不聽食　制緣有

四一是白衣舍二偏心越次授食三大衆理受不可四咽咽結罪　下明戒本此戒因六群与衆

多比丘白衣家食時六群尼索食越次与六群比丘故制　若比丘至白衣家內食是中有比丘

尼指示與某甲羹與某甲飯比丘應語彼比丘尼如是言大姊且止須諸比丘竟者是比

丘應向餘比丘悔過言大德我犯可呵法所不應爲今向大德悔過是名悔過法　蕩是戒本

文分四句一未犯人二白衣舍越次指授三比丘應諫下化教比丘依仏訶止四一比丘下不訶結罪

弁相類知問所以不開親及病者答既是衆中偏心授食招過无殊故親之与病皆合可訶令

理受不訶舉過情過故不開　四分云若不訶而食咽咽犯

親受戒者亦得　祇云三訶不止食者无犯　十云若二處僧別坐別食亦須別問已勸未未者

不得食　後坐比丘不止　比丘尼吉羅者天僧指授与尼義希致受不數又復下衆訶止義難

情過是微故得輕罪　律開不犯者若訶止若尼自爲檀越若白衣舍尼處分若不

故作偏爲彼者一切不犯　學家受食戒弟三　制意者凡受施之法宜自限量不

容過分今此學家見諦弟子於三寶所乃至身肉不惜然此比丘竟不籌量前人多无

取受即令彼罄竭因福致困生外不信又現受者貪取過度心无慈愍今復制遮欲令知而故受

事是无理是故聖制　制緣有五一是夫妻俱得見諦二僧衆与作學家羯磨

除未作故三无因緣除病請等不犯四自手取除置地使人与爲表教相不絕故亦五食咽咽

犯　下明戒本此戒制亦有三初因信樂居士无厭盡比丘故令其資財衣食乏盡白衣

譏嫌故仏合曰二法制諸比丘不聽受食後還更聽故曰略制　次有比丘先受學家請不敢

往及病比丘不敢受又置地及与使人並不敢受仏隨開聽受无罪後乃廣制

作學家羯磨　若比丘於如是學家先不請无病自手受食食者是比丘應向餘比丘

悔過言大德我犯可訶法所不應爲我今向大德悔過是名悔過法　蕩是戒本文分四句

一先明學家僧作羯磨二出能犯人三於如是下正明无緣自手受食食四是比丘下違教結罪

弁相中初言先作學家羯磨者律云證三果者名曰學人家者有男女是言作羯磨者僧

与白二羯磨　祇律云夫婦互有凡聖不得謂作羯磨夫妻於三果中或俱是或互見得与

作羯磨　五分亦同此説　言若比丘者如上　言於如是家先不請无病自手受食食者此明開

緣　律云若先請者聽往病者應取此家食若設置地与及使人与並聞受文上

不應故第四言是比丘應向餘比丘悔過　律云若无緣從是家取食食者咽咽犯

罪　四分云彼家財物還多者應作解白二羯磨　五分云若其家財物竭盡者僧

何□□屍若比丘於如是學家先不請無病自手受食々者是比丘應向餘比丘
悔過言大德我犯可訶法所不應為我今向大德悔過是名悔過法　謂是戒本文有四句
一先明學家僧作羯磨二出餘犯人三於如是下正明無緣自手受食々四是比丘下結教犯罪
并相中初言先作學家羯磨者律云證三果者名曰學人家者有男女是言作羯磨者僧
与白二羯磨　祇律云夫婦至有凡聖不得謂作羯磨夫妻於三果中或但是或互見得与
作羯磨五分亦同此說二言若比丘者如上三言於如是家先不請無病自手受食々者此明開
緣　律云若先請者聽往病者應取此家食若放置地与及使人与並聽受反上
不應故第四言是比丘應向餘比丘悔過律云若無緣從是家取食々者咽々犯
罪　四分云彼家財物還多者應作解白二羯磨　五分云若其家財物竭盡者僧
有園田應与々使畢常限餘以自供若無僧有異供養令其家作使得遺餘若
復無者乞得食時就其家食与其所餘若不爾丈夫子安置比丘寺婦女送置尼寺給
其房舍卧具及可分衣悉皆与　律云尼取此家食者吉但尼下衆滅彼情薄必無傾竭
之憂故輕　開不犯者若有請等三緣及僧白二作解法悉皆不犯　四分但言財物還多
乞解僧制仏即聽解　十律云若學家財物減損不得索若乞不乞不得若財物增多
者若乞不乞皆應捨法若財物不增不減者若乞應捨不乞不應捨若法爰五衆俱
不得取若捨法已五衆隨意取　　蘭若安坐受食戒第四
制意者凡在蘭若事須翹懃乃安坐受食非進道々宜又復迴嶮多有賊難送食往
返因致困辱惱壞其心招世譏過是故聖制　別緣有五一蘭若嶮難處二先不語檀
越三無病難因緣四自手取食除置地使人与不犯五食時咽々犯　已下正明戒本法式曰緣
心女人持食送与蘭若比丘時賊於道路娆辱仏令比丘語彼女等莫送食來道路有賊
若以出城應莫令至藍故聽制戒次曰檀越先知而故送食至藍比丘不敢受及病等
并置地仏隨開使解　後乃廣制　若比丘在阿蘭若迥遠有疑恐怖處若比丘
在如是阿蘭若處住先不語檀越若僧伽藍外不受食在僧伽藍內無病自手受
食々者應向餘比丘悔過言大德我犯可訶法所不應為今向大德悔過是名悔過
法　謂是戒本文分四句一犯人二嶮難蘭若三先不語々下在嶮難處安坐受食々應向已下違
教結罪　并相中初句可知二言蘭若者有明嶮難處　律云去村五百弓遮摩羅国時量法故
名蘭若處有疑恐怖處者路迥遠疑有賊恐怖三言先語檀越等於中有四一若先
已語莫送食二若彼已出賊語令莫至伽藍中路有賊故三若故持食來者聽病人受四若施
主已食置地及教人与此等四緣並是開限若無四事即入犯位故　第四言應向餘比丘悔過
律云初上受食咽々犯罪　四分云若語莫來々而得受故戒本云先不語檀越又雖先不語藍外
得受故文云伽藍外不受食而在藍內受食雖可藍內病緣不犯故言無病置地令開故
曰自手受食　五分云若軍行逐過与食若賊來自持与受不犯若送食人忽至僧房比丘出
不知者仏言聽一人併受自出一分餘行与僧以已食分從僧中一人貸食不犯若送食時賊見
不得去應覓是与袈裟著若故不得去者應權与剃髮著法服送令去　律云尼言者有
無蘭若假有者輕　開不犯者如上諸緣及移食無犯　諸大德我已說四波羅提々
舍尼法今問諸大德是中清淨不 三說　諸大德是中清淨默然故是事如是持

BD00861號　四分律戒本疏卷四

（31–17）

已設莫送食二若放已出城設令莫至伽藍中路有賊故三若比持食不去賊病人受四若方
主已食置地及教人与此等四緣並是開限若无四事即入犯位故　第四言應向餘比丘悔過
律云於上受食咽咽犯罪　四分云若設莫來而得受故戒本云先不設檀越又雖先不設藍外
得受故文云伽藍外不受食而在藍內受食雖可藍內病緣不犯故言无病置地与用故
日自手受食　五分云若軍行遠過与食若賊來自持与受不犯若送食人怱至僧房比丘立
不知者仏言聽一人併受自出一分餘行与僧以己食分從僧中一人貿食不犯若送食時賊見
不得去應豎与袈裟著若故不得去者應權与剃髮著法服送令去　律云尼吉者有
无蘭若假有希往開不犯者如上諸緣及移食无犯　諸大德我已說四波羅提提
舍尼法今問諸大德是中清淨不三說　諸大德是中清淨默然故是事如是持
此僧問前四戒清淨不若於四戒而无闕犯即得開戒若得闕犯依褰之罪故須三問　諸大德此衆學戒法半月半月說戒經中來
此明第五篇梳毀為第七聚分為三初標儀式次陳本戒後擧前後問清淨此篇標
句於中有二初作梳叙科間次乃隨文解釋初中有二一釋名并意二約身分別三就持
犯解義初言釋名者亦云叉迦羅尼法此云應當學詞直言其衆不明其數者何
卷此篇威儀遠失乃有无量不可限數往局故但言无衆若就所防彰目應言衆
吉羅篇今隱所防就餘受持稱故名為學言并意者此學實通上四非唯局此所以
偏彰者然此篇威儀䟽細自非專歡在心懃加護持其行難成故加勸學之目
又復餘持具足无毀學行之終彰學司義須故稱受學稱其威儀事乃衆多令
且採要百戒重而書為難護易犯集在此明餘者雜威儀中弁　第二約身口分別
者於中有廿戒自口作業假使身犯如杖人說法等餘度身犯其相可知　第三就
持犯解義者若就廣學亦弁並二持犯謂起護習若為作持望不作高下著衣等
事即是止持无心案習說為止犯而著高下著等事名為作犯已下隨文解釋
齊整著涅槃僧戒第一　從此已下就隨文分四初有五十一戒教僧威儀行
次不恭敬人不得為說法下有八戒教法威儀行三不得止宿仏塔中下有廿六戒教仏
威儀行四人坐己立下有十五戒餘教三人於四威儀雜明教上三寶三戒先教僧者樣
住三寶故所以須明教僧行者然衣裳服飾行坐進止飲食出入皆是僧威儀齊
整端嚴擧動應軌彰已內有道德心外顯住教生長在善光顯仏法益利僧
衆違則自懷心行外長他惡於彼僧寶情生輕賤污辱不止故須制彼教僧威儀
就中文四初有二戒正明教諸比丘著衣裳法使齊整端嚴應法无失自行成益外
生物善違則犯罪　第二從不反抄衣已下訖不得蹲坐亦如是有廿三戒入村受請行
來進止　第三用意受食已下訖洗鉢水有廿三戒食上方軌　第四生草大小便下有三戒禁
利進止因緣廣弁皆彰威儀遠失之過唯戒本中偏彰餘治之行擧以勸學不明
所防護業故尔　當齊整著涅槃僧應當學　此明教僧中初著衣儀戒
於中文三一制緣二犯相三開不犯初言制緣者此戒因六群不齊整著涅槃僧故居士
譏嫌仏便制戒二言犯相者律云或時不著或時高著或作象鼻或作多樹葉
或時細攝言下著者繫帶在齊下高著者褰齊膝象鼻者垂一角多

主物善遠離利罪　第二從不受授食已下至[illegible]
未進心　第三用意受已下訖洗鉢水有廿三戒食上方軌　第四生草大小便下有三戒護
利進心因緣廣弁皆彰威儀　遠失之過　准戒本中偏彰飲食之行并勸學不明
所防護業故示　　當齊整著涅槃僧應當學　此明護僧中初著衣儀式
於中文三一制緣二犯相三開不犯　初言制緣者此戒因六群不齊整著涅槃僧故居士
譏嫌佛依制戒　二言犯相者　律云或時不著或時高著或作象鼻或作多樹葉
或時細攝　言下著者者繫帶在臍下高著者褰齊膝　象鼻者垂一角多
樹葉者垂前兩角　細攝者遶腰皺著　不齊整者故作故犯非威儀吉若不故作犯
但犯吉羅　言故作故者故違聖教作不齊整著衣犯根本吉羅　母經復對手一說懺此屬
義妨　今解責心非威儀吉羅者不應故違聖教非但犯根本之根罪得不應作而作失
儀威罪此名責心悔　諸戒犯相皆有二罪非唯此篇　如上好樹不應斫故而斫犯壞生
種復非威儀吉　如踏上坐牀卧具出門視複得非威儀吉　未知一切若不故作者此義
事作故犯不作故遠聖教之意稽犯根本責心不懸元失威儀吉羅斯之三吉雖有
根條或責心悔篇中所攝此一戒既爾下諸戒同然　三開不犯者　律云或齊中生瘡下著
膝踹有瘡高著若藍內若村外若作時若行道者无犯　齊整著三衣戒第二
當齊整著三衣應當學　此明著三衣儀飾於中有三初因六群不齊整著三衣
故居士譏嫌言如似天異比丘白佛佛觀三世而制此戒二明犯相律云言不齊整者或
高或下或作象鼻或作多羅樹葉或時細攝　言下著者下垂過肘露胸高著衣
者過腳腨上象鼻者下垂一角多羅樹葉者垂前兩角後褰高也細攝已妥
緣等著如上衣故作故犯根本吉羅不應故復得失威儀罪　三開不犯者　律云或
肩臂有瘡下著或腳腨有瘡高著藍內若村外若道行若作時一切不犯
反抄衣入白舍戒第三　從此已下至不得白衣坐已來廿三戒總明第三入村受請行
來儀式文義相似故下略弁戒本　不得反抄衣入白衣舍應當學　制緣如前
犯者或左右反抄衣著肩上　律云若比丘如上著衣入白衣舍故作故犯二罪不故作
者唯犯一吉　不犯者或脇肋邊有瘡等　不得反抄衣白衣舍坐應當學 第四 如上
不得衣纏頸入白衣舍應當學 第五制緣如上纏頸者總捉衣角著肩上也罪相類 而不犯者若肩臂有瘡乃至道行等
不得衣纏頸入白舍坐應當學 第六 制緣犯相並如前戒　不得覆頭入衣白衣舍應當學 第七
制緣者因六群以衣覆頭入白衣舍居士譏言何有正法覆頭如盜賊比丘白佛佛呵制戒
犯相者若以樹葉若碎段物若以衣而覆故作故犯二罪不故作者但犯一罪　不犯者或
有如是病或患寒或頭上有瘡及命梵等難覆面行悉皆不犯　不得覆頭白衣舍坐
應當學 第八　犯緣及相並同前戒　不得跳行入衣舍應當學 第九　制緣者因六群
跳行入白衣舍居士譏言如似鳥雀比丘白佛佛呵制戒犯相者　律云若雙腳跳行入白
衣舍故作故犯二罪不故作者俱犯根本吉羅不犯者若如是病若打若有賊若惡
獸若有棘刺度渠坑塹或度河而跳過者无犯　不得跳行白衣舍坐應當學 第十
不得白衣舍內蹲坐應當學 第十一　制緣者因居士請僧就舍設食六群蹲坐比坐手

不得衣纏頸入白舍坐應當學　制緣犯相並同前戒　不得覆頭入白衣舍應當學
制緣者因六群以衣覆頭入白衣舍居士譏言何有正法覆頭如盜賊比丘白佛佛呵制戒
犯相者若以樹葉若碎段物若以衣覆頭故作故犯二罪不故作者但犯一罪　不犯者或
有如是病或患寒或頭上有瘡及命梵等難覆而行悉皆不犯　不得覆頭白衣舍坐
應當學第八　犯緣及相並同前戒　不得跳行入衣舍應當學第九　制緣者因六群
跳行入白衣舍居士譏言如似烏雀比丘白佛佛呵制戒犯相者　律云若雙腳跳行入白
衣舍故作故犯二罪不故作者俱犯根本吉羅不犯者若如是病若打若有賊若惡
獸若有棘刺度渠坑塹或度阿而跳過者無犯　不得跳行白衣舍坐應當學第十
不得白衣舍內蹲坐應當學第十一　制緣者因居士請僧就舍設食六群蹲坐比坐手
卑卻倒露形居士嫌言不知慚愧如倮形形類比丘白佛佛制此戒犯相者若地上床上尻
不至地於上坐者故作故犯二罪然不作者故遠聖教意故犯者得根本吉羅而無失威儀
吉羅不犯者若尻邊生瘡若有所與若禮若懺若受教戒等緣雖蹲坐而無違罪
不得叉腰入白衣舍應當學第十二　犯緣者乃前戒相顯　不得叉腰白衣舍坐應
當學第十三　以手叉腰故妨比丘也　不得搖身行入白舍應當學　第十四　制緣者因六群搖身
入白衣舍居士譏言行如王臣比丘白佛佛制此戒　犯相者左右廣身搖行得罪如上不犯者同跳
行戒　不得搖身行白衣舍坐應當學十五　不得掉臂行入白衣舍應當學十六
制緣如前犯相者若垂臂前卻而行並犯吉羅不犯者為有病被打舉手或擔刺人來舉
手者身或渡河渠以手招喚伴等一切不犯　不得掉臂入白舍坐應當學十七准前
露身白衣舍戒十八　好覆身入白舍應當學　制意者因六群不好覆身入白衣
舍居士譏言所著衣服如彼婆羅門無異比丘白佛佛呵制犯者　律云不好覆身者處處露
身也若衣不好覆身入村犯違教吉羅及失威儀罪不犯者為有病為被繫若風吹衣離體
等皆無犯　好覆白衣舍坐應當學十九　顧視入白衣舍戒廿　制緣者因六群左右顧
視入白衣舍居士譏言如盜竊人比丘以過白佛因制戒犯相者若入村落處處看故而犯吉
羅罪不犯者或有病瞻日時節或命梵等難故左右處處伺求便道逃走者一切不犯
不得左右顧視白衣舍坐應當學廿一　高聲入白衣舍戒廿二　靜默入白衣舍應
當學　初制緣者因六群靜默入俗舍居士嫌言沙門釋子無有慚愧高聲大喚如婆
羅門聚會比丘白佛佛制此戒次辨犯相者律云比丘高聲大喚入白衣舍故作故犯得根本
吉羅猶得失威儀吉若非故犯但根本一吉後明不犯者　律云若有如是病若聾不
聞須高聲喚囑授若高聲施食若命梵等難高聲而走者皆無犯
靜默入白衣舍坐應當學廿三　戲笑入白衣舍戒廿四　不得戲笑行入白衣舍
應當學　初明制緣因六群戲笑行居士嫌言不知慚愧笑如獼猴何有正法比丘
白佛佛制此戒次辨犯相律云若比丘露齒戲笑入白衣舍故作故犯二吉不故作者但犯
一罪後明不犯者　律云若有如是病或脣痛不覆齒或念法歡喜故笑者無犯
不得戲笑白衣舍坐應當學廿五　不用意受食戒廿六　已下至洗缽戒來有廿三戒想明第
三食上方軌今弁第一　用意受食應當學　初明制緣者居士請僧設供六群不用
意受食棄羹飯居士嫌言沙門無厭貪心多受如穀貴時比丘白佛佛制此戒用意受食

老難種得失威儀吉若犯後犯本二吉後明不犯者　律云若不如實　痢者飯不
聞須高聲喚囑後為高聲施食若命梵等難高聲而走者皆无犯
靜默入白衣舍坐應當學廿三　戲笑入白衣舍戒廿四　不得戲笑行入白衣舍
應當學　初明制緣同六群戲笑行居士嫌云不知慚愧笑如獼猴何有正法比丘
白佛々制此戒　次弁犯相律云若比丘露齒戲笑入白衣舍故作故犯二吉不故作者但犯
一罪後明不犯者　律云若有如是病或脣痛不覆齒或念法歡喜故笑者无犯
不得戲笑白衣舍坐應當學廿五　不用意受食戒廿六　已下至洗鉢戒來有廿三戒據明第
三食上方軌今弁第一　用意受食應當學　初明制緣者居士請僧設供六群不用意受食
意受食損棄羹飯居士嫌云沙門无猒貪心多受如穀貴時比丘白佛々制此戒用意受食
棄羹飯故作故犯根本猶得失威儀罪若不故作者但犯吉羅後明不犯者　律云若
有如是病或鉢小食時棄或墮還器上皆无犯　溢鉢受食戒廿七
制緣犯相不
當平鉢受食應當學　犯等同上　溢鉢受羹戒廿八
平鉢受羹應當學　亦類前戒可知　不等受食戒廿九　當羹飯等食應當學
初明制緣者曰居士請僧設供自手斟酌自下飯已入內取羹還食飯盡時与羹
已復還取飯比還羹盡居士譏云飲人无異比丘白佛々訶制戒　次弁犯相律云故不等者
飯至羹盡羹未至飯盡若比丘故作如是食者犯二吉羅不故者一罪後明不犯者
者若有如是病若正須羹不須飯々食或本或日時欲過或命梵等難疾食
不次食戒卅　當次食應當學　初明制緣者居士設供手自斟酌六群不次取食
居士嫌云不知猒足譬如豬狗鳥等比丘白佛々訶制戒次弁犯相　律云不次第食者
鉢中處々取食々々若比丘不次食犯罪同上後明不犯者或有病或患飯熱挑取冷處或
日時欲過或命等難疾食　挑中食戒卅一　不得挑鉢中而食應當學　所明制緣者曰
居士設供手自行食六群受食當挑鉢中令現空相居士譏嫌比丘白佛々訶制戒
次弁犯相　律云挑鉢中者置四邊挑鉢中央至鉢底若如是食犯同前戒後明不犯
者准同上戒　為己索食戒卅二　若比丘不病不得自為己索羹飯應當學
制緣者居士設供六群自為索食如飢餓時居士嫌云受取无猒比丘白佛々訶制戒次犯相
者律云除病自為己索食犯吉羅不犯者若病若為他々為己不求自得
飯覆羹戒卅三　不得以飯覆羹更望得應當學　制緣者曰居士設供六群受
羹居士憶次取羹々比丘於後以飯覆羹居士譏嫌比丘白佛々訶制戒犯相者　律云若
比丘如是食故犯根本及失威儀二吉不故作者一罪後明不犯者　律云若有病若正
須羹或正須飯无犯　嫌視比座戒卅四　不得視比座鉢中食應當學
制緣者曰居士設供六群得少比座分多嫌居士云汝今請僧自賓多少居士有愛敬實
我平等与比丘白佛訶制戒　弁相者律云見中視者雖多雖少若比丘故視犯根本吉
羅及得失威儀吉明不犯者若比坐眼闇及病為看得不得不淨受未受為自有病
者无犯　當繫鉢想食應當學　制緣者居士設食六群受已左右顧視不覺比坐
取鉢藏々比丘白仏々訶制　次犯相者為比丘不討鉢想故犯故得二吉不故者一弁不犯
者為比坐眼闇及自病或看日時或二難故欲逃避者　不繫鉢食戒卅五
大揣食戒卅六　不得大揣飯食應當學　制緣者曰六群大揣食々不受居士譏嫌比

比丘如是食故犯根本及失威儀二吉不故作者一罪後明不犯者 律云若有病若正
須羹或正須飯无犯　嫌視比座戒卌四　不得視比座鉢中食應當學
制緣者自居士設供六群得少比座分多故居士言汝今請僧自資多少居士有愛報笑
我平等耳比丘白佛呵制戒　犯相者律云是中視者雖多雖少若比丘故視犯根本吉
羅不得者威儀吉明不犯者若近眼闇及病為看得不得不淨受未受若自有病
者无犯　當繫鉢想食應當學　制緣者居士設食六群受已左右顧視不覺比坐
取鉢藏之比丘白佛呵制　次犯相者若比丘不對鉢想故犯故得二吉不故者一并不犯
者若比坐眼闇及自病或看日時或二難故欲迯避者　不繫鉢食戒卌五
大摶食戒卌六　不得大摶飯食應當學　制緣者因六群大摶令口不受居士譏嫌比
丘舉過佛呵制相者　律云若比丘大摶食口不容受故遠故二吉不故遠者一罪明同前
大張口大食戒卌七　不得大張口大飯食應當學　制緣者因六群食時食未至先張口
居士譏嫌比丘舉過佛呵制戒犯相者律云大張口者飯摶未至先大張口待犯同前戒并不犯
者若有如是病或日時欲過及二難等疾疾食者並不犯　含飯語戒卌八
不得含飯語應當學　制緣者因六群起過居士譏嫌比丘白佛呵制戒犯相者　律云飯在口
中語不可了令人不解若比丘故作含飯語者犯罪同上并不犯者或有如是病或噎而索水
者二難依贊食者无犯　摶飯擲口中戒卌九　不得摶飯遥擲口中應當學
制緣及犯相可知明不犯者律云若有病或被繫縛擲口中而食者无犯　遺落食戒卌
不得遺落飯食應當學　制緣者居士設食六群手把飯摶遺落居士譏嫌比丘舉過
佛呵制戒　犯相者律云半已入口半在手中名為遺落犯罪可知明不犯者若有病福薄餅燋
飯若甘蔗瓜菜梨菓蒲桃等心者　頰食戒卌一　不得頰食食應當學　制緣者六
群起過居士譏嫌比丘白佛呵制戒犯相者　律云含兩頰鼓起如獼猴狀罪同前戒明不犯者
乃至麨過等　嚼飯作聲戒卌二　不得嚼飯作聲食應學　制緣犯相類可知明不犯者
若病若齧乾飯及燋飯乃至瓜菓等无犯　不得大噏飯食應當學卌三
制緣可知犯相者律云噏食者張口遥呼噏食罪相輕重如前明不犯者若有病痛若食
羹若食乳酪漿蘇毗羅漿等无犯　舐食戒卌四　不得舌舐食應當學　制緣者居
士設食六群吐舌食居士譏嫌比丘舉過佛呵制戒明犯者　律云舌舐食舌舐吐飯摶食若故
而犯二罪不故者一吉并不犯者若病若被縛或手有泥及垢膩污若舐而无犯
振手食戒卌五十　不得振手食應當學　制緣者居士設供手自斟酌六群振手而食
居士譏嫌食如王臣比丘舉過佛呵制戒次犯相可知明不犯者若病若食中有草有虫
或手有不淨振去或有未受食手觸而污手振去者不犯　手散食戒卌六　不得把
散飯食應當學　制緣者居士設供六群散飯比丘白佛以來制戒犯相者律云散飯如鷄
鳥食若比丘以是食者吉羅明不犯者若有病若食中有草或有不淨污或有未受食棄者
无犯　污手捉器戒卌七　不得污手捉飲器應當學　制緣可知犯相者　律云污手者
有膩飯著手若比丘已膩手捉飲器吉不犯者若病若草上受若葉上受洗手受无犯
棄洗鉢水白衣家戒卌八　不得洗鉢水棄白衣應當學　制緣犯相類如前不犯者
若有病或器承水持棄无犯　生草上大小便戒卌九

而犯二罪不得者一吉并不犯者若病若作僧坐手有泥及垢膩汙若故為不犯
振手食戒卌五　不得振手食應當學　制緣者居士設供手自斟酌六群振手而食
居士譏嫌食如王臣比丘舉過佛訶制戒次犯相可知明不犯者若病若食中有草有蟲
或手有不淨振去或有未受食手觸而汙手振去者不犯　手散食戒卌六　不得把
散飯食應當學　制緣者居士設供六群就過比丘白佛如來制戒犯相者律云散飯如雞
鳥食若比丘以是食者吉羅明不犯者若有病若食中有草若有不淨汙或有未受食核葉
無犯　汙手捉器戒卌七　不得汙手捉飲器應當學　制緣可知犯相者　律云汙手者
有膩飯着手若比丘已膩手捉飲器吉不犯者若病若草上受若葉上受洗手受無犯
棄洗鉢水白衣家戒卌八　不得洗鉢水棄白衣舍應當學　制緣犯相類如前不犯者
若有病或器承水持棄無犯　草上大小便戒卌九　已下三戒明弟四護利進心因緣止易第
一　不生草菜上大小便涕唾除病應當學　制緣者六群起過居士見譏無慚如賊比丘
白佛佛訶制戒犯相者　律云除病不堪遠避若無病草上便利吉四明不犯者若有如是
病若無草處便流墮生草上或風吹若鳥所銜而墮草菜中並皆無犯　水中大小便
涕唾戒五十　不得水中大小便涕唾除病應當學　制緣犯相可知明不犯者若岸
上大小便流墮水中或風吹等墮者無犯　立大小便戒五十一　不得立大小便除病應當
學　制緣可知犯相者　律云若病不堪蹲坐聽不病者吉羅不犯者若有如是病若為
被繫縛或脚蹲有垢膩若泥汙者無犯　與不恭敬人說法戒五十二　此下有八戒總
明敬法威儀行明敬法意者然人不自成功由於法故須敬法法者療生死之良藥開道
之眼目若敬而順行則越超眾聖情昇彼岸傷而輕蔑則永沉生死長輪苦海狀
累之深特宜須敬　不得與反抄衣人不恭敬人說法除病應當學　先明制緣
者因六群與不恭敬人說法比丘舉過佛訶制戒犯相可知明不犯者若有如是病或為王王
大臣及病人說無犯　不得為衣纏頸者說法除病應當學五十三　不得為覆
頭者說法除病應當學五十四　不得為裹頭者說法除病應當學五十五
不得叉腰者說法除病應當學五十六　不得著木屐者說法除病應當學五十八
不得著革屣者說法除病應當學五十七　不得為騎乘者說法除病應當學五十九
已上七戒制緣犯相等文皆同故略不述已下明敬佛意　佛塔中宿戒六十　已下有廿六戒總
明敬佛威儀之行并敬佛意者但化不自弘當由道主故須敬佛佛為尊道尊獨秘累表解
超眾聖方便圓極大慈開化利益群品其恩深厚事須遵敬以求度世是故須制尊塔靈廟
潔淨安處夙夜晨虔敬之儀式　不得在佛塔中止宿除為守護故應當學　先明制
緣因六群起過比丘白佛佛訶制戒犯相類知并不犯者若病若為守護故止宿或強者所執及
命難梵難故止宿　藏財佛塔中戒六十一　不得藏財物置佛中除為堅牢應當學
制緣犯相等如前竟入佛塔中無犯　着革屣入塔戒六十二　不得著革屣入佛塔中應當學　制緣犯相可知不犯者或有病或為強者所執
不得手捉革屣入塔中應當學六十三　不得著革屣遶佛塔行應當學六十四　已上五戒制緣犯相文
不著富羅入塔中應當學六十五　不得手捉富羅入佛塔中應當學六十六　義不別故略不述
塔下坐食戒六十七　不得塔下食留草及食汙地應當學　初明制緣因六群塔下坐

(31–23)

頭教化[illegible]
起衆聖方便圍繞大慈開化利益群品其恩深厚事須遵敬以求度世是故須制尊塔靈廟
潔淨安處夙夜晨昏教之儀式　不得在佛塔中止宿除爲守護故應當學　先明制
緣因六群起過比丘白仏仏訶制戒犯相類知并不犯者若病若爲守護故止宿或强者所執及
命難等難故止宿　藏財仏塔中戒六十一不得藏財物置仏中除爲堅牢應當學
制緣犯相等如前　着革屣入塔戒六十二　不得着革屣入仏塔中應當學　制緣犯相可知不犯者或有病或爲强者所執
衰入仏塔中无犯　不得手捉革屣入塔中應當學 六十三　不得着革屣遶仏塔行應當學 六十四
不着富羅入塔中應當學 六十五　不得手捉富羅入仏塔中應當 六十六 已上五戒制緣犯相文義不別故略不述
塔下食汙地戒六十七　不得塔下食留草及食汙地應當學　初明制緣因六群塔下坐
食留食及草汙地而去仏制不聽又作塔等緣明令食不應汙地次明犯相　律云若比丘以遠故
犯二吉不故者一吉不犯者一坐食及病比丘聚着脚邊一處出時持棄之
擔死屍塔下過戒六十八　不得擔死屍從塔下過應當學　制緣者六群擔死屍從塔
下過致塔神嗔比丘舉過仏訶制戒犯相同前不犯者或有病或須此道行乃至强力呼
去无犯　不得塔下埋死屍應當學 六十九　不得塔下燒死屍應當學 七十
不得仏塔燒死屍應當學 七十一　不得遶仏塔四邊燒死屍使臭氣來入應當學 七十二
不得持死人衣及床從塔下過除浣染香熏應當學 七十三　不得向仏塔大小便應當
學 七十四　不得向仏塔大小便應當學 七十五　不得遶仏塔四邊大小便使臭氣來入應
當學 七十六　不持仏像至大便處應當學 七十七 路由中過不犯　不得在仏塔下嚼楊枝應當學 七十八
不得向仏塔嚼楊枝應當學 七十九　不得在仏塔四邊嚼楊枝應當學 八十
不得在仏塔下涕唾應當學 八十一　不得向仏塔涕唾應當學 八十二
不得仏塔四邊涕唾應當學 八十三　不得向仏塔舒脚坐應當學 八十四
不得安仏塔在下房已在上房住應當學 八十五　已上義戒制緣犯相類知不犯者或有如是病或爲鳥銜或風吹墮及强力遣耳者皆无犯　已下有十五
戒明辭敬之人於四威儀敬上三寶緣戒犯緣等同上故不説　人坐已立不得爲説法除病應當學 八十六
人卧已坐不得爲説法除病應當學 八十七　人在坐已在非座不得爲説法除病應當學 八十八
人在高坐已在下座不得爲説法除病應當學 八十九　人在前行已在後行不得説法除病應當
學 九十　人在高經行處已在下經行處不應爲説法除病應當學 九十一
人在道已在非道不應爲説法除病應當學 九十二　攜手道行戒九十三
不得攜手在道行應當學　初明制緣因六群攜手道行遮或他男女居士譏言沙
門无慙行如王臣豪貴長者比丘白仏仏訶制戒　犯相可知不犯者若有如是病或患眼闇扶接者
无犯　上樹過人戒九十四　不得上樹過人頭除時因緣應當學　制緣者因比丘樹上受
夏安居於上大小便神嗔伺候欲斷其命根比丘舉過仏訶制戒犯相者可知　不犯者若
有如是等命梵等難得上過人頭及上即犯　擔杖絡囊戒九十五　不得絡囊盛鉢
貫杖頭著肩上而行應當學　制緣者因六群起過故仏制此戒　犯相可知不犯者或
有如是病或强力者逼或被縛或命梵難者无犯　人持杖不恭敬不應爲説法除
病應當學 九十六　人持劒不應爲説法除病應當學 九十七　人持牟不應爲説法除病

不得携手在道行應當學　初明制緣因六群携手道行遮他男女居士譏言沙
门无慙行如王臣豪貴長者比丘白佛佛制戒　犯相可知不犯者若有如是病或患眼闇杖擕者
无犯　上樹過人戒九十四不得上樹過人頭除時因緣應當學　制緣者因比丘樹上受
夏安居於上大小便神嗔伺便欲斷其命根比丘举過佛呵制戒犯相可知　不犯者若
有如是等命梵等難得上過人頭及上即犯　擔杖絡囊戒九十五　不得絡囊盛鉢
貫杖頭著肩上而行應當學　制緣者因六群赴過故佛制此戒　犯相可知不犯者或
有如是病或强力者逼或被縛或命梵難者无犯　人持杖不恭敬不應爲說法除
病應當學九十六　人持劒不應爲說法除病應當學九十七　人持手不應爲說法除病
應當學九十八　人持刀不應爲說法除病應當學九十九　人持蓋不應爲說法除病
應當學一百　諸大德我已說衆學戒法　此文結前百戒文今問諸大德是中清淨不如是三說
諸大德是中清淨默然故是事如是持　此是第三問前說戒中清淨以爲清淨問訖　若有犯不應聞故須三問
諸大德是七滅諍法半月半月說戒經中來　此明第八段七毗尼法就中文分為三一從七滅
至戒中來總舉數由二復若有諍事下至應除滅來明勸學滅諍法三從應与已下別列
七戒今此前句正當第一言七毗尼者是除已起之諍故就所滅爲名故曰七滅諍法上來百戒約
行威儀以彰應學　此舉衆法除諍滅罪以顯應學二當戒本並不舉所防直言應當學
若比丘有諍事起即應除滅　此當第二勸學滅諍於中分二初明諍事後弁除滅方
法就初分三列數釋名弁體言列數者諍有四種言覓犯事等　言釋名者律中云言諍
者多於十八事法非法乃至說非說等比丘共相鬪諍此事言語往来彼此紛貿因言諍事
而起諍故曰諍二言覓諍者若以三舉事破戒破見破威儀見聞疑相覓比丘罪共諫不安
求伴勢力安慰其意若據作憶念若安此事若不安此事不癡不犯名爲覓諍三言
犯諍者以犯七聚罪共起於諍名爲犯諍　四言事諍者因前三諍事而起於諍言弁體
者律文四諍通性三爲體　滅諍揵度第二言應除滅者前四諍以七法餘除故云七滅法
律云言諍以現前多人語二毗尼法滅覓諍以現念不癡罪處所四毗尼滅次犯諍以現前
自言如草覆地三毗尼法滅後事諍以七毗尼通滅其三諍各分上中下三品合明九種以事
一種應上三諍隨分九品應隨前中三種五種滅中下品對病就藥應善觀辨
應與現前毗尼當與現前毗尼　第三已下別列七戒此當第一就中分四一制緣因迦留
陀夷与六群各鬪者破衣而去後期破盜身不現前便作滅須羯磨迦留陀夷聞已白
佛佛呵制誡二釋名言法五法體非過去未集而相對故曰現前諍隨滅非故名毗尼三弁
相律云言現前者謂三法五法三法者法毗尼人五法者法毗尼人僧界等言法現前者所持
法滅諍者是言毗尼現前者所持毗尼滅諍者是言人現前者言義往反是言僧現前者
應來者來應与欲者与欲應訶者不訶是律云若別衆對首心念以三種現前滅若四人
已上僧法若作羯磨必須五法現前以羯磨所起必在作法故界唯除結界在自然處
四明其罪律云應与毗尼而不與者犯吉羅　應与憶念毗尼當与憶念毗尼
制緣者沓婆清人被謗醜鄉曾外彰為他所舉而致愁惱衆僧思當知其不犯彼言我

應與現前毗尼當與現前毗尼　第三已下別列七戒此是第一教中分四一標緣因過當
陀氏与六群各諍者破衣而去後鄰被盜身不現前便作滅須羯磨迦留陀夷聞已白
仏仏詗制法二釋名三法五法辨非過去未集而相對故曰現前諍法消弥故名毗尼三弁
相律云言現前者謂三法五法三法者法毗尼人五法者法毗尼人僧界等言法現前者所持
法滅諍者是言毗尼現前者所持毗尼滅諍者是言人現前者言議往返是言僧現前者
應來者來應与欲者与欲應呵者不呵是律云有別衆對首心念以三種現前滅有四人
已上僧法有作羯磨必須五法現前以羯磨所起必在作法故界准除結界在自然處
四明其罪　律云應与毗尼而不与者犯吉羅　應与憶念毗尼當与憶念毗尼
制緣者沓婆清人被謗醜響外彰為他所舉而發愆覺衆僧思審知其不犯彼言我
從生來乃至夢中不犯況於覺後僧作羯磨證彼清淨故言憶念憶念滅諍故曰憶念毗尼
罪相同前　應与不癡毗尼當与不癡毗尼　制緣者因難提比丘得癲狂病行來
出入不順威儀多犯衆罪後不遠比丘詰問數數所舉而發愆覺僧知彼人病時實作
不癡已來不犯誌過便爲白四羯磨證彼差已來無有實犯故曰不癡毗尼如前解釋犯
相亦同　應与自言治當与自言治　制緣者因仏教戒時中有比丘犯過隱藏不欲自
速疑須忍遍清衆仏所不許要令自說名種方行治罰即無愆覺故曰自言治餘義如上
應与多人語當与多人語　制緣者因諍比丘於十八事諍競不息遂至僧中斷不可得故仏
言應与多覓罪相法數非法數同在一處差比丘令行舍羅爲上座標首知人和上因
衆住如法地應顯露行舍羅若住非法地應覆藏耳語兩種行舍羅若非法數人多彼
應依礼起又律云應多求覓罪用多人知法者說爲正以靜邪正別人現前不能消弥要
須集僧諍儀校籌取知法者多人爲定故曰應与多人語　應与罪處所當与罪處所
制緣者因象力比丘与外道論議得切問時前後語相違僧中亦亦仏令僧衆作白四与彼
羯磨治取本罪奪卅五事若伏首本罪者應白四如法爲解故云比法又云實犯三根爲他所
舉前引後遠須与依法令自覓罪由來之故曰覓与覓罪相
應与如草覆地當与如草覆地　制緣者因衆僧諍經年難滅仏令二衆相對共識互
乞歡喜不說名種遍相識謝如草掩泥不行其足故曰草覆地故律云有四諍令僧不知衆
即應用七毗尼滅諍若懈怠不滅得吉羅惡心不滅得偷蘭罪各如律說
諸大德我已說七滅諍法今問諸大德是中清淨不 三說
事如是持　此總問前七滅中清淨不並結前文　始從四重終至七滅八段之文總明戒
教正宗皆謂犯略制戒廣補其教行者有當機益又云九問並言五篇以衆學与七滅同爲
爲篇但以衆別有殊故分爲二問上來自戒明白行威儀以彰應學七法據衆諍除滅罪
以顯應學故知同篇　諸大德我已說戒經序已說四波羅夷法已說十三僧伽婆尸
法已說二不定法已說卅尼薩耆波逸提法已說九十波逸提法已說四波羅提
舍尼法已說衆學戒法已說滅諍法此是仏所說戒經半月半月說戒經中來
此即廣教流通之文恐情疎放慢輕彼聖教不傳季世是以再敘諸篇結以示之
勸令不斷故曰流通　若更有仏法是中皆共和合應當學　此明略教列前並

諸大[illegible]說[illegible]今問諸大德是中清淨不　言大德是中清淨黙然故是
事如是持　此總問前七滅中清淨不，互結前文　始從四重終至七滅八段之文總明廣
教正宗，皆謂犯略制廣，備其教行，意有益機。又云九問互言五篇，以衆學与七滅同為
為篇，但以衆别有殊，故分為二。問上来百戒明自行戒儀以彰應學，七法樣衆静除滅罪
頭應學，故知同篇　諸大德，我已說戒經序，已說四波羅夷法，已說十三僧伽婆尸沙
法，已說二不定法，已說卅尼薩耆波逸提法，已說九十波逸提法，已說四波羅提提
舍尼法，已說衆學戒法，已說滅諍法，此是佛所說戒經，半月半月說戒經中来
此即廣教流通之文，恐情疎放捻權攸聖教不傳季世，是故再敘諸篇結以示之
勸令不斷，故曰流通　若更有佛法，是中皆共和合應學　此明略教，别序並廣教五
篇，准論身口二作斷元制意，而略教七偈通制心地。又云七佛創化利機未勞，龐頭
直擧制要，同皆會道，故須鈍根之徒知廣制教，並後得解利根之士唯樂略聞
今欲傳利鈍二徒，故陳廣略二教，故曰乃至應當學　已下明略教正宗
忍辱第一道　佛說無為最　出家惱他人　不名為沙門　此是毗婆尸如来
無所著等正覺說是戒經　於中文二，初偈明所制之教，後明教主。就前偈中先偈弁
忍行，次明無得後。就過非，故經說云忍辱出世因，得成佛果。劣人不依，非另為沙門。又經云出家
宜忍辱遠離諸煩惱，不久證无為，是真沙门行，見故勸行此二门　次明教主，賢劫前九十一
劫出興於世，百年中為无事故，略此偈以教弟子，後方廣說
譬如明眼人　能避險惡道　世有聰明人　能遠離諸惡　此中亦二，初偈示前兩
句喻，次後半偈合喻。明眼智慧，險道以喻三途，世人亦明眼不畏險路，出家亦爾，智慧常避惡
律儀，差依三善法速能證涅槃。第二明教主　此是尸棄如来无所著等正覺說是戒
經　此是賢劫前卅一劫出興於世，八十年中常說一偈略教，後乃廣說法门
不謗亦不嫉　當奉行於戒　飲食知止足　常樂在空閑　心定樂精進　是名諸
佛教　此偈半總明三善根，初兩句除嗔行，次兩句除貪行，次句癡行，後一句以教勸人，亦含
六度及三學，但以文句略而義通，皆有是，故說此教令彼會聖果　此是毗葉羅如来无所
著等正覺說是戒經　明教主此佛出世与前同劫，人壽七万歲，七十年前略說此偈，後乃廣
分别　譬如蜂采花　不壞色以香　但取其味去　比丘入聚然　不違戾他事
不觀作不作　但自觀身行　若作不作　此兩偈總明離譏自益行，前三喻況，後五句合喻
如蜂遊華不壞色，但取其味，喻比丘遊城，依正念但乞食，備解脫，初句合第四，第二
合第五，第二後之　此是隨葉如来無所著等正覺說是戒經　第二明教主此佛
賢劫興，人壽六万歲，六十年前常說略偈，後乃弁名種
心莫作放逸　聖法當勤學　如是无憂愁　心定入涅槃　此一偈總明三德，初句正要，次句
脩善，後二利益，故經說云以離諸放逸斷德義成，就脩諸聖法故智德志圓，滿究竟證寂
德皆周遍，以證斷德故法身義具足，智德具足故報身義成就，恩德周遍故化身能示
現，菩薩常脩此三，何況凡小不依行　此是拘那含牟尼如来无所著等正覺
說是戒經　第二明教主此佛賢劫前人壽四万歲時出興於世，卅年前常說一偈，後乃廣說
一切惡莫作　當奉行諸善　自淨其志意　是則諸佛教　此一偈文初句總明三業淨

不觀作不作　但自觀身行　……初句合第四第一

如蜂採華不壞色　但取其味故蜜去　比丘遊城依正念　但次乞食備解脫　初句合第四第二

合第五第二後二　此是俱樓孫如來無所著等正覺說是戒經　第二明教主　此仏

賢劫興人壽六万歲　六十年前常說略偈　後乃升名種

心莫作放逸　聖法當勤學　如是無憂愁　心定入涅槃　此一偈總明三德　初句止惡　次句

脩善　後二利益　故經說言　以離諸放逸　斷德義成就　修諸聖法　故智德意圓滿究竟證寂　故恩

德皆周遍　以證斷德　故法身義具足　以智德具足　故報身義成就　恩德周遍　故化身能示

現菩薩常修此三　何況凡小不依行　此是拘那含牟尼如來無所著等正覺

說是戒經　第二明教主　此仏賢劫前人壽四万歲時出興於世　卅年前常說一偈　後乃廣說

一切惡莫作　當奉行諸善　自淨其志意　是則諸佛教　此一偈文　初句總明三業淨

止　次句三業修善　此二句別明意業　後一句結教歸人　故經說言　諸仏同勸淨三業　若人能依

如是行　是名奉修諸仏教　此教能攝一切行　此是迦葉如來無所著等正覺說是

戒經　此明教主　此仏賢劫中為第三　人壽二万歲時出興　廿年前常說此偈　已後廣為

明說教　善護於口言　自淨其志意　身莫作諸惡　此三業道淨　能得如是行

是大仙人道　此偈文半　初句勸淨口　次句令淨意　此教身離過　次句結三善通讚淨業行

後兩句以教屬人　若人能淨業　是名依仏教　故曰大仙道　此是釋迦如來無所著等正覺　於

十二年中為無事僧說是戒經　從是已後廣分別說　此明教主　七仏初興　仏略教　能棲利根　無

犯　故不勞廣制　後因鈍根起有漏過　招世譏醜　即為廣制　釋迦諸弟子多生犯過　自以不

說　即與廣略二教付弟子說　故經云　諸仏同說淨三業　由此三業證菩提　雖有無量百

千行　皆入身口淨心中　是故須明略正宗　諸比丘自有法樂　樂沙門者　有慚有愧樂

學戒者　當於中學　此讚略教之流通也　已下十二偈文　即法護尊者所撰　為明廣

略二教總之流通　初兩偈升戒護利益　明人能護戒　能得三種樂　名譽及利養

死得生天上　當觀如是處　有智勤護戒　戒淨有智慧　便得第一道

就中分二　初偈明世間利益　次句明出世間利益　初中言明人護戒者　通升護戒利益　嬲子

論述戒護多種　且略引之　謂在心者名之為護　在身口者名之為戒　有護不畢有戒　有戒

其必是護　諸經廣明仏讚護戒　今乃略述七八　一者望生子　為民所救　護戒亦爾　必得

聖果　如紹王位　二者如月光漸漸圓滿　護戒亦爾　隨時增長諸善功德　乃至知見亦得圓

滿　三者如得摩尼真寶　所願皆從　護戒亦爾　欲生天人　乃至獲必定能得　四者如王一

子　愛惜彌倍　護戒亦爾　因護戒故必得成聖　五者如人一目　愛之甚重　護戒亦爾　由護戒故

遠離生死得涅槃　六者如貧遠行　愛惜資糧　護戒亦爾　守護戒故　便得惠命　七者

如國具事為王愛　此國護戒亦爾　於具眾德　是故聖共愛　八者如病得藥　堅勤護

而不棄　護亦爾　由戒離諸患　是故應勤護　諸經皆說戒　能說禪定　因之有為惠者

德並圓滿　便成於仏道　如過去諸仏　及以未來者　現在諸世尊　能勝一切憂

皆共尊敬戒　此是諸仏教　此一偈半證前護戒之文　三世諸如來猶尊於戒法　何況聲

聞而不護戒　諸仏因戒得勝處　報戒恩故常尊敬　一切聖道由戒得　故言是諸仏法　如欲多論

滿三者如得摩尼真寶所求皆從護戒亦爾欲生天夫乃至獲必定解脫四者如王一
子愛諸彼位護戒亦爾因護戒故必得成聖五者如人一目愛之甚重護戒亦爾由護戒故
遠離生死得涅槃六者如貧遠行愛少資粮護戒亦爾守護戒故便得惠命七者
如國具事為王愛此國護戒亦爾具衆德見故聖共愛八者如病得醫勤護
而不捨護戒亦爾由戒離諸患見故應勤護諸經皆說戒　能說禪定因定有智慧者
德為圓滿便成於仏道　如過去諸仏　及以未來者　現在諸世尊　能勝一切憂
皆共尊敬戒　此是諸仏教　此偈半證前護戒之文三世諸如來猶尊於戒法何況聲
聞而不護戒諸仏因戒得勝處報戒恩故常尊敬一切聖道由戒得故言是諸仏法如衣多論
廣分別戒是仏法平正地一切万善由戒增長諸仏弟子依戒住因戒能取涅槃故戒能嚴莊衆
賢聖是故同尊戒律法　已上明三世諸仏共尊敬戒是真法故　若有自為身　欲求於
仏道　當尊重正法　此是諸仏教　此偈文勸凡尊敬戒仏道因戒得戒由護持故
若護戒行者亦乃名護法故律秋云欲得五利當持戒建立正法及久住心无疑悔令
安慰遊化諸方而无閡是故勸令尊重戒　七仏為世尊　滅除諸結使
說是七戒經　諸縛得解脫　已入於涅槃　諸戲永滅盡　此偈半文引仏說偈
同讃及略教為證七仏說偈同讃戒勸諸弟子護三業令彼凡聖俱得道諸縛永
盡證涅槃　尊行大仙說　聖賢稱譽戒　弟子之所行　入寂滅涅槃
此偈勸尊釋迦教又引七仏證弟能同彼七仏諸弟子尊重師教不遠犯必能入於寂
涅槃一賢聖共稱譽持戒之行勝業故仏密意偏為傳廣說令彼速解脫
世尊涅槃時　興起於大悲　集諸比丘衆　與如是教戒　莫謂我涅槃　淨行者
无護　我今說戒經　亦善說毗尼　我雖般涅槃　當視如世尊　此兩句半文引
遺教勸持禁戒故經說言仏垂滅度世間无師向難啓請仏言汝能持戒是汝大師汝戒
在世无異此也乃至仏言我不滅度半月一來又云仏有二身應身雖去法身在世汝教戒
法即見法身汝能護戒便為護仏如飲水數重奇又大乘經文同此說當知持戒行者諸聖
共讚　此經久住世　佛法得熾盛　以是熾盛故　得入於涅槃　此偈明勸傳戒傳住故
善見云仏般阿難我滅度後有五法令正法久住一者毗尼是汝大師二者下至五人持律在
世三者中國十人邊地五人如法受戒四者清衆如法出罪五者比丘守護禁戒因此五法而令仏
住世五千年故知持戒因緣仏法熾盛故得入涅槃　若不持此戒　如所應布薩　喻如日沒
時　世界皆闇冥　此偈明緩戒之損故十誦云比丘廢學戒因此仏呵責乃由戒法故仏法久
住世　智度論云破戒之人人所不敬其處如塚人所不近如大病人雖被袈裟次第授壽齋
非比丘常懷怖懼我為仏賊四分律云破戒比丘有五種過一常自害二為智所訶三惡名流
布四臨終生悔　五死墮地獄　當護持是戒　如犛牛愛尾　和合一處坐　如仏之所說
此偈勸持戒如智度論說若求大利益當堅持禁戒之是諸德本出家之所要護如愛重
寶如護身命財若人无腳足遠涉无能遊无翅不能飛汝護持禁戒能涉涅槃路又云戒

BD00861號　四分律戒本疏卷四

(31–29)

世三者中國十人邊地五人如法受戒四者清衆如法出罪五者比丘守護尊戒因此五法令仏
住世五千年故知持戒因緣仏法熾盛以得入涅盤　若不持此戒　如所應布薩　喻如日沒
時　世界皆闇冥　此偈明毀戒之損故十誦云比丘廢學戒因此仏可責乃由戒法故仏法久
住世　爲度論云破戒之人一切不敬其處如塚人所不近如大病人雖披袈裟次第授壽實
非比丘常懷怖懼我爲仏賊四分律云破戒比丘有五種過一常自害二爲智者所訶三惡名流
布四臨終生悔五死墮地獄　當護持是戒　如犛牛愛尾　和合一處坐　如仏之所說
此偈勸持戒如智度論說若求大利益當堅持禁戒之是諸德本出家之所要護如惜重
寶如護身命如若人無脚足遠涉無能遊无翅不能飛如是護持禁戒能涉涅槃路又云戒
明日月亦如瓔珞珠戒日若沒時僧衆迷闇是故應護戒如仏所遺屬
我已說戒經　衆僧布薩竟　我今說戒經　所有諸功德　施一切衆生　皆共成
仏道　此偈明律主迴向功德法護尊者說戒已了因此即發大乘義位雖同彼二乘人根性即
是菩薩種所作功德皆迴施令彼法界共成仏

四分戒本疏卷第四

[illegible]是故[illegible]遺漏

我已說戒經　衆僧布薩竟　我今說戒經　所有諸功德　施一切衆生　皆共成

仏道　此偈明律主迴向功德法義尊者說戒已了因此即表大乘位雖同彼二乘人根性即

是菩薩種所作功德廣迴施令彼法界共成仏

四分戒本疏卷第四

是人則爲第一希有何以故此人无我相人相
衆生相壽者相所以者何我相即是非相人
相衆生相壽者相即是非相何以故離一切
諸相則名諸佛
佛告須菩提如是如是若復有人得聞是經
不驚不怖不畏當知是人甚爲希有何以故
須菩提如來說第一波羅蜜非第一波羅蜜
是名第一波羅蜜
須菩提忍辱波羅蜜如來說非忍辱波羅蜜
何以故須菩提如我昔爲歌利王割截身體
我於尒時无我相无人相无衆生相无壽者
相何以故我於往昔節節支解時若有我相
人相衆生相壽者相應生瞋恨須菩提又念
過去於五百世作忍辱仙人於尒所世无我相
无人相无衆生相无壽者相是故須菩提菩
薩應離一切諸相發阿耨多羅三藐三菩提
心不應住色生心不應住聲香味觸法生心

BD00862 號　金剛般若波羅蜜經　（10–1）

我於尒時无我相无人相无衆生相无壽者
相何以故我於往昔節節支解時若有我相
人相衆生相壽者相應生瞋恨須菩提又念
過去於五百世作忍辱仙人於尒所世无我相
无人相无衆生相无壽者相是故須菩提菩
薩應離一切諸相發阿耨多羅三藐三菩提
心不應住色生心不應住聲香味觸法生心
應生无所住心若心有住則爲非住是故佛
說菩薩心不應住色布施須菩提菩薩爲利
益一切衆生故應如是布施如來說一切諸
相即是非相又說一切衆生則非衆生須菩
提如來是眞語者實語者如語者不誑語者
不異語者須菩提如來所得法此法无實无
虛須菩提若菩薩心住於法而行布施如人
入闇則无所見若菩薩心不住於法而行布
施如人有目日光明照見種種色須菩提當
來之世若有善男子善女人能於此經受持
讀誦則爲如來以佛智慧悉知是人悉見
是人皆得成就无量无邊功德
須菩提若有善男子善女人初日分以恒河沙
等身布施中日分復以恒河沙等身布施
後日分亦以恒河沙等身布施如是无量百千
万億劫以身布施若復有人聞此經典信心
不逆其福勝彼何況書寫受持讀誦爲人解
說須菩提以要言之是經有不可思議不可
稱量无邊功德如來爲發大乘者說爲發最
上乘者說若有人能受持讀誦廣爲人說如

BD00862 號　金剛般若波羅蜜經　（10–2）

万億劫以身布施若復有人聞此經典信心
不逆其福勝彼何況書寫受持讀誦為人解
說須菩提以要言之是經有不可思議不可
稱量无邊功德如來為發大乘者說為發最
上乘者說若有人能受持讀誦廣為人說如
來悉知是人悉見是人皆得成就不可量不
可稱无有邊不可思議功德如是人等則為荷
擔如來阿耨多羅三藐三菩提何以故須菩
提若樂小法者著我見人見眾生見壽者
見則於此經不能聽受讀誦為人解說須菩
提在在處處若有此經一切世間天人阿脩
羅所應供養當知此處則為是塔皆應恭敬
作礼圍遶以諸華香而散其處
復次須菩提若善男子善女人受持讀誦此
經若為人輕賤是人先世罪業應墮惡道以今世
人輕賤故先世罪業則為消滅當得阿耨多羅
三藐三菩提須菩提我念過去无量阿僧祇
劫於然燈佛前得值八百四千万億那由他諸
佛悉皆供養承事无空過者若復有人於後
末世能受持讀誦此經所得功德於我所供
養諸佛功德百分不及一千万億分乃至筭
數譬喻所不能及須菩提若善男子善女
人於後末世有受持讀誦此經所得功德我若
具說者或有人聞心則狂亂狐疑不信須菩
提當知是經義不可思議果報亦不可思議
尒時須菩提白佛言世尊善男子善女人發
阿耨多羅三藐三菩提心云何應住云何降

BD00862 號　金剛般若波羅蜜經　（10–3）

人於後末世有受持讀誦此經所得功德我若
具說者或有人聞心則狂亂狐疑不信須菩
提當知是經義不可思議果報亦不可思議
尒時須菩提白佛言世尊善男子善女人發
阿耨多羅三藐三菩提心云何應住云何降
伏其心佛告須菩提善男子善女人發阿耨
多羅三藐三菩提者當生如是心我應滅度
一切眾生滅度一切眾生已而无有一眾生
實滅度者何以故若菩薩有我相人相眾生
相壽者相則非菩薩所以者何須菩提實无
有法發阿耨多羅三藐三菩提者須菩提於
意云何如來於然燈佛所有法得阿耨多羅
三藐三菩提不不也世尊如我解佛所說義
佛於然燈佛所无有法得阿耨多羅三藐三
菩提佛言如是如是須菩提實无有法如來
得阿耨多羅三藐三菩提須菩提若有法如
來得阿耨多羅三藐三菩提者然燈佛則不與
我授記汝於來世當得作佛号釋迦牟尼以
實无有法得阿耨多羅三藐三菩提是故然
燈佛與我授記作是言汝於來世當得作佛
号釋迦牟尼何以故如來者即諸法如義若
有人言如來得阿耨多羅三藐三菩提須菩
提實无有法佛得阿耨多羅三藐三菩提須
菩提如來所得阿耨多羅三藐三菩提於是
中无實无虛是故如來說一切法皆是佛法
須菩提所言一切法者即非一切法是故名

BD00862 號　金剛般若波羅蜜經　（10–4）

号釋迦牟尼何以故如來者即諸法如義若
有人言如來得阿耨多羅三藐三菩提須菩
提實无有法佛得阿耨多羅三藐三菩提須
菩提如來所得阿耨多羅三藐三菩提扵是
中无實无虛是故如來說一切法皆是佛法
須菩提所言一切法者即非一切法是故名
一切法須菩提譬如人身長大須菩提言世
尊如來說人身長大則為非大身是名大身
須菩提菩薩亦如是若作是言我當滅度无
量眾生則不名菩薩何以故須菩提實无有
法名為菩薩是故佛說一切法无我无人无
眾生无壽者須菩提若菩薩作是言我當
莊嚴佛土是不名菩薩何以故如來說莊嚴佛
土者即非莊嚴是名莊嚴須菩提若菩薩
通達无我法者如來說名真是菩薩
須菩提扵意云何如來有肉眼不如是世尊
如來有肉眼須菩提扵意云何如來有天眼
不如是世尊如來有天眼須菩提扵意云何
如來有慧眼不如是世尊如來有慧眼須菩
提扵意云何如來有法眼不如是世尊如來
有法眼須菩提扵意云何如來有佛眼不如
是世尊如來有佛眼須菩提扵意云何恒河
中所有沙佛說是沙不如是世尊如來說是
沙須菩提扵意云何如一恒河中所有沙有
如是沙等恒河是諸恒河所有沙數佛世界
如是寧為多不甚多世尊佛告須菩提尒所
國土中所有眾生若干種心如來悉知何以

BD00862 號　金剛般若波羅蜜經　（10–5）

是世尊如來有佛眼須菩提扵意云何恒河
中所有沙佛說是沙不如是世尊如來說是
沙須菩提扵意云何如一恒河中所有沙有
如是沙等恒河是諸恒河所有沙數佛世界
如是寧為多不甚多世尊佛告須菩提尒所
國土中所有眾生若干種心如來悉知何以
故如來說諸心皆為非心是名為心所以者
何須菩提過去心不可得現在心不可得未
來心不可得須菩提扵意云何若有人滿三
千大千世界七寶以用布施是人以是因緣
得福多不如是世尊此人以是因緣得福甚
多須菩提若福德有實如來說得福德多
以福德无故如來說得福德多
須菩提扵意云何佛可以具足色身見不不
也世尊如來不應以具足色身見何以故如來
說具足色身即非具足色身是名具足色身
須菩提扵意云何如來可以具足諸相見不不
也世尊如來不應以具足諸相見何以故如
來說諸相具足即非具足是名諸相具足須
菩提汝勿謂如來作是念我當有所說法
莫作是念何以故若人言如來有所說法即
為謗佛不能解我所說故須菩提說法者
无法可說是名說法須菩提白佛言世尊佛得
阿耨多羅三藐三菩提為无所得耶如是如
是須菩提我扵阿耨多羅三藐三菩提乃至
无有少法可得是名阿耨多羅三藐三菩提

BD00862 號　金剛般若波羅蜜經　（10–6）

莫作是念何以故若人言如来有所說法即
為謗佛不能解我所說故須菩提說法者
无法可說是名說法須菩提白佛言世尊佛得
阿耨多羅三藐三菩提為无所得耶如是如
是須菩提我於阿耨多羅三藐三菩提乃至
无有少法可得是名阿耨多羅三藐三菩提
復次須菩提是法平等无有高下是名阿耨
多羅三藐三菩提以无我无人无眾生无壽
者修一切善法則得阿耨多羅三藐三菩提
須菩提所言善法者如来說非善法是名善
法須菩提若三千大千世界中所有諸須弥
山王如是等七寶聚有人持用布施若人以此
般若波羅蜜經乃至四句偈等受持讀誦
為他人說於前福德百分不及一百千万億分
乃至筭數譬喻所不能及
須菩提於意云何汝等勿謂如来作是念我
當度眾生須菩提莫作是念何以故實无有
眾生如来度者若有眾生如来度者如来
則有我人眾生壽者須菩提如来說有我者
則非有我而凡夫之人以為有我須菩提凡夫
者如来說則非凡夫須菩提於意云何可以
三十二相觀如来不須菩提言如是如是以三
十二相觀如来佛言須菩提若以三十二
相觀如来者轉輪聖王則是如来須菩提白
佛言世尊如我解佛所說義不應以三十

則非有我而凡夫之人以為有我須菩提凡夫
者如来說則非凡夫須菩提於意云何可以
三十二相觀如来不須菩提言如是如是以三
十二相觀如来佛言須菩提若以三十二
相觀如来者轉輪聖王則是如来須菩提白
佛言世尊如我解佛所說義不應以三十
二相觀如来尒時世尊而說偈言
若以色見我　以音聲求我　是人行邪道　不能見如来
須菩提汝若作是念如来不以具足相故得
阿耨多羅三藐三菩提須菩提莫作是念
如来不以具足相故得阿耨多羅三藐三菩提
須菩提汝若作是念發阿耨多羅三藐三菩
提者說諸法斷滅相莫作是念何以故發阿
耨多羅三藐三菩提者於法不說斷滅相須
菩提若菩薩以滿恒河沙等世界七寶持用
布施若復有人知一切法无我得成於忍此
菩薩勝前菩薩所得功德何以故須菩提以
諸菩薩不受福德故須菩提白佛言世尊云
何菩薩不受福德須菩提菩薩所作福德不
應貪著是故說不受福德須菩提若有人
言如来若来若去若坐若卧是人不解我所
說義何以故如来者无所從来亦无所去故名
如来須菩提若善男子善女人以三千大千
世界碎為微塵於意云何是微塵眾寧為
多不甚多世尊何以故若是微塵眾實有
者佛則不說是微塵眾所以者何佛說微塵眾
則非微塵眾是名微塵眾世尊如来所說三千

言如來若來若去若坐若卧是人不解我所
說義何以故如來者无所從來亦无所去故名
如來須菩提若善男子善女人以三千大千
世界碎爲微塵於意云何是微塵衆寧爲
多不甚多世尊何以故若是微塵衆實有
者佛則不說是微塵衆所以者何佛說微塵衆
則非微塵衆是名微塵衆世尊如來所說三千
大千世界則非世界是名世界何以故若世
界實有者則是一合相如來說一合相則非
一合相是名一合相須菩提一合相者則是
不可說但凡夫之人貪著其事須菩提若人
言佛說我見人見衆生見壽者見須菩提於
意云何是人解我所說義不不也世尊是人
不解如來所說義何以故世尊說我見人見
衆生見壽者見即非我見人見衆生見壽
者見是名我見人見衆生見壽者見須菩提
發阿耨多羅三藐三菩提心者於一切法應如
是知如是見如是信解不生法相須菩提所
言法相者如來說即非法相是名法相須菩
提若有人以滿无量阿僧祇世界七寶持用
布施若有善男子善女人發菩薩心者持於
此經乃至四句偈等受持讀誦爲人演說其
福勝彼云何爲人演說不取於相如如不動
何以故
一切有爲法　如夢幻泡影　如露亦如電　應作如是觀
佛說是經已長老須菩提及諸比丘比丘尼
優婆塞優婆夷一切世間天人阿修羅聞佛
所說皆大歡喜信受奉行

BD00862號　金剛般若波羅蜜經　（10–9）

是知如是見如是信解不生法相須菩提所
言法相者如來說即非法相是名法相須菩
提若有人以滿无量阿僧祇世界七寶持用
布施若有善男子善女人發菩薩心者持於
此經乃至四句偈等受持讀誦爲人演說其
福勝彼云何爲人演說不取於相如如不動
何以故
一切有爲法　如夢幻泡影　如露亦如電　應作如是觀
佛說是經已長老須菩提及諸比丘比丘尼
優婆塞優婆夷一切世間天人阿修羅聞佛
所說皆大歡喜信受奉行
金剛般若波羅蜜經

BD00862號　金剛般若波羅蜜經　（10–10）

大乘无量壽經
我聞一時薄伽梵在舍衛國祇樹給孤獨園與大苾蒭僧千二百五十人大菩薩摩訶薩衆俱
世尊告曼殊室利童子曼殊上方有世界名无量功德聚彼土有佛号无量智決定
多羅三藐三菩提現為衆生開示說法曼殊諦聽南閻浮提人皆短壽大限百
年於中枉橫死者衆殊如是无量壽如來功德名稱法要若有衆生得聞名号若自書或使
人書能為經卷受持讀誦若於宅舍所住之處以種種花鬘瓔珞塗香末香而為供養如其
命盡復得延年滿足百歲如是曼殊若有衆生得聞是无量壽智決定王如來一百八名号者
其長壽若有衆生大命將盡憶念是如來名号更得增壽如是曼殊若有衆生
壽多人欲求長命於是无量壽如來一百八名号有得聞者或自書若使人書受持讀
誦得如是等果報福德具足陀羅尼曰　南謨薄伽勃底一阿波唎蜜多二阿喻
紇硯娜三須毗你悉指陀四羅佐耶五怛他羯他耶六怛姪他唵七薩婆桒悉迦羅八波唎輸底九達磨
底十伽迦娜十一莎訶其持迦底十二薩婆娑毗輸底十三摩訶娜耶十四波唎婆嚟莎訶十五
世尊復告曼殊室利如是如來一百八名号若有自書或使人書為經卷受持讀誦如
壽命盡復滿百年壽終此身後得往生无量福智世界无量壽淨土陀羅尼曰
南謨薄伽勃底一阿波唎蜜多二阿喻紇硯娜三須毗你悉指陀四羅佐耶五怛他羯他耶六怛姪
他唵七薩婆桒悉迦羅八波唎輸底九達磨底十伽迦娜十一莎訶其持迦底十二薩婆娑毗輸底十三
摩訶娜耶十四波唎婆嚟莎訶十五　爾時復有九十九殑伽沙等時同聲說是无量壽宗要經

BD00863號　無量壽宗要經

（6–1）

紇硯娜三須毗你悉指陀四羅佐耶五怛他羯他耶六怛姪他唵七薩婆桒悉迦羅八波唎輸底九達磨
底十伽迦娜十一莎訶其持迦底十二薩婆娑毗輸底十三摩訶娜耶十四波唎婆嚟莎訶十五
世尊復告曼殊室利如是如來一百八名号若有自書或使人書為經卷受持讀誦如
壽命盡復滿百年壽終此身後得往生无量福智世界无量壽淨土陀羅尼曰
南謨薄伽勃底一阿波唎蜜多二阿喻紇硯娜三須毗你悉指陀四羅佐耶五怛他羯他耶六怛姪
他唵七薩婆桒悉迦羅八波唎輸底九達磨底十伽迦娜十一莎訶其持迦底十二薩婆娑毗輸底十三
摩訶娜耶十四波唎婆嚟莎訶十五　爾時復有九十九殑伽沙等時同聲說是无量壽宗要經
陀羅尼曰　南謨薄伽勃底一阿波唎蜜多二阿喻紇硯娜三須毗你悉指陀四羅佐耶五
怛他羯他耶六怛姪他唵七薩婆桒悉迦羅八波唎輸底九達磨底十伽迦娜十一莎訶其持迦底十二薩婆娑毗輸
底十三摩訶娜耶十四波唎婆嚟莎訶十五　爾時復有一百四殑伽一時同聲說是无量壽宗要經陀羅
尼曰　南謨薄伽勃底一阿波唎蜜多二阿喻紇硯娜三須毗你悉指陀四羅佐耶五怛他羯他耶六怛
姪他唵七薩婆桒悉迦羅八波唎輸底九達磨底十伽迦娜十一莎訶其持迦底十二薩婆娑毗輸底十三摩訶
娜耶十四波唎婆嚟莎訶十五　爾時復有七殑伽一時同聲說是无量壽宗要經陀羅尼曰
南謨薄伽勃底一阿波唎蜜多二阿喻紇硯娜三須毗你悉指陀四羅佐耶五怛他羯他耶六怛姪他唵七
薩婆桒悉迦羅八波唎輸底九達磨底十伽迦娜十一莎訶其持迦底十二薩婆娑毗輸底十三摩訶
娜耶十四波唎婆嚟莎訶十五　爾時復有六十五殑伽一時同聲說是无量壽宗要經陀羅尼曰
南謨薄伽勃底一阿波唎蜜多二阿喻紇硯娜三須毗你悉指陀四羅佐耶五怛他羯他耶六怛姪他唵七薩婆
桒悉迦羅八波唎輸底九達磨底十伽迦娜十一莎訶其持迦底十二薩婆娑毗輸底十三摩訶娜耶十四波唎
婆嚟莎訶十五　爾時復有五十五殑伽一時同聲說是无量壽宗要經陀羅尼曰
南謨薄伽勃底一阿波唎蜜多二阿喻紇硯娜三須毗你悉指陀四羅佐耶五怛他羯他耶六怛姪
他唵七薩婆桒悉迦羅八波唎輸底九達磨底十伽迦娜十一莎訶其持迦底十二薩婆娑毗輸底十三
摩訶娜耶十四波唎婆嚟莎訶十五　爾時復有四十五殑伽一時同聲說是无量壽宗要經陀羅
尼曰　南謨薄伽勃底一阿波唎蜜多二阿喻紇硯娜三須毗你悉指陀四羅佐耶五怛他羯他耶六怛
姪他唵七薩婆桒悉迦羅八波唎輸底九達磨底十伽迦娜十一莎訶其持迦底十二薩婆娑毗輸底十三摩訶
娜耶十四波唎婆嚟莎訶十五　爾時復有三十六殑伽一時同聲說是无量壽宗要經陀羅尼曰
南謨薄伽勃底一阿波唎蜜多二阿喻紇硯娜三須毗你悉指陀四羅佐耶五怛他羯他耶六怛姪他唵七薩婆
桒悉迦羅八波唎輸底九達磨底十伽迦娜十一莎訶其持迦底十二薩婆娑毗輸底十三摩訶娜耶十四
波唎婆嚟莎訶十五　爾時復有二十五殑伽一時同聲說是无量壽宗要經陀羅尼曰
南謨薄伽勃底一阿波唎蜜多二阿喻紇硯娜三須毗你悉指陀四羅佐耶五怛他羯他耶六怛姪他唵七薩婆桒
悉迦羅八波唎輸底九達磨底十伽迦娜十一莎訶其持迦底十二薩婆娑毗輸底十三摩訶娜耶十四波唎婆
嚟莎訶十五　爾時復有恒河沙殑伽一時同聲說是无量壽宗要經陀羅尼曰

BD00863號　無量壽宗要經

（6–2）

娜耶十四波唎婆黀莎訶十五　尒時復有三十六姟佛一時同聲說是无量壽宗要經陁羅尼曰
南謨薄伽勃底一阿波唎蜜哆二阿喻紇硯娜三須毗你悉指陁四囉佐耶五怛他羯他耶六怛姪他唵七薩婆
桑悉迦囉八波唎輸底九達磨底十伽伽娜十一莎訶某持伽底十二薩婆婆毗輸底十三摩訶娜耶十四
波唎婆黀莎訶十五　尒時復有二十五姟佛一時同聲說是无量壽宗要經陁羅尼曰
南謨薄伽勃底一阿波唎蜜哆二阿喻紇硯娜三須毗你悉指陁四囉佐耶五怛他羯他耶六怛姪他唵七薩婆桑
悉迦囉八波唎輸底九達磨底十伽伽娜十一莎訶某持伽底十二薩婆婆毗輸底十三摩訶娜耶十四波唎婆
黀莎訶十五　尒時復有恒河沙姟佛一時同聲說是无量壽宗要經陁羅尼曰
南謨薄伽勃底一阿波唎蜜哆二阿喻紇硯娜三須毗你悉指陁四囉佐耶五怛他羯他耶六怛姪他唵七薩婆桑
悉迦囉八波唎輸底九達磨底十伽伽娜十一莎訶某持伽底十二薩婆婆毗輸底十三摩訶娜耶十四波唎
婆黀莎訶十五　善男子若有自書寫教人書寫是无量壽宗要經如其命盡復得長壽而滿
百年陁羅尼曰　南謨薄伽勃底一阿波唎蜜哆二阿喻紇硯娜三須毗你悉指陁四
囉佐耶五怛他羯他耶六怛姪他唵七薩婆桑悉迦囉八波唎輸底九達磨底十伽伽娜十一莎訶某持
伽底十二薩婆婆毗輸底十三摩訶娜耶十四波唎婆黀莎訶十五　若有自書寫教人
書寫是无量壽宗要經讀誦受持畢竟不墮地獄在在所生得宿命智陁羅尼曰
南謨薄伽勃底一阿波唎蜜哆二阿喻紇硯娜三須毗你悉指陁四囉佐耶五怛他羯他耶六怛姪他唵七薩婆
桑悉迦囉八波唎輸底九達磨底十伽伽娜十一莎訶某持伽底十二薩婆婆毗輸底十三摩訶娜耶十四波唎
婆黀莎訶十五　若有自書寫教人書寫是无量壽宗要經受持讀誦如同書寫八万四千一
切經典陁羅尼曰　南謨薄伽勃底一阿波唎蜜哆二阿喻紇硯娜三須毗你悉指陁四囉
佐耶五怛他羯他耶六怛姪他唵七薩婆桑悉迦囉八波唎輸底九達磨底十伽伽娜十一莎訶某持伽
底十二薩婆婆毗輸底十三摩訶娜耶十四波唎婆黀莎訶十五　若有自書寫教人書
寫是无量壽宗要經即是書寫八万四千部建立塔廟陁羅尼曰　南謨薄伽勃
底一阿波唎蜜哆二阿喻紇硯娜三須毗你悉指陁四囉佐耶五怛他羯他耶六怛姪他唵七薩婆桑悉迦
囉八波唎輸底九達磨底十伽伽娜十一莎訶某持伽底十二薩婆婆毗輸底十三摩訶娜耶十四波唎婆
黀莎訶十五　若有自書寫教人書寫是无量壽宗要經能消五无間等一切重罪陁羅尼曰
南謨薄伽勃底一阿波唎蜜哆二阿喻紇硯娜三須毗你悉指陁四囉佐耶五怛他羯他耶六怛姪他
唵七薩婆桑悉迦囉八波唎輸底九達磨底十伽伽娜十一莎訶某持伽底十二薩婆婆毗輸底十三摩
訶娜耶十四波唎婆黀莎訶十五　若有自書寫教人書寫是无量壽宗要經受持讀誦
設有重罪猶如須彌盡能除滅陁羅尼曰　南謨薄伽勃底一阿波唎蜜哆二阿喻紇硯娜三
須毗你悉指陁四囉佐耶五怛他羯他耶六怛姪他唵七薩婆桑悉迦囉八波唎輸底九達磨底十伽伽娜十一莎訶
某持伽底十二薩婆婆毗輸底十三摩訶娜耶十四波唎婆黀莎訶十五　若有自書寫教人書寫

BD00863號　無量壽宗要經　（6–3）

黀莎訶十五　若有自書寫教人書寫是无量壽宗要經能消五无間等一切重罪陁羅尼曰
南謨薄伽勃底一阿波唎蜜哆二阿喻紇硯娜三須毗你悉指陁四囉佐耶五怛他羯他耶六怛姪他
唵七薩婆桑悉迦囉八波唎輸底九達磨底十伽伽娜十一莎訶某持伽底十二薩婆婆毗輸底十三摩
訶娜耶十四波唎婆黀莎訶十五　若有自書寫教人書寫是无量壽宗要經受持讀誦
設有重罪猶如須彌盡能除滅陁羅尼曰　南謨薄伽勃底一阿波唎蜜哆二阿喻紇硯娜三
須毗你悉指陁四囉佐耶五怛他羯他耶六怛姪他唵七薩婆桑悉迦囉八波唎輸底九達磨底十伽伽娜十一莎訶
某持伽底十二薩婆婆毗輸底十三摩訶娜耶十四波唎婆黀莎訶十五　若有自書寫教人書寫
是无量壽宗要經受持讀誦若魔魔之眷属夜叉羅剎不得其便終无枉死陁羅尼
曰　南謨薄伽勃底一阿波唎蜜哆二阿喻紇硯娜三須毗你悉指陁四囉佐耶五怛他羯
他耶六怛姪他唵七薩婆桑悉迦囉八波唎輸底九達磨底十伽伽娜十一莎訶某持伽底十二薩婆婆
毗輸底十三摩訶娜耶十四波唎婆黀莎訶十五　若有自書寫教人書寫是无量壽宗要經
受持讀誦當命終時有九十九姟佛現其人前衆千佛授手能遊一切佛剎莫於經生於
疑惑陁羅尼曰　南謨薄伽勃底一阿波唎蜜哆二阿喻紇硯娜三須毗你悉指陁四囉佐耶五
怛他羯他耶六怛姪他唵七薩婆桑悉迦囉八波唎輸底九達磨底十伽伽娜十一莎訶某持伽底十二薩婆
婆毗輸底十三摩訶娜耶十四波唎婆黀莎訶　若有自書寫教人書寫是无量壽宗要經受
持讀誦常得四天大王隨其衛護陁羅尼曰　南謨薄伽勃底一阿波唎蜜哆二阿喻
紇硯娜三須毗你悉指陁四囉佐耶五怛他羯他耶六怛姪他唵七薩婆桑悉迦囉八波唎輸底九達
磨底十伽伽娜十一莎訶某持伽底十二薩婆婆毗輸底十三摩訶娜耶十四波唎婆黀莎訶十五
若有自書寫教人書寫是无量壽宗要經受持讀誦當得往生西方極樂世界阿彌陁淨土
陁羅尼曰　南謨薄伽勃底一阿波唎蜜哆二阿喻紇硯娜三須毗你悉指陁四囉佐耶五怛他
羯他耶六怛姪他唵七薩婆桑悉迦囉八波唎輸底九達磨底十伽伽娜十一莎訶某持伽底十二薩婆婆毗
輸底十三摩訶娜耶十四波唎婆黀莎訶十五　若有方所自書寫使人書寫是无量
壽經典之處則為是塔皆應恭敬作礼若是畜生或為鳥獸得聞是經如是等類皆當
不久得成一切種智陁羅尼曰　南謨薄伽勃底一阿波唎蜜哆二阿喻紇硯娜三須毗你悉
指陁四囉佐耶五怛他羯他耶六怛姪他唵七薩婆桑悉迦囉八波唎輸底九達磨底十伽伽娜十一莎訶
某持伽底十二薩婆婆毗輸底十三摩訶娜耶十四波唎婆黀莎訶十五
若有於是无量壽經自書寫若使人書畢竟不受女人之身陁羅尼曰　南謨薄伽
勃底一阿波唎蜜哆二阿喻紇硯娜三須毗你悉指陁四囉佐耶五怛他羯他耶六怛姪他唵七薩婆桑悉
迦囉八波唎輸底九達磨底十伽伽娜十一莎訶某持伽底十二薩婆婆毗輸底十三摩訶娜耶十四波唎婆
黀莎訶十五　若有能於是經少分能惠施者等於三千大千世界滿中七寶布施陁

BD00863號　無量壽宗要經　（6–4）

不久得成一切種智陀羅尼曰　南謨薄伽勃底一阿波唎蜜多二阿喻紇硯娜三須毗你悲
指陀四囉佐耶五怛他羯他耶六怛姪他唵七薩婆桑悉迦囉八波唎輸底九達磨底十伽迦娜十一莎訶
某持迦底十二薩婆婆毗輸底十三摩訶娜耶十四波唎婆麗莎訶十五
若有於是无量壽經自書寫若使人書畢竟不受女人之身陀羅尼曰　南謨薄伽
勃底一阿波唎蜜多二阿喻紇硯娜三須毗你悲指陀四囉佐耶五怛他羯他耶六怛姪他唵七薩婆桑悉
迦囉八波唎輸底九達磨底十伽迦娜十一莎訶某持迦底十二薩婆婆毗輸底十三摩訶娜耶十四波唎婆
麗莎訶十五　若有能於是經少分能惠施者等於三千大千世界滿中七寶布施陀
羅尼曰　南謨薄伽勃底一阿波唎蜜多二阿喻紇硯娜三須毗你悲指陀四囉佐耶五怛他羯他
耶六怛姪他唵七薩婆桑悉迦囉八波唎輸底九達磨底十伽迦娜十一莎訶某持迦底十二薩婆婆
毗輸底十三摩訶娜耶十四波唎婆麗莎訶十五　若有能供養是經者則是供養一切諸
經等无有異陀羅尼曰　南謨薄伽勃底一阿波唎蜜多二阿喻紇硯娜三須毗你悲指陀
囉佐耶五怛他羯他耶六怛姪他唵七薩婆桑悉迦囉八波唎輸底九達磨底十伽迦娜十一莎訶某持迦
底十二薩婆婆毗輸底十三摩訶娜耶十四波唎婆麗莎訶十五　如是毗婆尸佛尸棄佛毗舍浮佛
俱留孫佛俱那含牟尼佛迦葉佛釋迦牟尼佛　若有人以七寶供養如是七佛其
福有限書寫受持是无量壽經典所有功德不可限量陀羅尼曰　南謨薄伽勃底
阿波唎蜜多二阿喻紇硯娜三須毗你悲指陀四囉佐耶五怛他羯他耶六怛姪他唵七薩婆桑悉迦囉八
波唎輸底九達磨底十伽迦娜十一莎訶某持迦底十二薩婆婆毗輸底十三摩訶娜耶十四波唎婆
麗莎訶十五　若有七寶等於須弥山布施其福上能知其限量是无量壽經典
其福不可知數陀羅尼曰　南謨伽勃底一阿波唎蜜多二阿喻紇硯娜三須毗你悲指陀四
囉佐耶五怛他羯他耶六怛姪他唵七薩婆桑悉迦囉八波唎輸底九達磨底十伽迦娜十一莎訶某持
迦底十二薩婆婆毗輸底十三摩訶娜耶十四波唎婆麗莎訶十五　如是四大海水可知滴數是无量
壽經典所生果報不可數量陀羅尼曰　南謨薄伽勃底一阿波唎蜜多二阿喻紇硯娜三
須毗你悲指陀四囉佐耶五怛他羯他耶六怛姪他唵七薩婆桑悉迦囉八波唎輸底九達磨底十伽迦娜十一莎訶
某持迦底十二薩婆婆毗輸底十三摩訶娜耶十四波唎婆麗莎訶十五　若有自書使人書寫是
无量壽經典又能讚持供養即如恭敬供養一切十方佛土如來无有異別陀羅尼曰
南謨薄伽勃底一阿波唎蜜多二阿喻紇硯娜三須毗你悲指陀四囉佐耶五怛他羯他耶六怛姪他唵七薩婆
桑悉迦囉八波唎輸底九達磨底十伽迦娜十一莎訶某持迦底十二薩婆婆毗輸底十三摩訶娜耶十四波唎
婆麗莎訶十五　布施力能成正覺　悟布施力人師子　布施力能聲普聞　慈悲階漸最能入
持戒力能成正覺　悟持戒力人師子　持戒力能聲普聞　慈悲階漸最能入
忍辱力能成正覺　悟忍辱力人師子　忍辱力能聲普聞　慈悲階漸最能入

BD00863 號　無量壽宗要經　（6–5）

囉佐耶五怛他羯他耶六怛姪他唵七薩婆桑悉迦囉八波唎輸底九達磨底十伽迦娜十一莎訶某持
迦底十二薩婆婆毗輸底十三摩訶娜耶十四波唎婆麗莎訶十五　如是四大海水可知滴數是无量
壽經典所生果報不可數量陀羅尼曰　南謨薄伽勃底一阿波唎蜜多二阿喻紇硯娜三
須毗你悲指陀四囉佐耶五怛他羯他耶六怛姪他唵七薩婆桑悉迦囉八波唎輸底九達磨底十伽迦娜十一莎訶
某持迦底十二薩婆婆毗輸底十三摩訶娜耶十四波唎婆麗莎訶十五　若有自書使人書寫是
无量壽經典又能讚持供養即如恭敬供養一切十方佛土如來无有異別陀羅尼曰
南謨薄伽勃底一阿波唎蜜多二阿喻紇硯娜三須毗你悲指陀四囉佐耶五怛他羯他耶六怛姪他唵七薩婆
桑悉迦囉八波唎輸底九達磨底十伽迦娜十一莎訶某持迦底十二薩婆婆毗輸底十三摩訶娜耶十四波唎
婆麗莎訶十五　布施力能成正覺　悟布施力人師子　布施力能聲普聞　慈悲階漸最能入
持戒力能成正覺　悟持戒力人師子　持戒力能聲普聞　慈悲階漸最能入
忍辱力能成正覺　悟忍辱力人師子　忍辱力能聲普聞　慈悲階漸最能入
精進力能成正覺　悟精進力人師子　精進力能聲普聞　慈悲階漸最能入
禪定力能成正覺　悟禪定力人師子　禪定力能聲普聞　慈悲階漸最能入
智慧力能成正覺　悟智慧力人師子　智慧力能聲普聞　慈悲階漸最能入
尒時如來說是經已一切世間天人阿脩羅揵闥婆等聞佛所說皆大歡喜信受奉行
佛說无量壽宗要經　氾子昇寫

BD00863 號　無量壽宗要經　（6–6）

其家甚大富 具設諸餚膳 以无價寶珠 繫著
默與而捨去 時卧不覺知 是人既已起 遊行詣他國
求衣食自濟 資生甚艱難 得少便為足 更不願好者
不覺内衣裏 有无價寶珠 與珠之親友 後見此貧人
苦切責之已 示以所繫珠 貧人見此珠 其心大歡喜
富有諸財物 五欲而自恣 我等亦如是 世尊於長夜
常愍見教化 令種无上願 我等无智故 不覺亦不知
得少涅槃分 自足不求餘 今佛覺悟我 言非實滅度
得佛无上慧 尒乃為真滅 我今從佛聞 授記莊嚴事
及轉次受決 身心遍歡喜

妙法蓮華經授學无學人記品第九

尒時阿難羅睺羅而作是念 我等每自思惟
設得受記不亦快乎 即從座起 到於佛前 頭面
礼足 俱白佛言 世尊 我等於此亦應有分 唯
有如來 我等所歸 又我等為一切世間天
人阿脩羅所見知識 阿難常為侍者 護持法
藏 羅睺羅是佛之子 若佛見授阿耨多羅三
藐三菩提記者 我願既滿 衆望亦足 尒時有
學无學聲聞弟子二千人 皆從座起 偏袒右

BD00864 號　妙法蓮華經卷四　（5–1）

設得受記不亦快乎 即從座起 到於佛前 頭面
礼足 俱白佛言 世尊 我等於此亦應有分 唯
有如來 我等所歸 又我等為一切世間天
人阿脩羅所見知識 阿難常為侍者 護持法
藏 羅睺羅是佛之子 若佛見授阿耨多羅三
藐三菩提記者 我願既滿 衆望亦足 尒時有
學无學聲聞弟子二千人 皆從座起 偏袒右
肩 到於佛前 一心合掌 瞻仰世尊 如阿難羅
睺羅所願 住立一面 尒時佛告阿難 汝於來世
當得作佛 号山海慧自在通王如來 應供 正
遍知 明行足 善逝 世間解 无上士 調御丈夫
天人師 佛 世尊 當供養六十二億諸佛 護持
法藏 然後得阿耨多羅三藐三菩提 教化二
十千萬億恒河沙諸菩薩等 令成阿耨多
羅三藐三菩提 國名常立勝幡 其土清淨 瑠
璃為地 劫名妙音遍滿 其佛壽命无量千萬
億阿僧祇劫 若人於千萬億无量阿僧祇劫
中筭數校計 不能得知 正法住世倍於壽命
像法住世復倍正法 阿難 是山海慧自在通王
佛 為十方无量千萬億恒河沙等諸佛如來所
共讚歎 稱其功德 尒時世尊欲重宣此義 而說
偈言
我今僧中說 阿難持法者 當供養諸佛 然後成正覺
号曰山海慧 自在通王佛 其國土清淨 名常立勝幡
教化諸菩薩 其數如恒沙 佛有大威德 名聞滿十方
壽命无有量 以愍衆生故 正法倍壽命 像法復倍是
如恒河沙等 无量諸衆生 於此佛法中 種佛道因緣

BD00864 號　妙法蓮華經卷四　（5–2）

共讃歎稱其功徳尒時世尊欲重宣此義而說
偈言
我今僧中說　阿難持法者　當供養諸佛　然後成正覺
号曰山海慧　自在通王佛　其國土清淨　名常立勝幡
教化諸菩薩　其數如恒沙　佛有大威徳　名聞滿十方
壽命无有量　以愍衆生故　正法倍壽命　像法復倍是
如恒河沙等　无量諸衆生　於此佛法中　種佛道因緣
尒時會中新發意菩薩八千人咸作是念我
等尚不聞諸大菩薩得如是記有何因緣而
諸聲聞得如是決尒時世尊知諸菩薩心之
所念而告之曰諸善男子我與阿難等於空王
佛所同時發阿耨多羅三藐三菩提心阿難
常樂多聞我常勤精進是故我已得成阿耨多
羅三藐三菩提而阿難護持我法亦護將來
諸佛法藏教化成就諸菩薩衆其本願如
是故獲斯記阿難面於佛前自聞授記及國土
莊嚴所願具足心大歡喜得未曾有即時
憶念過去无量千萬億諸佛法藏通達无㝵
如今所聞亦識本願尒時阿難而說偈言
世尊甚希有　令我念過去　无量諸佛法　如今日所聞
我今无復疑　安住於佛道　方便為侍者　護持諸佛法
尒時佛告羅睺羅汝於來世當得作佛号蹈七
寶華如來應供正遍知明行足善逝世間
解无上士調御丈夫天人師佛世尊當供
養十世界微塵等數諸佛如來常為諸佛
而作長子猶如今也是蹈七寶華佛國土莊

BD00864 號　妙法蓮華經卷四　（5–3）

我今无復疑　安住於佛道　方便為侍者　護持諸佛法
尒時佛告羅睺羅汝於來世當得作佛号蹈七
寶華如來應供正遍知明行足善逝世間
解无上士調御丈夫天人師佛世尊當供
養十世界微塵等數諸佛如來常為諸佛
而作長子猶如今也是蹈七寶華佛國土莊
嚴壽命劫數所化弟子正法像法亦如山海
慧自在通王如來无異亦為此佛而作長子
過是已後當得阿耨多羅三藐三菩提尒時
世尊欲重宣此義而說偈言
我為太子時　羅睺羅長子　我今成佛道　受法為法子
於未來世中　見无量億佛　皆為其長子　一心求佛道
羅睺羅密行　唯我能知之　現為我長子　以示諸衆生
无量億千萬　功徳不可數　安住於佛法　以求无上道
尒時世尊見學无學二千人其意柔軟寂
然清淨一心觀佛告阿難汝見是學无學二
千人不唯然已見阿難是諸人等當供養五十
世界微塵數諸佛如來恭敬尊重護持法藏末
後同時於十方國各得成佛皆同一号名曰
[illegible]明行足善逝世間解无
命一劫
悉同等

BD00864 號　妙法蓮華經卷四　（5–4）

世尊欲重宣此義而說偈言
我為太子時　羅睺羅長子　我今成佛道　受法為法子
於未來世中　見无量億佛　皆為其長子　一心求佛道
羅睺羅密行　唯我能知之　現為我長子　以示諸衆生
无量億千萬　功德不可數　安住於佛法　以求无上道
尒時世尊見學无學二千人其意柔軟寂
然清淨一心觀佛告阿難汝見是學无學二
千人不唯然已見阿難是諸人等當供養五十
世界微塵數諸佛如來恭敬尊重護持法藏末
後同時於十方國各得成佛皆同一号名曰
……明行足善逝世間解无
……命一劫
……悉同等
……

BD00864 號　妙法蓮華經卷四　（5–5）

寶塔
尒時弥勒菩薩作是念今者世
以何因緣而有此瑞今佛世尊
不可思議現希有事當以問誰
作此念是文殊師利法王之子已
養過去无量諸佛必應見此希有之
當問尒時比丘比丘尼優婆塞優婆夷及諸
天龍鬼神等咸作此念是佛光明神通之相
今當問誰尒時弥勒菩薩欲自決疑又觀四
衆比丘比丘尼優婆塞優婆夷及諸天龍鬼
神等衆會之心而問文殊師利言以何因緣
而有此瑞神通之相放大光明照于東方万
八千土悉見彼佛國界莊嚴於是弥勒菩薩
欲重宣此義以偈問曰
文殊師利　導師何故　眉間白毫　大光普照
雨曼陁羅　曼殊沙華　栴檀香風　悅可衆心
以是因緣　地皆嚴淨　而此世界　六種震動

BD00865 號　妙法蓮華經卷一　（17–1）

神等衆會之心而問文殊師利言以何因緣
而有此瑞神通之相放大光明照于東方万
八千土悉見彼佛國界莊嚴於是弥勒菩薩
欲重宣此義以偈問曰
文殊師利　導師何故　眉間白毫　大光普照
雨曼陁羅　曼殊沙華　栴檀香風　悅可衆心
以是因緣　地皆嚴淨　而此世界　六種震動
時四部衆　咸皆歡喜　身意快然　得未曾有
眉間光明　照于東方　万八千土　皆如金色
從阿鼻獄　上至有頂　諸世界中　六道衆生
生死所趣　善惡業緣　受報好醜　於此悉見
又覩諸佛　聖主師子　演說經典　微妙第一
其聲清淨　出柔軟音　教諸菩薩　无數億万
梵音深妙　令人樂聞　各於世界　講說正法
種種因緣　以无量喻　照明佛法　開悟衆生
若人遭苦　猒老病死　為說涅槃　盡諸苦際
若人有福　曾供養佛　志求勝法　為說緣覺
若有佛子　修種種行　求无上慧　為說淨道
文殊師利　我住於此　見聞若斯　及千億事
如是衆多　今當略說
我見彼土　恒沙菩薩　種種因緣　而求佛道
或有行施　金銀珊瑚　真珠摩尼　車𤦲馬瑙
金剛諸珎　奴婢車乘　寶飾輦輿　歡喜布施
迴向佛道　願得是乘　三界第一　諸佛所歎
或有菩薩　駟馬寶車　蘭楯華蓋　軒飾布施
復見菩薩　身肉手足　及妻子施　求无上道

BD00865號　妙法蓮華經卷一

（17-2）

我見彼土　恒沙菩薩　種種因緣　而求佛道
或有行施　金銀珊瑚　真珠摩尼　車𤦲馬瑙
金剛諸珎　奴婢車乘　寶飾輦輿　歡喜布施
迴向佛道　願得是乘　三界第一　諸佛所歎
或有菩薩　駟馬寶車　蘭楯華蓋　軒飾布施
復見菩薩　身肉手足　及妻子施　求无上道
又見菩薩　頭目身體　欣樂施與　求佛智慧
文殊師利　我見諸王　往詣佛所　問无上道
便捨樂土　宮殿臣妾　剃除鬚髮　而被法服
或見菩薩　而作比丘　獨處閑靜　樂誦經典
又見菩薩　勇猛精進　入於深山　思惟佛道
又見離欲　常處空閑　深修禪定　得五神通
又見菩薩　安禪合掌　以千万偈　讚諸法王
復見菩薩　智深志固　能問諸佛　聞悉受持
又見佛子　定慧具足　以无量喻　為衆講法
欣樂說法　化諸菩薩　破魔兵衆　而擊法鼓
又見菩薩　處林放光　濟地獄苦　令入佛道
又見佛子　未曾睡眠　經行林中　懃求佛道
又見具戒　威儀无缺　淨如寶珠　以求佛道
又見佛子　住忍辱力　增上慢人　惡罵捶打
皆悉能忍　以求佛道
又見菩薩　離諸戲笑　及癡眷屬　親近智者
一心除亂　攝念山林　億千万歲　以求佛道
或見菩薩　餚饍飲食　百種湯藥　施佛及僧
名衣上服　價直千万　或无價衣　施佛及僧
千万億佛　栴檀寶舍　衆妙臥具　施佛及僧
清淨園林 [illegible]

BD00865號　妙法蓮華經卷一

（17-3）

皆悉能忍　以求佛道
又見菩薩　離諸戲笑　及癡眷屬　親近智者
一心除亂　攝念山林　億千万歲　以求佛道
或見菩薩　餚饍飲食　百種湯藥　施佛及僧
名衣上服　價直千万　或无價衣　施佛及僧
千万億佛　栴檀寶舍　衆妙卧具　施佛及僧
清淨園林　華菓茂盛　流泉浴池　施佛及僧
如是等施　種種微妙　歡喜无猒　求无上道
或有菩薩　說寂滅法　種種教詔　无數衆生
或見菩薩　觀諸法性　无有二相　猶如虛空
又見佛子　心无所著　以此妙慧　求无上道
文殊師利　又有菩薩　佛滅度後　供養舍利
又見佛子　造諸塔廟　无數恒沙　嚴飾國界
寶塔高妙　五千由旬　縱廣正等　二千由旬
一一塔廟　各千幢幡　珠交露幔　寶鈴和鳴
諸天龍神　人及非人　香華伎樂　常以供養
文殊師利　諸佛子等　為供舍利　嚴飾塔廟
國界自然　殊特妙好　如天樹王　其華開敷
佛放一光　我及衆會　見此國界　種種殊妙
諸佛神力　智慧希有　放一淨光　照无量國
我等見此　得未曾有　佛子文殊　願決衆疑
四衆欣仰　瞻仁及我　世尊何故　放斯光明
佛子時答　決疑令喜　何所饒益　演斯光明
佛坐道場　所得妙法　為欲說此　為當授記
示諸佛土　衆寶嚴淨　及見諸佛　此非小緣
文殊當知　四衆龍神　瞻察仁者　為說何等
是時文殊師利語弥勒菩薩摩訶薩及諸

BD00865 號　妙法蓮華經卷一　（17–4）

我等見此　得未曾有　佛子文殊　願決衆疑
四衆欣仰　瞻仁及我　世尊何故　放斯光明
佛子時答　決疑令喜　何所饒益　演斯光明
佛坐道場　所得妙法　為欲說此　為當授記
示諸佛土　衆寶嚴淨　及見諸佛　此非小緣
文殊當知　四衆龍神　瞻察仁者　為說何等
是時文殊師利語弥勒菩薩摩訶薩及諸大
士善男子等如我惟忖今佛世尊欲說大法
雨大法雨吹大法蠡擊大法鼓演大法義諸
善男子我於過去諸佛曾見此瑞放斯光已
即說大法是故當知今佛現光亦復如是欲
令衆生咸得聞知一切世間難信之法故現
斯瑞諸善男子如過去无量无邊不可思議
阿僧祇劫尒時有佛号日月燈明如來應供
正遍知明行足善逝世間解无上士調御丈
夫天人師佛世尊演說正法初善中善後善
其義深遠其語巧妙純一无雜具足清白梵
行之相為求聲聞者說應四諦法度生老病
死究竟涅槃為求辟支佛者說應十二因緣
法為諸菩薩說應六波羅蜜令得阿耨多羅
三藐三菩提成一切種智次復有佛亦名日
月燈明次復有佛亦名日月燈明如是二万
佛皆同一字号日月燈明又同一姓姓頗羅
墮弥勒當知初佛後佛皆同一字名日月燈
明十号具足所可說法初中後善其最後佛
未出家時有八子一名有意二名善意三名
无量意四名寶意五名增意六名除疑意七

BD00865 號　妙法蓮華經卷一　（17–5）

月燈明次復有佛亦名日月燈明如是二万
佛皆同一字号日月燈明又同一姓姓頗羅
墮弥勒當知初佛後佛皆同一字名日月燈
明十号具足所可說法初中後善其最後佛
未出家時有八子一名有意二名善意三名
无量意四名寶意五名增意六名除疑意七
名嚮意八名法意是八王子威德自在各領
四天下是諸王子聞父出家得阿耨多羅三
藐三菩提悉捨王位亦隨出家發大乘意常
脩梵行皆為法師已於千万佛所殖諸善本
是時日月燈明佛說大乘經名无量義教菩
薩法佛所護念說是經已即於大眾中結跏
趺坐入於无量義處三昧身心不動是時天
雨曼陁羅華摩訶曼陁羅華曼殊沙華摩訶
曼殊沙華而散佛上及諸大眾普佛世界六
種震動尒時會中比丘比丘尼優婆塞優婆夷
天龍夜叉揵闥婆阿脩羅迦樓羅緊那羅摩
睺羅伽人非人及諸小王轉輪聖王等是諸
大眾得未曾有歡喜合掌一心觀佛尒時如
來放眉間白毫相光照東方万八千佛土靡
不周遍如今所見是諸佛土弥勒當知尒時
會中有廿億菩薩樂欲聽法是諸菩薩見此
光明普照佛土得未曾有欲知此光所為因
緣時有菩薩名曰妙光有八百弟子是時日
月燈明佛從三昧起因妙光菩薩說大乘經
名妙法蓮華教菩薩法佛所護念六十小劫

BD00865號　妙法蓮華經卷一　（17–6）

不周遍如今所見是諸佛土弥勒當知尒時
會中有廿億菩薩樂欲聽法是諸菩薩見此
光明普照佛土得未曾有欲知此光所為因
緣時有菩薩名曰妙光有八百弟子是時日
月燈明佛從三昧起因妙光菩薩說大乘經
名妙法蓮華教菩薩法佛所護念六十小劫
不起于坐時會聽者亦坐一處六十小劫身
心不動聽佛所說謂如食頃是時眾中无有
一人若身若心而生懈惓日月燈明佛於六
十小劫說是經已即於梵魔沙門婆羅門及
天人阿脩羅眾中而宣此言如來於今日中
夜當入无餘涅槃時有菩薩名曰德藏日月
燈明佛即授其記告諸比丘是德藏菩薩次
當作佛号曰淨身多陁阿伽度阿羅訶三藐
三佛陁佛授記已便於中夜入无餘涅槃佛
滅度後妙光菩薩持妙法蓮華經滿八十小
劫為人演說日月燈明佛八子皆師妙光妙
光教化令其堅固阿耨多羅三藐三菩提是
諸王子供養无量百千万億佛已皆成佛道
其最後成佛者名曰燃燈八百弟子中有一人
号曰求名貪著利養雖復讀誦眾經而不通
利多所忘失故号求名是人亦以種諸善根
因緣故得值无量百千万億諸佛供養恭敬
尊重讚嘆弥勒當知尒時妙光菩薩豈異人
乎我身是也求名菩薩汝身是也今見此瑞
與本无異是故惟忖今日如來當說大乘經
名妙法蓮華教菩薩法佛所護念尒時文殊

BD00865號　妙法蓮華經卷一　（17–7）

号曰求名 貪著利養 雖復讀誦衆經 而不通
利 多所忘失 故号求名 是人亦以種諸善根
因緣故 得值无量百千万億諸佛 供養恭敬
尊重讚嘆 弥勒當知 尒時妙光菩薩 豈異人
乎 我身是也 求名菩薩 汝身是也 今見此瑞
與本无異 是故惟忖 今日如來當說大乘經
名妙法蓮華教菩薩法佛所護念 尒時文殊
師利 於大衆中 欲重宣此義 而說偈言
我念過去世 无量无數劫 有佛人中尊 号日月燈明
世尊演說法 度无量衆生 无數億菩薩 令入佛智慧
佛未出家時 所生八王子 見大聖出家 亦隨脩梵行
時佛說大乘 經名无量義 於諸大衆中 而為廣分別
佛說此經已 即於法坐上 跏趺坐三昧 名无量義處
天雨曼陀華 天鼓自然鳴 諸天龍鬼神 供養人中尊
一切諸佛土 即時大震動 佛放眉間光 現諸希有事
此光照東方 万八千佛土 示一切衆生 生死業報處
又見諸佛土 以衆寶莊嚴 瑠璃頗梨色 斯由佛光照
又見諸天人 龍神夜叉衆 揵闥婆那羅 各供養其佛
又見諸如來 自然成佛道 身色如金山 端嚴甚微妙
如淨瑠璃中 內現真金像 世尊在大衆 敷演深法義
一一諸佛土 聲聞衆无數 因佛光所照 悉見彼大衆
或有諸比丘 在於山林中 精進持淨戒 猶如護明珠
又見諸菩薩 行施忍辱等 其數如恒沙 斯由佛光照
又見諸菩薩 深入諸禪定 身心寂不動 以求无上道
又見諸菩薩 知法寂滅相 各於其國土 說法求佛道
尒時四部衆 見日月燈明 現大神通力 其心皆歡喜
各各自相問 是事何因緣

如淨瑠璃中 內現真金像 世尊在大衆 敷演深法義
一一諸佛土 聲聞衆无數 因佛光所照 悉見彼大衆
或有諸比丘 在於山林中 精進持淨戒 猶如護明珠
又見諸菩薩 行施忍辱等 其數如恒沙 斯由佛光照
又見諸菩薩 深入諸禪定 身心寂不動 以求无上道
又見諸菩薩 知法寂滅相 各於其國土 說法求佛道
尒時四部衆 見日月燈明 現大神通力 其心皆歡喜
各各自相問 是事何因緣
天人所奉尊 適從三昧起 讚妙光菩薩 汝為世間眼
一切所歸信 能奉持法藏 如我所說法 唯汝能證知
世尊既讚嘆 令妙光歡喜 說是法華經 滿六十小劫
不起於此坐 所說上妙法 是妙光法師 悉皆能受持
佛說是法華 令衆歡喜已 尋即於是日 告於天人衆
諸法實相義 已為汝等說 我今於中夜 當入於涅槃
汝一心精進 當離於放逸 諸佛甚難值 億劫時一遇
世尊諸子等 聞佛入涅槃 各各懷悲惱 佛滅一何速
聖主法之王 安慰无量衆 我若滅度時 汝等勿憂怖
是德藏菩薩 於无漏實相 心已得通達 其次當作佛
号曰為淨身 亦度无量衆
佛此夜滅度 如薪盡火滅 分布諸舍利 而起无量塔
比丘比丘尼 其數如恒沙 倍復加精進 以求无上道
是妙光法師 奉持佛法藏 八十小劫中 廣宣法華經
是諸八王子 妙光所開化 堅固无上道 當見无數佛
供養諸佛已 隨順行大道 相繼得成佛 轉次而授記
最後天中天 号曰燃燈佛 諸仙之導師 度脫无量衆
是妙光法師 時有一弟子 心常懷懈怠 貪著於名利

比丘比丘尼　其數如恒沙　倍復加精進　以求无上道
是妙光法師　奉持佛法藏　八十小劫中　廣宣法華經
是諸八王子　妙光所開化　堅固无上道　當見无數佛
供養諸佛已　隨順行大道　相繼得成佛　轉次而授記
最後天中天　号曰然燈佛　諸仙之導師　度脫无量衆
是妙光法師　時有一弟子　心常懷懈怠　貪著於名利
求名利无猒　多遊族姓家　棄捨所習誦　癈忘不通利
以是因緣故　号之為求名　亦行衆善業　得見无數佛
供養於諸佛　隨順行大道　具六波羅蜜　今見釋師子
其後當作佛　号名曰弥勒　廣度諸衆生　其數无有量
彼佛滅度後　懈怠者汝是　妙光法師者　今則我身是
我見燈明佛　本光瑞如此　以是知今佛　欲說法華經
今相如本瑞　是諸佛方便　今佛放光明　助發實相義
諸人今當知　合掌一心待　佛當雨法雨　充足求道者
諸求三乘人　若有疑悔者　佛當為除斷　令盡无有餘

妙法蓮華經方便品第二

尒時世尊從三昧安詳而起告舍利弗諸佛
智慧甚深无量其智慧門難解難入一切聲
聞辟支佛所不能知所以者何佛曾親近百
千万億无數諸佛盡行諸佛无量道法勇猛
精進名稱普聞成就甚深未曾有法隨宜所
說意趣難解舍利弗吾從成佛以來種種因
緣種種譬喻廣演言教无數方便引導衆生
令離諸著所以者何如來方便知見波羅蜜
皆已具足舍利弗如來知見廣大深遠无量
无礙力无所畏禪定解脫三昧深入无際成
就一切未曾有法舍利弗如來能種種分別

精進名稱普聞成就甚深未曾有法隨宜所
說意趣難解舍利弗吾從成佛以來種種因
緣種種譬喻廣演言教无數方便引導衆生
令離諸著所以者何如來方便知見波羅蜜
皆已具足舍利弗如來知見廣大深遠无量
无礙力无所畏禪定解脫三昧深入无際成
就一切未曾有法舍利弗如來能種種分別
巧說諸法言辭柔濡悅可衆心舍利弗取要
言之无量无邊未曾有法佛悉成就止舍利
弗不須復說所以者何佛所成就第一希有
難解之法唯佛與佛乃能究盡諸法實相所
謂諸法如是相如是性如是體如是力如是
作如是因如是緣如是果如是報如是本末
究竟等尒時世尊欲重宣此義而說偈言
世雄不可量　諸天及世人　一切衆生類　无能知佛者
佛力无所畏　解脫諸三昧　及佛諸餘法　无能測量者
本從无數佛　具足行諸道　甚深微妙法　難見難可了
於无量億劫　行此諸道已　道場得成佛　我已悉知見
如是大果報　種種性相義　我及十方佛　乃能知是事
是法不可示　言辭相寂滅　諸餘衆生類　无有能得解
除諸菩薩衆　信力堅固者
諸佛弟子衆　曾供養諸佛　一切漏已盡　住是最後身
如是諸人等　其力所不堪
假使滿世間　皆如舍利弗　盡思共度量　不能測佛智
正使滿十方　皆如舍利弗　及餘諸弟子　亦滿十方刹
盡思共度量　亦復不能知
辟支佛利智　无漏最後身　亦滿十方界　其數如竹林
斯等共一心　於億无量劫　欲思佛實智　莫能知少分

諸佛弟子衆　曾供養諸佛　一切漏已盡　住是最後身
如是諸人等　其力所不堪
假使滿世間　皆如舍利弗　盡思共度量　不能測佛智
正使滿十方　皆如舍利弗　及餘諸弟子　亦滿十方剎
盡思共度量　亦復不能知
辟支佛利智　无漏最後身　亦滿十方界　其數如竹林
斯等共一心　於億无量劫　欲思佛實智　莫能知少分
新發意菩薩　供養无數佛　了達諸義趣　又能善說法
如稻麻竹葦　充滿十方剎　一心以妙智　於恒河沙劫
咸皆共思量　不能知佛智　不退諸菩薩　其數如恒沙
一心共思求　亦復不能知　又告舍利弗　无漏不思議
甚深微妙法　我今已具得　唯我知是相　十方佛亦然
舍利弗當知　諸佛語无異　於佛所說法　當生大信力
世尊法久後　要當說真實　告諸聲聞衆　及求緣覺乘
我今脫苦縛　逮得涅槃者　佛以方便力　示以三乘教
衆生處處著　引之令得出
尒時大衆中有諸聲聞漏盡阿羅漢阿若憍
陳如等千二百人及發聲聞辟支佛心比丘
比丘尼優婆塞優婆夷各作是念今者世尊
何故慇懃稱歎方便而作是言佛所得法甚
深難解有所言說意趣難知一切聲聞辟支
佛所不能及佛說一解脫義我等亦得此法
到於涅槃而今不知是義所趣尒時舍利弗
知四衆心疑自亦未了而白佛言世尊何因
何緣慇懃稱歎諸佛第一方便甚深微妙難
解之法我自昔來未曾從佛聞如是說今者
四衆咸皆有疑唯願世尊敷演斯事世尊何

BD00865號　妙法蓮華經卷一　（17–12）

深難解有所言說意趣難知一切聲聞辟支
佛所不能及佛說一解脫義我等亦得此法
到於涅槃而今不知是義所趣尒時舍利弗
知四衆心疑自亦未了而白佛言世尊何因
何緣慇懃稱歎諸佛第一方便甚深微妙難
解之法我自昔來未曾從佛聞如是說今者
四衆咸皆有疑唯願世尊敷演斯事世尊何
故慇懃稱歎甚深微妙難解之法尒時舍利
弗欲重宣此義而說偈言
慧日大聖尊　久乃說是法　自說得如是　力无畏三昧
禪定解脫等　不可思議法
道場所得法　无能發問者　我意難可測　亦无能問者
无問而自說　稱歎所行道　智慧甚微妙　諸佛之所得
无漏諸羅漢　及求涅槃者　今皆墮疑網　佛何故說是
其求緣覺者　比丘比丘尼　諸天龍鬼神　及乾闥婆等
相視懷猶豫　瞻仰兩足尊　是事為云何　願佛為解說
於諸聲聞衆　佛說我第一　我今自於智　疑惑不能了
為是究竟法　為是所行道
佛口所生子　合掌瞻仰待　願出微妙音　時為如實說
諸天龍神等　其數如恒沙　求佛諸菩薩　大數有八万
又諸万億國　轉輪聖王至　合掌以敬心　欲聞具足道
尒時佛告舍利弗止止不須復說若說是事
一切世間諸天及人皆當驚疑舍利弗重白
佛言世尊唯願說之唯願說之所以者何是
會无數百千万億阿僧祇衆生曾見諸佛諸
根猛利智慧明了聞佛所說則能敬信尒時
舍利弗欲重宣此義而說偈言

BD00865號　妙法蓮華經卷一　（17–13）

尒時佛告舍利弗止止不須復說若說是事
一切世間諸天及人皆當驚疑舍利弗重白
佛言世尊唯願說之唯願說之所以者何是
會无數百千万億阿僧祇衆生曾見諸佛諸
根猛利智慧明了聞佛所說則能敬信尒時
舍利弗欲重宣此義而說偈言
法王无上尊　唯說願勿慮　是會无量衆　有能敬信者
佛復止舍利弗若說是事一切世間天人阿脩
羅等皆當驚疑增上慢比丘將墜於大坑尒
時世尊重說偈言
止止不須說　我法妙難思　諸增上慢者　聞必不敬信
尒時舍利弗重白佛言世尊唯願說之唯願
說之今此會中如我等比百千万億世世已
曾從佛受化如此人等必能敬信長夜安隱
多所饒益尒時舍利弗欲重宣此義而說偈
言
无上兩足尊　願說第一法　我為佛長子　唯垂分別說
是會无量衆　能敬信此法　佛已曾世世　教化如是等
皆一心合掌　欲聽受佛語　我等千二百　及餘求佛者
願為此衆故　唯垂分別說　是等聞此法　則生大歡喜
尒時世尊告舍利弗汝已慇懃三請豈得不
說汝今諦聽善思念之吾當為汝分別解說
說此語時會中有比丘比丘尼優婆塞優婆
夷五千人等即從坐起礼佛而退所以者何
此輩罪根深重及增上慢未得謂得未證謂
證有如此失是以不住世尊嘿然而不制止
尒時佛告舍利弗我今此衆无復枝葉純有

BD00865號　妙法蓮華經卷一　（17–14）

願為此衆故　唯垂分別說　是等聞此法　則生大歡喜
尒時世尊告舍利弗汝已慇懃三請豈得不
說汝今諦聽善思念之吾當為汝分別解說
說此語時會中有比丘比丘尼優婆塞優婆
夷五千人等即從坐起礼佛而退所以者何
此輩罪根深重及增上慢未得謂得未證謂
證有如此失是以不住世尊嘿然而不制止
尒時佛告舍利弗我今此衆无復枝葉純有
貞實舍利弗如是增上慢人退亦佳矣汝今
善聽當為汝說舍利弗言唯然世尊願樂欲
聞佛告舍利弗如是妙法諸佛如來時乃說
之如優曇鉢華時一現耳舍利弗汝等當信
佛之所說言不虛妄舍利弗諸佛隨宜說法
意趣難解所以者何我以无數方便種種因
緣譬喻言辭演說諸法是法非思量分別之
所能解唯有諸佛乃能知之所以者何諸佛
世尊唯以一大事因緣故出現於世舍利弗
云何名諸佛世尊唯以一大事因緣故出現
於世諸佛世尊欲令衆生開佛知見使得清
淨故出現於世欲示衆生佛知見故出現於
世欲令衆生悟佛知見故出現於世欲令衆
生入佛知見道故出現於世舍利弗是為諸
佛唯以一大事因緣故出現於世佛告舍利弗
諸佛如來但教化菩薩諸有所作常為一事
唯以佛之知見示悟衆生舍利弗如來但以
一佛乘故為衆生說法无有餘乘若二若三
舍利弗一切十方諸佛法亦如是舍利弗過
去諸佛以无量无數方便種種因緣譬喻言

BD00865號　妙法蓮華經卷一　（17–15）

生入佛知見道故出現於世舍利弗是為諸
佛唯以一大事因緣故出現於世佛告舍利弗
諸佛如來但教化菩薩諸有所作常為一事
唯以佛之知見示悟衆生舍利弗如來但以
一佛乘故為衆生說法无有餘乘若二若三
舍利弗一切十方諸佛法亦如是舍利弗過
去諸佛以无量无數方便種種因緣譬喻言
辭而為衆生演說諸法是法皆為一佛乘故
是諸衆生從諸佛聞法究竟皆得一切種智
舍利弗未來諸佛當出於世亦以无量无數
方便種種因緣譬喻言辭而為衆生演說諸
法是法皆為一佛乘故是諸衆生從佛聞法
究竟皆得一切種智舍利弗現在十方无量
百千万億佛土中諸佛世尊多所饒益安樂
衆生是諸佛亦以无量无數方便種種因緣
譬喻言辭而為衆生演說諸法是法皆為一
佛乘故是諸衆生從佛聞法究竟皆得一切
種智舍利弗是諸佛但教化菩薩欲以佛之
知見示衆生故欲以佛之知見悟衆生故
令衆生入佛知見故舍利弗我
知諸衆生有種種欲深心所
種種因緣譬喻言辭以方便
利弗如此皆為得一佛乘一
界中尚无二乘何
所謂刧

BD00865號　妙法蓮華經卷一　（17–16）

辭而為衆生演說諸法是法皆為一佛乘故
是諸衆生從諸佛聞法究竟皆得一切種智
舍利弗未來諸佛當出於世亦以无量无數
方便種種因緣譬喻言辭而為衆生演說諸
法是法皆為一佛乘故是諸衆生從佛聞法
究竟皆得一切種智舍利弗現在十方无量
百千万億佛土中諸佛世尊多所饒益安樂
衆生是諸佛亦以无量无數方便種種因緣
譬喻言辭而為衆生演說諸法是法皆為一
佛乘故是諸衆生從佛聞法究竟皆得一切
種智舍利弗是諸佛但教化菩薩欲以佛之
知見示衆生故欲以佛之知見悟衆生故
令衆生入佛知見故舍利弗我
知諸衆生有種種欲深心所
種種因緣譬喻言辭以方便
利弗如此皆為得一佛乘一
界中尚无二乘何
所謂刧

BD00865號　妙法蓮華經卷一　（17–17）

如對面問曰若尒者佛常在國土衆落說法
教化而閻浮提内人不至佛邊則不得聞何
以知之多有從遠方來欲聽說法者故答曰
佛音聲有二種一為密音聲二為不密音聲
密音聲先已說不密音聲至佛邊乃聞是
亦有二種弟子一為出世聖人二為世間凡
夫出世聖人如目揵連等能聞微密音聲
凡夫人隨其所近乃聞復次諸菩薩得入
正位離生死身得法性真形能見十方无量佛
身及遍照光明亦能得聞諸佛六十種梵遠无
量音聲諸大菩薩雖未具足如佛音聲於佛
音聲中並得其分是佛菩薩音聲有三種
一者先世種善音聲因緣故咽喉中得微妙四
大能出種種妙好遠近音聲所謂一里二里三里十
里百里千里乃至三千大千世界音聲遍
滿二者神通力故咽喉四大出聲遍滿三
千大千世界及十方恒河沙世界三者佛
音聲常能遍滿十方虛空問曰若佛音聲
常能遍滿今衆生何以不得常聞答曰衆生

BD00866 號　大智度論卷三〇　（2–1）

量音聲諸大菩薩雖未具足如佛音聲於佛
音聲中並得其分是佛菩薩音聲有三種
一者先世種善音聲因緣故咽喉中得微妙四
大能出種種妙好遠近音聲所謂一里二里三里十
里百里千里乃至三千大千世界音聲遍
滿二者神通力故咽喉四大出聲遍滿三
千大千世界及十方恒河沙世界三者佛
音聲常能遍滿十方虛空問曰若佛音聲
常能遍滿今衆生何以不得常聞答曰衆生
无量劫以來常作惡業覆是故不聞譬如雷電
霹靂聾者不聞雷聲无滅佛亦如是常為
衆生說法如龍震大雷衆生罪故自不得聞如
今世人精進持戒者於念佛三昧心得定時
罪垢不鄣即得見佛聞佛說法音聲清了菩
薩於三種音聲中欲得二種是二種音聲甚
難希有故如業果音聲自然可得故以是故
說菩薩摩訶薩欲以一音使十方恒河沙等世
界聞聲者當學般若波羅蜜

BD00866 號　大智度論卷三〇　（2–2）

尒時他方國土諸來菩薩摩訶薩過八恒河
沙數於大衆中起立合掌作礼而白佛言世尊
若聽我等於佛滅後在此娑婆世界勤加精
進護持讀誦書冩供養是經典者當於此土
而廣說之尒時佛告諸菩薩摩訶薩衆止善
男子不須汝等護持此經所以者何我娑婆
世界自有六万恒河沙等菩薩摩訶薩一一
菩薩各有六万恒河沙眷屬是諸人等能於
我滅後護持讀誦廣說此經佛說是時娑婆
世界三千大千國土地皆震裂而於其中有
无量千万億菩薩摩訶薩同時踊出是諸菩
薩身皆金色三十二相无量光明先盡在此
娑婆世界之下此界虛空中住是諸菩薩聞
釋迦牟尼佛所說音聲從下發來一一菩薩
皆是大衆唱導之首各將六万恒河沙眷屬
況將五万四万三万二万一万恒河沙等眷
屬者況復乃至一恒河沙半恒河沙四分之
一乃至千万億那由他分之一況復千万億
那由他眷屬況復億万眷屬況復千万百万
乃至一万況復一千一百乃至一十況復將

BD00867號　妙法蓮華經卷五　（22–1）

釋迦牟尼佛所說音聲從下發來一一菩薩
皆是大衆唱導之首各將六万恒河沙眷屬
況將五万四万三万二万一万恒河沙等眷
屬者況復乃至一恒河沙半恒河沙四分之
一乃至千万億那由他分之一況復千万億
那由他眷屬況復億万眷屬況復千万百万
乃至一万況復一千一百乃至一十況復將
五四三二一弟子者況復單己樂遠離行
如是等比无量无邊筭數譬喻所不能知是諸
菩薩從地出已各詣虛空七寶妙塔多寶如
來釋迦牟尼佛所到已向二世尊頭面礼足
及至諸寶樹下師子座上佛所亦皆作礼右
繞三帀合掌恭敬以諸菩薩種種讚法而以
讚歎住在一面欣樂瞻仰於二世尊是諸菩
薩摩訶薩從初踊出以諸菩薩種種讚法而
讚於佛如是時間經五十小劫是時釋迦牟
尼佛黙然而坐及諸四衆亦皆黙然五十小
劫佛神力故令諸大衆謂如半日尒時四衆
亦以佛神力故見諸菩薩遍滿无量百千万
億國土虛空是菩薩衆中有四導師一名上
行二名无邊行三名淨行四名安立行是四
菩薩於其衆中冣為上首唱導之師在大衆
前各共合掌觀釋迦牟尼佛而問訊言世尊
少病少惱安樂行不所應度者受教易不不
令世尊生疲勞耶尒時四大菩薩而說偈言
世尊安樂　少病少惱　教化衆生　得无疲惓

BD00867號　妙法蓮華經卷五　（22–2）

億國土虛空是菩薩衆中有四導師一名上
行二名无邊行三名淨行四名安立行是四
菩薩於其衆中最為上首唱導之師在大衆
前各共合掌觀釋迦牟尼佛而問訊言世尊
少病少惱安樂行不所應度者受教易不不
令世尊生疲勞耶尒時四大菩薩而說偈言
世尊安樂　少病少惱　教化衆生　得无疲惓
又諸衆生　受化易不　不令世尊　生疲勞耶
尒時世尊於菩薩大衆中而作是言如是如
是諸善男子如來安樂少病少惱諸衆生等
易可化度无有疲勞所以者何是諸衆生世
世已來常受我化亦於過去諸佛供養尊重
種諸善根此諸衆生始見我身聞我所說即
皆信受入如來慧除先脩習學小乘者如是
之人我今亦令得聞是經入於佛慧尒時諸
大菩薩而說偈言
善哉善哉　大雄世尊　諸衆生等　易可化度
能問諸佛　甚深智慧　聞已信行　我等隨喜
於時世尊讚歎上首諸大菩薩善哉善哉善
男子汝等能於如來發隨喜心尒時弥勒菩
薩及八千恒河沙諸菩薩衆皆作是念我等
從昔已來不見不聞如是大菩薩摩訶薩衆
從地踊出住世尊前合掌供養問訊如來時
弥勒菩薩摩訶薩知八千恒河沙諸菩薩等
心之所念并欲自決所疑合掌向佛以偈問曰
无量千万億　大衆諸菩薩　昔所未曾見　願兩足尊說

從昔已來不見不聞如是大菩薩摩訶薩衆
從地踊出住世尊前合掌供養問訊如來時
弥勒菩薩摩訶薩知八千恒河沙諸菩薩等
心之所念并欲自決所疑合掌向佛以偈問曰
无量千万億　大衆諸菩薩　昔所未曾見　願兩足尊說
是從何所來　以何因緣集　巨身大神通　智慧叵思議
其志念堅固　有大忍辱力　衆生所樂見　為從何所來
一一諸菩薩　所將諸眷屬　其數无有量　如恒河沙等
或有大菩薩　將六万恒沙　如是諸大衆　一心求佛道
是諸大師等　六万恒河沙　俱來供養佛　及護持此經
將五万恒沙　其數過於是　四万及三万　二万至一万
一千一百等　乃至一恒沙　半及三四分　億万分之一
千万那由他　万億諸弟子　乃至於半億　其數復過上
百万至一万　一千及一百　五十與一十　乃至三二一
單己无眷屬　樂於獨處者　俱來至佛所　其數轉過上
如是諸大衆　若人行籌數　過於恒沙劫　猶不能盡知
是諸大威德　精進菩薩衆　誰為其說法　教化而成就
從誰初發心　稱揚何佛法　受持行誰經　脩習何佛道
如是諸菩薩　神通大智力　四方地震裂　皆從中踊出
世尊我昔來　未曾見是事　願說其所從　國土之名号
我常遊諸國　未曾見是衆　我於此衆中　乃不識一人
忽然從地出　願說其因緣　今此之大會　无量百千億
是諸菩薩等　皆欲知此事　是諸菩薩衆　本末之因緣
无量德世尊　唯願決衆疑
尒時釋迦牟尼佛分身諸佛從无量千万億
他方國土来者在於八方諸寶樹下師子座

世尊我昔来　未曽見是事　願說其所從　國土之名号
我常遊諸國　未曽見是衆　我於此衆中　乃不識一人
忽然從地出　願說其因緣　今此之大會　无量百千億
是諸菩薩等　皆欲知此事　是諸菩薩衆　本末之因緣
无量德世尊　唯願決衆疑
尒時釋迦牟尼佛分身諸佛從无量千万億
他方國土来者在於八方諸寶樹下師子座
上結加趺坐其佛侍者各各見是菩薩大衆
於三千大千世界四方從地踊出住於虚空
各白其佛言世尊此諸无量无邊阿僧祇菩
薩大衆從何所来尒時諸佛各告侍者諸善
男子且待須臾有菩薩摩訶薩名曰弥勒釋迦
牟尼佛之所授記次後作佛已問斯事佛今
荅之汝等自當因是得聞尒時釋迦牟尼佛
告弥勒菩薩善哉善哉阿逸多乃能問佛如
是大事汝等當共一心被精進鎧發堅固意
如来今欲顯發宣示諸佛智慧諸佛自在神
通之力諸佛師子奮迅之力諸佛威猛大勢
之力尒時世尊欲重宣此義而說偈言
當精進一心　我欲說此事　勿得有疑悔　佛智叵思議
汝今出信力　住於忍善中　昔所未聞法　今皆當得聞
我今安慰汝　勿得懷疑懼　佛无不實語　智慧不可量
所得第一法　甚深叵分別　如是今當說　汝等一心聽
尒時世尊說此偈已告弥勒菩薩我今於此
大衆宣告汝等阿逸多是諸大菩薩摩訶薩
无量无數阿僧祇從地踊出汝等昔所未見

BD00867 號　妙法蓮華經卷五　（22–5）

當精進一心　我欲說此事　勿得有疑悔　佛智叵思議
汝今出信力　住於忍善中　昔所未聞法　今皆當得聞
我今安慰汝　勿得懷疑懼　佛无不實語　智慧不可量
所得第一法　甚深叵分別　如是今當說　汝等一心聽
尒時世尊說此偈已告弥勒菩薩我今於此
大衆宣告汝等阿逸多是諸大菩薩摩訶薩
无量无數阿僧祇從地踊出汝等昔所未見
者我於是娑婆世界得阿耨多羅三藐三菩
提已教化示導是諸菩薩調伏其心令發道
意此諸菩薩皆於是娑婆世界之下此界虚
空中住於諸經典讀誦通利思惟分別正憶
念阿逸多是諸善男子等不樂在衆多有所
說常樂靜處懃行精進未曽休息亦不依止
人天而住常樂深智无有障礙亦常樂於諸
佛之法一心精進求无上慧尒時世尊欲重
宣此義而說偈言
阿逸汝當知　是諸大菩薩　從无數劫来　脩習佛智慧
悉是我所化　令發大道心　此等是我子　依止是世界
常行頭陁事　志樂於靜處　捨大衆憒閙　不樂多所說
如是諸子等　學習我道法　晝夜常精進　為求佛道故
在娑婆世界　下方空中住　志念力堅固　常懃求智慧
說種種妙法　其心无所畏　我於伽耶城　菩提樹下坐
得成最正覺　轉无上法輪　尒乃教化之　令初發道心
今皆住不退　悉當得成佛　我今說實語　汝等一心信
我從久遠来　教化是等衆
尒時弥勒菩薩摩訶薩及无數諸菩薩等心

BD00867 號　妙法蓮華經卷五　（22–6）

如是諸子等　學習我道法　晝夜常精進　為求佛道故
在娑婆世界　下方空中住　志念力堅固　常勤求智慧
說種種妙法　其心无所畏　我於伽耶城　菩提樹下坐
得成最正覺　轉无上法輪　尒乃教化之　令初發道心
今皆住不退　悉當得成佛　我今說實語　汝等一心信
我從久遠來　教化是等衆
尒時彌勒菩薩摩訶薩及无數諸菩薩等心
生疑惑怪未曾有而作是念云何世尊於少
時間教化如是无量无邊阿僧祇諸大菩薩
令住阿耨多羅三藐三菩提即白佛言世尊
如來為太子時出於釋宮去伽耶城不遠坐
於道場得成阿耨多羅三藐三菩提從是
已來始過四十餘年世尊云何於此少時大作
佛事以佛勢力以佛功德教化如是无量大
菩薩衆當成阿耨多羅三藐三菩提世尊此
大菩薩衆假使有人於千万億劫數不能盡
不得其邊斯等久遠已來於无量无邊諸佛
所殖諸善根成就菩薩道常脩梵行世尊如
此之事世所難信譬如有人色美髮黑年二
十五指百歲人言是我子其百歲人亦指年
少言是我父生育我等是事難信佛亦如是
得道已來其實未久而此大衆諸菩薩等已
於无量千万億劫為佛道故勤行精進善入
出住无量百千万億三昧得大神通久脩梵
行善能次第習諸善法巧於問答人中之寶

BD00867 號　妙法蓮華經卷五　（22–7）

少言是我父生育我等是事難信佛亦如是
得道已來其實未久而此大衆諸菩薩等已
於无量千万億劫為佛道故勤行精進善入
出住无量百千万億三昧得大神通久脩梵
行善能次第習諸善法巧於問答人中之寶
一切世間甚為希有今日世尊方云得佛道
時初令發心教化示導令向阿耨多羅三藐
三菩提世尊得佛未久乃能作此大功德事
我等雖復信佛隨宜所說佛所出言未曾虛
妄佛所知者皆悉通達然諸新發意菩薩於
佛滅後若聞是語或不信受而起破法罪業
因緣唯然世尊願為解說除我等疑及未來
世諸善男子聞此事已亦不生疑尒時彌勒
菩薩欲重宣此義而說偈言
佛昔從釋種　出家近伽耶　坐於菩提樹　尒來尚未久
此諸佛子等　其數不可量　久已行佛道　住於神通力
善學菩薩道　不染世間法　如蓮華在水　從地而踊出
皆起恭敬心　住於世尊前　是事難思議　云何而可信
佛得道甚近　所成就甚多　願為除衆疑　如實分別說
譬如少壯人　年始二十五　示人百歲子　髮白而面皺
是等我所生　子亦說是父　父少而子老　舉世所不信
世尊亦如是　得道來甚近　是諸菩薩等　志固无怯弱
從无量劫來　而行菩薩道　巧於難問答　其心无所畏
忍辱心決定　端正有威德　十方佛所讚　善能分別說
不樂在人衆　常好在禪定　為求佛道故　於下空中住

BD00867 號　妙法蓮華經卷五　（22–8）

是等我所生　子亦説是父　父少而子老　舉世所不信
世尊亦如是　得道来甚近　是諸菩薩等　志固无怯弱
從无量劫来　而行菩薩道　巧於難問荅　其心无所畏
忍辱心決定　端正有威德　十方佛所讃　善能分別説
不樂在人衆　常好在禪定　為求佛道故　於下空中住
我等從佛聞　於此事无疑　願佛為未来　演説令開解
若有於此經　生疑不信者　即當墮惡道　願今為解説
是无量菩薩　云何於少時　教化令發心　而住不退地

妙法蓮華經如来壽量品第十六

尒時佛告諸菩薩及一切大衆諸善男子汝
等當信解如来誠諦之語　復告大衆汝等當
信解如来誠諦之語　又復告諸大衆汝等當
信解如来誠諦之語　是時菩薩大衆弥勒為
首合掌白佛言世尊唯願説之我等當信受
佛語　如是三白已復言唯願説之我等當信
受佛語　尒時世尊知諸菩薩三請不止而告
之言汝等諦聽如来秘密神通之力　一切世
間天人及阿脩羅皆謂今釋迦牟尼佛出釋
氏宮去伽耶城不遠坐於道場得阿耨多羅
三藐三菩提　然善男子我實成佛已来无量
无邊百千万億那由他劫　譬如五百千万億
那由他阿僧祇三千大千世界假使有人末
為微塵過於東方五百千万億那由他阿僧
祇國乃下一塵如是東行盡是微塵　諸善男
子於意云何是諸世界可得思惟校計知其

三藐三菩提　然善男子我實成佛已来无量
无邊百千万億那由他劫　譬如五百千万億
那由他阿僧祇三千大千世界假使有人末
為微塵過於東方五百千万億那由他阿僧
祇國乃下一塵如是東行盡是微塵　諸善男
子於意云何是諸世界可得思惟校計知其
數不　弥勒菩薩等倶白佛言世尊是諸世界
无量无邊非筭數所知亦非心力所及　一切
聲聞辟支佛以无漏智不能思惟知其限數
我等住阿惟越致地於是事中亦所不達　世
尊如是諸世界无量无邊　尒時佛告大菩薩
衆諸善男子今當分明宣語汝等是諸世界
若著微塵及不著者盡以為塵　一塵一劫　我
成佛已来復過於此百千万億那由他阿僧
祇劫　自從是来我常在此娑婆世界説法教
化　亦於餘處百千万億那由他阿僧祇國導
利衆生　諸善男子於是中間我説然燈佛等
又復言其入於涅槃　如是皆以方便分別　諸善
男子若有衆生来至我所　我以佛眼觀其
信等諸根利鈍　隨所應度處處自説名字不
同年紀大小　亦復現言當入涅槃　又以種種
方便説微妙法　能令衆生發歡喜心　諸善男
子如来見諸衆生樂於小法德薄垢重者　為
是人説我少出家得阿耨多羅三藐三菩提
然我實成佛已来久遠若斯　但以方便教化
衆生令入佛道作如是説　諸善男子如来所

[illegible]又以種種
方便說微妙法能令衆生發歡喜心諸善男
子如来見諸衆生樂於小法德薄垢重者為
是人說我少出家得阿耨多羅三藐三菩提
然我實成佛已来久遠若斯但以方便教化
衆生令入佛道作如是說諸善男子如来所
演經典皆為度脫衆生或說己身或說他身
或示己身或示他身或示己事或示他事諸
所言說皆實不虛所以者何如来如實知見
三界之相无有生死若退若出亦无在世及
滅度者非實非虛非如非異不如三界見於
三界如斯之事如来明見无有錯謬以諸衆
生有種種性種種欲種種行種種憶想分別
故欲令生諸善根以若干因緣譬喻言辭種
種說法所作佛事未曾暫廢如是我成佛已
来甚大久遠壽命无量阿僧祇劫常住不滅
諸善男子我本行菩薩道所成壽命今猶未
盡復倍上數然今非實滅度而便唱言當取
滅度如来以是方便教化衆生所以者何若
佛久住於世薄德之人不種善根貧窮下賤
貪著五欲入於憶想妄見網中若見如来常
在不滅便起憍恣而懷猒怠不能生難遭之
想恭敬之心是故如来以方便說比丘當知
諸佛出世難可值遇所以者何諸薄德人過
无量百千万億劫或有見佛或不見者以此
事故我作是言諸比丘如来難可得見斯衆

佛久住於世薄德之人不種善根貧窮下賤
貪著五欲入於憶想妄見網中若見如来常
在不滅便起憍恣而懷猒怠不能生難遭之
想恭敬之心是故如来以方便說比丘當知
諸佛出世難可值遇所以者何諸薄德人過
无量百千万億劫或有見佛或不見者以此
事故我作是言諸比丘如来難可得見斯衆
生等聞如是語必當生於難遭之想心懷戀
慕渴仰於佛便種善根是故如来雖不實滅
而言滅度又善男子諸佛如来法皆如是為
度衆生皆實不虛譬如良醫智慧聰達明練
方藥善治衆病其人多諸子息若十二十乃
至百數以有事緣遠至餘國諸子於後飲他
毒藥藥發悶亂宛轉于地是時其父還来歸
家諸子飲毒或失本心或不失者遥見其父
皆大歡喜拜跪問訊善安隱歸我等愚癡誤
服毒藥願見救療更賜壽命父見子等苦惱如
是依諸經方求好藥草色香美味皆悉具足
擣篩和合與子令服而作是言此大良藥色香
味皆悉具足汝等可服速除苦惱无復衆患其
諸子中不失心者見此良藥色香俱好即便服
之病盡除愈餘失心者見其父来雖亦歡喜問
訊求索治病然與其藥而不肯服所以者何毒
氣深入失本心故於此好色香藥而謂不美父
作是念此子可愍為毒所中心皆顛倒雖見我喜
求索救療如是好藥而不肯服我今當設方便令

諸子中不失心者見此良藥色香俱好即便服
之病盡除愈餘失心者見其父來雖亦歡喜問
訊求索治病然與其藥而不肯服所以者何毒
氣深入失本心故於此好色香藥而謂不美父
作是念此子可愍為毒所中心皆顛倒雖見我喜
求索救療如是好藥而不肯服我今當設方便令
服此藥即作是言汝等當知我今衰老死時已至
是好良藥今留在此汝可取服勿憂不差作是
教已復至他國遣使還告汝父已死是時諸子聞
父背喪心大憂惱而作是念若父在者慈愍
我等能見救護今者捨我遠喪他國自惟孤
露无復恃怙常懷悲感心遂醒悟乃知此藥
色香味美即取服之毒病皆愈其父聞子
悉已得差尋便來歸咸使見之諸善男子於意
云何頗有人能說此良醫虛妄罪不不也世
尊佛言我亦如是成佛已來无量无邊百千
万億那由他阿僧祇劫為衆生故以方便力
言當滅度亦无有能如法說我虛妄過者尒
時世尊欲重宣此義而說偈言

自我得佛來　所經諸劫數　无量百千万　億載阿僧祇
常說法教化　无數億衆生　令入於佛道　尒來无量劫
為度衆生故　方便現涅槃　而實不滅度　常住此說法
我常住於此　以諸神通力　令顛倒衆生　雖近而不見
衆見我滅度　廣供養舍利　咸皆懷戀慕　而生渴仰心
衆生既信伏　質直意柔軟　一心欲見佛　不自惜身命

常說法教化　无數億衆生　令入於佛道　尒來无量劫
為度衆生故　方便現涅槃　而實不滅度　常住此說法
我常住於此　以諸神通力　令顛倒衆生　雖近而不見
衆見我滅度　廣供養舍利　咸皆懷戀慕　而生渴仰心
衆生既信伏　質直意柔軟　一心欲見佛　不自惜身命
時我及衆僧　俱出靈鷲山　我時語衆生　常在此不滅
以方便力故　現有滅不滅　餘國有衆生　恭敬信樂者
我復於彼中　為說无上法　汝等不聞此　但謂我滅度
我見諸衆生　沒在於苦惱　故不為現身　令其生渴仰
因其心戀慕　乃出為說法　神通力如是　於阿僧祇劫
常在靈鷲山　及餘諸住處　衆生見劫盡　大火所燒時
我此土安隱　天人常充滿　園林諸堂閣　種種寶莊嚴
寶樹多華果　衆生所遊樂　諸天擊天鼓　常作衆伎樂
雨曼陁羅華　散佛及大衆　我淨土不毀　而衆見燒盡
憂怖諸苦惱　如是悉充滿　是諸罪衆生　以惡業因緣
過阿僧祇劫　不聞三寶名　諸有脩功德　柔和質直者
則皆見我身　在此而說法　或時為此衆　說佛壽无量
久乃見佛者　為說佛難值　我智力如是　慧光照无量
壽命无數劫　久脩業所得　汝等有智者　勿於此生疑
當斷令永盡　佛語實不虛　如醫善方便　為治狂子故
實在而言死　无能說虛妄　我亦為世父　救諸苦患者
為凡夫顛倒　實在而言滅　以常見我故　而生憍恣心
放逸著五欲　墮於惡道中　我常知衆生　行道不行道
隨應所可度　為說種種法　每自作是意　以何令衆生
得入无上道　速成就佛身

妙法蓮華經分別功德品第十七

實在而言死　无能說虛妄　我亦為世父　救諸苦患者
為凡夫顛倒　實在而言滅　以常見我故　而生憍恣心
放逸著五欲　墮於惡道中　我常知眾生　行道不行道
隨應所可度　為說種種法　每自作是意　以何令眾生
得入无上道　速成就佛身
妙法蓮華經分別功德品第十七
尒時大會聞佛說壽命劫數長遠如是　无量
无邊阿僧祇眾生得大饒益　於時世尊告弥
勒菩薩摩訶薩　阿逸多　我說是如來壽命長
遠時　六百八十万億那由他恒河沙眾生得
无生法忍　復千倍菩薩摩訶薩得聞持陁羅尼
門　復有一世界微塵數菩薩摩訶薩得樂說
无礙辯才　復有一世界微塵數菩薩摩訶
薩得百万億无量旋陁羅尼　復有三千大千
世界微塵數菩薩摩訶薩能轉不退法輪　復
有二千中國土微塵數菩薩摩訶薩能轉
清淨法輪　復有小千國土微塵數菩薩摩訶
薩八生當得阿耨多羅三藐三菩提　復有四
四天下微塵數菩薩摩訶薩四生當得阿耨
多羅三藐三菩提　復有三四天下微塵數菩
薩摩訶薩三生當得阿耨多羅三藐三菩提
復有二四天下微塵數菩薩摩訶薩二生當
得阿耨多羅三藐三菩提　復有一四天下微
塵數菩薩摩訶薩一生當得阿耨多羅三藐
三菩提　復有八世界微塵數眾生皆發阿耨

BD00867號　妙法蓮華經卷五　（22–15）

薩摩訶薩三生當得阿耨多羅三藐三菩提
復有二四天下微塵數菩薩摩訶薩二生當
得阿耨多羅三藐三菩提　復有一四天下微
塵數菩薩摩訶薩一生當得阿耨多羅三藐
三菩提　復有八世界微塵數眾生皆發阿耨
多羅三藐三菩提心　佛說是諸菩薩摩訶薩
得大法利時　於虛空中雨曼陁羅華摩訶曼
陁羅華　以散无量百千万億寶樹下師子座
上諸佛　并散七寶塔中師子座上釋迦牟尼
佛及久滅度多寶如來　亦散一切諸大菩薩
及四部眾　又雨細末栴檀沉水香等　於虛空
中天鼓自鳴　妙聲深遠　又雨千種天衣　垂諸
瓔珞　真珠瓔珞　摩尼珠瓔珞　如意珠瓔珞　遍
於九方　眾寶香爐燒无價香　自然周至　供養
大會　一一佛上　有諸菩薩執持幡蓋　次第而
上至于梵天　是諸菩薩以妙音聲歌无量頌
讚歎諸佛　尒時弥勒菩薩從座而起　偏袒右
肩　合掌向佛而說偈言
佛說希有法　昔所未曾聞　世尊有大力　壽命不可量
无數諸佛子　聞世尊分別　說得法利者　歡喜充遍身
或住不退地　或得陁羅尼　或无礙樂說　万億旋總持
或有大千界　微塵數菩薩　各各皆能轉　不退之法輪
或有中千界　微塵數菩薩　各各皆能轉　清淨之法輪
復有小千界　微塵數菩薩　餘各八生在　當得成佛道
復有四三二　如是四天下　微塵諸菩薩　隨數生成佛
或一四天下　微塵數菩薩　餘有一生在　當成一切智

BD00867號　妙法蓮華經卷五　（22–16）

无數諸佛子　聞世尊分別　說得法利者　歡喜充遍身
或住不退地　或得陀羅尼　或无礙樂說　万億旋揔持
或有大千界　微塵數菩薩　各各皆能轉　不退之法輪
復有中千界　微塵數菩薩　各各皆能轉　清淨之法輪
復有小千界　微塵數菩薩　餘各八生在　當得成佛道
復有四三二　如是四天下　微塵諸菩薩　隨數生成佛
或一四天下　微塵數菩薩　餘有一生在　當成一切智
如是等衆生　聞佛壽長遠　得无量无漏　清淨之果報
復有八世界　微塵數衆生　聞佛說壽命　皆發无上心
世尊說无量　不可思議法　多有所饒益　如虛空无邊
雨天曼陀羅　摩訶曼陀羅　釋梵如恒沙　无數佛土來
雨栴檀沈水　繽紛而亂墜　如鳥飛空下　供散於諸佛
天鼓虛空中　自然出妙聲　天衣千万種　旋轉而來下
衆寶妙香爐　燒无價之香　自然悉周遍　供養諸世尊
其大菩薩衆　執七寶幡蓋　高妙万億種　次第至梵天
一一諸佛前　寶幢懸勝幡　亦以千万偈　歌詠諸如來
如是種種事　昔所未曾有　聞佛壽无量　一切皆歡喜
佛名聞十方　廣饒益衆生　一切具善根　以助无上心
尒時佛告弥勒菩薩摩訶薩　阿逸多其有衆
生聞佛壽命長遠如是乃至能生一念信解
所得功德无有限量若有善男子善女人為
阿耨多羅三藐三菩提於八十万億那由他
劫行五波羅蜜檀波羅蜜尸羅波羅蜜羼提
波羅蜜毗梨耶波羅蜜禪波羅蜜除般若波
羅蜜以是功德比前功德百分千分百千万
億分不及其一乃至筭數譬喻所不能知若

阿耨多羅三藐三菩提於八十万億那由他
劫行五波羅蜜檀波羅蜜尸羅波羅蜜羼提
波羅蜜毗梨耶波羅蜜禪波羅蜜除般若波
羅蜜以是功德比前功德百分千分百千万
億分不及其一乃至筭數譬喻所不能知若
善男子有如是功德於阿耨多羅三藐三菩
提退者无有是處尒時世尊欲重宣此義而
說偈言
若人求佛慧　於八十万億　那由他劫數　行五波羅蜜
於是諸劫中　布施供養佛　及緣覺弟子　并諸菩薩衆
珍異之飲食　上服與卧具　栴檀立精舍　以園林莊嚴
如是等布施　種種皆微妙　盡此諸劫數　以迴向佛道
若復持禁戒　清淨无缺漏　求於无上道　諸佛之所歎
若復行忍辱　住於調柔地　設衆惡來加　其心不傾動
諸有得法者　懷於增上慢　為此所輕惱　如是亦能忍
若復勤精進　志念常堅固　於无量億劫　一心不懈息
又於无數劫　住於空閑處　若坐若經行　除睡常攝心
以是因緣故　能生諸禪定　八十億万劫　安住心不亂
持此一心福　願求无上道　我得一切智　盡諸禪定際
是人於百千　万億劫數中　行此諸功德　如上之所說
有善男女等　聞我說壽命　乃至一念信　其福過於彼
若人悉无有　一切諸疑悔　深心須臾信　其福為如此
其有諸菩薩　无量劫行道　聞我說壽命　是則能信受
如是諸人等　頂受此經典　願我於未來　長壽度衆生
如今日世尊　諸釋中之王　道場師子吼　說法无所畏

是人於百千万億劫數中 行此諸功德 如上之所說
有善男女等 聞我說壽命 乃至一念信 其福過於彼
若人悉无有 一切諸疑悔 深心須臾信 其福為如此
其有諸菩薩 无量劫行道 聞我說壽命 是則能信受
如是諸人等 頂受此經典 願我於未來 長壽度衆生
如今日世尊 諸釋中之王 道場師子吼 說法无所畏
我等未來世 一切所尊敬 坐於道場時 說壽亦如是
若有深心者 清淨而質直 多聞能揔持 隨義解佛語
如是諸人等 於此无有疑
又阿逸多若有聞佛壽命長遠解其言趣是
人所得功德无有限量能起如來无上之慧
何況廣聞是經若教人聞若自持若教人持
若自書若教人書若以華香瓔珞幢幡繒蓋香
油蘇燈供養經卷是人功德无量无邊能
生一切種智阿逸多若善男子善女人聞我
說壽命長遠深心信解則為見佛常在耆闍
崛山共大菩薩諸聲聞衆圍繞說法又見此
娑婆世界其地瑠璃坦然平正閻浮檀金以
界八道寶樹行列諸臺樓觀皆悉寶成其菩
薩衆咸處其中若有能如是觀者當知是為
深信解相又復如來滅後若聞是經而不毀
呰起隨喜心當知已為深信解相何況讀誦
受持之者斯人則為頂戴如來阿逸多是善
男子善女人不須為我復起塔寺及作僧坊
以四事供養衆僧所以者何是善男子善女
人受持讀誦是經典者為已起塔造立僧坊

BD00867號　妙法蓮華經卷五　（22–19）

呰起隨喜心當知已為深信解相何況讀誦
受持之者斯人則為頂戴如來阿逸多是善
男子善女人不須為我復起塔寺及作僧坊
以四事供養衆僧所以者何是善男子善女
人受持讀誦是經典者為已起塔造立僧坊
供養衆僧則為以佛舍利起七寶塔高廣漸
小至于梵天懸諸幡蓋及衆寶鈴華香瓔珞
末香塗香燒香衆鼓伎樂簫笛箜篌種種舞
戲以妙音聲歌唄讚頌則為於无量千万億
劫作是供養已阿逸多若我滅後聞是經典
有能受持若自書若教人書則為起立僧坊
以赤栴檀作諸殿堂三十有二高八多羅樹
高廣嚴好百千比丘於其中止園林浴池經
行禪窟衣服飲食床褥湯藥一切樂具充滿
其中如是僧坊堂閣若干百千万億其數无
量以此現前供養於我及比丘僧是故我說
如來滅後若有受持讀誦為他人說若自書
若教人書供養經卷不須復起塔寺及造僧
坊供養衆僧況復有人能持是經兼行布施
持戒忍辱精進一心智慧其德最勝无量无
邊譬如虛空東西南北四維上下无量无邊
是人功德亦復如是无量无邊疾至一切種智
若人讀誦受持是經為他人說若自書若教
人書復能起塔及造僧坊供養讚歎聲聞衆
僧亦以百千万億讚歎之法讚歎菩薩功

BD00867號　妙法蓮華經卷五　（22–20）

是人功德亦復如是无量无邊疾至一切種智
若人讀誦受持是經為他人說若自書若教
人書復能起塔及造僧坊供養讚歎聲聞衆
僧亦以百千万億讚歎之法讚歎菩薩功
德又為他人種種因緣隨義解說此法華經
復能清淨持戒與柔和者而共同止忍辱无
瞋志念堅固常貴坐禪得諸深定精進勇猛
攝諸善法利根智慧善荅問難阿逸多若我
滅後諸善男子善女人受持讀誦是經典者
復有如是諸善功德當知是人已趣道場近
阿耨多羅三藐三菩提坐道樹下阿逸多是
善男子若坐若立若行處此中便應起塔一
切天人皆應供養如佛之塔尒時世尊欲重
宣此義而說偈言
若我滅度後　能奉持此經　斯人福无量　如上之所說
是則為具足　一切諸供養　以舍利起塔　七寶而莊嚴
表刹甚高廣　漸小至梵天　寶鈴千万億　風動出妙音
又於无量劫　而供養此塔　華香諸瓔珞　天衣衆伎樂
然香油蘇燈　周帀常照明　惡世法末時　能持是經者
則為已如上　具足諸供養　若能持此經　則如佛現在
以牛頭栴檀　起僧坊供養　堂有三十二　高八多羅樹
上饌妙衣服　床卧皆具足　百千衆住處　園林諸流池
經行及禪窟　種種皆嚴好　若有信解心　受持讀誦書
若復教人書　及供養經卷　散華香末香　以須曼瞻蔔
阿提目多伽　薰油常然之　如是供養者　得无量功德
如虛空无邊　其福亦如是　況復持此經　兼布施持戒

BD00867號　妙法蓮華經卷五　（22–21）

上饌妙衣服　床卧皆具足　百千衆住處　園林諸流池
經行及禪窟　種種皆嚴好　若有信解心　受持讀誦書
若復教人書　及供養經卷　散華香末香　以須曼瞻蔔
阿提目多伽　薰油常然之　如是供養者　得无量功德
如虛空无邊　其福亦如是　況復持此經　兼布施持戒
忍辱樂禪定　不瞋不惡口　恭敬於塔廟　謙下諸比丘
遠離自高心　常思惟智慧　有問難不瞋　隨順為解說
若能行是行　功德不可量　若見此法師　成就如是德
應以天華散　天衣覆其身　頭面接足禮　生心如佛想
又應作是念　不久詣道樹　得无漏无為　廣利諸人天
其所住止處　經行若坐卧　乃至說一偈　是中應起塔
莊嚴令妙好　種種以供養　佛子住此地　則是佛受用
常在於其中　經行及坐卧

妙法蓮華經卷第五

BD00867號　妙法蓮華經卷五　（22–22）

希有
經典所在之處則為有佛若尊
尒時須菩提白佛言世尊當何名
云何奉持佛告須菩提是經名為
波羅蜜以是名字汝當奉持所以者
菩提佛說般若波羅蜜則非般若波羅蜜須
菩提於意云何如來有所說法不須菩提白佛
言世尊如來無所說須菩提於意云何三千大
千世界所有微塵是為多不須菩提言甚多世
尊須菩提諸微塵如來說非微塵是名微塵
如來說世界非世界是名世界須菩提於意
云何可以三十二相見如來不不也世尊不可以
三十二相得見如來何以故如來說三十二相即是
非相是名三十二相須菩提若有善男子善女人
以恒河沙等身命布施若復有人於此經中乃
至受持四句偈等為他人說其福甚多
尒時須菩提聞說是經深解義趣涕淚悲泣
而白佛言希有世尊佛說如是甚深經典我
從昔來所得慧眼未曾得聞如是之經世尊
若復有人得聞是經信心清淨則生實相當
知是人成就第一希有功德世尊是實相者
則是非相是故如來說名實相世尊我今得
聞如是經典信解受持不足為難若當來世

BD00868號　金剛般若波羅蜜經　（9–1）

從昔來所得慧眼未曾得聞如是之經世尊
若復有人得聞是經信心清淨則生實相當
知是人成就第一希有功德世尊是實相者
則是非相是故如來說名實相世尊我今得
聞如是經典信解受持不足為難若當來世
後五百歲其有眾生得聞是經信解受持是
人則為第一希有何以故此人無我相人相
眾生相壽者相所以者何我相即是非相人
相眾生相壽者相即是非相何以故離一切
諸相則名諸佛
佛告須菩提如是如是若復有人得聞是
經不驚不怖不畏當知是人甚為希有
何以故須菩提如來說第一波羅蜜非第一
波羅蜜是名第一波羅蜜須菩提忍辱
波羅蜜如來說非忍辱波羅蜜何以故
須菩提如我昔為歌利王割截身體我
於尒時無我相無人相無眾生相無壽者
相何以故我於往昔節節支解時若有我相
人相眾生相壽者相應生瞋恨須菩提又念
過去於五百世作忍辱仙人於尒所世無我
相無人相無眾生相無壽者相是故須菩提
菩薩應離一切相發阿耨多羅三藐三菩提
心不應住色生心不應住聲香味觸法生心
應生無所住心若心有住則為非住是故佛
說菩薩心不應住色布施須菩提菩薩為
利益一切眾生應如是布施如來說一切諸相
即是非相又說一切眾生則非眾生須菩提
如來是真語者實語者如語者不誑語者不
異語者須菩提如來所得法此法無實無虛

BD00868號　金剛般若波羅蜜經　（9–2）

說菩薩心不應住色布施須菩提菩薩為
利益一切衆生應如是布施如来說一切諸相
即是非相又說一切衆生則非衆生須菩提
如来是真語者實語者如語者不誑語者不
異語者須菩提如来所得法此法無實無虛
須菩提若菩薩心住於法而行布施如人入
闇則無所見若菩薩心不住法而行布施如
人有目日光明照見種種色須菩提當来之
世若有善男子善女人能於此經受持讀誦
則為如来以佛智慧悉知是人悉見是人皆
得成就無量無邊功德
須菩提若有善男子善女人初日分以恒河
沙等身布施中日分復以恒河沙等身布施
後日分亦以恒河沙等身布施如是無量百
千万億劫以身布施若復有人聞此經典信
心不逆其福勝彼何況書寫受持讀誦為人
解說須菩提以要言之是經有不可思議不
可稱量無邊功德如来為發大乘者說為發
最上乘者說若有人能受持讀誦廣為人說
如来悉知是人悉見是人皆得成就不可量不
可稱無有邊不可思議功德如是人等則為
荷擔如来阿耨多羅三藐三菩提何以故須
菩提若樂小法者著我見人見衆生見壽者
見則於此經不能聽受讀誦為人解說須菩
提在在處處若有此經一切世間天人阿脩
羅所應供養當知此處則為是塔皆應恭敬
作礼圍遶以諸華香而散其處
復次須菩提善男子善女人受持讀誦此經

荷擔如来阿耨多羅三藐三菩提何以故須
菩提若樂小法者著我見人見衆生見壽者
見則於此經不能聽受讀誦為人解說須菩
提在在處處若有此經一切世間天人阿脩
羅所應供養當知此處則為是塔皆應恭敬
作礼圍遶以諸華香而散其處
復次須菩提善男子善女人受持讀誦此經
若為人輕賤是人先世罪業應墮惡道以今
世人輕賤故先世罪業則為消滅當得阿耨多
羅三藐三菩提須菩提我念過去無量阿
僧祇劫於然燈佛前得值八百四千万億那
由他諸佛悉皆供養承事無空過者若復
有人於後末世能受持讀誦此經所得功德
於我所供養諸佛功德百分不及一千万億
分乃至算數譬喻所不能及須菩提若善男
子善女人於後末世有受持讀誦此經所得
功德我若具說者或有人聞心則狂亂狐疑不
信須菩提當知是經義不可思議果報亦不
可思議
尒時須菩提白佛言世尊善男子善女人發
阿耨多羅三藐三菩提心云何應住云何降
伏其心佛告須菩提善男子善女人發阿耨
多羅三藐三菩提者當生如是心我應滅度
一切衆生滅度一切衆生已而無有一衆生
實滅度者何以故若菩薩有我相人相衆
生相壽者相則非菩薩所以者何須菩提實
無有法發阿耨多羅三藐三菩提者須菩提
於意云何如来於然燈佛所有法得阿耨多

伏其心佛告須菩提善男子善女人發阿耨
多羅三藐三菩提者當生如是心我應滅度
一切衆生滅度一切衆生已而無有一衆生
實滅度者何以故若菩薩有我相人相衆
生相壽者相則非菩薩所以者何須菩提實
無有法發阿耨多羅三藐三菩提者須菩提
於意云何如来於然燈佛所有法得阿耨多
羅三藐三菩提不不也世尊如我解佛所說
義佛於然燈佛所無有法得阿耨多羅三藐
三菩提佛言如是如是須菩提實無有法如来
得阿耨多羅三藐三菩提須菩提若有法如
来得阿耨多羅三藐三菩提者然燈佛則不
與我受記汝於来世當得作佛号釋迦牟尼
以實無有法得阿耨多羅三藐三菩提是故
然燈佛與我授記作是言汝於来世當得作佛
号釋迦牟尼何以故如来者即諸法如義若有
人言如来得阿耨多羅三藐三菩提須菩
提實無有法佛得阿耨多羅三藐三菩提須
菩提如来所得阿耨多羅三藐三菩提於是
中無實無虛是故如来說一切法皆是佛法
須菩提所言一切法者即非一切法是故名
一切法須菩提譬如人身長大須菩提言世
尊如来說人身長大則為非大身是名大身
須菩提菩薩亦如是若作是言我當滅度無
量衆生則不名菩薩何以故須菩提實無有
法名為菩薩是故佛說一切法無我無人無
衆生無壽者須菩提若菩薩作是言我當
莊嚴佛土是不名菩薩何以故如来說莊嚴佛

BD00868號　金剛般若波羅蜜經　（9–5）

須菩提菩薩亦如是若作是言我當滅度無
量衆生則不名菩薩何以故須菩提實無有
法名為菩薩是故佛說一切法無我無人無
衆生無壽者須菩提若菩薩作是言我當
莊嚴佛土是不名菩薩何以故如来說莊嚴佛
土者即非莊嚴是名莊嚴須菩提若菩薩通
達無我法者如来說名真是菩薩
須菩提於意云何如来有肉眼不如是世尊
如来有肉眼須菩提於意云何如来有天眼
不如是世尊如来有天眼須菩提於意云何
如来有慧眼不如是世尊如来有慧眼須菩
提於意云何如来有法眼不如是世尊如来
有法眼須菩提於意云何如来有佛眼不如
是世尊如来有佛眼須菩提於意云何恒
河中所有沙佛說是沙不如是世尊如来說
是沙須菩提於意云何如一恒河中所有沙
有如是等恒河是諸恒河所有沙數佛世界
如是寧為多不甚多世尊佛告須菩提尒所
國土中所有衆生若干種心如来悉知何以故
如来說諸心皆為非心是名為心所以者何
須菩提過去心不可得現在心不可得未来
心不可得須菩提於意云何若有人滿三千
大千世界七寶以用布施是人以是因緣得
福多不如是世尊此人以是因緣得福甚多
須菩提若福德有實如来不說得福德多以
福德無故如来說得福德多
須菩提於意云何佛可以具足色身見不不
也世尊如来不應以具足色身見何以故如来

BD00868號　金剛般若波羅蜜經　（9–6）

大千世界七寶以用布施是人以是因緣得
福多不如是世尊此人以是因緣得福甚多
須菩提若福德有實如来不說得福德多以
福德無故如来說得福德多
須菩提於意云何佛可以具足色身見不不
也世尊如来不應以具足色身見何以故如来
說具足色身即非具足色身是名具足色身
須菩提於意云何如来可以具足諸相見不不
也世尊如来不應以具足諸相見何以故如
来說諸相具足即非具足是名諸相具足須
菩提汝勿謂如来作是念我當有所說法莫
作是念何以故若人言如来有所說法即為
謗佛不能解我所說故須菩提說法者無法
可說是名說法須菩提白佛言世尊佛得阿
耨多羅三藐三菩提為無所得耶如是如是
須菩提我於阿耨多羅三藐三菩提乃至無
有少法可得是名阿耨多羅三藐三菩提復
次須菩提是法平等無有高下是名阿耨多
羅三藐三菩提以無我無人無衆生無壽者
脩一切善法則得阿耨多羅三藐三菩提須
菩提所言善法者如来說非善法是名善法
須菩提若三千大千世界中所有諸須弥山
王如是等七寶聚有人持用布施若人以此
般若波羅蜜經乃至四句偈等受持讀誦為
他人說於前福德百分不及一百千万億分
乃至筭數譬喻所不能及
須菩提於意云何汝等勿謂如来作是念我
當度衆生須菩提莫作是念何以故實無有

BD00868號　金剛般若波羅蜜經　（9–7）

王如是等七寶聚有人持用布施若人以此
般若波羅蜜經乃至四句偈等受持讀誦為
他人說於前福德百分不及一百千万億分
乃至筭數譬喻所不能及
須菩提於意云何汝等勿謂如来作是念我
當度衆生須菩提莫作是念何以故實無有
衆生如来度者若有衆生如来度者如来則
有我人衆生壽者須菩提如来說有我者則
非有我而凡夫之人以為有我須菩提凡夫
者如来說則非凡夫須菩提於意云何可以
三十二相觀如来不須菩提言如是如是以
三十二相觀如来佛言須菩提若以三十二
相觀如来者轉輪聖王則是如来須菩提白
佛言世尊如我解佛所說義不應以三十二
相觀如来尒時世尊而說偈言
若以色見我　以音聲求我　是人行邪道　不能見如来
須菩提汝若作是念如来不以具足相故得
阿耨多羅三藐三菩提須菩提莫作是念如
来不以具足相故得阿耨多羅三藐三菩提
須菩提汝若作是念發阿耨多羅三藐三菩
提者說諸法斷滅莫作是念何以故發阿耨
多羅三藐三菩提者於法不說斷滅相須菩
提若菩薩以滿恒河沙等世界七寶布施若
復有人知一切法無我得成於忍此菩薩勝
前菩薩所得功德須菩提以諸菩薩不受
福德故須菩提白佛言世尊云何菩薩不受
福德須菩提菩薩所作福德不應貪著是
故說不受福德須菩提若有人言如来若来

BD00868號　金剛般若波羅蜜經　（9–8）

多羅三藐三菩提者於法不說斷滅相須菩
提若菩薩以滿恒河沙等世界七寶布施若
復有人知一切法無我得成於忍此菩薩勝
前菩薩所得功德須菩提以諸菩薩不受
福德故須菩提白佛言世尊云何菩薩不受
福德須菩提菩薩所作福德不應貪著是
故說不受福德須菩提若有人言如来若来
若去若坐若卧是人不解我所說義何以故如来
者無所從来亦無所去故名如来須菩提若
善男子善女人以三千大千世界碎為微塵
於意云何是微塵衆寧為多不甚多世尊
何以故若是微塵衆實有者佛則不說是微
塵衆所以者何佛說微塵衆則非微塵衆是
名微塵衆世尊如来所說三千大千世界則非
世界是名世界何以故若世界實有者則是
一合相如来說一合相則非一合相是名一[illegible]
相須菩提一合相者則是不可說但凡夫之人
貪著其事須菩提若人言佛說我見人見
衆生見壽者見須菩提於意云何是人解我

BD00868號　金剛般若波羅蜜經　（9–9）

弗十方世
諸佛出於五濁惡[illegible]
濁見濁命濁如是舍利弗劫濁亂時衆生垢
重慳貪嫉妬成就諸不善根故諸佛以方便
力於一佛乘分別說三舍利弗若我弟子自
謂阿羅漢辟支佛者不聞不知諸佛如来但
教化菩薩事此非佛弟子非阿羅漢非辟支
佛又舍利弗是諸比丘比丘尼自謂已得阿
羅漢是最後身究竟涅槃便不復志求阿耨
多羅三藐三菩提當知此輩皆是增上慢人
所以者何若有比丘實得阿羅漢若不信此
法无有是處除佛滅度後現前无佛所以者
何佛滅度後如是等經受持讀誦解義者是
人難得若遇餘佛於此法中便得決了舍利
弗汝等當一心信解受持佛語諸佛如来言
无虛妄无有餘乘唯一佛乘尒時世尊欲重
宣此義而說偈言
比丘比丘尼　有懷增上慢　優婆塞我慢　優婆夷不信
如是四衆等　其數有五千
不自見其過　於戒有缺漏　護惜其瑕疵　是小智已出

BD00869號　妙法蓮華經卷一　（8–1）

汝等當一心信解受持佛語諸佛如來言
无虛妄无有餘乘唯一佛乘尒時世尊欲重
宣此義而說偈言
比丘比丘尼　有懷增上慢　優婆塞我慢　優婆夷不信
如是四衆等　其數有五千
不自見其過　於戒有缺漏　護惜其瑕疵　是小智已出
衆中之糟糠　佛威德故去　斯人尠福德　不堪受是法
此衆无枝葉　唯有諸貞實
舍利弗善聽　諸佛所得法　无量方便力　而為衆生說
衆生心所念　種種所行道　若干諸欲性　先世善惡業
佛悉知是已　以諸緣譬喻　言辭方便力　令一切歡喜
或說脩多羅　伽陀及本事　本生未曾有　亦說於因緣
譬喻并祇夜　優波提舍經
鈍根樂小法　貪着於生死　於諸无量佛　不行深妙道
衆苦所惱亂　為是說涅槃
我設是方便　令得入佛慧　未曾說汝等　當得成佛道
所以未曾說　說時未至故　今正是其時　決定說大乘
我此九部法　隨順衆生說　入大乘為本　以故說是經
有佛子心淨　柔軟亦利根　无量諸佛所　而行深妙道
為此諸佛子　說是大乘經
我記如是人　來世成佛道　以深心念佛　脩持淨戒故
此等聞得佛　大喜充遍身　佛知彼心行　故為說大乘
聲聞若菩薩　聞我所說法　乃至於一偈　皆成佛无疑
十方佛土中　唯有一乘法　无二亦无三　除佛方便說
但以假名字　引導於衆生　說佛智慧故　諸佛出於世
唯此一事實　餘二則非真　終不以小乘　濟度於衆生
佛自住大乘　如其所得法　定慧力莊嚴　以此度衆生
自證无上道　大乘平等法　若以小乘化　乃至於一人

BD00869號　妙法蓮華經卷一　（8–2）

聲聞若菩薩　聞我所說法　乃至於一偈　皆成佛无疑
十方佛土中　唯有一乘法　无二亦无三　除佛方便說
但以假名字　引導於衆生　說佛智慧故　諸佛出於世
唯此一事實　餘二則非真　終不以小乘　濟度於衆生
佛自住大乘　如其所得法　定慧力莊嚴　以此度衆生
自證无上道　大乘平等法　若以小乘化　乃至於一人
我則墮慳貪　此事為不可　若人信歸佛　如來不欺誑
亦无貪嫉意　斷諸法中惡　故佛於十方　而獨无所畏
我以相嚴身　光明照世間　无量衆所尊　為說實相印
舍利弗當知　我本立誓願　欲令一切衆　如我等无異
如我昔所願　今者已滿足　化一切衆生　皆令入佛道
若我遇衆生　盡教以佛道　无智者錯亂　迷惑不受教
我知此衆生　未曾脩善本　堅着於五欲　癡愛故生惱
以諸欲因緣　墜墮三惡道　輪迴六趣中　備受諸苦毒
受胎之微形　世世常增長　薄德少福人　衆苦所逼迫
入邪見稠林　若有若无等　依止此諸見　具足六十二
深着虛妄法　堅受不可捨　我慢自矜高　諂曲心不實
於千万億劫　不聞佛名字　亦不聞正法　如是人難度
是故舍利弗　我為設方便　說諸盡苦道　示之以涅槃
我雖說涅槃　是亦非真滅　諸法從本來　常自寂滅相
佛子行道已　來世得作佛
我有方便力　開示三乘法　一切諸世尊　皆說一乘道
今此諸大衆　皆應除疑惑　諸佛語无異　唯一无二乘
過去无數劫　无量滅度佛　百千万億種　其數不可量
如是諸世尊　種種緣譬喻　无數方便力　演說諸法相
是諸世尊等　皆說一乘法　化无量衆生　令入於佛道
又諸大聖主　知一切世間　天人群生類　深心之所欲

BD00869號　妙法蓮華經卷一　（8–3）

如是諸世尊　種種緣譬喻　无數方便力　演說諸法相
是諸世尊等　皆說一乘法　化无量眾生　令入於佛道
又諸大聖主　知一切世間　天人群生類　深心之所欲
更以異方便　助顯第一義
若有眾生類　值諸過去佛　若聞法布施　或持戒忍辱
精進禪智等　種種脩福德　如是諸人等　皆已成佛道
諸佛滅度後　若人善軟心　如是諸眾生　皆已成佛道
諸佛滅度已　供養舍利者　起万億種塔　金銀及頗梨
車𤦲與馬瑙　玫瑰瑠璃珠　清淨廣嚴飾　莊校於諸塔
或有起石廟　栴檀及沈水　木櫁并餘材　塼瓦泥土等
若於曠野中　積土成佛廟　乃至童子戲　聚沙為佛塔
如是諸人等　皆已成佛道
若人為佛故　建立諸形像　刻彫成眾相　皆已成佛道
或以七寶成　鍮石赤白銅　白鑞及鈆錫　鐵木及與泥
或以膠漆布　嚴飾作佛像　如是諸人等　皆已成佛道
彩畫作佛像　百福莊嚴相　自作若使人　皆已成佛道
乃至童子戲　若草木及筆　或以指爪甲　而畫作佛像
如是諸人等　漸漸積功德　具足大悲心　皆已成佛道
但化諸菩薩　度脫无量眾　若人於塔廟　寶像及畫像
以華香幡蓋　敬心而供養　若使人作樂　擊鼓吹角貝
簫笛琴箜篌　琵琶鐃銅鈸　如是眾妙音　盡持以供養
或以歡喜心　歌唄頌佛德　乃至一小音　皆已成佛道
若人散亂心　乃至以一華　供養於畫像　漸見无數佛
或有人礼拜　或復但合掌　乃至舉一手　或復小低頭
以此供養像　漸見无量佛　自成无上道　廣度无數眾
入无餘涅槃　如薪盡火滅
若人散亂心　入於塔廟中　一稱南无佛　皆已成佛道

BD00869號　妙法蓮華經卷一　（8–4）

若人散亂心　乃至以一華　供養於畫像　漸見无數佛
或有人礼拜　或復但合掌　乃至舉一手　或復小低頭
以此供養像　漸見无量佛　自成无上道　廣度无數眾
入无餘涅槃　如薪盡火滅
若人散亂心　入於塔廟中　一稱南无佛　皆已成佛道
於諸過去佛　在世或滅後　若有聞是法　皆已成佛道
未來諸世尊　其數无有量　是諸如來等　亦方便說法
一切諸如來　以无量方便　度脫諸眾生　入佛无漏智
若有聞法者　无一不成佛
諸佛本誓願　我所行佛道　普欲令眾生　亦同得此道
未來世諸佛　雖說百千億　无數諸法門　其實為一乘
諸佛兩足尊　知法常无性　佛種從緣起　是故說一乘
是法住法位　世間相常住　於道場知已　導師方便說
天人所供養　現在十方佛　其數如恒沙　出現於世間
安隱眾生故　亦說如是法
知第一寂滅　以方便力故　雖示種種道　其實為佛乘
知眾生諸行　深心之所念　過去所習業　欲性精進力
及諸根利鈍　以種種因緣　譬喻亦言辭　隨應方便說
今我亦如是　安隱眾生故　以種種法門　宣示於佛道
我以智慧力　知眾生性欲　方便說諸法　皆令得歡喜
舍利弗當知　我以佛眼觀　見六道眾生　貧窮无福慧
入生死險道　相續苦不斷　深著於五欲　如犛牛愛尾
以貪愛自蔽　盲瞑无所見　不求大勢佛　及與斷苦法
深入諸邪見　以苦欲捨苦　為是眾生故　而起大悲心
我始坐道場　觀樹亦經行　於三七日中　思惟如是事
我所得智慧　微妙最第一　眾生諸根鈍　著樂癡所盲
如斯之等類　云何而可度

BD00869號　妙法蓮華經卷一　（8–5）

以貪愛自蔽　盲瞑无所見　不求大勢佛　及與斷苦法
深入諸邪見　以苦欲捨苦　為是衆生故　而起大悲心
我始坐道場　觀樹亦經行　於三七日中　思惟如是事
我所得智慧　微妙最弟一　衆生諸根鈍　著樂癡所盲
如斯之等類　云何而可度
尒時諸梵王　及諸天帝釋　護世四天王　及大自在天
并餘諸天衆　眷屬百千万　恭敬合掌礼　請我轉法輪
我即自思惟　若但讚佛乘　衆生沒在苦　不能信是法
破法不信故　墜於三惡道　我寧不說法　疾入於涅槃
尋念過去佛　所行方便力　我今所得道　亦應說三乘
作是思惟時　十方佛皆現　梵音慰喻我　善哉釋迦文
弟一之導師　得是无上法　隨諸一切佛　而用方便力
我等亦皆得　最妙弟一法　為諸衆生類　分別說三乘
少智樂小法　不自信作佛　是故以方便　分別說諸果
雖復說三乘　但為教菩薩
舍利弗當知　我聞聖師子　深淨微妙音　稱南无諸佛
復作如是念　我出濁惡世　如諸佛所說　我亦隨順行
思惟是事已　即趣波羅柰　諸法寂滅相　不可以言宣
以方便力故　為五比丘說　是名轉法輪　便有涅槃音
及以阿羅漢　法僧差別名　從久遠劫來　讚示涅槃法
生死苦永盡　我常如是說　舍利弗當知　我見佛子等
志求佛道者　无量千万億　咸以恭敬心　皆來至佛所
曾從諸佛聞　方便所說法　我即作是念　所以出於世
為說佛慧故　今正是其時　舍利弗當知　鈍根少智人
著相憍慢者　不能信是法　今我喜无畏　於諸菩薩中
正直捨方便　但說无上道　菩薩聞是法　疑網皆已除
千二百羅漢　悉亦當作佛　如三世諸佛　說法之儀式

志求佛道者　无量千万億　咸以恭敬心　皆來至佛所
曾從諸佛聞　方便所說法　我即作是念　所以出於世
為說佛慧故　今正是其時　舍利弗當知　鈍根少智人
著相憍慢者　不能信是法　今我喜无畏　於諸菩薩中
正直捨方便　但說无上道　菩薩聞是法　疑網皆已除
千二百羅漢　悉亦當作佛　如三世諸佛　說法之儀式
我今亦如是　說无分別法　諸佛興出世　懸遠值遇難
正使出於世　說是法復難　无量无數劫　聞是法亦難
能聽是法者　斯人亦復難　譬如優曇華　一切皆愛樂
天人所希有　時時乃一出　聞法歡喜讚　乃至發一言
則為已供養　一切三世佛　是人甚希有　過於優曇華
汝等勿有疑　我為諸法王　普告諸大衆　但以一乘道
教化諸菩薩　无聲聞弟子
汝等舍利弗　聲聞及菩薩　當知是妙法　諸佛之秘要
以五濁惡世　但樂著諸欲　如是等衆生　終不求佛道
當來世惡人　聞佛說一乘　迷惑不信受　破法墮惡道
有慚愧清淨　志求佛道者　當為如是等　廣讚一乘道
舍利弗當知　諸佛法如是　以万億方便　隨宜而說法
其不習學者　不能曉了此　汝等既已知　諸佛世之師
隨宜方便事　无復諸疑惑　心生大歡喜　自知當作佛

妙法蓮華經卷第一

能聽是法者　斯人亦復難　譬如優曇華　一切皆愛樂
天人所希有　時時乃一出　聞法歡喜讃　乃至發一言
則為已供養　一切三世佛　是人甚希有　過於優曇華
汝等勿有疑　我為諸法王　普告諸大衆　但以一乘道
教化諸菩薩　无聲聞弟子
汝等舍利弗　聲聞及菩薩　當知是妙法　諸佛之秘要
以五濁惡世　但樂著諸欲　如是等衆生　終不求佛道
當来世惡人　聞佛説一乘　迷惑不信受　破法墮惡道
有慙愧清淨　志求佛道者　當為如是等　廣讃一乘道
舍利弗當知　諸佛法如是　以万億方便　隨宜而説法
其不習學者　不能曉了此　汝等既已知　諸佛世之師
隨宜方便事　无復諸疑惑　心生大歡喜　自知當作佛

妙法蓮華經卷第一

BD00869 號　妙法蓮華經卷一　（8–8）

諸受以无所得而為方便舍利子此於身
以无所得而為方便此於觸界身識界及身
觸身觸為緣所生諸受以无所得而為方便
舍利子此於意界以无所得而為方便此於
法界意識界及意觸意觸為緣所生諸受以
无所得而為方便舍利子此於地界以无所
得而為方便此於水火風空識界以无所得
而為方便舍利子此於苦聖諦以无所得而
為方便此於集滅道聖諦以无所得而為方
便舍利子此於无明以无所得而為方便此
於行識名色六處觸受愛取有生老死愁歎
苦憂惱以无所得而為方便舍利子此於内
空以无所得而為方便此於外空内外空空
空大空勝義空有為空无為空畢竟空无際
空散空无變異空本性空自相空共相空一
切法空不可得空无性空自性空无性自性
空以无所得而為方便舍利子此於真如以
无所得而為方便此於法界法性不虛妄性
不變異性平等性離生性法定法住實際虛
空界不思議界以无所得而為方便
舍利子此於布施波羅蜜多以无所得而為
方便此於淨戒安忍精進靜慮般若波羅蜜
多以无所得而為方便舍利子此於四靜慮

BD00870 號　大般若波羅蜜多經卷八四　（13–1）

不變異性平等性離生性法定法住實際虛
空界不思議界以无所得而為方便
舍利子此於布施波羅蜜多以无所得而為
方便此於淨戒安忍精進靜慮般若波羅蜜
多以无所得而為方便舍利子此於四靜慮
以无所得而為方便此於四无量四无色定
以无所得而為方便舍利子此於八解脫以
无所得而為方便此於八勝處九次第定十
遍處以无所得而為方便舍利子此於四念
住以无所得而為方便此於四正斷四神足
五根五力七等覺支八聖道支以无所得而
為方便舍利子此於空解脫門以无所得而
為方便此於无相无願解脫門以无所得而
為方便舍利子此於五眼以无所得而為方
便此於六神通以无所得而為方便舍利子
此於佛十力以无所得而為方便此於四无
所畏四无礙解大慈大悲大喜大捨十八佛
不共法以无所得而為方便舍利子此於无
忘失法以无所得而為方便此於恒住捨性
以无所得而為方便舍利子此於一切陀羅
尼門以无所得而為方便此於一切三摩地
門以无所得而為方便舍利子此於一切智
以无所得而為方便此於道相智一切相智
以无所得而為方便舍利子此於聲聞乘以
无所得而為方便此於獨覺乘无上乘以无
所得而為方便舍利子此於預流以无所得
而為方便此於一來不還阿羅漢以无所得

以无所得而為方便此於道相智一切相智
以无所得而為方便舍利子此於聲聞乘以
无所得而為方便此於獨覺乘无上乘以无
所得而為方便舍利子此於預流以无所得
而為方便此於一來不還阿羅漢以无所得
而為方便舍利子此於預流向預流果以无
所得而為方便此於一來向一來果不還向不
還果阿羅漢向阿羅漢果以无所得而為方
便舍利子此於獨覺以无所得而為方便
此於獨覺向獨覺果以无所得而為方便舍、
利子此於菩薩摩訶薩以无所得而為方便
此於三藐三佛陀以无所得而為方便舍利
子此於菩薩摩訶薩法以无所得而為方便
此於无上正等菩提法以无所得而為方便舍
利子此於極喜地以无所得而為方便此於
離垢地發光地焰慧地極難勝地現前地
遠行地不動地善慧地法雲地以无所得而
為方便舍利子此於極喜地法以无所得而
為方便此於離垢地法發光地法焰慧地法
極難勝地法現前地法遠行地法不動地法
善慧地法法雲地法以无所得而為方便舍
利子此於異生地以无所得而為方便此於
種姓地第八地具見地薄地離欲地已辦地
獨覺地菩薩地如來地以无所得而為方便
舍利子此於異生地法以无所得而為方便
此於種姓地法第八地法具見地法薄地法
[illegible]

利子此於異生地以无所得而為方便此於
種姓地第八地具見地薄地離欲地已辦地
獨覺地菩薩地如來地以无所得而為方便
舍利子此於異生地法以无所得而為方便
此於種姓地法第八地法具見地法薄地法
離欲地法已辦地法獨覺地法菩薩地法如
來地法以无所得而為方便舍利子此於有
為果以无所得而為方便此於无為果以无
所得而為方便
時舍利子問善現言何因緣故於此般若波
羅蜜多甚深教中以无所得而為方便廣說
三乘法所謂聲聞獨覺无上乘法何因緣故
於此般若波羅蜜多甚深教中以无所得而
為方便廣說攝受菩薩摩訶薩從初發心乃
至十地諸菩薩道所謂布施波羅蜜多乃至
一切三摩地門何因緣故於此般若波羅蜜
多甚深教中以无所得而為方便廣說攝受
菩薩摩訶薩功德勝事所謂菩薩摩訶薩於
此般若波羅蜜多勤脩行故隨所生處常受
化生乃至得一切世間最妙勝辯善現答言
舍利子由內空故於此般若波羅蜜多甚深
教中以无所得而為方便廣說三乘法所謂
聲聞獨覺无上乘法舍利子由外空內外空
空空大空勝義空有為空无為空畢竟空
際空散空无變異空本性空自相空共相空
一切法空不可得空无性空自性空无性自
性空故於此般若波羅蜜多甚深教中以无

BD00870號　大般若波羅蜜多經卷八四

（13–4）

空空大空勝義空有為空无為空畢竟空
際空散空无變異空本性空自相空共相空
一切法空不可得空无性空自性空无性自
性空故於此般若波羅蜜多甚深教中以无
所得而為方便廣說三乘法所謂聲聞獨覺
无上乘法舍利子由內空故於此般若波羅
蜜多甚深教中以无所得而為方便廣說攝
受菩薩摩訶薩從初發心乃至十地諸菩薩
道所謂布施波羅蜜多淨戒安忍精進靜慮
般若波羅蜜多若內空外空內外空空空大
空勝義空有為空无為空畢竟空无際空散
空无變異空本性空自相空共相空一切法
空不可得空无性空自性空无性自性空若
真如法界法性不虛妄性不變異性平等性
離生性法定法住實際虛空界不思議界若
苦聖諦集滅道聖諦若四靜慮四无量四无
色定若八解脫八勝處九次第定十遍處若
四念住四正斷四神足五根五力七等覺支
八聖道支若空解脫門无相无願解脫門若
五眼六神通若佛十力四无所畏四无礙解
大慈大悲大喜大捨十八佛不共法若无忘
失法恒住捨性若一切智道相智一切相智
若一切陀羅尼門一切三摩地門舍利子由
外空乃至无性自性空故於此般若波羅蜜
多甚深教中以无所得而為方便廣說攝受
菩薩摩訶薩從初發心乃至十地諸菩薩道
所謂布施波羅蜜多乃至一切三摩地門舍

BD00870號　大般若波羅蜜多經卷八四

（13–5）

失法恒住捨性若一切智道相智一切相智
若一切陁羅尼門一切三摩地門舍利子由
外空乃至无性自性空故於此般若波羅蜜
多甚深教中以无所得而為方便廣說攝受
菩薩摩訶薩從初發心乃至十地諸菩薩道
所謂布施波羅蜜多乃至一切三摩地門舍
利子由內空故於此般若波羅蜜多甚深教
中以无所得而為方便廣說攝受菩薩摩訶
薩功德勝事所謂菩薩摩訶薩於此般若波
羅蜜多勤脩行故隨所生處常受化生於不
退神通能自在遊戲從一佛土趣一佛土供
養恭敬尊重讚歎諸佛世尊隨所願樂種種
善根皆能脩習速得圓滿於諸佛所聞持正
法乃至无上正等菩提能不忘失亦无懈廢
恒居勝定離散亂心由此為緣得无礙辯无
斷盡辯无謬亂辯迅辯應辯凡所演說豊義
味辯一切世間冣妙勝辯舍利子由外空乃至
无性自性空故於此般若波羅蜜多甚深
教中以无所得而為方便廣說攝受菩薩摩
訶薩功德勝事所謂菩薩摩訶薩於此般若
波羅蜜多勤脩行故隨所生處常受化生乃
至得一切世間冣妙勝辯

初分散花品第廿五

尒時天帝釋及此三千大千世界所有四大
王衆天三十三天夜摩天覩史多天樂變化
天他化自在天梵衆天梵輔天梵會天大梵
天光天少光天无量光天極光淨天淨天少

至得一切世間冣妙勝辯

初分散花品第廿五

尒時天帝釋及此三千大千世界所有四大
王衆天三十三天夜摩天覩史多天樂變化
天他化自在天梵衆天梵輔天梵會天大梵
天光天少光天无量光天極光淨天淨天少
淨天无量淨天遍淨天廣天少廣天无量廣
天廣果天无煩天无熱天善現天善見天色
究竟天咸作是念今尊者善現承佛神力為
一切有情雨大法雨我等今者為供養故宜
各化作天諸妙花奉散釋迦如來及菩薩摩
訶薩并苾芻僧尊者善現亦散所說甚深般
若波羅蜜多而為供養時諸天衆作是念已
各化種種微妙香花奉散如來諸菩薩等是
時於此三千大千佛之世界花悉充滿以佛
神力於虛空中合成花臺莊嚴殊妙遍覆三
千大千世界具壽善現覩斯事已作是念言
今所散花於諸天處未曾見有是花殊妙定
非草木水陸所生應是諸天為供養故從心
化出時天帝釋既知善現心之所念謂善現
言此所散花實非草木水陸所生亦不從心
實能化出但變現耳具壽善現語帝釋言是
花不生則非花也時天帝釋問善現言為但
是花不生為餘法亦尒善現答言非但是花
不生諸餘法亦尒何謂也憍尸迦色亦不生
此既不生則非色受想行識亦不生此既不
生則非受想行識何以故以不生法離諸戲

花不生則非花也時天帝釋問善現言為但
是花不生為餘法亦尒善現荅言非但是花
不生諸餘法亦尒何謂也憍尸迦色亦不生
此既不生則非色受想行識亦不生此既不
生則非受想行識何以故以不生法離諸戲
論不可施設為色等故憍尸迦眼處亦不生
此既不生則非眼處耳鼻舌身意處亦不生
此既不生則非耳鼻舌身意處何以故以不
生法離諸戲論不可施設為眼處等故憍尸
迦色處亦不生此既不生則非色處聲香味
觸法處亦不生此既不生則非聲香味觸法處
何以故以不生法離諸戲論不可施設為色
處等故憍尸迦眼界亦不生此既不生則
非眼界色界眼識界及眼觸眼觸為緣所生
諸受亦不生此既不生則非色界乃至眼觸
為緣所生諸受何以故以不生法離諸戲論
不可施設為眼界等故憍尸迦耳界亦不生
此既不生則非耳界聲界耳識界及耳觸耳
觸為緣所生諸受亦不生此既不生則非聲
界乃至耳觸為緣所生諸受何以故以不生
法離諸戲論不可施設為耳界等故憍尸迦
鼻界亦不生此既不生則非鼻界香界鼻識
界及鼻觸鼻觸為緣所生諸受亦不生此既
不生則非香界乃至鼻觸為緣所生諸受何
以故以不生法離諸戲論不可施設為鼻界
等故憍尸迦舌界亦不生此既不生則非舌界

BD00870號　大般若波羅蜜多經卷八四　（13–8）

鼻界亦不生此既不生則非鼻界香界鼻識
界及鼻觸鼻觸為緣所生諸受亦不生此既
不生則非香界乃至鼻觸為緣所生諸受何
以故以不生法離諸戲論不可施設為鼻界
等故憍尸迦舌界亦不生此既不生則非舌界
味界舌識界及舌觸舌觸為緣所生諸受亦
不生此既不生則非味界乃至舌觸為緣所
生諸受何以故以不生法離諸戲論不可施
設為舌界等故憍尸迦身界亦不生此既不
生則非身界觸界身識界及身觸身觸為緣
所生諸受亦不生此既不生則非觸界乃至
身觸為緣所生諸受何以故以不生法離諸
戲論不可施設為身界等故憍尸迦意界亦
不生此既不生則非意界法界意識界及意
觸意觸為緣所生諸受亦不生此既不生則
非法界乃至意觸為緣所生諸受何以故以
不生法離諸戲論不可施設為意界等故憍
尸迦地界亦不生此既不生則非地界水火
風空識界亦不生此既不生則非水火風空
識界何以故以不生法離諸戲論不可施設
為地界等故憍尸迦苦聖諦亦不生此既不
生則非苦聖諦集滅道聖諦亦不生此既不
生則非集滅道聖諦何以故以不生法離諸
戲論不可施設為苦聖諦等故憍尸迦无明
亦不生此既不生則非无明行識名色六處
觸受愛取有生老死愁歎苦憂惱亦不生此

BD00870號　大般若波羅蜜多經卷八四　（13–9）

戱論不可施設為若聖諦等故憍尸迦无明
亦不生此既不生則非无明行識名色六處
觸受愛取有生老死愁歎苦憂惱亦不生此
既不生則非行乃至老死愁歎苦憂惱何以
故以不生法離諸戱論不可施設為无明等
故憍尸迦内空亦不生此既不生則非内空
外空内外空空空大空勝義空有為空无為
空畢竟空无際空散空无變異空本性空自
相空共相空一切法空不可得空无性空自
性空无性自性空亦不生此既不生則非外
空乃至無性自性空何以故以不生法離諸
戱論不可施設為内空等故憍尸迦真如亦
不生此既不生則非真如法界法性不虛妄
性不變異性平等性離生性法定法住實際
虛空界不思議界亦不生此既不生則非法
界乃至不思議界何以故以不生法離諸戱
論不可施設為真如等故
憍尸迦布施波羅蜜多亦不生此既不生則
非布施波羅蜜多淨戒安忍精進靜慮般若
波羅蜜多亦不生此既不生則非淨戒安忍
精進靜慮般若波羅蜜多何以故以不生法
離諸戱論不可施設為布施波羅蜜多等
故憍尸迦四靜慮亦不生此既不生則非四
靜慮四无量四无色定亦不生此既不生則
非四无量四无色定何以故以不生法離諸
戱論不可施設為四靜慮等故憍尸迦八解
脫亦不生此既不生則非

BD00870號　大般若波羅蜜多經卷八四　（13–10）

靜慮四无量四无色定亦不生此既不生則
非四无量四无色定何以故以不生法離諸
戱論不可施設為四靜慮等故憍尸迦八解
脫亦不生此既不生則非八解脫八勝處九
次第定十遍處亦不生此既不生則非八勝
處九次第定十遍處何以故以不生法離諸
戱論不可施設為八解脫等故憍尸迦四念
住亦不生此既不生則非四念住四正斷四神
足五根五力七等覺支八聖道支亦不生此
既不生則非四正斷乃至八聖道支何以故
以不生法離諸戱論不可施設為四念住等故
憍尸迦空解脫門亦不生此既不生則非空
解脫門无相无願解脫門亦不生此既不生
則非无相无願解脫門何以故以不生法離
諸戱論不可施設為空解脫門等故憍尸迦
五眼亦不生此既不生則非五眼六神通亦
不生此既不生則非六神通何以故以不生
法離諸戱論不可施設為五眼等故憍尸迦
佛十力亦不生此既不生則非佛十力四无
所畏四无礙解大慈大悲大喜大捨十八佛
不共法亦不生此既不生則非四无所畏乃
至十八佛不共法何以故以不生法離諸戱
論不可施設為佛十力等故憍尸迦无忘失
法亦不生此既不生則非无忘失法恒住捨
性亦不生此既不生則非恒住捨性何以故
以不生法離諸戱論不可施設為无忘失法
等故憍尸迦一切智亦不生此既不生則非

BD00870號　大般若波羅蜜多經卷八四　（13–11）

法亦不生此既不生則非无忘失法恒住捨
性亦不生此既不生則非恒住捨性何以故
以不生法離諸戲論不可施設爲无忘失法
等故憍尸迦一切智亦不生此既不生則非
一切智道相智一切相智亦不生此既不生
則非道相智一切相智何以故以不生法離
諸戲論不可施設爲一切智等故憍尸迦一
切陀羅尼門亦不生此既不生則非一切陀
羅尼門一切三摩地門亦不生此既不生則
非一切三摩地門何以故以不生法離諸戲
論不可施設爲一切陀羅尼門等故憍尸迦
預流亦不生此既不生則非預流一來不還
阿羅漢亦不生此既不生則非一來不還阿
羅漢何以故以不生法離諸戲論不可施設
爲預流等故憍尸迦預流向預流果亦不生
此既不生則非預流向預流果一來向一來
果不還向不還果阿羅漢向阿羅漢果亦不
生此既不生則非一來向一來果不還向不
還果阿羅漢向阿羅漢果何以故以不生法
離諸戲論不可施設爲預流向預流果等故
憍尸迦獨覺亦不生此既不生則非獨覺獨
覺向獨覺果亦不生此既不生則非獨覺向
獨覺果何以故以不生法離諸戲論不可施
設爲獨覺等故憍尸迦菩薩摩訶薩亦不生
此既不生則非菩薩摩訶薩三藐三佛陀
亦不生此既不生則非三藐三佛陀何以故

BD00870 號　大般若波羅蜜多經卷八四　（13–12）

憍尸迦獨覺亦不生此既不生則非獨覺獨
覺向獨覺果亦不生此既不生則非獨覺向
獨覺果何以故以不生法離諸戲論不可施
設爲獨覺等故憍尸迦菩薩摩訶薩亦不生
此既不生則非菩薩摩訶薩三藐三佛陀
亦不生此既不生則非三藐三佛陀何以故
以不生法離諸戲論不可施設爲菩薩摩
訶薩等故憍尸迦菩薩摩訶薩法亦不生
此既不生則非菩薩摩訶薩法无上正等
菩提亦不生此既不生則非无上正等菩提
何以故以不生法離諸戲論不可施設爲菩
薩摩訶薩法等故憍尸迦聲聞乘亦不生
此既不生則非聲聞乘獨覺乘无上乘亦不
生此既不生則非獨覺乘无上乘何以故以
不生法離諸戲論不可施設爲聲聞乘等
故

大般若波羅蜜多經卷第八十四

BD00870 號　大般若波羅蜜多經卷八四　（13–13）

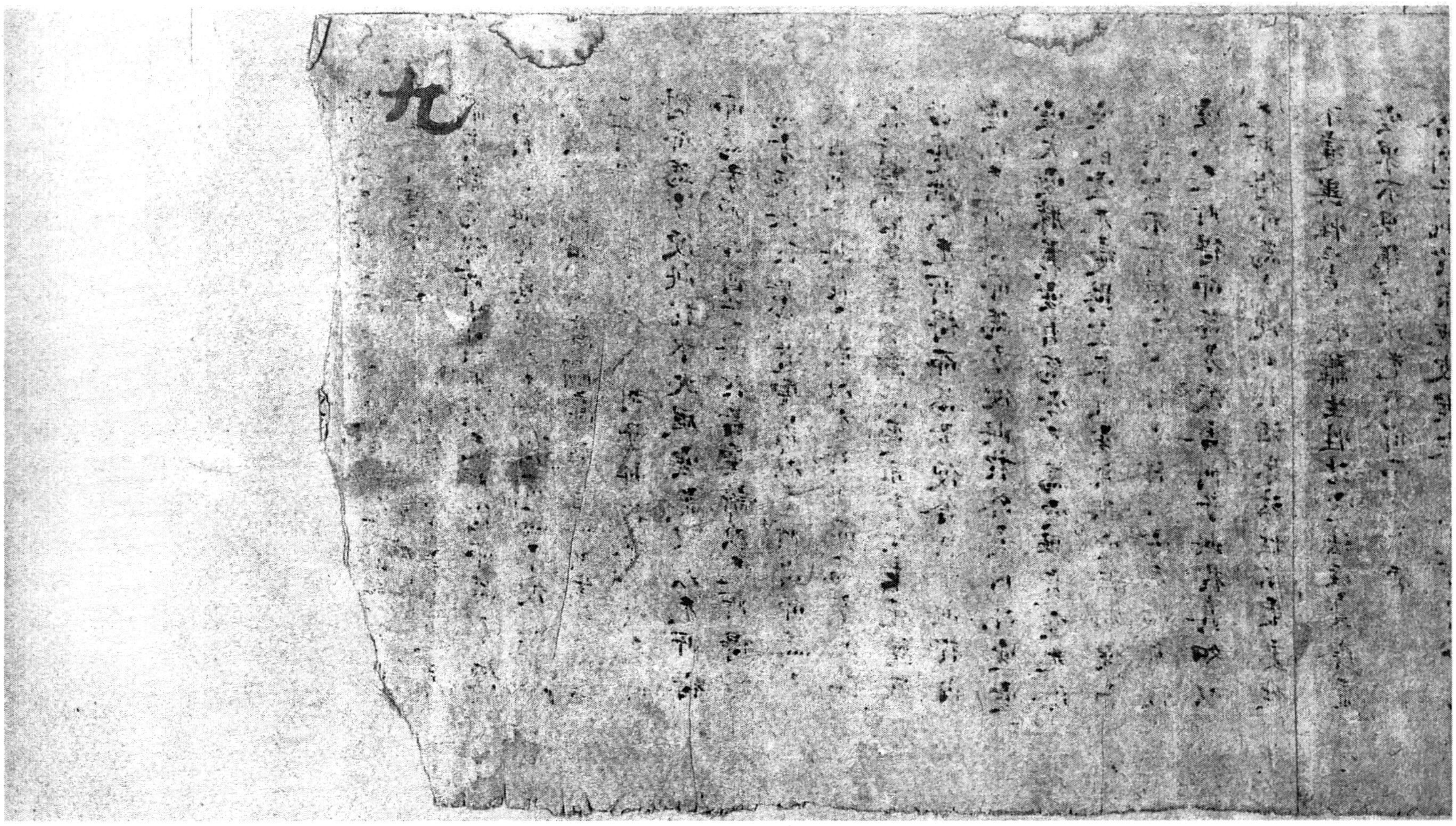

BD00870 號背　勘記　　（1–1）

大乘無量壽經

BD00871 號　無量壽宗要經　　（5–1）

說是无量壽宗要經陀羅尼曰　南无薄伽勃底一阿波唎蜜多二阿喻紇硯娜三須
毗你悉指耶四羅佐耶五怛他羯他耶六怛姪他唵七薩婆桑悉迦羅八波唎輸底九達摩底十伽伽娜十一
薩婆某特伽底十二薩婆婆毗輸底十三摩訶娜耶十四波利婆利莎訶十五　尒時復有七十七姟佛一時同
聲說是无量壽宗要經陀羅尼曰　南无薄伽勃底一阿波唎蜜多二阿喻紇硯娜三須毗你悉
指耶四羅佐耶五怛他羯底他六怛姪他唵七薩婆桑悉迦羅八波唎輸底九達摩底十伽伽娜
薩婆某特伽底十一薩婆婆毗輸底十三摩訶娜耶十四波利婆利莎訶十五　尒時復有六十五姟佛
一時同聲說是无量壽宗要經陀羅尼曰　南无薄伽勃底一阿波利蜜多二阿喻紇硯
娜三須毗你悉指陀四羅佐耶五怛他羯底他六怛姪他唵七薩婆桑悉迦羅八波利輸底九達摩
底十伽伽娜十一薩婆某特伽底十二薩婆婆毗輸底十三摩訶娜耶十四波利婆利莎訶十五
尒時復有五十五姟佛一時同聲說是无量壽宗要經陀羅尼曰　南无薄伽勃底一阿
波利蜜多二阿喻紇硯娜三須毗你悉指陀四羅佐耶五怛他羯底耶六怛姪他唵七薩婆桑
悉迦羅八伽迦娜十一波利輸底十達摩底十一薩婆某特伽底十二薩婆婆毗輸底十三摩訶娜耶十四波
利婆利莎訶十五　尒時復有四十五姟佛一時同聲說是无量壽宗要經陀羅尼曰　南无薄伽
勃底一阿波利蜜多二阿喻紇硯娜三須毗你悉指陀四羅佐耶五怛他羯底耶六怛姪他唵七薩婆桑
悉伽羅八波利輸底九達摩底十伽伽娜十一薩婆某特伽底十二薩婆婆毗輸底十三摩訶娜耶十四波
利婆利莎訶十五　尒時復有三十六姟佛一時同聲說是无量壽宗要經陀羅尼曰
南无薄伽勃底一阿波利蜜多二阿喻紇硯娜三須毗你悉指陀四羅佐耶五怛他羯底耶六怛姪
他唵七薩婆桑悉迦羅八波利輸底九達摩底十伽迦娜十一薩婆某特伽底十二薩婆婆毗輸底
十三摩訶娜耶十四波利薩利莎訶十五　尒時復有二十五姟佛一時同聲說是无量壽宗要經陀羅尼
南无薄伽勃底一阿波利蜜多二阿喻紇硯娜三須毗你悉指陀四羅佐耶五怛他羯他耶六怛姪他
唵七薩婆桑悉迦羅八波利輸底九達摩底十伽迦娜十一薩婆某特伽底十二薩婆婆毗輸底十三
摩訶娜耶十四波利婆利莎訶十五　尒時復有恒河沙佛一時同聲說是无量壽宗要經陀羅尼曰
南无薄伽勃底一阿波利蜜多二阿喻紇硯娜耶三須毗你悉指陀四羅佐耶五怛他羯他耶六怛姪他唵七
薩婆桑悉迦羅八波利輸底九達摩底十伽迦娜十一薩婆某特伽底十二薩婆婆毗輸底十三摩訶娜
耶十四波利薩利莎訶十五　善男子若有自書寫教人書寫无量壽宗要經如其命盡復得長
壽滿百年陀羅尼曰　南无薄伽勃底一阿波利蜜多二阿喻紇硯娜三須毗你悉指陀四羅佐耶五
怛他羯底耶六怛姪他唵七薩婆桑悉伽羅八波利輸底九達摩底十伽迦娜十一薩婆某特伽底十二
薩婆婆毗輸底十三摩訶娜耶十四波利婆利莎訶十五　若有自書寫教人書寫是无量壽
宗要經讀誦受持畢竟不墮地獄在在所生得宿命智陀羅尼曰　南无薄伽勃底一阿波利
蜜多二阿喻紇硯娜三須毗你悉指陀四羅佐耶五怛他羯底耶六怛姪他唵七薩婆桑悉伽羅八
波利輸底九達摩底十伽迦娜十一薩婆某特伽底十二薩婆婆毗輸底十三摩訶娜耶十四波利婆利
莎訶十五　若有自書寫教人書寫是无量壽宗要經受持讀誦如同書寫八万四千一切經典陀羅尼曰
南无薄伽勃底一阿波利蜜多二阿喻紇硯娜三須毗你悉指陀四羅佐耶五怛他羯他耶六怛姪他唵七

BD00871號　無量壽宗要經　（5–2）

蜜多二阿喻紇硯娜三須毗你悉指陀四羅佐耶五怛他羯底耶六怛姪他唵七薩婆桑悉伽羅八
波利輸底九達摩底十伽迦娜十一薩婆某特伽底十二薩婆婆毗輸底十三摩訶娜耶十四波利婆利
莎訶十五　若有自書寫教人書寫是无量壽宗要經受持讀誦如同書寫八万四千一切經典陀羅尼曰
南无薄伽勃底一阿波利蜜多二阿喻紇硯娜三須毗你悉指陀四羅佐耶五怛他羯他耶六怛姪他唵七
薩婆桑悉伽羅八波利輸底九達摩底十伽迦娜十一薩婆某特伽底十二薩婆婆毗輸底十三摩訶娜耶十四波
利婆利莎訶十五　若有自書寫教人書寫是无量壽宗要經即是書寫八万四千部建立塔廟陀羅尼曰
南无薄伽勃底一阿波利蜜多二阿喻紇硯三須毗你悉指耶四羅佐耶五怛他羯底耶六怛姪他唵七薩婆桑
悉迦羅八波利輸底九達摩底十伽迦娜十一薩婆某特伽底十二薩婆婆毗輸底十三摩訶娜耶十四波利婆利
莎訶十五　若有自書寫教人書寫是无量壽宗要經能消五无間一切重罪陀羅尼曰
南无薄伽勃底一阿波利蜜多二阿喻紇硯娜三須毗你悉指陀四羅佐羅五怛他羯底耶六怛姪他
唵七薩婆桑悉迦羅八波利輸底九達摩底十伽迦娜十一薩婆某特伽底十二薩婆婆毗輸底十三摩訶
娜耶十四波利婆利莎訶十五　若有自書寫教人書寫是无量壽宗要經若有重罪猶如
須弥盡能消滅陀羅尼曰　南无薄伽勃底一阿波利蜜多二阿喻紇硯娜三須毗你悉指陀四羅佐
耶五怛他羯他耶六怛姪他唵七薩婆桑悉迦羅八波利輸底九達摩底十伽迦娜十一薩婆某特伽底十二
薩婆婆毗輸底十三摩訶娜耶十四波利婆利莎訶十五　若有自書寫教人書寫是无量壽宗
要經受持讀誦魔之眷屬夜叉羅剎不得其便終无枉死陀羅尼曰　南无薄伽勃底
阿波利蜜多二阿喻紇硯娜三須毗你悉指陀四羅佐耶五怛他羯底耶六怛姪他唵七薩婆桑悉
伽羅八波利輸底九達摩底十伽迦娜十一薩婆某特伽底十二薩婆婆毗輸底十三摩訶娜耶十四波利婆利
莎訶十五　若有自書寫教人書寫是无量壽宗要經受持讀誦當命終時有九十九姟
佛現其人前來手授一切佛剎莫於此經生於疑惑陀羅尼曰　南无薄伽勃底一阿
波利蜜多二阿喻紇硯娜三須毗你悉指陀四羅佐耶五怛他羯底耶六怛姪他唵七薩婆桑悉伽羅八
波利輸底九達摩底十伽迦娜十一薩婆某特伽底十二薩婆婆毗輸底十三摩訶娜耶十四波利婆利莎
訶十五　若有自書寫教人書寫是无量壽宗要經受持讀誦常得四大天王隨其衛護陀羅尼曰
南无薄伽勃底一阿波利蜜多二阿喻紇硯娜三須毗你悉指陀四羅佐耶五怛他羯底耶六怛
姪他唵七薩婆桑悉迦羅八波利輸底九達摩底十伽迦娜十一薩婆某特伽底十二薩婆婆毗
輸底十三摩訶娜耶十四波利婆利莎訶十五　若有自書寫教人書寫是无量壽宗要經
受持讀誦當得往生西方極樂世界阿弥陀佛土陀羅尼曰　南无薄伽勃底一阿波利蜜
多二阿喻紇硯娜三須毗你悉指陀四羅佐耶五怛他羯底耶六怛姪他唵七薩婆桑悉伽羅八波利輸
底九達摩底十伽迦娜十一薩婆某特伽底十二薩婆婆毗輸底十三摩訶娜耶十四波利婆利莎訶十五
若有方所自書寫使人書寫是无量壽經典之處則為是塔皆應恭敬作礼若是畜
生或為鳥獸得聞是經如是等類皆當不久得成一切種智陀羅尼曰
南无薄伽勃底一阿波利蜜多二阿喻紇硯娜三須毗你悉指陀四羅佐耶五怛他羯底耶六怛姪
他唵七薩婆桑悉迦羅八波利輸底九達摩底十伽迦娜十一薩婆某特伽底十二薩婆婆毗

BD00871號　無量壽宗要經　（5–3）

底九達摩底十伽迦娜十一薩婆其特伽底十二薩婆娑毗輸底十三摩訶娜耶十四波利婆利莎訶十五
若有方所自書寫使人書寫是无量壽經典之處則爲是塔皆應恭敬作礼若是畜
生或爲鳥獸得聞是經如是等類皆當不久得成一切種智陁羅尼曰
南无薄伽勃底一阿波利蜜多二阿喻紇硯娜三須毗你悉指陁四羅佐耶五怛他羯底六怛姪
他唵七薩婆桑悉迦羅八波利輸底九達摩底十伽迦娜十一薩婆其特迦底十二薩婆婆毗
輸底十三摩訶娜耶十四波利婆利莎訶十五　若有於是无量壽經自書寫使人書寫畢
竟不受女人之身陁羅尼曰　南无薄伽勃底一阿波利蜜多二阿喻紇硯娜三
須毗你悉指陁四羅佐耶五怛他羯底六怛姪他唵七薩婆桑悉伽羅八波利輸底九達
摩底十伽迦娜十一薩婆其特迦底十二薩婆娑毗輸底十三摩訶娜耶十四波利婆利莎訶十五
若有能於是經少分能惠施者等於三千大千世界滿中七寶布施陁羅尼曰
南无薄伽勃底一阿波利蜜多二阿喻紇硯娜三須毗你悉指陁四羅佐耶五怛他羯底六
怛姪他唵七薩婆桑悉迦羅八波利輸底九達摩底十伽迦娜十一薩婆其特迦底十二薩婆
娑毗輸底十三摩訶娜耶十四波利婆利莎訶十五　若有能供養是經者則是供養一切諸經華
无有異陁羅尼曰　南无薄伽勃底一阿波利蜜多二阿喻紇硯娜三須毗你悉指陁四
羅佐耶六怛他羯底七怛姪他唵八薩婆桑悉迦羅九波利輸底十達摩底十一伽迦娜耶十二
薩婆其特迦底十二薩婆娑毗輸底十三摩訶娜耶十四波利婆利莎訶十五
如是毗婆尸佛尸棄佛毗舍浮佛俱留孫佛俱那含牟尼佛迦葉佛釋迦牟尼佛　若有人以
七寶供養如是七佛其福有限書寫受持是无量壽經典所有功德不可限量陁羅
尼曰　南无薄伽勃底一阿波利蜜多二阿喻紇硯娜三須毗你悉指陁四羅佐耶五怛他羯
底耶六怛姪他唵七薩婆桑悉迦羅八波利輸底九達摩底十伽迦娜十一薩婆其特迦底
薩婆娑毗輸底十三摩訶娜耶十四波利婆利莎訶十五
若有七寶等於須彌以用布施其福上能智其限量是无量壽經典其福不可知數陁羅
尼曰　南无薄伽勃底一阿波利蜜多二阿喻紇硯娜三須毗你悉指陁四羅佐耶五怛他羯底
耶六怛姪他唵七薩婆桑悉迦羅八波利輸底九達摩底十伽迦娜十一薩婆其特伽底十二
薩婆娑毗輸底十三摩訶娜耶十四波利婆利莎訶十五
如是四大海水可知滴數是无量壽經典所生果報不可數量陁羅尼曰南
无薄伽勃底一阿波利蜜多二阿喻紇硯娜三須毗你悉指陁四羅佐耶五怛他羯底耶六
怛姪他唵七薩婆桑悉迦羅八波利輸底九達摩底十伽迦娜十一薩婆其特伽底十二薩
婆娑毗輸底十三摩訶娜耶十四波利婆利莎訶十五　若有自書使人書寫是无量壽
典經又能獲持供養即是恭敬供養一切十方佛土如來无有別異陁羅尼曰
南无薄伽勃底一阿波利蜜多二阿喻紇硯娜三須毗你悉指陁四羅佐耶五怛他羯他
底六怛姪他唵七薩婆桑悉迦羅八波利輸底九達摩底十伽迦娜十一薩婆其特迦底十二薩婆

尼曰南无薄伽勃底一阿波利蜜多二阿喻紇硯娜三須毗你悉指陁四羅佐耶五怛他羯底
耶六怛姪他唵七薩婆桑悉迦羅八波利輸底九達摩底十伽迦娜十一薩婆其特伽底十二
薩婆娑毗輸底十三摩訶娜耶十四波利婆利莎訶十五
如是四大海水可知滴數是无量壽經典所生果報不可數量陁羅尼曰南
无薄伽勃底一阿波利蜜多二阿喻紇硯娜三須毗你悉指陁四羅佐耶五怛他羯底耶六
怛姪他唵七薩婆桑悉迦羅八波利輸底九達摩底十伽迦娜十一薩婆其特伽底十二薩
婆娑毗輸底十三摩訶娜耶十四波利婆利莎訶十五　若有自書使人書寫是无量壽
典經又能獲持供養即是恭敬供養一切十方佛土如來无有別異陁羅尼曰
南无薄伽勃底一阿波利蜜多二阿喻紇硯娜三須毗你悉指陁四羅佐耶五怛他羯他
底六怛姪他唵七薩婆桑悉迦羅八波利輸底九達摩底十伽迦娜十一薩婆其特迦底十二薩婆
娑毗輸底十三摩訶娜耶十四波利婆利莎訶十五
布施力能成正覺　悟布施力人師子　布施力能聲普聞　慈悲階漸最能入
持戒力能成正覺　悟持戒力人師子　持戒力能聲普聞　慈悲階漸最能入
忍辱力能成正覺　悟持戒力人師子　持戒力能聲普聞　慈悲階漸最能入
精進力能成正覺　悟精進力人師子　精進力能聲普聞　慈悲階漸最能入
禪定力能成正覺　悟精進力子師子　精進力能聲普聞　慈悲皆漸最能入
智慧力能成正覺　悟智慧力子師子　智慧力能聲普聞　慈悲階漸最能入
尒時如來說是經已一切世間天人阿修羅乾闥婆等聞佛所說皆大歡喜信受奉行
佛說无量壽宗要經一卷

恒住捨性法性此是一切智此是一切智法
性此是道相智一切相智此是道相智一切
相智法性此是預流果此是預流果法性此
是一來不還阿羅漢果此是一來不還阿羅
漢果法性此是獨覺菩提此是獨覺菩提法
性此是一切菩薩摩訶薩行此是一切菩薩
摩訶薩行法性此是諸佛无上正等菩提此
是諸佛無上正等菩提法性善現菩薩摩訶
薩脩行般若波羅蜜多不應如是分別諸法
法性差別而壞法性具壽善現白佛言世尊
若菩薩摩訶薩不應壞諸法性云何如來
自壞諸法法性謂佛嘗說此是色此是受想
行識此是眼處此是耳鼻舌身意處此是色
處此是聲香味觸法處此是眼界此是耳鼻
舌身意界此是色界此是聲香味觸法界此
是眼識界此是耳鼻舌身意識界此是眼觸
此是耳鼻舌身意觸此是眼觸為緣所生諸
受此是耳鼻舌身意觸為緣所生諸受此是
地界此是水火風空識界此是无明此是行
識名色六處觸受愛取有生老死愁歎苦憂

BD00872號　大般若波羅蜜多經卷三六三　（6–1）

此是耳鼻舌身意觸此是眼觸為緣所生諸
受此是耳鼻舌身意觸為緣所生諸受此是
地界此是水火風空識界此是无明此是行
識名色六處觸受愛取有生老死愁歎苦憂
惱此是內法此是外法此是善法此是非善
法此是有漏法此是无漏法此是世間法此
是出世間法此是共法此是不共法此是有
諍法此是无諍法此是有為法此是无為法
佛既曾說如是等法將无自壞諸法法性佛
言善現我不自壞諸法法性但以名相方便
假說諸法法性令諸有情而得悟入諸法法
性无差別理是故善現我曾不壞諸法法性
具壽善現白佛言世尊若佛但以名相宣說
諸法法性令諸有情而得悟入云何佛於无
名无相法以名相說令他悟入耶佛言善現
我隨世俗假立名相方便宣說諸法法性而
无執著善現如諸愚夫聞說苦等執著名相
不知假說非諸如來及佛弟子聞說苦等執
著名相然如實知隨世俗說无有真實諸法
名相善現若諸聖者於名著名於相著相如
是亦應於空著空於无相著无相於无願著
无願於真如著真如於實際著實際於法界
著法界於无為著无為善現是一切法但有
假名但有假相而无真實聖者於中亦不住
著但假名但如是善現菩薩摩訶薩住一切
法但假名相應行般若波羅蜜多而於其中
不應住著

BD00872號　大般若波羅蜜多經卷三六三　（6–2）

假名但有假相而无真實聖者於中亦不住
著但假名相如是善現菩薩摩訶薩住一切
法但假名相應行般若波羅蜜多而於其中
不應住著
具壽善現白佛言世尊若一切法但有名相
菩薩摩訶薩為何事故發菩提心既發心已
受諸勤苦行菩薩行脩行布施波羅蜜多脩
行淨戒安忍精進靜慮般若波羅蜜多安住
内空安住外空内外空空空大空勝義空有
為空无為空畢竟空无際空散空无變異空
本性空自相空共相空一切法空不可得空
无性空自性空无性自性空安住真如安住
法界法性不虛妄性不變異性平等性離生
性法定法住實際虛空界不思議界脩行四
念住脩行四正斷四神足五根五力七等覺
支八聖道支安住苦聖諦安住集滅道聖諦
脩行四靜慮脩行四无量四无色定脩行八
解脫脩行八勝處九次第定十遍處脩行
一切三摩地門脩行一切陁羅尼門脩行空解
脫門脩行无相无願解脫門脩行五眼脩行
六神通脩行佛十力脩行四无所畏四无礙
解大慈大悲大喜大捨十八佛不共法脩行
无忘失法脩行恒住捨性脩行一切智脩行
道相智一切相智皆令圓滿佛言善現如汝
所說若一切法但有名相菩薩摩訶薩為何
事故發菩提心行菩薩行者善現以一切法

道相智一切相智皆令圓滿佛言善現如汝
所說若一切法但有名相菩薩摩訶薩為何
事故發菩提心行菩薩行者善現以一切法
但有名相如是名相但假施設名相性空諸
有情類顛倒執著流轉生死不得解脫是故
菩薩摩訶薩發菩提心行菩薩行次證得
一切相智轉正法輪以三乘法度脫有情令
出生死入无餘依般涅槃界而諸名相无生
无滅亦无住異施設可得
尒時具壽善現白佛言世尊佛說一切相智
為一切相智耶佛言善現我說一切相智為
一切相智具壽善現復白佛言世尊如來甞
說一切智道相智一切相智如是三智其相
云何有何差別佛言善現一切智者是共聲
聞及獨覺智道相智者是共菩薩摩訶薩智
一切相智者是諸如來應正等覺不共妙智
具壽善現復白佛言世尊何緣一切智是共
聲聞及獨覺智佛言善現一切者謂五蘊十
二處十八界等聲聞獨覺亦能了知而不能
知一切道相及一切法一切種相具壽善現
復白佛言世尊何緣道相智是共菩薩摩訶
薩智佛言善現諸菩薩摩訶薩應學遍知一
切道相謂聲聞道相獨覺道相菩薩道相如
來道相諸菩薩摩訶薩於此諸道常應脩學
令速圓滿雖令此道作所應作而不令其證
於實際具壽善現復白佛言世尊菩薩摩訶

来道相諸菩薩摩訶薩於此諸道常應脩學
令速圓滿雖令此道作所應作而不令其證
於實際具壽善現復白佛言世尊菩薩摩訶
薩脩如来道得圓滿已豈於實際不作證耶
佛言善現諸菩薩摩訶薩若未圓滿嚴淨佛
土成熟有情脩諸大願猶於實際未應作證
若已圓滿嚴淨佛土成熟有情脩諸大願於
其實際乃應作證世尊菩薩摩訶薩為住於
道證實際耶不也善現世尊菩薩摩訶薩為
住非道證實際耶不也善現世尊菩薩摩訶
薩為住道非道證道際耶不也道現世尊菩
薩摩訶薩為住非道非非道證實際耶不也
善現具壽善現白佛言世尊若尒菩薩摩訶
薩為何所住而證實際佛告善現於意云何
汝為住道得盡諸漏心解脫耶不也世尊善
現汝為住非道得盡諸漏心解脫耶不也世
尊善現汝為住道非道得盡諸漏心解脫耶
不也世尊善現汝為住非道非非道得盡諸
漏心解脫耶不也世尊非我有住得盡諸漏
心永解脫然我盡漏心得解脫都无所住佛
言善現菩薩摩訶薩亦復如是脩行般若波
羅蜜多都无所住而證實際具壽善現復白
佛言世尊何緣一切相智名一切相智耶佛
言善現知一切法皆同一相謂寂滅相是故
名為一切相智復次善現諸行狀相能表諸
法如来如實能遍覺知是故說名一切相智

BD00872號　大般若波羅蜜多經卷三六三　（6–5）

道證實際耶不也善現世尊菩薩摩訶薩為
住非道證實際耶不也善現世尊菩薩摩訶
薩為住道非道證道際耶不也道現世尊菩
薩摩訶薩為住非道非非道證實際耶不也
善現具壽善現白佛言世尊若尒菩薩摩訶
薩為何所住而證實際佛告善現於意云何
汝為住道得盡諸漏心解脫耶不也世尊善
現汝為住非道得盡諸漏心解脫耶不也世
尊善現汝為住道非道得盡諸漏心解脫耶
不也世尊善現汝為住非道非非道得盡諸
漏心解脫耶不也世尊非我有住得盡諸漏
心永解脫然我盡漏心得解脫都无所住佛
言善現菩薩摩訶薩亦復如是脩行般若波
羅蜜多都无所住而證實際具壽善現復白
佛言世尊何緣一切相智名一切相智耶佛
言善現知一切法皆同一相謂寂滅相是故
名為一切相智復次善現諸行狀相能表諸
法如来如實能遍覺知是故說名一切相智
具壽善現白佛言世尊若一切智若道相智
諸煩惱所有善[illegible]不

BD00872號　大般若波羅蜜多經卷三六三　（6–6）

大般涅槃經卷第卌

納衣梵志復作是言瞿曇如所
世中作善不善未來還得善不善身
不然何以故如瞿曇說因煩惱故獲得是身
因煩惱獲得身者身爲在先煩惱在先若煩
惱在先誰之所作住在何處若身在先云何
說言因煩惱得是故若言煩惱在先是亦不
可若身在先是亦不可若言一時是亦不可
先後一時義俱不可是故我說一切諸法皆
有自性不從因緣復次瞿曇堅是地性濕是
水性熱是火性動是風性无所罣㝵是虛空
性是五大性非因緣有若使世間有一法性
非因緣有一切法性亦應如是非因緣有若
有一法從於因緣何因緣故五大之性不從
因緣瞿曇衆生善身及不善身獲得解脫皆
是自性不從因緣是故我說一切諸法自性
故有非因緣生復次瞿曇世間之法有定用
處譬如工匠云如是木任作車如是任作
門戶床杌亦如金師所可造作在頸上者名
之爲鬘在頭下者名之爲瓔在手上者名之
爲釧在指上者名之爲環用處定故名爲定
性瞿曇一切衆生亦復如是有五道性故有
地獄餓鬼畜生人天若如是者云何說言從

BD00873號　大般涅槃經（北本　宮本）卷四〇　（20–1）

之爲鬘在頭下者名之爲瓔在手上者名之
爲釧在指上者名之爲環用處定故名爲定
性瞿曇一切衆生亦復如是有五道性故有
地獄餓鬼畜生人天若如是者云何說言從
於因緣復次瞿曇一切衆生其性各異是故
名爲一切自性瞿曇如龜陸生自能入水犢
子生已能自飲乳魚見鉤餌自然吞食毒虵
生已自然食土如是等事誰有教者如刺生
已自然頭尖飛鳥毛羽自然色別世間衆生
亦復如是有利有鈍有富有貧有好有醜
有得解脫有不解脫是故當知一切法中各有
自性復次瞿曇如瞿曇說貪欲瞋癡從因緣
生如是三毒因緣五塵是義不然何以故衆
生睡時遠離五塵亦復生於貪欲瞋癡在胎
亦尒初出胎時未能分別五塵好醜亦復生
於貪欲瞋癡諸仙賢聖處在靜處无有五塵
亦能生於貪欲瞋癡亦復有人因於五塵生
於不貪不瞋不癡是故不必從於因緣生一切
法以自性故復次瞿曇我見世人五根不具
多饒財寶得大自在有根具足貧窮下賤不
得自在爲人僕使若有因緣何故如是是故
諸法各有自性不由因緣瞿曇世間小兒亦
復未能分別五塵或咲或啼咲時知喜啼時
知愁是故當知一切諸法各有自性復次瞿
曇世法有二一者有二者无有即虛空无即
兔角如是二法一是有故不從因緣二是无
故亦非因緣是故諸法有自性故不從因緣

BD00873號　大般涅槃經（北本　宮本）卷四〇　（20–2）

知愁是故當知一切諸法各有自性復次瞿
曇世法有二一者有二者无有即虛空无即
兎角如是二法一是有故不從因緣二是无
故亦非因緣是故諸法有自性故不從因緣
佛言善男子如汝所言如五大性一切諸法
亦應如是是義不然何以故善男子汝法中
以五大是常何因緣故一切諸法悉不是常
若世間物是无常者是五大性何因緣故不
是无常若五大常世間之物亦應是常是故
汝說五大之性有自性故不從因緣令一切法
同五大者无有是處善男子汝言用處定故
有自性者是義不然何以故皆從因緣得名
字故若從因得名亦從因得義云何名為從
因得名如在額上名之為鬘在頸名瓔在手
名釧在車名輪火在草木名草木火善男子
樹初生時无箭稍性從因緣故工造為箭從
因緣故工造為稍是故不應說一切法有自
性也汝言如龜陸生性自入水犢子生已性
能飲乳是義不然何以故若言入水非因緣
者俱非因緣何不入火犢子生已性能噉乳
不從因緣俱非因緣何不噉角善男子若言
諸法悉有自性不須教習无有增長是義不
然何以故今見有教緣教增長是故當知无
有自性善男子若一切法有自性者諸婆羅
門一切不應為清淨身殺羊祀祠若為身祠
是故當知无有自性善男子世間語法凡有
三種一者欲作二者作時三者作已若一切法

BD00873號　大般涅槃經（北本　宮本）卷四〇　（20–3）

有自性善男子若一切法有自性者諸婆羅
門一切不應為清淨身殺羊祀祠若為身祠
是故當知无有自性善男子世間語法凡有
三種一者欲作二者作時三者作已若一切法
有自性者何故世中有是三語有三語故故知
一切无有自性善男子若言諸法有自性
者當知諸法各有定性若有定性甘蔗一物
何緣作漿作蜜石蜜酒苦酒等若有一性何
緣乃出如是等物若一物中出如是等當知
諸法不得一定各有一性善男子若一切法
有定性者聖人何故飲甘蔗漿石蜜黑蜜酒
時不飲後為苦酒復還得飲是故當知無有
定性若無定性云何不因因緣而有善男子
汝說一切法有自性者云何說喻若有喻者
當知諸法無有自性若有自性當知無喻世
間智者皆說譬喻當知諸法無有自性無有
一性善男子汝言身為在先煩惱先者是義
不然何以故若我當說身在先者汝可難言
汝亦同我身不在先何因緣故而作是難善
男子一切眾生身及煩惱俱無先後一時而
有雖一時有要因煩惱而得有身終不因身
有煩惱也汝意若謂如人二眼一時而得不
相因待左不因右右不因左煩惱及身亦如
是者是義不然何以故善男子世間眼見炷
之與明雖復一時明要因炷終不因明而有
炷也善男子汝意若謂身不在先故知無因
是義不然何以故若以身先無因緣故名為

BD00873號　大般涅槃經（北本　宮本）卷四〇　（20–4）

之與明雖復一時明亦因炷終不因明而有
炷也善男子汝意若謂身不在先故知無因
是義不然何以故若以身先無因緣故名爲
無者汝不應說一切諸法皆有因緣若言不
見故不說者今見瓶等從因緣出何故不說如
瓶身先因緣亦復如是善男子若見不見一切
諸法皆從因緣無有自性善男子若言一切
法悉有自性無因緣者汝何因緣說於五大
是五大性即是因緣善男子五大因緣雖復
如是亦不應說諸法皆同五大因緣如世人說
一切出家精勤持戒旃陀羅等亦應如是精
勤持戒善男子汝言五大有定堅性我觀是
性轉故不定善男子蘇蠟胡膠於汝法中名
之爲地是地不定或同於水或同於地故不得
說自性故堅善男子白鑞鉛錫銅鐵金銀於
汝法中名之爲火是火四性流時水性動
時風性熱時火性堅時地性云何說言定名
火性善男子水性名流若水凍時不名爲地
故名水者何因緣故波動之時不名爲風若
動不名風凍時亦應不名爲水若是二義從
因緣者何故說言一切諸法不從因緣善男
子若言五根性能見聞覺知觸者皆是自
性不從因緣是義不然何以故善男子自性之
性性不可轉若言眼性見者常應能見不應
有見有不見時是故當知從因緣見非無因緣
汝言非因五塵生貪解脫是義不然何以故

BD00873號　大般涅槃經（北本　宮本）卷四〇　（20–5）

性性不可轉若言眼性見者常應能見不應
有見有不見時是故當知從因緣見非無因緣
汝言非因五塵生貪解脫是義不然何以故
善男子生貪解脫雖復不因五塵因緣要覺觀
故則生貪欲善覺觀故則得解脫善男子內
因緣故生貪解脫外因緣故則能增長是故
汝言一切諸法各有自性不因五塵生貪解
脫無有是處善男子汝言具足諸根多於財
物不得自在諸根殘缺多饒財寶得大自在
因此以明有自性故不從因緣者是義不然
何以故善男子衆生從業而有果報如是果
報則有三種一者現報二者生報三者後報
貧窮巨富根具不具是業各異若有自性具
諸根者應饒財寶饒財寶者應具諸根今則
不尒是故定知無有自性皆從因緣如汝所
言世間小兒未能分別五塵因緣亦啼亦笑
是故一切有自性者是義不然何以故若自
性者笑應常笑啼應常啼不應一笑一啼若
一笑一啼當知一切悉從因緣是故不應說
一切法有自性故不從因緣梵志言世尊若
一切法從因緣有如是身者從何因緣佛言
善男子是身因緣煩惱與業梵志言世尊如
其是身從煩惱業是煩惱業可斷不耶佛言
如是如是梵志復言世尊唯願爲我分別解
說令我聞已不移是處悉得斷之佛言善男
子若知二邊中間無导是人則能斷煩惱業

BD00873號　大般涅槃經（北本　宮本）卷四〇　（20–6）

說令我聞已不移是處悉得斷之佛言善男
子若知二邊中間無身是人則能斷煩惱業
世尊我已知解得正法眼佛言汝云何知世
尊二邊即色及色解脫中間即是八正道也
受想行識亦復如是佛言善哉善哉善男子
善知二邊斷煩惱業世尊唯願聽我出家受
戒佛言善來比丘即時斷除三界煩惱得阿
羅漢果
尒時復有一婆羅門名曰和廣復作是言瞿
曇知我今所念不佛言善男子涅槃是常有
為無常曲即耶見直即聖道婆羅門言瞿曇
何因緣故作如是說善男子汝意每謂乞食
是常別請無常曲是戶籥直是幢是故我
說涅槃是常有為無常曲謂耶見直謂八正
非如汝先所思惟也婆羅門言瞿曇實知我
心是八正道悉令眾生得盡滅不尒時世尊
嘿然不荅婆羅門言瞿曇已知我心我今所
問何故嘿然而不見荅時憍陳如即作是言
大婆羅門若有問世有邊無邊如來常尒嘿
然不荅八聖是直涅槃是常若脩八聖即得
滅盡若不脩習則不能得大婆羅門辟如大
城其城四辟都無孔竅唯有一門其守門者
聰明有智能善分別可放則放可遮則遮雖
不能知出入多少定知一切有入出者皆由
此門善男子如來亦尒城喻涅槃門喻八正
守門之人喻於如來善男子如來今者雖不

不能知出入多少定知一切有入出者皆由
此門善男子如來亦尒城喻涅槃門喻八正
守門之人喻於如來善男子如來今者雖不
荅汝盡與不盡有盡者而當脩習是八正
道婆羅門言善哉善哉大德憍陳如如來善
能說微妙法我今實欲知城知道自作守門
憍陳如言善哉善哉汝婆羅門能發無上廣
大之心佛言止止憍陳如是婆羅門非適今
日發是心也憍陳如乃往過去過無量佛有
佛世尊名普光明如來應正遍知明行足善
逝世間解無上士調御丈夫天人師佛世尊
是人先已於彼佛所發阿耨多羅三藐三菩
提心此賢劫中當得作佛久已通達了知法
相為眾生故現處外道示無所知以是因緣
汝憍陳如不應讚言善哉善哉汝今能發如
是心尒時世尊知已即告憍陳如言阿難
比丘今為所在憍陳如言世尊阿難比丘在
娑羅林外去此大會十二由延而為六万四
千億魔之所嬈亂是諸魔眾悉自變身為如
來像或有宣說一切諸法從因緣生或有說
言一切諸法不從因生或有說言一切因緣
皆是常法從緣生者悉是無常或有說言五
陰是實或說虛假入界亦尒或有說言有十二
因緣或有說言正有四緣或說諸法如幻如
化如熱時炎或有說言因聞得法或有說言
因思得法或有說言因脩得法或復有說
不淨觀法或復有說出息入息或復有說四

因緣或有說言正有四緣或說諸法如幻如
化如熱時炎或有說言因聞得法或有說言
因思得法或有說言因脩得法或復有說
不淨觀法或復有說出息入息或復有說四
念處觀或復有說三種觀義七種方便或復
有說煖法頂法忍法世間第一法學無學地
菩薩初住乃至十住或有說空無相無作或
復有說脩多羅祇夜毗伽羅那伽陁憂陁那
尼陁那阿波陁那伊帝曰多伽闍陁伽毗佛略
阿浮陁達摩優波提舍或說四念處四正勤
四如意足五根五力七覺八聖道或說內空
外空內外空有為空無為空無始空性空遠
離空散空自相空無相空陰空入空界空善空
不善空無記空菩提空道空涅槃空行空
得空第一義空空空大空或有示現神
通變化身出水火或身上出水身下出火身
下出水身上出火左脅出火右脅出水右脅
在下左脅出水一脅震雷一脅降雨或有
示現諸佛世界或復示現菩薩初生行至
七步處在深宮受五欲時初始出家脩苦行
時往菩提樹坐三昧時壞魔軍衆轉法輪時
示大神通入涅槃時世尊阿難比丘見是事
已作是念言如是神變昔來未見誰之所作
將非世尊釋迦作耶欲起欲語都不從意阿
難比丘入魔罥故復作是念諸佛所說各各
不同我於今者當受誰語世尊阿難今者極
受大苦雖念如來無能救者以是因緣不來

BD00873 號　大般涅槃經（北本　宮本）卷四〇　（20–9）

難比丘入魔罥故復作是念諸佛所說各各
不同我於今者當受誰語世尊阿難今者極
受大苦雖念如來無能救者以是因緣不來
至此大衆之中
尒時文殊師利菩薩摩訶薩白佛言世尊此
大衆中有諸菩薩已於一生發阿耨多羅三
藐三菩提心至無量生發菩提心已能供養
無量諸佛其心堅固具足脩行檀波羅蜜乃
至般若波羅蜜成就功德久已親近無量諸
佛淨脩梵行得不退轉菩提之心得不退忍
不退轉持得如法忍首楞嚴等無量三昧如
是等輩聞大乘經終不生疑善能分別宣
說三寶同一性相常住不變聞不思議不生
驚怖聞種種空心不怖懼了了通達一切法
性能持一切十二部經廣解其義亦能受持
無量諸佛十二部經何憂不能受持如是
大涅槃典何因緣故問憍陳如阿難所在
尒時世尊告文殊師利諦聽諦聽善男子我
成佛已過三十年住王舍城尒時我告諸比丘
言諸比丘今此衆中誰能為我受持如來十
二部經恭給左右所須之事亦使不失自身
善利時憍陳如在彼衆中來白我言我能受
持十二部經供給左右不失所作自利益事
我言憍陳如汝已朽邁當須使人云何方欲
為我給使時舍利弗復作是言我能受持佛
一切語供給所須不失所作自利益事我言

BD00873 號　大般涅槃經（北本　宮本）卷四〇　（20–10）

為我給使時舍利弗復作是言我能受持佛
一切語供給所須不失所作自利益事我言
舍利弗汝已朽邁當須使人云何方欲為我
給使乃至五百諸阿羅漢皆亦如是佛悉不
受尒時目連在大衆中作是思惟如來今者不
受五百比丘給使佛意為欲令誰作耶思惟
是已即便入定見如來心在阿難許如日初
出光照西壁見是事已即從定起語憍陳如
大德我觀如來欲令阿難給事左右尒時憍
陳如與五百阿羅漢往阿難所作如是言阿
難汝今當為如來給使請受是事阿難言諸
大德我實不堪給事如來何以故如來尊重
如師子王如龍如火我今穢弱云何能辦諸
比丘言阿難汝受我語給事如來得大利益
第二第三亦復如是阿難言諸大德我亦不
求大利益事實不堪任奉給左右時目揵連
復作是言阿難汝今未知阿難言大德唯願
說之目揵連言如來先日僧中求使五百羅
漢皆求為之如來不聽我即入定見如來意
欲令汝為汝今云何反更不受阿難聞已合
掌長跪作如是言諸大德若有是事如來世
尊与我三願當順僧命給事左右目揵連言
何等三願阿難言一者如來設以故衣賜我聽
我不受二者如來設受檀越別請聽我不
往三者聽我出入無有時節如是三事佛若
聽者當順僧命奉給如來時憍陳如五百比
丘還來我所作如是言我等已勸阿難比丘

聽者當順僧命奉給如來時憍陳如五百比
丘還來我所作如是言我等已勸阿難比丘
唯求三願若佛聽者當順僧命文殊師利我於
尒時讚阿難言善哉善哉阿難比丘具是智慧
豫見譏嫌何以故當有人言汝為衣食奉給如
來是故先求不受故衣不隨別請憍陳如阿難
比丘具足智慧入出有時則不能得廣作利
益四部之衆是故求欲出入無時憍陳如我
為阿難開是三事隨其意願時目揵連還
阿難所語阿難言吾已為汝啟請三事如來
大慈皆已聽許阿難言大德若佛聽者請往
給侍文殊師利阿難事我二十餘年具足八
種不可思議何等為八一者事我已來二十餘
年初不隨我受別請食二者事我已來初不
受我陳故衣服三者自事我來至我所時終
不非時四者自事我來具足煩惱隨我入出
諸王剎利豪貴大姓見諸女人及天龍女不
生欲心五者自事我來持我所說十二部經
一逕於耳曾不再問如寫瓶水置之一瓶唯
除一問善男子流離太子煞諸釋氏壞迦毗
羅城阿難尒時心懷愁惱發聲大哭來至我
所作如是言我與如來俱生此城同一釋種
云何如來光顏如常我則憔悴我時答言阿
難我脩空定故不同汝過三年已還來問我
世尊我往於彼迦毗羅城曾聞如來脩空三
昧是事虛實我言阿難如是如是如汝所說

世尊我往於彼迦毗羅城曾聞如來脩空三
昧是事虛實我言阿難如是如是如汝所說
六者自事我來雖未獲得知他心智當知如
來所入諸定七者自事我來未得願智而能
了知如是衆生到如來所現在能得四沙門
果有後得者有得人身有得天身八者自事我
來如來所有秘密之言悉能了知善男子阿
難比丘具足如是八不思議是故我稱阿難
比丘爲多聞藏善男子阿難比丘具足八法
能具足持十二部經何等爲八一者信根堅
固二者其心質直三者身無病苦四者當勤
精進五者具足念心六者心無憍慢七者成
就定意八者具足從聞生智文殊師利毗婆尸
佛侍者弟子名阿叔迦亦復具足如是八
法尸棄如來侍者弟子名善摩迦羅毗舍浮
佛侍者弟子名憂波扇陀迦羅鳩村大佛侍
者弟子名曰枝提迦那牟尼佛侍者弟子名
曰蘇抱迦葉佛侍者弟子名葉婆蜜多皆亦
具足如是八法我今阿難亦復如是具足八
法是故我稱阿難比丘爲多聞藏善男子如
汝所說此大衆中雖有無量無邊菩薩是諸
菩薩皆有重任所謂大慈大悲如是慈悲之
因緣故各各忿務調伏眷屬莊嚴自身以
是因緣我涅槃後不能宣通十二部經若有
菩薩或時能說人不信受文殊師利阿難比丘
是五之弟給事我來二十餘年所可聞法具足

是五之弟給事我來二十餘年所可聞法具足
受持喻如寫水置之一器是故我今顧問阿
難爲何所在欲令受持是涅槃經善男子我
涅槃後阿難所未聞者弘廣菩薩當能
流布阿難所聞自能宣通文殊師利阿難比
丘今在他處去此會外十二由延而爲六万
四千億魔之所惱亂汝可往彼發大聲言一
切諸魔諦聽諦聽如來今說大陀羅尼一切
天龍乾闥婆阿脩羅迦樓羅緊那羅摩睺
羅伽人與非人山神樹神河神海神舍宅等
神聞是持名無不恭敬受持之者是陀羅尼
十恒河沙諸佛世尊所共宣說能轉女身自
識宿命若受五事一者梵行二者斷肉三者
斷酒四者斷辛五者樂在寂靜受五事已至
心信受讀誦書寫是陀羅尼當知是人則得
超越七十七億弊惡之身爾時世尊即便說
之
阿摩隸　毗摩隸　涅摩隸
瞢伽隸　醯摩羅若竭䄡　三曼那䟦提
娑婆陀婆檀尼　波羅摩他娑檀尼　摩那斯
阿拙啼　比羅祇　菴摩賴坻
婆嵐弥　婆嵐摩娑隸　富沤富那
摩奴賴絺
爾時文殊師利從佛受是陀羅尼已至阿難
所在魔衆中作如是言諸魔眷屬諦聽我說
所從佛受陀羅尼呪魔王聞是陀羅尼已悉
發阿耨多羅三藐三菩提心捨於魔業即放

所在魔衆中作如是言諸魔眷屬諦聽我説
所從佛受陁羅尼呪魔王聞是陁羅尼已悉
發阿耨多羅三藐三菩提心捨於魔業即放
阿難文殊師利與阿難俱來至佛所阿難見
佛至心礼敬却住一面
佛告阿難是娑羅林外有一梵志名須跋陁
其年極老已百二十雖得五通未捨憍慢獲
得非想非非想定生一切智起涅槃想汝可
往彼語須拔言如來出世如優曇華於今中
夜當般涅槃若有所作可及時作莫於後日
而生悔心阿難汝之所説彼定信受何以故
汝曾往昔五百世中作須跋陁子其人愛心
習猶未盡以是因緣信受汝語尒時阿難受
佛勅已往須跋所作如是言仁者當知如來
出世如優曇華於今中夜當般涅槃欲有所
作可及時作莫於後日生悔心也須跋陁言
善哉阿難我今當往至如來所
尒時阿難與須跋陁還至佛所時須跋陁到
已問訊作如是言瞿曇我今欲問隨我意荅
佛言須跋今正是時隨汝所問我當方便隨
汝意荅瞿曇有諸沙門婆羅門等作如是言
一切衆生受苦樂報皆隨往日本業因緣是
故若有持戒精進受身心苦能壞本業本業
既盡衆苦盡滅衆苦盡滅即得涅槃是義云
何佛言善男子若有沙門婆羅門等作是説
者我為憐愍當常往來如是人所既至彼已

既盡衆苦盡滅衆苦盡滅即得涅槃是義云
何佛言善男子若有沙門婆羅門等作是説
者我為憐愍當常往來如是人所既至彼已
我當問之仁者實作如是説不彼若見荅我
如是説何以故瞿曇我見衆生習行諸惡多
饒財寶身得自在又見脩善貧窮多乏不得
自在又見有人多役力用求財不得又見不
求自然得之又見有人慈心不煞反更中夭
又見憙煞終保年壽又見有人淨脩梵行精
勤持戒有得解脫有不得者是故我説一切
衆生受苦樂報皆由往日本業因緣須拔我
復當問仁者實見過去業不若有是業為多
少耶現在苦行能破多少耶能知是業已盡
不盡耶是業既盡一切盡耶彼若見荅我實
不知我便當為彼人引喻譬如有人身被毒
箭其家眷屬為請醫人令拔是箭既拔箭已
身得安隱其後十年是人猶憶了了分明是
醫為我拔出毒箭以藥塗拊令我得差安隱
受樂仁既不知過去本業云何能知現在苦行
定能破壞過去業耶彼若復言瞿曇汝今
亦有過去本業何故獨責我過去業瞿曇經
中亦作是説若見有人豪富自在當知是人
先世好施如是不名過去業耶我復荅言仁
者如是知者名為比知不名真知我佛法中
或有從因知果或有從果知因我佛法中
有過去業有現在業汝則不尒唯有過去業
無見在業女去不芝方更所業我去不尒芝

者如是知者名爲邪知不名真知我佛法中
或有從因知果或有從果知因我佛法中
有過去業有現在業汝則不尒唯有過去業
無現在業汝法不從方便斷業我法不尒從
方便斷汝業盡已則得苦盡我則不尒
煩惱盡已業苦則盡是故我今責汝過去業
彼人若言瞿曇我實不知從師受之師作是
說我實無咎我言仁者汝師是誰彼若見荅
是富蘭那我復言曰汝昔何不一一諮啓大師
實知過去業不汝師若言我不知者汝復云
何受是師語若言我知復應問言下苦因緣
受中上苦不中苦因緣受下上苦不上苦因
緣受中下苦不若言不者復應問言師云何
說苦樂之報唯過去業非現在耶復應問言是
現在業過去有不若過去有過去之業悉已
都盡若都盡者云何復受今日之身若過去
無唯現在有云何復言衆生苦樂皆過去業仁
者若知現在苦行能壞過去業現在苦行復以何
破如其不破苦即是常苦若是常云何說言
得業解脫若更有行壞業苦行者過去已盡云
何有苦仁者如是苦行能令樂業受業果不
復令苦業受樂果不能令無苦無樂業作不
受果不能令現報作生報不能令生報作現
報不令是二報作無報不能令定報作無報
不能令無報作定報不彼若復言瞿曇不能
我復當言仁者如其不能何因緣故受是苦
行仁者當知定有過業現在因緣是故我言

BD00873號　大般涅槃經（北本　宮本）卷四〇　（20–17）

報不令是二報作無報不能令定報作無報
不能令無報作定報不彼若復言瞿曇不能
我復當言仁者如其不能何因緣故受是苦
行仁者當知定有過業現在因緣是故我言
因煩惱生業因業受報仁者當知一切衆生
有過去業有現在因衆生雖有過去毒業要
賴現在飲食因緣仁者若說衆生受苦受樂
定由過去本業因緣是事不然何以故仁者
譬如有人爲王除怨以是因緣多得財寶因
是財寶受現在樂如是之人現作樂因現受
樂報譬如有人煞王愛子以是因緣喪失身
命如是之人現作苦因現受苦報仁者一切衆
生現在因於四大時節土地人民受苦受樂
是故我說一切衆生不必盡因過去本業受
苦樂也仁者若以斷業因緣力故得解脫者
一切聖人不得解脫何以故一切衆生過去
本業無始終故是故我說脩聖道時是道能
遮無始終業仁者若受苦行便得道者一切
畜生悉應得道是故先當調伏其心不調伏
身以是因緣我經中說斫伐此林莫斫伐樹
何以故從林生怖不從樹生欲調伏身先當
調心心喻於林身喻於樹須跋陀言世尊我
已先調伏心佛言善男子汝今云何能先調
心須跋陀言世尊我先思惟欲是無常無樂
無淨觀色即是常樂我淨作是觀已欲界結
斷擭得色處是故名爲先調伏心次復觀色

BD00873號　大般涅槃經（北本　宮本）卷四〇　（20–18）

心須陀洹言世尊我先思惟欲是無常無樂
無淨觀色即是常樂我淨作是觀已欲界結
斷獲得色處是故名為先調伏心次復觀色
色是無常如癰如瘡如毒如箭見無色常清
淨寂靜如是觀已色界結盡得無色處是故
名為先調伏心次復觀想即是無常癰瘡毒
箭如是觀已獲得非想非非想處是非想非非
想即一切智寂靜清淨無有墮墜常恒不變是
故我能調伏其心佛言善男子汝云何能調
伏心耶汝今所得非想非非想定猶名名想
涅槃無想汝云何言獲得涅槃善男子汝已
先能呵責麤想今者云何愛著細想不知呵
責如是非想非非想處故名為想如癰如瘡
如毒如箭善男子汝師欝頭藍弗利根聰明
尚不能斷如是非想非非想處受於惡身況
其餘者世尊云何能斷一切諸有佛言善男
子若觀實想是人能斷一切諸有須陀洹言
世尊云何名為實想善男子無想之想名為
實相世尊云何名為無相之相善男子一切法
無自相他相及自他相無無因相無作相無
受相無作者相無受者相無法非法相無男
女相無士夫相無微塵相無時節相無為自
相無為他相無為自他相無有相無無相無
生相無生者相無因相無因因相無果相無
果果相無晝夜相無明闇相無見相無見者
相無聞相無聞者相無覺知相無覺知者相

BD00873 號　大般涅槃經（北本　宮本）卷四〇　（20–19）

名為先調伏心次復觀想即是無常癰瘡毒
箭如是觀已獲得非想非非想處是非想非非
想即一切智寂靜清淨無有墮墜常恒不變是
故我能調伏其心佛言善男子汝云何能調
伏心耶汝今所得非想非非想定猶名名想
涅槃無想汝云何言獲得涅槃善男子汝已
先能呵責麤想今者云何愛著細想不知呵
責如是非想非非想處故名為想如癰如瘡
如毒如箭善男子汝師欝頭藍弗利根聰明
尚不能斷如是非想非非想處受於惡身況
其餘者世尊云何能斷一切諸有佛言善男
子若觀實想是人能斷一切諸有須陀洹言
世尊云何名為實想善男子無想之想名為
實相世尊云何名為無相之相善男子一切法
無自相他相及自他相無無因相無作相無
受相無作者相無受者相無法非法相無男
女相無士夫相無微塵相無時節相無為自
相無為他相無為自他相無有相無無相無
生相無生者相無因相無因因相無果相無
果果相無晝夜相無明闇相無見相無見者
相無聞相無聞者相無覺知相無覺知者相

BD00873 號　大般涅槃經（北本　宮本）卷四〇　（20–20）

大般若波羅蜜多經卷第卅
初分教誡教授品第七之廿
善現汝復觀何義言即四念住若…
淨增語非菩薩摩訶薩即四正斷乃…
道支若雜染若清淨…
世尊若四念住雜染清淨…
聖道支雜染清淨尚畢竟…
況有四念住雜染清淨增語…
八聖道支雜染清淨增語此增…
何可言即四念住若雜染若清淨…
薩摩訶薩即四正斷乃至八聖道支若雜…
若清淨增語是菩薩摩訶薩善現汝復…
義言即四念住若屬生死若屬涅槃增語…
菩薩摩訶薩即四正斷乃至八…
生死若屬涅槃增語非菩薩…
若四念住屬生死屬涅槃若…
聖道支屬生死屬涅槃尚畢竟…
有故況有四念住屬生死屬涅槃增語…
正斷乃至八聖道支屬生死屬涅槃增語
增語既非有如何可言即四念住若屬生死
若屬涅槃增語是菩薩摩訶薩即四正斷…

BD00874號　大般若波羅蜜多經卷三〇　（21–1）

聖道支屬生死屬涅槃尚畢…
有故況有四念住屬生死屬涅槃增語…
正斷乃至八聖道支屬生死屬涅槃增語
增語既非有如何可言即四念住若屬生死
若屬涅槃增語是菩薩摩訶薩即四正斷…
至八聖道支若屬生死若屬涅…
薩摩訶薩善現汝復觀何義…
在內若在外若在兩間增語非…
即四正斷乃至八聖道支若在內若在…
在兩間增語非菩薩摩訶薩耶世尊若四…
住在內在外在兩間若四正斷乃至八聖道
支在內在外在兩間尚畢竟不可得性非…
故況有四念住在內在外在兩間增…
正斷乃至八聖道支在內在外在兩…
此增語既非有如何可言即四念住…
若在外若在兩間增語是菩薩摩訶薩…
正斷乃至八聖道支若在內若在外若在兩
間增語是菩薩摩訶薩善現汝復觀何義言
即四念住若可得若不可得增語非菩薩摩
訶薩即四正斷乃至八聖道支若可得…
可得增語非菩薩摩訶薩耶世尊
可得不可得若四正斷乃至八聖道…
不可得尚畢竟不可得性非有故況有…
住可得不可得增語及四正斷乃至八聖道
支可得不可得增語此增語既非有如何可
言即四念住若可得若不可得增語是菩薩
摩訶薩即四正斷乃至八聖道支若可得…

BD00874號　大般若波羅蜜多經卷三〇　（21–2）

住可得不可得增語及四正斷乃至八聖道
支可得不可得增語此增語既非有如何可
言即四念住若可得若不可得增語是菩薩
摩訶薩即四正斷乃至八聖道支若可得
不可得增語是菩薩摩訶薩
復次善現汝觀何義言即苦聖諦增
薩摩訶薩即集滅道聖諦增語非菩薩
訶薩耶具壽善現荅言世尊若苦聖諦若集
道聖諦尚畢竟不可得性非有故況有苦聖
諦增語及集滅道聖諦增語此增語既非有
如何可言即苦聖諦增語是菩薩摩訶薩即
集滅道聖諦增語是菩薩摩訶薩耶善現
觀何義言即苦聖諦若常若无常增語
薩摩訶薩即集滅道聖諦若常若无常增
非菩薩摩訶薩耶世尊若苦聖諦常无常若
集滅道聖諦常无常尚畢竟不可得性非有
故況有苦聖諦常无常增語及集滅道聖諦
常无常增語此增語既非有如何可言即苦
聖諦若常若无常增語是菩薩摩訶薩即
滅道聖諦若常若无常增語是菩薩摩訶薩
善現汝復觀何義言即苦聖諦若樂若苦增
語非菩薩摩訶薩即集滅道聖諦若樂若苦
增語非菩薩摩訶薩耶世尊若苦聖諦樂苦
若集滅道聖諦樂苦尚畢竟不可得性非有
故況有苦聖諦樂苦增語及集滅道聖諦樂
苦增語此增語既非有如何可言即苦聖諦
若樂若苦增語是菩薩摩訶薩即集滅道聖

BD00874號　大般若波羅蜜多經卷三〇

（21–3）

若集滅道聖諦樂苦尚畢竟不可得性非有
故況有苦聖諦樂苦增語及集滅道聖諦樂
苦增語此增語既非有如何可言即苦聖諦
若樂若苦增語是菩薩摩訶薩即集滅道聖
諦若樂若苦增語是菩薩摩訶薩善現汝復
觀何義言即苦聖諦若我若无我增語非菩
薩摩訶薩即集滅道聖諦若我若无我增語
非菩薩摩訶薩耶世尊若苦聖諦我无我若
集滅道聖諦我无我尚畢竟不可得性非有
故況有苦聖諦我无我增語及集滅道聖諦
我无我增語此增語既非有如何可言即苦
聖諦若我若无我增語是菩薩摩訶薩即集
滅道聖諦若我若无我增語是菩薩摩訶薩
善現汝復觀何義言即苦聖諦若淨若不淨
增語非菩薩摩訶薩即集滅道聖諦若淨若
不淨增語非菩薩摩訶薩耶世尊若苦聖諦
淨不淨若集滅道聖諦淨不淨尚畢竟不可
得性非有故況有苦聖諦淨不淨增語及集
滅道聖諦淨不淨增語此增語既非有如何
可言即苦聖諦若淨若不淨增語是菩薩摩
訶薩即集滅道聖諦若淨若不淨增語是菩
薩摩訶薩善現汝復觀何義言即苦聖諦若
空若不空增語非菩薩摩訶薩即集滅道聖
諦若空若不空增語非菩薩摩訶薩耶世
尊若苦聖諦空不空若集滅道聖諦空不空
尚畢竟不可得性非有故況有苦聖諦空不空
增語及集滅道聖諦空不空增語此增語既

BD00874號　大般若波羅蜜多經卷三〇

（21–4）

諦若空若不空增語非菩薩摩訶薩耶世
尊若苦聖諦空不空若集滅道聖諦空不空
尚畢竟不可得性非有故況有苦聖諦空不空
增語及集滅道聖諦空不空增語此增語既
非有如何可言即苦聖諦若空若不空增語
是菩薩摩訶薩即集滅道聖諦若空若不空
增語是菩薩摩訶薩善現汝復觀何義言即
苦聖諦若有相若无相增語非菩薩摩訶薩
即集滅道聖諦若有相若无相增語非菩薩
摩訶薩耶世尊若苦聖諦有相无相若集滅
道聖諦有相无相尚畢竟不可得性非有故
況有苦聖諦有相无相增語及集滅道聖諦
有相无相增語此增語既非有如何可言即
苦聖諦若有相若无相增語是菩薩摩訶薩
即集滅道聖諦若有相若无相增語是菩薩
摩訶薩善現汝復觀何義言即苦聖諦若有
願若无願增語非菩薩摩訶薩即集滅道聖
諦若有願若无願增語非菩薩摩訶薩耶世
尊若苦聖諦有願无願若集滅道聖諦有願
无願尚畢竟不可得性非有故況有苦聖諦
有願无願增語及集滅道聖諦有願无願增
語此增語既非有如何可言即苦聖諦若有
願若无願增語是菩薩摩訶薩即集滅道聖
諦若有願若无願增語是菩薩摩訶薩善現
汝復觀何義言即苦聖諦若寂靜若不寂靜
增語非菩薩摩訶薩即集滅道聖諦若寂靜
若不寂靜增語非菩薩摩訶薩耶世尊若苦

BD00874 號　大般若波羅蜜多經卷三〇　（21–5）

增語非菩薩摩訶薩即集滅道聖諦若寂靜
若不寂靜增語非菩薩摩訶薩耶世尊若苦
聖諦寂靜不寂靜若集滅道聖諦寂靜不寂
靜尚畢竟不可得性非有故況有苦聖諦寂
靜不寂靜增語及集滅道聖諦寂靜不寂靜
增語此增語既非有如何可言即苦聖諦若
寂靜若不寂靜增語是菩薩摩訶薩即集滅
道聖諦若寂靜若不寂靜增語是菩薩摩訶
薩善現汝復觀何義言即苦聖諦若遠離若
不遠離增語非菩薩摩訶薩即集滅道聖諦
若遠離若不遠離增語非菩薩摩訶薩耶世
尊若苦聖諦遠離不遠離若集滅道聖諦遠
離不遠離尚畢竟不可得性非有故況有苦
聖諦遠離不遠離增語及集滅道聖諦遠離
不遠離增語此增語既非有如何可言即苦
聖諦若遠離若不遠離增語是菩薩摩訶薩
即集滅道聖諦若遠離若不遠離增語是菩
薩摩訶薩善現汝復觀何義言即苦聖諦若
有為若無為增語非菩薩摩訶薩即集滅道
聖諦若有為若無為增語非菩薩摩訶薩耶
世尊若苦聖諦有為無為若集滅道聖諦有
為無為尚畢竟不可得性非有故況有苦聖
諦有為無為增語及集滅道聖諦有為無為
增語此增語既非有如何可言即苦聖諦若
有為若無為增語是菩薩摩訶薩即集滅道
聖諦若有為若無為增語是菩薩摩訶薩善

BD00874 號　大般若波羅蜜多經卷三〇　（21–6）

增語此增語既非有如何可言即苦聖諦若
有為若無為增語是菩薩摩訶薩即集滅道
聖諦若有為若無為增語是菩薩摩訶薩善
現汝復觀何義言即苦聖諦若有漏若無漏
增語非菩薩摩訶薩即集滅道聖諦若有漏
若無漏增語非菩薩摩訶薩耶世尊若苦聖
諦有漏無漏若集滅道聖諦有漏無漏尚畢
竟不可得性非有故況有苦聖諦有漏無漏
增語及集滅道聖諦有漏無漏增語此增語
既非有如何可言即苦聖諦若有漏若無漏
增語是菩薩摩訶薩即集滅道聖諦若有漏
若無漏增語是菩薩摩訶薩善現汝復觀何
義言即苦聖諦若生若滅增語非菩薩摩訶
薩即集滅道聖諦若生若滅增語非菩薩摩
訶薩耶世尊若苦聖諦生滅若集滅道聖諦
生滅尚畢竟不可得性非有故況有苦聖諦
生滅增語及集滅道聖諦生滅增語此增語
既非有如何可言即苦聖諦若生若滅增語
是菩薩摩訶薩即集滅道聖諦若生若滅增
語是菩薩摩訶薩善現汝復觀何義言即苦
聖諦若善若非善增語非菩薩摩訶薩即集
滅道聖諦若善若非善增語非菩薩摩訶薩
耶世尊若苦聖諦善非善若集滅道聖諦善
非善尚畢竟不可得性非有故況有苦聖諦
善非善增語及集滅道聖諦善非善增語此
增語既非有如何可言即苦聖諦若善若非

BD00874號　大般若波羅蜜多經卷三〇　（21–7）

善非善增語及集滅道聖諦善非善增語此
增語既非有如何可言即苦聖諦若善若非
善增語是菩薩摩訶薩即集滅道聖諦若善
若非善增語是菩薩摩訶薩善現汝復觀何
義言即苦聖諦若有罪若無罪增語非菩薩
摩訶薩即集滅道聖諦若有罪若無罪增語
非菩薩摩訶薩耶世尊若苦聖諦有罪無罪
若集滅道聖諦有罪無罪尚畢竟不可得性
非有故況有苦聖諦有罪無罪增語及集滅
道聖諦有罪無罪增語此增語既非有如何
可言即苦聖諦若有罪若無罪增語是菩薩
摩訶薩即集滅道聖諦若有罪若無罪增語
是菩薩摩訶薩善現汝復觀何義言即苦聖
諦若有煩惱若無煩惱增語非菩薩摩訶薩
即集滅道聖諦若有煩惱若無煩惱增語非
菩薩摩訶薩耶世尊若苦聖諦有煩惱無煩
惱若集滅道聖諦有煩惱無煩惱尚畢竟不
可得性非有故況有苦聖諦有煩惱無煩惱
增語及集滅道聖諦有煩惱無煩惱增語此
增語既非有如何可言即苦聖諦若有煩惱
若無煩惱增語是菩薩摩訶薩即集滅道聖
諦若有煩惱若無煩惱增語是菩薩摩訶薩
善現汝復觀何義言即苦聖諦若世間若出
世間增語非菩薩摩訶薩即集滅道聖諦若
世間若出世間增語非菩薩摩訶薩耶世尊
若苦聖諦世間出世間若集滅道聖諦世間

BD00874號　大般若波羅蜜多經卷三〇　（21–8）

善現汝復觀何義言即苦聖諦若世間若出
世間增語非菩薩摩訶薩即集滅道聖諦若
世間若出世間增語非菩薩摩訶薩耶世尊
若苦聖諦世間出世間若集滅道聖諦世間
出世間尚畢竟不可得性非有故況有苦聖
諦世間出世間增語及集滅道聖諦世間出
世間增語此增語既非有如何可言即苦聖
諦若世間若出世間增語是菩薩摩訶薩即
集滅道聖諦若世間若出世間增語是菩薩
摩訶薩善現汝復觀何義言即苦聖諦若雜
染若清淨增語非菩薩摩訶薩即集滅道聖
諦若雜染若淨淨增語非菩薩摩訶薩耶世
尊若苦聖諦雜染清淨若集滅道聖諦雜染
清淨尚畢竟不可得性非有故況有苦聖諦
雜染清淨增語及集滅道聖諦雜染清淨增語
此增語既非有如何可言即苦聖諦若雜染
若清淨增語是菩薩摩訶薩即集滅道聖諦
若雜染若清淨增語是菩薩摩訶薩善現汝
復觀何義言即苦聖諦若屬生死若屬涅槃
增語非菩薩摩訶薩即集滅道聖諦若屬生
死若屬涅槃增語非菩薩摩訶薩耶世尊若
苦聖諦屬生死屬涅槃若集滅道聖諦屬生
死屬涅槃尚畢竟不可得性非有故況有苦
聖諦屬生死屬涅槃增語及集滅道聖諦屬
生死屬涅槃增語此增語既非有如何可言
即苦聖諦若屬生死若屬涅槃增語是菩薩
摩訶薩即集滅道聖諦若屬生死若屬涅槃

BD00874 號　大般若波羅蜜多經卷三〇　（21–9）

生死屬涅槃增語此增語既非有如何可言
即苦聖諦若屬生死若屬涅槃增語是菩薩
摩訶薩即集滅道聖諦若屬生死若屬涅槃
增語是菩薩摩訶薩善現汝復觀何義言即
苦聖諦若在內若在外若在兩間增語非菩
薩摩訶薩即集滅道聖諦若在內若在外
若在兩間增語非菩薩摩訶薩耶世尊若苦
聖諦在內在外在兩間若集滅道聖諦在內
在外在兩間尚畢竟不可得性非有故況有苦
聖諦在內在外在兩間增語及集滅道聖諦
在內在外在兩間增語此增語既非有如何
可言即苦聖諦若在內若在外若在兩間增
語是菩薩摩訶薩即集滅道聖諦若在內若
在外若在兩間增語是菩薩摩訶薩善現汝
復觀何義言即苦聖諦若可得若不可得增
語非菩薩摩訶薩即集滅道聖諦若可得若
不可得增語非菩薩摩訶薩耶世尊若苦聖
諦可得不可得若集滅道聖諦可得不可得
尚畢竟不可得性非有故況有苦聖諦可得
不可得增語及集滅道聖諦可得不可得增
語此增語既非有如何可言即苦聖諦若可
得若不可得增語是菩薩摩訶薩即集滅道
聖諦若可得若不可得增語是菩薩摩訶薩
復次善現汝復觀何義言即四靜慮增語非
菩薩摩訶薩即四無量四無色定增語非菩
薩摩訶薩耶具壽善現答言世尊若四靜慮
若四無量四無色定尚畢竟不可得性非有

BD00874 號　大般若波羅蜜多經卷三〇　（21–10）

復次善現汝復觀何義言即四靜慮增語非
菩薩摩訶薩即四無量四無色定增語非菩
薩摩訶薩耶具壽善現荅言世尊若四靜慮
若四無量四無色定尚畢竟不可得性非有
故況有四靜慮增語及四無量四無色定增
語此增語既非有如何可言即四靜慮增語
是菩薩摩訶薩即四無量四無色定增語是
菩薩摩訶薩善現汝復觀何義言即四靜慮
若常若無常增語非菩薩摩訶薩即四無量
四無色定若常若無常增語非菩薩摩訶薩
耶世尊若四靜慮常無常若四無量四無色
定常無常尚畢竟不可得性非有故況有四
靜慮常無常增語及四無量四無色定常無
常增語此增語既非有如何可言即四靜慮
若常若無常增語是菩薩摩訶薩即四无量
四無色定若常若無常增語是菩薩摩訶薩
善現汝復觀何義言即四靜慮若樂若苦增
語非菩薩摩訶薩即四無量四無色定若樂
若苦增語非菩薩摩訶薩耶世尊若四靜慮
樂苦若四無量四無色定樂苦尚畢竟不可
得性非有故況有四靜慮樂苦增語及四無
量四無色定樂苦增語此增語既非有如何
可言即四靜慮若樂若苦增語是菩薩摩訶
薩即四無量四無色定若樂若苦增語是菩
薩摩訶薩善現汝復觀何義言即四靜慮若
我若無我增語非菩薩摩訶薩即四無量四
無色定若我若無我增語非菩薩摩訶薩耶

薩即四無量四無色定若樂若苦增語是菩
薩摩訶薩善現汝復觀何義言即四靜慮若
我若無我增語非菩薩摩訶薩即四無量四
無色定若我若無我增語非菩薩摩訶薩耶
世尊若四靜慮我無我若四無量四無色定
我無我尚畢竟不可得性非有故況有四靜
慮我無我增語及四無量四無色定我無我
增語此增語既非有如何可言即四靜慮若
我若無我增語是菩薩摩訶薩即四無量四
無色定若我若無我增語是菩薩摩訶薩善
現汝復觀何義言即四靜慮若淨若不淨增
語非菩薩摩訶薩即四無量四無色定若淨
若不淨增語非菩薩摩訶薩耶世尊若四靜
慮淨不淨若四無量四無色定淨不淨尚畢
竟不可得性非有故況有四靜慮淨不淨增
語及四無量四無色色定淨不淨增語此增語
既非有如何可言即四靜慮若淨若不淨增
語是菩薩摩訶薩即四無量四無色定若淨
若不淨增語是菩薩摩訶薩善現汝復觀何
義言即四靜慮若空若不空增語非菩薩摩
訶薩即四無量四無色定若空若不空增語
非菩薩摩訶薩耶世尊若四靜慮空不空若
四無量四無色定空不空尚畢竟不可得性
非有故況有四靜慮空不空增語及四無量
四無色定空不空增語此增語既非有如何可
言即四靜慮若空若不空增語是菩薩摩訶
薩即四無量四無色定若空若不空增語是

非有故況有四靜慮空不空增語及四無量四無色定空不空增語此增語既非有如何可言即四靜慮若空若不空增語是菩薩摩訶薩即四無量四無色定若空若不空增語是菩薩摩訶薩善現汝復觀何義言即四靜慮若有相若無相增語非菩薩摩訶薩即四無量四無色定若有相若無相增語非菩薩摩訶薩耶世尊若四靜慮有相無相若四無量四無色定有相無相尚畢竟不可得性非有故況有四靜慮有相無相增語及四無量四無色定有相無相增語此增語既非有如何可言即四靜慮若有相若無相增語是菩薩摩訶薩即四無量四無色定若有相若無相增語是菩薩摩訶薩善現汝復觀何義言即四靜慮若有願若無願增語非菩薩摩訶薩即四無量四無色定若有願若無願增語非菩薩摩訶薩耶世尊若四靜慮有願無願若四無量四無色定有願無願尚畢竟不可得性非有故況有四靜慮有願無願增語及四無量四無色定有願無願增語此增語既非有如何可言即四靜慮若有願若無願增語是菩薩摩訶薩即四無量四無色定若有願若無願增語是菩薩摩訶薩善現汝復觀何義言即四靜慮若寂靜若不寂靜增語非菩薩摩訶薩即四無量四無色定若寂靜若不寂靜增語非菩薩摩訶薩耶世尊若四靜慮寂靜不寂靜若四無量四無色定寂靜不

BD00874號　大般若波羅蜜多經卷三〇　（21–13）

菩薩摩訶薩即四無量四無色定若寂靜若不寂靜增語非菩薩摩訶薩耶世尊若四靜慮寂靜不寂靜若四無量四無色定寂靜不寂靜尚畢竟不可得性非有故況有四靜慮寂靜不寂靜增語及四無量四無色定寂靜不寂靜增語此增語既非有如何可言即四靜慮若寂靜若不寂靜增語是菩薩摩訶薩即四無量四無色定若寂靜若不寂靜增語是菩薩摩訶薩善現汝復觀何義言即四靜慮若遠離若不遠離增語非菩薩摩訶薩即四無量四無色定若遠離若不遠離增語非菩薩摩訶薩耶世尊若四靜慮遠離不遠離若四無量四無色定遠離不遠離尚畢竟不可得性非有故況有四靜慮遠離不遠離增語及四無量四無色定遠離不遠離增語此增語既非有如何可言即四靜慮若遠離若不遠離增語是菩薩摩訶薩即四無量四無色定若遠離若不遠離增語是菩薩摩訶薩善現汝復觀何義言即四靜慮若有為若無為增語非菩薩摩訶薩即四無量四無色定若有為若無為增語非菩薩摩訶薩耶世尊若四靜慮有為無為若四無量四無色定有為無為尚畢竟不可得性非有故況有四靜慮有為無為增語及四無量四無色定有為無為增語此增語既非有如何可言即四靜慮若有為若無為增語是菩薩摩訶薩即四無量

BD00874號　大般若波羅蜜多經卷三〇　（21–14）

為尚畢竟不可得性非有故況有四靜慮有
為無為增語及四無量四無色定有為無為
增語此增語既非有如何可言即四靜慮若
有為若無為增語是菩薩摩訶薩即四無量
四無色定若有為若無為增語是菩薩摩訶
薩善現汝復觀何義言即四靜慮若有漏若
無漏增語非菩薩摩訶薩即四無量四無色
定若有漏若無漏增語非菩薩摩訶薩耶世
尊若四靜慮有漏無漏若四無量四無色定
有漏無漏尚畢竟不可得性非有故況有四
靜慮有漏無漏增語及四無量四無色定有
漏無漏增語此增語既非有如何可言即四
靜慮若有漏若無漏增語是菩薩摩訶薩
即四無量四無色定若有漏若無漏增語是菩
薩摩訶薩善現汝復觀何義言即四靜慮若
生若滅增語非菩薩摩訶薩即四無量四無
色定若生若滅增語非菩薩摩訶薩耶世尊
若四靜慮生滅若四無量四無色定生滅尚
畢竟不可得性非有故況有四靜慮生滅增
語及四無量四無色定生滅增語此增語既
非有如何可言即四靜慮若生若滅增語是
菩薩摩訶薩即四無量四無色定若生若滅
增語是菩薩摩訶薩善現汝復觀何義言即
四靜慮若善若非善增語非菩薩摩訶薩即
四無量四無色定若善若非善增語非菩薩
摩訶薩耶世尊若四靜慮善非善若四無量
四無色定善非善尚畢竟不可得性非有故

BD00874號　大般若波羅蜜多經卷三〇　（21–15）

四無量四無色定若善若非善增語非菩薩
摩訶薩耶世尊若四靜慮善非善若四無量
四無色定善非善尚畢竟不可得性非有故
況有四靜慮善非善增語及四無量四無色
定善非善增語此增語既非有如何可言即
四靜慮若善若非善增語是菩薩摩訶薩即
四無量四無色定若善若非善增語是菩薩
摩訶薩善現汝復觀何義言即四靜慮若有
罪若無罪增語非菩薩摩訶薩即四無量四
無色定若有罪若無罪增語非菩薩摩訶薩
耶世尊若四靜慮有罪無罪若四無量四無
色定有罪無罪尚畢竟不可得性非有故況
有四靜慮有罪無罪增語及四無量四無色
定有罪無罪增語此增語既非有如何可言
即四靜慮若有罪若無罪增語是菩薩摩訶
薩即四無量四無色定若有罪若無罪增語
是菩薩摩訶薩善現汝復觀何義言即四靜
慮若有煩惱若無煩惱增語非菩薩摩訶薩
即四無量四無色定若有煩惱若無煩惱增
語非菩薩摩訶薩耶世尊若四靜慮有煩惱
無煩惱若四無量四無色定有煩惱無煩惱
尚畢竟不可得性非有故況有四靜慮有煩
惱無煩惱增語及四無量四無色定有煩惱
無煩惱增語此增語既非有如何可言即四
靜慮若有煩惱若無煩惱增語是菩薩摩訶
薩即四無量四無色定若有煩惱若無煩惱

BD00874號　大般若波羅蜜多經卷三〇　（21–16）

惱無煩惱增語及四無量四無色定有煩惱
無煩惱增語此增語既非有如何可言即四
靜慮若有煩惱若無煩惱增語是菩薩摩訶
薩即四無量四無色定若有煩惱若無煩惱
增語是菩薩摩訶薩善現汝復觀何義言即
四靜慮若世間若出世間增語非菩薩摩
訶薩即四無量四無色定若世間若出世間
增語非菩薩摩訶薩耶世尊若四靜慮世間
出世間若四無量四無色定世間出世間尚
畢竟不可得性非有故況有四靜慮世間出
世間增語及四無量四無色定世間出世間
增語此增語既非有如何可言即四靜慮若
世間若出世間增語是菩薩摩訶薩即四無
量四無色定若世間若出世間增語是菩薩
摩訶薩善現汝復觀何義言即四靜慮若雜
染若清淨增語非菩薩摩訶薩即四無量四
無色定若雜染若清淨增語非菩薩摩訶薩
耶世尊若四靜慮雜染清淨若四無量四無
色定雜染清淨尚畢竟不可得性非有故況
有四靜慮雜染清淨增語及四無量四無色
定雜染清淨增語此增語既非有如何可言
即四靜慮若雜染若清淨增語是菩薩摩訶
薩即四無量四無色定若雜染若清淨增語
是菩薩摩訶薩善現汝復觀何義言即四靜
慮若屬生死若屬涅槃增語非菩薩摩訶薩
即四無量四無色定若屬生死若屬涅槃
增語非菩薩摩訶薩耶世尊若四靜慮屬生

是菩薩摩訶薩善現汝復觀何義言即四靜
慮若屬生死若屬涅槃增語非菩薩摩訶薩
即四無量四無色定若屬生死若屬涅槃
增語非菩薩摩訶薩耶世尊若四靜慮屬生
死屬涅槃若四無量四無色定屬生死屬涅
槃尚畢竟不可得性非有故況有四靜慮屬
生死屬涅槃增語及四無量四無色定屬生
死屬涅槃增語此增語既非有如何可言即
四靜慮若屬生死若屬涅槃增語是菩薩摩
訶薩即四無量四無色定若屬生死若屬涅
槃增語是菩薩摩訶薩善現汝復觀何義言
即四靜慮若在內若在外若在兩間增語非
菩薩摩訶薩即四無量四無色定若在內若
在外若在兩間增語非菩薩摩訶薩耶世尊
若四靜慮在內在外在兩間若四無量四無色
定在內在外在兩間尚畢竟不可得性非有故
況有四靜慮在內在外在兩間增語及四無
量四無色定在內在外在兩間增語此增語
既非有如何可言即四靜慮若在內若在外
若在兩間增語是菩薩摩訶薩即四無量四
無色定若在內若在外若在兩間增語是菩
薩摩訶薩善現汝復觀何義言即四靜慮若
可得若不可得增語非菩薩摩訶薩即四無
量四無色定若可得若不可得增語非菩薩
摩訶薩耶世尊若四靜慮可得不可得若四
無量四無色定可得不可得尚畢竟不可
得性非有故況有四靜慮可得不可得增語

量四無色定若可得若不可得增語非菩薩
摩訶薩耶世尊若四靜慮可得不可得若四
無量四無色定可得不可得尚畢竟不可
得性非有故况有四靜慮可得不可得增語
及四無量四無色定可得不可得增語此增
語既非有如何可言即四靜慮若可得若不
可得增語是菩薩摩訶薩即四無量四無色
定若可得若不可得增語是菩薩摩訶薩
復次善現汝觀何義言即八解脫增語非菩
薩摩訶薩即八勝處九次第定十遍處增語
非菩薩摩訶薩耶具壽善現答言世尊若八
解脫若八勝處九次第定十遍處尚畢竟不
可得性非有故况有八解脫增語及八勝處
九次第定十遍處增語此增語既非有如何
可言即八解脫增語是菩薩摩訶薩即八勝
處九次第定十遍處增語是菩薩摩訶薩善
現汝復觀何義言即八解脫若常若無常增
語非菩薩摩訶薩即八勝處九次第定十遍
處若常若無常增語非菩薩摩訶薩耶世尊
若八解脫常無常若八勝處九次第定十遍
處常無常尚畢竟不可得性非有故况有八
解脫常無常增語及八勝處九次第定十遍
處常無常增語此增語既非有如何可言即
八解脫若常若無常增語是菩薩摩訶薩即
八勝處九次第定十遍處若常若無常增語
是菩薩摩訶薩善現汝復觀何義言即八解

BD00874號　大般若波羅蜜多經卷三〇　（21–19）

處常無常增語此增語既非有如何可言即
八解脫若常若無常增語是菩薩摩訶薩即
八勝處九次第定十遍處若常若無常增語
是菩薩摩訶薩善現汝復觀何義言即八解
脫若樂若苦增語非菩薩摩訶薩即八勝處
九次第定十遍處若樂若苦增語非菩薩摩
訶薩耶世尊若八解脫樂苦若八勝處九次
第定十遍處樂苦尚畢竟不可得性非有故
况有八解脫樂苦增語及八勝處九次第定
十遍處樂苦增語此增語既非有如何可言
即八解脫若樂若苦增語是菩薩摩訶薩即
八勝處九次第定十遍處若樂若苦增語是
菩薩摩訶薩善現汝復觀何義言即八解脫
若我若無我增語非菩薩摩訶薩即八勝處
九次第定十遍處若我若無我增語非菩薩
摩訶薩耶世尊若八解脫我無我若八勝處
九次第定十遍處我無我尚畢竟不可得性
非有故况有八解脫我無我增語及八勝處
九次第定十遍處我無我增語此增語既非
有如何可言即八解脫若我若無我增語是
菩薩摩訶薩即八勝處九次第定十遍處若
我若無我增語是菩薩摩訶薩

大般若波羅蜜多經卷第卅

BD00874號　大般若波羅蜜多經卷三〇　（21–20）

菩薩摩訶薩善現汝復觀何義言即八解脫
若我若無我增語非菩薩摩訶薩即八勝處
九次第定十遍處若我若無我增語非菩薩
摩訶薩耶世尊若八解脫我無我若八勝處
九次第定十遍處我無我尚畢竟不可得性
非有故況有八解脫我無我增語及八勝處
九次第定十遍處我無我增語此增語既非
有如何可言即八解脫若我若無我增語是
菩薩摩訶薩即八勝處九次第定十遍處若
我若無我增語是菩薩摩訶薩

大般若波羅蜜多經卷第卅

BD00874 號　大般若波羅蜜多經卷三〇　（21–21）

將來諸佛法藏教化成就
如是故獲斯記阿難面
國土莊嚴所願具足心大歡喜得未曾有即
時憶念過去無量千万億諸佛法藏通達無
礙如今所聞亦識本願尒時阿難而說偈言
世尊甚希有　令我念過去　無量諸佛法　如今日所聞
我今無復疑　安住於佛道　方便為侍者　護持諸佛法
尒時佛告羅睺羅汝於來世當得作佛号蹈
七寶華如來應供正遍知明行足善逝世間
解無上士調御丈夫天人師佛世尊當供養
十世界微塵等數諸佛如來常為諸佛而作
長子猶如今也是蹈七寶華佛國土莊嚴壽
命劫數所化弟子正法像法亦如山海慧自
在通王如來無異亦為此佛而作長子過是

BD00875 號　妙法蓮華經卷四　（24–1）

十世界微塵等數諸佛如來常為諸佛而作
長子猶如今也是蹈七寶華佛國土莊嚴壽
命劫數所化弟子正法像法亦如山海慧自
在通王如來无異亦為此佛而作長子過是
已後當得阿耨多羅三藐三菩提尒時世尊
欲重宣此義而說偈言
我為太子時　羅睺為長子　我今成佛道　受法為法子
於未來世中　見无量億佛　皆為其長子　一心求佛道
羅睺羅密行　唯我能知之　現為我長子　以示諸眾生
无量億千万　功德不可數　安住於佛法　以求无上道
尒時世尊見學无學二千人其意柔軟寂然
清淨一心觀佛佛告阿難汝見是學无學二
千人不唯然已見阿難是諸人等當供養五
十世界微塵數諸佛如來恭敬尊重護持法
藏末後同時於十方國各得成佛皆同一号
名曰寶相如來應供正遍知明行足善逝世
間解无上士調御丈夫天人師佛世尊壽命
一劫國土莊嚴聲聞菩薩正法像法皆悉同
等尒時世尊欲重宣此義而說偈言
是二千聲聞　今於我前住　悉皆與授記　未來當成佛
所供養諸佛　如上說塵數　護持其法藏　後當成正覺
各於十方國　悉同一名号　俱時坐道場　以證无上慧
皆名為寶相　國土及弟子　正法與像法　悉等无有異
咸以諸神通　度十方眾生　名聞普周遍　漸入於涅槃
尒時學无學二千人聞佛授記歡喜踊躍而

BD00875號　妙法蓮華經卷四　（24–2）

各於十方國　悉同一名号　俱時坐道場　以證无上慧
皆名為寶相　國土及弟子　正法與像法　悉等无有異
咸以諸神通　度十方眾生　名聞普周遍　漸入於涅槃
尒時學无學二千人聞佛授記歡喜踊躍而
說偈言
世尊慧燈明　我聞授記音　心歡喜充滿　如甘露見灌
妙法蓮華經法師品第十
尒時世尊因藥王菩薩告八万大士藥王汝
見是大眾中无量諸天龍王夜叉乾闥婆阿
脩羅迦樓羅緊那羅摩睺羅伽人與非人及
比丘比丘尼優婆塞優婆夷求聲聞者求辟
支佛者求佛道者如是等類咸於佛前聞妙
法華經一偈一句乃至一念隨喜者我皆與
授記當得阿耨多羅三藐三菩提佛告藥王
又如來滅度之後若有人聞妙法華經乃至
一偈一句一念隨喜者我亦與授阿耨多羅
三藐三菩提記若復有人受持讀誦解說書
寫妙法華經乃至一偈於此經卷敬視如佛
種種供養華香瓔珞末香塗香燒香繒蓋幢
幡衣服伎樂乃至合掌恭敬藥王當知是諸
人等已曾供養十万億佛於諸佛所成就大
願愍眾生故生此人間藥王若有人問何等
眾生於未來世當得作佛應示是諸人等於
未來世必得作佛何以故若善男子善女人
於法華經乃至一句受持讀誦解說書寫種
種供養經卷華香瓔珞末香塗香燒香繒蓋

BD00875號　妙法蓮華經卷四　（24–3）

衆生於未來世當得作佛應示是諸人等於
未來世必得作佛何以故若善男子善女人
於法華經乃至一句受持讀誦解說書寫種
種供養經卷華香瓔珞末香塗香燒香繒蓋
幢幡衣服伎樂合掌恭敬是人一切世間所
應瞻奉應以如來供養而供養之當知此人
是大菩薩成就阿耨多羅三藐三菩提哀愍
衆生願生此間廣演分別妙法華經何況盡
能受持種種供養者藥王當知是人自捨清
淨業報於我滅度後愍衆生故生於惡世廣
演此經若是善男子善女人我滅度後能竊
為一人說法華經乃至一句當知是人則如
來使如來所遣行如來事何況於大衆中廣
為人說藥王若有惡人以不善心於一劫中
現於佛前常毀罵佛其罪尚輕若人以一惡
言毀訾在家出家讀誦法華經者其罪甚重
藥王其有讀誦法華經者當知是人以佛莊
嚴而自莊嚴則為如來肩所荷擔其所至方
應隨向礼一心合掌恭敬供養尊重讚歎華
香瓔珞末香塗香燒香繒蓋幢幡衣服餚饌
作諸伎樂人中上供而供養之應持天寶而
以散之天上寶聚應以奉獻所以者何是人
歡喜說法須臾聞之即得究竟阿耨多羅三
藐三菩提故尒時世尊欲重宣此義而說偈
言

以散之天上寶聚應以奉獻所以者何是人
歡喜說法須臾聞之即得究竟阿耨多羅三
藐三菩提故尒時世尊欲重宣此義而說偈
言
若欲住佛道　成就自然智　常當勤供養　受持法華者
其有欲疾得　一切種智慧　當受持是經　并供養持者
若有能受持　妙法華經者　當知佛所使　愍念諸衆生
諸有能受持　妙法華經者　捨於清淨土　愍衆故生此
當知如是人　自在所欲生　能於此惡世　廣說无上法
應以天華香　及天寶衣服　天上妙寶聚　供養說法者
吾滅後惡世　能持是經者　當合掌礼敬　如供養世尊
上饌衆甘美　及種種衣服　供養是佛子　兾得須臾聞
若能於後世　受持是經者　我遣在人中　行於如來事
若於一劫中　常懷不善心　作色而罵佛　獲无量重罪
其有讀誦持　是法華經者　須臾加惡言　其罪復過彼
有人求佛道　而於一劫中　合掌在我前　以无數偈讚
由是讚佛故　得无量功德　歎美持經者　其福復過彼
於八十億劫　以最妙色聲　及與香味觸　供養持經者
如是供養已　若得須臾聞　則應自欣慶　我今獲大利
藥王今告汝　我所說諸經　而於此經中　法華最第一
尒時佛復告藥王菩薩摩訶薩我所說經典
无量千億已說今說當說而於其中此法華
經最為難信難解藥王此經是諸佛秘要之
藏不可分布妄授與人諸佛世尊之所守護
從昔已來未曾顯說而此經者如來現在猶

經甚爲難信難解藥王此經是諸佛祕要之
藏不可分布妄授與人諸佛世尊之所守護
從昔已來未曾顯說而此經者如來現在猶
多怨嫉況滅度後藥王當知如來滅後其能
書持讀誦供養爲他人說者如來則爲以衣
覆之又爲他方現在諸佛之所護念是人有
大信力及志願力諸善根力當知是人與如
來共宿則爲如來手摩其頭藥王在在處處
若說若讀若誦若書若經卷所住處皆應起
七寶塔極令高廣嚴飾不須復安舍利所以
者何此中已有如來全身此塔應以一切華
香瓔珞繒蓋幢幡伎樂歌頌供養恭敬尊重
讚歎若有人得見此塔禮拜供養當知是等
皆近阿耨多羅三藐三菩提藥王多有人在
家出家行菩薩道若不能得見聞讀誦書持
供養是法華經者當知是人未善行菩薩道
若有得聞是經典者乃能善行菩薩之道其
有衆生求佛道者若見若聞是法華經聞已
信解受持者當知是人得近阿耨多羅三藐
三菩提藥王譬如有人渴乏須水於彼高原
穿鑿求之猶見乾土知水尚遠施功不已轉
見濕土遂漸至泥其心決定知水必近菩薩
亦復如是若未聞未解未能修習是法華經
當知是人去阿耨多羅三藐三菩提尚遠若
得聞解思惟修習必知得近阿耨多羅三藐

BD00875號　妙法蓮華經卷四　（24–6）

亦復如是若未聞未解未能修習是法華經
當知是人去阿耨多羅三藐三菩提尚遠若
得聞解思惟修習必知得近阿耨多羅三藐
三菩提所以者何一切菩薩阿耨多羅三藐
三菩提皆屬此經此經開方便門示真實相
是法華經藏深固幽遠无人能到今佛教化
成就菩薩而爲開示藥王若有菩薩聞是法
華經驚疑怖畏當知是爲新發意菩薩若聲
聞人聞是經驚疑怖畏當知是爲增上慢者
藥王若有善男子善女人如來滅後欲爲四
衆說是法華經者云何應說是善男子善女
人入如來室著如來衣坐如來座爾乃應爲
四衆廣說斯經如來室者一切衆生中大慈
悲心是如來衣者柔和忍辱心是如來座者
一切法空是安住是中然後以不懈怠心爲
諸菩薩及四衆廣說是法華經藥王我於餘
國遣化人爲其集聽法衆亦遣化比丘比丘
尼優婆塞優婆夷聽其說法是諸化人聞法
信受隨順不逆若說法者在空閑處我時廣
遣天龍鬼神乾闥婆阿脩羅等聽其說法我
雖在異國時時令說法者得見我身若於此
經忘失句逗我還爲說令得具足爾時世尊
欲重宣此義而說偈言
欲捨諸懈怠　應當聽此經　是經難得聞　信受者亦難
如人渴須水　穿鑿於高原　猶見乾燥土　知去水尚遠

BD00875號　妙法蓮華經卷四　（24–7）

經忘失句逗我還為說令得具足尒時世尊
欲重宣此義而說偈言
欲捨諸懈怠　應當聽此經　是經難得聞　信受者亦難
如人渴須水　穿鑿於高原　猶見乾燥土　知去水尚遠
漸見濕土泥　決定知近水　藥王汝當知　如是諸人等
不聞法華經　去佛智甚遠　若聞是深經　決了聲聞法
是諸經之王　聞已諦思惟　當知此人等　近於佛智慧
若人說此經　應入如來室　著於如來衣　而坐如來座
處衆无所畏　廣為分別說　大慈悲為室　柔和忍辱衣
諸法空為座　處此為說法　若說此經時　有人惡口罵
加刀杖瓦石　念佛故應忍　我千万億土　現淨堅固身
於无量億劫　為衆生說法　若我滅度後　能說此經者
我遣化四衆　比丘比丘尼　及清信士女　供養於法師
引導諸衆生　集之令聽法　若人欲加惡　刀杖及瓦石
則遣變化人　為之作衛護　若說法之人　獨在空閑處
寂漠无人聲　讀誦此經典　我尒時為現　清淨光明身
若忘失章句　為說令通利　若人具是德　或為四衆說
空處讀誦經　皆得見我身　若人在空閑　我遣天龍王
夜叉鬼神等　為作聽法衆　是人樂說法　分別无罣礙
諸佛護念故　能令大衆喜　若親近法師　速得菩薩道
隨順是師學　得見恒沙佛

妙法蓮華經見寶塔品第十一

尒時佛前有七寶塔高五百由旬縱廣二百
五十由旬從地踊出住在空中種種寶物而
莊挍之五千欄楯龕室千万无數幢幡以為

尒時佛前有七寶塔高五百由旬縱廣二百
五十由旬從地踊出住在空中種種寶物而
莊挍之五千欄楯龕室千万无數幢幡以為
嚴飾垂寶瓔珞寶鈴万億而懸其上四面皆
出多摩羅跋栴檀之香充遍世界其諸幡蓋
以金銀琉璃車𤦲馬瑙真珠玫瑰七寶合成
高至四天王宮三十三天雨天曼陁羅華供
養寶塔餘諸天龍夜叉乾闥婆阿脩羅迦樓
羅緊那羅摩睺羅伽人非人等千万億衆以
一切華香瓔珞幡蓋伎樂供養寶塔恭敬尊
重讚歎尒時寶塔中出大音聲歎言善哉善
哉釋迦牟尼世尊能以平等大慧教菩薩法
佛所護念妙法華經為大衆說如是如是釋
迦牟尼世尊如所說者皆是真實尒時四衆
見大寶塔住在空中又聞塔中所出音聲皆
得法喜怪未曾有從座而起恭敬合掌却住
一面尒時有菩薩摩訶薩名大樂說知一切
世間天人阿脩羅等心之所疑而白佛言世
尊以何因緣有此寶塔從地踊出又於其中
發是音聲尒時佛告大樂說菩薩此寶塔中
有如來全身乃往過去東方无量千万億阿
僧祇世界國名寶淨彼中有佛号曰多寶其
佛行菩薩道時作大誓願若我成佛滅度之
後於十方國土有說法華經處我之塔廟為
聽是經故踊現其前為作證明讚言善哉彼

佛行菩薩道時作大誓願若我成佛滅度之
後於十方國土有說法華經處我之塔廟為
聽是經故踊現其前為作證明讚言善哉彼
佛成道已臨滅度時於天人大衆中告諸比
丘我滅度後欲供養我全身者應起一大塔
其佛神通願力十方世界在在處處若有說
法華經者彼之寶塔皆踊出其前全身在於
塔中讚言善哉善哉大樂說今多寶如來塔
聞說法華經故從地踊出讚言善哉善哉是
時大樂說菩薩以如來神力故白佛言世尊
我等願欲見此佛身佛告大樂說菩薩摩訶
薩是多寶佛有深重願若我寶塔為聽法華
經故出於諸佛前時其有欲以我身示四衆
者彼佛分身諸佛在於十方世界說法盡還
集一處然後我身乃出現耳大樂說我分身
諸佛在於十方世界說法者今應當集大樂
說白佛言世尊我等亦願欲見世尊分身諸
佛礼拜供養尒時佛放白毫一光即見東方
五百万億那由他恒河沙等國土諸佛彼諸
國土皆以頗梨為地寶樹寶衣以為莊嚴无
數千万億菩薩充滿其中遍張寶幔寶網羅
上彼國諸佛以大妙音而說諸法及見无量
千万億菩薩遍滿諸國為衆說法南西北方四
維上下白毫相光所照之處亦復如是尒時
十方諸佛各告衆菩薩言善男子我今應往

BD00875號　妙法蓮華經卷四

（24–10）

千万億菩薩遍滿諸國為衆說法南西北方四
維上下白毫相光所照之處亦復如是尒時
十方諸佛各告衆菩薩言善男子我今應往
娑婆世界釋迦牟尼佛所并供養多寶如來
寶塔時娑婆世界即變清淨瑠璃為地寶樹
莊嚴黃金為繩以界八道无諸聚落村營城
邑大海江河山川林藪燒大寶香曼陁羅華
遍布其地以寶網幔羅覆其上懸諸寶鈴唯
留此會衆移諸天人置於他土是時諸佛各
將一大菩薩以為侍者至娑婆世界各到寶
樹下一一寶樹高五百由旬枝葉華菓次第
莊嚴諸寶樹下皆有師子之座高五由旬亦
以大寶而挍飾之尒時諸佛各於此座結跏
趺坐如是展轉遍滿三千大千世界而於釋
迦牟尼佛一方所分之身猶故未盡時釋迦
牟尼佛欲容受所分身諸佛故八方各更變
二百万億那由他國皆令清淨无有地獄餓
鬼畜生及阿脩羅又移諸天人置於他土所
化之國亦以瑠璃為地寶樹莊嚴樹高五百
由旬枝葉華菓次第嚴飾樹下皆有寶師子
座高五由旬種種諸寶以為莊校亦无大海
江河及目真隣陁山摩訶目真隣陁山鐵圍
山大鐵圍山須弥山等諸山王通為一佛國
土寶地平正寶交露幔遍覆其上懸諸幡蓋
燒大寶香諸天寶華遍布其地釋迦牟尼佛

BD00875號　妙法蓮華經卷四

（24–11）

江河及目真隣陀山摩訶目真隣陀山鐵圍
山大鐵圍山須弥山等諸山王通為一佛國
土寶地平正寶交露幔遍覆其上懸諸幡蓋
燒大寶香諸天寶華遍布其地釋迦牟尼佛
為諸佛當來坐故復於八方各更變二百万億
那由他國皆令清淨无有地獄餓鬼畜生及
阿脩羅又移諸天人置於他土所化之國亦
以瑠璃為地寶樹莊嚴樹高五百由旬枝葉
華菓次第莊嚴樹下皆有寶師子座高五由
旬亦以大寶而校飾之亦无大海江河及目
真隣陀山摩訶目真隣陀山鐵圍山大鐵圍
山須弥山等諸山王通為一佛國土寶地平
正寶交露幔遍覆其上懸諸幡蓋燒大寶香
諸天寶華遍布其地尒時東方釋迦牟尼所
分之身百千万億那由他恒河沙等國土中
諸佛各各說法來集於此如是次第十方諸
佛皆悉來集坐於八方尒時一一方四百万
億那由他國土諸佛如來遍滿其中是時諸
佛各在寶樹下坐師子座皆遣侍者問訊釋
迦牟尼佛各齎寶華滿掬而告之言善男子
汝往詣耆闍崛山釋迦牟尼佛所如我辭曰
少病少惱氣力安樂及菩薩聲聞眾悉安隱
不以此寶華散佛供養而作是言彼某甲佛
與欲開此寶塔諸佛遣使亦復如是尒時釋
迦牟尼佛見所分身佛悉已來集各各坐於
師子之座皆聞諸佛與欲同開寶塔即從座

與欲開此寶塔諸佛遣使亦復如是尒時釋
迦牟尼佛見所分身佛悉已來集各各坐於
師子之座皆聞諸佛與欲同開寶塔即從座
起住虛空中一切四眾起立合掌一心觀佛
於是釋迦牟尼佛以右指開七寶塔户出大
音聲如却關鑰開大城門即時一切眾會皆
見多寶如來於寶塔中坐師子座全身不散
如入禪定又聞其言善哉善哉釋迦牟尼佛
快說是法華經我為聽是經故而來至此尒
時四眾等見過去无量千万億劫滅度佛說
如是言歎未曾有以天寶華聚散多寶佛及
釋迦牟尼佛上尒時多寶佛於寶塔中分半
座與釋迦牟尼佛而作是言釋迦牟尼佛可
就此座即時釋迦牟尼佛入其塔中坐其半
座結加趺坐尒時大眾見二如來在七寶塔
中師子座上結加趺坐各作是念佛座高遠
唯願如來以神通力令我等輩俱處虛空即
時釋迦牟尼佛以神通力接諸大眾皆在虛
空以大音聲普告四眾誰能於此娑婆國土
廣說妙法華經今正是時如來不久當入涅
槃佛欲以此妙法華經付囑有在尒時世尊
欲重宣此義而說偈言
聖主世尊　雖久滅度　在寶塔中　尚為法來
諸人云何　不勤為法　此佛滅度　无鞅數劫
處處聽法　以難遇故　彼佛本願　我滅度後

欲重宣此義而說偈言
聖主世尊 雖久滅度 在寶塔中 尚為法來
諸人云何 不勤為法 此佛滅度 无鞅數劫
處處聽法 以難遇故 彼佛本願 我滅度後
在在所往 常為聽法 又我分身 无量諸佛
如恒沙等 來欲聽法 及見滅度 多寶如來
各捨妙土 及弟子衆 天人龍神 諸供養事
令法久住 故來至此 為坐諸佛 以神通力
移无量衆 令國清淨 諸佛各各 詣寶樹下
如清淨池 蓮華莊嚴 其寶樹下 諸師子座
佛坐其上 光明嚴飾 如夜闇中 燃大炬火
身出妙香 遍十方國 衆生蒙薰 喜不自勝
譬如大風 吹小樹枝 以是方便 令法久住
告諸大衆 我滅度後 誰能護持 讀說斯經
今於佛前 自說誓言 其多寶佛 雖久滅度
以大誓願 而師子吼 多寶如來 及與我身
所集化佛 當知此意 諸佛子等 誰能護法
當發大願 令得久住 其有能護 此經法者
則為供養 我及多寶 此多寶佛 處於寶塔
常遊十方 為是經故 亦復供養 諸來化佛
莊嚴光飾 諸世界者 若說此經 則為見我
多寶如來 及諸化佛 諸善男子 各諦思惟
此為難事 宜發大願 諸餘經典 數如恒沙
雖說此等 未足為難 若接須弥 擲置他方
无數佛土 亦未為難 若以足指 動大千界

此為難事 宜發大願 諸餘經典 數如恒沙
雖說此等 未足為難 若接須弥 擲置他方
无數佛土 亦未為難 若以足指 動大千界
遠擲他國 亦未為難 若立有頂 為衆演說
无量餘經 亦未為難 若佛滅後 於惡世中
能說此經 是則為難 假使有人 手把虛空
而以遊行 亦未為難 於我滅後 若自書持
若使人書 是則為難 若以大地 置足甲上
昇於梵天 亦未為難 佛滅度後 於惡世中
暫讀此經 是則為難 假使劫燒 擔負乾草
入中不燒 亦未為難 我滅度後 若持此經
為一人說 是則為難 若持八万 四千法藏
十二部經 為人演說 令諸聽者 得六神通
雖能如是 亦未為難 於我滅後 聽受此經
問其義趣 是則為難 若人說法 令千万億
无量无數 恒沙衆生 得阿羅漢 具六神通
雖有是益 亦未為難 於我滅後 若能奉持
如斯經典 是則為難 我為佛道 於无量土
從始至今 廣說諸經 而於其中 此經第一
若有能持 則持佛身 諸善男子 於我滅後
誰能護持 讀誦此經 今於佛前 自說誓言
此經難持 若暫持者 我則歡喜 諸佛亦然
如是之人 諸佛所歎 是則勇猛 是則精進
是名持戒 行頭陀者 則為疾得 无上佛道
能於來世 讀持此經 是真佛子 住淳善地

此經難持　若暫持者　我則歡喜　諸佛亦然
如是之人　諸佛所歎　是則勇猛　是則精進
是名持戒　行頭陀者　則為疾得　无上佛道
能於來世　讀持此經　是真佛子　住淳善地
佛滅度後　能解其義　是諸天人　世間之眼
於恐畏世　能須臾說　一切天人　皆應供養

妙法蓮華經提婆達多品第十二

尒時佛告諸菩薩及天人四衆吾於過去无
量劫中求法華經无有懈惓於多劫中常作
國王發願求於无上菩提心不退轉為欲滿
足六波羅蜜勤行布施心无悋惜象馬七珎
國城妻子奴婢僕從頭目髓腦身肉手足不
惜軀命時世人民壽命无量為於法故捐捨
國位委政太子擊鼓宣令四方求法誰能為
我說大乘者吾當終身供給走使時有仙人
來白王言我有大乘名妙法華經若不違我當
為宣說王聞仙言歡喜踊躍即隨仙人供給
所須採菓汲水拾薪設食乃至以身而為床
座身心无惓于時奉事經於千歲為於法故
精勤給侍令无所乏尒時世尊欲重宣此義
而說偈言
我念過去劫　為求大法故　雖作世國王　不貪五欲樂
搥鍾告四方　誰有大法者　若為我解說　身當為奴僕
時有阿私仙　來白於大王　我有微妙法　世間所希有
若能脩行者　吾當為汝說　時王聞仙言　心生大喜悅
即便隨仙人　供給於所須　採薪及菓蓏　隨時恭敬與

BD00875號　妙法蓮華經卷四　（24–16）

搥鍾告四方　誰有大法者　若為我解說　身當為奴僕
時有阿私仙　來白於大王　我有微妙法　世間所希有
若能脩行者　吾當為汝說　時王聞仙言　心生大喜悅
即便隨仙人　供給於所須　採薪及菓蓏　隨時恭敬與
情存妙法故　身心无懈惓　普為諸衆生　勤求於大法
亦不為己身　及以五欲樂　故為大國王　勤求獲此法
遂致得成佛　今故為汝說
佛告諸比丘尒時王者則我身是時仙人者
今提婆達多是由提婆達多善知識故令我
具足六波羅蜜慈悲喜捨三十二相八十種
好紫磨金色十力四无所畏四攝法十八不
共神通道力成等正覺廣度衆生皆因提婆
達多善知識故告諸四衆提婆達多却後過
无量劫當得成佛号曰天王如來應供正遍
知明行足善逝世間解无上士調御丈夫天
人師佛世尊世界名天道時天王佛住世二
十中劫廣為衆生說於妙法恒河沙衆生得
阿羅漢果无量衆生發緣覺心恒河沙衆生
發无上道心得无生忍至不退轉時天王佛
般涅槃後正法住世二十中劫全身舍利起
七寶塔高六十由旬縱廣四十由旬諸天人
民悉以雜華末香燒香塗香衣服瓔珞幢幡
寶蓋伎樂歌頌礼拜供養七寶妙塔无量衆
生得阿羅漢无量衆生悟辟支佛不可思議
衆生發菩提心至不退轉佛告諸比丘未來
世中若有善男子善女人聞妙法華經提婆

BD00875號　妙法蓮華經卷四　（24–17）

寶蓋伎樂歌頌禮拜供養七寶妙塔无量眾
生得阿羅漢无量眾生悟辟支佛不可思議
眾生發菩提心至不退轉佛告諸比丘未來
世中若有善男子善女人聞妙法華經提婆
達多品淨心信敬不生疑惑者不墮地獄餓
鬼畜生生十方佛前所生之處常聞此經若
生人天中受勝妙樂若在佛前蓮華化生於
時下方多寶世尊所從菩薩名曰智積白多
寶佛當還本土釋迦牟尼佛告智積曰善男
子且待須臾此有菩薩名文殊師利可與相
見論說妙法可還本土尒時文殊師利坐千
葉蓮華大如車輪俱來菩薩亦坐寶華從於
大海娑竭龍宮自然踊出住虛空中詣靈鷲
山從蓮華下至於佛所頭面敬禮二世尊足
脩敬已畢往智積所共相慰問却坐一面智
積菩薩問文殊師利仁往龍宮所化眾生其
數幾何文殊師利言其數无量不可稱計非
口所宣非心所測且待須臾自當有證所言
未竟无數菩薩坐寶蓮華從海踊出詣靈鷲
山住在虛空此諸菩薩皆是文殊師利之所
化度具菩薩行皆共論說六波羅蜜本聲聞
人在虛空中說聲聞行今皆脩行大乘空義
文殊師利謂智積曰於海教化其事如是尒
時智積菩薩以偈讚曰
大智德勇健 化度无量眾 今此諸大會 及我皆已見

BD00875號　妙法蓮華經卷四　（24–18）

文殊師利謂智積曰於海教化其事如是尒
時智積菩薩以偈讚曰
大智德勇健 化度无量眾 今此諸大會 及我皆已見
演暢實相義 開闡一乘法 廣度諸群生 令速成菩提
文殊師利言我於海中唯常宣說妙法華經
智積問文殊師利言此經甚深微妙諸經中
寶世所希有頗有眾生勤加精進脩行此經
速得佛不文殊師利言有娑竭羅龍王女年
始八歲智慧利根善知眾生諸根行業得陀
羅尼諸佛所說甚深祕藏悉能受持深入禪
定了達諸法於剎那頃發菩提心得不退轉
辯才无礙慈念眾生猶如赤子功德具足心
念口演微妙廣大慈悲仁讓志意和雅能至
菩提智積菩薩言我見釋迦如來於无量劫
難行苦行積功累德求菩薩道未曾止息觀
三千大千世界乃至无有如芥子許非是菩
薩捨身命處為眾生故然後乃得成菩提道
不信此女於須臾頃便成正覺言論未訖時
龍王女忽現於前頭面禮敬却住一面以偈
讚曰
深達罪福相 遍照於十方 微妙淨法身 具相三十二
以八十種好 用莊嚴法身 天人所戴仰 龍神咸恭敬
一切眾生類 无不宗奉者 又聞成菩提 唯佛當證知
我闡大乘教 度脫苦眾生
時舍利弗語龍女言汝謂不久得无上道是

BD00875號　妙法蓮華經卷四　（24–19）

一切衆生類　无不宗奉者　又聞成菩提　唯佛當證知
我闡大乘教　度脫苦衆生
時舍利弗語龍女言汝謂不久得无上道是
事難信所以者何女身垢穢非是法器云何
能得无上菩提佛道懸曠經无量劫懃苦積
行具脩諸度然後乃成又女人身猶有五障
一者不得作梵天王二者帝釋三者魔王四
者轉輪聖王五者佛身云何女身速得成佛
尒時龍女有一寶珠價直三千大千世界持
以上佛佛即受之龍女謂智積菩薩尊者舍
利弗言我獻寶珠世尊納受是事疾不荅言
甚疾女言以汝神力觀我成佛復速於此當
時衆會皆見龍女忽然之間變成男子具菩
薩行即往南方无垢世界坐寶蓮華成等正
覺三十二相八十種好普為十方一切衆生
演說妙法尒時娑婆世界菩薩聲聞天龍八
部人與非人皆遥見彼龍女成佛普為時會
人天說法心大歡喜悉遥敬礼无量衆生聞
法解悟得不退轉无量衆生得受道記无垢
世界六反震動娑婆世界三千衆生住不退
地三千衆生發菩提心而得受記智積菩薩
及舍利弗一切衆會嘿然信受

妙法蓮華經勸持品第十三

尒時藥王菩薩摩訶薩及大樂說菩薩摩訶
薩與二万菩薩眷屬俱皆於佛前作是誓言

地三千衆生發菩提心而得受記智積菩薩
及舍利弗一切衆會嘿然信受

妙法蓮華經勸持品第十三

尒時藥王菩薩摩訶薩及大樂說菩薩摩訶
薩與二万菩薩眷屬俱皆於佛前作是誓言
唯願世尊不以為慮我等於佛滅後當奉持
讀誦說此經典後惡世衆生善根轉少多增
上慢貪利供養增不善根遠離解脫雖難可
教化我等當起大忍力讀誦此經持說書寫
種種供養不惜身命尒時衆中五百阿羅漢
得受記者白佛言世尊我等亦自誓願於異
國土廣說此經復有學无學八千人得受記
者從座而起合掌向佛作是誓言世尊我等
亦當於他國土廣說此經所以者何是娑婆
國中人多弊惡懷增上慢功德淺薄瞋濁諂
曲心不實故尒時佛姨母摩訶波闍波提比
丘尼與學无學比丘尼六千人俱從座而起
一心合掌瞻仰尊顏目不暫捨於時世尊告
憍曇弥何故憂色而視如來汝心將无謂我
不說汝名授阿耨多羅三藐三菩提記耶憍
曇弥我先惣說一切聲聞皆已授記今汝欲
知記者將來之世當於六万八千億諸佛法
中為大法師及六千學无學比丘尼俱為法
師汝如是漸漸具菩薩道當得作佛号一切
衆生憙見如來應供正遍知明行足善逝世

中為大法師及六千學无學比丘尼俱為法
師汝如是漸漸具菩薩道當得作佛号一切
衆生憙見如來應供正遍知明行足善逝世
間解无上士調御丈夫天人師佛世尊憍曇
彌是一切衆生憙見佛及六千菩薩轉次授
記得阿耨多羅三藐三菩提尒時羅睺羅母
耶輸陁羅比丘尼作是念世尊於授記中獨
不說我名佛告耶輸陁羅汝於來世百千万億
諸佛法中脩菩薩行為大法師漸具佛道於
善國中當得作佛号具足千万光相如來應
供正遍知明行足善逝世間解无上士調御
丈夫天人師佛世尊佛壽无量阿僧祇劫尒
時摩訶波闍波提比丘尼及耶輸陁羅比丘
尼并其眷屬皆大歡喜得未曾有即於佛前
而說偈言

世尊導師　安隱天人　我等聞記　心安具足

諸比丘尼說是偈已白佛言世尊我等亦能
於他方國土廣宣此經尒時世尊視八十万
億那由他諸菩薩摩訶薩是諸菩薩皆是阿
惟越致轉不退法輪得諸陁羅尼即從座起
至於佛前一心合掌而作是念若世尊告勅
我等持說此經者當如佛教廣宣斯法復作
是念佛今嘿然不見告勅我當云何時諸菩
薩敬順佛意并欲自滿本願便於佛前作師
子吼而發誓言世尊我等於如來滅後周旋

我等持說此經者當如佛教廣宣斯法復作
是念佛今嘿然不見告勅我當云何時諸菩
薩敬順佛意并欲自滿本願便於佛前作師
子吼而發誓言世尊我等於如來滅後周旋
往反十方世界能令衆生書寫此經受持讀
誦解說其義如法脩行正憶念皆是佛之威
力唯願世尊在於他方遥見守護即時諸菩
薩俱同發聲而說偈言

唯願不為慮　於佛滅度後　恐怖惡世中　我等當廣說
有諸无智人　惡口罵詈等　及加刀杖者　我等皆當忍
惡世中比丘　邪智心諂曲　未得謂為得　我慢心充滿
或有阿練若　納衣在空閑　自謂行真道　輕賤人間者
貪著利養故　與白衣說法　為世所恭敬　如六通羅漢
是人懷惡心　常念世俗事　假名阿練若　好出我等過
而作如是言　此諸比丘等　為貪利養故　說外道論議
自作此經典　誑惑世間人　為求名聞故　分別於是經
常在大衆中　欲毀我等故　向國王大臣　婆羅門居士
及餘比丘衆　誹謗說我惡　謂是邪見人　說外道論議
我等敬佛故　悉忍是諸惡　為斯所輕言　汝等皆是佛
如此輕慢言　皆當忍受之　濁劫惡世中　多有諸恐怖
惡鬼入其身　罵詈毀辱我　我等敬信佛　當著忍辱鎧
為說是經故　忍此諸難事　我不愛身命　但惜无上道
我等於來世　護持佛所囑　世尊自當知　濁世惡比丘
不知佛方便　隨宜所說法　惡口而顰蹙　數數見擯出
遠離於塔寺　如是等衆惡　念佛告勅故　皆當忍是事

我等敬佛故　悉忍是諸惡　為斯所輕言　汝等皆是佛
如此輕慢言　皆當忍受之　濁劫惡世中　多有諸恐怖
惡鬼入其身　罵詈毀辱我　我等敬信佛　當著忍辱鎧
為說是經故　忍此諸難事　我不愛身命　但惜无上道
我等於來世　護持佛所囑　世尊自當知　濁世惡比丘
不知佛方便　隨宜所說法　惡口而顰蹙　數數見擯出
遠離於塔寺　如是等眾惡　念佛告勅故　皆當忍是事
諸聚落城邑　其有求法者　我皆到其所　說佛所囑法
我是世尊使　處眾无所畏　我當善說法　願佛安隱住
我於世尊前　諸來十方佛　發如是誓言　佛自知我心

妙法蓮華經卷第四

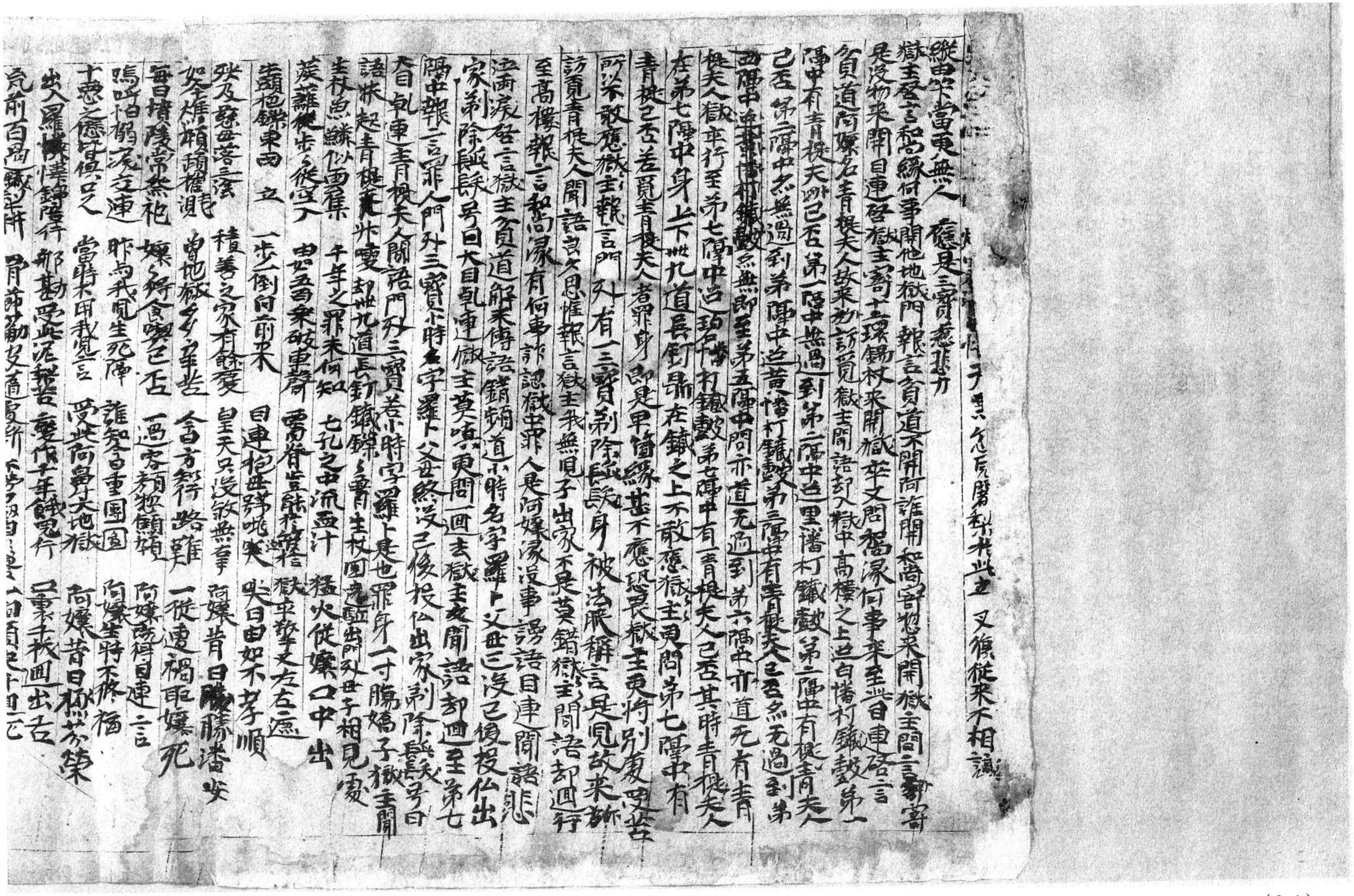

[illegible]　又復從來不相識

縱由守門當更無人　應是三寶慈悲力

獄主啓言和尚緣何事開他地獄門　報言貧道不開阿誰開　和尚當來開　獄主問言寄

是沒物來開　目連啓獄主　寄十二環錫杖來開　獄卒又問和尚緣何事來至此　目連啓言

貧道阿孃名青提夫人故來訪覓　獄主聞語却入獄中高樓之上迎白幡打鐵鼓第一

隔中有青提夫人已否　第一隔中無過　到第二隔中迎黑幡打鐵鼓第二隔中有青提夫人

已否　第二隔中亦無　過到第三隔中迎黃幡打鐵鼓第三隔中有青提夫人已否　亦无過到第

四隔中迎黑幡打鐵鼓亦無　即至第五隔中問亦道无　過到第六隔中亦道无有青

提夫人　獄卒行至第七隔中迎皂幡打鐵鼓第七隔中有一青提夫人已否　其時青提夫人

在第七隔中身上下卌九道長釘釘在鐵床之上不敢應　獄主更問第七隔中有

青提已否　若覓青提夫人者罪身即是　甲緣甚不應　恐畏獄主更將別處受苦

所以不敢應　獄主報言門外有一三寶剃除鬚髮身被法服稱言是兒故來

訪覓　青提夫人聞語良久思惟報言獄主我無兒子出家不是莫錯　獄主聞語却迴行

至高樓報言和尚緣有何事詐認獄中罪人是阿孃緣沒事誑語　目連聞語悲

泣雨淚啓言獄主貧道解來傳語錯　貧道小時名字羅卜父母亡沒已後投仏出

家剃除鬚髮號曰大目乾連　獄主莫嗔更問一迴去　獄主見聞語却迴至第七

隔中報言罪人門外三寶小時名字羅卜父母終沒已後投仏出家剃除鬚髮號曰

大目乾連　青提夫人聞語門外三寶若小時字羅卜是也　罪身一寸腸嬌子　獄主聞

語扶起青提夫人　卌九道長釘鐵鏁鏁身　生杖圍逸驅出門外母子相見處

生杖魚鱗似雨集　千年之罪未何知　七孔之中流血汁　猛火從孃口中出

蒺藜步步從空下　忠如五百乘破車聲　腰脊豈能於管搭　獄卒擎叉左右遮

牛頭把鏁東西立　一步一倒向前來　目連抱母號咷哭　哭曰由如不孝順

殃及慈母落三塗　積善之家有餘慶　皇天只沒殺無辜　阿孃昔日勝潘安

如今憔悴頓羸損　曾地獄受辛苦　今日方知行路難　一從遭禍耶孃死

每日墳陵常祭祀　孃孃得食吃已否　一過容顏總頓顦　阿孃既得目連言

嗚呼怕獨淚交連　昨与我覓生死障　誰知今日重團圓　阿孃生時不作福

十惡之愆皆俱已　當時不用我兒言　受此阿鼻大地獄　阿孃昔日極芬榮

出入羅幃錦障行　那堪受此泥犁苦　變作千年餓鬼行　口裏千秋血出去

見前百過鐵鋒[illegible]　骨節[illegible]

BD00876 號　大目犍連冥間救母變文

（8–1）

[illegible] 我[illegible]不[illegible] 皇天[illegible]無事 阿孃昔日[illegible]勝諸安
如今憔悴頭摧損 曾地獄多々年苦 今日方得路難 一從遭禍耶孃死
每日悽陵常祭祀 孃々餓食嬰已否 一過容顏鎖槌 阿孃既得目連言
嗚呼怕懼淚交連 昨與我兒生死隔 誰知今日重團圓 阿孃生時不修福
十惡之罪俱口之 當時不用我兒言 受此阿鼻大地獄 阿孃昔日極芬榮
出入羅幃錦障行 那堪受此泥犁苦 變作千年餓鬼行 口裏千迴出舌
皃前百過鐵犁耕 骨節筋皮隨處斷 不勞刀劍自凋零 一向須臾千迴死
于時唱道却迴生 入此獄中同受苦 不論貴賤與公卿 汝向家中勤祭祀
只得鄉閭孝順名 縱向墳中澆歷酒 不如抄寫一行經 目連哽噎啼如雨
便即迴頭詣獄主 頻道須是出家兒 力小那能救慈母 五服之中相容隱
此即古來賢聖語 惟願獄主放却孃 我身替孃長受苦 獄主為人情性剛
嗔心默々色茫々 弟子雖然為獄主 斷決皆由平等王 阿孃有罪孃阿受
阿師覓罪阿師當 金牌玉諫死相(?)光 尔然死人輒放出 受罪只今時以至
須將刀劍上刀槍 和尚欲得阿孃出 不如歸家燒寶香 目連[illegible]語[illegible]泉
獄卒擎叉兩畔催 欲至獄前而欲到 便即長悲好住來 青提夫人一留手
託著獄門回顧盼 言好住來罪身 一寸長腸嬌子
孃昔日行慳悋 只果來生業報恩 二言作天堂後地獄 廣殺豬羊祭鬼神
但貌其身眼下業 寧知實路稱々冤 如今既受泥犁苦 方知不悟自家身
悔恨忽知何道 覆水難收大悵云 何時出離波吒苦 豈敢承聖重作人
闍梨子是如來仏弟子 足解知之父母恩 忽若一朝登聖覺 莫忘孃々地獄受艱辛
目連既見孃別 恨不將身而自滅 攀永自撲大山崩 七孔之中皆灑血
登言孃々罪莫入 迴頭更鬼言 母子之情天性也 乳哺之恩是自然
見與孃々今日別 定知相見在何年 那堪聞此波吒苦 其心楚痛鎮懸々
地獄不容相替代 唯知號叫大稱冤 隔是不能相救濟 見孃隨孃身死獄門前

目連見母却入獄地，切骨傷心哽噎聲嘶，遂舉身自撲，由如五太山崩，七孔之中
皆流迸血，良久而死，復乃重甦，兩手按地起來，政頓衣裳，騰空往至世尊
之處。目連情地悶昏昏，人語冥冥似不聞。良久氣吟㳍性悟，
擲鉢騰空問世尊。目連仏稱寃苦，具說刀山及劍樹。蒙佛神力借餘威，
得向阿鼻見慈母。鐵城烟焰火騰騰，劍林數萬層。人脂砕骨和銅汁，
迸肉含濃血裹凝。慈親容貌豈堪任，長於曹遭他刀劍侵。白骨万迴盤樹劍，
紅顏百過上刀林。天下之中何者重，父母之情恩最深。如來是衆生慈母，
願照愚迷方寸心。如來本自大慈悲，聞語條地鎖雙眉。衆生出沒於輪迴，
怜你緣盜冤望慈。汝母時多造罪，魂神墮落向阿鼻。此羅劫移來出，
非佛凡夫不可知。仏喚阿難徒衆等，並往冥途自救之。

如來領八部龍天前後圍遶放光動地救地獄之苦 如來聖知本均平
慈悲地獄救衆生 無數龍神八部衆 相隨一隊向前行 隱隱逸逸
天上天元如足 左鳥邊沉 右鳥邊沒 如山岌岌雲中出 催催兢兢
天堂地獄一時開 行如雨 動如雷 似月團團海上來 獨自俄俄師子步
虎步行侶侶衆重迴 雲中天樂吹楊柳 空裏鏡芬下落梅 帝釋向前持至寶
梵王從後奉金偶 不可論中不可論 如來神力救泉門 左右天人八部衆
東西侍衛四方神 眉間毫相千般色 項後圓光五綵雲 地獄沾光消散盡
劍樹刀林似碎塵 獄囚沾光皆踊躍 合掌志心而頂礼 如來今日起慈悲
地獄催賤悉摧壞 鐵丸化作摩尼寶 刀山化作琉璃池 銅汁變作功德水
清良盃由遶池流 鵝鴨鴛鴦狀寂寂 紅波夜夜鶴爆生 鐵樹朝朝紫雲氣
罪人總得生天上 唯有目連阿孃為餓鬼

目連家母雖得見慈罪根深結業力難排雖免地獄之酸墮在餓鬼之道悲身不等苦
樂懸殊若並前途感其百千萬倍咽如針孔滴水不通頭似太山三江難滿無聞漿水之名累
月經年受飢羸之苦遙見清涼冷水近著變作膿河縱得美食香餐便即化為猛火
孃孃見今飢困命若懸絲汝若不去慈悲豈名孝順之子生死路隔後會難期欲救懸之危事無
不應遲晚出家之法依信施而安存縱有齋飯食恐難消化兒曉孃孃往向王舍城中取飯與
孃孃相見目連辭母騰空須臾之間即到王舍城中次第乞飯行到長者門前長者見
目連非時乞食盤問逗遛之處　和尚齋已過食時已過乞飯將用何為　目連
啓言長者頓首通陳孃已過後魂神往落阿鼻　近得如來相救出　身如枯骨氣如絲
貧道肝腸寸寸斷　痛切傍人豈得知　計亦不合非時乞　為以慈親而食之
長者聞言大驚愕　思寸無常情不樂　今朝永總自身殊悲　玉白無留上空間　但且歡娛但且樂
人命而轉燭　何不見天堂受快樂　唯聞地獄罪人多　有時喚有時著　莫學愚人多貯積
不如覺造王果因　誰能保命存朝夕　兩兩相看不覺死　錢財必莫於身惜　一朝倚手長眠
空澆塚上有何益　智者用錢多造福　愚人將金買田宅　平生未省見錢財　死後總被他分拾
長者聞語忽驚疑　三寶福田難可遇　急催左右急交逢　家中取飯勾闌與　地獄忽然消散盡
明知諸仏不思議　長者手中親得飯　過以閻浮發大願　悲但和尚奉慈親　合獄罪人皆抱而
目連乞得鉢飯　持鉢將來獻慈母　于時行是美無致　手把金匙而自哺

青提夫人雖遭地獄之苦慳貪久竟未除見兒將得飯鉢來望風即有悋惜來者三
寶即是我兒為我人間取飯汝等今人息心我今自餐況復更能相濟目連將飯并鉢奉上阿孃
被傍人奪眼連看四畔左手鄣鉢右手團食食未入口　變為猛火[illegible]
不那慳部尤深目連見母如斯肝膽猶如刀割我今聲力微智小人依唯有啟問世尊應知濟拔之路
具看母飯處　天人見領何前迎　慳貪未喫且空爭　我見遠求人間飯　將來自擬療飢坑
獨喫猶看不能足　諸人息意懷承忘　青提慳貪業力重　入口雖然猛火生　目連母見喫飯成猛火
渾搥自撲如山崩　耳鼻身之中皆流血　哭言黃天我孃孃　南閻浮提施我飯　飯上有七尺往神光
將作是香美飲食　飯未入口便成火　口為慳貪心不改　所以連年受其罪　如今痛切更無方
業報不容相替代　世人須捨如疾嫉　一落三塗罪未畢　香飯未及入咽喉　猛火從孃口中出
俗間之罪滿娑婆　唯有貪罪最多　大段无端從口出　明知業報不由他　一切常行平等意
忽復壽心念彌陀　但能捨却貪心者　淨土天堂隨意至　青提喚言孝順兒　罪業之身不自在
不得阿耶孝道　誰肯餓鬼救我孃　見飯未餘抛入口　見火无端却損傷　慳貪青提將何念
只應過有百餘殃　向師是孃孃孝順子　與我冷水濟虛腸　目連聞阿孃索水　不來大咽聲
嘶思特時中間忽憶　王舍城南有天水閻浪无邊　名曰恆河之水　亦應救得阿孃火
難之苦　南閻浮提衆生見水即是清涼冷水　諸天見水即是瑠璃寶池　魚鼈見
水即是[illegible]青提見水即是膿河猛火　行至水頭未見兒　呪願便即左手
杖岸良由慳　右手執水良由貪　貪直為慳貪心不以　水未入口便成火　目連見阿
孃喫飯成猛火　喫水成猛火　搥胸懊惱悲號啼哭　來向佛前遶佛三匝　卻住一面白言
世尊慈悲救得阿娘之苦　只今喫飯成火　喫水成火　如救得阿孃大難之苦

世尊嘆言目連汝阿孃從今未得飯喫直過周匝一年七月十五日廣造盂蘭盆始得飯喫
目連見阿孃飢白言世尊每月十三十四日可不得否要須待一年之中七月十五日始得飯
喫世尊報言非但汝阿孃當須此日廣造盂蘭盆諸山坐禪戒下日羅漢得
道日提婆達多羅漢日閻羅王歡喜日一切餓鬼總得普同飽滿日目連承佛明
教便向王舍城邊塔廟之前轉讀大乘經典廣造盂蘭盆善根阿孃於盂蘭盆
中始得一頓飽飯喫從得飯已來母子更不相見目連諸處尋覓阿孃不
見悲泣雨淚來向佛前遶佛三匝却住一面合掌胡跪白言世尊阿孃喫飯成火飲
喫水成火蒙世尊慈悲救得阿孃大難之苦從七月十五日得一頓飯喫已來母子更
不相見為當墮地獄為復向餓鬼之途

世尊報言汝母不墮地獄餓鬼之途汝轉經功德造盂蘭盆善根汝母轉餓鬼之身
向王舍城中作黑狗身去汝欲得見阿孃者心行平等次弟乞食莫問貧富行
至大富長者門前有一黑狗出來扯汝袈裟銜著作人語即是汝阿孃也
目連[illegible]

BD00876號　大目犍連冥間救母變文

（8–7）

世尊報言汝母無不墮地獄餓鬼之途汝轉經功德造盂盆善根汝母轉餓鬼之身
向王舍城中作黑狗身去汝欲得見阿孃者心行平等從弟乞食莫問貧富行
至大富長者門前有一黑狗出來捉汝袈裟銜著作人語即是汝阿孃也
目連依勑遂即託鉢持盂尋覓阿孃不問貧富坊巷行於迊合總不見阿孃行
至一長者門前見一黑狗身從宅裏出來便捉目連袈裟咸著即作人語言
阿孃孝順子忽是能向地獄冥路之中救阿孃來因何不救狗身之苦目連啟言
慈母由兒不孝順殃及慈母墮落三途寧作狗身於此何作餓鬼之途阿孃嘆言孝
順兒受此狗身音啞報行住坐臥得存飢即於坑中食人不淨渴飲長流以濟虛
朝聞長者念三寶　夜聞娘子誦尊經寧作狗身受大地不淨耳中不聞地獄之名
目連引得阿孃往於王舍城中佛塔之前七日七夜轉誦大乘經典懺悔念戒阿孃承此功
德轉卻狗身退卻狗皮掛於樹上還得女人全身人狀圓滿　目連啟言阿孃人身
難得中國難生佛法難聞善心難發嘆言阿娘今得人身即須修福目連將母於
娑羅雙樹下遶佛三匝卻住一面白言世尊與弟子阿孃看業道已來從頭觀
占更有何罪世尊不棄目連之語從三業道觀看更無私之罪目連見母罪滅
心甚歡喜啟言阿孃歸去來閻浮世界不堪停生住死本來無住處西方佛國最
為精感得天龍來引其前無得天女來迎接一往迎前刀利天受快樂最初說
偈度俱輪當時此經時有八萬菩薩八萬僧八萬優婆塞八萬優婆姨作禮
圍遶歡喜信受奉行

大目犍連變文一卷

太平興國二年歲在丁丑潤六月五日顯德寺學仕郎楊願受一人思微
發願作福寫盡此目連變一卷後同釋迦牟尼佛壹會彌勒生作佛
為定　後有眾生同發信心寫目連變者同池願力莫墮三途

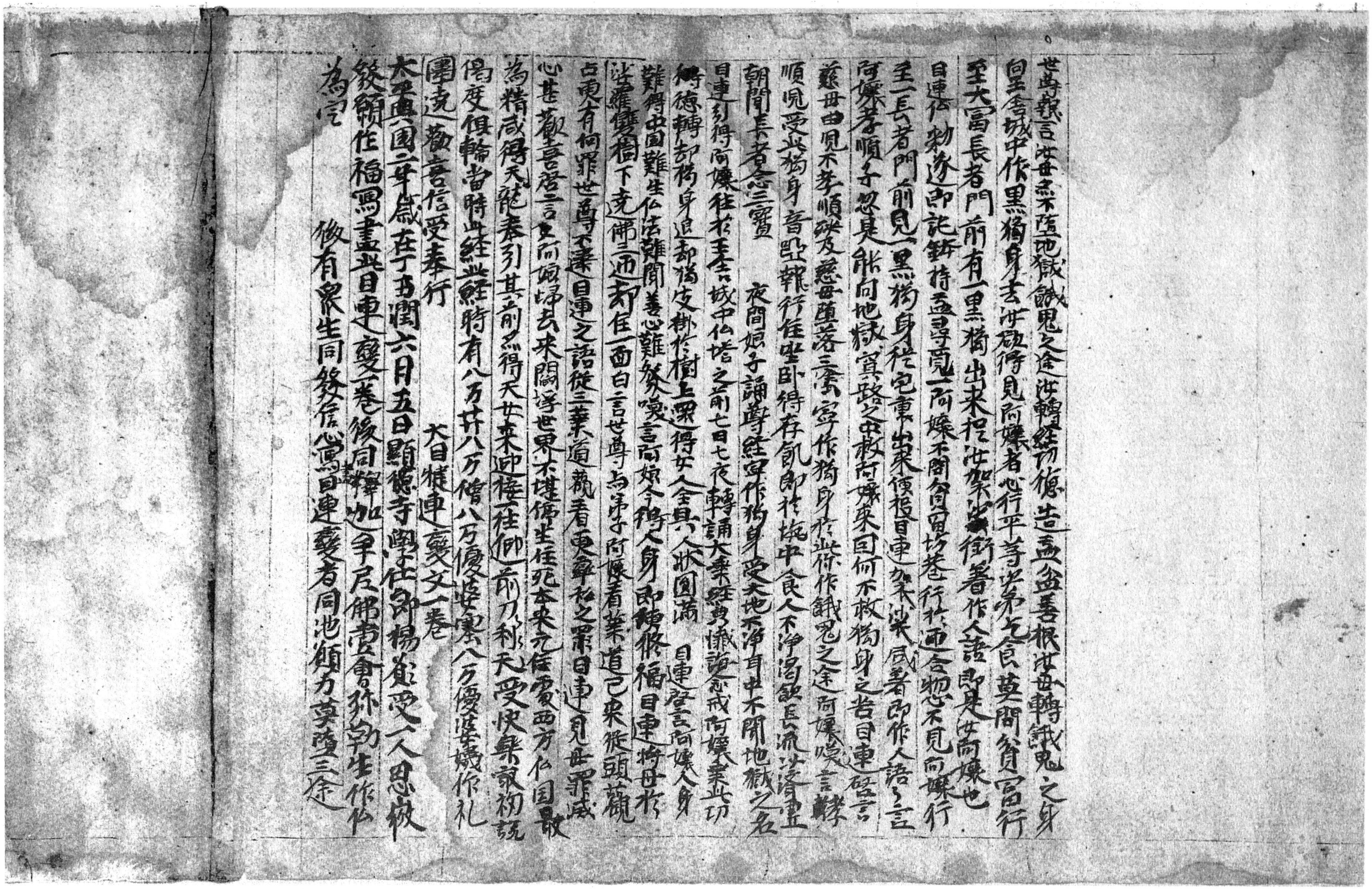

□經

□薄伽梵在舍衛國祇樹給孤獨園與大苾芻僧千二百五十人俱大菩薩摩訶薩

眾俱同會坐爾時世尊告曼殊室利童子曼殊上方有世界名無量功德聚彼土有佛號無量

智決定王如來阿羅訶三藐三菩提為眾生開示說法曼殊諦聽南閻浮提人皆短

壽大限百年於中夭枉橫死者眾曼殊如是無量壽如來功德名稱法要若有眾生得

聞名號若自書或使人書能為經卷受持讀誦若於舍宅所住之處以種種花鬘瓔珞

塗香末香而為供養其如命盡復得延年滿足百歲如是曼殊若有眾生得聞是無

量壽智決定王如來一百八名號者益其長壽若有眾生大命將盡憶念是如來名號更得

增壽如來曼殊若有善男子善女人欲求長壽於是無量壽如來一百八名號有得聞者

或自書若使人書受持讀誦得如是果報福德具足陀羅尼曰 南謨薄伽勃底阿波唎蜜

多二阿喻紇硯娜三須毗你悉指陀四囉佐耶五怛他羯他耶六怛姪他唵七薩婆桑悉迦囉八波唎輸底九達

磨底十伽伽娜十一薩婆訶莎持伽底十二薩婆婆毗輸底十三摩訶娜耶十四波唎婆唎莎訶十五

世尊復告曼殊室利如是如來一百八名號若自或使人書為經卷受持讀誦如壽命盡得

百年壽終此身後得往生無量壽福智世界無量壽淨土陀羅尼曰 南謨薄伽勃底阿波

唎蜜多二阿喻紇硯娜三須毗你悉指陀四囉佐耶五怛他羯他耶六怛姪他唵七薩婆桑悉迦囉八波唎輸

底九達磨底十伽伽娜十一莎訶莎持伽底十二薩婆婆毗輸底十三摩訶娜耶十四波唎婆唎莎訶十五

爾時有九十九俱胝佛一時同聲說是無量壽宗要經陀羅尼曰 南謨薄伽勃底阿波唎蜜

多二阿喻紇硯娜三須毗你悉指陀四囉佐耶五怛他羯他耶六怛姪他唵七薩婆桑悉迦囉八波唎輸底九

達磨底十伽伽娜十一莎訶莎持伽底十二薩婆婆毗輸底十三摩訶娜耶十四波唎婆唎莎訶十五

爾時復有一百四俱胝佛一時同聲說是無量壽宗要經陀羅尼曰 南謨薄伽勃底阿波唎

蜜多二阿喻紇硯娜三須毗你悉指陀羅佐耶五怛他羯他耶六怛姪他唵七薩婆桑悉迦囉八波唎

輸底九達磨底十伽伽娜十一莎訶莎持伽底十二薩婆婆毗輸底十三摩訶娜耶十四波唎婆唎莎訶十五

爾時復有七俱胝佛一時同聲說是無量壽宗要經陀羅尼曰 南謨薄伽勃底阿波唎

蜜多二阿喻紇硯娜三須毗你悉指陀羅佐耶怛他羯他耶怛姪他唵七薩婆桑悉迦囉八波唎輸底

BD00876號背1　無量壽宗要經

蜜多二阿喻紇硯那三須毗你悉指陀囉四佐耶五怛他羯他耶六怛姪他唵七薩婆桑悉迦囉八波唎
輸底九達磨底十伽伽那十一莎訶牟持伽底十二薩婆婆毗輸底十三摩訶娜耶十四波唎婆唎莎訶十五
尒時復有七億佛一時同聲說是無量壽宗要經陀羅尼曰　南謨薄伽勃底阿波唎
蜜多二阿喻紇硯那三須毗你悉指陀囉佐耶怛他羯他耶怛姪他唵七薩婆桑悉迦囉八波唎輸底
達磨底十伽伽那十一莎訶牟持伽底十二薩婆婆毗輸底十三摩訶娜耶十四波唎婆唎莎訶十五　尒時復有
六十五億佛一時同聲說是無量壽宗要經陀羅尼曰　南謨薄伽勃底阿波唎蜜多二阿
喻紇硯那三須毗你悉指陀囉四佐耶五怛他羯他耶六怛姪他唵七薩婆桑悉迦囉八波唎輸底達磨底伽伽那
莎訶牟持伽底十二薩婆婆毗輸底十三摩訶娜耶十四波唎婆唎莎訶十五　尒時復有五十五億佛時復
同聲說是無量壽宗要經陀羅尼曰　南謨薄伽勃底阿波唎蜜多二阿喻紇硯那三須毗你悉指
陀囉佐耶五怛他羯他耶六怛姪他唵七薩婆桑悉迦囉八波唎輸底九達磨底十伽伽那十一莎訶牟持伽底十二薩婆
婆毗輸底十三摩訶娜耶十四波唎婆唎莎訶十五　尒時復有四十五億佛一時同聲說是無量壽宗要經
陀羅尼曰　南謨薄伽勃底阿波唎蜜多二阿喻紇硯那三須毗你悉指陀囉四佐耶五怛他羯他
耶六怛姪他唵七薩婆桑悉迦囉八波唎輸底九達磨底十伽伽那十一莎訶牟持伽底十二薩婆婆毗輸底
摩訶娜耶十四波唎婆唎莎訶十五　尒時復有三十六億佛一時同聲說是無量壽宗要經陀羅
尼曰　南謨薄伽勃底阿波唎蜜多二阿喻紇硯那三須毗你悉指陀囉四佐耶五怛他羯他耶六怛姪他
薩婆桑悉迦囉八波唎輸底九達磨底十伽伽那十一莎訶牟持伽底十二薩婆婆毗輸底十三摩訶娜耶十四波唎婆
唎莎訶十五　尒時復有二十五億佛一時同聲說是無量壽宗要經陀羅尼曰　南謨薄伽勃底阿
波唎蜜多二阿喻紇硯那三須毗你悉指陀囉四佐耶五怛姪他唵七薩婆桑悉迦囉八波唎輸底九達磨底十伽伽那十一
莎訶牟持伽底十二薩婆婆毗輸底十三摩訶娜耶十四波唎婆唎莎訶十五　尒時復有恒河沙億佛一時同聲
說是無量壽宗要經陀羅尼曰　南謨薄伽勃底阿波唎蜜多二阿喻紇硯那三須毗你悉指陀囉佐耶五
怛他羯他耶六怛姪他唵七薩婆桑悉迦囉八波唎輸底九達磨底十伽伽那十一莎訶牟持伽底十二薩婆婆毗輸底十三摩
訶娜耶十四波唎婆唎莎訶十五　若男子善女人自書寫教人書寫是無量壽宗要經知其命盡復得長
壽而滿年陀尼曰　南謨薄伽勃底阿波唎蜜多二阿喻紇硯那三須毗你悉指陀囉四佐耶五怛他羯他耶
他唵七薩婆桑悉迦囉八波唎輸底九達磨底十伽伽那十一莎訶牟持伽底十二薩婆婆毗輸底十三摩訶娜耶十四波唎婆
唎莎訶十五　若有自書寫教人書寫是無量壽宗要經讀誦受持畢竟不墮地獄在在所生得宿
命智陀羅尼曰　南謨薄伽勃底阿波唎蜜多二阿喻紇硯那三須毗你悉指陀囉四佐耶五怛他羯他耶
怛姪他唵七薩婆桑悉迦囉八波唎輸底九達磨底十伽伽那十一莎訶牟持伽底十二薩婆婆毗輸底十三摩訶娜耶十四
波唎婆唎莎訶十五　若有自書寫教人書寫是無量壽宗要經受持讀誦如同書寫八萬四千一切經
典陀羅尼曰　南謨薄伽勃底阿波唎蜜多二阿喻紇硯那三須毗你悉指陀囉四佐耶五怛他羯他怛姪他唵
薩婆桑悉迦囉八波唎輸底九達磨底十伽伽那十一莎訶牟持伽底十二薩婆婆毗輸底十三摩訶娜耶十四波唎婆唎
十五

怛姪他唵七 薩婆桑悉迦羅八 波利輸底九 達磨底十 伽迦那十一 莎訶某持迦底十二 薩婆婆毗輸底十三 摩訶娜耶十四
波利婆嚟莎訶十五 若有自書寫教人書寫是無量壽宗要經受持讀誦如同書寫八万四千一切經
典陁羅尼曰 南謨薄伽勃底一 阿波利蜜多二 阿喻紇硯那三 須毗你悉指陁四 羅佐耶五 怛他羯他怛姪他唵
薩婆桑悉迦羅八 波利輸底九 達磨底十 伽迦那十一 莎訶某持迦底十二 薩婆婆毗輸底十三 摩訶娜耶十四 波利婆利
莎訶十五 若有自書寫教人書寫是無量壽宗要經即是書寫八万四千部建立塔廟陁羅尼曰
南謨薄伽勃底一 阿波利蜜多二 阿喻紇硯那三 須毗你悉指陁四 羅佐耶五 怛他羯他怛姪他唵七 薩婆桑悉
迦羅八 波利輸底九 達磨底十 伽迦那十一 莎訶某持迦底十二 薩婆婆毗輸底十三 摩訶娜耶十四 波利婆嚟莎訶十五
若有自書寫教人書寫是無量壽宗要經能消五無間等一切重罪陁羅尼曰 南謨薄伽勃底一 阿波
利蜜多二 阿喻紇硯那三 須毗你悉指陁四 羅佐耶五 怛他羯他耶六 怛姪他唵七 薩婆桑悉迦羅八 波利輸底九
達磨底十 伽迦那十一 莎訶某持迦底十二 薩婆婆毗輸底十三 摩訶娜耶十四 波利婆利莎訶十五
若自書寫教人書寫是無量壽宗要經受持讀誦 設有重罪猶如須弥盡能除滅陁羅尼曰
南謨薄伽勃底一 阿波利蜜多二 阿喻紇硯那三 須毗你悉指陁四 羅佐耶五 怛他羯他耶六 怛姪他唵七 薩婆桑悉迦
羅八 波利輸底九 達磨底十 伽迦那十一 莎訶某持迦底十二 薩婆婆毗輸底十三 摩訶娜耶十四 波利婆利莎訶十五
若有自書寫教人書寫是無量壽宗要經受持讀誦 若魔魔之眷屬夜叉刹羅不得其便終
無枉橫死陁羅尼曰 南謨薄伽勃底一 阿波利蜜多二 阿喻紇硯那三 須毗你悉指陁四 羅佐耶五 怛他羯
他耶六 怛姪他唵七 薩婆桑悉迦羅八 波利輸底九 達磨底十 伽迦那十一 莎訶某持迦底十二 薩婆婆毗輸底十三 摩訶
娜耶十四 波利婆嚟莎訶十五 若有自書寫教人書寫是無量壽宗經受持讀誦當命終時有九十九殑伽
現其人前來千佛授手能遊佛剎莫於此經生於疑惑陁羅尼曰 南謨薄伽勃底一 阿波利蜜
多二 阿喻紇硯那三 須毗你悉指陁四 羅佐耶五 怛他羯他耶六 怛姪他唵七 薩婆桑悉迦羅八 波利輸底九 達磨底十 伽迦那十一 莎
訶某持迦底十二 薩婆婆毗輸底十三 摩訶娜耶十四 波利婆嚟莎訶十五 若有自書寫教人書寫是無量壽
宗要經受持讀誦當得往生西方極樂世界阿弥陁淨土陁羅尼曰 南謨薄伽勃底一 阿波利蜜
多二 阿喻紇硯那三 須毗你悉指陁四 羅佐耶五 怛他羯他耶六 怛姪他唵七 薩婆桑悉迦羅八 波利輸底九 達磨底
伽迦那十一 莎訶某持迦底十二 薩婆婆毗輸底十三 摩訶娜耶十四 波利婆嚟莎訶十五 若有自書寫教人書
寫是無量壽宗要經典之處則為是塔皆應供敬作礼 若畜生或為鳥獸得聞是經如
是等類皆當不久得成一切種智陁羅尼曰 南謨薄伽勃底一 阿波利蜜多二 阿喻紇硯那三 須
毗你悉指陁四 羅佐耶五 怛他羯他耶六 怛姪他唵七 薩婆桑悉迦羅八 波利輸底九 達磨底十 伽迦那十一 莎訶某持迦
底十二 薩婆婆毗輸底十三 摩訶娜耶十四 波利婆利莎訶十五 若有於是無量壽經自書若使人書畢竟
不受女人之身陁羅尼曰 南謨薄伽勃底一 阿波利蜜多二 阿喻紇硯那三 須毗你悉指陁四 羅佐耶五 怛
他羯他耶六 怛姪他唵七 薩婆桑悉迦羅八 波利輸底九 達磨底十 伽迦那十一 莎訶某持迦底十二 薩婆婆毗輸底
摩訶娜耶十四 波利婆嚟莎訶十五 若有能於是經少分能惠施者等於三千大千世界滿中七寶布施

不受女人之身陀羅尼曰 南謨薄伽勃底 阿波唎蜜多 阿喻紇硯那 須毗你悉指陀 囉佐耶
怛他羯他耶五 怛姪他唵七 薩婆桑悉迦囉八 波唎輸底九 達磨底十 伽伽那十一 莎訶某持迦底十二 薩婆婆毗輸底
摩訶娜耶十四 波唎婆唎莎訶 十五 若有能於是經少分能惠施者等於三千大千世界滿中七寶布施
陀羅尼曰 南謨薄伽勃底 阿波唎蜜多二 阿喻紇硯那三 須毗你悉指陀四 囉佐耶五 怛他羯他耶 怛姪
他唵七 薩婆桑悉迦囉八 波唎輸底九 達磨底十 伽伽那十一 莎訶某持迦底十二 薩婆婆毗輸底十三 摩訶娜耶十四 波
唎婆唎莎訶 十五 若有能供養是經者供養一切諸經等无有別異陀羅尼曰 南謨薄伽勃底
阿波唎蜜多二 阿喻紇硯那三 須毗你悉指陀四 囉佐耶五 怛他羯他耶六 怛姪他唵七 薩婆桑悉迦囉八 波唎輸底
達磨底十 伽伽那十一 莎訶某持迦底十二 薩婆婆毗輸底十三 摩訶娜耶十四 波唎婆唎莎訶 十五
如是毗婆尸佛尸棄佛毗舍浮佛俱留孫佛俱含牟尼佛加葉佛釋迦牟尼佛 若有人以七寶供養
如是七佛其福有限書寫受持是无量壽經典所有功德不可限量陀羅尼曰 南謨薄伽勃底
阿波唎蜜多二 阿喻紇硯那三 須毗你悉指陀四 囉佐耶五 怛他羯他耶六 怛姪他唵七 薩婆桑悉迦囉八 波唎輸底九 達磨
底十 伽伽那十一 莎訶某持迦底十二 薩婆婆毗輸底十三 摩訶娜耶十四 波唎婆唎莎訶 十五 若有七寶等於須彌山
布施其福上能知其限量是无量壽經典其福不可知數陀羅尼曰 南謨薄伽勃底 阿波唎蜜多
阿波唎喻紇硯那三 須毗你悉指陀四 囉佐耶五 怛姪他唵七 薩婆桑悉迦囉八 波唎輸底九 達磨底十 伽伽那十一 莎
訶某持迦底十二 薩婆婆毗輸底十三 摩訶娜耶十四 波唎婆唎莎訶 十五 如是四大海水可知滴數是无量壽
經典所生果報不可數量陀羅尼曰 南謨薄伽勃底 阿波唎蜜多二 阿喻紇硯那三 須毗你悉指陀四
羅佐耶五 怛他羯他六 怛姪他唵七 薩婆桑悉迦羅八 波唎輸底九 達磨底十 伽伽那十一 莎訶某持迦底十二 薩婆婆毗輸底
摩訶娜耶十四 波唎婆唎莎訶 十五 若有自書寫使人書寫是无量壽宗要經典又能讀持供養即如
來敬供養一切十方佛土如來无有別異陀羅尼曰 南謨薄伽勃底一 阿波唎蜜多二 阿喻紇硯那三 須
毗你悉指陀四 羅佐耶五 怛他羯他耶六 怛姪他唵七 薩婆桑悉迦羅八 波唎輸底九 達磨底十 伽伽那十一 莎訶某持
迦底十二 薩婆婆毗輸底十三 摩訶娜耶十四 波唎婆唎莎訶 十五

布施力能成正覺　悟布施力人師子　布施力能聲普聞　慈悲階漸最能入
持戒力能成正覺　悟持戒力人師子　持戒力能聲普聞　慈悲階漸最能入
忍辱力能成正覺　悟忍辱力人師子　忍辱力能聲普聞　慈悲階漸最能入
精進力能成正覺　悟精進力人師子　精進力能聲普聞　慈悲階漸最能入
禪定力能成正覺　悟禪定力人師子　禪定力能聲普聞　慈悲階漸最能入
智慧力能成正覺　悟智慧力人師子　智慧力能聲普聞　慈悲階漸最能入

尒時如來說是經已一切世間天人阿脩羅乾闥婆等聞佛所說皆大歡喜信受奉行

爾時同聲說是无量壽宗要經陀羅尼曰 南謨薄伽勃底一 阿波唎蜜多二 阿喻紇硯那三 須毗你悉指
陀四 囉佐耶五 怛他羯他耶六 怛姪他唵七 薩婆桑悉迦囉八 波唎輸底九 達磨底十 伽伽娜十一 莎訶某
持迦底十二 薩婆婆毗輸底十三 摩訶娜耶十四 波唎婆唎莎訶十五 [illegible]

時同聲說是无量壽宗要經陁羅尼曰 南謨薄伽勃底一 阿波唎蜜唎二 阿喻紇硯娜三 須毗你悉指
陁四 囉佐耶五 怛他羯他耶六 怛姪他唵七 薩婆桑悉迦囉八 波唎輸底九 達磨底十 伽迦娜十一 莎訶其
持迦底十二 薩婆婆毗輸底十三 摩訶娜耶十四 波唎婆唎莎訶十五 尒時復有三十六姟佛一時同聲
說是无量壽宗要經陁羅尼曰 南謨薄伽勃底一 阿波唎蜜唎二 阿喻紇硯娜三 須毗你悉指
悉指陁四 囉佐耶五 怛他羯他耶六 怛姪他唵七 薩婆桑悉迦囉八 鉢唎輸底九 達磨底十 伽迦
娜十一 莎訶其持迦底十二 薩婆婆毗輸底十三 摩訶娜耶十四 波唎婆唎莎訶十五 尒時復有二十五
姟佛一時同聲說是无量壽宗要經陁羅尼曰 南謨薄伽勃底一 阿波唎蜜唎二 阿喻紇硯
娜三 須毗你悉指陁四 囉佐耶五 怛他羯他耶六 怛姪他唵七 薩婆桑悉迦囉八 鉢唎輸底九 達
磨底十 伽迦娜十一 莎訶其持迦底十二 薩婆婆毗輸底十三 摩訶娜耶十四 波唎婆唎莎訶十五
尒時復有恒河沙姟佛一時同聲說是无量壽宗要經陁羅尼曰 南謨薄伽勃底一 阿波唎蜜唎
阿喻紇硯娜三 須毗你悉指陁四 囉佐耶五 怛他羯他耶六 怛姪他唵七 薩婆桑悉迦囉八 鉢唎
輸底九 達磨底十 伽迦娜十一 莎訶其持迦底十二 薩婆婆毗輸底十三 摩訶娜耶十四 波唎婆唎
莎訶十五 善男子若有自書寫教人書寫是无量壽宗要經如其命盡復得長壽而滿
年 陁羅尼曰 南謨薄伽勃底一 阿波唎蜜唎二 阿喻紇硯娜三 須毗你悉指陁四 囉佐耶五 怛他
羯他耶六 怛姪他唵七 薩婆桑悉迦囉八 波唎輸底九 達磨底十 伽迦娜十一 莎訶其持迦底十二 薩
婆婆毗輸底十三 摩訶娜耶十四 波唎婆唎莎訶十五 若有自書寫教人書寫是无量壽宗要經讀誦
受持畢竟不墮地獄在在所生得宿命智陁羅尼曰 南謨薄伽勃底一 阿波唎蜜唎二 阿喻紇硯娜
須毗你悉指陁四 囉佐耶五 怛他羯他耶六 怛姪他唵七 薩婆桑悉迦囉八 波唎輸底九 達磨底十
伽迦娜十一 莎訶其持迦底十二 薩婆婆毗輸底十三 摩訶娜耶十四 波唎婆唎莎訶十五 若有自書寫
教人書寫是无量壽宗要經受持讀誦如同書寫八万四千一切經典陁羅尼曰 南謨薄伽勃底
阿波唎蜜唎二 阿喻紇硯娜三 須毗你悉指陁四 囉佐耶五 怛他羯他耶六 怛姪他唵七 薩婆桑悉迦囉八 波唎
輸底九 達磨底十 伽迦娜十一 莎訶其持迦底十二 薩婆婆毗輸底十三 摩訶娜耶十四 波唎婆唎莎訶十五
若有自書寫教人書寫是无量壽宗要經即是書寫八万四千部建立塔廟陁羅尼曰 南謨薄伽勃
底一 阿波唎蜜唎二 阿喻紇硯娜三 須毗你悉指陁四 囉佐耶五 怛他羯他耶六 怛姪他唵七 薩婆桑
悉迦囉八 鉢唎輸底九 達磨底十 伽迦娜十一 莎訶其持迦底十二 薩婆婆毗輸底十三 摩訶娜耶
波唎婆唎莎訶十五 若有自書寫教人書寫是无量壽宗要經能消五无間等一切重罪
陁羅尼曰 南謨薄伽勃底一 阿波唎蜜唎二 阿喻紇硯娜三 須毗你悉指陁四 囉佐耶五 怛
他羯他耶六 怛姪他唵七 薩婆桑悉迦囉八 鉢唎輸底九 達磨底十 伽迦娜十一 莎訶其持迦底
薩婆婆毗輸底十三 摩訶娜耶十四 波唎婆唎莎訶十五 若有自書寫教人書寫是无
量壽宗要經受持讀誦設有重罪猶如須彌盡能除滅陁羅尼曰 南謨薄伽勃底一 阿波唎蜜哆
阿喻紇硯娜三 須毗你悉指陁四 囉佐耶五 怛他羯他耶六 怛姪他唵七 薩婆桑悉迦囉八 鉢唎

薩婆毗輸底十三 摩訶娜耶十四 波唎婆唎莎訶十五 若有自書寫教人書寫是无
量壽宗要經受持讀誦設有重罪猶如須弥盡能除滅陁羅尼曰 南謨薄伽勃底一 阿波唎蜜哆
阿喻紇硯娜三 須毗你悉指陁四 囉佐耶五 怛他羯他耶六 怛姪他唵七 薩婆桒悉迦囉八 鉢唎
輸底九 達磨底十 伽迦娜十一 莎訶某持迦底十二 薩婆毗輸底十三 摩訶娜耶十四 波唎婆唎莎訶
若有自書寫教人書寫是无量壽宗要經受持讀誦若魔之眷屬夜叉羅刹不得其便
終天枉死陁羅尼曰 南謨薄伽勃底一 阿波唎蜜哆二 阿喻紇硯娜三 須毗你悉指陁四 囉佐耶
怛他羯他耶六 怛姪他唵七 薩婆桒悉迦囉八 波唎輸底九 達磨底十 伽迦娜十一 莎訶某持迦底十二
薩婆毗輸底十三 摩訶娜耶十四 波唎婆唎莎訶十五 若有自有書寫教人書寫是无量壽
宗要經受持讀誦當命終時有九十九姟佛現其人前并千佛授手能遊一切佛刹莫於此經生疑
惑陁羅尼曰 南謨薄伽勃底一 阿波唎蜜哆二 阿喻紇硯娜三 須毗你悉指陁四 囉佐耶五 怛他羯他
耶六 怛姪他唵七 薩婆桒悉迦囉八 鉢唎輸底九 達磨底十 伽迦娜十一 莎訶某持迦底十二 薩婆
毗輸底十三 摩訶娜耶十四 波唎婆唎莎訶十五 若有自書寫教人書寫是无量壽宗要經受
持讀誦常得四天大王隨其衛護陁羅尼曰 南謨薄伽勃底一 阿波唎蜜哆二 阿喻紇硯娜三 須
毗你悉指陁四 囉佐耶五 怛他羯他耶六 怛姪他唵七 薩婆桒悉迦囉八 鉢唎輸底九 達磨底十 伽
迦娜十一 莎訶某持迦底十二 薩婆毗輸底十三 摩訶娜耶十四 波唎婆唎莎訶十五 若有自書
寫教人書寫是无量壽宗要經受持讀誦當得往生西方極樂世界阿弥陁淨土陁羅尼曰 南謨薄伽
勃底一 阿波唎蜜哆二 阿喻紇硯娜三 須毗你悉指陁四 囉佐耶五 怛他羯他耶六 怛姪他唵七 薩婆
桒悉迦囉八 波唎輸底九 達磨底十 伽迦娜十一 莎訶某持迦底十二 薩婆毗輸底十三 摩訶娜耶
波唎婆唎莎訶十五 若有方所自書寫使人書寫是无量壽經典之處則為是塔皆應恭敬作禮若
是畜生或為鳥獸得聞是經如是等類皆當不久得成一切種智陁羅尼曰 南謨薄伽勃底一 阿波
唎蜜哆二 阿喻紇硯娜三 須毗你悉指陁四 囉佐耶五 怛他羯他耶六 怛姪他唵七 薩婆桒悉迦囉八
鉢唎輸底九 達磨底十 伽迦娜十一 莎訶某持迦底十二 薩婆毗輸底十三 摩訶娜耶十四 波唎婆唎
莎訶十五 若有於是无量壽經自書寫若使人書畢竟不受女人之身陁羅尼曰 南謨薄伽
勃底一 阿波唎蜜哆二 阿喻紇硯娜三 須毗你悉指陁四 囉佐耶五 怛他羯他耶六 怛姪他唵七 薩
婆桒悉迦囉八 鉢唎輸底九 達磨底十 伽迦娜十一 莎訶某持迦底十二 薩婆毗輸底十三 摩訶娜
耶十四 波唎婆唎莎訶十五 若有能於是經少分能惠施者等於三千大千世界滿中七寶布施陁羅
尼曰 南謨薄伽勃底一 阿波唎蜜哆二 阿喻紇硯娜三 須毗你悉指陁四 囉佐耶五 怛他羯他耶六 怛姪他
唵七 薩婆桒悉迦囉八 波唎輸底九 達磨底十 伽迦娜十一 莎訶某持迦底十二 薩婆毗輸底十三 摩
訶娜耶十四 波唎婆唎莎訶十五 若有能供養是經者則是供養一切諸經等无有異陁羅尼曰
南謨薄伽勃底一 阿波唎蜜哆二 阿喻紇硯娜三 須毗你悉指陁四 囉佐耶五 怛他羯他耶六 怛姪
他唵七 薩婆桒悉迦囉八 波唎輸底九 達磨底十 伽迦娜十一 莎訶某持迦底十二 薩婆毗

唵七薩婆桒迭迦囉八波唎輸底九達磨底十伽迦娜十一莎訶其持迦底十二薩婆毗輸底十三摩
訶娜取十四波唎婆唎莎訶十五　若有能供養是經者則是供養一切諸經等无有異陁羅尼曰
南謨薄伽勃底一阿波唎蜜哆二阿喻紇硯娜三須毗你迭指陁四囉佐取五怛他羯他取六怛侄
他唵七薩婆桒迭迦囉八波唎輸底九達磨底十伽迦娜十一莎訶其持迦底十二薩婆毗
輸底十三摩訶娜取十四波唎波唎莎訶十五　如是毗婆尸佛　尸弃佛　俱留孫佛　俱那含牟尼
佛　加葉佛　釋迦牟尼佛　若有人以七寶供養如是七佛其福有限書寫受持是无量壽
經典所有功德不可限量陁羅尼曰　南謨薄伽勃底一阿波唎蜜哆二阿喻紇硯娜三須毗你迭指陁四
囉佐取五怛他羯他取六怛侄他唵七薩婆桒迭迦囉八波唎輸底九達磨底十伽迦娜十一莎訶其持
迦底十二薩婆毗輸底十三摩訶娜取十四波唎婆唎莎訶十五　若有七寶善於須弥以用布施其福
能知其限量是无量壽經典其福不可知數陁羅尼曰　南謨薄伽勃底一阿波唎蜜哆二阿喻紇硯
娜三須毗你迭指陁四囉佐取五怛他羯他取六怛侄他唵七薩婆桒迭迦囉八鉢唎輸底九達磨底
伽迦娜十一莎訶其持迦底十二薩婆毗輸底十三摩訶娜取十四波唎婆唎莎訶十五　如是四
大海水可知渧數是无量壽經典所生果報不可數量陁羅尼曰　南謨薄伽勃底一阿波唎蜜
哆二阿喻紇硯娜三須毗你迭指陁四囉佐取五怛他羯他取六怛侄他唵七薩婆桒迭迦囉八波唎輸底
達磨底十伽迦娜十一莎訶其持迦底十二薩婆毗輸底十三摩訶娜取十四波唎婆唎莎訶十五
若有自書寫使人書寫是无量壽經典又能讃持供養即如恭敬供養一切十方佛土如來无有
列異陁羅尼曰　南謨薄伽勃底一阿波唎蜜哆二阿喻紇硯娜三須毗你迭指陁四囉佐取五怛
他羯他取六怛侄他唵七薩婆桒迭迦囉八波唎輸底九達磨底十伽迦娜十一莎訶其持迦底
薩婆毗輸底十三摩訶娜取十四波唎婆唎莎訶十五

布施力能成正覺　悟布施力人師子　布施力能聲普聞　慈悲階漸最能入
持戒力能成正覺　悟持戒力人師子　持戒力能聲普聞　慈悲階漸最能入
忍辱力能成正覺　悟忍辱力人師子　忍辱力能聲普聞　慈悲階漸最能入
精進力能成正覺　悟精進力人師子　精進力能聲普聞　慈悲階漸最能入
禪定力能成正覺　悟禪定力人師子　禪定力能聲普聞　慈悲階漸最能入
智慧力能成正覺　悟智慧力人師子　智慧力能聲普聞　慈悲階漸最能入

尒時如來說是經已一切世間天人阿脩羅揵闥等婆聞佛所說皆大歡喜
信受奉行

佛說无量壽宗要經

田廣談

佛說无量壽宗要經

四[illegible]

尒時復有[illegible]十九俱胝佛一時同聲說是无量壽宗要經陁羅尼曰　南謨薄伽勃底一阿波唎蜜多二
阿喻紇硯娜三須毗你悉指陁四囉佐耶五怛他羯他耶六怛姪他唵七薩婆桑悉迦囉八波唎輸底九達
磨底十伽伽那十一娑謨特伽底十二莎婆婆毗秫底十三摩訶娜耶十四波唎婆唎莎訶十五

尒時復有二百四俱胝佛一時同聲說是无量壽宗要經陁羅尼曰　南謨薄伽勃底一阿波唎蜜多二
阿喻紇硯娜三須毗你悉指陁四囉佐耶五怛他羯他耶六怛姪他唵七薩婆桑悉迦囉八波唎輸底九達
磨底十伽伽那十一娑謨特伽底十二莎婆婆毗秫底十三摩訶娜耶十四波唎婆唎莎訶十五

尒時復七俱胝佛等一時同聲說是无量壽宗要經陁羅尼曰　南謨薄伽勃底一阿波
唎蜜多二阿喻紇硯娜三須毗你悉指陁四囉佐耶五怛他羯他耶六怛姪他唵七薩婆桑悉迦囉八波唎輸底九
達磨底十伽伽那十一娑謨特伽底十二莎婆婆毗秫底十三摩訶娜耶十四波唎婆唎莎訶十五

尒時復有六十五俱胝佛一時同聲說是无量壽宗要經陁羅尼曰　南謨薄伽勃底一阿波
唎蜜多二阿喻紇硯娜三須毗你悉指陁四囉佐耶五怛他羯他耶六怛姪他唵七薩婆桑悉迦囉八波唎輸
底九達磨底十伽伽那十一娑謨特伽底十二莎婆婆毗秫底十三摩訶娜耶十四波唎婆唎莎訶十五

尒時復有五十五俱胝佛一時同聲說是无量壽宗要經陁羅尼曰　南謨薄伽勃底一阿波唎
蜜多二阿喻紇硯娜三須毗你悉指陁四囉佐耶五怛他羯他耶六怛姪他唵七薩婆桑悉迦囉八波唎輸
底九達磨底十伽伽那十一娑謨特伽底十二莎婆婆毗秫底十三摩訶娜耶十四波唎婆唎莎訶十五

尒時復有四十五俱胝佛一時同聲說是无量壽宗要經陁羅尼曰　南謨薄伽勃底一阿波唎蜜多二
阿喻紇硯娜三須毗你悉指陁四囉佐耶五怛他羯他耶六怛姪他唵七薩婆桑悉迦囉八波唎輸底九達磨
底十伽伽那十一娑謨特伽底十二莎婆婆毗秫底十三摩訶娜耶十四波唎婆唎莎訶十五

尒時復有三十五俱胝佛一時同聲說是无量壽宗要經陁羅尼曰　南謨薄伽勃底一阿波唎蜜
多二阿喻紇硯娜三須毗你悉指陁四囉佐耶五怛他羯他耶六怛姪他唵七薩婆桑悉迦囉八波唎輸底九達
磨底十伽伽那十一娑謨特伽底十二莎婆婆毗秫底十三摩訶娜耶十四波唎婆唎莎訶十五

尒時復有二十五俱胝佛一時同聲說是无量壽宗要經陁羅尼曰　南謨薄伽勃底一阿波
唎蜜多二阿喻紇硯娜三須毗你悉指陁四囉佐耶五怛他羯他耶六怛姪他唵七薩婆桑悉迦囉八波唎
輸底九達磨底十伽伽那十一娑謨特伽底十二莎婆婆毗秫底十三摩訶娜耶十四波唎婆唎莎訶十五

尒時復恒河沙俱胝佛一時同聲說是无量壽宗要經陁羅尼曰　南謨薄伽勃底一阿
波唎蜜多二阿喻紇硯娜三須毗你悉指陁四囉佐耶五怛他羯他耶六怛姪他唵七薩婆桑悉迦囉八波唎

尒時復有二十五殑伽佛一時同聲說是无量宗要經陁羅尼曰　南謨薄伽勃底阿波
唎蜜多二阿喻紇硯娜三須毗你尸栺多四囉佐耶五怛他羯他耶六怛姪他唵七薩婆桑悉迦囉八波唎
輸底九達磨底十伽迦娜十一莎訶其特伽底十二薩婆婆毗輸底十三摩訶娜耶十四波唎婆嚟莎訶十五
尒時復恒河沙殑伽佛一時同聲說是无量壽宗要經陁羅尼曰　南謨薄伽勃底阿
波唎蜜多二阿喻紇硯娜三須毗你尸栺多四囉佐耶五怛他羯他耶六怛姪他唵七薩婆桑悉迦囉八波唎
輸底九達磨底十伽迦娜十一莎訶其特伽底十二薩婆婆毗輸底十三摩訶娜耶十四波唎婆嚟莎訶十五
善男子若有自書寫教人書寫是无量壽宗要經如其命盡復得長壽所滿年陁羅尼曰
南謨薄伽勃底阿波唎蜜多二阿喻紇硯娜三須毗你尸栺多四囉佐耶五怛他羯他耶六怛姪他唵七薩婆桑
悉迦囉八波唎輸底九達磨底十伽迦娜十一莎訶其特伽底十二薩婆婆毗輸底十三摩訶娜耶十四波唎婆嚟
莎訶十五　若有自書寫教人書寫是无量壽宗要經讀誦受持畢竟不復地獄在在所生得宿
命智陁羅尼曰　南謨薄伽勃底阿波唎蜜多二阿喻紇硯娜三須毗你尸栺多四囉佐耶五怛他羯
他耶六怛姪他唵七薩婆桑悉迦囉八波唎輸底九達磨底十伽迦娜十一莎訶其特伽底十二薩婆婆
毗輸底十三摩訶娜耶十四波唎婆嚟莎訶十五　若有自書寫教人書寫是无量壽宗要經受持讀
誦如同書寫八万四千一切經典陁羅尼曰　南謨薄伽勃底阿波唎蜜多二阿喻紇硯娜三須
毗你尸栺多四囉佐耶五怛他羯他耶六怛姪他唵七薩婆桑悉迦囉八波唎輸底九達磨底十伽
迦娜三須毗你尸栺多十二薩婆婆毗輸底十三摩訶娜耶十四波唎婆嚟莎訶十五
若有自書寫教人書寫是无量壽宗要經受持讀誦即是書寫八万四千部建立塔廟陁羅尼曰
南謨薄伽勃底阿波唎蜜多二阿喻紇硯娜三須毗你尸栺多四囉佐耶五怛他羯他耶六怛姪他唵七薩
婆桑悉迦囉八波唎輸底九達磨底十伽迦娜十一莎訶其特伽底十二薩婆婆毗輸底十三摩訶娜耶十四
波唎婆嚟莎訶十五　若有自書寫教人書寫是无量壽宗要經能清五无間等一切重罪陁羅尼曰
南謨薄伽勃底阿波唎蜜多二阿喻紇硯娜三須毗你尸栺多四囉佐耶五怛他羯他耶六怛姪他唵七薩婆
桑悉迦囉八波唎輸底九達磨底十伽迦娜十一莎訶其特伽底十二薩婆婆毗輸底十三摩訶娜耶十四
若有自書寫教人書寫是无量壽宗要經受持讀誦設有重罪猶如須彌盡能除滅陁羅尼曰
南謨薄伽勃底二阿波唎蜜多須毗你尸栺多四囉佐耶五怛他羯他耶六怛姪他唵七薩婆桑悉迦囉八波唎
輸底九達磨底十伽迦娜十一莎訶其特伽底十二薩婆婆毗輸底十三摩訶娜耶十四波唎婆嚟莎訶十五
若有自書寫教人書寫是无量壽宗要經受持讀誦若魔魔之屬眷夜叉羅剎不得其便終无枉死陁羅尼曰
南謨薄伽勃底二阿波唎蜜多三阿喻紇硯娜三須毗你尸栺多四囉佐耶五怛他羯他耶六怛姪他唵七
薩婆桑悉迦囉八波唎輸底九達磨底十伽迦娜十一莎訶其特伽底十二薩婆婆毗輸底十三摩訶娜耶十四
波唎婆嚟莎訶十五　若有自書寫教人書寫是无量壽宗要經受持讀誦當命終時有九十九殑伽佛現其人
前來千佛授手能遊一切佛剎莫於此經生疑惑陁羅尼曰　南謨薄伽勃底阿波唎蜜多二阿喻
紇硯娜三須毗你尸栺多四囉佐耶五怛他羯他耶六怛姪他唵七薩婆桑悉迦囉八波唎輸底九達磨底
伽迦娜三須毗你尸栺多四囉佐耶五怛他羯他耶六怛姪他唵七薩婆桑悉迦囉八波唎輸底九達磨底

薩婆桑悉迦囉八波唎輸底九達磨底十伽迦娜十一莎訶其持迦底十二薩婆婆毗輸底十三摩訶娜耶十四

波唎婆囉莎訶十五　若有自書寫教人書寫是無量壽宗要經受持讀誦當命終時有九十九俱胝佛現其人

前來千佛授手能遊一切佛剎莫於此經生疑惑陀羅尼曰　南謨薄伽勃底一阿波唎蜜多二阿喻

紇硯娜三須毗你尸指多四囉佐耶五怛他羯他耶六怛姪他唵七薩婆桑悉迦囉八波唎輸底九達磨底十

伽迦娜三須毗你尸指多四囉佐耶五怛他羯他耶六怛姪他唵七薩婆桑悉迦囉八

伽迦娜十一莎訶其持迦底十二薩婆婆毗輸底十三摩訶娜耶十四波唎婆囉莎訶十五

若有自書寫教人書寫是無量壽宗要經受持讀誦常得四天大王隨衛護陀羅尼曰

南謨薄伽勃底一阿波唎蜜多二阿喻紇硯娜三須毗你尸指多四囉佐耶五怛他羯他耶六怛姪他唵七薩婆

桑悉迦囉八波唎輸底九達磨底十伽迦娜十一莎訶其持迦底十二薩婆婆毗輸底十三摩訶娜耶十四波唎婆

囉莎訶十五　若有自書寫教人書寫是無量壽宗要經受持讀誦當得往生西方極樂世界阿彌陀淨土

陀羅尼曰　南謨薄伽勃底一阿波唎蜜多二阿喻紇硯娜三須毗你尸指多四囉佐耶五怛他羯他耶六

怛姪他唵七薩婆桑悉迦囉八波唎輸底九達磨底十伽迦娜十一莎訶其持迦底十二薩婆婆毗輸底十三

摩訶娜耶十四波唎婆囉莎訶十五　若有於方所自書寫教人書寫是無量壽宗要經典之處則為是

塔皆應恭敬作禮若是畜生或為鳥獸得聞是經如是等類皆當不久得成一切種智陀羅尼曰

南謨薄伽勃底一阿波唎蜜多二阿喻紇硯娜三須毗你尸指多四囉佐耶五怛他羯他耶六怛姪他唵七薩婆

桑悉迦囉八波唎輸底九達磨底十伽迦娜十一莎訶其持迦底十二薩婆婆毗輸底十三摩訶娜耶十四波唎婆

囉莎訶十五　若有於是無量壽經自書寫教人書畢竟不受女人之身陀羅尼曰

南謨薄伽勃底一阿波唎蜜多二阿喻紇硯娜三須毗你尸指多四囉佐耶五怛他羯他耶六怛姪他唵七薩

婆桑悉迦囉八波唎輸底九達磨底十伽迦娜十一莎訶其持迦底十二薩婆婆毗輸底十三摩訶娜耶十四

波唎婆囉莎訶十五　若有能於是經少分能惠施者等於三千大千世界滿中七寶布施陀羅尼曰

南謨薄伽勃底一阿波唎蜜多二阿喻紇硯娜三須毗你尸指多四囉佐耶五怛他羯他耶六怛姪他唵七薩

婆桑悉迦囉八波唎輸底九達磨底十伽迦娜十一莎訶其持迦底十二薩婆婆毗輸底十三摩訶娜耶

波唎婆囉莎訶十五　若有能供養是經者則是供養一切諸經等無有異陀羅尼曰

南謨薄伽勃底一阿波唎蜜多二阿喻紇硯娜三須毗你尸指多四囉佐耶五怛他羯他耶六怛姪他唵七薩

婆桑悉迦囉八波唎輸底九達磨底十伽迦娜十一莎訶其持迦底十二薩婆婆毗輸底十三摩訶娜耶

波唎婆囉莎訶十五　如是毗婆尸佛　尸棄佛　毗舍浮佛　俱留孫佛　俱那含牟尼佛　迦葉佛

釋迦牟尼佛　若有人以七寶供養如是七佛其福有限書寫受持是無量壽經典所生功德不可數量

陀羅尼曰　南謨薄伽勃底一阿波唎蜜多二阿喻紇硯娜三須毗你尸指多四囉佐耶五怛他羯他耶六

怛姪他唵七薩婆桑悉迦囉八波唎輸底九達磨底十伽迦娜十一莎訶其持迦底十二薩婆婆毗輸底十三摩訶娜耶十四

波唎婆囉莎訶十五

若有七寶等於須彌山用布施其福上能知其限量是無量壽經典不可知數陀羅尼曰

波唎婆嚩莎訶十五　如是毗婆尸佛　尸棄佛　毗舍浮佛　俱留孫佛　俱那含牟尼佛　迦葉佛

釋迦牟尼佛　若有人以七寶供養如是七佛其福有限書寫受持是无量壽經典所生功德不可數量

陁羅尼曰　南謨薄伽勃底一阿波唎蜜多二阿喻紇硯那三須毗你室指多四囉佐耶五怛他羯他耶六

怛姪他唵七薩婆桑悉迦羅八波唎輸底九達磨底十伽迦那十一莎訶其持迦底十二薩婆娑毗輸底十三摩訶娜耶十四

波唎婆嚩莎訶十五

若有七寶等於須弥山用布施其福上能知其限量是无量壽經典不可知數陁羅尼曰

南謨薄伽勃底一阿波唎蜜多二阿喻紇硯那三須毗你室指多四囉佐耶五怛他羯他耶六怛姪他唵七薩婆桑悉迦羅八波唎輸底九達磨底十伽迦那十一莎訶其持迦底十二薩婆娑毗輸底十三摩訶娜耶十四波唎婆嚩莎訶十五

如是四大海水可知滴數是无量壽經典所生果報不可數量陁羅尼曰

南謨薄伽勃底一阿波唎蜜多二阿喻紇硯那三須毗你室指多四囉佐耶五怛他羯他耶六怛姪他唵七薩婆桑悉迦羅八波唎輸底九達磨底十伽迦那十一莎訶其持迦底十二薩婆娑毗輸底十三摩訶娜耶十四波唎婆嚩莎訶十五

若有自書使人書寫是无量壽經典又能護持供養即是恭敬供養一切十方佛土如來无有別異陁羅尼曰

南謨薄伽勃底一阿波唎蜜多二阿喻紇硯那三須毗你室指多四囉佐耶五怛他羯他耶六怛姪他唵七薩婆桑悉迦羅八波唎輸底九達磨底十伽迦那十一莎訶其持迦底十二薩婆娑毗輸底十三摩訶娜耶十四波唎婆嚩莎訶十五

布施力能成正覺　悟布施力人師子　布施力能聲普聞　慈悲階漸最能入
持戒力能成正覺　悟持戒力人師子　持戒力能聲普聞　慈悲階漸最能入
忍辱力能成正覺　悟忍辱力人師子　忍辱力能聲普聞　慈悲階漸最能入
精進力能成正覺　悟精進力人師子　精進力能聲普聞　慈悲階漸最能入
禪定力能成正覺　悟禪定力人師子　禪定力能聲普聞　慈悲階漸最能入
智慧力能成正覺　悟智慧力人師子　智慧力能聲普聞　慈悲階漸最能入

今時如來說是經已一切世間天人阿脩羅揵闥婆等聞佛所說皆大歡喜信受奉行

佛說无量壽宗要經

提言甚多世尊何
是故如来説福德多若復有人於此經中受
持乃至四句偈等爲他人説其福勝彼何以
故須菩提一切諸佛及諸佛阿耨多羅三藐
三菩提法皆從此經出須菩提所謂佛法者
即非佛法
須菩提於意云何須陁洹能作是念我得須
陁洹果不須菩提言不也世尊何以故須陁
洹名爲入流而无所入不入色聲香味觸法
是名須陁洹須菩提於意云何斯陁含能作
是念我得斯陁含果不須菩提言不也世尊
何以故斯陁含名一往来而實无往来是名
斯陁含須菩提於意云何阿那含能作是念
我得阿那含果不須菩提言不也世尊何以
故阿那含名爲不来而實无来是故名阿那
含須菩提於意云何阿羅漢能作是念我得
阿羅漢道不須菩提言不也世尊何以故實
无有法名阿羅漢世尊若阿羅漢作是念我
得阿羅漢道即爲著我人衆生壽者世尊佛

含須菩提於意云何阿羅漢能作是念我得
阿羅漢道不須菩提言不也世尊何以故實
无有法名阿羅漢世尊若阿羅漢作是念我
得阿羅漢道即爲著我人衆生壽者世尊佛
説我得无諍三昧人中最爲第一是第一離
欲阿羅漢我不作是念我是離欲阿羅漢世
尊我若作是念我得阿羅漢道世尊則不説
須菩提是樂阿蘭那行者以須菩提實无所
行而名須菩提是樂阿蘭那行
佛告須菩提於意云何如来昔在然燈佛所
於法有所得不世尊如来在然燈佛所於法
實无所得須菩提於意云何菩薩莊嚴佛土
不不也世尊何以故莊嚴佛土者則非莊嚴
是名莊嚴是故須菩提諸菩薩摩訶薩應如
是生清淨心不應住色生心不應住聲香味
觸法生心應无所住而生其心須菩提譬如
有人身如須弥山王於意云何是身爲大不
須菩提言甚大世尊何以故佛説非身是名
大身
須菩提如恒河中所有沙數如是沙等恒河
於意云何是諸恒河沙寧爲多不須菩提言
甚多世尊但諸恒河尚多无數何況其沙須
菩提我今實言告汝若有善男子善女人以
七寶滿尒所恒河沙數三千大千世界以用
布施得福多不須菩提言甚多世尊佛告須
菩提若善男子善女人於此經中乃至受持
四句偈等爲他人説而此福德勝前福德

七寶滿尒所恒河沙數三千大千世界以用
布施得福多不須菩提言甚多世尊佛告須
菩提若善男子善女人於此經中乃至受持
四句偈等為他人說而此福德勝前福德復
次須菩提隨說是經乃至四句偈等當知此
處一切世間天人阿脩羅皆應供養如佛塔
廟何況有人盡能受持讀誦須菩提當知是
人成就最上第一希有之法若是經典所在
之處則為有佛若尊重弟子
尒時須菩提白佛言世尊當何名此經我等
云何奉持佛告須菩提是經名為金剛般若
波羅蜜以是名字汝當奉持所以者何須菩
提佛說般若波羅蜜則非般若波羅蜜須菩
提於意云何如來有所說法不須菩提白佛
言世尊如來无所說須菩提於意云何三千
大千世界所有微塵是為多不須菩提言甚
多世尊須菩提諸微塵如來說非微塵是名
微塵如來說世界非世界是名世界須菩提
於意云何可以卅二相見如來不不也世尊
何以故如來說卅二相即是非相是名卅二
相須菩提若有善男子善女人以恒河沙等
身命布施若復有人於此經中乃至受持四
句偈等為他人說其福甚多
尒時須菩提聞說是經深解義趣涕淚悲泣
而白佛言希有世尊佛說如是甚深經典我
從昔來所得慧眼未曾得聞如是之經世尊

而白佛言希有世尊佛說如是甚深經典我
從昔來所得慧眼未曾得聞如是之經世尊
若復有人得聞是經信心清淨則生實相當
知是人成就第一希有功德世尊是實相者
則是非相是故如來說名實相世尊我今得
聞如是經典信解受持不足為難若當來世
後五百歲其有眾生得聞是經信解受持是
人則為第一希有何以故此人无我相人相
眾生相壽者相所以者何我相即是非相人
相眾生相壽者相即是非相何以故離一切
諸相則名諸佛佛告須菩提如是如是若復
有人得聞是經不驚不怖不畏當知是人甚
為希有何以故須菩提如來說第一波羅蜜
非第一波羅蜜是名第一波羅蜜
須菩提忍辱波羅蜜如來說非忍辱波羅蜜
何以故須菩提如我昔為歌利王割截身體
我於尒時无我相无人相无眾生相无壽者
相何以故我於往昔節節支解時若有我相
人相眾生相壽者相應生瞋恨須菩提又念
過去於五百世作忍辱仙人於尒所世无我
相无人相无眾生相无壽者相是故須菩提
菩薩應離一切相發阿耨多羅三藐三菩提
心不應住色生心不應住聲香味觸法生心
應生无所住心若心有住則為非住是故佛
說菩薩心不應住色布施須菩提菩薩為利
益一切眾生應如是布施如來說一切諸相

說菩薩心不應住色布施須菩提菩薩為利
益一切衆生應如是布施如來說一切諸相
即是非相又說一切衆生則非衆生須菩提
如來是真語者實語者如語者不誑語者不
異語者須菩提如來所得法此法无實无虛
須菩提若菩薩心住於法而行布施如人入
闇則无所見若菩薩心不住法而行布施如
人有目日光明照見種種色須菩提當來之
世若有善男子善女人能於此經受持讀誦
則為如來以佛智慧悉知是人悉見是人皆
得成就无量无邊功德
須菩提若有善男子善女人初日分以恒河
沙等身布施中日分復以恒河沙等身布施
後日分亦以恒河沙等身布施如是无量百
千万億劫以身布施若復有人聞此經典信
心不逆其福勝彼何況書寫受持讀誦為人
解說須菩提以要言之是經有不可思議不
可稱量无邊功德如來為發大乘者說為發
㝡上乘者說若有人能受持讀誦廣為人說
如來悉知是人悉見是人皆成就不可量不
可稱无有邊不可思議功德如是人等則為
荷擔如來阿耨多羅三藐三菩提何以故須
菩提若樂小法者著我見人見衆生見壽者
見則於此經不能聽受讀誦為人解說須菩
提在在處處若有此經一切世間天人阿脩
羅所應供養當知此處則為是塔皆應恭敬
作礼圍繞以諸華香而散其處

BD00877 號　金剛般若波羅蜜經　（12–5）

提在在處處若有此經一切世間天人阿脩
羅所應供養當知此處則為是塔皆應恭敬
作礼圍繞以諸華香而散其處
復次須菩提善男子善女人受持讀誦此經
若為人輕賤是人先世罪業應墮惡道以今
世人輕賤故先世罪業則為消滅當得阿耨
多羅三藐三菩提須菩提我念過去无量阿
僧祇劫於然燈佛前得值八百四千万億那
由他諸佛悉皆供養承事无空過者若復有
人於後末世能受持讀誦此經所得功德於
我所供養諸佛功德百分不及一千万億分
乃至筭數譬喻所不能及須菩提若善男子
善女人於後末世有受持讀誦此經所得功
德我若具說者或有人聞心則狂亂狐疑不
信須菩提當知是經義不可思議果報亦不
可思議
尒時須菩提白佛言世尊善男子善女人發
阿耨多羅三藐三菩提心云何應住云何降
伏其心佛告須菩提善男子善女人發阿耨
多羅三藐三菩提者當生如是心我應滅度
一切衆生滅度一切衆生已而无有一衆生
實滅度者何以故若菩薩有我相人相衆生
相壽者相則非菩薩所以者何須菩提實无
有法發阿耨多羅三藐三菩提者須菩提於
意云何如來於然燈佛所有法得阿耨多羅
三藐三菩提不不也世尊如我解佛所說義
佛於然燈佛所无有法得阿耨多羅三藐三

BD00877 號　金剛般若波羅蜜經　（12–6）

有法發阿耨多羅三藐三菩提者須菩提於
意云何如來於然燈佛所有法得阿耨多羅
三藐三菩提不不也世尊如我解佛所說義
佛於然燈佛所无有法得阿耨多羅三藐三
菩提佛言如是如是須菩提實无有法如來
得阿耨多羅三藐三菩提須菩提若有法如
來得阿耨多羅三藐三菩提者然燈佛則不
與我受記汝於來世當得作佛号釋迦牟尼
以實无有法得阿耨多羅三藐三菩提是故
然燈佛與我受記作是言汝於來世當得作
佛号釋迦牟尼何以故如來者即諸法如義
若有人言如來得阿耨多羅三藐三菩提須
菩提實无有法佛得阿耨多羅三藐三菩提
須菩提如來所得阿耨多羅三藐三菩提於
是中无實无虛是故如來說一切法皆是佛
法須菩提所言一切法者即非一切法是故
名一切法須菩提譬如人身長大須菩提言
世尊如來說人身長大則為非大身是名大
身須菩提菩薩亦如是若作是言我當滅度
无量衆生則不名菩薩何以故須菩提實无
有法名為菩薩是故佛說一切法无我无人
无衆生无壽者須菩提若菩薩作是言我當
莊嚴佛土是不名菩薩何以故如來說莊嚴
佛土者即非莊嚴是名莊嚴須菩提 若菩薩
通達无我法者如來說名真是菩薩
須菩提於意云何如來有肉眼不如是世尊

佛土者即非莊嚴是名莊嚴須菩提 若菩薩
通達无我法者如來說名真是菩薩
須菩提於意云何如來有肉眼不如是世尊
如來有肉眼須菩提於意云何如來有天眼
不如是世尊如來有天眼須菩提於意云何
如來有慧眼不如是世尊如來有慧眼須菩
提於意云何如來有法眼不如是世尊如來
有法眼須菩提於意云何如來有佛眼不如
是世尊如來有佛眼須菩提於意云何恒河
中所有沙佛說是沙不如是世尊如來說是
沙須菩提於意云何如一恒河中所有沙有
如是等恒河是諸恒河所有沙數佛世界如
是寧為多不甚多世尊佛告須菩提尒所國
土中所有衆生若干種心如來悉知何以故
如來說諸心皆為非心是名為心所以者何
須菩提過去心不可得現在心不可得未來
心不可得須菩提於意云何若有人滿三千
大千世界七寶以用布施是人以是因緣得
福多不如是世尊此人以是因緣得福甚多
須菩提若福德有實如來不說得福德多以
福德无故如來說得福德多
須菩提於意云何佛可以具足色身見不不
也世尊如來不應以具足色身見何以故如
來說具足色身即非具足色身是名具足色
身須菩提於意云何如來可以具足諸相見
不不也世尊如來不應以具足諸相見何以

身須菩提於意云何如来可以具足諸相見
不不也世尊如来不應以具足諸相見何以
故如来説諸相具足即非具足是名諸相見
足須菩提汝勿謂如来作是念我當有所説
法莫作是念何以故若人言如来有所説法
即為謗佛不能解我所説故須菩提説法者
无法可説是名説法須菩提白佛言世尊佛
得阿耨多羅三藐三菩提為无所得耶如是
如是須菩提我於阿耨多羅三藐三菩提乃
至无有少法可得是名阿耨多羅三藐三菩
提復次須菩提是法平等无有高下是名阿
耨多羅三藐三菩提以无我无人无衆生无
壽者脩一切善法則得阿耨多羅三藐三菩
提須菩提所言善法者如来説非善法是名
善法須菩提若三千大千世界中所有諸須
弥山王如是等七寶聚有人持用布施若人
以此般若波羅蜜經乃至四句偈等受持為
他人説於前福德百分不及一百千万億分
乃至筭數譬喻所不能及
須菩提於意云何汝等勿謂如来作是念我
當度衆生須菩提莫作是念何以故實无有
衆生如来度者若有衆生如来度者如来則
有我人衆生壽者須菩提如来説有我者則
非有我而凡夫之人以為有我須菩提凡夫
者如来説則非凡夫須菩提於意云何可以
卅二相觀如来不須菩提言如是如是以卅
二相觀如来佛言須菩提若以卅二相觀如

BD00877號　金剛般若波羅蜜經　（12–9）

非有我而凡夫之人以為有我須菩提凡夫
者如来説則非凡夫須菩提於意云何可以
卅二相觀如来不須菩提言如是如是以卅
二相觀如来佛言須菩提若以卅二相觀如
来者轉輪聖王則是如来須菩提白佛言世
尊如我解佛所説義不應以卅二相觀如来
尒時世尊而説偈言
若以色見我　以音聲求我　是人行邪道　不能見如来
須菩提汝若作是念如来不以具足相故得
阿耨多羅三藐三菩提須菩提莫作是念如
来不以具足相故得阿耨多羅三藐三菩提
須菩提汝若作是念發阿耨多羅三藐三菩
提者説諸法斷滅相莫作是念何以故發阿
耨多羅三藐三菩提者於法不説斷滅相須
菩提若菩薩以滿恒河沙等世界七寶布施
若復有人知一切法无我得成於忍此菩薩
勝前菩薩所得功德須菩提以諸菩薩不受
福德故須菩提白佛言世尊云何菩薩不受
福德須菩提菩薩所作福德不應貪著是故
説不受福德須菩提若有人言如来若来若
去若坐若卧是人不解我所説義何以故如
来者无所從来亦无所去故名如来
須菩提若善男子善女人以三千大千世界
碎為微塵於意云何是微塵衆寧為多不甚
多世尊何以故若是微塵衆實有者佛則不
説是微塵衆所以者何佛説微塵衆則非微

BD00877號　金剛般若波羅蜜經　（12–10）

須菩提若善男子善女人以三千大千世界
碎為微塵於意云何是微塵衆寧為多不甚
多世尊何以故若是微塵衆實有者佛則不
說是微塵衆所以者何佛說微塵衆則非微
塵衆是名微塵衆世尊如來所說三千大千
世界則非世界是名世界何以故若世界實
有者則是一合相如來說一合相則非一合
相是名一合相須菩提一合相者則是不可
說但凡夫之人貪著其事須菩提若人言佛
說我見人見衆生見壽者見須菩提於意云
何是人解我所說義不世尊是人不解如來
所說義何以故世尊說我見人見衆生見壽
者見即非我見人見衆生見壽者見是名我
見人見衆生見壽者見須菩提發阿耨多羅
三藐三菩提心者於一切法應如是知如是
見如是信解不生法相須菩提所言法相者
如來說即非法相是名法相須菩提若有人
以滿无量阿僧祇世界七寶持用布施若有
善男子善女人發菩薩心者持於此經乃至
四句偈等受持讀誦為人演說其福勝彼云
何為人演說不取於相如如不動何以故
一切有為法　如夢幻泡影　如露亦如電　應作如是觀
佛說是經已長老須菩提及諸比丘比丘尼
優婆塞優婆夷一切世間天人阿脩羅聞佛
所說皆大歡喜信受奉行

金剛般若波羅蜜經

BD00877號　金剛般若波羅蜜經　（12–11）

說我見人見衆生見壽者見須菩提於意云
何是人解我所說義不世尊是人不解如來
所說義何以故世尊說我見人見衆生見壽
者見即非我見人見衆生見壽者見是名我
見人見衆生見壽者見須菩提發阿耨多羅
三藐三菩提心者於一切法應如是知如是
見如是信解不生法相須菩提所言法相者
如來說即非法相是名法相須菩提若有人
以滿无量阿僧祇世界七寶持用布施若有
善男子善女人發菩薩心者持於此經乃至
四句偈等受持讀誦為人演說其福勝彼云
何為人演說不取於相如如不動何以故
一切有為法　如夢幻泡影　如露亦如電　應作如是觀
佛說是經已長老須菩提及諸比丘比丘尼
優婆塞優婆夷一切世間天人阿脩羅聞佛
所說皆大歡喜信受奉行

金剛般若波羅蜜經

BD00877號　金剛般若波羅蜜經　（12–12）

尊須菩提菩薩无住相布施福德亦復如
是不可思量須菩提菩薩但應如所教住須
菩提於意云何可以身相見如來不不也世
尊不可以身相得見如來何以[illegible]說
身相即非身相佛告須[illegible]相皆
是虛妄若見諸相非相則見如來
須菩提白佛言世尊頗有眾生得聞如是言
說章句生實信不佛告須菩提莫作是說如
來滅後後五百歲有持戒脩福者於此章句
能生信心以此為實當知人不於一佛二佛三
四五佛而種善根已於无量千万佛所種諸善
根聞是章句乃至一念生淨信者須菩提如
來悉知悉見是諸眾生得如是无量福德
何以故是諸眾生无復我相人相眾生相壽
者相无法相亦无非法相何以故是諸眾生
若心取相則為著我人眾生壽者若取法
[illegible]

BD00878號　金剛般若波羅蜜經　（9–1）

何以故是諸眾生无復我相人相眾生相壽
者相无法相亦无非法相何以故是諸眾生
若心取相則為著我人眾生壽者若取法
相即著我人眾生壽者何以故若取非法相
即著我人眾生壽者是故不應取法不應取
非法以是義故如來常說汝等比丘知我說
法如筏喻者法尚應捨何況非法
須菩提於意云何如來得阿耨多羅三藐三
菩提耶如來有所說法耶須菩提言如我解
佛所說義无有定法名阿耨多羅三藐三菩
提亦无有定法如來可說何以故如來所說
法皆不可取不可說非法非非法所以者何一切
賢聖皆以无為法而有差別
須菩提於意云何若人滿三千大千世界七寶
以用布施是人所得福德寧為多不須菩提
言甚多世尊何以故是福德即非福德性
是故如來說福德多若復有人於此經中受
持乃至四句偈等為他人說其福勝彼何以
故須菩提一切諸佛及諸佛阿耨多羅三藐
三菩提法皆從此經出須菩提所謂佛法者
即非佛法
須菩提於意云何須陀洹能作是念我得須
陀洹果不須菩提言不也世尊何以故須陀
洹名為入流而无所入不入色聲香味觸法是
名須陀洹須菩提於意云何斯陀含能作是

BD00878號　金剛般若波羅蜜經　（9–2）

陁洹果不須菩提言不也世尊何以故須陁
洹名為入流而无所入不入色聲香味觸法是
名須陁洹須菩提於意云何斯陁含能作是
念我得斯陁含果不須菩提言不也世尊何
以故斯陁含名一往来而實无往来是名斯
陁含須菩提於意云何阿那含能作是念
我得阿那含果不須菩提言不也世尊何以
故阿那含名為不来而實无来是故名阿那
含須菩提於意云何阿羅漢能作是念我得
阿羅漢道不須菩提言不也世尊何以故實
无有法名阿羅漢世尊若阿羅漢作是念我
得阿羅漢道即為著我人衆生壽者世尊
佛說我得无諍三昧人中最為第一是第一離
欲阿羅漢我不作是念我是離欲阿羅漢世
尊我若作是念我得阿羅漢道世尊則不說
須菩提是樂阿蘭那行者以須菩提實无所
行而名須菩提是樂阿蘭那行
佛告須菩提於意云何如来昔在然燈佛所
於法有所得不世尊如来在然燈佛所於法
實无所得須菩提於意云何菩薩莊嚴佛土
不不也世尊何以故莊嚴佛土者則非莊嚴
是名莊嚴是故須菩提諸菩薩摩訶薩應如
是生清淨心不應住色生心不應住聲香味
觸法生心應无所住而生其心須菩提譬如有人

BD00878號　金剛般若波羅蜜經　（9–3）

是名莊嚴是故須菩提諸菩薩摩訶薩應如
是生清淨心不應住色生心不應住聲香味
觸法生心應无所住而生其心須菩提譬如有人
身如須弥山王於意云何是身為大不須菩
提言甚大世尊何以故佛說非身是名大身
須菩提如恒河中所有沙數如是沙等恒河
於意云何是諸恒河沙寧為多不須菩提言
甚多世尊但諸恒河尚多无數何況其沙須
菩提我今實言告汝若有善男子善女人
以七寶滿尒所恒河沙數三千大千世界以用
布施得福多不須菩提言甚多世尊佛告須
菩提若善男子善女人於此經中乃至受持
四句偈等為他人說而此福德勝前福德復
次須菩提隨說是經乃至四句偈等當知此
處一切世間天人阿脩羅皆應供養如佛塔
廟何況有人盡能受持讀誦須菩提當知是
人成就最上第一希有之法若是經典所在
之處則為有佛若尊重弟子
尒時須菩提白佛言世尊當何名此經我等
云何奉持佛告須菩提是經名為金剛般若
波羅蜜以是名字汝當奉持所以者何須菩提
佛說般若波羅蜜則非般若波羅蜜須菩
提於意云何如来有所說法不須菩提白佛
言世尊如来无所說須菩提於意云何三千
大千世界所有微塵是為多不須菩提言甚

BD00878號　金剛般若波羅蜜經　（9–4）

佛說般若波羅蜜則非般若波羅蜜須菩
提於意云何如來有所說法不須菩提白佛
言世尊如來无所說須菩提於意云何三千
大千世界所有微塵是為多不須菩提言甚
多世尊須菩提諸微塵如來說非微塵是
名微塵如來說世界非世界是名世界須菩提
於意云何可以卅二相見如來不不也世尊不可
以卅二相得見如來何以故如來說卅二相即是
非相是名卅二相須菩提若有善男子善女人
以恒河沙等身命布施若復有人於此經中
乃至受持四句偈等為他人說其福甚多
尒時須菩提聞說是經深解義趣涕淚悲泣
而白佛言希有世尊佛說如是甚深經典我
從昔來所得慧眼未曾得聞如是之經世尊
若復有人得聞是經信心清淨則生實相當
知是人成就第一希有功德世尊是實相者
則是非相是故如來說名實相世尊我今得
聞如是經典信解受持不足為難若當來世
後五百歲其有眾生得聞是經信解受持是
人則為第一希有何以故此人无我相人相眾生
相壽者相所以者何我相即是非相人相眾
生相壽者相即是非相何以故離一切諸相
則名諸佛
佛告須菩提如是如是若復有人得聞是經
不驚不怖不畏當知是人甚為希有何以故

BD00878 號　金剛般若波羅蜜經　（9–5）

生相壽者相即是非相何以故離一切諸相
則名諸佛
佛告須菩提如是如是若復有人得聞是經
不驚不怖不畏當知是人甚為希有何以故
須菩提如來說第一波羅蜜非第一波羅蜜
是名第一波羅蜜須菩提忍辱波羅蜜如來
說非忍辱波羅蜜何以故須菩提如我昔為
歌利王割截身體我於尒時无我相无人相
无眾生相无壽者相何以故我於往昔節節
支解時若有我相人相眾生相壽者相應
生瞋恨須菩提又念過去於五百世作忍辱
仙人於尒所世无我相无人相无眾生相无壽
者相是故須菩提菩薩應離一切相發阿耨
多羅三藐三菩提心不應住色生心不應住
聲香味觸法生心應生无所住心若心有住則為
非住是故佛說菩薩心不應住色布施須菩
提菩薩為利益一切眾生應如是布施如
來說一切諸相即是非相又說一切眾生則
非眾生須菩提如來是真語者實語者如
語者不誑語者不異語者須菩提如來所得
法此法无實无虛須菩提若菩薩心住於法
而行布施如人入闇則无所見若菩薩心不住
法而行布施如人有目日光明照見種種色
須菩提當來之世若有善男子善女人能
於此經受持讀誦則為如來以佛智慧悉知

BD00878 號　金剛般若波羅蜜經　（9–6）

而行布施如人入闇則无所見若菩薩心不住
法而行布施如人有目日光明照見種種色
須菩提當來之世若有善男子善女人能
於此經受持讀誦則為如來以佛智慧悉知
是人悉見是人皆得成就无量无邊功德
須菩提若有善男子善女人初日分以恒河沙
等身命布施中日分復以恒河沙等身布
施後日分亦以恒河沙等身布施如是无量
百千万億劫以身布施若復有人聞此經典
信心不逆其福勝彼何況書寫受持讀誦
為人解說須菩提以要言之是經有不可思議
不可稱量无邊功德如來為發大乘者說為
發最上乘者說若有人能受持讀誦廣為
人說如來悉知是人悉見是人皆成就不可
量不可稱无有邊不可思議功德如是人等
則為荷擔如來阿耨多羅三藐三菩提何以
故須菩提若樂小法者著我見人見眾生見
壽者見則於此經不能聽受讀誦為人解說
須菩提在在處處若有此經一切世間天人阿
脩羅所應供養當知此處則為是塔皆應
恭敬作礼圍遶以諸華香而散其處
復次須菩提善男子善女人受持讀誦此經
若為人輕賤是人先世罪業應墮惡道以今
世人輕賤故先世罪業則為消滅當得阿耨
多羅三藐三菩提須菩提我念過去无量阿

BD00878 號　金剛般若波羅蜜經　（9–7）

若為人輕賤是人先世罪業應墮惡道以今
世人輕賤故先世罪業則為消滅當得阿耨
多羅三藐三菩提須菩提我念過去无量阿
僧祇劫於然燈佛前得值八百四千万億那
由他諸佛悉皆供養承事无空過者若復有
人於後末世能受持讀誦此經所得功德於
我所供養諸佛功德百分不及一千万億分乃
至算數譬喻所不及能須菩提若善男子
善女人於後末世有受持讀誦此經所得功
德我若具說者或有人聞心則狂亂狐疑不
信須菩提當知是經義不可思議果報亦不
可思議
尒時須菩提白佛言世尊善男子善女人發
阿耨多羅三藐三菩提心云何應住云何降
伏其心佛告須菩提善男子善女人發阿耨
多羅三藐三菩提者當生如是心我應滅度
一切眾生滅度一切眾生已而无有一眾生
實滅度者何以故若菩薩有我相人相眾生
相壽者相則非菩薩所以者何須菩提實无
有法發阿耨多羅三藐三菩提者
須菩提於意云何如來於然燈佛所有法得
阿耨多羅三藐三菩提不不也世尊如我解
佛所說義佛於然燈佛所无有法得阿耨多
羅三藐三菩提佛言如是如是須菩提實无
有法如來得阿耨多羅三藐三菩提須菩提

BD00878 號　金剛般若波羅蜜經　（9–8）

伏其心佛告須菩提善男子善女人發阿耨
多羅三藐三菩提者當生如是心我應滅度
一切衆生滅度一切衆生已而无有一衆生
實滅度者何以故若菩薩有我相人相衆生
相壽者相則非菩薩所以者何須菩提實无
有法發阿耨多羅三藐三菩提者
須菩提於意云何如来於然燈佛所有法得
阿耨多羅三藐三菩提不不也世尊如我解
佛所說義佛於然燈佛所无有法得阿耨多
羅三藐三菩提佛言如是如是須菩提實无
有法如来得阿耨多羅三藐三菩提須菩提
若有法如来得阿耨多羅三藐三菩提者然
燈佛則不與我受記汝於来世當得作佛号釋

BD00878 號　金剛般若波羅蜜經　（9–9）

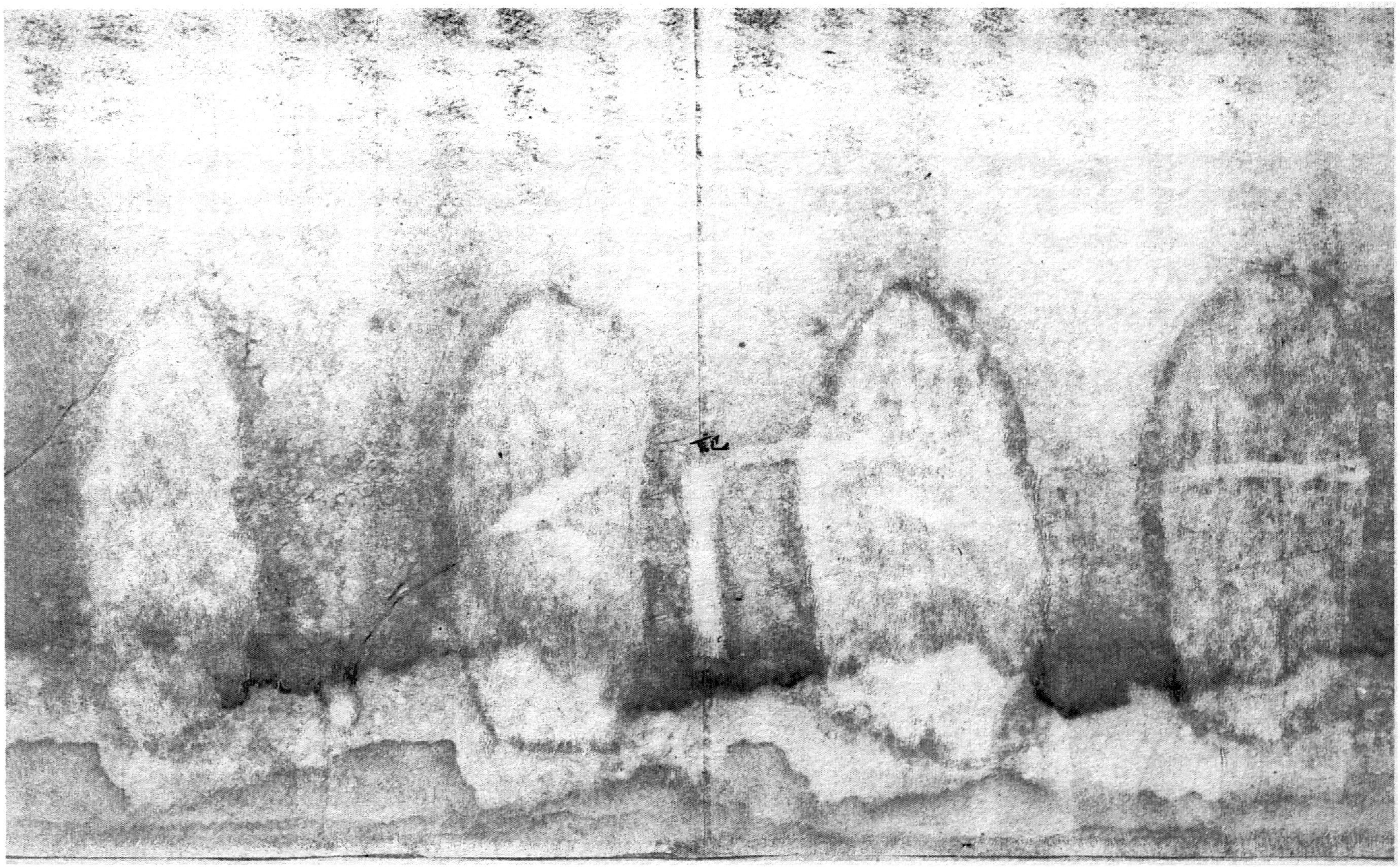

BD00878 號背　勘記　（4–1）

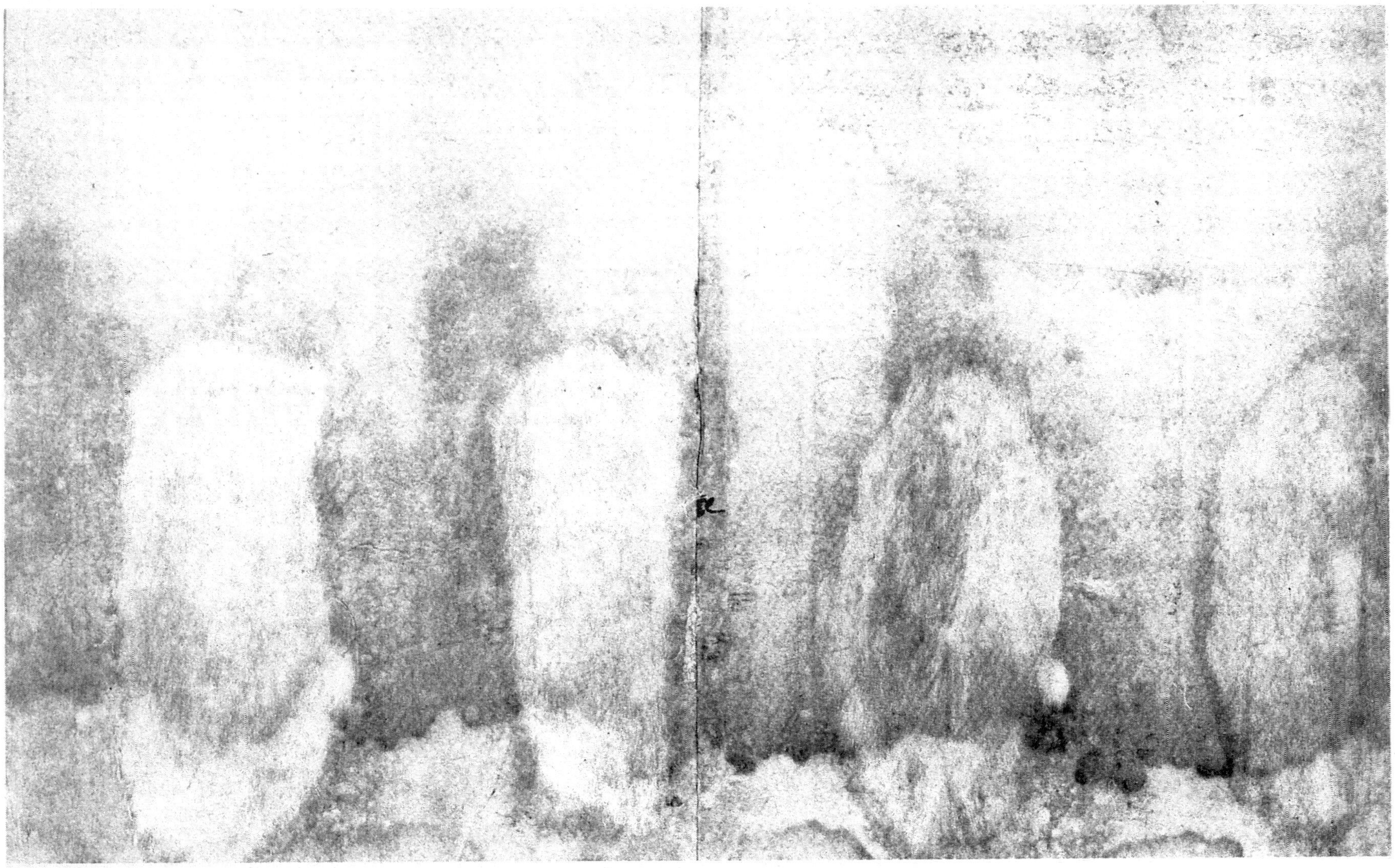

BD00878 號背　勘記　（4–2）

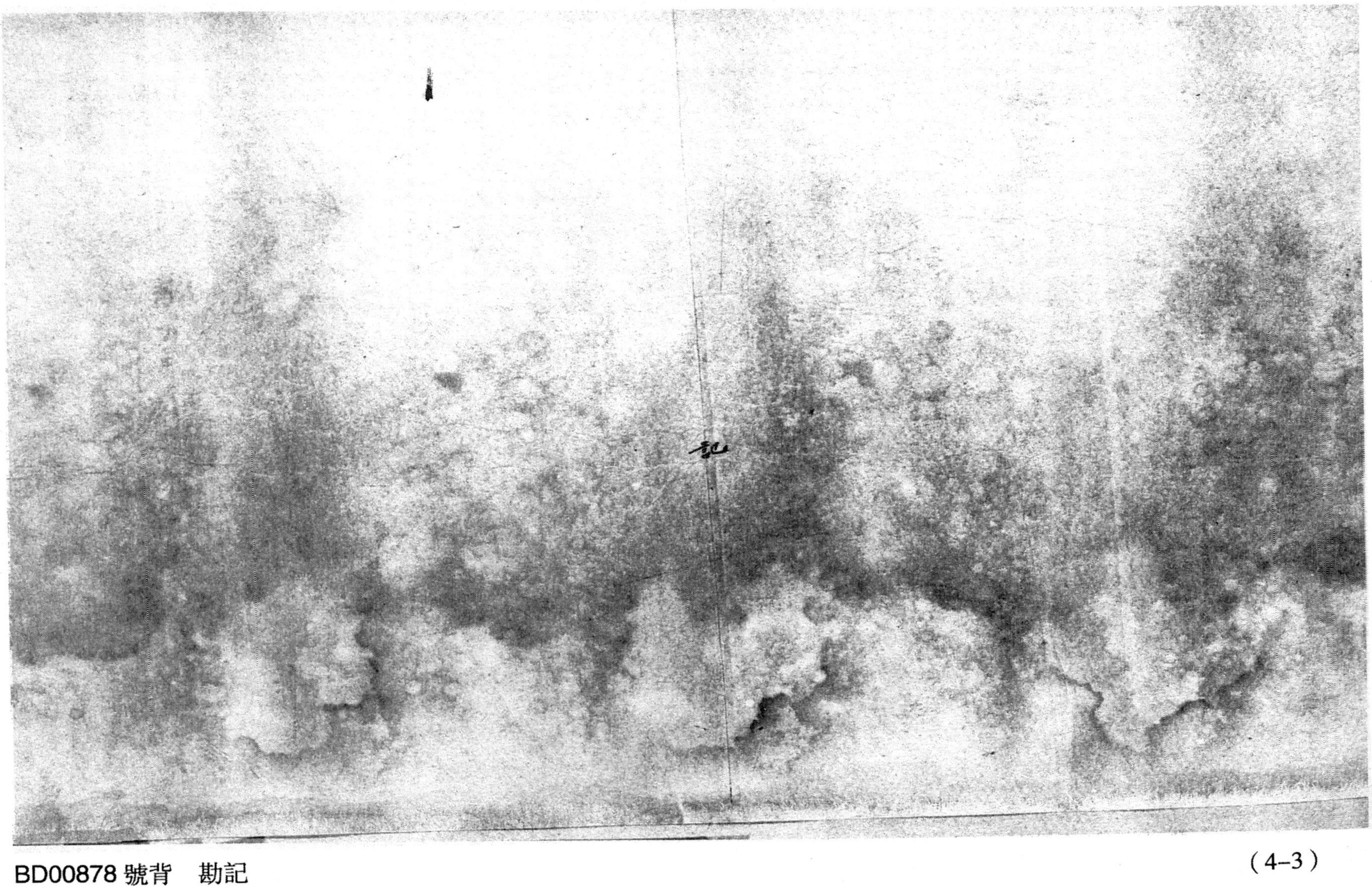

BD00878 號背　勘記　（4–3）

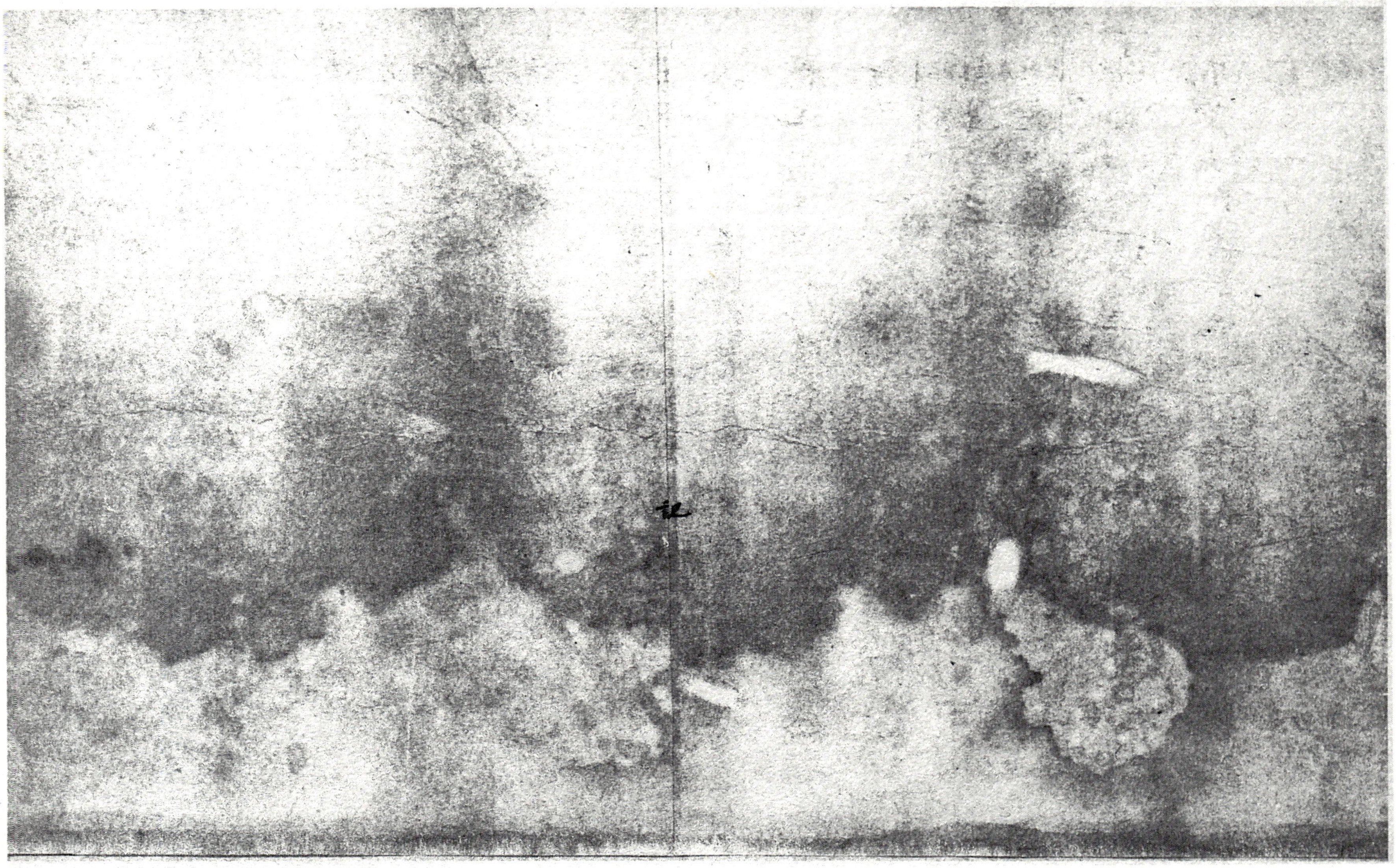

BD00878 號背　勘記　（4–4）

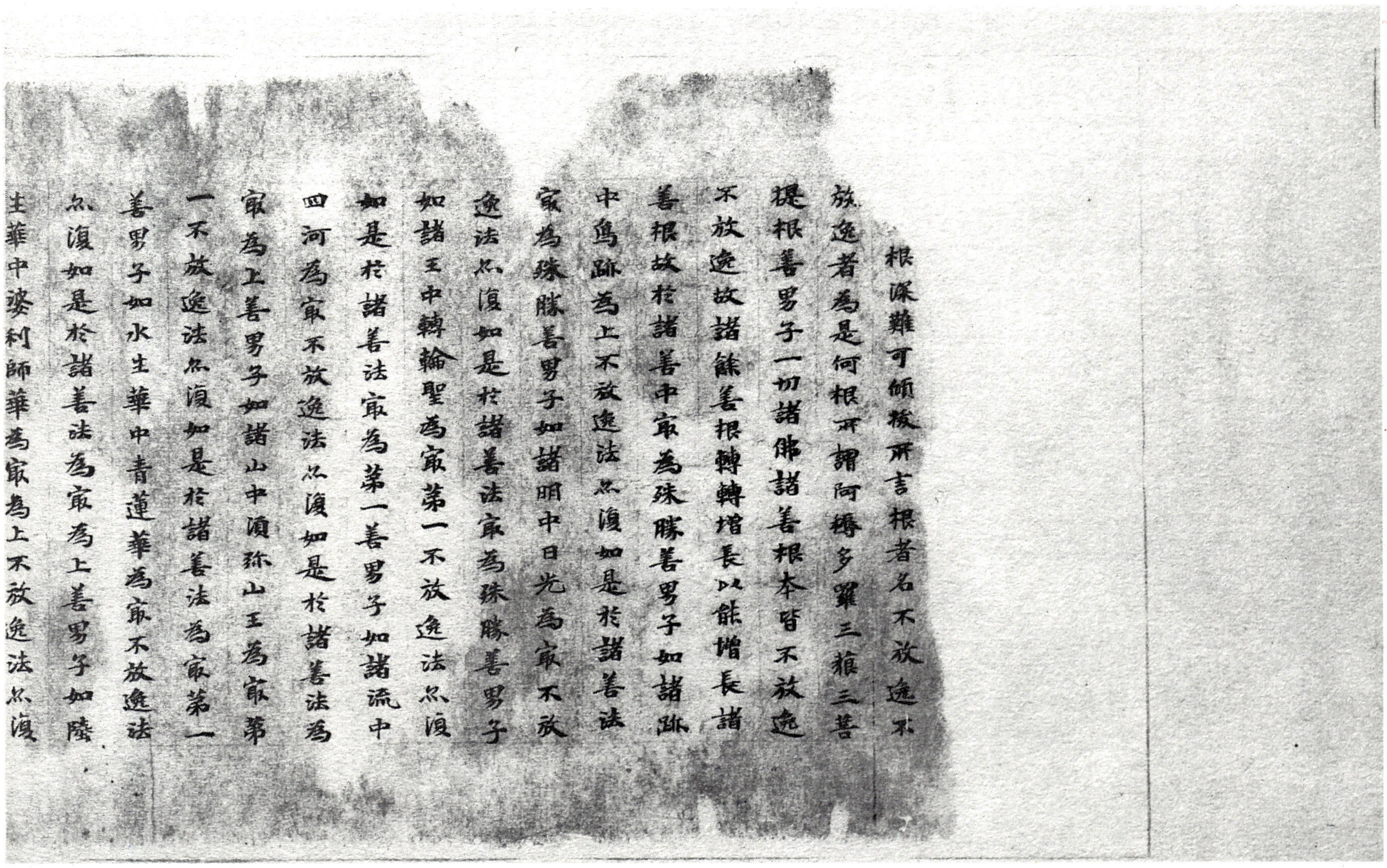
根深難可傾拔所言根者名不放逸不
放逸者為是何根所謂阿耨多羅三藐三菩
提根善男子一切諸佛諸善根本皆不放逸
不放逸故諸餘善根轉轉增長以能增長諸
善根故於諸善中冣為殊勝善男子如諸跡
中鳥跡為上不放逸法亦復如是於諸善法
冣為殊勝善男子如諸明中日光為冣不放
逸法亦復如是於諸善法冣為殊勝善男子
如諸王中轉輪聖為冣第一不放逸法亦復
如是於諸善法冣為第一善男子如諸流中
四河為冣不放逸法亦復如是於諸善法為
冣為上善男子如諸山中須弥山王為冣第
一不放逸法亦復如是於諸善法為冣第一
善男子如水生華中青蓮華為冣不放逸法
亦復如是於諸善法為冣為上善男子如陸
生華中婆利師華為冣為上不放逸法亦復

BD00879 號　大般涅槃經（北本）卷二四　（17–1）

一不放逸法亦復如是於諸善法為最第一
善男子如水生華中青蓮華為最不放逸法
亦復如是於諸善法為最為上善男子如陸
生華中婆利師華為最為上不放逸法亦復
如是於諸善法為最為上善男子如諸獸中
師子為最不放逸法亦復如是於諸善法為
最為上善男子如飛鳥中金翅鳥王為最為
上不放逸法亦復如是於諸善法為最為上
善男子如大身中羅睺阿脩羅王為上不放
逸法亦復如是於諸善法為最為上善男子
如一切衆生若二足四足多足无足中如來
為最不放逸法亦復如是於善法中為最為
上善男子如諸衆中佛僧為上不放逸法亦
復如是於善法中為最為上善男子如佛法
中大涅槃法為最為上不放逸法亦復如是
於諸善法為最為上善男子以是義故不放
逸根深固難拔云何不放逸故而得增長所
謂信根戒根施根慧根忍根聞根進根念根
定根善知識根如是諸根不放逸故而得增
長以增長故深固難拔以是義故名為菩薩
摩訶薩脩大涅槃根深難拔云何於身作決
定想於自身所生決定心我今此身於未來
世定當為阿耨多羅三藐三菩提器心亦如

摩訶薩脩大涅槃根深難拔云何於身作決
定想於自身所生決定心我今此身於未來
世定當為阿耨多羅三藐三菩提器心亦如
是不作狹小不作聲聞辟支佛心
不作魔心及自樂心樂生死心常為衆生求
慈悲心是名菩薩於自身中生決定心我於
來世當為阿耨多羅三藐三菩提器以是
義故菩薩摩訶薩脩大涅槃於自身中生決定
想云何菩薩不觀福田及非福田云何福田
外道持戒上至諸佛是名福田若有念言如
是等輩是真福田當知是心則為狹劣菩薩
摩訶薩悉觀一切无量衆生无非福田何以
故以善脩集異念處故有異念處善脩集者
觀諸衆生无有持戒及以毀戒常觀諸佛世尊
所說施雖四種俱得淨報何等為四一者施
主清淨受者不淨二者施主不淨受者清
淨三者施受俱淨四者二俱不淨云何施者
淨受者不淨施主具有戒聞智慧智有惠施
及以果報受者破戒專著邪見无施无報是
名施淨受者不淨云何名為受者清淨施主
不淨施主破戒專著邪見言无惠施及以果
報受者持戒多聞智慧知有惠施及施果報
是名施主不淨受者清淨云何名為施受俱
淨施者受者具有持戒多聞智慧知有惠施

報受者持戒多聞智慧知有惠施及施果報
是名施主不淨受者清淨云何名為施受俱
淨施者受者俱有持戒多聞智慧知有惠施
及施果報是名施受二俱清淨云何名為二
俱不淨施者受者破戒邪見言无有施及施
果報若如是者云何復言得淨果報以无施
无報故名為淨善男子若有不見施及施報
當知是人不名破戒專著邪見若依聲聞言
不見施及施果報是則名為破戒邪見若依
如是大涅槃經不見惠施及施果報是則名
為持戒正見菩薩摩訶薩有異念處以脩集
故不見眾生持戒破戒施者受者及施果報
是故得名持戒正見以是義故菩薩摩訶薩
不觀福田及非福田云何名為淨佛國土菩
薩摩訶薩脩大涅槃微妙經典為阿耨多羅
三藐三菩提度眾生故離殺害心以此善根
願與一切眾生共之願諸眾生得壽命長有
大勢力獲大神通以諸誓願因緣力故於未
來世成佛之時國土所有一切眾生得壽命
長有大勢力獲大神通復次善男子菩薩摩
訶薩脩大涅槃微妙經典為阿耨多羅三藐
三菩提度眾生故離偷盜心以此善根願與
一切眾生共之願諸佛國土地所有純是七

BD00879號　大般涅槃經（北本）卷二四　（17–4）

訶薩脩大涅槃微妙經典為阿耨多羅三藐
三菩提度眾生故離偷盜心以此善根願與
一切眾生共之願諸佛國土地所有純是七
寶眾生富足所欲自恣以此誓願因緣力故
於未來世成佛之時所得國土純是七寶眾
生富足所欲自恣復次善男子菩薩摩訶薩
脩大涅槃微妙經典為阿耨多羅三藐三菩
提度眾生故離婬欲心以此善根願與一切
眾生共之願諸佛土所有眾生无有貪欲瞋
恚癡心亦无飢渴苦惱之者以是誓願因緣
力故於未來世成佛之時國土眾生遠離貪
婬瞋恚癡心一切无有飢渴苦惱復次善男
子菩薩摩訶薩脩大涅槃微妙經典為阿耨
多羅三藐三菩提度眾生故離妄語心以此
善根願與一切眾生共之願諸佛土常有華
樹菓樹香樹所有眾生得妙音聲以是誓願
因緣力故於未來世成佛之時所有國土常
有華樹菓樹香樹其中眾生悉得清淨上妙
音聲復次善男子菩薩摩訶薩脩大涅槃微
妙經典為阿耨多羅三藐三菩提度眾生故
遠離兩舌以此善根願與一切眾生共之願
諸佛土所有眾生常共和合講說正法以是
誓願因緣力故成佛之時國土所有一切眾
生悉共和合講論法要復次善男子菩薩摩

BD00879號　大般涅槃經（北本）卷二四　（17–5）

遠離兩舌以此善根願與一切衆生共之願
諸佛土所有衆生常共和合講說正法以是
誓願因緣力故成佛之時國土所有一切衆
生悉共和合講論法要復次善男子菩薩摩
訶薩脩大涅槃微妙經典爲阿耨多羅三藐
三菩提度衆生故遠離惡口以此善根願與
一切衆生共之願諸佛土地平如掌无沙礫
瓦石之屬荊棘惡刺所有衆生其心平等以
是誓願因緣力故於未來世成佛之時所得
國土地平如掌无有沙礫荊棘惡刺所有衆
生其心平等復次善男子菩薩摩訶薩脩大
涅槃微妙經典爲阿耨多羅三藐三菩提度
衆生故離无義語以此善根願與一切衆生
共之願諸佛土所有衆生无有苦惱以是誓
願因緣力故於未來世成佛之時國土所有
一切衆生无有苦惱復次善男子菩薩摩訶
薩脩大涅槃微妙經典爲阿耨多羅三藐三
藐菩提度衆生故遠離貪嫉以此善根願與
一切衆生共之願諸佛土一切衆生无有貪
嫉惱害邪見以是誓願因緣力故於未來世
成佛之時國土所有一切衆生悉无貪嫉惱害
邪見復次善男子菩薩摩訶薩脩大涅槃微
妙經典爲阿耨多羅三藐三菩提度衆生故

邪見復次善男子菩薩摩訶薩脩大涅槃微
妙經典爲阿耨多羅三藐三菩提度衆生故
遠離惱害以此善根願與一切衆生共之願
諸佛土所有衆生悉共脩集大慈大悲得一
子地以是誓願因緣力故於未來世成佛之
時世界所有一切衆生悉共脩集大慈大悲
得一子地復次善男子菩薩摩訶薩脩大涅
槃微妙經典爲阿耨多羅三藐三菩提度衆
生故遠離邪見以此善根願與一切衆生共
之願諸佛土所有衆生悉得摩訶般若波羅
蜜以是誓願因緣力故於未來世成佛之時
世界衆生悉得受持摩訶般若波羅蜜是名
菩薩脩淨佛土云何菩薩摩訶薩滅除有餘
有餘有三一者煩惱餘報二者餘業三者餘
有善男子云何爲煩惱餘報若有衆生習近
貪欲是報熟故墮於地獄從地獄出受畜生
身所謂鴿雀鴛鴦鸚鵡耆婆耆婆舍利伽鳥
青雀魚鼈獼猴獐鹿若得人身受黃門形女
人二根无根婬女若得出家犯初重戒是名
餘報復次善男子若有衆生以慇重心習近
瞋恚是報熟故墮於地獄從地獄出受畜生
身所謂毒虵具四種毒見毒觸毒齧毒歔毒
師子虎狼熊羆貓狸鷹鷂之屬若得人身

瞋恚是報熟故墮於地獄從地獄出受畜生
身所謂毒蛇具四種毒見毒齧毒蠚毒觸毒
師子虎狼熊羆猫狸鷹鷂之屬若得人身
具五十二諸惡律儀若得出家犯第二重戒是
名餘報復次善男子若有脩習愚癡之人是
報熟時墮於地獄從地獄出受畜生身所謂
鳥睹牛羊水牛蚤虱蚊虻蟻子等形若得人
身聾盲瘖瘂癃殘背僂諸根不具不能受法
若得出家諸根闇鈍憙犯重戒乃至五錢是
名餘報復次善男子若有脩習憍慢之人是
報熟時墮於地獄從地獄出受畜生身所謂
糞虫駝驢大馬若生人中受奴婢身貧窮乞
丐若得出家常為衆生之所輕賤破第四戒
是名餘報如是等煩惱餘報如是餘報菩薩
摩訶薩以能脩集大涅槃故悉得除滅云何
餘業謂一切凡夫業一切聲聞業須陀洹人
受七有業斯陀含人受二有業阿那含人受
色有業名為餘業如是餘業菩薩摩訶薩以
能脩集大涅槃故悉得除滅云何餘有阿羅
漢得阿羅漢果辟支佛得辟支佛果无業无
結而轉二果是名餘有如是三種有餘之法
菩薩摩訶薩脩集大乘大涅槃經故得滅
除是名菩薩摩訶薩滅除有餘云何菩薩脩

菩薩摩訶薩脩集大乘大涅槃經故得滅
除是名菩薩摩訶薩滅除有餘云何菩薩脩
清淨身菩薩摩訶薩脩不欲戒有五種心謂下
中上上上中上乃至正見亦復如是是五十
心名初發心具足決定成五十心是名滿足
如是百心名百福德具足百福成於一相如
是展轉具足成就卅二相名清淨身所以復
脩八十種好世有衆生事八十神何等八十
十二日十二大天五大星北斗馬天行道天
婆羅墮跋闍天功德天廿八宿地天風天水
天火天梵天樓陀天因提天拘摩羅天八臂
天摩醯首羅天半闍羅天鬼子母天四天王
天造書天婆藪天是名八十為此衆生脩八
十好以自莊嚴是名菩薩清淨之身何以故
是八十天一切衆生之所信伏是故菩薩脩
十八好其身不動令彼衆生隨其所信各各
而見見已增敬各發阿耨多羅三藐三菩提
心以是義故菩薩摩訶薩脩於淨身善男子
譬如有人欲請大王要當莊嚴所有舍宅極
令清淨辦具種種百味飲饍然後王當就其
所請菩薩摩訶薩亦復如是欲請阿耨多羅
三藐三菩提法輪王故先當脩身極令清淨
无上法王乃當處之以是義故菩薩摩訶薩

譬如有人欲請大王要當莊嚴所有舍宅極
令清淨辦具種種百味飲饍然後王當就其
所諸菩薩摩訶薩亦復如是欲請阿耨多羅
三藐三菩提法輪王故先當脩身極令清淨
无上法王乃當處之以是義故菩薩摩訶薩
要當脩於清淨之身善男子譬如有人欲服
甘露先當淨身菩薩摩訶薩亦復如是欲服
无上甘露法味般若波羅蜜要當先以八十
種好清淨其身善男子譬如妙好金銀盃器
盛之淨水中表俱淨菩薩摩訶薩其身清淨
亦復如是盛阿耨多羅三藐三菩提水中表
俱淨善男子如波羅㮈𣓮白之衣易受染色
何以故性白淨故菩薩摩訶薩亦復如是以
身淨故疾得阿耨多羅三藐三菩提以是義
故菩薩摩訶薩脩於淨身云何菩薩善知諸
緣菩薩摩訶薩不見色相不見色緣不見色
體不見色生不見色滅不見一相不見異相
不見見者不見相貌不見受者何以故了因
緣故如色一切法亦如是是名菩薩了知諸
緣云何菩薩離諸怨敵一切煩惱是菩薩怨
菩薩摩訶薩常遠離故是名菩薩壞諸怨
敵五住菩薩視諸煩惱不名為怨所以者何因
煩惱故菩薩有生以有故生故能展轉教化

菩薩摩訶薩常遠離故是名菩薩壞諸怨
敵五住菩薩視諸煩惱不名為怨所以者何因
煩惱故菩薩有生以有故生故能展轉教化
衆生以是義故不名為怨何等為怨所謂誹
謗方等經者菩薩隨生不畏地獄畜生餓鬼
唯畏如是謗方等者一切菩薩有八種魔名
為怨家遠是八魔名離怨家是名菩薩離諸
怨家云何菩薩遠離二過言二過者謂廿五
有及愛煩惱菩薩常離廿五有及愛煩惱是
名菩薩遠離二過是名菩薩摩訶薩脩大涅
槃具足成就第四功德尒時光明遍照高貴
德王菩薩摩訶薩言如佛所說若有菩薩脩
大涅槃悉作如是十事功德如來何故唯脩
九事不脩淨土佛言善男子我於往昔亦常
具脩如是十事一切菩薩及諸如來无有不
脩是十事者若使世界不淨充滿諸佛世尊
於中出者无有是處善男子汝今莫謂諸佛
出於不淨世界當知是心不善俠劣汝今當
知我實不出閻浮提界譬如有人說言此界
獨有日月他方世界无有日月如是之言无
有義理若有菩薩發如是言此佛世界穢惡
不淨他方佛土清淨嚴麗亦復如是善男子
西方去此娑婆世界度卅二恒河沙等諸佛
國土彼有世界名曰无勝彼土何故名曰无

不淨他方佛土清淨嚴麗亦復如是善男子
西方去此娑婆世界度卅二恒河沙等諸佛
國土彼有世界名曰无勝彼土何故名曰无
勝其土所有嚴麗之事悉皆平等无有差別
猶如西方安樂世界亦如東方滿月世界我
於彼土出現於世為化衆生故於此界閻浮
提中現轉法輪非但我身獨於此中現轉法
輪一切諸佛亦於此中而轉法輪以是義故
諸佛世尊非不脩行如是十事善男子慈氏
菩薩以誓願故當來之世令此世界清淨莊
嚴以是義故一切諸佛所有世界无不嚴淨
復次善男子云何菩薩摩訶薩脩大涅槃微
妙經典具足成就第五功德善男子菩薩摩
訶薩脩大涅槃具足成就第五功德有五事
何等為五一者諸根完具二者不生邊地三
者諸天愛念四者常為天魔沙門刹利婆羅
門等之所恭敬五者得宿命智菩薩以是大
涅槃經因緣力故具足如是五事功德光明
遍照高貴德王菩薩言如佛所說若有善男
子善女人脩米布施則得具足五事功德今
云何言因大涅槃得是五事佛言善哉善哉
善男子如是五事其義各異今當為汝分別

BD00879號　大般涅槃經（北本）卷二四　（17–12）

子善女人脩米布施則得具足五事功德今
云何言因大涅槃得是五事佛言善哉善哉
善男子如是五事其義各異今當為汝分別
解說施得五事不定不常不淨不勝不異非
无漏不能利益安樂憐愍一切衆生若依如
是大涅槃經所得五事是定是常是淨是勝
是異无漏則能利益安樂憐愍一切衆生善
男子夫布施者則離飢渴大涅槃經能令衆
生悉得遠離廿五有渴愛之病布施因緣令
生死相續大涅槃經能令生死斷不相續因
布施故受凡夫法因大涅槃得作菩薩布施
因緣能斷一切貧窮苦惱大涅槃經能斷一
切貧善法若布施因緣有支有果因大涅槃
得阿耨多羅三藐三菩提无支无果是名菩
薩摩訶薩脩大涅槃微妙經典具足成就第
五功德善男子云何菩薩脩大涅槃微妙經
典具足成就第六功德菩薩摩訶薩脩大涅
槃得金剛三昧安住是中悉能破散一切諸
法見一切法皆是无常皆是動相恐怖因緣
病苦劫盜念念滅壞无有真實一切皆是魔
之境界无可見相菩薩摩訶薩住是三昧雖
施衆生乃至不見一衆生實為衆生故精懃
脩集尸波羅蜜乃至脩集般若波羅蜜亦復

BD00879號　大般涅槃經（北本）卷二四　（17–13）

之境界无可見相菩薩摩訶薩住是三昧雖
施衆生乃至不見一衆生實為衆生故精懃
脩集尸波羅蜜乃至脩集般若波羅蜜亦復
如是菩薩若見有一衆生不能畢竟具足成
就檀波羅蜜乃至具足般若波羅蜜善男子
譬如金剛所擬之處无不碎壞而是金剛无有
折損金剛三昧亦復如是所擬之法无不碎
壞而是三昧无有折損善男子如諸寶中
金剛㝡勝菩薩所得金剛三昧亦復如是於
諸三昧為㝡第一何以故菩薩摩訶薩脩是
三昧一切三昧悉来歸屬善男子如諸小王
悉来歸屬轉輪聖王一切三昧亦復如是悉
来歸屬金剛三昧善男子譬如有人為國怨
讎人所厭患有人煞之一切世人无不稱讚
是人功德金剛三昧亦復如是菩薩脩集能
壞一切衆生怨敵是故常為一切三昧之所
宗敬善男子譬如有人其力盛壯人无當者
復更有人力能伏之當知是人世所稱美金
剛三昧亦復如是力能摧伏摧伏之法以是
義故一切三昧悉来歸屬善男子譬如有人
在大海浴當知是人已用諸河泉池之水菩
薩摩訶薩亦復如是脩集如是金剛三昧當
知已為脩集其餘一切三昧善男子如香山

BD00879 號　大般涅槃經（北本）卷二四　（17–14）

義故一切三昧悉来歸屬善男子譬如有人
在大海浴當知是人已用諸河泉池之水菩
薩摩訶薩亦復如是脩集如是金剛三昧當
知已為脩集其餘一切三昧善男子如香山
中有一泉水名阿那婆蹹多其泉具足八味
之水有人飲之无諸病苦金剛三昧亦復如
是具八正道菩薩脩集斷諸煩惱創疣重病
善男子如人供養摩醯首羅當知是人已為
供養一切諸天金剛三昧亦復如是有人脩
集當知已為脩集一切諸餘三昧善男子若
有菩薩安住如是金剛三昧見一切法无有
鄣导如於掌中觀阿摩勒菓菩薩雖復得如
是見終不作想見一切法善男子譬如有人
坐四衢道頭見諸衆生来去坐卧金剛三昧
亦復如是見一切法生滅出沒善男子譬如
高山有人登之遠望諸方皆悉明了金剛定
山亦復如是菩薩登之遠望諸法无不明了
善男子譬如春月天降甘雨其渧微細間无
空處明眼之人見之了了菩薩亦尒得金剛
定清淨之目遠見東方所有世界其中或有
國土成壞一切皆見了了无鄣乃至十方亦
復如是善男子如由乾陁山七日並出其山
所有樹木叢林一切燒盡菩薩脩集金剛三
昧亦復如是所有一切煩惱叢林即時消滅

BD00879 號　大般涅槃經（北本）卷二四　（17–15）

國土成壞一切皆見了了无鄣乃至十方亦
復如是善男子如由乾陁山七日並出其山
所有樹木叢林一切燒盡菩薩脩集金剛三
昧亦復如是所有一切煩惱叢林即時消滅
善男子譬如金剛雖能摧破一切有物終不生
念我能摧破金剛三昧亦復如是菩薩脩已
能破煩惱終不生念我能壞結善男子譬
如大地能持万物終不生念我力能持火亦
不念我能燒物水亦不念我能潤漬風亦不
念我能動物空亦不念我能容受涅槃亦復
不生念言我令衆生而得滅度金剛三昧亦
復如是雖能滅除一切煩惱而初无心言我
能滅若有菩薩安住如是金剛三昧於一念
中變身如佛其數无量遍滿十方恒河沙等
諸佛世界而是菩薩雖作是化其心初无憍
慢之相何以故菩薩常念誰有是定能作是
化唯有菩薩安住如是金剛三昧乃能作耳
菩薩摩訶薩安住如是金剛三昧於一念中
遍到十方恒河沙等諸佛世界還其本處雖
有是力亦不念言我能如是何以故以是三
昧因緣力故菩薩摩訶薩安住如是金剛三
昧於一念中能斷十方恒河沙等世界衆生
所有煩惱而心初无斷諸衆生煩惱之想何

BD00879號　大般涅槃經（北本）卷二四　（17–16）

有是力亦不念言我能如是何以故以是三
昧因緣力故菩薩摩訶薩安住如是金剛三
昧於一念中能斷十方恒河沙等世界衆生
所有煩惱而心初无斷諸衆生煩惱之想何
以故以是三昧因緣力故菩薩住是金剛三
昧以一音聲有所演說一切衆生各隨種類
而得解了示現一色一切衆生各各皆見種
種色相安住一處身不移易能令衆生隨其
方面各各而見演說一法若界若入一切衆
生各隨本解而得聞之菩薩安住如是三昧
雖見衆生而心初无衆生之相雖見男女无
男女相雖見色法无有色相乃至見識亦无
識相雖見晝夜无晝夜相雖見一切无一切
相雖見一切煩惱諸結亦无一切煩惱之相
雖見八聖道无聖道相雖見菩提无菩提

BD00879號　大般涅槃經（北本）卷二四　（17–17）

BD00879 號背　藏文雜寫　（4–1）

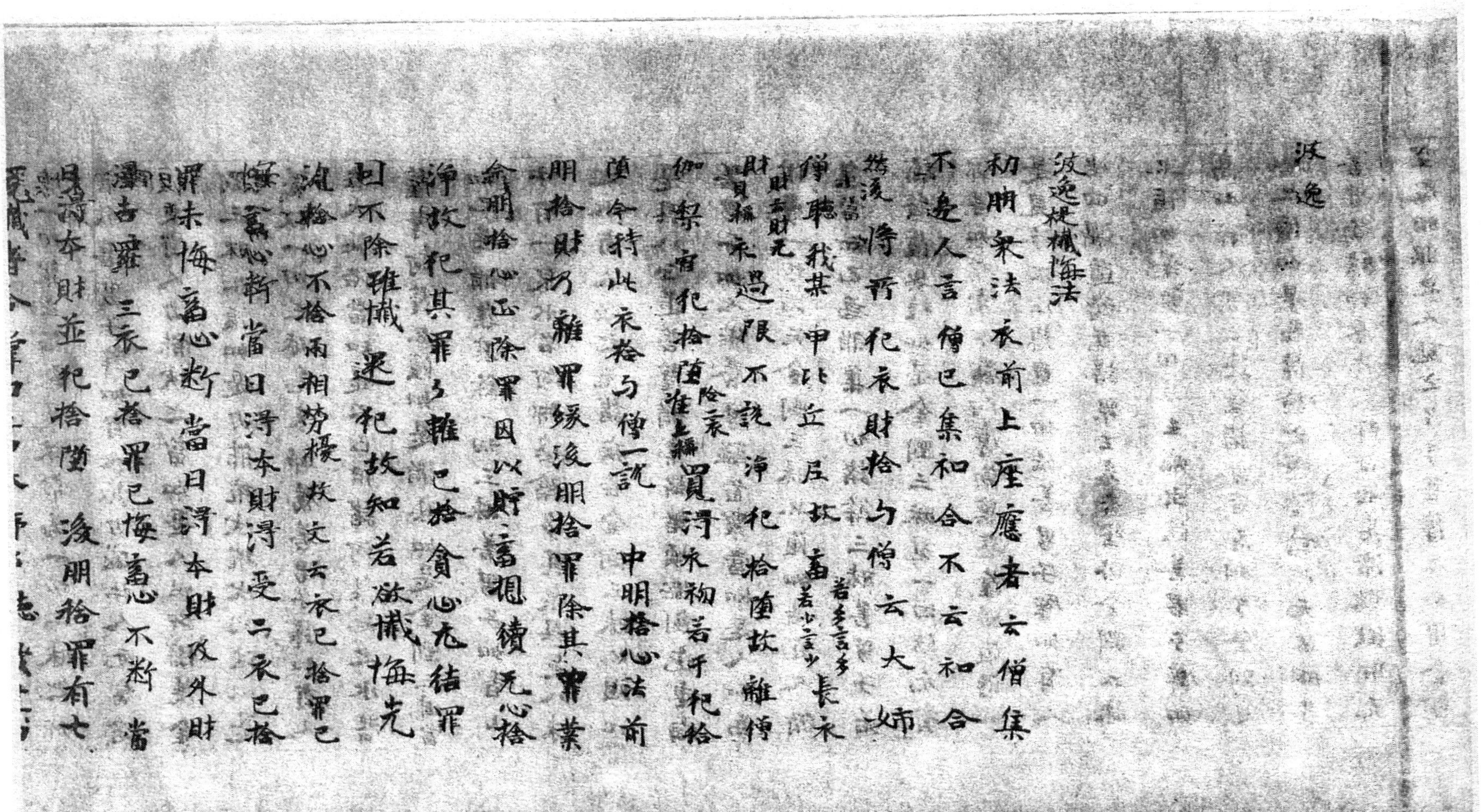

波逸提懺悔法
初明衆法衣前上座應者云僧集
不逸人言僧已集和合不云和合
然後將所犯衣財捨与僧云大姉
僧聽我某甲比丘尼故畜若多言多若少言少長衣
財月稱衣過限不說淨犯捨墮故離僧
伽梨宿犯捨墮除衣准上稱買得永衲若干犯捨
墮今持此衣捨与僧一訖　中明捨心法前
明捨財物離罪緣後明捨罪除其罪業
命明捨心正除罪因以財畜想續无心捨
淨故犯其罪多雖已捨貪心尤結罪
迴不除雖懺還犯故知若欲懺悔先
須畜心斬當日得本財得受二衣已捨
流捨心不捨兩相勞據故文云衣已捨罪已
罪未悔畜心斷當日得本財及外財
還吉羅　三衣已捨罪已悔畜心不斷當
日得本財並犯捨墮　後明捨罪有七

BD00879 號背　波逸提懺悔法　（4–2）

罪未悔，畜心斷，當日得本財及外財，當
得吉羅。三衣已捨，罪已悔，畜心不斷，當
得捨本財並犯捨墮。次明捨罪有七
一覓懺者合掌口言：大姊僧聽，我某甲
比丘尼故畜衆多長衣過限不説淨，
犯捨墮，離三衣宿犯捨墮，是衣已捨与
僧，是中各有波逸提罪，長衣云衆多財不罪悔數若倩衣受持
但懺其罪不須捨衣，若紀多時捷盡者云犯捨長財已用捷盡各犯
根本波逸提罪不憶數，若憶數者隨
言之，今從衆僧乞懺悔，願僧聽我某甲
比丘尼懺悔，慈愍故。三説已，上座言衆受彼懺悔　二請懺
悔主：其懺主必須請淨之人，明知持犯乃
至下四聚罪曾經懺者方為可。之見有行
懺者，是非莫分，輒為悔主，端坐受懺，
前人既不自曉，妄請治之，或九品、六品時
同悔，或无犯言犯，或重而言輕，如此失法
[illegible]罪非小，逃隱沒成自累。請云：大姊
一心念，我某甲比丘尼，今請大姊為波逸
提懺悔，願大姊為我作波提懺悔主，
慈愍故。三請已，未得答可不，若其治　三懺主
羅悔主亦准請之
第白和僧問和，答已，白言：大姊僧聽，
某甲比丘尼故畜衆多長衣財，
不説淨，犯捨墮，離僧伽梨宿三衣並准

BD00879 號背　波逸提懺悔法　（4–3）

三懺主　羅悔主亦准請之
第白和僧問和，答已，白言：大姊僧聽，
某甲比丘尼故畜衆多長衣財
不説淨犯捨墮，離僧伽梨宿三衣並准
犯捨墮，離山衣財已捨与僧，是中犯長
波逸提罪不憶數，離僧伽梨宿犯
一捨墮若三衣犯准之犯捨長財已用捷
盡，各有根本波逸提罪，不憶數，今從
衆僧乞懺悔，若僧時到，僧忍聽我某
甲比丘尼受某甲比丘尼懺悔。白如是
作白已，所懺者大於己者云可，小者云
受汝懺悔　四為説罪名種相名謂波逸
提種畜長離衣此事異相謂一品，多品不
同其根本波逸提最在後懺根本五者羅
在提前懺，從生示聚者羅最在前悔並護
犯者言之。必无此九品不得誦講大見誦
者故重言之，初悔六品更須藏云：大一心念
我某甲比丘尼故畜衆多長衣財犯
捨墮不憶數，離僧伽梨宿犯一捨墮
並不覆藏，犯實吉羅罪，徑從覆藏

BD00879 號背　波逸提懺悔法　（4–4）

大般若波羅蜜多經卷第二百廿七
初分難信解品第卅四之卌六　三藏法師玄奘奉　詔譯
善現八勝處清淨故布施波羅蜜多清淨布
施波羅蜜多清淨故一切智智清淨何以故
若八勝處清淨若布施波羅蜜多清淨若一
切智智清淨無二無二分無別無斷故八勝
處清淨故淨戒安忍精進靜慮般若波羅蜜
多清淨淨戒乃至般若波羅蜜多清淨故一
切智智清淨何以故若八勝處清淨若淨戒
乃至般若波羅蜜多清淨若一切智智清淨
無二無二分無別無斷故善現八勝處清淨
故內空清淨內空清淨故一切智智清淨何
以故若八勝處清淨若內空清淨若一切智
智清淨無二無二分無別無斷故八勝處清
淨故外空內外空空空大空勝義空有為空
無為空畢竟空無際空散空無變異空本性
空自相空共相空一切法空不可得空無性

BD00880 號　大般若波羅蜜多經卷二二七　（3–1）

以故若八勝處清淨若內空清淨若一切智
智清淨無二無二分無別無斷故八勝處清
淨故外空內外空空空大空勝義空有為空
無為空畢竟空無際空散空無變異空本性
空自相空共相空一切法空不可得空無性
空自性空無性自性空清淨外空乃至無性
自性空清淨故一切智智清淨何以故若八
勝處清淨若外空乃至無性自性空清淨若
一切智智清淨無二無二分無別無斷故善
現八勝處清淨故真如清淨真如清淨故一
切智智清淨何以故若八勝處清淨若真如
清淨若一切智智清淨無二無二分無別無
斷故八勝處清淨故法界法性不虛妄性不
變異性平等性離生性法定法住實際虛空
界不思議界清淨法界乃至不思議界清淨
故一切智智清淨何以故若八勝處清淨若
法界乃至不思議界清淨若一切智智清淨
無二無二分無別無斷故善現八勝處清淨
故苦聖諦清淨苦聖諦清淨故一切智智清
淨何以故若八勝處清淨若苦聖諦清淨若
一切智智清淨無二無二分無別無斷故八勝
處清淨故集滅道聖諦清淨集滅道聖諦
清淨故一切智智清淨何以故若八勝處清
淨若集滅道聖諦清淨若一切智智清淨無
二無二分無別無斷故善現八勝處清淨故
四靜慮清淨四靜慮清淨故一切智智清淨

BD00880 號　大般若波羅蜜多經卷二二七　（3–2）

清淨故一切智智清淨何以故若八勝處清
淨若集滅道聖諦清淨若一切智智清淨無
二無二分無別無斷故善現八勝處清淨故
四靜慮清淨四靜慮清淨故一切智智清淨
何以故若八勝處清淨若四靜慮清淨若一
切智智清淨無二無二分無別無斷故八勝
處清淨故四無量四無色定清淨四無量四
無色定清淨故一切智智清淨何以故若八
勝處清淨若四無量四無色定清淨若一切
智智清淨無二無二分無別無斷故善現八
勝處清淨故八解脫清淨八解脫清淨故一
切智智清淨何以故若八勝處清淨若八解
脫清淨若一切智智清淨無二無二分無別
無斷故八勝處清淨故九次第定十遍處清
淨九次第定十遍處清淨故一切智智清淨
何以故若八勝處清淨若九次第定十遍處
清淨若一切智智清淨無二無二分無別無
斷故善現八勝處清淨故四念住清淨四念
住清淨故一切智智清淨何以故若八勝處
清淨若四念住清淨若一切智智清淨無二

BD00880號　大般若波羅蜜多經卷二二七　（3–3）

若惡我亦不向諸大德

說若好若惡言[illegible]止莫諫我此正諫戒所為事也 下三諫中倸而誨喻彼比丘

諫是比丘言大德莫自身不受諫語大德自身當受

諫語大德如法諫諸比丘諸比丘亦當如法諫大德如是

佛弟子眾得增益展轉相諫展轉相教展轉懺悔是

比丘如是諫時堅持不捨彼比丘應三諫捨是事故乃至

三諫捨者僧伽婆尸沙若未白前惡性不受人語一切吉羅尼同僧犯不 犯者若初諫便捨非法可諫非法非律非佛所

說者若為元智人可諫時應語彼言捨和上阿闍梨所行 亦示汝可更學問誦經若其實如是若錯說者皆不犯也諸大德我已說

十三僧伽婆尸沙法九[illegible]比四至三諫若比丘犯二法知

而覆藏應徑與波利婆沙行波利婆沙竟增上與六

說昔若爲元智人可諫時應語彼言懺和上阿闍梨所行亦不汝可更學問誦經若其實如是若錯說者皆不犯也諸大德我已說
十三僧伽婆尸沙法九[illegible]四至三諫若比丘犯二法知
而覆藏應強與波利婆沙行波利婆沙竟增上與六
夜摩那埵行摩那埵已應與出罪應廿僧中出是比丘
罪若少一人不滿廿衆出是比丘罪是比丘罪不得除諸比
丘亦可呵是時今問諸大德是中清淨不三說諸大德是中
清淨默然故是事如是持諸大德是二不定法半月半月
說戒經中來屏處不定之緣佛在舍衛國迦留陁夷先俗友婦齋優婆夷形色端正各有繫意時到詣
彼共屏覆坐說非法語毗舍佉母聞見起過疾往白佛因呵制戒也若比丘共女人女之有智未命終者獨
一比丘一女人在屏處屏有二種一者見屏若塵若霧若黑闇中不相見也二聞屏者乃至常語不聞處也覆處
上有物作蓋也鄣處若樹若墻若籬若衣及餘物鄣也可作婬處坐得容行婬處也說非法語
說婬欲法有住信優婆私謂信佛法僧歸依佛法僧不殺不盜不邪婬不妄語不飲酒善憶持事不錯所說實而不妄
於三法中以二法說若波羅夷若僧伽婆尸沙若波逸提
是坐比丘自言我犯是罪於三法中應一一治若波羅夷
若僧伽婆尸沙若波逸提如住信優婆私所說應如
法治是比丘是名不定法是中自言所趣向所到處若坐若卧若作若不自言並如優婆私所說治之
露處不定之緣佛在舍衛國迦留陁夷初犯此戒緣如前戒但以露處二罪爲異也若比丘共
女人在露現處謂无墻壁及餘物鄣也不可作婬處坐不容行婬處也作惡麤
語說婬欲不淨行讚嘆二道好惡有住信優婆私於二法中以二法說若僧伽婆尸
沙若波逸提是坐比丘自言我犯是事於二法中應一一治
若僧伽婆尸沙若波逸提如住信優婆私所說應如法

語（讚歎二道好惡）有…住僧…婆…二法…説…僧伽婆尸

沙若波逸提是坐比丘自言我犯是事於二法中應一一治

若僧伽婆尸沙若波逸提如住信優婆私所説應如法

治是比丘是名不定法（是中若自言所趣向處所到處若坐若卧戒不自言 並如憂婆私所説是中无定法故言不定 又）

諸大德我已説二不定法今問諸大德是中清淨不（如是三説）

諸大德是中清淨默然故是事如是持 諸大德是三十尼

薩耆波逸提法半月半月説戒經中來

一 畜長衣過限戒（佛在舍衛國聽持三衣不得有六群比丘畜多長衣 或早起衣或中時衣或晡時衣彼常經營莊嚴衣 服積而藏舉比丘舉過佛 便可已因制重制）

若比丘衣已竟（三衣是又）迦絺那衣已出（謂出功德衣以時足）

畜長衣（衣者十種長衣者長如來八指若廣四指是也）不得淨施得畜過十日（初制畜長 後因阿難

得一貴糞掃衣欲奉迦葉恐犯戒故以遊 葉十日當還因聽畜長齋十日 是）

尼薩耆波逸提（不犯有八若不得衣 若淨施若遺与人

若失若故壞若作非衣若親友意若忘去 及上並尼薩耆若捨墮衣不捨更貿餘衣

尼薩耆波逸提一突吉羅此捨墮衣應捨與僧乃至一人不得別衆捨不成捨突吉

羅比丘尼同犯下三衆乃至下戒並犯吉羅不犯者十日內若轉淨施若遺与人若賊奪

想若失想若奪衣失衣取著若他与作被若付衣者遠行水陸道斷如是不淨施不

遺与人 不犯也）

二 離衣宿戒（佛在舍衛國六群持衣囑親厚者往人間行彼數出衣曬之比丘 問言佛聽三衣不得有長此是誰衣具答被呵白佛重責制此戒）

若比丘衣已竟迦絺那衣已出（並如上解）三衣中（僧伽梨鬱多羅僧安陀會衣者有十種 又）

離二衣異處宿（不離衣者僧伽藍裏有一界失衣者僧伽藍裏有若干界 如是樹場車船村舍堂屋界別亦尒此僧伽藍四種如上

樹者与人等量足蔭跏坐場者治五穀處車者若迴轉處船界亦尒村者四種堂者

相多敞露庫者積藏諸物倉者儲積米穀阿蘭若者无界八樹中間剝七弓

長四肘量也伽藍界者此伽藍界非彼伽藍界非彼樹界乃至庫藏倉界餘

者作局亦如是僧伽藍邊中人用石若博擲所及處是名衣界乃

至庫藏界亦尒比丘置衣在伽藍中乃在樹下宿明相未出若捨衣若手捉 又

衣若至擲石所及處若不捨衣若不至擲石所及處明相出隨所離衣尼薩耆波逸提）

除

僧羯磨（時有比丘得乾痟病糞掃僧伽梨極重有因緣事人 間遊行不能持行以事白佛令三乞已曰二結捨 又）

尼薩耆（除三衣已若離餘衣吉羅尼同僧犯不犯者僧作羯磨明相未出若）

長四肘量也伽藍界者此伽藍界非彼伽藍界非彼樹界乃至庫藏倉界餘
者作屑亦如是僧伽藍界者在伽藍邊中人用石若博擲所及處是名衣界乃
至庫藏界亦尔比丘置衣在伽藍中乃在樹下宿明相未出若捨衣若手捉也　除
衣若至擲石所及處若不捨衣若不至擲石所及處明相出隨所離衣尼薩耆波逸提
僧羯磨　時有比丘得乾痟病糞掃僧伽梨極重有因緣事人間遊行不能持行以事白佛佛令三乞已白二結捨也　尼薩耆
波逸提　除三衣已若離餘衣吉羅尼同僧祀不祀者僧作羯磨明相未出若手捉衣若捨衣若至擲石所及處若奪想若水陸道斷恐難若
賊惡獸猛者所執或命梵難若不衣捨乃至不至擲石及處不犯
三
月望衣過限戒　佛在舍衛國俱三衣比丘有僧伽梨故爛日中間更不能辦聽畜長衣為滿足故六群比丘取同衣不足者浣
染點淨寄人遊行比丘舉過便呵制戒也　若比丘衣已竟迦絺那衣已出若比丘
得非時衣　時者無迦絺那衣自恣後一月有迦絺那衣自恣後五月非時者謂過此限之　欲須便受受已
疾成若足者善　若十日中同衣足者裁割如上不者至十一日隨衣多少並犯捨墮也　若不足者得
畜一月為滿足故　若同衣不足至十一日同衣足者即十日應如上作違者至十二日隨衣並犯乃至廿九日亦尔至卅日若足不
足同即日並　如上法也　若過畜者尼薩耆波逸提　比丘尼同犯不犯者若十日內同衣足作乃至
三十日即日作衣餘有闕
緣同長衣戒也
四
取非親尼衣戒　佛在羅閱祇蓮花色尼持食往山為諸上坐敬有比丘著弊故納尼脫所著貴價衣之後著弊衣為佛怏
問訶彼比丘因制此戒也　若比丘從非親里比丘尼　非親里者非父母親及七世已上是親若非親里亦不籌量可取
不可若是親里則便籌量知其有無可取不可　取衣　衣者十種尼著弊故衣
取若好若惡若新若故等　具白世尊佛言不應如是
聽畜五衣完堅者餘衣隨意淨施若為人何以故
婦人著上衣服猶尚不好何況弊故　也　除貿易　時二部僧得衣共分二部錯得佛
言聽以貿衣言貿易者以衣貿衣若非衣以非貿衣若鍼若錢
同若刀若缽若小段物乃至一丸藥貿衣者是　之　尼薩耆波
逸提　比丘尼突吉羅不犯者從親尼邊取衣若貿易得若為僧為佛塔取者不犯也
五
使非親尼浣故衣戒　佛在舍衛國迦留陀夷共偷蘭難陀尼貌容端正俱有繫意坐失不淨污安陀會令尼浣之
比丘以過白佛因可而制此戒　若比丘令非親里　如上說　比丘尼　若非親戒又尼沙彌尼浣染打故衣突
吉　浣故衣　故衣者下至一經身著衣者十種　若染若打者尼薩
[illegible]

使非親尼浣故衣戒 緣王俱有繫意並失不淨汙安陁會令尼浣之

比丘以過白佛因可而制此戒 若比丘令非親里 如上說 比丘尼 若非親戒又尼沙弥 尼浣染打故衣竟

吉 浣故衣 故衣者下至一經身著衣者十種 若以新衣浣染打者突吉羅 若染若打者尼薩

耆波逸提 若語使浣染打若使爲者三尼薩耆波逸提 並不爲者隨有吉羅 不犯者若病時使浣打若爲僧佛者若借他浣不犯也

六 從非親俗人乞衣戒 佛在舍衛國時跋難陁爲人說法從索所著衣便即与已單衣入城便至祇桓中被賊諸俗譏慊比丘擧

過佛便制戒 若比丘從非親里居士若居士婦乞衣 餘文如上 除餘

時尼薩耆波逸提 比丘尼同犯也 餘時者若奪衣 時諸比丘被賊剝衣裸形

而行佛言不介得突吉羅若有此者當以軟草樹葉覆形應往寺邊若有

長衣若知友邊取若无者僧中問取可以衣若无者問取僧衣卧具若不与者

自開庫看若褥氈裲襠被褥解取裁作衣出外乞衣 若

若得衣已應還浣染縫治安著本處若不還本處如法治 失衣燒衣漂衣

緣同上也 是謂餘時 不犯者若奪失家人乞或爲他乞他爲己乞或不求而得並不名犯 若從親乞若從出

七 過分取衣戒 佛在舍衛國跋難陁比丘見賊失衣來到祇桓有信聞之送衣与比丘言上便爲供養已有三衣故不須也六群令取持以

与我比丘擧過 佛因制戒 若比丘失衣奪衣燒衣漂衣 若失一衣不應取 若失二衣餘一衣

二重三重四重者應搞作僧伽梨 若親非里居士居士婦 一如上解 自

若欝多羅僧若安陁會 恣請多与衣 若自恣多与衣者若細若薄若不牢應取作二重三重四重 安緣作應當肩上摽姤膩處應安鉤紐若有餘殘語居

士言此餘殘衣戒何作等 若擅越言我不以失衣故与我

曾自与大德可若欲受者便應受之 乃 是比丘當知足

受衣 若三衣都失彼應知足有二種在家人知足者隨白衣 所与衣受之出家人知足者三衣 乃 若過者 [illegible] 尼薩耆波

逸提 比丘尼同犯不犯者若知足取衣若減知足取若多与衣者細薄不牢若二三重作有餘如上詰知不犯

八 勸居士增衣價戒 佛遊舍衛國居士夫婦共議云跋難陁是我

知舊檀是衣價買衣与之乞食比丘聞已告知後

往彼家勸令當須廣大新好堅緻 若比丘居士居士婦 如上說 爲比

佑之譏慊比丘擧過佛便制戒也 丘辦衣價 謂以若錢若金真珠瑠璃若貝 若玉石若瓔珞生像及十種衣也 具如是衣價与某甲

比丘是比丘先不受自恣請 若自恣問須何等衣佛聽 比丘少欲知足索不知者 到居士家

BD00881號　四分律比丘含注戒本（二卷本）卷上

（22–5）

丘辦衣價（……若玉石若瓔珞生像及十種衣也）具如是衣價与某甲

比丘是比丘先不受自恣請（若自恣問須何等衣佛聽比丘少欲知足案不知者）到居士家

作如是說善哉居士為我買如是衣与我為好故（求有二種）

（言求價者檀越与作大價衣乃至求增一錢十六分之一分　言求衣者語居士言作是廣長衣乃至增一綫 又）若得衣者尼

薩耆波逸提（比丘尼同犯不犯者先受自恣請而往求索知足於中減少作　從親里求從出家人求或為他求他為已求若不求自得者 尼）

九　勸二家增衣價戒（佛在舍衛有二居士夫婦共議欲与跋難陀買衣乞食比丘聞已具告彼到二家語令共作居士譏嫌比丘舉）

過佛因可制戒　若比丘二居士居士婦与比丘辦衣價持如是價

買如是衣与某甲比丘是比丘先不受自恣請到二居士

家作如是言善哉居士辦如是衣價与我共作一衣為

好故若得衣者尼薩耆波逸提（戒相開犯通塞如前戒）

十　過限急索衣戒（佛在舍衛羅閱城大臣与跋難陀親厚往來遣送衣價彼將衣價付淨主已因事急索致令被罰譏俗謗嫌）

比丘舉過佛因制此戒　若比丘若王（得自在無所屬）若大臣（在王左右）若婆羅門（有主婆羅門也）

若居士（除王大臣婆羅門諸在家者是）居士婦（在家婦人）遣使為比丘送衣價（如上說）

持如是衣價与某甲比丘彼使至比丘所語比丘言大德

今為汝故送是衣價受取是比丘語彼使如是言我

不應受此衣價我若須衣合時清淨當受彼使語

比丘言大德有執事人不須衣比丘應語言有若僧伽

藍民若優婆塞此是比丘執事人常為諸比丘執事

時彼使便往執事人所与衣價已還到比丘所如是言大

德所示某甲執事人我已与衣價大德知時往彼當得

衣須衣比丘當往執事人所若二反三反為作憶念應語言

時彼使往執事人所与衣價已還到比丘所如是言大
德所示某甲執事人我已与衣價大德知時往彼當得
衣須衣比丘當往執事人所若二反三反為作憶念應語言
我須衣 憶念者若執事人若在市肆若在作處應至彼處一反二反三反語言我今須衣与我作者是 若二反三反為作
憶念得衣者善若不得衣四反五反六反在前嘿然
立 彼執事人若在家在市作處到彼前嘿然立執事人問何緣此立比丘報言汝自知之若彼人言今我不知餘人知者比丘當語彼人知之是嘿然相也
若四反五反六反在前嘿然住得衣者善 若作一反語破二反嘿然乃至作三反
語破六反嘿然也 若不得衣過是求得衣者尼薩耆波逸提
比丘尼同僧犯 若不得衣從所得衣價處若自往若遣信往應
言汝先遣信持衣價与某甲比丘是比丘竟不得衣汝還
取莫使失此是時 不犯者若遣使言知若彼言我今不須即相布施是比丘以時敕語方便索衣若為作波利迦羅故与以時
索敕語索若方便索得者也

十一 綿作臥具戒 佛在曠野國六群比丘至養蠶家索未成綿及以成者并雜野蠶綿以作臥具又看曝繭居士譏嫌言害生命无有王
法比丘舉過佛因制戒 若比丘雜 若蠶若劫貝若麻及餘雜者 野蠶綿作新臥具尼薩耆
是中捨者若斧若斤椎斬和泥以塗壁也 波逸提 自作教他成者俱犯不成吉羅為他作成者吉羅尼突吉羅不犯者若得已成者斧斬和泥以塗壁

十二 黑毛臥具戒 佛在毗舍離諸梨車子多行邪行作黑毛羺被夜行使人不見六群比丘見便效作之梨車譏嫌比丘舉過佛因制戒
若比丘以新純黑 若生黑或染黑 羺羊毛作新臥具尼薩耆波逸
提 自作教他為他犯相並如前戒尼突吉羅不犯者若得已成者若割截壞若細薄疊作兩重若小坐具若作褥若作襪作枕作鞾靴中衣作帽作攝熱巾作裹革屣巾而不犯

十三 白毛臥具戒 佛在舍衛國六群比丘純以白毛作臥具居士譏嫌如王大臣比丘舉過佛因制戒 若比丘作新臥
具應用二分純黑羊毛三分白 或生白或染白 四分尨 頭上毛耳上毛若腳上毛若餘尨色毛也

BD00881號　四分律比丘含注戒本（二卷本）卷上

十三 白毛卧具戒 佛在舍衛國六群比丘純以白毛作卧具居士譏嫌如王大臣比丘舉過佛因制戒 若比丘作新卧
具應用二分純黑羊毛三分白 或先白 四分尨 頭上毛背上毛若腳上毛若餘尨色毛
作卌卅鉢羅卧具者卅鉢羅黑十鉢羅白十鉢羅尨 乃至廿鉢羅卧具准上可知 若比丘不用二分黑三分白
四分尨作新卧具者尼薩耆波逸提 自作教他若為他作並[illegible]上也 尼突吉羅不犯者若應
量作若得已成者 餘同前戒

十四 減六年卧具戒 佛在舍衛國六群比丘嫌故卧具或重或輕或厚或薄不捨故者而更作新常營求見藏積衆多比丘舉過佛可制戒
若比丘作新卧具持至六年若減六年不捨故而更作新
者 若自作教他為也並同前戒 除僧羯磨 有比丘得乾痟之病其卧具重不堪持行佛言從僧三乞更作新者當白二與之
尼薩耆波逸提 尼犯吉羅不犯者僧聽及滿六年減六年捨更作新者若得已成若无若他与作俱不犯也

十五 不揲坐具戒 佛在衛舍道人請食當法請後遍行諸房見故坐具處處狼藉无人收攝由諸比丘嫌其厚薄輕重更作新者乃斷故者揲新六群違制比丘舉過佛制此戒
若比丘作新坐具當取故者縱廣一搩手揲新者上以壞色故 也
彼作新坐具時若故者未壞未有穿孔當取浣染治之奉持今餘截取方一搩手揲著新者若揲邊若中央以壞色故
若作新坐具不取故者縱廣一搩手揲新者上
用壞色者尼薩耆波逸提 自作教他為他成犯如上尼犯吉羅不犯者若取故者揲新者上若彼自无更作新者若他為作若得成者若純故者並不犯

十六 持羊毛過限戒 佛在舍衛國時跋難陀得羊毛貫杖頭而行居士譏言販賣羊毛比丘舉過佛因制戒 若比
丘道路行得羊毛若无人持得自持乃至三由旬 直著行 若住處
得羊毛若須應取无人持者自持至三由旬若有人者語言我有此物當為我持乃至彼處比丘於此中間不得佽持若持吉羅若令尼四衆持過者吉羅除羊毛若持餘衣若麻等吉羅若檐餘物杖頭者吉羅
若无人持自持過三由旬尼薩耆波逸提 比丘尼吉羅不犯者若持至三由旬若減三由旬有人語持中間不動使尼四衆齎三由旬若檐毛毳若檐頭上毛作帽諸巾者得

十七 使非親尼浣羊毛戒 佛在迦維羅衛六群比丘取羊毛使尼浣染擗之

BD00881號　四分律比丘含注戒本（二卷本）卷上　（22–8）

重彼處比丘於此中間不得佐持若持吉羅若令尼四衆持過者吉羅除羊毛若
持餘衣若麻等吉羅若擔餘物杖頭者吉羅　若无人持自持過三由旬尼薩耆波
逸提　比丘尼吉羅不犯者若持至三由旬若減三由旬有人語持中間不犯若使尼四衆齎三由旬若擔毛毦若毛繞繩若擔頭上毛作帽諸巾着得
十七 制使非親尼浣羊毛戒　佛在迦維羅衛六羣比丘取羊毛使尼浣染擘之 娑母尼為染毛故汙色在手往佛所礼足而立佛知
故問可而制戒　若比丘使非親里比丘尼浣染擘羊毛者尼薩耆
波逸提　比丘尼吉羅成犯　開通如浣故衣戒
十八 制畜錢寶戒　佛在羅閱城有一大臣為跋難陀留其食分兒以五錢取食跋難陀來取錢寄市肆上居士共譏比丘可責王共臣論佛廣說
諭回可制戒　若比丘自手捉錢上有文像　若金銀若教人捉若置地受
尼薩耆　是中捨者彼有信樂守園人若優婆塞當語言此是我所不應汝當知之若彼取還與比丘者當為彼人物故受勅淨人使賞之若得淨衣
鉢應持貿易受持之若彼優婆塞取已與比丘淨衣鉢者應取持之也　波逸提　比丘尼同犯若不語彼人知是者是突吉羅不犯者若語
言知是者是如上捨法若彼人不肯與衣者餘比丘當語言佛有教為淨故與應還他物若
又不与自往語言佛教比丘作淨与汝應与僧塔和上知識及本施主若不欲令失彼信施故
十九 制貿錢寶戒　佛在羅閱祇時跋難陀往市肆上以錢易錢 居士譏嫌言善能賣買比丘聞可便制此戒　若比丘種種
賣買者　若以成金未成金已成未成金銀亦三種錢唯一種交手相易錢者八種金銀銅鐵白鑞鉛錫木錢胡膠八種錢也　尼薩耆
波逸提　比丘尼同犯餘法捨開通素寶方便並如前戒不犯者若以錢貿瓔珞具以錢易錢為佛法僧者是也
廿 制販賣戒　佛在舍衛國時跋難陀往无住村以生薑易食已持去舍利弗後至乞食種越以跋難陀事徵之慙愧无言又共外道博衣悔而不得比丘過
舉佛因制戒也　若比丘種種　以時藥易時非時七日盡形彼利迦羅如是乎易乃至以衣易衣　販賣　謂價直一錢數數上下增賣
者價直一錢言直三錢重增賣者價直一錢言直五錢買亦如是也　尼薩耆波逸提　比丘尼同犯不犯者聽五衆出家
人共易應自審定不相高下如市道法不得与餘人貿易
令淨人貿若悔聽還若蘇油相易者不犯也
廿一 制畜過鉢限戒　佛在舍衛六群畜鉢惡者置之常覓好鉢畜之遂多 居士遊觀便譏以陶師乞肆比丘舉過佛便可而制戒
若比丘畜長鉢　有六種鐵鉢黑鉢赤鉢蘇摩國鉢大要有二鐵鉢泥鉢大者三升小者一升半此是鉢量如是應持應淨施
不淨施　淨施不淨施相對八門如長衣戒不異也　齋十日　時阿難得貴價鉢欲奉迦葉以常日故十日當還恐犯捨墮以事白佛便

若比丘畜長鉢 有六種鐵鉢黑鉢赤鉢蘇摩國鉢大要有二鐵鉢泥鉢大者三升小者一升半此是鉢量如是應持應淨施

不淨施 淨施不淨施相對八門如長衣戒不異 齋十日 時阿難得貴價鉢欲奉迦葉以常因故十日當還犯捨墮以事白佛便

開制主於十日 過者尼薩耆波逸提 尼同犯辯相開通如長衣戒

廿二

非分乞鉢戒 佛在舍衛國跋難陀鉢破求衆多畜居士計會乃知多受便譏嫌言受取元厭比丘以過佛因呵制戒 若比

丘畜鉢減五綴不漏 相去兩指間一綴也 更求新鉢為好故 若滿五綴不漏更求新者

者吉羅 尼薩耆 是中捨者於此住處僧中捨鉢已單白受懺便說罪名種責心生厭離鉢若好者應奪留置取最下不如者與之便作單

白以鉢次第問上座持上座鉢與次座若與彼比丘如是展轉乃至下座也 波逸提 比丘尼同犯 彼比丘應往僧

中捨展轉取最下鉢與之令持乃至破應持此是時 僧以下鉢

與彼彼應守護不得著凡石落處倚杖刀下著懸物下道中石上果樹下及不平地不得一手捉兩鉢除指㽵中央一手捉兩鉢不得開戶除用心不得著戶牖內戶扉下若床下床角除暫著兩狀間及立蕩鉢乃至足令破彼不應故壞故失非鉢用者吉羅不犯者若五綴漏若減漏求新者若從出家人索若為他他

為己不求而得若施次得若自有價買畜者皆不犯

廿三

乞縷使非親織師戒 佛在舍衛跋難陀從僧伽梨乞線遂多持線使織自作雜者織居士譏嫌比丘可責舉過可制

若比丘自乞縷線 彼在處處乞縷線者十種衣縷 使非親里織師織作

衣 若織師與線者俱親里不犯與線者非親吉羅看織自織作縫吉羅 尼薩耆波逸提 比丘尼同犯不犯者二俱親里若

自織作鉢囊草屣囊鍼筒襌帶腰帶帽襪鏁縶巾裹草屣巾者得也

廿四

勸織師增縷戒 佛在舍衛國居士出線與織師為跋難陀作衣彼往家擇取好線與織師織又許與價居士譏嫌比丘舉過佛呵制

若比丘居士居士婦使織師為比丘織作衣彼比丘先不受

自恣請 若居士與比丘貴價衣聽少欲知足索不如者隨意 便往織師所語言此衣為我作

与我極好織令廣大堅緻我當多少與汝價是比丘價

乃至一食直若得衣者尼薩耆波逸提 若求衣不得突吉羅尼同犯不犯者織業求從親里

索出家人索他

自恣請（少欲知足索不如者隨意）……

与我極好織令廣大堅緻我當多少与汝價是比丘價

乃至一食直若得衣者尼薩耆波逸提（若求衣不得突吉羅尼同　犯不犯者減少求從親里）

（索出家人索也　為己者是也）

廿五　奪比丘衣戒（佛在舍衛難陀弟子善能勸化跋難陀意欲共遊行使先与衣餘比丘言彼癡不知誦戒布薩羯磨後去不隨彼）

（即奪衣比丘訶　舉佛因制戒）若比丘先与比丘衣後瞋恚若自奪若教人奪

還我衣來不與汝（若瞋自奪及教人奪而藏者犯奪不藏者吉羅若着樹上枷上床上及餘着處雜處犯隨取不離處）

（吉羅）彼應還衣若取衣者尼薩耆波逸提（尼同僧犯不犯者不瞋恚言我悔不

与還我衣來彼歡心悔可即還衣若餘人言此比丘欲悔還他衣若借他衣着無道理還奪不犯若恐失恐壞若彼人破戒破見破威儀若被舉滅擯若為此事

命梵難一切奪取不藏舉者皆不犯也）

廿六　畜七日藥過限戒（佛在舍衛比丘秋月風病動形枯生瘡佛言有蘇油生蘇蜜石蜜聽有病緣時非時服佛在羅閱祇畢陵伽

徒衆大畜流溢道俗譏責白佛制戒）若比丘有病（謂醫教服㕥所種藥）殘藥蘇油生蘇蜜

石蜜齊七日得服（八門白義　此是長衣戒）若過七日服者尼薩耆（此應捨藥与僧乞藥与僧已

白識治罪竟還彼藥法至第七日捨与比丘彼應取食若過七日蘇油塗戶嚮蜜石蜜与守薗人減七日者白二還之比丘當取塗脚然燈用也）波

逸提（比丘尼同犯不犯者如上捨用之義別也）

廿七　過前求雨衣過用前戒（佛在舍衛毗舍佉母請佛及僧婢白時到見諸比丘裸浴因此八願為佛所讚六群常求比丘舉

過佛因制戒）若比丘春殘一月在當求雨浴衣（雨衣者比丘用雨中浴衣有十種彼應三月十六日求）半

月應用浴（四月一日應用）若比丘過一月前求雨浴衣（三月十五日前求雨衣）過半

月前用浴（謂三月盡日前用）尼薩耆波逸提（比丘尼吉羅不犯者若捨作餘用若着而浴若浣若舉者是犯）

廿八　過前受急施衣過後畜戒（佛在毗蘭若聽受夏衣六群常乞衣常受衣跋難陀異處安居異處受衣佛在舍

衛安居中大臣為安居施衣佛因開而制戒也）若比丘十日未竟夏三月（謂七月五日已前是也）諸比丘

得急施衣（若受便得不受便失故）……比丘知是急衣施當受受竟乃

BD00881號　四分律比丘含注戒本（二卷本）卷上

八 過[illegible] 受衣跋難陀與處安居與處受衣佛在舍

衛安居中大臣為安居施衣佛因聞而制戒也 若比丘十日未竟夏三月 謂七月五日已前是也 諸比丘

得急施衣 若受便得不受便失故名急也衣者有十種 比丘知是急衣施當受受竟乃

至衣時應畜 衣時者自恣竟不受迦絺那衣一月受衣五月若自恣十日在得急施衣受已至一月五月畜乃至明日自恣應受一月五月外更增九日

若過是畜者尼薩耆波逸提 得急施衣若過前若過後並犯隨比丘尼犯同不犯者不過前不過後若奪

衣失衣過前取不犯若寄衣比丘遠行水陸道斷過後不犯也

廿九 九 蘭若有疑離衣過限戒 佛在舍衛比丘蘭若處為賊所劫并奪什物佛令留二衣置村舍內六群寄衣遊行因從舉

過佛因制戒 若比丘夏三月竟後迦提一月滿 謂八月半後 若阿蘭若 去村五百

弓遠摩羅國弓長四肘用中肘量也 若有疑 疑有賊盜 恐懼處 中有恐怖賊盜 比丘在如是處

住三衣中欲留二衣置村舍內 村者聚也 諸比丘有因緣離衣

宿乃至六夜 若依有緣離衣第七夜明相未出前若捨若捉衣若至擲石所及處又上犯也 若過者尼薩

耆波逸提 開緣如前 離衣戒

卅 迴僧物戒 佛在舍衛居士飯僧施衣跋難陀聞語言施僧者多今可施我居後見長老比丘威儀具足便即悔歎比丘以過白佛因制戒也

若比丘知 不知非犯 是僧物 有三種僧物者已許僧為僧者僧為故作未許僧已與僧者已許僧已捨與僧物者下至飲水器也

自求入已者 若許僧轉與塔若許四方僧轉與現在僧若僧尼若異處若又上交易若疑想並突吉羅也 尼薩耆

波逸提 不犯者若不知若作不許想若許少勸今多許少人勸與多人勸與好物者誤戲若錯說者並不犯

諸大德是中清淨不 三說 諸大德是中清淨默然故是

事如是持

諸大德是九十波逸提法半月半月說戒經中來

初 妄語戒 佛在釋翅瘦釋子象力善能談論與外道論議若不如時便反前語若僧中問復違反語梵志訊云正法比丘舉過白佛因制此戒

若比丘知 謂見聞觸知及不見知八種見者眼識能見乃至意識能知不見者除眼識餘五識是如是類及 而妄語者 若境界是

聞見觸知若想若疑便言不見聞觸知波逸提乃至不見聞等亦類上也若

初 妄語戒 佛在釋翅瘦釋子象力善能談論与外道論議若不如時便反前語若僧中問復違反語梵志譏嫌比丘舉過白佛因制此戒

若比丘知 謂見聞觸知及不見知八種見者眼識能見乃至意識能知不見者除眼識餘五識是如是類及 而妄語者 若境界是

聞見觸知者想若疑使言不見聞觸知波逸提若前後不憶正妄語時知者

本作妄語念及妄語時不憶是妄語者吉羅

波逸提若所見異所忍異所欲異所觸異所想異所心異如此諸事皆是妄語說戒時乃至三問憶念罪不說突吉羅 波逸提 若說不了吉羅

尼同犯三衆吉羅不犯者不見言不見乃至知言知等八種若意有見想便說者不犯

二 行罵戒 佛在舍衛六羣斷事種類罵彼妄失前後慙愧不語比丘以過白佛佛便引古牛喻譬畜主得毀不堪進力等便制此戒 若比

丘種類 有多種卑姓家生行業卑伎術工巧亦卑 毀呰語者 如上六種罵餘比

丘若面罵喻罵自比罵者皆 戒言汝犯過或結使或言三者瞎等語之 波逸提 若說善法面罵者言汝是阿蘭若乃至說而不了突吉羅也 坐禪若喻罵者言汝似坐禪也若自比罵者言我非也說了不了並突吉羅 不犯者相利故說為法故

三 兩舌語戒 佛在舍衛六羣傳他彼此語令衆鬪爭不能除滅比丘以過白佛佛便引野干鬪亂二獸況復於人便呵責已制戒 若比

律為教授故為親厚故戲笑故或失口或錯誤者是也

丘兩舌語 謂鬪亂十衆 破離彼此善也 波逸提 不犯者破惡知識惡伴黨和上同師知識親友數數語者

元義元利欲方便作元利義破如是人者不犯也

四 共人女宿戒 佛在舍衛阿那律行路婬女舍宿裸身來嬈尊者羿空彼慙愧懺悔說法得道比丘舉過佛便呵制 若比丘

與婦人 女人有知命根不斷 同室 四周牆郭上有覆也或前敞無壁或雖覆而不遍或覆遍而有開處也 宿者

若前後至或俱至若亞若卧隨脇著地隨轉側並犯 波逸提 若非人女畜生女黃門若二根人同宿吉羅盡日共女比丘卧者吉羅不犯者不知

彼室有女若室元覆若半覆半少覆元郭若盡郭若半覆郭作句准上若病卧被縛命梵難等並開

五 共未受具人宿過限戒 佛在曠野城六羣共長者講堂宿時亂心睡形露為彼調弄白佛因制佛在拘睒彌便開二三宿重結此戒 若比丘與未受大戒人 除比丘比丘尼餘未受大戒人是 共宿 同室宿如前說

過二宿至三宿 若共二宿若至三宿明相未出應起避去至第四宿若自若使未受者去也 波逸提

若与非人畜生男共過三句義吉羅開緣並同前戒

六 共未受具同誦戒 佛在曠野城六羣比丘与諸長者講堂誦經語聲高大亂坐禪者比丘以過白佛因制戒 若比丘

過二宿至三宿 若共二宿若復三宿明相未出應去 至第四宿若去自若使未受者去也 波逸提
若與非人畜生男共過三 一切突吉羅 明緣並同前戒

六 共未受具同誦戒 佛在曠野城六群比丘與諸長者講堂誦經語聲高大亂坐禪者 比丘以過佛因制戒 若比丘
與未受大戒人 如上 共誦 謂誦句義句味字義也 非句義亦尔 言句義者未竟第二人抄前也 句味者眼見常等也 字義者同誦不前不後也 非句義者如人說諸惡莫作
同誦何字也 非字義者抄前何字也 法者 謂佛聲聞仙人諸天所說正法 波逸
提 若共誦一說二三說若口教書授 若未了了及非人畜生並突吉羅 若師不教言我說竟汝可說師吉羅 不犯者我說竟汝說 又誦竟一人書 若同業同誦戒戲咲
語獨語錯說 彼此皆不犯

七 說麁罪戒 佛在羅閱城有波利婆沙比丘在下行坐 六群比丘以所犯事向白衣說之 有過者及餘比丘皆嫌 比丘以過佛因制戒
若比丘知他 不知者開 有麁惡罪 四波羅夷僧伽婆尸沙也 向未受大戒人說 除
僧羯磨 波逸提 除麁罪以餘罪說者自說麁罪說餘人罪 一切吉羅 不犯者若不知若眾僧差若非麁想若白衣先已聞者
不犯

八 實得道向白衣說戒 佛在毗舍離以前大妄語緣集僧呵責已便制此戒也 若比丘向未受
戒人說過人法言我見是我知是實者 波逸提 並如上初篇
若言業報若戲錯並不犯

九 獨與女人說法戒 佛在舍衛迦留陀夷在姑前與兒婦耳說語 法因此譏 問比丘舉過佛因制 後開五六語及有知男限等
若比丘與女人 如上 說法過五 色受想行識無我也 六語 眼耳鼻舌身意無常 除有知
男子 解麁惡不 麁惡事也 波逸提 若說不了吉羅 若向非人畜生說過亦介 不犯者若五六語有知男前過說 若無有知男
子前應各廣說 若受授為義 五戒及說五戒法 與受八關齋說八關齋法 八聖道十不善法 女人問並不解廣說並得 乃

十 掘地戒 佛在曠野城六群為佛修治講堂周匝自掘地 長者譏嫌不知正法斷他命根 白佛因制 後教人治講堂言掘是置是 有長重譏 比
丘以過佛因制戒 若比丘自手掘 若用鋤钁斸椎打乃至指掐傷地釘栓入地 地上然火 及有地想 也 地 若未
掘者已掘地若四月被雨漬還如本 若教人掘者 若不教言看是知是 突吉羅 波逸提 下三眾吉羅 下篇同此 不犯

□地 法斷他命根白佛因制後教人治謗寃言掘是置是者長重謗比
丘以過佛 若比丘自手掘 若用鋤钁斵椎杙乃至指抓掐傷地釘橛 已 地 若
因制戒 入地地上然火及有地想 未
掘若已掘地若罥
被雨漬還如本 若教人掘者 若不教言看是 知是突吉羅 波逸提 下三眾吉羅
者若語言知是看是若曳材木若扶籬若反博石取牛屎取 下篇同此不犯
岸地若鼠壞土除經行處土及屋內若來往掃地不故掘一切不犯
十一 壞生種戒 佛在曠野城集僧告言有一比丘脩治 若比丘壞 若斫截墮落
屋舍而自斫樹非沙門法可責便制 並名為壞
鬼神 非人 一切草木是鬼畜所依有五種根種 波逸提 若生生想自斷教他
村 是見 支種節生種覆羅種子子種 斷自炒煮若教人並
復生疑想者吉羅草木七種色白壞教他壞者復生疑及想吉羅若釘杙著生草
樹上若以火等並燒若斷多分生草木者墮斷草乾生者及不言知是看是一切吉羅不
犯者若言看是知是若斷乾枯草木若於生草木上曳材曳竹正籬郭撥墼石取牛屎
若生草覆道以杖遮開若以瓦石柱之而斷傷草木若除經行地土若掃經行地若以杖築
地而誤撥生草
木斷者无犯
十二 餘語惱觸戒 佛在拘睒彌國闡陀比丘犯罪餘比丘問以別事荅以過白佛使
佛可已作觸惱 可已作餘語白後便惱僧喚來不來乃至不應語而語以過白
白因制此戒也 若比丘妄作餘語 僧未白前作餘語者汝向誰說為
說我不見此罪者一切吉羅若 說何事為論何理為我說為餘人
作白已如是語者犯墮也 惱他者 如前緣中乃至不應語而語 波逸提
若上座喚來不來吉羅不犯者重聽不解前語有參錯汝向誰說乃至我不見此罪若 而吉羅白已作者波逸提也
作非法无利羯磨不与和合喚來不來若為作非法羯磨若不欲和教言莫來便來若
一坐食若不作餘食法食若病喚起若命梵等難教莫起便起
若惡心問不与說若作非法事便可語者若小語若錯誤一切不犯
十三 嫌罵知事戒 佛在羅閱城沓婆比丘僧差知事慈地比丘齋眠見處譏嫌
之以過白佛便可制戒後便於聞處罵以過重白佛便乘前重制此戒
若比丘嫌 謂面見不聞處 罵 背面可聞不見處而譏罵 波逸提 若不受上座教
嫌罵者吉羅不犯者實有事恐後悔恨語令如法發露便 言有愛恚怖癡
言有愛等若戲錯說者並不犯 也
十四 露地敷僧物戒 佛在舍衛長者請僧十七群比丘取僧坐具露敷望
時不收往食為風塵坌鳥壞汙以過白佛可已制戒
若比丘取僧 眾僧物為僧屬僧三種也 繩牀 有五種旋腳直腳曲腳入梐无腳也 若木牀 亦如上說 若
卧具 或用坐或用卧 坐蓐 擬常用坐 露地敷若教人敷捨去自不舉
不教人舉波逸提 彼以僧物付知事言我今付授汝汝守護看若都无人
當舉屏處若无屏處必知无壞當持去者還取好看若
而時還便急遺雨中途及還者應往也彼次第如是方便應去若不作者初出門隨

BD00881號　四分律比丘含注戒本（二卷本）卷上　（22–15）

卧具或用坐或用卧坐蓐用坐露地敷若教人敷捨去自不舉
不教人舉波逸提 彼以僧物付知事言我今付授汝汝守護看若都无人當舉屏處若无屏處必知无壞當持處者處好看者若
即時還便患道而中疾及還者應住也彼次第如是方便應去若不作者初出門墮
若方便還悔一切吉羅若二人同坐下座應收不者犯二罪上座犯一墮若俱不收二俱墮餘
牀踞牀机等不收及卧具表裏一切吉羅若露敷僧物而入房
思惟吉羅不犯者僧物露敷去時語舊住人摩摩帝經營人令知如上方便一切不犯

十五 覆處敷僧物戒 佛在舍衛客比丘在邊房敷卧具宿不語便去卧具爛壞虫嚙色變見過白佛因制此戒也 若比
丘於僧房中敷僧卧具 謂繩床木床上褥薦坐具枕地敷下至卧褥也 若自敷若教
人敷若坐若卧去時不自舉不教人舉 彼應語舊住比丘言与我牢舉若无人不畏失
當移牀離壁高枝牀脚持枕蓐卧具置裏以餘重覆若恐壞敗取卧具等置衣
架上豎牀而去若不如是出界墮罪欲去還悔吉羅若即還二宿在界外第三宿明
相未出不自往不遣使
覺讓者犯墮也 波逸提 不犯中如上方便已在界外或水陸道斷命梵等緣者開

十六 強敷坐戒 佛在舍衛六群十七群同道行至无比丘住處時十七群自求住處彼六群知求得宿處彊在中間敷卧具宿比丘以過白佛因制 若
比丘知 不知者開 先比丘住處後來彊於中間 若頭邊若脚邊若兩脇邊 敷卧具
若草敷葉敷下至地敷卧褥 止宿念言彼若嫌迮者自當避我去作如是
因緣非餘非威儀波逸提 謂隨轉側脇著牀結曠不犯者先不知若語已住先与開間若開寬廣下相妨閙若
親舊人教言但敷我自語主若倒地若病轉側
遭上若力勢所持若被繫閉命梵二難並无犯

十七 牽他出房戒 佛在舍衛六群十七群同道行至小住處十七群於先入寺掃灑令淨六群知得好處驅趁牽出比丘以過白佛便制也
若比丘瞋他比丘不憙僧房舍中若自牽出教他牽出
若自作教人牽隨所牽多少隨出房隨犯墮若牽多人出一戶若牽一人出多
戶皆犯多墮若一人出一戶一墮若持他物出若擲著戶外閉他戶外皆突吉羅也
波逸提 不犯者无恚心隨次出若遣未受具出若破戒見威儀及為舉擯因此致命梵難驅出者並開

十八 坐脫脚床戒 佛在舍衛比丘在重屋上住坐脫脚床脚脫墮比丘上壞身而出仰向恚罵比丘以過佛因制戒也 若比丘
若房 謂僧房若私房 若重閣上 謂立頭不至上 脫脚繩床若木牀 脫脚者脚入陛
若坐若卧 隨脇著牀隨轉側 波逸提 除脫脚牀已若在獨坐牀或一板牀浴
牀一切吉羅不犯者若坐旋脚直脚曲脚

八 坐脫脚床戒 丘上壞身而出仰向長罵比丘以過佛因制戒也 若比丘
若房 謂僧房 若私房 若重閣上 謂立頭不至上 脫脚繩床若木床 脫脚者脚入梐
若坐若卧 隨脇着床 隨轉側 波逸提 除脫脚床已若在獨坐床或一板床浴
床而吉羅不犯者若坐旋脚直脚曲
脚无脚繩床若床枝大若脫脚床安細要若重屋板覆若木作花覆若
厚覆若反床坐若脫床脚坐者並開
十九 用虫水戒 佛在拘睒毗闡陀起屋虫水和泥教人和長者
見譏无有正法害衆生命比丘以過佛因制戒 若比丘知 不知不犯
水有虫若澆泥若草若教人澆者 若以草土擲虫水中若虫酪漿清酪漿若清麥漿若酢以澆
泥草一切皆墮 波逸提 不犯者不知有虫作无虫想若虫大以手動
教人亦同 也 水令出去若漉水灑地若教人漉者一切不犯
廿 覆屋過限戒 佛在拘睒毗闡陀起房重覆不止屋便摧破居士
譏言種越難與受者知足比丘以過佛因制戒 若比丘
作大舍 多用財物 户扉窓牖及餘莊飾具 覆漏 乘畫 指授覆苫
有二種縱覆橫覆 齊二三節若過者 彼比丘指授三節未竟自至
不見聞處若不至見聞處者 波逸
提 若手捨見聞處吉羅不犯
者如上指授難遠者開也
廿一 輒教授尼戒 佛在舍衛大愛道尼來請教授佛令差往僧次服陁往彼
說法六群次往爲說世論愛道白佛便羯磨差而制此戒 若比丘
僧 一說戒 一羯磨 不差 不於僧中 白二羯磨 教授 八不可違法 律具出文 尼亦爾時 比丘尼者波逸提 若於說戒時上
座問答已若僧差者隨尼請餘比丘見時迎若違俱犯吉羅者聞來者當出半由旬迎
供給所須不者吉羅若僧不差非教授日與說八不違法吉羅若不差與說法者隨若
僧病不和合衆不滿應遣人禮拜問訊尼衆病等亦遣禮拜問訊若不吉羅比丘
尼等四衆吉羅不犯者比丘尼衆如上方便已而爲水陸道斷諸難不容禮拜問訊者並開
廿二 爲尼說法至暮戒 佛在舍衛難陀僧差教授尼已默然而住受道重
請說至日暮尼出祇洹城塹中宿爲估所謗比丘白佛使
可而制戒 若比丘爲僧差 一教授 一羯磨 教授 衆僧中差 白二羯磨 比丘尼乃至日暮者
彼爲僧差教授尼日未暮當還除教授若受經若誦經若問若以
餘事乃至日暮除尼若爲餘女受經等至暮一切突吉羅 之 波逸提 尼等
吉羅不犯者教授尼至日未暮便住除婦女已爲餘人若船濟處
說法尼自聽者若与估買夜說法若尼寺中若因請人值說便聽者開
廿三 譏訶教授者戒 佛在舍衛尼聞教授師來出迎供給六群生嫌云
彼无實但爲食故教授尼也比丘以過佛因制戒 若比丘
語諸比丘作如是語諸比丘爲飲食故教授比丘尼者波逸
一 若說不了了吉羅比丘尼等吉羅不犯者其事實爾爲飲食供養

卄三 諫訶教授者戒 彼无實但為食故教授尼也比丘以過佛因制戒 若比丘

語諸比丘作如是語諸比丘為飲食故教授比丘尼者波逸

若說不了了吉羅比丘尼等吉羅不犯者其事實爾為飲食供養故教授若不為飲食故教誦經若問若戲若錯說者一切不犯

提

卄四 與非親尼衣戒 佛在舍衛乞食比丘威儀具足尼見生善而數請彼比丘不受後僧分衣便以衣与尼尼受之彼慊責尼數向人說比丘以過佛呵制也

若比丘與非親里 如上 比丘尼衣 十種如上 除貿易 以衣易衣易非衣易

錫易刀若縷線下至藥草一片

波逸提 比丘尼等吉羅不犯者与親里尼衣共相貿易若与塔与佛与僧无犯也

卄五 為非親尼作衣戒 佛在舍衛迦留陀夷為尼作大衣莊作婬像戒已捋尼令在衆後著之生佐譏嫌諸尼以過達僧比丘以過佛因制

若比丘與非親里比丘尼作衣者波逸提 彼比丘隨刀截多少隨縫一鍼皆墮若復被者等

捉尉治以手摩扪若捏角頭挽方正安襟若索縁若縫一一吉羅

尼等吉羅不犯者与親里尼作与僧作若為塔若借著浣染治還主者一切不犯

卄六 與尼坐戒 佛在舍衛迦留陀夷与偷蘭難陀尼俱覲端正各有欲意在門外坐居士共慊鳥為譬比丘聞以過白佛因制戒

若比丘與比丘尼 屏處者一是比丘一是比丘尼 在屏 有二種見屏覆處者若塵霧烟雲黑闇不見也聞屏處者乃至不聞常語聲也

覆處坐者 若第三人盲而不聾聾而不盲若住者一切吉羅也 波逸提

鄣 若樹若牆若籬若衣若復以餘物鄣也

尼等吉羅不犯者若比丘有伴若有知人有二不盲不聾若行過倒地若病若力勢所持命梵等難者並開也

卄七 與尼同行戒 佛在舍衛六群比丘与六群尼人間遊行居士譏嫌比丘以過白佛便呵已制也

若比丘與比丘尼期 言共至某村城國土 同一道行 村間有久齊行處是 從一村乃至一村 隨久齊衆多界二墮

非村落空處行乃至十里墮若減十里多村間同一界行及方便共期一切突吉羅

除異時波逸提 異時者 尼等吉羅不犯者不共期大伴行疑

與估客行若疑 有賊劫盗 畏怖 怖有賊盗 是謂異時

恐怖處若往彼得安隱若力勢所持命梵等難者並開也

卄八 與尼同船戒 佛在舍衛六群比丘与六群尼同乘船上水下水居士共慊比丘舉過白佛因制 凡

若比丘與比丘尼共期同乘一船上水下水 若入船裝墮 除直渡彼 餘方便吉羅

岸 波逸提 尼等吉羅不犯者不期若直渡彼岸若入船船師失濟上水下水若從彼岸不得安隱戒為勢力所持命梵難縁无犯

佛在舍衛有居士請舍利弗等羅敷好坐偷蘭難

八 與尼共……共議比丘舉過白佛因制 又
丘與比丘尼共期同乘一船上水下水 若入船哀渡 除直渡彼 餘方便吉羅
岸波逸提 尼等吉羅不犯者不期若直渡彼岸若入船船師失濟 水上水下水若値彼岸不得安隱或為勢力所持命梵難緣無犯
廿九 受尼讚食戒 佛在舍衛有居士請舍利弗等露敷好坐偷蘭難陀尼見已恚言所請並是下賤我若請者則調達等龍
中之龍食還具 說佛因呵制也 若比丘知 不知不犯 比丘尼讚歎教化 謂阿練若乞食人乃至三衣讚偈多
聞法師持律坐禪 因緣得食 從旦至中得食 食除檀越先有意者波逸提
謂咽咽結隨除飲食得儭衣燈油吉羅尼等吉羅不犯者若不知若檀越先有意若無教化想若尼自作若檀越令尼經勞若不故教化而乞食與者無犯 又
卅 與女人同行戒 佛在舍衛因婦與姑爭還歸舍離時阿那律欲往回此女為伴夫使逐得打阿那律與斷命故比丘以事白佛呵制戒
比丘與婦女 如上 共期同一道行乃至村間波逸提 若村乃一界行 及尼等四眾
一切吉羅不犯者先不知不共期須往彼得安若力勢諸難者開 也
卅一 施一食處過受戒 佛在舍衛時拘薩羅國有無住村居士作處常供一食 六群數受居士言我本周給一宿住者比丘以過白佛制戒
若比丘施一食處 在中一宿也食 無病 病者離彼村增者 比丘應一食若過 者乃至時食 居同犯不犯者一宿受食病過受食若居士請住我為沙門釋子故設此食
受者 咽咽結隨除食已受餘儭身衣燈油盡受吉羅 波逸提
若檀越次弟請食若見女姊婦次第請或今日受此人明日受彼人食若道斷難者 又
卅二 背請戒 佛從羅閱祇入間遊行至阿那頻陀國因沙竟施便開食粥因食濃粥又因節會檀越送食又後受請俗譏道呵佛因制 又
若比丘展轉 謂是請也有二種 若僧次請別請 食 飯麨乾飯等 除餘時波逸提餘時
者病時 不能一坐好食令足 施衣時 自恣竟無迦絺那衣一月有衣五月若復有餘施食及衣也 是謂時
若不捨前請受後請咽咽隨吉若不捨後受前請咽咽吉羅不犯者病時施
衣時若一日之中有多請自受一請餘者當施與人言長老我應往彼今布施
汝若請與非食或不足或無請食者或食已更得戒後一處有前食後食皆開 也
卅三 別眾食戒 佛在羅閱祇提婆達多教人害佛復教阿闍世殺父惡流布利養斷絕與五比丘家家乞食比丘以過白佛便呵已制戒 又
若比丘別眾 若四人若過四人 食 飯麨乾飯等 除餘時波逸提餘時者
病時 下至腳…… 自恣竟無迦絺那衣一月有……

三 別衆食戒 制養斷施与五比丘家家乞食比丘以過白佛使何已制戒也

若比丘別衆 若四人若過四人 食 飯麨乾飯等 除餘時波逸提餘時者

病時 下至脚跟胼也 作衣時 自恣竟無迦絺那衣一月有衣五月乃至衣上作馬齒一縫 施衣時 自恣前 戒也

道行時 下至半由旬內有来有去 乘船時 下至半由旬內乘船上下者 大衆集時 食足四人長又為患五人

十人乃至百人長一人為患 沙門施食時 在此沙門釋子外諸出家者及從外道出家者 此時是 若先別衆 也

食緣當起白言我於此別衆中无因緣欲求出若餘人无緣亦聽使出若二人三人隨

意食四人若過應分作二部更互入食若有別衆因緣欲入尋起白言我有別衆

食因緣欲求入佛言當隨上座次入有緣不說吉羅隨別衆食咽咽結[illegible]同

犯不犯者如上具列 開緣若二人三人更互食若說有因緣法者 開

卅四 取歸婦估客食過限戒 佛在舍衛婦人將還夫家以其辦食施比丘經時不返夫便取婦又有商客

食分數施遂為賊劫比丘以過白佛因制也 若比丘至白衣家 有男有女 請与比丘麨

飯若比丘須者當二三鉢受還至僧伽藍中應分與

比丘食 若不持食還者告諸比丘某家有歸婦食有賈客道路糧若者食食已應出持還者齊二三鉢若持一鉢二鉢三鉢来者

二示語乃至已持三鉢来慎勿持還也 若比丘無病 謂能一處坐食好食竟 過兩三鉢受持

還僧伽藍中 出彼門犯隨方便悔者吉羅也 不分與比丘食 而獨食者吉羅 波逸提

若不問歸婦賈客路食若不語餘比丘吉羅不犯者兩三鉢受若病過受

問已共分使知村處若白送僧寺中得受送足寺中得受无犯

卅五 足食戒 佛在舍衛說一食法五種食中令飽足後猶惟怍佛言聽病者又食病人殘食又聞作餘食法有會發食者不知食法

比丘白佛因制戒 若比丘食竟戒時受請 請者五種中若食一食 也 若飯麨乾飯魚肉令飽足者 也 不作

餘食法 彼持食還作法言大德我足食已知是看是此作餘食法彼應取少許食已當語彼言我止汝取食之彼不作者 也 而食

之波逸提 是中行住坐臥各作句數犯足如律法蘭若食有根枝葉華果油胡麻黑石蜜磨細末食彼比丘足食已不作餘食法得而食

之咽咽隨墮若食已為他作若知他足食已作自手捉食作持食置地作使淨人作以不好

食覆上作而持去並不成餘食法吉羅淨人前作者吉羅足等四衆吉羅不犯

者食作非食想不受作餘食法非食不作法並反上制文

若病不作法病人殘食不作餘食法食若已作餘食法无犯

卅六 勸犯足食戒 佛在舍衛兄弟同作比丘其一貪餐嗜食不知足食不足食餘食不餘食得而食之彼以過白佛此懷恚見彼食已便

之咽咽墮若食已為他作若知他足食已作白手捉食作持食置地使淨人作以不好
食覆上作而持去並不成餘食法吉羅淨人前作者吉羅尼等四衆吉羅不犯
者食作非食想不受作餘食法非食不作法並反上制文
若病不作法病人殘食不作餘食法食若已作餘食法無犯

卅六 勸足食戒 佛在舍衛有兄弟同作比丘其一貪餮嗜食不知足食不足食
强勸食又以過責比丘 餘食不餘食得而食之彼以過責此懷恨心見彼食已便
舉過佛因制戒 若比丘知 不知不犯 他比丘足食已 食有五種 若
受請 亦有五種如上 不作餘食法殷勤請與食長老取
是食以是因緣非餘 若先不知足食不足食想若與令棄若
與令舉若遣令與人若未作法令作若病
人殘食若已作法
食不令他犯 欲令他犯 若彼受食食咽咽二俱墮若與食彼棄
之或受而舉置若受與餘人若彼受已作
法食若與病人食欲令他犯持病人殘食與若作餘食法
已與欲令他犯如上緣一切與者突吉羅 也 波逸提 尼等四衆
突吉
羅也

卅七 非時食戒 佛在羅閱城時人民節會難陀跋難陀二釋子共看伎并
受飲食向暮還山迦留陀夷入城乞食雷電見面驚言
鬼鬼比丘以過
佛因呵制也 若比丘非時 時者明相出乃至日中衆此時為法四天下
食亦爾非時者從日中乃至明相未出也 受
食 有二種佉闍尼食如上 蒲闍尼五種食亦如上 食者波逸提 彼非時受食咽咽墮若非時
過非時七日過盡形壽
藥無因緣服者吉羅不犯者作黑石蜜法爾故有病者服吐下藥曰
時過麨麥全皮不破漉汁飲又唯中唄 出還咽者無犯

卅八 食殘宿食戒 佛在羅閱祇迦羅坐禪思惟疲苦食先得者比丘於小大
食上不見覓之具說所由比丘白佛便呵已言汝雖少欲
後來衆生相法
而行因即制戒
若比丘殘宿 今日受已至明日於一切沙門
釋子受大戒者皆不清淨 食 有二種非正食者根食乃至細
末食正食者乃至肉飯
而食者 舉宿而食咽咽墮非時七日過限亦墮
盡形壽藥無病因緣而服者吉羅 波逸提 不犯者宿受
食與父母塔
舍作人計價與後乞食比丘從作人邊乞得者若鉢盂孔釋食入如
法洗之餘不出者得宿受蘇油灌鼻若隨唾出棄餘者得 也

卅九 不受食戒 佛在舍衛城人為三父母等於四衢道頭乃至廟中祭祀供養食
喪婦衣乞食比丘自取食之居士共嫌比丘之過白
佛便呵 若比丘不受 不與食者未受者是受有五種手受與手持物
受持物與手受若持物授持物受若遙過物與
制戒
者受者俱知中間無所觸礙得墮手中是也復有五種衣身曲肘器
與還以上四受若有因緣置地與是為五 也 食 佉闍尼食根細

八 食殘宿食戒 食上不見覓之具說所由比丘白佛佛呵已言汝雖少欲

後乘衆生相法而行因即制戒

若比丘殘宿 今日受已至明日於一切沙門釋子受大戒者皆不清淨 食 有二種非正食者根食乃至細末食正食者乃至肉飯

而食者 舉宿而食咽咽墮非時七日過限亦墮盡形壽藥無病因緣而服者吉羅 波逸提 不犯者宿受食與父母塔

舍作人計價與後乞食比丘從作人邊乞得者若鉢孔殘食入如法洗之餘不出者得宿受蘇油灌鼻若隨唾出棄餘者得 也

卌九 不受食戒 佛在舍衛城人爲亡父母等於四衢道頭乃至廟中祭祀供養糞掃衣乞食比丘自取食之居士共嫌比丘過白

佛佛呵制戒 若比丘不受 不與食者未受者是受有五種手與手受持物與手受若持物授持物受若遥過物與者受者俱知中間無所觸礙得墮手中是也復有五種身衣曲肘器與還以上四受若有因緣置地與是爲五 食 法闍居食根細

末等又去飯麨乾飯等 若藥 者邪屋食者蘇油生蘇蜜石蜜 着口中 若不與食自取着口中咽咽墮非時七日若過限亦

隨盡形藥無因緣不 除水及楊枝 波逸提 不犯者取淨水楊枝若不受蘇油灌鼻與素

受而食者吉羅也

俱出餘不犯若乞食比丘鳥銜食若風吹墮鉢中除去四食乃至一指爪可除去餘者 無犯 也

注四分戒本上卷

著　録　凡　例

本目録採用條目式著録法。諸條目意義如下：

1.1　著録編號。用漢語拼音首字“BD”表示，意為“北京圖書館藏敦煌遺書”，簡稱“北敦號”。文獻寫在背面者，標註為“背”。一件遺書上抄有多個文獻者，用數字1、2、3等標示小號。一號中包括幾件遺書，且遺書形態各自獨立者，用字母A、B、C等區別。

1.2　著録分類號。本條記目録暫不分類，該項空缺。

1.3　著録文獻的名稱、卷本、卷次。

1.4　著録千字文編號。

1.5　著録縮微膠卷號。

2.1　著録遺書的總體數據。包括長度、寬度、紙數、正面抄寫總行數與每行字數、背面抄寫總行數與每行字數。如該遺書首尾有殘破，則對殘破部分單獨度量，用加號加在總長度上。凡屬這種情況，長度用括弧標註。

2.2　著録每紙數據。包括每紙長度及抄寫行數或界欄數。

2.3　著録遺書的外觀。包括：（1）裝幀形式。（2）首尾存況。（3）護首、軸、軸頭、天竿、縹帶，經名是書寫還是貼簽，有無經名號，扉頁、扉畫。（4）卷面殘破情況及其位置。（5）尾部情況。（6）有無附加物（蟲繭、油污、線繩及其他）。（7）有無裱補及其年代。（8）界欄。（9）修整。（10）其他需要交待的問題。

2.4　著録一件遺書抄寫多個文獻的情況。

3.1　著録文獻首部文字與對照本核對的結果。

3.2　著録文獻尾部文字與對照本核對的結果。

3.3　著録録文。

3.4　著録對文獻的説明。

4.1　著録文獻首題。

4.2　著録文獻尾題。

5　　著録本文獻與對照本的不同之處。

6.1　著録本遺書首部可與另一遺書綴接的編號。

6.2　著録本遺書尾部可與另一遺書綴接的編號。

7.1　著録題記、題名、勘記等。

7.2　著録印章。

7.3　著録雜寫。

7.4　著録護首及扉頁的内容。

8　　著録年代。

9.1　著録字體。如有武周新字、合體字、避諱字等，予以説明。

9.2　著録卷面二次加工的情況。包括句讀、點標、科分、間隔號、行間加行、行間加字、硃筆、墨塗、倒乙、刪除、兑廢等。

10　　著録敦煌遺書發現後，近現代人所加内容，裝裱、題記、印章等。

11　　備註。著録揭裱互見、圖版本出處及其他需要説明的問題。

上述諸條，有則著録，無則空缺。

為避文繁，上述著録中出現的各種參考、對照文獻，暫且不列版本説明。全目結束時，將統一編制本條記目録出現的各種參考書目。

本條記目録為農曆年份標註其公曆紀年時，未經行歲頭年末之换算，請讀者使用時注意自行换算。

條 記 目 錄

BD00826—BD00881

1.1 BD00826 號
1.3 大般若波羅蜜多經卷五〇
1.4 盈 026
1.5 084：2130
2.1 （29 +693.2）×25.5 厘米；17 紙；439 行，行 17 字。
2.2 01：29 +3.5，20；　02：45.3，28；　03：45.3，28；
04：45.3，28；　05：45.3，28；　06：45.4，28；
07：45.4，28；　08：45.4，28；　09：45.4，28；
10：45.2，28；　11：45.2，28；　12：45.3，28；
13：45.3，28；　14：45.2，28；　15：45.2，28；
16：45.0，27；　17：10.5，拖尾。
2.3 卷軸裝。首殘尾全。尾有原軸，軸兩端塗黑漆。首紙下部殘缺，有殘洞；第 2 紙有横向撕裂；第 11 紙有殘洞。有燕尾。有烏絲欄。
3.1 首 18 行下殘→大正 220，5/280A17 ~ B5。
3.2 尾全→5/285A18。
4.2 大般若波羅蜜多經卷第五十（尾）。
8 8 ~9 世紀。吐蕃統治時期寫本。
9.1 楷書。
9.2 有刮改。
11 圖版：《敦煌寶藏》，72/67A ~76A。

1.1 BD00827 號
1.3 金剛仙論卷三
1.4 盈 027
1.5 220：7310
2.1 427.5 ×26.3 厘米；6 紙；261 行，行 17 字。
2.2 01：76.0，47；　02：76.0，47；　03：76.0，47；
04：76.0，47；　05：76.0，47；　06：47.5，26。
2.3 卷軸裝。首脱尾全。卷尾上部殘缺。有燕尾。有烏絲欄。
3.1 首殘→大正 1512，25/817B6。
3.2 尾全→25/820B8。
4.2 金剛仙論卷第三（尾）。
7.1 卷首背部有經名勘記“金剛仙論卷第三”，為殘破後補註。
8 7 ~8 世紀。唐寫本。
9.1 楷書。
9.2 有字下加字。有刮改。
11 圖版：《敦煌寶藏》，105/425A ~431A。

1.1 BD00828 號
1.3 金光明最勝王經卷一
1.4 盈 028
1.5 083：1490
2.1 187.3 ×27.5 厘米；5 紙；108 行，行 17 字。
2.2 01：14.0，護首；　02：43.5，27；　03：43.3，27；
04：43.5，27；　05：43.0，27。
2.3 卷軸裝。首斷尾脱。首紙後補，有烏絲欄，但未寫經文。同卷卷面刷潢。卷面略有殘損。有烏絲欄。已修整。
3.1 首缺→大正 665，16/406C27。
3.2 尾殘→16/408A27。
8 8 ~9 世紀。吐蕃統治時期寫本。
9.1 楷書。
11 圖版：《敦煌寶藏》，68/96B ~98B。

1.1 BD00829 號
1.3 妙法蓮華經卷一
1.4 盈 029
1.5 105：4668
2.1 166.4 ×27.3 厘米；4 紙；95 行，行 17 字。
2.2 01：20.7，11；　02：48.6，28；　03：48.5，28；
04：48.6，28。
2.3 卷軸裝。首殘尾脱。有烏絲欄。
3.1 首殘→大正 262，9/6C26。
3.2 尾殘→9/8B14。
8 9 ~10 世紀。歸義軍時期寫本。
9.1 楷書。

11　圖版：《敦煌寶藏》，85/223B～225B。

1.1　BD00830 號
1.3　大般若波羅蜜多經卷五八七
1.4　盈 030
1.5　084：3392
2.1　（16.4＋77.8）×25.1 厘米；2 紙；54 行，行 17 字。
2.2　01：16.4＋29.1，26；　02：48.7，28。
2.3　卷軸裝。首全尾脫。首紙内有横裂，右下部殘缺；第 2 紙内有 1 殘洞，尾部有横裂。卷背面有古代裱補。有烏絲欄。已修整。
3.1　首 9 行下殘→大正 220，7/1034A21～B4。
3.2　尾殘→7/1034C19。
4.1　大般若波羅蜜多經卷第五百八十七/第十二淨戒波羅蜜多分之四，三藏法師玄奘□…□/（首）。
8　8～9 世紀。吐蕃統治時期寫本。
9.1　楷書。
11　圖版：《敦煌寶藏》，77/466A～467A。

1.1　BD00831 號 1
1.3　無量壽宗要經
1.4　盈 031
1.5　275：7704
2.1　511.5×31 厘米；12 紙；正面 337 行，行 30 餘字。背面 6 行，行 16 字。
2.2　01：43.0，28；　02：42.5，29；　03：42.5，29；
04：42.5，24；　05：42.5，28；　06：42.5，29；
07：42.5，29；　08：43.0，27；　09：43.0，28；
10：42.5，29；　11：42.5，29；　12：42.5，28。
2.3　卷軸裝。首尾均全。有烏絲欄。
2.4　本遺書包括 4 個文獻：（一）《無量壽宗要經》，110 行，抄寫在正面，今編為 BD00831 號 1。（二）《無量壽宗要經》，113 行，抄寫在正面，今編為 BD00831 號 2。（三）《無量壽宗要經》，114 行，抄寫在正面，今編為 BD00831 號 3。（四）《金光明最勝王經》（雜寫）卷三，6 行，抄寫在背面，今編為 BD00831 號背。
3.1　首全→大正 936，19/82A3。
3.2　尾全→19/84C29。
4.1　大乘無量壽經（首）。
4.2　佛說無量壽宗要經（尾）。
7.1　第 4 紙尾有題名“呂日興”。
8　8～9 世紀。吐蕃統治時期寫本。
9.1　楷書。
11　圖版：《敦煌寶藏》，107/365B～372A。

1.1　BD00831 號 2
1.3　無量壽宗要經
1.4　盈 031
1.5　275：7704
2.4　本遺書由 4 個文獻組成，本號為第 2 個，113 行，抄寫在正面。餘參見 BD00831 號 1 之第 2 項、第 11 項。
3.1　首全→大正 936，19/82A3。
3.2　尾全→19/84C29。
4.1　大乘無量壽經（首）。
4.2　佛說無量壽宗要經（尾）。
7.1　第 8 紙尾有題名“呂日興”。
8　8～9 世紀。吐蕃統治時期寫本。
9.1　楷書。

1.1　BD00831 號 3
1.3　無量壽宗要經
1.4　盈 031
1.5　275：7704
2.4　本遺書由 4 個文獻組成，本號為第 3 個，114 行，抄寫在正面。餘參見 BD00831 號 1 之第 2 項、第 11 項。
3.1　首全→大正 936，19/82A3。
3.2　尾全→19/84C29。
4.1　大乘無量壽經（首）。
4.2　佛說是無量壽宗要經（尾）。
7.1　第 12 紙尾有題名“呂日興”。左下角還有一字，難以辨認。
8　8～9 世紀。吐蕃統治時期寫本。
9.1　楷書。
9.2　有倒乙。

1.1　BD00831 號背
1.3　金光明最勝王經（雜寫）卷三
1.4　盈 031
1.5　275：7704
2.4　本遺書由 4 個文獻組成，本號為第 4 個，6 行，抄寫在背面，原為雜寫。餘參見 BD00831 號 1 之第 2 項、第 11 項。
3.1　首全→大正 665，16/413C09。
3.2　尾缺→16/413C17。
4.1　金光明經最勝王滅業障品第五卷三（首）。
8　8～9 世紀。吐蕃統治時期寫本。
9.1　楷書。

1.1　BD00832 號
1.3　妙法蓮華經卷五
1.4　盈 032
1.5　105：5579
2.1　（1.9＋33）×26.4 厘米；2 紙；20 行，行 17 字。
2.2　01：1.9＋20.6，13；　02：12.4，07。
2.3　卷軸裝。首尾均殘。卷面有殘洞。背有古代裱補紙 1 塊。裱補紙正面補寫殘缺經文。有烏絲欄。已修整。
3.1　首行下殘→大正 262，9/42A13。

3.2　尾殘→9/42B12。
8　7～8世紀。唐寫本。
9.1　楷書。
11　圖版：《敦煌寶藏》，93/185A。

1.1　BD00833號
1.3　楞伽阿跋多羅寶經卷二
1.4　盈033
1.5　036：0330
2.1　179×26厘米；4紙；124行，行22字。
2.2　01：44.5，31；　02：45.0，31；　03：45.0，31；
04：44.5，31。
2.3　卷軸裝。首尾均脫。未入潢。前部有等距離黴爛，殘破嚴重。有烏絲欄。已修整。
3.1　首脫→大正670，16/492A15。
3.2　尾脫→16/494A17。
8　7～8世紀。唐寫本。
9.1　楷書。
9.2　有行間校加字。
11　圖版：《敦煌寶藏》，58/102A～104B。

1.1　BD00834號
1.3　毗尼心經
1.4　盈034
1.5　178：7106
2.1　（17+220.5+0.5）×27.6厘米；6紙；122行，行23字。
2.2　01：17+20，19；　02：39.5，20；　03：39.0，20；
04：41.0，21；　05：41.0，21；　06：40+0.5，21。
2.3　卷軸裝。首殘尾斷。首紙殘缺嚴重，橫豎撕裂，第4紙上方撕裂。上邊有燒灼痕跡。有折疊欄。已修整。
3.1　首9行上下殘→大正2792，85/659B26～C7。
3.2　尾殘→85/661B25。
7.1　首紙背有題記“□…□本/□…□恆清受用也/”。
8　8～9世紀。吐蕃統治時期寫本。
9.1　楷書。
9.2　有行間校加字。有刮改。
11　圖版：《敦煌寶藏》，104/180A～183A。

1.1　BD00835號
1.3　維摩詰所說經卷下
1.4　盈035
1.5　070：1275
2.1　（17.5+31）×26厘米；1紙；31行，行17字。
2.3　卷軸裝。首殘尾脫。下邊殘損。紙尾部有橫向撕裂。有烏絲欄。
3.1　首11行上下殘→大正475，14/554A28～B10。
3.2　尾殘→14/554C4。
8　8～9世紀。吐蕃統治時期寫本。
9.1　楷書。
11　圖版：《敦煌寶藏》，66/392B～393A。

1.1　BD00836號
1.3　大般若波羅蜜多經（兌廢稿）卷四九九
1.4　盈036
1.5　084：3248
2.1　49.7×29.1厘米；1紙；28行，行17字。
2.3　卷軸裝。首尾均脫。有烏絲欄。
3.1　首殘→大正220，7/537C18。
3.2　尾殘→7/538A16。
8　7～8世紀。唐寫本。
9.1　楷書。有武周新字“證”、“正”，使用周遍。
9.2　有刮改。卷端上邊處有一“兌”字。
11　圖版：《敦煌寶藏》，77/42A～B。

1.1　BD00837號
1.3　無量壽宗要經
1.4　盈037
1.5　275：7969
2.1　（16.5+151.5）×31厘米；4紙；115行，行30餘字。
2.2　01：16.5+16.5，24；　02：45.0，33；
03：45.0，33；　04：45.0，25。
2.3　卷軸裝。首殘尾全。卷首右下殘缺一塊，第2紙上邊有撕裂。有烏絲欄。經卷尾部繫有綫繩。已修整。
3.1　首12行中下殘→大正936，19/82A18～B4。
3.2　尾全→19/84C29。
4.2　佛說無量壽宗要經一卷（尾）。
7.1　第4紙尾題之後有題名“姚良”。
8　8～9世紀。吐蕃統治時期寫本。
9.1　行楷。
11　圖版：《敦煌寶藏》，108/399A～401A。

1.1　BD00838號
1.3　大般若波羅蜜多經神咒鈔（擬）
1.4　盈038
1.5　268：7675
2.1　45×31.4厘米；1紙；正面19行，背面1行，行字不等。
2.3　卷軸裝。首尾均脫。正反面經文連抄。有殘洞。卷面有污跡，似鳥糞。折疊欄。已修整。
3.4　說明：
本文獻所抄為《大般若波羅蜜多經卷》的四條神咒：
一條出於《大般若波羅蜜多經》卷五七一，第六分無所得品第九。
參見大正220，7/949C27～950A5。
三條出於《大般若波羅蜜多經》卷五七八，第十般若理趣分

參見：大正 220，7/990C13～25。

大正 220，7/990C28～991A4。（此條略有缺漏。）

大正 220，7/991A8～10。

《法苑珠林》卷六〇《大方等經七佛說滅罪咒》條下亦有著錄。本文獻或摘抄自《法苑珠林》，詳情待考。參見大正 2122，53/738C19～739B4。

8　9～10 世紀。歸義軍時期寫本。

9.1　楷書。

11　圖版：《敦煌寶藏》，107/288B～289A。

1.1　BD00839 號

1.3　維摩詰所說經卷中

1.4　盈 039

1.5　070：1068

2.1　（1.5+809）×26.5 厘米；19 紙；492 行，行 17 字。

2.2　01：1.5+14，10；　02：41.5，28；　03：41.5，28；
04：41.5，28；　05：38.5，26；　06：47.0，27；
07：46.5，27；　08：47.0，28；　09：47.0，28；
10：47.0，28；　11：47.0，28；　12：47.0，27；
13：47.0，28；　14：47.0，28；　15：47.0，27；
16：47.0，28；　17：47.0，27；　18：44.5，28；
19：24.0，13。

2.3　卷軸裝。首殘尾全。尾有原軸，軸兩端塗黑漆。前 5 紙未入潢，上下邊欄有針孔。上邊高 4.2 厘米，下邊高 3.9 厘米。第 6 紙以下入潢，紙質和字體與前 5 紙均不同，上邊高 2.1 厘米，下邊高 1.6 厘米。第 6 紙以下多橫裂，殘破嚴重。因卷背粘損，正面經文字跡受損 2 行 6 字。有烏絲欄。

3.1　首行上殘→大正 475，14/545A17。

3.2　尾全→14/551C27。

4.2　維摩詰經卷第二（尾）。

8　5～6 世紀。南北朝寫本。

9.1　隸楷。

9.2　第 6 紙以下有倒乙。有行間校加字。有校改。有重文號。

11　圖版：《敦煌寶藏》，65/1A～11A。

1.1　BD00840 號

1.3　妙法蓮華經卷七

1.4　盈 040

1.5　105：5948

2.1　（2.5+593.6）×25.5 厘米；13 紙；330 行，行 17 字。

2.2　01：2.5+42，24；　02：49.0，28；　03：49.0，28；
04：49.0，27；　05：49.0，28；　06：49.0，28；
07：48.3，27；　08：49.1，27；　09：49.0，27；
10：49.0，28；　11：49.0，28；　12：48.7，28；
13：13.5，02。

2.3　卷軸裝。首殘尾全。第 2 紙下有殘缺。有燕尾。有烏絲欄。已修整。

3.1　首行中下殘→大正 262，9/57B28～C1。

3.2　尾全→9/62B1。

4.2　妙法蓮華經卷第七（尾）

8　8～9 世紀。吐蕃統治時期寫本。

9.1　楷書。

9.2　有刮改。

11　圖版：《敦煌寶藏》，96/147A～155A。

1.1　BD00841 號

1.3　佛名經（十六卷本）卷八

1.4　盈 041

1.5　063：0679

2.1　（765.6+2）×26.4 厘米；16 紙；正面 447 行，背面 80 行，行 17 字。

2.2　01：22.0，護首；　02：48.8，29；　03：50.0，30；
04：49.8，30；　05：50.0，30；　06：50.0，30；
07：50.0，30；　08：50.0，30；　09：50.0，30；
10：50.0，30；　11：50.0，30；　12：50.0，30；
13：50.0，30；　14：48.5，29；　15：49.5，29；
16：47+2，30。

2.3　卷軸裝。首全尾殘。有護首，護首有竹製天竿。扉頁有烏絲欄。上部撕裂，卷尾下部油污。上有邊欄。已修整。

2.4　本遺書包括 2 個文獻：（一）《佛名經》卷八，447 行，抄寫在正面，今編為 BD00841 號。（二）癸未年八月十一日於藏經內再點勘經教現有部袟數目，80 行，抄寫在背面，今編為 BD00841 號背。

3.1　首全→《七寺古逸經典研究叢書》，3/第 380 頁第 1 行。

3.2　尾 1 行中下殘→《七寺古逸經典研究叢書》，3/第 417 頁第 486 行。

4.1　佛說佛名經卷第八（首）。

7.4　護首有："佛說佛名經卷第八，金。"經名上有經名號。"金"，為敦煌金光明寺簡稱，此遺書原為敦煌金光明寺所藏。

8　8～9 世紀。吐蕃統治時期寫本。

9.1　楷書。

11　圖版：《敦煌寶藏》，61/201A～215A。

1.1　BD00841 號背

1.3　癸未年八月十一日於藏經內再點勘經教現有部袟數目

1.4　盈 041

1.5　063：0679

2.4　本遺書由 2 個文獻組成，本號為第 2 個，80 行。餘參見 BD00841 號之第 2 項、第 11 項。

3.1　首全→《敦煌佛教經錄輯校》下，第 649 頁第 3 行。

3.2　尾全→《敦煌佛教經錄輯校》下，第 659 頁第 9 行。

4.1　癸未年八月十一日於藏經內再點勘經教現有部袟數目（首）。

8　863 年。歸義軍時期寫本。

9.1 楷書。
9.2 有墨筆“ㄱ”、“。”標註。有塗抹。有行間校加字。
11 參見《敦煌雜錄》第375頁。

1.1 BD00842號
1.3 大般涅槃經（南本）卷一四
1.4 盈042
1.5 116：6554
2.1 （7.5+660）×27.2厘米；16紙；377行，行17字。
2.2 01：7.5+23，17； 02：42.5，24； 03：42.5，24；
04：42.5，24； 05：42.5，24； 06：42.5，24；
07：42.5，24； 08：42.5，24； 09：42.5，24；
10：42.5，24； 11：42.5，24； 12：42.5，24；
13：42.5，24； 14：42.5，24； 15：42.5，24；
16：42.0，24。
2.3 卷軸裝。首殘尾脫。首紙下部殘缺，第15、16紙接縫下部開裂。卷面多水漬。有烏絲欄。已修整。
3.1 首4行下殘→大正375，12/695A8。
3.2 尾殘→12/699C4。
8 7～8世紀。唐寫本。
9.1 楷書。
11 圖版：《敦煌寶藏》，100/299A～307B。

1.1 BD00843號
1.3 轉女身經
1.4 盈043
1.5 048：0437
2.1 （7.2+505）×26.2厘米；11紙；298行，行17字。
2.2 01：7.2+27.5，20； 02：47.8，28； 03：47.8，28；
04：47.8，28； 05：48.0，28； 06：48.0，28；
07：47.8，28； 08：47.9，28； 09：47.9，28；
10：48.0，28； 11：46.5，26。
2.3 卷軸裝。首殘尾全。打紙。有殘破，有等距離水漬。卷尾有蟲繭。有燕尾。有烏絲欄。
3.1 首4行中下殘→大正564，14/918A16～20。
3.2 尾全→14/921C3。
4.2 佛說轉女身經（尾）。
6.1 首→BD00701號。
8 7～8世紀。唐寫本。
9.1 楷書。
11 圖版：《敦煌寶藏》，59/149A～156A。

1.1 BD00844號
1.3 大乘入楞伽經卷一
1.4 盈044
1.5 038：0360
2.1 147.6×26.5厘米；4紙；124行，行28～31字不等。
2.2 01：22.7，19； 02：47.8，40； 03：49.0，41；
04：28.1，24。
2.3 卷軸裝。首脫尾斷。背有古代裱補1塊。有烏絲欄。
3.1 首脫→大正672，16/587B22。
3.2 尾斷→16/590B24。
4.2 大乘入楞伽經集一切法品第二之初（尾品題）。
8 7～8世紀。唐寫本。
9.1 楷書。
9.2 有硃筆加字。
11 圖版：《敦煌寶藏》，58/365B～367B。

1.1 BD00845號
1.3 大般涅槃經（北本）卷一
1.4 盈045
1.5 115：6285
2.1 （9+235.5+1.5）×25.5厘米；5紙；143行，行17字。
2.2 01：9+37，27； 02：50.0，29； 03：50.0，29；
04：50.0，29； 05：48.5+1.5，29。
2.3 卷軸裝。首殘尾脫。卷端碎損。首紙有殘洞。第3紙前下有一處撕裂。有烏絲欄。已修整。
3.1 首5行上下殘→大正374，12/365C6～10。
3.2 尾行下殘→12/367B5。
6.2 尾→BD00544號。
8 9～10世紀。歸義軍時期寫本。
9.1 楷書。
11 圖版：《敦煌寶藏》，97/547A～550A。

1.1 BD00846號
1.3 大方等大集經（異卷）卷二六
1.4 盈046
1.5 018：0223
2.1 （2+797.6）×25.6厘米；16紙；421行，行17字。
2.2 01：2+33.5，20； 02：50.7，28； 03：50.5，28；
04：50.5，28； 05：51.0，28； 06：51.0，28；
07：51.0，28； 08：51.0，28； 09：51.0，28；
10：51.0，28； 11：51.0，28； 12：51.2，28；
13：51.0，28； 14：51.0，28； 15：51.2，28；
16：51.0，09。
2.3 卷軸裝。首殘尾全。首紙前下有1殘洞，第13、14紙的接縫處下方開裂。每紙上下邊欄有針孔。紙厚0.07毫米。有烏絲欄。已修整。
3.1 首2行上下殘→大正397，13/219C1～3。
3.2 尾全→13/225A8。
4.2 大方等大集經卷第廿六（尾）。
5 與《大正藏》本對照，缺少大正397，13/219C16～27的咒文；且分卷不同。本文獻結尾相當於《大正藏》卷第三十二，與現知歷代大藏經分卷均不同。

8　6世紀。南北朝寫本。
9.1　隸書。
11　圖版:《敦煌寶藏》,57/277A～288A。

1.1　BD00847號
1.3　妙法蓮華經卷五
1.4　盈047
1.5　105:5465
2.1　(25.7+951.3)×26.6厘米;25紙;598行,行17字。
2.2　01:25.7+13.2,24;　02:40.0,25;　03:39.5,25;
04:40.0,25;　05:39.6,25;　06:39.6,25;
07:40.3,25;　08:40.3,25;　09:40.0,25;
10:40.5,25;　11:40.6,25;　12:40.7,25;
13:41.0,25;　14:40.5,25;　15:40.6,25;
16:40.5,25;　17:40.8,25;　18:40.8,25;
19:40.6,25;　20:40.6,25;　21:40.7,25;
22:40.9,25;　23:40.8,25;　24:40.2,24;
25:09.0,拖尾。
2.3　卷軸裝。首殘尾全。卷首殘破嚴重,卷面多水漬。天頭有一剪裁後殘留字蹟。尾有原軸,軸兩端塗淡咖啡色漆。有古代裱補,裱補紙上有烏絲欄。有烏絲欄。
3.1　首16行上下殘→大正262,9/37B7～24。
3.2　尾全→9/46B14。
4.2　妙法蓮華經卷第五(尾)。
8　7～8世紀。唐寫本。
9.1　楷書。
11　圖版:《敦煌寶藏》,92/219A～233B。

1.1　BD00848號
1.3　灌頂章句拔除過罪生死得度經
1.4　盈048
1.5　250:7483
2.1　(1.6+484.7)×25厘米;11紙;304行,行17字。
2.2　01:1.6+42.9,29;　02:44.2,29;　03:44.1,29;
04:44.1,29;　05:44.3,29;　06:44.4,29;
07:44.3,29;　08:44.6,29;　09:44.2,29;
10:44.3,29;　11:43.3,14。
2.3　卷軸裝。首殘尾全。首紙前方上下有撕裂殘損,第3紙前方上下有豎裂,5紙前方有1道豎裂,8紙下有1處撕裂。第1、5紙背面有古代裱補。有燕尾。有烏絲欄。已修整。
3.1　首行殘→大正1331,21/532C9。
3.2　尾全→21/536B5。
4.2　佛說藥師經(尾)。
8　7～8世紀。唐寫本。
9.1　楷書。
9.2　第10紙有1處行間加行。有刪除號。有硃筆校加字。
11　圖版:《敦煌寶藏》,106/419A～425B。

1.1　BD00849號1
1.3　金剛般若波羅蜜經
1.4　盈049
1.5　094:4251
2.1　(5+171.3+33.5)×25.5厘米;6紙;119行,行17字。
2.2　01:5+2.3,4;　02:48.3,28;
03:48.3,28;　04:48.3,28;
05:24.1+24.2,27;　06:9.3,04。
2.3　卷軸裝。首尾均殘。經黄紙。卷自第4、5紙接縫處脫斷爲兩截,卷尾下部殘缺嚴重。有烏絲欄。
2.4　本遺書包括2個文獻:(一)《金剛般若波羅蜜經》,115行,今編為BD00849號1。(二)《八月二十二日納色歷》,4行,今編為BD00849號2。
3.1　首3行上下殘→大正235,8/751A20～22。
3.2　尾13行下殘→8/752B20～C3。
4.2　金剛般若波羅蜜經(尾)。
8　7～8世紀。唐寫本。
9.1　楷書。
11　圖版:《敦煌寶藏》,82/512A～514B。

1.1　BD00849號2
1.3　八月二十二日納色歷
1.4　盈049
1.5　094:4251
2.4　本遺書由2個文獻組成,本號為第2個,4行。餘參見BD00849號1之第2項、第11項。本號寫在卷末空白處,下部已殘缺。
3.3　錄文:
八月二十二日納色歷,具名如後:/
布橫幬四,計布拾叁疋。紫□…□/
兩疋,非(緋)絹五疋。巳上物分付□…□/
□…□非(緋)絹一疋,又□……□。/
(錄文完)
8　9～10世紀。歸義軍時期寫本。
9.1　行草。

1.1　BD00850號
1.3　妙法蓮華經卷三
1.4　盈050
1.5　105:5120
2.1　(9+574.2)×27厘米;15紙;367行,行17字。
2.2　01:9+24.3,20;　02:42.1,26;　03:42.0,27;
04:42.1,27;　05:42.1,26;　06:41.8,27;
07:42.0,26;　08:42.0,27;　09:42.0,27;
10:42.1,27;　11:42.1,27;　12:42.2,26;
13:41.9,26;　14:41.8,27;　15:03.7,01。
2.3　卷軸裝。首殘尾全。上邊有殘缺、殘洞。表面刷潢。有烏

絲欄。
3.1　首5行上殘→大正262，9/21C15～19。
3.2　尾全→9/27B9。
4.2　妙法蓮華經卷第三（尾）。
8　7～8世紀。唐寫本。
9.1　楷書。
11　圖版：《敦煌寶藏》，89/51A～59B。

1.1　BD00851號
1.3　四分律比丘戒本
1.4　盈051
1.5　156：6829
2.1　（12＋367.5）×26厘米；9紙；225行，行28字。
2.2　01：12＋30.5，25；　02：42.5，25；　03：42.5，25；
04：42.5，25；　05：41.5，25；　06：42.0，25；
07：42.0，25；　08：42.0，25；　09：42.0，25。
2.3　卷軸裝。首殘尾脱。卷首上中部殘缺。有烏絲欄。已修整。
3.1　首7行上中殘→大正1429，22/1015A22～B7。
3.2　尾殘→22/1020C16。
7.3　背有雜寫"住本今可遠此"，字拙劣。
8　9～10世紀。歸義軍時期寫本。
9.1　楷書。
9.2　有行間校加字。有刪除號。有倒乙。有刮改。有行間加行，連續折寫到下邊。
11　圖版：《敦煌寶藏》，102/125A～130A。

1.1　BD00852號
1.3　觀世音經
1.4　盈052
1.5　111：6212
2.1　（23.5＋176.6）×25.5厘米；5紙；112行，行19字。
2.2　01：23.5＋16.5，21；　02：40.7，23；　03：40.6，23；
04：38.8，23；　05：40.0，22。
2.3　卷軸裝。首殘尾全。第1紙上、第2紙下有撕裂。有護首，已殘。前3紙似爲折疊欄。第4紙紙質與前不同，有烏絲欄。全卷爲一人所寫。已修整。
3.1　首9行下殘→大正262，9/56C3。
3.2　尾全→9/58B7。
4.1　佛説觀世音經（首）。
4.2　觀世音經一卷（尾）。
8　9～10世紀。歸義軍時期寫本。
9.1　楷書。
9.2　有校改。有塗抹。有行間校加字。
11　圖版：《敦煌寶藏》，97/364A～366B。

1.1　BD00853號
1.3　大般若波羅蜜多經卷二八一
1.4　盈053
1.5　084：2768
2.1　139.9×24.4厘米；3紙；78行，行17字。
2.2　01：47.0，28；　02：46.7，28；　03：46.2，22。
2.3　卷軸裝。首脱尾全。第1紙有火燒殘洞。紙厚0.22毫米。背有污漬，似鳥糞。有烏絲欄。
3.1　首殘→大正220，6/429A22。
3.2　尾全→6/430A14。
4.2　大般若波羅蜜多經卷第二百八十一（尾）。
6.1　首→BD07324號。
8　8～9世紀。吐蕃統治時期寫本。
9.1　楷書。
11　圖版：《敦煌寶藏》，75/45B～47A。

1.1　BD00854號
1.3　大般若波羅蜜多經卷一三
1.4　盈054
1.5　084：2041
2.1　（6.8＋807.8）×25.6厘米；18紙；473行，行17字。
2.2　01：6.8＋15.8，14；　02：47.7，28；　03：47.8，28；
04：47.5，28；　05：47.6，28；　06：47.6，28；
07：47.5，28；　08：47.5，28；　09：47.5，28；
10：47.5，28；　11：47.5，28；　12：47.3，28；
13：47.5，28；　14：47.4，28；　15：47.4，28；
16：47.3，28；　17：47.4，28；　18：32.0，11。
2.3　卷軸裝。首殘尾全。第1紙有殘洞，下邊有撕裂殘缺；第1、2紙接縫處下開裂。有烏絲欄。已修整。
3.1　首5行下殘→大正200，5/68A9～14。
3.2　尾全→5/73B19。
4.2　大般若波羅蜜多經卷第十三（尾）。
8　8世紀。唐寫本。
9.1　楷書。
11　圖版：《敦煌寶藏》，71/454B～465A。

1.1　BD00855號
1.3　妙法蓮華經卷一
1.4　盈055
1.5　105：4519
2.1　（1.9＋514.3）×27.5厘米；11紙；296行，行17字。
2.2　01：1.9＋46.8，28；　02：48.5，28；　03：49.1，28；
04：48.4，28；　05：49.0，28；　06：48.8，28；
07：47.7，28；　08：48.8，28；　09：48.5，28；
10：48.4，28；　11：30.3，16。
2.3　卷軸裝。首尾均殘。有烏絲欄。已修整。
3.1　首行下殘→大正262，9/2A18～19。
3.2　尾殘→9/6C25。
8　9～10世紀。歸義軍時期寫本。

9.1 楷書。
11 圖版：《敦煌寶藏》，84/1A～9A。

1.1 BD00856 號
1.3 維摩詰所說經卷中
1.4 盈 056
1.5 070：1206
2.1 109.5×26 厘米；3 紙；62 行，行 17 字。
2.2 01：13.0，07； 02：48.5，28； 03：48，27。
2.3 卷軸裝。首殘尾全。卷尾上下邊有黴斑。有烏絲欄。
3.1 首殘→大正 475，14/551A19。
3.2 尾全→14/551C27。
4.2 維摩詰經卷中（尾）。
8 8～9 世紀。吐蕃統治時期寫本。
9.1 楷書。似木筆書寫。
11 圖版：《敦煌寶藏》，65/670B～671B。

1.1 BD00857 號
1.3 大般若波羅蜜多經卷四一七
1.4 盈 057
1.5 084：3091
2.1 454.5×26 厘米；11 紙；283 行，行 17 字。
2.2 01：31.9，20； 02：44.0，28； 03：43.8，28；
04：44.0，28； 05：44.0，28； 06：44.1，28；
07：44.0，28； 08：44.1，28； 09：44.1，28；
10：44.1，28； 11：26.4，11。
2.3 卷軸裝。首殘尾全。首紙有殘洞。有烏絲欄。
3.1 首殘→大正 220，7/93A16。
3.2 尾全→7/96B9。
4.2 天（大）般若波羅蜜多經卷第四百一十七（尾）。
8 8～9 世紀。吐蕃統治時期寫本。
9.1 楷書。
11 圖版：《敦煌寶藏》，76/373B～379A。

1.1 BD00858 號
1.3 因果經
1.4 盈 058
1.5 291：8271
2.1 376.5×25.5 厘米；9 紙；215 行，行 17 字。
2.2 01：49.0，28； 02：49.4，28； 03：49.4，28；
04：49.2，28； 05：49.2，28； 06：49.0，28；
07：46.3，28； 08：24.0，13； 09：11.0，06。
2.3 卷軸裝。首脫尾全。經黄紙。第 6 至 9 各紙均脫斷爲兩截。有烏絲欄。尾紙與前數紙紙質、字體不同，乃後補。
3.1 首殘→大正 2881，85/1380C16。
3.2 尾全→85/1383B06。
4.2 佛說因果經一卷（尾）。
6.1 首→BD04238 號。
8 7～8 世紀。唐寫本。
9.1 楷書。
11 圖版：《敦煌寶藏》，109/462A～466B。

1.1 BD00859 號
1.3 金光明最勝王經卷五
1.4 盈 059
1.5 083：1737
2.1 （36.5×516）×25.5 厘米；12 紙；320 行，行 17 字。
2.2 01：36.5+10，28； 02：46.5，28； 03：47.0，28；
04：46.8，28； 05：47.0，28； 06：47.5，28；
07：47.0，28； 08：47.5，28； 09：47.0，28；
10：46.7，28； 11：47.0，28； 12：36.0，12。
2.3 卷軸裝。首殘尾全。首紙殘缺嚴重。卷中間數紙焦脆。卷面多殘洞。有燕尾。有烏絲欄。
3.1 首 23 行上殘→大正 665，16/423B26～C16。
3.2 尾全→16/427B13。
4.2 金光明最勝王經卷第五（尾）。
5 尾附音義。
8 8 世紀。唐寫本。
9.1 楷書。
11 圖版：《敦煌寶藏》，69/527B～534B。

1.1 BD00860 號
1.3 大般若波羅蜜多經卷三四一
1.4 盈 060
1.5 084：2920
2.1 （4+683.1）×26 厘米；15 紙；388 行，行 17 字。
2.2 01：4+34.5，21； 02：48.3，28； 03：48.5，28；
04：48.4，28； 05：48.2，28； 06：48.3，28；
07：48.3，28； 08：48.3，28； 09：48.5，28；
10：48.3，28； 11：48.5，28； 12：48.3，28；
13：48.3，28； 14：48.4，28； 15：20.0，03。
2.3 卷軸裝。首殘尾全。未入潢。有燕尾。有烏絲欄。
3.1 首 2 行上殘→大正 220，6/749C18～19。
3.2 尾全→6/754A29。
4.2 大般若波羅蜜多經卷第三百卌一（尾）。
6.1 首→BD00699 號。
8 8～9 世紀。吐蕃統治時期寫本。
9.1 楷書。
9.2 有刮改。
11 圖版：《敦煌寶藏》，75/474B～483A。

1.1 BD00861 號
1.3 四分律戒本疏卷四
1.4 盈 061

1.5　169：7066
2.1　（2.5＋1023.5）×29 厘米；23 紙；773 行，行 35 字。
2.2　01：2.5＋41.5，33；　02：45.0，35；　03：45.0，35；
04：45.0，36；　05：45.0，35；　06：45.0，38；
07：45.0，36；　08：45.0，35；　09：45.0，37；
10：45.0，35；　11：45.0，35；　12：45.0，35；
13：45.5，35；　14：45.5，35；　15：45.5，35；
16：45.5，36；　17：45.5，35；　18：45.5，34；
19：45.5，34；　20：44.5，35；　21：45.5，34；
22：45.5，32；　23：33.0，03。
2.3　卷軸裝。首殘尾全。首紙上下方殘破；第 2、3 紙，16、17 紙與 21、22 紙接縫上方開裂；第 5、6 紙與 15、16 紙接縫中下部開裂；第 12、13 紙接縫上下皆脫開。有烏絲欄。已修整。
3.4　說明：
本文獻首 1 行中下殘，尾全。未為歷代大藏經所收。《大正藏》第八十五卷所收第 2787 號沙門慧述之《四分律戒本疏》僅三卷，第三卷末尾論述到“白色三衣戒六十”（參見大正 2787，85/616A29）。而本文獻首殘，第 14 行有子目作“飲蟲水戒第六十二”，可見原卷首部論述的內容為“第六十一”，與前述大正 2787 號之第三卷內容正好相配。甚可寶貴。
4.2　四分戒本疏卷第四（尾）。
8　8～9 世紀。吐蕃統治時期寫本。
9.1　行書。
9.2　有校改。有行間校加字。有刮改。有倒乙。有重文號。
11　圖版：《敦煌寶藏》，104/58A～71A。

1.1　BD00862 號
1.3　金剛般若波羅蜜經
1.4　盈 062
1.5　094：4051
2.1　322.8×22 厘米；8 紙；183 行，行 17 字。
2.2　01：14.9，08；　02：75.8，45；　03：25.0，15；
04：41.8，25；　05：41.8，24；　06：41.0，24；
07：41.0，25；　08：41.5，17。
2.3　卷軸裝。首斷尾全。第 1 紙有橫裂，且有一殘片脫落，文可綴接；第 2 紙有橫豎裂。前 2 紙與後紙紙質不同。第 6 紙有橫裂；第 8 紙有豎裂。上下邊較窄。有燕尾。有烏絲欄。已修整。
3.1　首殘→大正 235，8/750B6。
3.2　尾殘→8/752C3。
4.2　金剛般若波羅蜜經（尾）。
8　9～10 世紀。歸義軍時期寫本。
9.1　楷書。筆劃細，似瘦金體。
11　圖版：《敦煌寶藏》，81/622A～626A。

1.1　BD00863 號
1.3　無量壽宗要經
1.4　盈 063
1.5　275：7705
2.1　（10＋164.5）×30 厘米；4 紙；113 行，行 30 餘字。
2.2　01：10＋33，27；　02：44.0，29；　03：44.0，29；
04：43.5，28。
2.3　卷軸裝。首脫尾全。第 1 紙上下邊殘缺。有烏絲欄。已修整。
3.1　首 6 行上下殘→大正 936，19/82A3～11。
3.2　尾全→19/84C29。
4.1　大乘無量壽經（首）。
4.2　佛說無量壽宗要經（尾）。
7.1　第 4 紙尾有題記“氾子昇寫”。
8　8～9 世紀。吐蕃統治時期寫本。
9.1　楷書。
11　圖版：《敦煌寶藏》，107/372B～374B。

1.1　BD00864 號
1.3　妙法蓮華經卷四
1.4　盈 064
1.5　105：5284
2.1　（1.5＋122.2＋5）×26 厘米；4 紙；74 行，行 17 字。
2.2　01：1.5＋19.2，12；　02：48.0，28；　03：47.5，28；
04：7.5＋5，06。
2.3　卷軸裝。首尾均殘。第 1、2 紙接縫處上開裂，第 3 紙下開裂，第 4 紙上開裂。下邊殘缺。有鳥糞污漬。有烏絲欄。已修整。
3.1　首殘→大正 262，9/29B3～4。
3.2　尾 3 行中上殘→9/30B9～12。
8　9～10 世紀。歸義軍時期寫本。
9.1　楷書。
11　圖版：《敦煌寶藏》，90/472～474B。

1.1　BD00865 號
1.3　妙法蓮華經卷一
1.4　盈 065
1.5　105：4539
2.1　（8.9＋509.5＋12.2）×26.3 厘米；12 紙；317 行，行 17 字。
2.2　01：8.9＋31.2，24；　02：47.7，28；　03：47.3，28；
04：47.5，28；　05：47.7，28；　06：47.7，28；
07：47.7，28；　08：47.1，29；　09：47.5，28；
10：47.6，29；　11：47.3，30；
12：3.2＋12.2，9。
2.3　卷軸裝。首尾均殘。卷內第 7 紙有破洞。有烏絲欄。已修整。
3.1　首 6 行下殘→大正 262，9/2B24～29。
3.2　尾 7 行下殘→9/7B16～23。
6.2　尾→BD00869 號。

8　7～8世紀。唐寫本。
9.1　楷書。
9.2　有刮改。
11　圖版：《敦煌寶藏》，84/248B～256B。

1.1　BD00866號
1.3　大智度論卷三〇
1.4　盈066
1.5　218：7279
2.1　50.5×26.7厘米；2紙；28行，行17字。
2.2　01：49.0，28；　02：01.0，00。
2.3　卷軸裝。首尾均脱。上部有殘洞。有烏絲欄。已修整。
3.1　首殘→大正1509，25/284A19。
3.2　尾殘→25/284B19。
8　9～10世紀。歸義軍時期寫本。
9.1　楷書。
9.2　有刮改。
11　圖版：《敦煌寶藏》，105/280A～B。

1.1　BD00867號
1.3　妙法蓮華經卷五
1.4　盈067
1.5　105：5560
2.1　763×25.8厘米；16紙；424行，行17字。
2.2　01：49.5，28；　02：49.2，28；　03：49.4，28；
04：49.0，28；　05：49.4，28；　06：49.6，28；
07：49.5，28；　08：49.6，28；　09：51.2，28；
10：49.3，28；　11：49.4，28；　12：49.5，28；
13：49.5，28；　14：49.5，28；　15：49.4，28；
16：20.0，04。
2.3　卷軸裝。首脱尾全。麻紙。第2紙下方有撕裂，第8、9紙接縫處上開裂。卷面有等距離黴斑。有蟲繭。有烏絲欄。
3.1　首殘→大正262，9/39C19。
3.2　尾全→9/46B14。
4.2　妙法蓮華經卷第五（尾）
8　7～8世紀。唐寫本。
9.1　楷書。
11　圖版：《敦煌寶藏》，93/22B～34A。

1.1　BD00868號
1.3　金剛般若波羅蜜經
1.4　盈068
1.5　094：3993
2.1　（7+301.8）×26.3厘米；7紙；191行，行17字。
2.2　01：7+21，18；　02：46.7，30；　03：46.7，29；
04：47.0，29；　05：46.7，29；　06：47.0，28；
07：46.7，28。
2.3　卷軸裝。首殘尾脱。第1紙有横裂。第5紙有竪裂。第6、7紙間接縫處開裂。有烏絲欄。已修整。
3.1　首5行上下殘→大正235，8/750A9～14。
3.2　尾殘→8/752B16。
8　7～8世紀。唐寫本。
9.1　楷書。
11　圖版：《敦煌寶藏》，81/430A～434A。

1.1　BD00869號
1.3　妙法蓮華經卷一
1.4　盈069
1.5　105：4677
2.1　（4.9+242.9）×26.3厘米；6紙；146行，行16～17字。
2.2　01：4.9+30.8，20；　02：47.7，29；　03：47.3，29；
04：47.4，28；　05：47.2，29；　06：22.5，11。
2.3　卷軸裝。首殘尾全。首紙内有1處撕裂，第2紙下有1處撕裂，尾紙下及末端各有1處撕裂。第2、3紙接縫處有古代裱補一塊。有燕尾。有烏絲欄。已修整。
3.1　首2行下殘→大正262，9/7B22～24。
3.2　尾全→9/10B21。
4.2　妙法蓮華經卷第一（尾）。
6.1　首→BD00865號。
8　7～8世紀。唐寫本。
9.1　楷書。
11　圖版：《敦煌寶藏》，85/253B～256B。

1.1　BD00870號
1.3　大般若波羅蜜多經卷八四
1.4　盈070
1.5　084：2236
2.1　（2.5+474.1）×25.7厘米；11紙；275行，行17字。
2.2　01：2.5+28.3，18；　02：47.5，28；　03：47.5，28；
04：47.5，28；　05：47.8，28；　06：47.6，28；
07：47.5，28；　08：47.0，28；　09：47.1，28；
10：47.3，28；　11：19.0，05。
2.3　卷軸裝。首殘尾全。有烏絲欄。
3.1　首殘→大正220，5/470A12。
3.2　尾全→5/473A28。
4.2　大般若波羅蜜多經卷第八十四（尾）。
7.1　第1紙背端有勘記“九”，爲本號所屬袟次；有硃筆寫“四”，為本號所屬袟内卷次。
8　8～9世紀。吐蕃統治時期寫本。
9.1　楷書。
11　圖版：《敦煌寶藏》，72/390A～396A。

1.1　BD00871號
1.3　無量壽宗要經

1.4　盈 071
1.5　275：7706
2.1　165.5×31 厘米；4 紙；114 行，行 30 餘字。
2.2　01：45.0，31；　02：45.0，32；　03：45.0，31；
04：30.5，20。
2.3　卷軸裝。首尾均全。第 1 紙首上部有殘洞。第 1、2 紙接縫處下部開裂。有烏絲欄。已修整。
3.1　首全→大正 936，19/82A3。
3.2　尾全→19/84C29。
4.1　大乘無量壽經（首）。
4.2　佛說無量壽宗要經一卷。
8　8～9 世紀。吐蕃統治時期寫本。
9.1　楷書。
9.2　有刮改。
11　圖版：《敦煌寶藏》，107/375A～377A。

1.1　BD00872 號
1.3　大般若波羅蜜多經卷三六三
1.4　盈 072
1.5　084：3004
2.1　（191.2+1.5）×26.4 厘米；5 紙；113 行，行 17 字。
2.2　01：48.0，28；　02：47.6，28；　03：48.0，28；
04：47.6，28；　05：01.5，01。
2.3　卷軸裝。首脫尾殘。有烏絲欄。
3.1　首殘→大正 220，6/870C8。
3.2　尾行上下殘→6/872A5～6。
6.1　首→BD00651 號。
6.2　尾→BD00551 號。
8　8～9 世紀。吐蕃統治時期寫本。
9.1　楷書。
11　圖版：《敦煌寶藏》，76/84B～87A。

1.1　BD00873 號
1.3　大般涅槃經（北本　宮本）卷四〇
1.4　盈 073
1.5　115：6525
2.1　（7.5+746.9）×28.4 厘米；16 紙；446 行，行 17 字。
2.2　01：7.5+35.5，26；　02：47.3，28；　03：47.3，28；
04：47.3，28；　05：47，28；　06：47.4，28；
07：47.4，28；　08：47.5，28；　09：47.5，28；
10：47.5，28；　11：47.5，28；　12：47.6，28；
13：47.7，28；　14：47.6，28；　15：47.5，28；
16：47.3，28。
2.3　卷軸裝。首殘尾斷。首紙有殘洞，多鳥糞。有等距離黴斑。有烏絲欄。
3.1　首 5 行下殘→大正 374，12/598B16。
3.2　尾脫→12/603C2。
4.1　大般涅槃經卷第四□（首）。
5　與《大正藏》本對照，分卷不同。但與《思溪藏》、《普寧藏》、《嘉興藏》及日本《宮內寮》本相同。
7.3　卷上邊有 1 硃筆寫“吾”字。
8　8 世紀。唐寫本。
9.1　楷書。
9.2　有刮改。
11　圖版：《敦煌寶藏》，100/115B～125A。

1.1　BD00874 號
1.3　大般若波羅蜜多經卷三〇
1.4　盈 074
1.5　084：2082
2.1　779.7×25.7 厘米；17 紙；455 行，行 17 字。
2.2　01：44.5，26；　02：46.7，28；　03：46.0，28；
04：46.6，28；　05：47.3，28；　06：47.5，28；
07：47.7，28；　08：47.6，28；　09：47.8，28；
10：47.8，28；　11：47.5，28；　12：47.5，28；
13：47.7，28；　14：47.5，28；　15：47.5，28；
16：47.5，28；　17：19.0，09。
2.3　卷軸裝。首尾全。尾有原軸，兩端塗硃漆，兩軸頭已壞。第 1 紙有縱向撕裂，第 1 至 4 紙下邊有等距殘缺，漸次變小。第 1 紙背面有古代裱補，並抄補正面的缺字。第 5 紙以後各紙紙質字迹與以前各紙不同。有烏絲欄。已修整。
3.1　首全→大正 220，5/165A7。
3.2　尾全→5/170A22。
4.1　大般若波羅蜜多經卷第卅/初分教誡教授品第七之廿，三藏□…□/（首）。
4.2　大般若波羅蜜多經卷第卅（尾）。
8　8～9 世紀。吐蕃統治時期寫本。
9.1　楷書。
9.2　有倒乙。有行間校加字。
11　圖版：《敦煌寶藏》，71/588A～598A。

1.1　BD00875 號
1.3　妙法蓮華經卷四
1.4　盈 075
1.5　105：5315
2.1　（2+897.7）×25.5 厘米；18 紙；493 行，行 17 字。
2.2　01：2+46.3，28；　02：50.3，28；　03：50.0，28；
04：50.0，28；　05：50.2，28；　06：50.2，28；
07：50.2，28；　08：50.2，28；　09：50.2，28；
10：50.3，28；　11：50.2，28；　12：50.2，28；
13：50.0，28；　14：50.2，28；　15：50.2，28；
16：50.0，28；　17：50.0，28；　18：49.0，17。
2.3　卷軸裝。首殘尾全。第 1 紙有上下開裂。有烏絲欄。已修整。

3.1　首2行下殘→大正262，9/30A6～8。
3.2　尾全→9/37A2。
4.2　妙法蓮華經卷第四（尾）。
8　7～8世紀。唐寫本。
9.1　楷書。
9.2　有刮改。有行間校加字。
11　圖版：《敦煌寶藏》，90/602B～615A。

1.1　BD00876號
1.3　大目犍連冥間救母變文
1.4　盈076
1.5　275：7707
2.1　（3+404）×31.5厘米；12紙；正面132行，行30餘字。背面271行，行30餘字。
2.2　01：3+，2；　02：34.5，30；　03：45.0，30；
04：42.5，30；　05：13.5，9；　06：42.0，29；
07：44.0，30；　08：42.0，25；　09：20.5，14；
10：46.0，31；　11：46.0，32；　12：28.0，19。
2.3　卷軸裝。首殘尾全。首紙有殘洞，第1、7紙有豎向撕裂。第2紙中間有殘洞，第3紙上邊有撕裂。下邊有油污。背面有鳥糞污漬。有烏絲欄。已修整。
2.4　本遺書包括4個文獻：（一）《大目犍連冥間救母變文》，132行，抄寫在正面，今編為BD00876號。（二）《無量壽宗要經》，101行，抄寫在背面，今編為BD00876號背1。（三）《無量壽宗要經》，84行，抄寫在背面，今編為BD00876號背2。（四）《無量壽宗要經》，86行，抄寫在背面，今編為BD00876號背3。

本號乃將3個殘破的《無量壽宗要經》粘接在一起，利用其背面，抄寫《大目犍連冥間救母變文》。故將《大目犍連冥間救母變文》著録爲正面，而將3個《無量壽宗要經》著録爲背面。但2.2項的數據仍按《無量壽宗要經》的情況著録。
3.1　首1行上殘→《敦煌變文校註》，第1032頁第15行。
3.2　尾全→《敦煌變文校註》，第1038頁第14行。
4.2　大目犍連變文一卷（尾）。
7.1　尾有題記3行："太平興國二年歲在丁丑潤（閏）六月五日，顯德寺學仕郎楊願受一人思微，/發願作福，寫畫此《目連變》一卷，後同釋迦牟尼佛壹會，彌勒生，作佛/爲定；後有衆生同發信心寫《目連變》者，同池（此）願力，莫墮三途。/"
8　977年。歸義軍時期寫本。
9.1　行楷。
9.2　有行間校加字。有重文號。
11　圖版：《敦煌寶藏》，107/377B～386B。

本文獻分作七個部分抄寫：第一部分46行，第二部分10行，第三部分11行，第四部分16行，第五部分19行，第六部分9行，第七部分21行。每個部分之間有餘空。從寫卷形態及卷末題記看，餘空乃留作繪畫。但其後未能完成繪畫部分。本號說明變文之文字與繪畫的相互關係，值得注意。

1.1　BD00876號背1
1.3　無量壽宗要經
1.4　盈076
1.5　275：7707
2.4　本遺書由4個文獻組成，本號為第2個，101行，抄寫在背面。餘參見BD00876號之第2項、第11項。
3.1　首2行上殘→大正936，19/82A3～5。
3.2　尾全→19/84C28。
4.1　［大乘無量］壽經（首）。
8　8～9世紀。吐蕃統治時期寫本。
9.1　行楷。
9.2　有行間校加字。有刮改。

1.1　BD00876號背2
1.3　無量壽宗要經
1.4　盈076
1.5　275：7707
2.4　本遺書由4個文獻組成，本號為第3個，84行。餘參見BD00876號之第2項、第11項。
3.1　首全→大正936，19/82C16。
3.2　尾全→19/84C29。
4.2　佛說無量壽宗要經（尾）。
7.1　第8紙尾有題名"田廣談"。
8　8～9世紀。吐蕃統治時期寫本。
9.1　行楷。
9.2　有刮改。

1.1　BD00876號背3
1.3　無量壽宗要經
1.4　盈076
1.5　275：7707
2.4　本遺書由4個文獻組成，本號為第4個，86行。餘參見BD00876號之第2項、第11項。
3.1　首全→大正936，19/82B10。
3.2　尾全→19/84C29。
4.2　佛說無量壽宗要經（尾）。
8　8～9世紀。吐蕃統治時期寫本。
9.1　行楷。

1.1　BD00877號
1.3　金剛般若波羅蜜經
1.4　盈077
1.5　094：3836
2.1　（3.5+418.8）×25厘米；9紙；251行，行17字。
2.2　01：3.5+44，28；　02：47.0，28；　03：47.0，28；
04：47.0，28；　05：46.8，28；　06：46.9，28；
07：46.7，28；　08：46.9，28；　09：46.5，27。

2.3　卷軸裝。首殘尾全。第 1、2 紙均有殘裂，第 9 紙有豎裂。有燕尾。有烏絲欄。已修整。
3.1　首 2 行下殘→大正 235，8/749B20～21。
3.2　尾全→8/752C3。
4.2　金剛般若波羅蜜經（尾）。
8　7～8 世紀。唐寫本。
9.1　楷書。
9.2　有刮改。
11　圖版：《敦煌寶藏》，80/512A～518A。

1.1　BD00878 號
1.3　金剛般若波羅蜜經
1.4　盈 078
1.5　094：3702
2.1　303.6×27 厘米；6 紙；168 行，行 17 字。
2.2　01：50.5，28；　02：50.6，28；　03：50.8，28；
04：50.5，28；　05：50.2，28；　06：51.0，28。
2.3　卷軸裝。首尾均脱。第 1 紙右下方有一殘洞，第 1、2 紙間的接縫處有開裂，第 6 紙有豎裂。卷背有鳥糞污漬。有等距離黴斑。有烏絲欄。已修整。
3.1　首殘→大正 235，8/749A～18。
3.2　尾殘→8/751A23。
7.1　卷背有 4 個騎縫“記”字。
8　7～8 世紀。唐寫本。
9.1　楷書。
11　圖版：《敦煌寶藏》，79/600B～604B。

1.1　BD00879 號
1.3　大般涅槃經（北本）卷二四
1.4　盈 079
1.5　115：6436
2.1　（4+617.1+2）×26.5 厘米；13 紙；正面 326 行，背面 54 行，行 17 字。
2.2　01：4+34，20；　02：51.5，27；　03：51.7，27；
04：52.0，27；　05：52.0，27；　06：51.7，27；
07：51.7，27；　08：51.5，27；　09：51.5，27；
10：51.5，27；　11：51.5，27；　12：52.0，27；
13：14.5+2，9。
2.3　卷軸裝。首尾均殘。首紙上下殘破，尾紙上下邊角缺損。卷首背面有正面洇字。紙厚 0.07 毫米。有烏絲欄。已修整。第 9 至 11 紙背後有經文。
2.4　本遺書包括 2 個文獻：（一）《大般涅槃經》（北本）卷二四，326 行，抄寫在正面，今編為 BD00879 號。（二）《波逸提懺悔法》，54 行，抄寫在背面，今編為 BD00879 號背。
3.1　首 2 行上殘→大正 374，12/506A29。
3.2　尾 1 行下殘→12/510A22。
7.3　尾端背面有一行藏文：//she rab gyi pha rol du phyin paí snying，意為“般若波羅蜜多心［經］”。參見《北京敦煌寫卷中所包含的藏文文獻》，第 134 頁。
8　5～6 世紀。南北朝寫本。
9.1　楷書。
11　圖版：《敦煌寶藏》，99/191B～200B。

1.1　BD00879 號背
1.3　波逸提懺悔法
1.4　盈 079
1.5　115：6436
2.4　本遺書由 2 個文獻組成，本號為第 2 個，54 行，抄寫在背面。餘參見 BD00879 號之第 2 項、第 11 項。
3.4　説明：
本文獻首全尾缺，未為歷代大藏經所收。
4.1　波逸提懺悔法（首）。
7.3　有雜寫“波逸”兩字。
8　9～10 世紀。歸義軍時期寫本。
9.1　楷書。

1.1　BD00880 號
1.3　大般若波羅蜜多經卷二二七
1.4　盈 080
1.5　084：2585
2.1　92.7×25.2 厘米；2 紙；54 行，行 17 字。
2.2　01：45.8，26；　02：46.9，28。
2.3　卷軸裝。首全尾脱。第 1 紙有縱向破裂及橫向破裂，第 2 紙橫向破裂，通卷上邊下邊殘破。第 1 紙背有古代裱補一塊。有烏絲欄。已修整。
3.1　首全→大正 220，6/139A15。
3.2　尾殘→6/139C15。
4.1　大般若波羅蜜多經卷第二百廿七/初分難信解品第卅四之卅六，三藏法師玄奘奉詔譯/（首）。
8　8～9 世紀。吐蕃統治時期寫本。
9.1　楷書。
9.2　有刮改。
11　圖版：《敦煌寶藏》，74/141B～142B。

1.1　BD00881 號
1.3　四分律比丘含注戒本（二卷本）卷上
1.4　盈 081
1.5　165：7008
2.1　（4+820.5）×28 厘米；12 紙；380 行，行 21 字。
2.2　01：4+36，19；　02：77.3，36；　03：77.3，36；
04：77.3，36；　05：77.3，36；　06：77.3，36；
07：77.4，36；　08：77.4，36；　09：77.4，36；
10：77.4，36；　11：77.4，36；　12：11.0，01。
2.3　卷軸裝。首殘尾全。首紙中下部橫豎撕裂，第 1 至 6 紙下

邊等距離殘破，第 3 紙上方撕裂，第 5、6 紙接縫中下部開裂。卷面有殘洞，似火灼。

3.1　首 2 行上中殘→《敦煌寫本〈比丘含注戒本〉釋文》，第 106 頁第 257～258 行。

3.2　尾全→《敦煌寫本〈比丘含注戒本〉釋文》，第 142 頁第 605 行。

4.2　注四分戒本上卷（尾）。

8　7～8 世紀。唐寫本。

9.1　楷書。

9.2　有刮改。有硃筆科分、校改。科分上有墨筆序號。有倒乙。

11　圖版：《敦煌寶藏》，103/378A～388B。

新舊編號對照表

一、千字文號與北敦號、縮微膠卷號對照表

千字文號	北敦號	縮微膠卷號
盈 026	BD00826 號	084:2130
盈 027	BD00827 號	220:7310
盈 028	BD00828 號	083:1490
盈 029	BD00829 號	105:4668
盈 030	BD00830 號	084:3392
盈 031	BD00831 號 1	275:7704
盈 031	BD00831 號 2	275:7704
盈 031	BD00831 號 3	275:7704
盈 031	BD00831 號背	275:7704
盈 032	BD00832 號	105:5579
盈 033	BD00833 號	036:0330
盈 034	BD00834 號	178:7106
盈 035	BD00835 號	070:1275
盈 036	BD00836 號	084:3248
盈 037	BD00837 號	275:7969
盈 038	BD00838 號	268:7675
盈 039	BD00839 號	070:1068
盈 040	BD00840 號	105:5948
盈 041	BD00841 號	063:0679
盈 041	BD00841 號背	063:0679
盈 042	BD00842 號	116:6554
盈 043	BD00843 號	048:0437
盈 044	BD00844 號	038:0360
盈 045	BD00845 號	115:6285
盈 046	BD00846 號	018:0223
盈 047	BD00847 號	105:5465
盈 048	BD00848 號	250:7483
盈 049	BD00849 號 1	094:4251
盈 049	BD00849 號 2	094:4251
盈 050	BD00850 號	105:5120
盈 051	BD00851 號	156:6829
盈 052	BD00852 號	111:6212
盈 053	BD00853 號	084:2768
盈 054	BD00854 號	084:2041
盈 055	BD00855 號	105:4519
盈 056	BD00856 號	070:1206
盈 057	BD00857 號	084:3091
盈 058	BD00858 號	291:8271
盈 059	BD00859 號	083:1737
盈 060	BD00860 號	084:2920
盈 061	BD00861 號	169:7066
盈 062	BD00862 號	094:4051
盈 063	BD00863 號	275:7705
盈 064	BD00864 號	105:5284
盈 065	BD00865 號	105:4539
盈 066	BD00866 號	218:7279
盈 067	BD00867 號	105:5560
盈 068	BD00868 號	094:3993
盈 069	BD00869 號	105:4677
盈 070	BD00870 號	084:2236
盈 071	BD00871 號	275:7706
盈 072	BD00872 號	084:3004
盈 073	BD00873 號	115:6525
盈 074	BD00874 號	084:2082
盈 075	BD00875 號	105:5315
盈 076	BD00876 號	275:7707
盈 076	BD00876 號背 1	275:7707
盈 076	BD00876 號背 2	275:7707
盈 076	BD00876 號背 3	275:7707
盈 077	BD00877 號	094:3836
盈 078	BD00878 號	094:3702
盈 079	BD00879 號	115:6436
盈 079	BD00879 號背	115:6436
盈 080	BD00880 號	084:2585
盈 081	BD00881 號	165:7008

二、縮微膠卷號與北敦號、千字文號對照表

縮微膠卷號	北敦號	千字文號
018:0223	BD00846 號	盈 046
036:0330	BD00833 號	盈 033
038:0360	BD00844 號	盈 044
048:0437	BD00843 號	盈 043
063:0679	BD00841 號	盈 041
063:0679	BD00841 號背	盈 041
070:1068	BD00839 號	盈 039
070:1206	BD00856 號	盈 056
070:1275	BD00835 號	盈 035
083:1490	BD00828 號	盈 028
083:1737	BD00859 號	盈 059
084:2041	BD00854 號	盈 054
084:2082	BD00874 號	盈 074
084:2130	BD00826 號	盈 026
084:2236	BD00870 號	盈 070
084:2585	BD00880 號	盈 080
084:2768	BD00853 號	盈 053
084:2920	BD00860 號	盈 060
084:3004	BD00872 號	盈 072
084:3091	BD00857 號	盈 057
084:3248	BD00836 號	盈 036
084:3392	BD00830 號	盈 030
094:3702	BD00878 號	盈 078
094:3836	BD00877 號	盈 077
094:3993	BD00868 號	盈 068
094:4051	BD00862 號	盈 062
094:4251	BD00849 號 1	盈 049
094:4251	BD00849 號 2	盈 049
105:4519	BD00855 號	盈 055
105:4539	BD00865 號	盈 065
105:4668	BD00829 號	盈 029
105:4677	BD00869 號	盈 069
105:5120	BD00850 號	盈 050
105:5284	BD00864 號	盈 064
105:5315	BD00875 號	盈 075
105:5465	BD00847 號	盈 047
105:5560	BD00867 號	盈 067
105:5579	BD00832 號	盈 032
105:5948	BD00840 號	盈 040
111:6212	BD00852 號	盈 052
115:6285	BD00845 號	盈 045
115:6436	BD00879 號	盈 079
115:6436	BD00879 號背	盈 079
115:6525	BD00873 號	盈 073
116:6554	BD00842 號	盈 042
156:6829	BD00851 號	盈 051
165:7008	BD00881 號	盈 081
169:7066	BD00861 號	盈 061
178:7106	BD00834 號	盈 034
218:7279	BD00866 號	盈 066
220:7310	BD00827 號	盈 027
250:7483	BD00848 號	盈 048
268:7675	BD00838 號	盈 038
275:7704	BD00831 號 1	盈 031
275:7704	BD00831 號 2	盈 031
275:7704	BD00831 號 3	盈 031
275:7704	BD00831 號背	盈 031
275:7705	BD00863 號	盈 063
275:7706	BD00871 號	盈 071
275:7707	BD00876 號	盈 076
275:7707	BD00876 號背 1	盈 076
275:7707	BD00876 號背 2	盈 076
275:7707	BD00876 號背 3	盈 076
275:7969	BD00837 號	盈 037
291:8271	BD00858 號	盈 058